Marketing
Understanding
&
Application

마케팅의 이해와 활용

박주영 | 김원겸 | 황윤용 | 나광진 | 최자영

공저

인플로우 inflow

마케팅의 이해와 활용

1판 1쇄 발행 2012년 2월 27일
개정판 발행   2018년 9월 15일

지은이	박주영, 김원겸, 황윤용, 나광진, 최자영
발행인	박민규
발행처	인플로우그룹(주)
등 록	제2011-000008호
전 화	070-4324-0999 팩스 : 02-821-0705
이메일	inflowgr@gmail.com
홈페이지	www.inflowgroup.co.kr
인 쇄	화이트 커뮤니케이션

ⓒ 박주영, 김원겸, 황윤용, 나광진, 최자영 2018
ISBN   978-89-966306-0-9   93320

✽ 이 도서의 국립중앙도서관 출판예정도서목록(CIP)은 서지정보유통지원시스템 홈페이지(http://seoji.nl.go.kr)와
국가자료종합목록시스템(http://www.nl.go.kr/kolisnet)에서 이용하실 수 있습니다. (CIP제어번호 : CIP2018029055)
✽ 잘못된 책은 교환해 드립니다.
✽ 이 책은 저작권법에 의해 보호를 받는 저작물이므로 무단 전재와 복제를 금합니다.

Marketing
Understanding
&
Application

마케팅의
이해와 활용

박주영 | 김원겸 | 황윤용 | 나광진 | 최자영

공저

저자 소개

가, 나, 다 순

박주영

박주영교수는 현재 숭실대학교 경영대학 벤처중소기업학과 교수로 재직하고 있다. 그는 미국 University of Florida에서 경영학석사(MBA)를 받은 후 University of Nebraska에서 마케팅전공으로 경영학 박사학위(Ph.D)를 받았다. 졸업 후 삼성경제연구소에서 수석연구원으로 재직하다가 전북대학교 경영학부 전임강사로 부임하였다. 2000년에 숭실대학교로 옮겨서 현재까지 마케팅, 프랜차이징, 소매경영, 창업아이템개발 등을 강의하고 있다. 한국유통학회 회장과 한국프랜차이즈학회 회장을 맡았으며, 주요 저서로는 창업수업(인플로우), 프랜차이즈 슈퍼바이징원론(인플로우), 경영학 에센스(생능), 역서로는 경영학의 이해(생능) 등이 있다.

김원겸

김원겸 교수는 현재 배재대학교 경영대학 경영학과 교수로 재직하고 있다. 그는 한국외국어대학교 대학원 경영학과에서 마케팅 및 유통관리 전공으로 경영학 석사와 박사학위를 취득하였다. 졸업 후 KIRA한국유통조사연구소의 연구원으로 시작하여 책임연구원/이사를 역임하였고, 마케팅 및 유통분야 국내외 기업 및 정부기관들의 마케팅 및 유통전략 관련 컨설팅업무를 약 200여건 수행하는 등 이론과 실무분야를 균형 있게 경험하였다. 배재대학교에 부임하여 마케팅관리론, 소비자행동론, 유통관리론, 광고론 등을 강의하고 있으며, 주요 연구관심 분야는 소매업(백화점, 할인점, 전통시장) 마케팅, 소비자행동, 브랜드 및 광고전략 등이다. 현재 마케팅 및 유통 분야의 다양한 학술지 편집위원 및 심사위원, 정부와 자치단체의 자문위원으로 활동 하고 있다. 주요 저서로는 소비자행동, 중국 비즈니스문화의 이해, 한국유통기업의 미래환경 대응전략 등이 있다.

황윤용

황윤용 교수는 현재 조선대학교 경상대학 경영학부 교수로 재직하고 있다. 그는 전북대학교 경영학과를 졸업하고, 동 대학원에서 마케팅전공으로 석사, 박사학위를 받았다. 졸업 후 (주) R&C Korea에서 수석연구원으로 활동하다가 2004년 조선대학교에 부임하여 마케팅관리론, 마케팅조사론, 소비자행동론, 기업광고론 등을 강의하고 있으며, 주요 연구관심 분야는 소비자 정보처리행동, 브랜드관리전략, Aging Society 등이다. 현재, 소비자학연구, 마케팅관리연구, 경영학연구, Journal of Global Academy of Marketing Science, The

Journal of Brand Management 등에서 편집 또는 심사위원으로 활동하고 있으며, 중소기업청, 중소기업진흥공단, 한국광산업진흥원, Korail 등에서 자문 또는 전문위원의 역할을 하고 있다. 주요 저서로는 서비스마케팅, 기술경영과 혁신 등이 있다.

나광진

나광진 교수는 현재 원광대학교 경상대학 경영학부 교수로 재직하고 있다. 그는 전북대학교 경영학과를 졸업하고, 동 대학원에서 마케팅전공으로 경영학 석사와 박사학위를 받았다. 졸업 후 (주) R&C Korea에서 연구원으로 근무하다가 영국 Brunel University에서 디자인 마케팅 전공으로 박사학위(Ph.D)를 받았다. 2010년 원광대학교에 부임하여 마케팅원론, 촉진관리론, 소비자행동론 등을 강의하고 있으며, 주요 연구관심 분야는 브랜드 전략, 디자인 마케팅, 소비자정보처리 분야 등이다. 현재, 국내외 마케팅과 디자인 분야의 다양한 학술지 심사위원으로 활동하고 있으며 중소기업진흥공단, 경제통상진흥원 등에서 자문위원으로 활동하고 있다.

최자영

최자영교수는 현재 숭실대학교 경영대학 벤처중소기업학과 교수로 재직하고 있다. 그는 한양대학교에서 학사 및 석사를 받은 후, The Ohio State University에서 소비자행동(Consumer Behavior) 전공으로 2001년 12월에 박사학위(Ph.D.)를 받았다. 졸업 후 2002년까지 4학기 동안 The Ohio State University에서 Consumer Behavior와 Marketing Research를 강의하는 전임강사를 역임하였고, 2003년부터 2006년 2월까지 삼성전자 마케팅팀 리서치센터에서 마케팅 리서치 및 마케팅전략 수립 등의 업무를 수행하면서 이론과 실무분야를 경험하였다. 2006년 3월부에 숭실대학교로 부임하여 마케팅원론, 소비자행동론, 마케팅 조사, 브랜드관리, 마케팅사례연구 등을 강의하고 있다. 현재 마케팅 및 소비자학 분야의 다양한 학회에서 활동하고 있으며, 역서로는 소비자행동론(피어슨 코리아) 등이 있다. 주요 연구관심분야는 소비자의사결정, 디지털마케팅, 스타트업 브랜딩 등이다.

머릿말

기업의 생산량과 매출이 늘고 많은 돈을 번 경우에 우리는 흔히 기업의 사업성과가 우수하다고 이야기한다. 대기업의 최고경영자와는 달리 대부분의 일반 사람들은 마케팅이 사업성공에 있어 재무보다는 덜 중요한 요소라고 말한다. 실제로 1990년대 이후의 미국 기업의 성장은 상당수 기업의 인수합병에 기인한다. 사실상 사업의 핵심요소들은 연구개발(R&D), 생산, 마케팅, 인적자원, 정보기술, 재무이다. 시대에 따라 이들 핵심요소들은 그 중요성의 성쇠가 있었다. 수요가 공급을 초과할 때는 생산이, 대기업이 많이 생겨날 때는 인적자원이, 기업의 인수합병이 풍미하던 시대에는 재무가, 컴퓨터가 발달할 때는 정보기술이 더욱 더 중요해졌다. 오늘날 소비재시장의 시장구조는 몇 개의 브랜드가 지배하는 '독과점 경쟁'의 형태를 보여 주고 있다. 이러한 시장경쟁은 하나의 브랜드가 시장을 지배할 수 없을 때, 소비자의 브랜드 인식 차이보다 제품 성능 차이가 적을 때, 그리고 가격 경쟁이 심할 때 나타난다. 실질적인 시장 성장은 인구증가로부터 나왔으며, 그것은 매년 1~2%를 넘지 못했다. 시장에 나오는 신제품과 신서비스가 살아남기 위해서 기업은 기존의 브랜드로부터 시장점유율을 빼앗거나 소비자 수를 증가시켜야 한다. 이러한 시장 환경 속에서 마케팅의 중요성은 커지고 있다. 피터 드러커(Peter Drucker)의 말을 인용하면 "사업의 목적은 소비자를 창출해 내는 것이므로 사업계획은 오직 두 가지의 기본적인 기능을 가지고 있다. 그것은 마케팅과 혁신이다." 따라서 소비자가 급격히 늘지 않고 시장에서의 경쟁이 치열해질수록 마케팅과 연구개발(R&D)의 중요성은 더욱 커질 것이다.

본서는 이 같은 관점에서 시장의 필요와 욕구를 파악하여 이를 상품화하고 성공적인 기업경영에 반영해야 하는 마케팅 관리과정과, 이에 대응하여 자신의 필요와 욕구를 인식하고 이를 해결해 줄 것으로 기대되는 상품들의 가치를 최적화 하여 이용하는 소비자들의 바람을 함께 고려하였다. 즉, 기업과 그 고객들이 영원히 함께 하는 지속가능한 마케팅(sustainable marketing)의 결과들로서 미래의 사회생태학적 변화(societal change)를 반영할 수 있도록 철저히 현장(시장) 중심의 마케팅활동을 소개하는데 중점을 두었다.

그동안 국내 기업들이 전통적인 마케팅 개념에 입각하여 비약적인 성장을 이룬 것은 사실이지만 아직도 범세계적 글로벌 기업들의 마케팅 활동에 비하면 아쉬운 부분들이 여전히 존재한다. 특히 현재보다는 미래의 기업과 소비자 관계를 읽어야 하는 혜안이 요구되며, 마케팅의 기본철학인 고객들의 과거·현재·미래에 대한 시각을 토대로 마케팅 활동이 이루어져야 함을 강조하고 있다. 이를 토대로 본서는 다음과 같은 점들에 유의하여 기술되었다.

첫째, 본서는 경영자가 효과적인 마케팅활동을 수행하거나 소비자가 합리적인 의사결정을 도모하려고 해도 마케팅 개념에 대한 기초적인 이해가 없거나 내용이 난해하다면 이를 받아들이는데 많은 어려움들이 있는 것을 고려하여 처음으로 마케팅 개념을 접하는 학생, 기업 실무자, 경영자들을 위해 가급적 전문용어도 세부적으로 풀어 설명하여 초보자들도 쉽게 이해할 수 있도록 하였다.

둘째, 독자들의 가독성(readability)을 강화하기 위하여 가능한 한 최신 자료를 바탕으로 풍부한 사례들을 포함하였다. 별도의 사례 소개뿐만 아니라 어렵지만 중요한 마케팅 개념들에 대해서는 문장 중간 중간에 사례를 제시하도록 노력하였다. 이는 마케팅 교재가 이론뿐만이 아니라 현장 스토리 중심의 활용서로서 저술되어야 한다는 저자들의 작은 소망에 대한 결과이기도 하다.

셋째, 저자들이 본문의 내용을 쉽게 기술하려고 노력해왔지만, 전문적 개념이나 마케팅 활용방안 등과 관련하여 독자들의 이해가 추가적으로 요구되는 부분이 존재한다. 본서는 이를 해결하기 위해 각 주제들과 관련된 현장 글(spot report)이나 광고, 표, 그림 등을 추가하여 보다 섬세한 마케팅내용을 학습하도록 유도하였다.

넷째, 각 장의 도입부에는 그 장의 전체 내용을 이해 할 수 있는 도입사례를 소개 하였다. 그리고 각 장의 마지막 부분에는 전체 내용을 한눈에 파악할 수 있도록 요약 정리하였으며, 핵심 개념이나 내용의 이해를 위해 진도평가 문제들을 참조 페이지와 함께 제시하였다.

본서는 총 4부 11장으로 구성되었다. 각 장에 독자들이 마케팅을 이해하고 활용하는데 있어서 알아야 할 기본적인 내용은 포함시키되, 이론적 내용을 슬림화하고 독자들에게 질문이나 사고과정을 요구하도록 하였기 때문에 각 논점별로 장들을 최소화 시킬 수 있었다. 1부에서는 마케팅을 필요로 하는 사람이라면 누구나 알아야 할 기본적인 내용과 마케팅관리 과정을 소개한다. 2부에서는 마케팅환경을 정확하게 인식하기 위하여 마케팅환경의 구성요소와 이에 대한 체계적인 접근방법 등을 소개한다. 3부에서는 마케팅 활동의 근간이자 가장 핵심이라 할 수 있는 고객행동에 대한 이해와 세분시장 마케팅전략에 대해서 다룬다. 4부에서는 마케팅활동의 수단(tool)이 되는 제품, 가격, 유통, 촉진 전략들을 소개한다.

본서에 대한 저자들의 열정과 수요자 입장에서 한걸음 다가갈 수 있는 내용을 기술하고자 했던 노력에도 불구하고 아직도 미흡한 부분이 많으리라고 판단된다. 이에 대한 독자들의 비평과 조언은 본서가 독자들에게 더 가까이 다가가는데 큰 도움이 될 것이다. 따라서 언제 어디서나 본서에 대한 독자들의 애정 어린 조언과 비평을 환영한다. 본서가 출판되기까지 많은 분들의 도움이 있었다. 특히 본서의 리뷰(review)평을 흔쾌히 해 주신 분들께 감사드리며, 본서가 독자들에게 실질적인 도움이 되기를 바란다.

2018년　박주영, 김원겸, 황윤용, 나광진, 최자영

CONTENTS

1부	마케팅에 대한 이해와 마케팅 관리	

제1장 마케팅에 대한 이해   15
   1. 마케팅 상식과 중요성   15
   2. 마케팅 정의와 기본개념   17
   3. 마케팅관리와 마케팅관리 철학   20

제2장 전략적 계획수립과 마케팅관리   33
   1. 전략적 계획수립 과정   33
   2. 전사적 수준의 전략적 계획   36
   3. 제품수준의 전략적 계획   49

2부	마케팅 기회의 분석	

제3장 마케팅 환경   62
   1. 마케팅환경의 정의 및 구성요소   62
   2. 미시적 환경   63
   3. 거시적 환경   68
   4. 마케팅환경 변화와 대응전략   83

제4장 마케팅정보시스템과 마케팅조사   89
   1. 마케팅정보시스템   89
   2. 마케팅조사   95

3부   고객에 대한 이해와 세분시장 마케팅 전략

제5장 소비자 구매행동   113
1. 소비자행동모델   113
2. 소비자의행동에 영향을 미치는 요인   115
3. 소비자 구매의사결정과정   126

제6장 세분시장 마케팅전략   138
1. 세분시장 마케팅전략   138
2. 시장세분화   142
3. 표적시장의 선정   153
4. 포지셔닝 전략   157

4부   마케팅믹스 전략

제7장 제품전략   169
1. 제품의 개념   170
2. 제품의 분류   177
3. 브랜드자산 관리   182
4. 제품믹스에 관한 의사결정   191
5. 서비스 제품 관리   197

제8장 신제품 개발 및 관리   211
    1. 신제품 개발 및 과정   211
    2. 제품수명주기 관리   224

제9장 가격전략   240
    1. 가격의 중요성과 의의   240
    2. 가격결정목표   241
    3. 가격 결정요인   244
    4. 가격결정방법   248
    5. 가격전략   254

제10장 유통전략 271
1. 유통경로의 기본 개념 271
2. 유통경로 행동과 구조 278
3. 유통경로의 설계와 관리 284
4. 유통기관 관리 292

제11장 마케팅커뮤니케이션 318
1. 마케팅커뮤니케이션과 촉진 318
2. 통합적 마케팅커뮤니케이션 325
3. 광 고 328
4. PR 342
5. 판매촉진 344
6. 인적판매 348

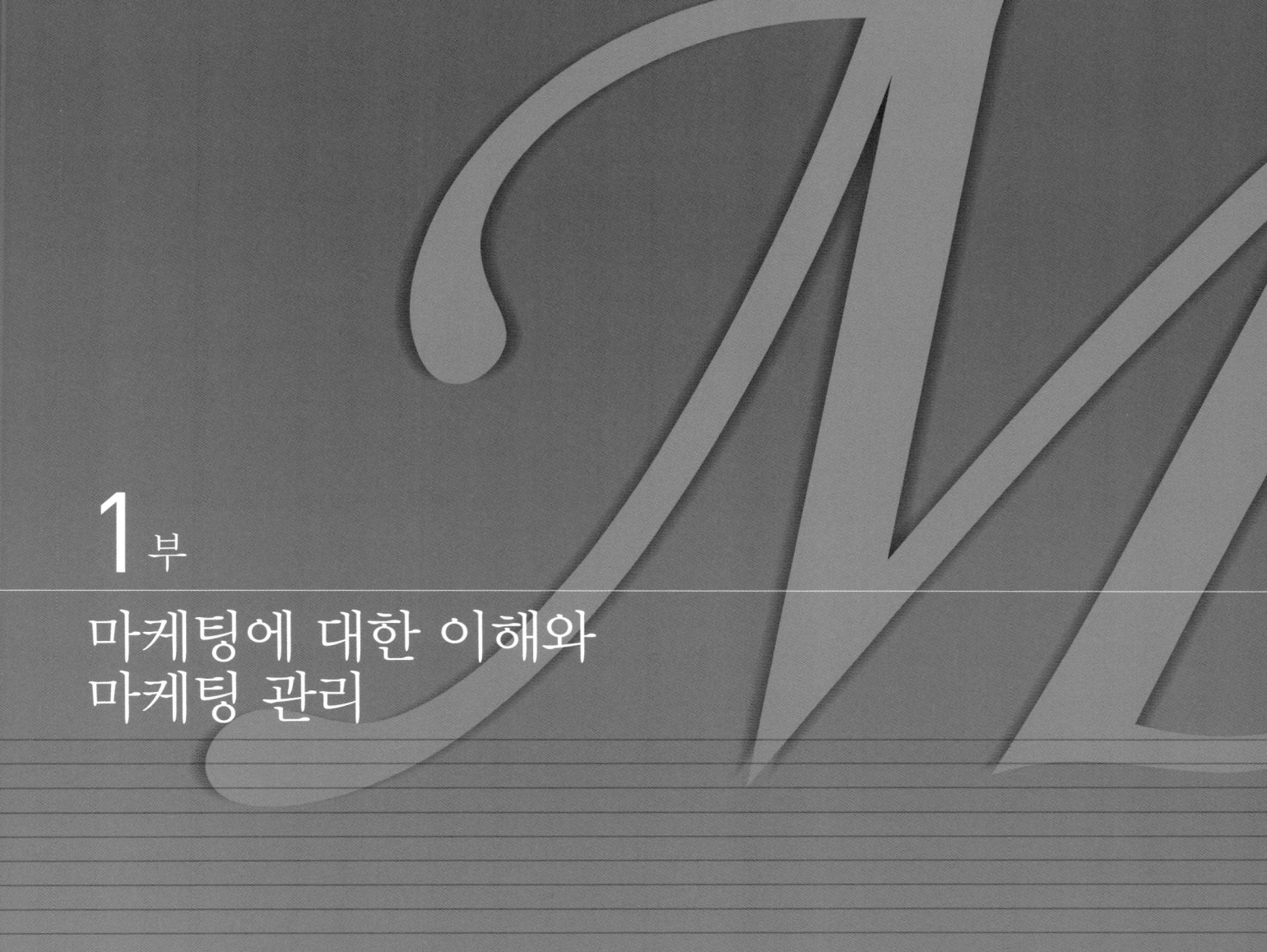

1부
마케팅에 대한 이해와 마케팅 관리

1장. 마케팅에 대한 이해
2장. 전략적 계획수립과 마케팅 관리

도입사례

세제의 진화, 어디까지?

세제의 진화가 뜨겁다!
식물을 태워 얻은 재를 활용하여 인류가 최초로 세제를 사용하기 시작한 이래 잿물과 동식물의 기름이 결합하여 고체비누가 탄생하게 된다. 이후 동식물의 기름 대신 합성세제가 출현하여 오늘에 이르게 된다. 우리의 선조들도 창포나 잿물, 녹두가루 등을 천연세제로 활용해 오다가 **1966년 럭키 하이타이**를 필두로 합성세제가 속속 등장하기 시작하였다. 이후 가루의 불편함을 덜기 위한 노력이 지속되었는데, 액체 세제부터 티슈처럼 뽑아 쓰는 세제로 끊임없이 진화하고 있다.
세제는 소비자의 일상생활과 밀접하다. 일상생활에서 소비자가 불편함을 개선하고 더 향상된 제품을 원한다면 이를 잘 반영하여 시장에 내 놓아야 하는 게 기업의 철학이 되고 있다. 이는 마케팅의 기본 철학이기도 하다.

제1장
마케팅에 대한 이해

1 마케팅 상식과 중요성

1.1 마케팅 상식

본론에 들어가기에 앞서 마케팅의 기본개념을 이해하기 위하여 몇가지 질문을 하고자 한다. 다음의 질문들은 마케팅에 대한 지식이 없어도 답할 수 있는 상식적인 내용을 담은 질문들이다. 하단의 질문은 기본적인 마케팅에 대한 이해력 측정 문항이다. 지문을 읽은 후 올바른 답을 선택하여 자신의 마케팅 지식을 평가토록 한다.

1. 1970년대에 똑 같은 진공청소기가 K-Mart (과거에는 Wal-Mart보다 더 큰 규모를 자랑했던 할인마트 체인으로서 지금은 그 세가 많이 약화되었지만 아직도 월마트에 버금가는 세계적인 할인마트 체인)에서는 29달러로 가격이 책정되었고 Western Auto Store (미국 캘리포니아주에서 큰 규모를 자랑하는 유통체인으로 특히 자동차 관련용품을 취급하고 있음)에서는 49달러에 가격이 붙여졌다. 이 청소기는 어디에서 더 많이 팔렸을까?
   ① K-Mart ② Western Auto Store

   힌트 이 청소기를 판 K-Mart 점포는 오하이오주에 소재했고 Western Auto Store 점포는 캘리포니아주에 소재하여 두 지역의 소비자는 두 점포간의 가격을 비교할 수 없었다.

   답 세탁기 메이커로 널리 알려진 미국의 월풀(Whirlpool)社는 가전제품시장에서의 사세확장을 기하기 위하여 진공청소기 시장에 진입할 것을 결정했다. 월풀은 본격적인 시장진출에 앞서 미국 중서부 도시의 K-Mart에서 29달러에 시장테스트를 실시했고 소비자들은 기존의 진공청소기 가격에 비해 낮은 가격인 29달러의 새로운 진공청소기에 대해 품질을 의심했다. 원래 진공청소기란 것은 한 번 구입하면 수 년 동안 사용하는 것이기 때문에, 성능이 부실한 청소기는 있으나 마나 하다는 인식을 가진다. 따라서 청소기의 경우, 값이 조금 저렴하다고 하여 소비자의 선호가 급격히 기울어지는 제품이 아니다. 결국 월풀의 청소기는 판매가 너무 부진하여 K-Mart의 재고분을 모두 Western Auto Store에 헐값으로 넘겼다. Western Auto Store는 K-Mart의 재고분을 전량 매입하여 가격을 진공청소기의 평균가 보다 높은 49달러에 설정하여 단기간 내에 모든 제품을 팔 수 있었다. 평균보다 높은 가격은 소비자들에게 프리미엄 제품으로 인식되게 했기 때문이다.

2. 전국에 생방송으로 중계되고 있는 미국 상원의회의 청문회에서 한 상원의원이 보좌관에게 "이 보고서 좀 제록스 해오게"라고 말했다. 제록스회사의 반응은 다음 중 어느 것일까? 참고로 제록스는 복사기브랜드로서 세계최초로 복사기를 발명하고, 연이어 혁신적인 복사기를 출시하여 복사기의 대명사로 불리우고 있었다.

① 기분 좋을 것이다   ② 기분 나쁠 것이다   ③ 담담할 것이다

힌트 기업들은 브랜드를 알리고 이미지를 좋게 하기 위해 광고 및 홍보비로 막대한 비용을 지출한다.

답 제록스는 등록된 상표다. 즉, 제록스는 고유한 상표인 것이다. 그러나 일반에서 일반명사 또는 일반동사화되어 쓰이게 되면 고유 상표로서의 효력을 잃을 수도 있다. 등록된 상표가 일반 명사화되어 소유권을 주장할 수 없게 된 사례는 많다. 이러한 예로는 아스피린, 에스컬레이터, 요요, 크리넥스, 스카치테입 등이 있다.

〈답〉 ② 번이다.

---

3. 2차 세계대전이 막 끝난 후에 IBM은 권위 있는 조사기관에 컴퓨터에 대한 미래의 시장수요 예측을 의뢰했다. 조사결과는 다음 중 어느 것일까?

① 10대 미만   ② 1000대   ③ 1만대   ④ 10만대   ⑤ 100만대 이상

힌트 오늘날 전 세계에서 연간 판매되는 컴퓨터는 1억대가 넘지만 2차세계대전 직후에는 주요 수요가 군 사용이었다.

답 오늘날의 컴퓨터와 비슷한 개념의 컴퓨터는 2차 세계대전 중에 암호해독 및 군수품의 보급로 계산 등에 사용하기 위해 개발되었다. 2차 세계대전이 끝난 후 IBM은 미국 내에서 가장 권위 있는 조사기관에 의뢰하여 컴퓨터의 수요예측을 의뢰하였다. 조사기관의 보고서는 향후 컴퓨터의 수요가 10대 미만일 것으로 예측하였다. 이에 IBM은 컴퓨터 사업을 포기하려 했으나 단 한 사람, 토마스 왓슨 2세(Thomas J. Watson. Jr.)만이 강력히 조사결과에 이의를 제기했다. 그에 의하면 "마케팅은 사람들의 필요(needs)를 창출하는 것이 아니다. 필요란 이미 있는 것이다. 다만 사람들이 그 필요를 알지 못할 뿐이다. 마케팅은 사람들의 욕구(wants)를 만들어내서, 사람들이 자신들의 필요를 인식하도록 하는 것이다." 여기서 필요(needs)란 '무엇인가 기본적인 것이 부족한 상태'를 말한다. 욕구(wants)란 '인간의 지식, 문화, 개성 등에 의해서 다듬어진, 구체화된 필요'이다. 사실, 사람들은 컴퓨터가 어떻게 자신들의 업무에 도움이 될지를 알지 못했기 때문에 컴퓨터에 대한 직접적인 필요를 깨닫지 못하고 있었던 것이다. 같은 맥락으로, 아무리 최고의 제품을 만들어냈다 하더라도 (아니면, 아무리 최상의 서비스를 제공하고 있다 하더라도), 소비자가 왜 우리 제품 또는 서비스가 가장 큰 혜택을 줄 수 있는지를 알지 못한다면 소용이 없다.

〈답〉 ① 번이다.

1.2 마케팅의 중요성

　마케팅이 연구하는 분야는 마케팅이 학문으로 자리 잡기 이전까지는 경제학이 그것을 설명하려 했다. 그러나 인간은 합리적으로 사고한다는 경제학의 기본 가정으로는 시장현상을 설명하기에 부족했다. 앞서의 예에서 볼 수 있듯이 같은 제품인데도 가격을 비싸게 책정한 것이 싸게 책정한 것보다 잘 팔리는 현상은 경제학으로 설명할 수 없었다. 그래서 이러한 이해하기 어려운 인간의 경제활동을 설명하기 위해 나온 학문이 마케팅이다. 마케팅은 초기에는 자연적으로 경제학자들이 주축이 되어서 경제학으로 설명되지 않는 현상을 연구하였으나, 시간이 흐름에 따라 심리학 및 사회학, 통계학 등 인접 학문들에서 이룩한 성과들이 도입되면서 그 학문적 영역이 넓혀졌다. 이처럼 인간의 경제활동에 대한 이해가 넓어지면서 효용(utility)과 가치(value) 창출을 추구하는 사람과 조직의 노력도 증가하고 있다. 여기서 사람의 욕망을 채워줄 수 있는 재화의 능력을 효용이라 한다면, 지불되는 모든 노력들(즉, 비용) 대비 얻고자 하는 편익(즉, 이익)의 비율을 가치라 할 수 있다. 따라서 사람과 조직들은 공식적이거나 비공식적 활동들을 통해서 재화의 효용을 극대화함으로써 이를 필요로 하는 대상들에게 더 나은 가치를 제공해야 한다. 마케팅이라는 활동은 시간과 공간을 초월하여 이 같은 가치를 채워주는 수단으로서 기업의 경영활동에서 중요한 구성요소가 되고 있다. 사람들은 일상생활 속에서 욕망을 인식하고 인식한 욕망의 대상물을 찾고 관련된 정보를 얻으며, 나름대로의 합리적 선택을 통한 소비활동을 추구한다. 마케팅은 이러한 활동들을 모두 포괄하고 있기 때문에 우리가 추구하는 모든 활동들 속에 존재한다고 볼 수 있다.

2　마케팅 정의와 기본개념

2.1 마케팅 정의

　마케팅이란 무엇인가? 마케팅이란 용어는 이미 20세기 초반에 미국에서 나타난 것으로 알려지고 있는데, 마케팅의 주체를 기업으로 보느냐 그렇지 않으면 비영리조직까지 확대하느냐에 따라서, 또는 마케팅활동을 단순히 기업목적 달성을 위한 상거래(business transaction)로 보느냐, 그 범위를 확대해서 교환(exchange)으로 보느냐에 따라서 그 시대적 구분을 확실히 하고 있다.

　본서에서는 2013년의 AMA의 정의와 Kotler교수의 정의를 기초로 기업의 입장에서 마케팅을 "마케팅이란 고객, 파트너 그리고 사회 전반을 위해 가치 있는 제공물들을 창출하고 알리며, 이를 전달하고 교환하기 위한 일련의 활동, 제도 및 과정들의 집합체이다."라고 정의 한다 (그림 1.1참조).

마케팅 정의의 변천 과정

- Marketing is the performance of business activities that direct the flow of goods and services from producer to consumer or user. (AMA 1960)
"마케팅은 생산자로부터 소비자 또는 사용자들에게 재화와 서비스를 직접적으로 전달하는 기업의 활동이다." 로 정의함으로써 마케팅을 기업의 상거래 활동으로 인식하였다.

- Marketing is the process of planning and executing the conception, pricing, promotion, and distribution of ideas, goods and services to create exchanges that satisfy individual and organizational objectives. (AMA 1985)
"마케팅이란 개인이나 조직의 목적을 충족시켜주는 교환활동들을 창조하기 위하여 아이디어, 재화, 서비스에 대한 개발, 가격결정, 판매촉진, 그리고 유통 활동을 계획하고 실천하는 과정이다." 로 정의함으로써 마케팅의 핵심을 기업의 단순 상거래가 아닌 교환활동으로 보고 영리 교환행위 뿐만 아니라 비영리 교환행위까지를 포함하였다.

- Marketing is an organizational function and a set of processes for creating, communicating and delivering value to customers and for managing customer relationships in ways that benefit the organization and its stakeholders. (AMA 2005)
"마케팅이란 조직 또는 이해 당사자들에게 이익이 되는 다양한 방식으로 고객들에게 가치를 창조, 소통, 전달하는 과정이며, 고객과의 관계를 관리하는 조직의 기능이다." 로 정의함으로써 마케팅의 주체 및 대상을 폭넓게 정의하고 가치제공에 기반을 둔 교환의 창출 및 유지를 강조하였다.

- Marketing is the activity, set of institutions, and processes for creating, communicating, delivering, and exchanging offerings that have value for customers, clients, partners, and society at large. (Approved by AMA 2013)
"마케팅은 고객(customers, clients), 파트너(partners) 그리고 사회 전반(society at large)을 위해 가치 있는 제공물들을 창출하고 알리며, 이를 전달하고 교환하기 위한 일련의 활동, 제도 및 과정들이다."로 정의함으로써 기존 정의에 비하여 마케팅 활동의 대상 범위를 사회 전반으로 폭넓게 확장하였다는 특징이 있다.

그림 1.1 마케팅개념의 구성요소

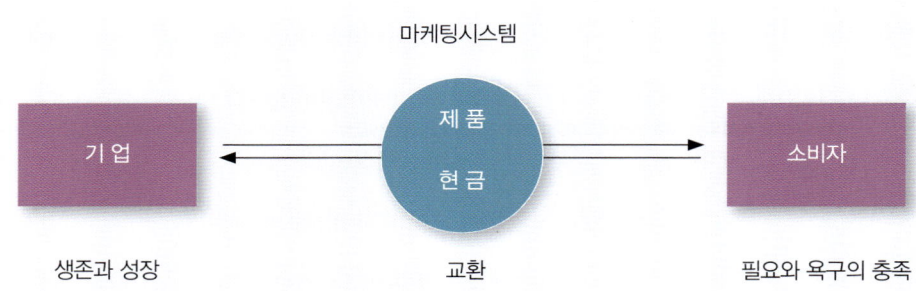

2.2 마케팅 기본개념

필요(needs)
기본적인 만족이 결핍된 상태

욕구(needs)
필요를 충족시키는 수단에 대한 바람

마케팅에서 가장 기본적인 개념은 인간의 필요(needs)로서, 인간의 필요란 '어떤 기본적인 만족이 결핍된 상태'를 말한다. 이러한 결핍을 해소하기 위해 소비자는 교환에 참여하게 된다. 한편 욕구(wants)는 '인간의 필요를 만족시켜 주는 구체적인 수단에 대한 바람'을 말한다. 따라서 욕구는 문화나 개성에 의해서 다양한 형태를 취하고 있다. 예를 들면 발리 섬의 원주민들은 배고픔이라는 욕구를 느낄 때 이를 해결해 주는 수단으로서 망고나 콩을 원하지만, 미국사람들은 햄버거, 프렌치프라이, 그리고 콜라를 원하게 된다. 따라서 사회가 발달할수록 인간의 기본적 욕구를 충족시켜 주는 구체적 수단들에 대한 바람이 증가되기 때문에 기업들은 이러한 바람을 충족시킬 수 있는 재화나 서비스를 제공하기 위해서 노력하고 있다.

욕구나 필요와 관련된 다른 개념으로 수요(demands)가 있다. 인간의 욕구와 필요에는 끝이 없지만 그것을 충족시키기 위해 소요되는 자원에는 한계가 있다. 수요는 구매능력(ability)과 구매의지(willingness)에 의해서 뒷받침되고 있는 욕구를 말한다. 따라서 어떤 소비자가 제품에 대한 욕구가 있다고 해서 반드시 구매로 이어지는 것은 아니다. 소비자의 욕구가 소비자의 구매능력과 구매의지에 뒷받침될 때 비로소 그 제품에 대한 구매가 이루어진다. 따라서 마케팅 관리자들이 자사의 제품을 판매하기 위해서는 소비자의 욕구를 구체적인 수요로 전환시키는 노력을 기울여야 한다.

> **수요(demands)**
> 구매능력과 구매의지에 의해서 뒷받침되고 있는 욕구

소비자의 욕구를 보다 효과적으로 충족시킬 수 있는 제품일수록 성공할 가능성이 높다. 따라서 기업은 소비자의 욕구를 잘 파악하고, 그 욕구를 가장 잘 충족시킬 수 있는 제품을 공급하여야 한다.

이처럼 제품을 소비자의 욕구를 충족시킬 수 있는 수단으로 정의할 때, 제품의 범위는 형태를 가진 유형제품(tangible products)과 무형의 서비스(intangible services) 뿐만 아니라 사람(persons), 장소(places), 조직(organizations), 활동(activities), 그리고 아이디어(ideas)까지 확대된다. TV 프로그램 중에서 어느 연예인이 출연하고 있는 프로그램을 시청할 것인가(사람), 휴가는 어느 장소에서 보낼 것인가(장소), 교인의 경우 어느 교회에 나갈 것인가(조직), 선거기간 중 여러 정당 중에서 내가 원하는 정책을 제시하고 있는 정당은 어느 정당인가(아이디어) 등 이 모든 것이 인간의 욕구를 충족시켜 줄 수 있는 선택의 대상물이기 때문에 제품이라고 할 수 있다. 따라서 제품은 욕구충족물(satisfier), 욕구충족 자원(resource), 또는 욕구충족 제공물(offer) 등으로 표현되고 있는데, 어느 표현이든 인간의 욕구를 충족시켜 줄 수 있는 가치 있는 그 무엇을 의미한다.

교환(exchange)이란 어떤 사람에게 그들이 필요로 하는 것을 주고 그 대가로 자신이 원하는 것을 얻는 행동을 말한다. 따라서 교환을 기업과 소비자의 측면에서 볼 때에는 판매와 구매에 해당된다고 할 수 있다. 교환은 시장(market)에서 이루어지고 있다. 시장은 마케팅활동의 대상인 고객과 상호 대체적인 개념이라고 할 수 있다. 마케팅 관리자가 시장창출활동을 효과적으로 수행하기 위해서는 시장인 구매자의 구매목적을 잘 파악하여야 한다. 구매자의 유형과 그 구매목적에 대해서는 제5장에서 자세하게 설명하고 있다.

3 마케팅관리와 마케팅관리 철학

3.1 마케팅관리의 정의

마케팅이란 조직 또는 이해 당사자들에게 이익이 되는 다양한 방식으로 고객들에게 가치를 창조, 소통, 전달하는 과정이며, 고객과의 관계를 관리하는 조직의 기능이라 할 수 있다. 즉, 기업이 시장에서 교환의 창출 또는 유지를 위하여 제품, 가격, 유통, 그리고 촉진 활동을 계획하고 실천함으로써 고객의 필요(needs)와 욕구(wants)를 충족시키는 활동이라고 할 수 있다.

한편 관리(management)란 조직의 목적을 달성하기 위해서 현상을 분석하여 과업을 수행하기 위한 계획을 수립하고(planning), 수립된 계획을 실천하며(implementation), 끝으로 실천결과를 계획과 비교하여 통제(control)하는 일련의 과정을 말한다. 따라서 마케팅관리란 마케팅개념을 기업의 관리적 차원에서 구체화시키는 과정이라고 할 수 있다. Kotler & Armstrong도 위에서 설명한 마케팅개념과 관리개념을 통합하여 마케팅관리(marketing management)를 조직의 목표를 달성하기 위하여 표적시장과의 호혜적인 교환을 창조, 강화, 그리고 유지할 목적으로 고안된 프로그램을 분석, 계획, 실천, 그리고 통제하는 활동[1]으로 정의하고 있다.

본서에서도 마케팅관리를 마케팅개념을 기업의 관리적 차원에서 구체화시키는 과정으로 보고 Kotler & Armstrong의 정의를 기초로 하여 "마케팅관리란 표적시장의 욕구 및 필요의 충족을 통하여 기업의 목적을 달성시켜 주는 교환을 창조, 증대, 그리고 유지시키기 위하여 시장관련 현상을 분석하고 이를 기초로 프로그램(제품, 가격, 유통, 그리고 촉진프로그램)을 계획, 실천, 그리고 통제하는 활동이다"로 정의한다.[2]

마케팅관리에 대한 위의 정의는 다음과 같은 몇 가지 기본개념을 포함하고 있다.

첫째, 마케팅관리는 표적시장과 기업의 목적을 달성하기 위하여 교환을 창조, 증대, 그리고 유지시키는 활동이라는 것이다. 여기서 마케팅관리는 교환의 창조는 물론 창조된 교환을 증대시키거나 유지 혹은 감소시키는 활동도 포함하고 있음을 의미하고 있다.

둘째, 교환을 창조하기 위한 마케팅수단(marketing tools)으로 제품, 가격, 유통, 그리고 촉진의 4가지가 있다는 것이다. 이러한 4가지 수단으로 교환을 창조하기 위해서는 적절한 수준에서의 상호배합(mixing)이 중요하기 때문에 이를 마케팅믹스(marketing mix)라고도 한다. 마케팅믹스에 대해서는 다음절에서 보다 자세하게 설명하고자 한다.

셋째, 마케팅관리는 전체시장을 상대로 하는 것이 아니라, 기업이 선정한 표적시장의 필요와 욕구를 충족시켜야 하기 때문에 표적시장을 선정하는 것이 중요하다는 것이다

넷째, 마케팅믹스를 결정하기 전에 마케팅믹스에 영향을 미치고 있는 시장관련 현상 즉 마케팅환경을 분석하고 이를 기초로 마케팅믹스를 결정하여야 한다는 것이다.

끝으로 마케팅관리는 마케팅믹스에 관련된 프로그램을 계획→실천→통제하는 관리과정이라는 것이다.

본서의 목적이 기업의 마케팅관리방법을 설명하기 위한 것이므로 위에서 설명한 마케팅관리의 기본개념을 이용하여 뒷 절에서 설명할 본서의 구성체계를 작성했음을 미리 언급하고자 한다.

3.2 마케팅관리 철학

앞에서 마케팅관리를 표적고객과의 호혜적인 교환관계를 창조하기 위해서 과업을 수행하는 것으로 정의하였다. 따라서 이러한 과업을 수행하기 위해서는 마케팅활동의 지침이 되는 어떠한 철학 혹은 이념이 필요하다. 일반적으로 볼 때 기업이 수행하는 마케팅활동의 결과에 영향을 받는 부분은 기업, 고객, 그리고 사회의 3가지이다. 다시 말하면 마케팅관리자는 마케팅활동을 성공적으로 수행함으로써 고객의 욕구충족을 통하여 기업목적을 달성하고, 그 결과 기업이 속한 사회의 발전에 공헌하게 된다. 따라서 마케팅관리자가 마케팅활동을 수행하는 과정에서 이들 3가지 부분 중에서 어느 부분에 더 많은 관심을 기울이느냐에 따라서 지향하는 철학이 달라진다.

마케팅관리 철학(concept)은 5가지 단계를 거쳐서 발전되어 왔는데, 생산개념, 제품개념, 그리고 판매개념은 기업, 마케팅개념은 고객, 그리고 총체적 마케팅개념은 사회나 그 이해당사자들에게 각각 더 많은 관심을 기울이는 입장이다 (그림 1.2 참조).

그림 1.2 마케팅관리 철학의 발전단계

1) 생산개념

그림 1.3 국내 최초의 흑백 TV: 금성 VD-191

자료 : 금호라디오 박물관

생산개념(production concept)은 미국의 경우 1930년대 경제공황이 시작될 무렵까지의 지배적인 기업경영의 이념이었다. 이 개념은 제품의 수요에 비해서 공급이 부족하여 고객들이 제품구매에 어려움을 느끼기 때문에 고객들의 주된 관심이 지불할 수 있는 가격으로 그 제품을 구매하는 것일 때 나타나는 이념이다. 이 단계에서는 생산만 하면 쉽게 판매할 수 있기 때문에 기업의 관심은 저렴한 제품을 보다 많이 생산하는 데 주어진다. 예를 들어 1966년 금성사(현 LG전자)가 흑백 TV를 처음으로 국내시장에 시판했을 때 TV의 가격이 쌀 27가마에 해당하는 고가이었는데도 수요가 공급을 초과하여 추첨을 통해 당첨된 사람에게만 판매한 일이 있었다[2]. 보통 이러한 상황에서 소비자들은 각 제품의 장점이나 특징이 무엇인가보다는 그 제품을 획득하는데 더 큰 관심을 가지게

생산개념
저렴한 가격으로 제품공급하는 것에 중점

된다. 따라서 기업은 무엇보다도 생산을 증가시킬 수 있는 방법을 찾는 데 주력하게 된다. 생산개념은 재화가 불충분하여 수요가 공급을 초과했던 시대적 배경에서 나온 것으로, 생산개념은 소비자들이 쉽고 싸게 구매할 수 있는 상품들을 원할 것이라는 가정에 기초하고 있다. 이 개념에 입각한 경영방식은 수요가 공급을 초과하여 만들기만 하면 팔려나가는 상품이거나 제품의 원가가 높아서 생산성의 향상을 통해 원가를 낮춰야 팔려나가는 상품을 생산하는 기업에서 많이 볼 수 있다. 생산지향적인 기업은 생산효율을 높이고 판매망을 확충하는데 모든 노력을 기울인다. 생산개념에 철저하게 입각한 대표적인 회사로서는 미국의 포드자동차회사를 들 수 있다.

그림 1.4 포드 T모델

생산개념의 개가: 포드 T 모델의 성공

포드는 조립라인과 표준부품을 자동차 생산공정에 최초로 도입한 기업가이자 혁신가로 오늘날 기억되고 있다. 그러나 포드는 단지 자동차 생산공정에 혁신을 가져 온 엔지니어 이상이었다. 포드의 궁극적인 목표는 미국 내에 있는 마차를 자동차로 대체한다는 것이었다. 이러한 그의 목표에 가장 큰 걸림돌은 자동차의 가격이었다. 1900년대 초 당시로서는 자동차는 매우 비싼 고가품이어서 왕실이나 귀족, 그리고 부호들만이 자동차를 소유할 수 있었다. 이러한 자동차를 일반 농가에게까지 보급하기 위해서는 무엇보다도 저렴한 가격으로 자동차를 공급할 수 있어야 했다. 즉, 포드는 그가 구상하고 있는 보급형 자동차의 성패는 얼마만큼이나 저렴한 가격으로 자동차를 생산할 수 있나에 달려있다고 판단했던 것이었다. 그래서 포드는 생산원가를 낮출 수 있는 모델의 개발에 주력했고, 그 결과 나온 것이 마차에 엔진을 달아 놓은 듯한 모양의 T 모델이었던 것이다. 자동 조립라인의 도입도 생산원가를 낮추려는 노력의 일환으로 고안된 것이다. 포드의 이러한 노력은 자동차에 대한 수요가 공급을 훨씬 앞질렀던 1920년대까지 성공적으로 작용되어서 T 모델은 1927년에 생산중단 될 때까지 무려 1500만대가 팔렸다. 단일 모델로는 세계 자동차 역사상 전무후무한 기록을 세운 것이다.

2) 제품개념

제품개념
우수한 제품을 고객이 선호할 것이기에 품질 개선에 중점

제품개념(product concept)에 입각한 마케팅철학은 소비자들이 최고의 품질과 성능을 가진 제품을 선호할 것이라고 하는 가정에 기초하고 있다. 따라서 제품중심적인 기업에서는 기술적으로 우수한 혁신적 제품을 만들고 시간이 흐름에 따라 이를 지속적으로 개선하는데 주력하고 있다. 제품중심적인 기업에서는 연구개발 담당자가 신제품을 소비자의 욕구와는 별 상관없이 설계하는 경향이 있다. 이러한 제품개념에 입각한 기업에서는 최첨단 기술의 도입이 히트상품을 만들 것이라는 신념을 갖고 있는 경우가 종종 있으나 소비자들의 기호의 변화에는 둔감할 때가 많다. 그 결과 기술적으로는 뛰어나지만 시장에서 실패하는 제품들을 종종 볼 수 있다.

제품개념의 실패-포드 에드셀

포드는 1950년대 말에 최신형 자동차 에드셀(Edsel)의 시장실패로 2억5천만 달러의 손실을 입고 회사가 휘청거렸다. 당시 포드는 오토매틱 트랜스미션, 파워핸들 등 신기술의 결합체로 이루어진 에드셀이라는 대형차를 시장에 내놓았다. 에드셀은 출시되기 전까지 갖가지 신기술의 도입 때문에 매스컴의 주목을 받아왔기 때문에 포드의 에드셀 제작진은 첨단기능을 장착한 최고의 차만 만들면 시장에서 성공할 것이라고 믿었다. 그러나 에드셀이 출시될 당시의 소비자들은 대형차 선호에서 중형차 선호로 돌아섰고, 이러한 시장의 변화를 무시하고 대형차를 출시한 포드는 큰 실패를 맛보았다.

그림 1.5 포드 애드셀

이처럼 제품의 품질을 중요시하는 제품개념은 자칫 잘못하면 소비자의 본원적 욕구는 파악하지 않고 구체적 욕구인 제품 그 자체에만 집착하는 마케팅근시안(marketing myopia)을 초래하기 쉽다는 결점을 지니고 있다. 예를 들면 햄버거를 생산하는 기업이 자사의 경쟁자를 햄버거를 생산하는 다른 기업만으로 근시안적으로 볼 것이 아니라, 경쟁범위를 배고픔이라는 본원적 욕구를 해결해 줄 수 있는 음식산업 전체로 보아야 한다는 것이다. 마케팅근시에 빠진 기업은 소비자의 본원적 욕구와 구체적 욕구 중에서 보다 원시적으로 본원적 욕구를 보지 못하고, 눈앞에 있는 구체적 욕구와 관련된 제품만 봄으로써 실패할 가능성이 높다는 것이다.

3) 판매개념

판매개념(sales concept)은 미국에서 1930년대부터 1950년대까지 기업경영을 지배하던 이념이었다. 판매개념의 기본가정은 소비자들은 그냥 내버려두면 충분히 제품을 사지 않기 때문에 끊임없이 설득해서 더 많은 양을 구매하도록 해야 한다는 것이다. 예를 들면 보험회사의 경우 사람들은 보통 보험의 필요성을 느끼지 못하고 있다. 따라서 보험회사는 판매원을 고용하여 그들로 하여금 고객을 찾아가서 보험의 유용성을 설명하면서 보험가입을 적극적으로 권유하여야 한다. 이처럼 보험회사의 입장에서는 소비자들이 보험가입을 긴요한 것으로 느끼지 않기 때문에 모집인을 동원하여 보험가입을 권유하지 않고는 기업의 목적을 달성할 수 없다고 보는 관점이 판매개념이다.

이러한 판매개념에 입각한 기업은 소비자가 자발적으로 찾을 수 있는 상품을 만드는 일에 관심이 있는 것이 아니라 만든 제품을 밀어붙이기 식으로 단순히 판매하는 데만 관심이 있다. 판매개념에 입각한 회사에서는 상품판매를 쉽게 하기 위해서 종종 광고비나 판촉비용에 막대한 자금을 투입하기도 하는데 이 때문에 일반대중은 마케팅이 강한 회사로 오인하기 쉽다. 그러나 진정한 마케팅 지향적인 회사는 판매단계에 주력하는 회사가 아니라, 소비자의 욕구나 필요를 잘 알고 있어서 그에 맞는 상품을 개발하는 회사라 할 수 있다. 즉, 판매 또는 영업은 마케팅의 일부분에 지나지 않으며 판매가 원활히 이루어지려면 그 선행 마케팅과정인 마케팅조사, 제품개발, 가격결정, 유통경로설계 등이 제대

판매개념
자사제품 구매를 설득하기위해 마케팅커뮤니케이션을 강화

그림 1.6 충동구매를 유발하는 홈쇼핑 보험판매: 그녀의 입, 너무 믿진 마세요

자료 : www.chosun.com/.../2007/05/09/2007050901007.html

로 수행되어야 한다.

4) 마케팅개념

마케팅 개념
소비자의 욕구와 필요를 충족시키는 제품을 개발

고객중심의 관리 철학인 마케팅개념(marketing concept)은 미국의 경우 1950년대부터 1960년대까지 거의 대부분의 대기업과 일부의 중소기업이 기업경영의 기본이념으로 받아들이고 실천한 개념이다. 1950년대에 들어와 치열한 경쟁에 직면한 기업들이 생존하기 위한 최선의 방법은 임의로 생산한 제품이나 서비스를 판매하는 것보다 그 기업들이 표적으로 삼고 있는 소비자의 욕구를 파악하고 이들에게 만족을 전달해 주는 활동을 경쟁자보다 얼마나 효과적이고 효율적으로 수행할 수 있느냐에 달려있다는 사고가 널리 퍼지기 시작하였는데 이것이 마케팅개념이다. 현대마케팅의 태두라고 할 수 있는 코틀러(Philip Kotler)는 고객 중심적 마케팅개념을 다음과 같이 정의하고 있다[3].

"마케팅 개념은 기업경영상 추구하는 이념적 지향성으로서 기업의 중요한 과업이란 표적시장의 욕구·필요·가치 등을 확인하고, 경쟁기업보다 효과적이며 효율적으로 소비자의 욕구를 충족시키기 위하여 조직이 최적 적응하여야 한다는 지침 또는 행동방향이다"

다시 말하면 판매개념에 입각한 기업은 먼저 제품을 생산하고, 이를 판매하기 위하여 많은 노력을 기울이는 데 비해서 마케팅개념에 입각한 기업은 판매될 수 있는 제품을 생산하는 점에 차이가 있다고 할 수 있다. 몇 가지 기준을 이용하여 판매개념과 마케팅개념의 차이를 살펴보면 다음과 같다.

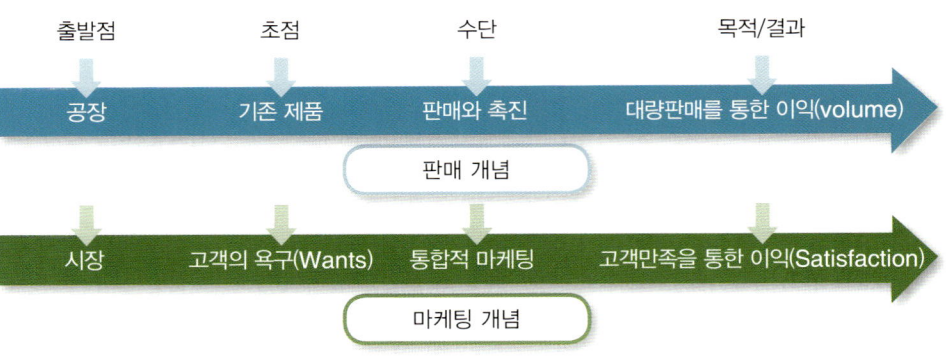

그림 1.7 판매개념과 마케팅개념의 차이

그림 1.7은 마케팅활동의 초점은 고객지향성과 고객만족을 통한 이익실현이어야 하며, 이를 위하여 여타 기능들은 마케팅기능을 중심으로 통합되어야 함을 나타내고 있다 (그림 1.8 참조).

마케팅개념은 고객중심의 사고에서 출발한다. 이 개념에 입각한 기업은 고객의 필요와 욕구를 찾아내어 그것을 경쟁자들보다 더 효과적으로 충족시키며, 그러면서도 기업의 목표를 달성할 수 있도록 노력 한다. 이러한 마케팅개념이 성공적으로 수행되려면 기업 내의 모든 부서가 고객에게 만족을 주기 위해 공동으로 노력해야 한다. 다시 말해, 마케팅 개념이란 고객의 필요와 욕구를 만족시켜 기업의 목표를 달성하도록 하는 기업 마케팅 활동의 지침이다.

마케팅개념의 핵심은 고객만족으로 압축할 수 있다. 그런데 이 고객만족이란 개념은 그리 간단한 것이 아니다. 많은 기업들이 고객만족을 우선한다고 부르짖고 있으나 그들 중 다수는 고객의 필요를 충족시키기 위함이 아니라, 자기 기업의 필요를 충족시키기 위한 기업 활동을 수행하는 경우를 볼 수 있다.

5) 총체적 마케팅개념

산업혁명을 기점으로 20세기와 21세기 경영활동의 큰 차이점 중 하나는 생산을 기반으로 한 소유(possession) 활동의 중시에서 시장을 기반으로 하는 공유(share) 활동의 중심으로 변화하고 있다는 점이다. 이 과정에서 인터넷과 정보통신의 발달이 큰 역할을 했음은 부인할 수 없는 사실이다. 따라서 전통적 기법을 적용하여 마케팅 활동을 수행했던 기업들은 이제 더 넓은 시각을 가지고 더 완전하고도 총체적인 방법으로 시장을 맞이해야 한다.

그림 1.8 마케팅 개념

총제적인 마케팅개념(holistic marketing concept)은 마케팅 활동들과 관련된 모든 문제들에 대하여 복잡성과 다양성을 인식하고 이를 폭넓게 바라보고 잘 조화를 이룰 수 있도록 통합적인 시각에서 마케팅 프로그램을 계획·실행·통제하는 것을 말한다. Kotler & Keller는 총체적 마케팅개념의 구성 차원으로 관계마케팅, 통합마케팅, 내부마케팅, 사회적 책임 마케팅 등을 제안하고 있다.

> **총체적 마케팅 개념**
> 마케팅활동들과 관련된 모든 문제들을 통합적 시각에서 계획, 실행, 통제하는 노력

■ 관계마케팅

관계마케팅(relationship marketing)은 기업의 유지 및 발전을 위해 고객, 공급업자, 유통업자 등 마케팅활동과 관련된 동반자들과 서로 만족할 수 있는 장기적인 관계를 구축하는 노력을 말한다. 따라서 관계마케팅의 결과물은 마케팅 네트워크라고 할 수 있는데, 기업은 고객, 종업원, 공급업자, 유통업자, 소매업자, 광고대행사 등과 경제적, 기술적, 사회관계적 네트워크를 형성함으로써 상호간 이익을 창출할 수 있다.

> **관계마케팅**
> 마케팅활동과 관련된 동반자들과 장기적인 만족관계를 구축하는 노력

■ 통합마케팅

통합마케팅(integrated marketing)은 제품, 가격, 촉진, 유통과 같은 기업의 마케팅 의사결정들이 시너지를 발휘할 수 있도록 조정하면서 마케팅 활동을 수행하는 것을 목표로 한다. 예를 들어 특정 제품에 대하여 높은 가격정책을 결정했다면 이에 부합하는 유통채널 선정과 촉진 프로그램을 설계하고 실행해야 한다. 통합마케팅의 기본 전제는 어느 한 가지 마케팅활동의 설계와 실행이 다른 활동들과 함께 진행되어야 하므로 기업들은 수요, 공급 그리고 소통 채널 등이 시스템적으로 통합되어야 함을 의미한다.

> **통합마케팅**
> 마케팅믹스 요소들의 시너지 창출을 위한 마케팅활동들의 통합적 조정노력

■ 내부마케팅

내부마케팅
기업 내 조직구성원들에 대한 고객지향적 관점의 마케팅관리 활동 노력

내부마케팅(internal marketing)은 기업의 모든 조직 구성원들이 고객 지향적 관점에서 선발되고 훈련되며 동기부여 되도록 하는 노력을 말한다. 이 관점은 기업 내의 마케팅 활동이 기업 외부의 마케팅활동보다 더 선행되어야 함을 강조한다. 따라서 효과적인 내부마케팅은 상품개발자, 판매원, 광고 담당자, 마케팅조사 담당자 등 상이한 업무담당자들의 상호 협력 속에서 이루어져야하며, 더 나아가 고객 지향적 마인드가 기업 전체에 확산되어 있어야 한다.

■ 사회적 책임 마케팅

사회적 책임 마케팅
마케팅활동과 프로그램의 윤리적, 환경적, 법적, 사회적 책임의 반영노력

사회적 책임 마케팅(social responsibility marketing)은 마케팅 활동과 프로그램이 윤리적, 환경적, 법적, 사회적 맥락들을 충분히 반영하여 실행되어야 함을 의미한다. 따라서 이 시각은 마케팅 활동이 기업이나 소비자 차원을 넘어서 사회 전체로 확대되어야 하며, 전통적인 마케팅개념의 연장선에서 마케팅활동이 사회에 유익한 것이어야 하는 사회복지를 강조한다는 점에서 이를 사회적 마케팅이라고도 한다. 사회적 마케팅개념은 기업이 이윤을 창출할 수 있는 범위 내에서 경쟁사들보다 효과적이고 효율적으로 소비자들의 욕구를 충족시킬 수 있어야 한다는 점에서는 전통적인 마케팅개념과 같다. 그러나 사회적 마케팅개념은 이에 덧붙여서 기업이 사회 전체의 이익을 동시에 고려해야 하기 때문에 고객만족을 위한 활동이 사회 전체적으로 볼 때 해로워서는 안 된다고 주장한다. 즉, 사회적 마케팅개념을 추구하는 기업은 소비자 욕구충족, 그리고 사회복지를 조화롭게 고려하면서 기업목적을 추구하여야 한다(그림 1.9 참조).

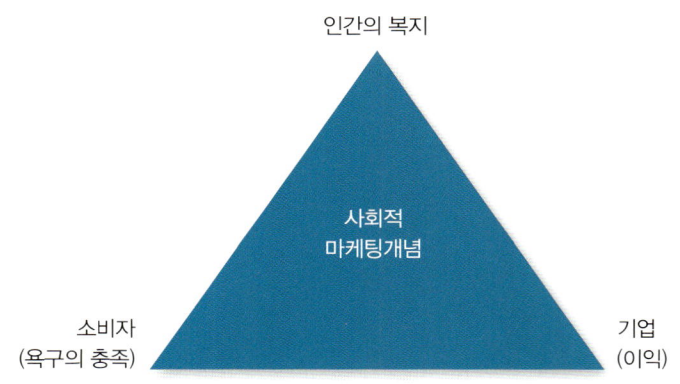

그림 1.9 사회적 마케팅개념의 추구목표

사회적 마케팅개념을 성공적으로 수행하고 있는 기업의 예로서 미국의 P&G사와 McDonald's사를 들 수 있다. P&G사는 흡수력이 강한 종이 기저귀와 자연 분해되는 기저귀를 개발하여 자원의 절약과 쓰레기 줄이기에 기여하였으며, McDonald's사는 보다 작은 크기의 냅킨과 재활용이 가능한 포장을 사용함으로써 쓰레기를 줄이는 노력을 하고 있다. 우리나라의 경우 유한킴벌리는 오래전부터 "우리강산 푸르게 푸르게"캠페인을 통하여 환경보호에 기업이 앞장서는 모습을 보여주고 있으며, 고농축세제인 CJ의 「비트」나, LG생활건강의 「한스푼」등은 세제의 양을 줄임으로써 수질오염방지에 앞장서고 있다는 인상을 소비자에게 심어주고 있다.

이상에서 살펴본 마케팅관리 철학의 발전단계를 요약해 보면 최초의 생산개념에서는 제품의 생산이 기업의 효용을 만족시키는 데 거의 국한되어 있었지만, 마케팅개념에서는 기업뿐만 아니라 소비자의 욕구충족을 함께 고려하였으며, 마지막 단계인 총체적 마케팅 개념에서는 기업과 소비자 양자에만 국한 짓지 않고 기업내부 구성원들의 통합적 마케

사회적 마케팅개념 사례: 유한킴벌리의 우리강산 푸르게 푸르게

자료 : www.yuhan-kimberly.co.kr

팅 마인드 구축, 마케팅 프로그램의 통합적 설계와 실행 그리고 마케팅 이해 당사자들 간의 장기적 관점에서의 연결 관계 구축, 더 나아가 기업과 소비자가 속한 사회전체의 이익에 관심을 두는 방향으로 변화되고 있음을 알 수 있다. 따라서 이러한 마케팅개념의 발전과정을 볼 때 현대적 의미의 마케팅은 기업의 이윤극대화만을 목표로 하는 것이 아니라 사회전체의 가치 극대화를 지향하는 것이라 주된 목표라 하겠다.

3.3 마케팅개념의 실패 및 성공사례들

1) 마케팅개념의 적용에 실패한 사례들

여기서는 먼저 마케팅 개념에 충실하지 못해서 실패한 사례들을 살펴보기로 하겠다. 적절한 마케팅개념이 적용되었다면 방지할 수 있었던 실패 사례들을 돌아봄으로써 마케팅개념의 중요성을 다시 한 번 돌아보는 계기로 삼아 기업에 진정한 마케팅개념의 적용을 모색해보려는 시도로서 마케팅 실패사례들을 짚어 보기로 하겠다.

많은 신제품들이 개발되거나 출시되었다가 사라진다. 신제품의 실패율은 제품종류에 따라 다르지만 대체로 70~80%이상이고 실패한 신제품들의 대부분은 기획단계에서는 나름대로 그럴 듯 해 보이나 소비자의 만족을 이끌어내지 못해서 실패한 것이라고 할 수 있다.

신제품이 성공하기 위해서는 소비자를 만족시켜야 함이 자명하다. 따라서 소비자를 만족시키기 위해서 기업은 소비자를 철저히 이해하고 피상적인 시장조사에 기인한 제품개발을 지양해야 한다.

Nutrasweet의 Simplesse 뉴트라스위트社는 설탕대체품인 뉴트라스위트를 개발하여 일약 세계적인 회사로 발돋움한 회사이다. 뉴트라스위트는 다이어트 청량음료시장의 폭발적 성장과 더불어 성공한 회사이다. 뉴트라스위트는 소비자들의 건강하고 매력있게 보이고 싶어 하는 욕구에 부응하는 제품을 개발하여 성공한 경험을 바탕으로 소비자들이 필요로 하나 건강에 대한 의식 때문에 주저하는 것으로 지방을 선택했다. 지방은 설탕과 마찬가지로 음식의 맛은 증진시키나 살을 찌도록 하는 주범 중의 하나이다. 뉴트라스위트는 제품개발에 앞서 시장조사를 실시하여 소비자들이 역시 지방의 섭취를 꺼리고 있음을 확인할 수 있었다. 많은 연구개발 끝에 지방대체품인 심플리스의 개발에 성공했으나 시장에서의 반응은 시원치 않았다. 심플리스는 지방의 역할은 하나 천연지방에 비해 맛이 월등히 떨어졌기 때문이다. 미국소비자들은 남들 앞에서는 지방섭취를 자제한다고 말하면서도 집에서는 여전히 더 맛있는 천연지방이 든 음식을 선호했기 때문이다. 심플리스의 초기 시장실패는 결과를 미리 확신하고 실시하는 피상적인 시장조사는 소비자에 대한 진정한 이해를 촉진시키기보다는 사업의 타당성을 위한 합리화도구로 전락할 수 있다는 것을 보여 주고 있다.

그림 1.10 크라이슬러 LH세단

2) 마케팅개념에 충실해서 성공한 사례

다음에는 미국의 자동차 회사들을 중심으로 성공적인 마케팅개념의 적용이 어떻게 시장에서의 성공을 낳았는지를 살펴보기로 하겠다.

크라이슬러의 LH Sedan개발의 주역 교차기능팀(Cross-functional team) 1970년대 말에 미국 3위의 자동차회사인 크라이슬러는 도산의 위기에 직면했다. 새로 크라이슬러의 회장으로 부임한 아이아코카는 포드사에서 1960년대에 머스탱의 신화를 만들어 냈고, 포드성장의 견인차 역할을 해왔던 인물이었다. 크라이슬러로 옮겨가기 얼마 전에 포드사 창업주 헨리포드의 손자인 포드 2세와 경영상 의견의 불일치로 불화관계에 있었기 때문에, 도산 직전까지 몰렸던 크라이슬러의 경영권을 기꺼이 맡았다. 한편 미국정부에서는 수십만 명의 연쇄 실업을 막기 위해 크라이슬러에 특별금융지원을 실시했다. 아이아코카는 부임하자마자 어려운 경영환경에도 불구하고, 혁신적인 신차 개발로 난관을 타개하려 했다. 공적자금을 투입한 회사에서 수년 후에나 성과가 나올 연구개발에 막대한 자금을 투입하자 많은 비난이 뒤따랐으나 아이아코카는 여론에 개의치 않고 최고의 연구개발센터 수립을 추진했다.

아이아코카는 단지 연구개발센터의 시설을 확충하고 인력을 보강하는데 그친 것이 아니라 일하는 방식, 즉 프로세스를 획기적으로 바꾸어, 신차 개발에 크라이슬러의 과거방식과는 전혀 다른 새로운 방식을 도입했다. 이전에는 연구개발 담당자나 엔지니어들이 소비자의 욕구와는 별 상관없이 신차를 설계하며, 그 설계에 따라 생산파트에서 자동차가 생산된 후에 최종적으로 마케팅 및 영업파트로 일이 넘어와서 판촉기획이 수립되고 판매가 추진되는 전형적인 제품개념의 방식을 따르고 있었다. 그러나 새롭게 도입된 신차 개발방식에서는 엔지니어, 생산, 마케팅이 포함된 교차기능팀(cross-functional teams)이 구성되어, 마케팅 파트가 처음부터 새로운 모델의 디자인 및 개발에 참여하였다.

1970년대 말의 2차 오일쇼크 이후 미국의 자동차 생산업체들은 연비향상을 위해 승차감을 희생시키는 디자인을 채택하였고, 크라이슬러 역시 2차 오일쇼크 이후 연비향상을 위해 제작한 K 프레임을 10년 가까이 사용하고 있었다. 그런데 K 프레임은 그 폭이 좁아서 실내공간이 협소한 것이 단점이었다. 그럼에도 불구하고 그 동안 크라이슬러는 소비자들이 연비향상을 위해 실내공간의 희생은 기꺼이 감수할 것으로 짐작했다. 그러나 새로운 교차기능팀은 신 모델개발에 앞서 먼저 마케팅조사를 실시한 결과 소비자들은 넉넉한 실내공간을 원하고 있음을 알 수 있었다. 소비자들은 이제 오일쇼크의 충격에도 상당히 벗어났고 이제는 보다 쾌적한 실내공간을 요구하고 있었다. 그러나 문제는 소비자들은 쾌적한 실내공간을 위해서 연비를 희생시키는 것은 용납하지 않는다는 데에 있었다. 서로 다른 방향으로 뛰는 두 마리의 토끼를 한 번에 원하고 있는 소비자들을 만족시킬 방법은 없는가에 대해 신 모델 개발팀은 고심을 하다가 엔지니어들의 새로운 자동차 설계방식의 도입으로 그 돌파구를 찾았다. 엔지니어들은 "cab forward"라는 새로운 설계방식의 도입으로 기존의 차축을 그대로 사용하면서 실내공간을 획기적으로 늘릴 수 있었고 이렇게 해서 개발된 모델은 LH시리즈 세단으로서 미국 자동차시장에서 큰 성공을 거두었다.

크라이슬러의 교차기능팀의 개가야말로 고객만족이라는 마케팅개념이 철저히 적용되었고 그 효과는 시장에서 입증되었다고 할 수 있다.

요약

마케팅의 핵심개념을 교환에 둘 때 마케팅은 물물교환시대부터 유래되어 왔지만 근대적 마케팅개념으로 발전되어 온 것은 시장경제가 생성된 이후이다. 특히 현대 경제사회를 이끌고 있는 기업은 마케팅개념의 핵심인 소비자와의 교환 없이는 조직목표인 성장이나 생존을 달성할 수 없게 되었다. 따라서 많은 현대기업들은 소비자와의 교환을 위하여 모든 기업 활동의 초점을 고객에게 두는 마케팅개념을 받아들이지 않을 수 없게 되었다.

그러면 마케팅이란 무엇인가? 마케팅이란 조직 또는 이해 당사자들에게 이익이 되는 다양한 방식으로 고객들에게 가치를 창조, 소통, 전달하는 과정이며, 고객과의 관계를 관리하는 조직의 기능이다. 구체적으로 마케팅개념은 조직 또는 이해 당사자들과 고객들 간에 교환가치를 창출하고, 알리며, 전달하는 일련의 과정으로서 이를 단기적 관계가 아닌 장기적 관계의 유지로 관리할 것을 강조하고 있다.

이러한 마케팅개념을 기업차원에서 구체적으로 구현하기 위해서는 마케팅관리를 하여야 하는데, 마케팅관리란 표적시장의 욕구 및 필요의 충족을 통하여 교환을 창조, 증대, 유지시킬 목적으로 시장관련 상황을 분석하고 이를 기초로 프로그램을 계획, 실천 그리고 통제하는 활동을 말한다.

또한 마케팅개념을 구현하기 위해서는 일관된 철학 또는 이념이 요구되는데, 이러한 철학은 기업이 기업자신, 고객 그리고 사회 중 어느 것에 더 많은 관심을 기울이느냐에 따라서 대체로 생산개념, 제품개념, 판매개념, 마케팅개념 그리고 총체적 마케팅개념의 다섯 가지 단계를 거쳐서 발전되어 왔다. 생산개념이란 제품의 수요에 비하여 공급이 부족하기 때문에 저렴한 가격으로 많은 제품을 생산하여 고객에게 공급하는 것이 기업이 해야 할 가장 중요한 과제라고 보는 관점을 말한다. 제품개념은 고객들은 가장 우수한 품질의 제품을 선호하기 때문에 기업은 제품의 품질개선에 최대의 노력을 기울이는 것이 가장 중요한 과제라고 보는 관점이다. 판매개념은 소비자로 하여금 경쟁제품보다 자사제품을 더 많이 구매하도록 설득하여야 하며, 이를 위하여 더 많은 판매활동과 촉진도구를 동원하는 것이 기업의 가장 중요한 과제라고 보는 관점을 말한다. 마케팅개념이란 소비자의 욕구와 필요의 충족이 기업이 수행하여야 할 최대의 과제로 보는 견해를 말하며, 총체적 마케팅개념이란 마케팅활동의 프로그램들이 기업과 소비자 양자에만 국한짓지 않고 기업내부 구성원들과 더 나아가 마케팅활동의 이해당사자들이나 사회 전체에 이익이 되는 방향으로 설계되어야 하며, 통합적 시각에서 시너지를 창출할 수 있도록 조정·통제하는 노력을 말한다.

진도평가

1. 필요(needs)와 욕구(wants), 그리고 수요(demands)간의 개념 차이를 설명하시오.

▶ 1장 18쪽 참조

2. 생산개념과 제품개념, 그리고 판매개념이 전제로 하고 있는 가정을 설명하시오.

▶ 1장 21~23쪽 참조

3. 크라이슬러의 LH개발과정에 마케팅개념은 어떤 역할을 했는지 설명하시오.

▶ 1장 28~29쪽 참조

참고문헌

1) Kotler, Philip and Gary Armstrong, *Principles of Marketing*, Prentice-Hall, 1989, p. 9.
2) 구자경 (1992), 오직 이 길밖에 없다, 행림출판.
3) Kotler, Philip (1980), *Marketing Management: Analysis, Planning, and Control* (Englewood Cliffs: Prentice-Hall), p. 31.
4) 안광호·하영원·박흥수 (2007) 마케팅원론 4판, 학현사, p.19.

도입사례

35년 전 창고서 사업 시작, 이윤보다 고객·지역사회 기여 중시
세계 최대 유기농 판매체인 일궈

존 멕케이 〈홀푸드마켓 회장〉
'깨어있는 자본주의'가치

'깨어있는 자본주의'가치로 고속성장

"신뢰할 수 있는 유기농 식품을 파는 곳"이라는 입소문이 나면서 1980년대 성장 궤도에 오른 홀푸드마켓은 1990년대 미국 각지의 자연식품 판매회사를 인수하며 판매거점을 확대했다. 2002년엔 캐나다, 2004년엔 영국에도 진출했다. 1991년 9200만달러이던 매출은 매년 30% 가까이 성장했다. 미국 식품시장의 성장률이 연평균 4%에 미치지 못하는 점을 감안하면 큰 성공을 이어오고 있는 것이다.

멕케이는 "이윤이 아닌 보다 높은 목표를 위해 기업을 경영하는 것은 결국 기업 이윤창출과 성장에도 도움이 된다"고 말한다. 기업이 국가와 사회에 기여한다는 확신을 줄 때 소비자와 공급자, 종업원들이 더 높은 충성도를 보여준다는 것이다.

홀푸드마켓이 적극적으로 전개하는 '지역매장 기부활동'이 단적인 예다. 매장에서 발생한 이익을 지역 비영리단체에 기부하는 것으로, 해당 단체 구성원에게는 할인혜택까지 제공한다. 멕케이는 "이들 단체가 나서서 홀푸드마켓을 홍보해 주면서 매장 매출이 늘어나고, 이는 다시 비영리단체에 귀속되는 상승효과가 발생한다"고 설명했다.

홀푸드마켓의 해외진출도 2003년 회의에서 결정됐다. 멕케이는 "당시 개인적으로는 해외진출에 소극적이었기 때문에 퓨처 서치 회의가 없었다면 홀푸드마켓의 해외진출은 없었을 것"이라며 "다양한 이해관계자의 집합적인 비전과 꿈이 홀푸드마켓의 발전을 이끌고 있다"고 이야기한다.

멕케이의 주장에 대한 호불호는 엇갈리고 있지만, 그가 의미 있는 성공을 거두고 있는 것은 분명하다는 평가가 지배적이다.

자료원 : 한국경제 2013.07

제2장 전략적 계획수립과 마케팅 관리

1 전략적 계획수립 과정

1.1 계획과 전략의 기본개념

1) 계획의 의의와 유형

계획(plan)이란 조직이 추구하려는 목표를 어떻게 달성할 것인가를 밝힌 내용이라고 정의한다. 그리고 계획수립(planning)은 기업이 추구하는 목표를 분명하게 규정짓고 이를 달성하기 위하여 수행하여야 할 과업들을 결정하는 과정이라고 정의할 수 있다. 이러한 계획수립의 정의는 다음과 같은 3가지 의미를 함축하고 있다.

첫째는 미래지향성이다. 계획수립은 앞으로 일어날 사태에 미리 대비하려는 의도에서 출발한다. 계획수립이 함축하고 있는 두 번째 의미는 경영자의 의사결정이다. 조직이 추구하는 목표를 결정하고, 그 목표를 달성하기 위하여 가장 적합한 방법을 선정하는 등의 의사결정이 요구된다. 계획수립이 포함하고 있는 마지막 의미는 목표지향성이다. 계획수립은 기업의 활동에 뚜렷한 방향을 제시한다. 목표가 명확하게 제시됨으로써 구성원의 역할분담이 효과적으로 이루어지고 노력이 한 곳으로 집중되어 적은 노력으로 최대한의 성과를 올릴 수 있다.

기업들이 수립하고 있는 계획은 주로 연간계획(annual plan), 장기계획(long-range plan), 그리고 전략적 계획(strategic plan)으로 구분할 수 있다.[1] 연간계획이란 현재의 마케팅 상황, 당해 연도의 기업의 목적, 마케팅 전략, 행동계획, 예산, 그리고 통제방법 등을 기술하고 있는 계획을 말한다. 주로 연간계획은 마케팅 활동과 생산, 재무, 기타의 기업 활동을 상호 조정하기 위한 계획이다. 장기계획은 향후 수년간 기업에 영향을 미칠 주요 요인과 영향요소를 설명한 계획으로서, 기업의 장기목표, 그러한 목표를 달성하기 위한 주요 마케팅 전략, 그리고 이러한 전략을 실천하는 데 필요한 자원 등을 포함하고 있다.

연간계획과 장기계획은 현재의 사업을 다루고 있으며, 이를 어떻게 지속시킬 것인가에 관심을 두고 있는 반면에 전략적 계획은 현재의 사업 중에서 어떠한 사업을 계속하고 어떠한 사업은 포기하여야 하는가를 결정하고, 어떠한 사업을 새롭게 추구할 것인가를 결정하는 계획을 말한다.

2) 전략의 의의와 필요성

전략의 의의

전략의 어원은 고대 희랍의 Strategos라는 말에서 유래되었으며, 원래 군략(the art of general)이라는 의미를 지니고 있었다. 고대부터 정치, 군사 등 여러 분야에 걸쳐 전략개념이 널리 활용되었으며, 경영학 분야에서 이 개념을 도입한 것은 제2차 세계대전 이후였다.[2] 경영학에서 사용되는 전략은 "조직이 외부환경에 의하여 창출된 기회와 위협에 대하여 조직내부의 자원과 기술을 적응시키는 활동"을 말한다. 전략이라는 말 속에는 환경변화와 자원의 적절한 배분이라는 두 가지 의미를 함축하고 있다.

다시 말하면 기업을 둘러싸고 있는 정치, 경제, 사회, 문화 등의 거시적 환경과 경쟁 환경, 고객의 기호 등 외부환경은 끊임없이 변화되고 있으며, 이러한 환경변화는 기업에게 기회와 위협을 제공하고 있다. 따라서 기업은 기회를 활용하고 위협을 회피하기 위하여 자신이 보유하고 있는 인적·물적 자원을 적절히 배분하는 활동을 끊임없이 수행하여야 한다. 여기서 자원의 '적절한 배분'이라는 말 속에는 경쟁의 개념을 포함하고 있다. 다시 말하면 시장에서는 많은 기업들이 경쟁적으로 기회를 활용하고 위협을 회피하려고 노력하고 있다. 따라서 경쟁기업에 비해서 보다 효과적이며 효율적으로 자원을 배분하는 기업만이 생존이나 성장이라는 자신의 목표를 달성할 수 있다.

따라서 이러한 경쟁의 개념을 도입한 전략의 개념을 다음과 같이 정의하고자 한다.

"전략이란 변화하는 기업외부환경이 제공하고 있는 기회와 위협에 대처하기 위하여 자신이 보유하고 있는 기업내부의 인적·물적 자원을 적절히 배분하여 경쟁 우위를 유지하려는 기업 활동이다"

전략의 필요성

기업전략은 종합적이고 기본적인 성격을 띠고 있기 때문에 기업 전체와 관련되며, 그 파급효과가 장기간에 걸치게 된다. 그러므로 하위경영자가 작성하는 일상적인 운영계획과는 달리 잘못되었을 경우 그 기업의 운명에 치명적인 피해를 입힐 수 있다. 마치 전쟁을 치를 때 최고지휘관이 전략적 실수를 범하게 되면 부하들이 여러 곳의 국지전에서 이기더라도 전황을 유리하게 전개할 수 없는 것과 같다.

다음과 같은 두 가지 이유 때문에 전략의 필요성이 증대되고 있다. 첫째, 요즈음은 기업의 규모가 매우 커지고 매우 복잡한 형태를 취하고 있다. 이처럼 기업이 거대하고 복잡해질수록 부서간의 긴밀한 협조를 유지하고, 인적·물적 자원을 적절히 배분하는 문제는 더욱 어려워진다. 한때 지구상에 번성했던 공룡이 기후변화에 적응하지 못하고 사라진 것처럼 기업도 거대해지면 환경변화에 적응하기가 어려워진다. 그러므로 격변하는 환경변화에 어떻게 적응하느냐라는 문제는 거대한 기업을 움직이는 경영자들의 절실한 관심사이다.

기업의 전략이 중요하게 된 두 번째 이유는 지금의 시대가 격변의 시기라는 점이다.

스티브 이스터브룩 맥도날드 CEO

신선육 패티·케일 버거 실험
'건강식' 햄버거로 이미지 변신
맥도날드 위기 탈출 이끌다

2015년 이스터브룩 CEO가 영입됐을 당시 맥도날드는 정체성 위기에 직면했다. 소비자들은 빅맥과 감자튀김 대신 건강한 대안을 선택했다. 패스트푸드에 대한 인식은 악화됐다. 맥도날드 매장의 판매실적은 12년 만에 하락으로 돌아섰다. 그는 빅맥의 전통 이미지를 고수하려던 이전 경영진과 다르게 기름진 음식으로 유명한 회사를 '현대적이고 진보적인 햄버거 회사'로 바꾸기로 결심했다. 맥도날드 이미지를 고치기 위해 신속하게 움직였다. 건강식을 찾는 밀레니엄세대를 겨냥해 미국 캘리포니아 주 매장에 케일을 넣은 아침 메뉴를 도입했다. 냉동 패티 대신 신선한 닭고기를 넣은 쿼터파운드치즈버거를 선보였다. 치킨 너겟에서 인공보존제를 뺐으며 샌드위치빵에 고과당 옥수수시럽 사용을 중단했다. 2025년까지 닭장에서 키우지 않은 닭이 낳은 달걀을 전면 사용할 것이라고 밝혔다. 지난 3월엔 냉동 패티 대신 신선육을 사용하겠다는 대담한 계획을 발표했다. 신선육 패티로 전환 시 식품 안전성 문제가 불거질 위험은 커지지만 맥도날드의 평판을 높이기 위해 선택한 전략이다. 주요 도시 매장에서 쿼터파운드버거에 신선 소고기 패티가 사용될 예정이다. 맥도날드처럼 1만4000개 매장에서 대규모로 신선육 패티로 전환하는 사례는 없었다. 이러한 노력으로, 그가 취임 뒤 맥도날드 주가는 약 98달러에서 154달러로 치솟으며 60% 상승했고, 판매 실적은 5년 만에 최고치를 기록했다. 맥도날드는 올해 말까지 미국 2500개 매장에 키오스크(무인결제시스템)를 추가 도입할 예정이다. 키오스크는 터치스크린 방식으로 주문부터 결제까지 한 번에 끝낼 수 있는 무인 주문결제단말기다. 블루투스를 이용해 테이블에서도 모바일 주문이 가능해진다. 증권가는 맥도날드의 디지털 주문 플랫폼이 이익과 매출 성장에 기여할 것으로 보고 있다.

일러스트=전희성 기자 lenny80@hankyung.com   자료원 : 한국경제 2017.08

1960년대 말부터 세계는 정치, 경제, 사회, 문화, 과학 등 모든 분야에서 급격한 변화를 경험하게 된다. 과학기술, 특히 교통, 통신, 컴퓨터 부문에서의 눈부신 발전으로 세계는 한 울타리 안에 놓이게 되어 인간생활이 크게 변하고 있다. 이처럼 환경변화가 급격한 시기에는 불확실성이 증가하기 때문에 기업은 자신이 처해 있는 독특한 환경을 분석하여 기회와 위협요인 그리고 자신이 가지고 있는 경쟁상의 우위점을 찾아내고 이를 바탕으로 대책을 강구하는 노력을 계속하여야 할 필요성이 증대하고 있다.

3) 전략적 계획 수립과정

전략적 계획수립과정이란 전략개념과 계획개념을 합성한 용어로서 앞에서 설명한 계획과 전략의 개념을 이용하여 다음과 같이 정의하고자 한다.

"전략적 계획수립과정이란 기업의 목표를 분명하게 규정짓고, 이를 달성하기 위하여 변화하는 환경 속에서 기회와 위협요인을 식별하고, 여기에 자신이 가지고 있는 인적·물적 자원을 적절히 배분하는 과정을 말한다".

전략적 계획수립과정을 크게 세 단계로 나누면 첫째는 기업의 목적 확인, 둘째는 기업의 여건 분석, 셋째는 가능한 대안들의 모색과 선정이 된다. 다른 말로 표현하면 '우리가 앞으로 나아가고 싶은 곳은 어디인가? 지금은 어떠한 처지에 있는가? 그리고 어떠한 길들이 가고 싶은 곳으로 통하며 그 중에서 어느 길을 선택할 것인가' 에 관한 해답을 찾는 과정이라고 할 수 있다 (그림 2.1 참조).

그림 2.1 전략적 계획수립 과정

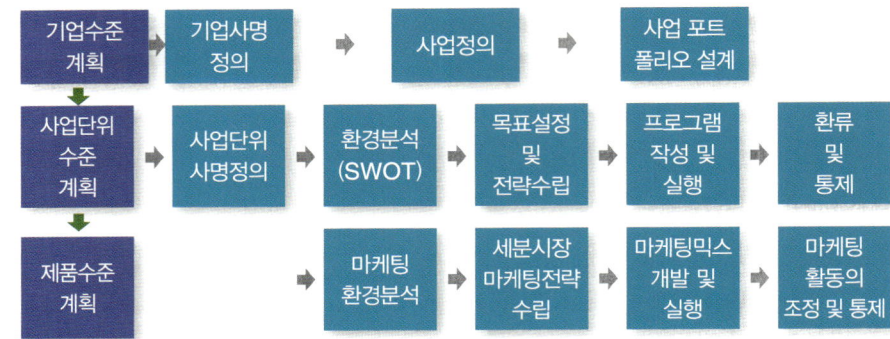

2 전사적수준의 전략적 계획

일반적으로 대기업의 조직수준은 기업수준, 사업부 수준, 사업단위수준, 제품수준으로 구성된다. 그러나 본서에서는 중소규모의 국내기업들을 고려하여 전략적 계획수립을 전사적 수준에서의 전략적 계획과 제품수준에서의 전략적 계획으로 나누어 다룬다. 전사적 수준은 기업, 사업부, 사업단위를 포괄하며 계속 각 단계가 서로 연계되어 있으므로, 본 서에서는 기업실무에서 많이 활용되는 기업수준과 사업단위수준에서의 주요 과업내용들을 통합하여 먼저 소개한 후 다음 절에서 제품수준의 전략적 계획을 다루기로 한다.

2.1 기업사명의 정의

기업은 무엇인가를 성취하기 위하여 존재하는 데 그 무엇을 기업사명이라고 한다. 다시 말하면 보다 넓은 환경 속에서 기업이 달성하고자 하는 것이 무엇인가에 대한 설명이라고 할 수 있다. 따라서 기업은 사명을 정의하는 과정에 자신과 이용할 수 있는 잠재적 기회를 발견할 수 있을 뿐만 아니라, 기업사명을 정함으로써 기업 구성원들의 노력을 한 방향으로 결집할 수 있는 효과를 가져 올 수 있다. 이러한 기업사명이 효과를 거두려면 그 내용이 시장 지향적이며 하며, 실현가능한 것이어야 하고, 종업원들의 사기를 앙양할 수 있는 동시에 구체적인 것이어야 한다. 한편, 각 사업단위의 정의는 기업사명의 범위 내에서 사업단위 고유의 사명이 정의되어야 한다.

2.2 사업정의

기업의 사명을 기술하려면 사업정의를 명확히 내릴 필요가 있다. 사업정의는 사업의 영역을 결정하는 것으로서 제품의 범주, 기술수준, 고객집단, 그리고 고객의 욕구 등을 기준으로 표현하거나 이들 중 몇 가지 요소를 복합적으로 결합하여 표현할 수도 있다.

과거에는 제품을 기준으로 사업정의를 내리는 경우가 많았다(가령 "우리 회사는 비디오 게임을 생산한다"혹은 "우리 회사는 화학제품을 가공하는 기업이다"). 그러나 사업은 시장지향적이고 기본적 고객욕구에 근거하여 정의되는 것이 바람직하다. 제품이나 기술은 시간이 지남에 따라서 구식이 되지만, 고객의 기본적인 욕구는 변하지 않기 때문이다. 예를 들면 마차를 만드는 회사가 사업영역을 '마차를 제조하는 기업이다'라고 정의하였기 때문에 자동차 발명으로 도태되었으나, 만일 이 회사가 사업을 '우리는 수송수단을 제조하는 기업이다'라고 정의하였다면 마차 제조기업에서 자동차 제조기업으로 방향을 바꾸어 생존해 있을 가능성이 보다 높아졌을 것이다. 따라서 시장지향적으로 사업정의를 하는 것이 바람직하며, 이를 위해서는 특정한 고객집단을 대상으로 한다거나 그들의 욕구를 충족시켜 주는 것으로 표현하는 것이 적절하다고 할 수 있다. 표 2-1은 제품지향적 사업정의와 시장지향적 사업정의에 관한 몇 가지 예를 보여 준다.[3]

표 2.1 제품지향적 사업정의 대 시장지향적 사업정의

기업	제품지향적 정의	시장지향적 정의
Chipotle	우리는 부리토 샌드위치와 기타 멕시칸 음식을 판매한다.	우리는 고객의 장기적 복지와 환경을 생각하며 품격있는 식사를 고객에게 제공한다.
Facebook	우리는 온라인 소셜 네트워크 기업이다.	우리는 전 세계사람들을 연결시키고 그들이 삶의 중요한 순간을 공유하도록 도움을 준다.
Home Depot	우리는 수선도구와 집 개량용 품목들을 판매한다.	우리는 소비자들에게 꿈의 가정을 실현할 수 있도록 한다.
IBM	우리는 컴퓨터 하드웨어와 소프트웨어를 만든다.	우리는 고객들이 보다 스마트한 세상을 만드는 데 도움을 주기 위해 테크놀로지 솔루션을 제공한다.
NASA	우리는 우주공간을 탐색한다.	우리는 새로운 상공을 탐색하고 이전에 알지 못했던 것을 찾아냄으로써 우리가 실행하고 배운 것이 모든 인류에게 혜택이 되도록 한다.
Revlon	우리는 화장품을 생산한다.	우리는 라이프스타일과 자기표현, 성공과 지위, 그리고 기억, 희망, 꿈을 판매한다.
Ritz-Carlton Hotels & Resorts	우리는 객실을 빌려준다.	우리는 Ritz-Carlton 경험을 창출하며, 오감을 즐겁게 하고, 웰빙을 지향하고, 고객이 표현하지 못한 바람과 욕구를 충족시키는 곳이다.
Wal-Mart	우리는 할인점을 운영한다.	우리는 항상 저가격의 상품을 제공하며, 일반일들에게 부자들과 동일한 상품을 구매할 기회를 제공한다. "돈을 절약하고 더 나은 삶을 살게 해주겠다."

2.3 사업환경 분석

1) 사업의 내부환경과 강·약점 분석

손자병법에 '적과 자신을 알고 싸우면 반드시 위태롭지 않다'는 말이 있다. 사업의 강점과 약점은 어디까지나 경쟁기업과 비교하여 분석하여야 한다. 다시 말하면 "우리 사업이 어떤 점에 강하고 어떤 점에 약한가"라고 묻지를 말고 "경쟁사업에 비해서 어떤 점에 강하고 어떤 점에 약한가"라고 물어야 한다. 만일 모든 사업들이 효과적이고 효율적인 유통망을 가지고 있다면 우리 사업의 강한 유통망은 경쟁상의 강점이 되지 못할 것이다. 또한 강점과 약점은 그 사업이 추구하고 있는 목표와 관련지어 생각하여야 한다. 예를 들면 사업의 목표가 제품의 차별화를 통한 경쟁우위라고 할 때 기술력이나 광고능력은 효과적인 강점이 될 수 있지만, 폭넓은 유통망을 가지고 있다는 것은 강점이 되지 못할 것이다. 다시 말하면 전사적 수준에서 기업의 해당 사업이 전략적으로 추구하는 목표와 관련된 분야에서 강점을 가지고 있는 것이 중요하다. 사업의 강점과 약점을 분석할 때에는 마케팅측면뿐만 아니라 연구개발, 생산, 재무, 인사, 구매 등의 기업전반의 기능부서의 강점과 약점을 물론 사업관리 능력, 최고경영자의 리더십, 조직문화, 정보수집능력 등 다 방면에 걸친 전사적 수준의 사업의 능력을 분석하여야 한다.

2) 사업의 외부환경과 기회·위협 분석

사업의 강점과 약점에 대한 분석이 이루어진 다음에는 기업 외부환경을 분석하여 변화하는 환경 속에서 해당 사업에 영향을 미치고 있는 기회요소와 위협요소를 식별하여야 한다. 전략적 계획은 앞에서 설명한 바와 같이 "변화하는 환경 속에서 기회와 위협요인을 파악하여 기업이 소유하고 있는 인적·물적 자원을 적절히 배분하는 과정"이라고 정의한 바 있다. 따라서 전략적 계획을 수립하기 위해서는 외부환경이 제공하는 기회요인을 최대한도로 이용하고, 반면에 위협요인에 대해서는 적절하게 대처할 수 있는 방법을 모색하여야 한다.

사업의 외부환경은 거시적 환경과 미시적 환경으로 대별할 수 있는데, 거시적 환경은 정치, 경제, 사회, 문화적 환경을 말하고, 미시적 환경은 기업의 핵심 마케팅 시스템을 구성하고 있는 공급업자, 경쟁자, 유통기관, 그리고 시장을 말한다. 이러한 외부환경에 대해서는 이 책의 제 3장에서 구체적으로 설명하고 있다. 최근에는 여러 가지 이유로 인하여 기업의 외부환경이 급변하고 있기 때문에 기업은 이러한 환경변화가 기업에게 유리한 영향을 미칠지 그렇지 않으면 불리한 영향을 미칠지에 대해서 세심한 분석을 해야 한다. 예를 들면 자동차 제조기업의 경우 환경오염방지에 관한 법률이 제정되면 새로운 부품의 개발, 제조원가의 상승 등으로 인하여 기업에 불리한 영향을 미치지만, 경제가 활성화되면 시장이 확대되어 유리한 영향을 미치게 될 것이다.

외부환경 분석은 사업이 가지고 있는 강점과 약점을 연계하여 분석하여야 한다. 다시 말하면 기업의 강점이 진정한 강점이 되기 위해서는 그 강점을 활용할 수 있는 기회가 있어야 한다. 예를 들면 소형차 제조기술에 강점을 가지고 있는 사업의 경우 호경기이거나 기름 값이 저렴할 때에는 고전을 하다가, 불경기로 반전되거나 기름 값이 인상될 때에는 좋은 시장기회를 맞게 될 수 있다. 따라서 환경변화를 예측하여 거기에 적합한 기업의 능력을 사전에 배양하는 준비가 있어야 한다. 다시 말하면 주위의 환경변화와 자신의 강·약점을 함께 파악하여 강한 점을 최대한 활용하고 약한 점을 보완할 수 있는 전략을 수립하여야 한다. 이러한 분석을 영어 단어들의 첫 자를 따서 SWOT 분석(Strengths, Weaknesses, Opportunities and Threats Analysis)이라고 부르며, 분석대상인 환경에 대해서는 제 3장 마케팅환경에서 자세히 설명하고 있다.

> 아프리카에는 '스프링벅'이라는 양이 살고 있다. 이 양들은 풀을 먹으려고 무리를 지어 초원을 달린다. 그러다 어느 순간 풀을 먹으려던 원래 목적은 잊어버린 채 앞서 있는 양들을 추월하기 위해 무작정 달리다 절벽 아래로 떨어져 죽는 일이 벌어진다고 한다. 치열한 경쟁환경 속에 기업들이 명확한 목표를 설정하는 것은 기업의 생존과 직결되는 중요한 문제이다.

2.4 사업목표의 설정

기업은 정의된 전사적 수준의 사명을 실현할 수 있도록 각각의 경영계층에서 수행해야 할 구체적 목표로 전환해야 한다. 각 경영계층의 경영자들은 자신들의 목표가 있고, 이러한 목표달성에 대한 책임을 져야 한다.

어떤 비료회사의 예를 들면 다음과 같다. 이 회사의 경우 기업사명을 '비료를 생산하는 것'이라고 하지 않고 '기아를 해방시키는 것'이라고 하였다. 이러한 기업사명을 달성하기 위하여 하부에 목표계층(hierarchy of objectives), 다시 말하면 기업목표, 마케팅 목표, 그리고 마케팅 전략을 차례로 수립하여야 한다. 기아를 해방시키는 것을 이 회사의 사명으로 결정하였다면 그러한 사명을 달성하기 위한 구체적인 기업목표로는 '농업생산성을 높이는 것'이 될 수 있다. 또한 농업생산성을 높이기 위해서는 생산량을 많이 올릴 수 있는 양질의 새로운 비료를 개발하여야 하고, 이러한 연구 프로젝트를 지원하기 위해서는 이익이 증대되어야 한다. 따라서 주된 기업의 목표는 '이익을 증대시키는 것'이 될 것이다.

한편 이익 증대라는 기업의 목표를달성하기 위한 마케팅 목표로는 판매를 증가시키거나 비용을 감소시켜야 한다. 판매를 증가시키기 위해서는 기존의 국내시장에서의 점유율을 높이거나 새로운 해외시장을 개척하여야 한다.

이러한 방법으로 전사적 수준의 사명은 특정 기간 동안에 달성할 수 있는 일련의 목표계층으로 전환될 수 있으며, 목표는 가능한 한 구체적이어야 한다. 예를 들면 목표를 '시장점유율을 증가시키는 것'으로 하기보다는 '다음해 말까지 시장점유율을 15% 증가시키는 것'으로 하는 것이 보다 유용한 목표가 될 수 있다.

2.5 사업포트폴리오 설계

기업수준의 사명과 사업이 결정되고 환경분석이 끝나면 사업 포트폴리오를 설계하여야 한다. 사업 포트폴리오(business portfolio)란 기업이 취급하고 있는 사업단위와 제품의 집합체를 의미한다. 따라서 기업은 자신의 목표를 달성할 수 있고 변화하는 환경이 제공하는 기회요소를 잘 활용할 수 있는 강점이 있는 단위사업과 제품을 선택하여 이를 집중적으로 육성하여야 한다. 반면에 목표와 유리되거나 경쟁기업에 비해서 강점을 보유하지 못한 단위사업이나 제품은 포기하고, 여기에 투자되었던 인적·물적 자원을 강점이 있는 단위사업이나 제품 쪽으로 이동시켜야 할 것이다.

사업 포트폴리오를 효과적으로 설계하기 위해서는 첫째, 기존의 사업 포트폴리오를 분석하여 투자를 더 많이 하여야 할 사업과 투자를 축소할 사업을 결정하고, 둘째, 사업 포트폴리오에 추가할 신규 사업과 제품을 결정하는 성장전략을 수립하여야 한다.[4]

1) 기존 사업포트폴리오 분석

> **SBU**
> 독자적으로 전략적 계획을 수립할 수 있는 전략사업단위

기업은 보다 이익을 많이 낼 것으로 예상되는 사업에 강점이 있는 인적·물적 자원을 투입하고, 전망이 좋지 못한 사업은 축소하거나 포기하는 결정을 내려야 한다. 따라서 기존 포트폴리오 분석의 첫 번째 단계는 기업을 구성하고 있는 핵심 사업부문인 전략사업단위(strategic business unit: SBU)를 식별하는 것이다. 이러한 전략사업단위는 다음과 같은 특징을 가지고 있다. ① 하나의 단위사업이다 ② 특정의 목표나 사명을 가지고 있다. ③ 경쟁자가 존재한다. ④ 책임을 지는 경영자를 두고 있다. ⑤ 생산에 필요한 모든 자원을 통제할 수 있는 권한이 부여되어 있다. ⑥ 독자적으로 전략적 계획을 수립할 수 있다. 이러한 전략사업단위는 독립채산의 기업일 수도 있고, 제품계열이나 제품을 책임지고 있는 사업부일 수도 있다. 대기업의 경우 전략사업단위가 매우 많기 때문에 전략사업단위를 식별하는 것이 용이한 일이 아니다. 다시 말하면 전략사업단위를 기업단위로 정할 것인가 또는 제품계열로 정할 것인가 또는 단위제품 혹은 상표별로 정할 것인가를 결정하여야 한다.

그림 2.2 전략적 사업단위(SBU)의 설정

	우유	분유	음료
경쟁자	서울, 남양, 소규모 기업등	남양, 매일 과점, 일동, 파스퇴르 등	롯데, 해태, 웅진, 동원 등
구매자	대중(전국민)	0~24개월 아기 엄마	고객층 다양
유통경로	콜드체인	상온 물류	콜드 체인, 상온 물류
공급자	축산농가	축산농가, 첨가물	OEM 업체
대체품	다양한 음료	모유	다양한 유제품
제품특성	Commodity 성격	Information, Rich, Product	Fashion 제품
생산방법	소규모 투자로도 가능	대규모 설비투자, 장치산업	브랜드 Power에 민감
평가구조	Relativety Low	Very High	High

그림 2.2의 경우 우유, 분유, 음료는 서로 경쟁자, 구매자, 유통경로, 제품특성, 생산방

법 등의 측면에서 서로 내용이 다르기 때문에 매우 이질적인 전략을 필요로 하는 사업으로 볼 수 있으며, 따라서 별도의 SBU로 구분되어야 한다. 그림 2.3은 국내기업의 SBU를 보여 주고 있다.

그림 2.3 국내기업의 SBU : 롯데백화점의 SBU

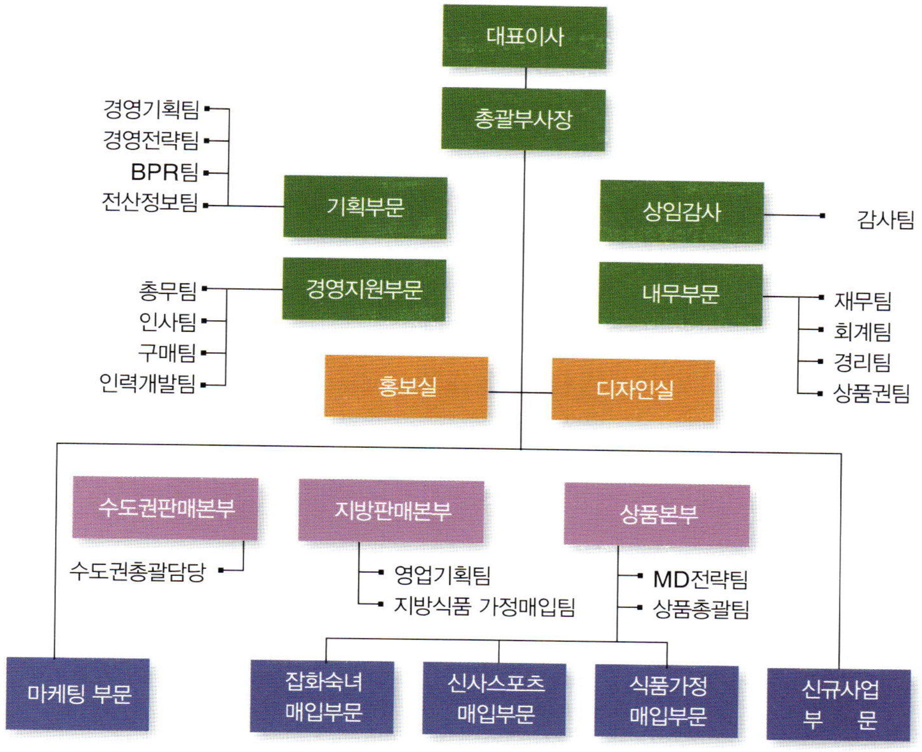

자료: www.dpt.lotteshopping.com

기존의 사업 포트폴리오를 분석하는 두 번째 단계는 식별된 각각의 전략사업단위의 매력도를 평가하여 어느 사업단위에 어느 정도의 자원을 배분할 것인가를 결정하는 단계이다. 전략사업단위의 매력도를 분석하는 방법에는 다양한 기법이 있으나 가장 널리 이용되고 있는 기법은 BCG매트릭스와 GE매트릭스이다.

BCG매트릭스

BCG매트릭스는 미국의 경영자문회사인 Boston Consulting Group에 의해 개발된 기법으로 성장률-시장점유율 매트릭스(growth-market share matrix)라고도 불린다. 이 기법은 기업의 외적 요인인 시장성장률과 기업의 내적 경쟁능력인 시장점유율의 2가지 차원 상에서 각 전략사업단위의 위치를 평가하고 새로운 전략을 제시해 주는 방법이다 (그림 2.4 참조).

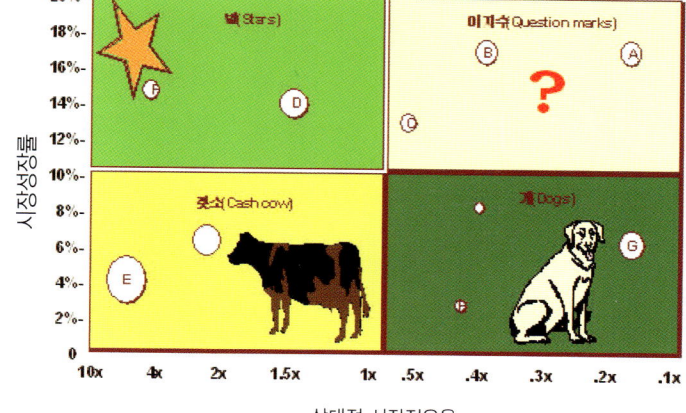

그림 2.4 BCG매트릭스

BCG 매트릭스
시장성장률과 상대적 시장점유율로 SBU전략을 제시

BCG매트릭스의 세로축은 시장성장률(market growth rate)을 나타내고 있는데 당해 전략사업단위가 속하고 있는 시장의 연간 성장률로서 시장의 매력도를 표시하고 있다. 그림에서는 시장성장률을 0%에서 20%까지 표시하고 있으며 10%를 기준으로 하여 그 이상을 고(高)성장률, 그 이하를 저(低)성장률로 구분하고 있다. 일반적으로 볼 때 시장성장률이 높으면 이익기회가 많기 때문에 그 시장을 매력적으로 보고, 시장성장률이 낮으면 상대적으로 이익기회가 적기 때문에 시장의 매력성이 떨어진다고 보고 있다. 그러나 시장성장률이 높아서 이익기회가 많으면 그만큼 타 기업과의 경쟁이 치열해지기 때문에 항상 기업에게 좋은 것만은 아니다.

가로축은 상대적 시장점유율(relative market share)을 표시하고 있는데 동일 산업에서 최대 경쟁자의 시장점유율에 대한 자기회사 전략사업단위의 시장점유율을 나타낸 것으로서 당해 전략사업단위의 경쟁력을 반영하고 있다. 따라서 상대적 시장점유율이 0.1이라는 것은 당해 전략사업단위의 시장점유율이 동일 산업에서 가장 큰 경쟁자 시장점유율의 10%를 차지하고 있음을 뜻한다. 그러나 상대적 시장점유율이 10이라면 이것은 당해 전략사업단위가 동일 산업 내에서 최대의 시장점유자이며 제2위 경쟁자 시장점유율의 10배를 차지하고 있음을 의미한다. 그림에서는 이러한 상대적 시장점유율을 1.0을 기준으로 하여 그 크기를 대수(log)로 표시하고 있다.

BCG매트릭스는 10%의 시장성장률과 1.0의 상대적 시장점유율을 기준으로 각각의 전략사업단위를 다음과 같은 4가지 유형으로 구분하고 있다.

- 별(star): 시장성장률이 높고 상대적 시장점유율이 높은 전략사업단위를 말한다. 제품수명주기상으로는 성장기에 속한 사업단위를 말한다. 여기에 속한 사업단위를 가진 기업은 동일산업에서 최대의 시장점유율을 가진 선도기업으로서 시장의 수요도 매우 높다. 따라서 높은 수요와 경쟁기업의 도전에 대처하기 위해서 많은 투자가 필요하다. 여기에 속하는 전략사업단위는 이익을 많이 거두고 있으나 가격인하, 제품개선, 생산성 제고, 시장 확대 등을 통하여 기존의 시장점유율을 보호하는데 전략의 주안점을 두어야 하기 때문에 많은 투자가 필요하다. 이러한 스타의 위치에 있는 전략사업단위는 시장성장률이 둔화됨에 따라서 젖소의 위치로 진입하게 된다.
- 젖소(cash cow): 시장성장률이 낮지만 상대적 시장점유율이 높아서 시장 선도기업으로서의 역할을 담당하고 있는 전략사업단위를 말한다. 제품수명주기상으로는 성장기 후기에서 쇠퇴기까지에 속하는 전략사업단위이다. 여기에 속한 전략사업단위는 시장으로부터 많은 이익을 창출하여 자신은 물론 기업 내의 다른 전략사업단위에 자금을 공급해 주는 역할을 담당하고 있다. 왜냐하면 상대적 시장점유율이 높기 때문에 규모의 경제, 경험곡선 효과 등으로 인하여 많은 이익을 올리고 있지만 시장성장률이 낮아서 신규자금의 투자가 필요 없기 때문이다. 이 전략사업단위는 기술개발이나 가격경쟁상의 우위를 바탕으로 상대적 시장점유율을 유지하는데 전략의 주안점을 두어야 한다. 그리고 수요의 둔화가 예상되기 때문에 제품의 다양화나 시장 확대는 가능한 한 배제하고 그 대신 여유자금을 별이나 다음에서 설명할 미지수 등의

성장 가능한 여타의 전략사업단위에 투자하여야 한다.
- 미지수(question mark): 시장성장률은 높지만 상대적 시장점유율이 낮은 전략사업단위를 말한다. 제품수명주기상으로는 도입기부터 성장기 초기에 속한다. 자사가 시장에 처음으로 제품을 출시하지 않은 대부분의 전략사업단위들이 출발하는 지점이 바로 미지수이며, 후발기업이기 때문에 기존의 선도기업과 경쟁하여 상대적 시장점유율을 높여야 하므로 많은 자금을 필요로 한다. 따라서 이러한 상황에서는 많은 자금을 투자하여 선도기업이나 여타의 경쟁기업과 상대적 시장점유율 증대를 위한 치열한 경쟁을 할 것인가 그렇지 않으면 시장성장률이 높아서 매우 매력적인데도 불구하고 시장에서 철수할 것인가를 결정하여야 하기 때문에 미지수라고 부른다.
- 개(dog): 시장성장률도 낮고 상대적 시장점유율도 낮은 전략사업단위를 말한다. 젖소와 마찬가지로 제품수명주기상 성장기 후기에서 쇠퇴기까지에 속한다. 따라서 시장성장률이 낮기 때문에 자금의 투자도 필요하지 않을 뿐만 아니라 상대적 시장점유율도 낮기 때문에 이익도 많지 않다. 이러한 상황 하에서는 시장성장률이 앞으로 다시 고(高)성장할 가능성이 있는지, 혹은 시장 내에서 자사의 지위나 점유율이 높아질 가능성이 있는지를 검토해 볼 필요가 있다. 만일 그러한 가능성이 없을 때에는 시장에서의 철수나 사업의 축소를 결정하여야 한다.

그림 2.4에서 10개의 원은 이 기업이 10개의 전략사업단위를 가지고 있음을 의미하고 있다. 각 원의 크기는 당해 전략사업단위의 매출액 규모를 나타내고 있다. 따라서 이 기업은 매우 좋은 상황에 있는 것은 아니지만 어지간한 상황에 있다고 할 수 있다. 다행인 것은 2개의 규모가 큰 젖소를 가지고 있어서 3개의 미지수와 2개의 별을 지원할 수 있는 능력을 어느 정도 구비하고 있다. 또한 이 기업은 3개의 개와 3개의 미지수에 대해서 신속한 의사결정을 하여야 하며, 별이 없고 개가 너무 많거나, 젖소의 규모가 너무 작은 경우에는 상황이 매우 좋지 않은 것이다.

포트폴리오 분석에 있어서 다음으로 해야 할 일은 각 전략사업단위마다 어떠한 전략을 구사하고 자원을 어떻게 할당할 것인가를 결정하는 것이다. 여기에는 다음과 같은 4가지 전략대안이 있다.

- 육성(build): 단기적 이익을 희생하면서 시장점유율을 확대하려는 전략이다. BCG 매트릭스 상에서 미지수나 별에 속하는 전략사업단위의 전략에 적합하다.
- 유지(hold): 이 전략은 현재의 시장점유율을 유지하려는 것으로서 계속적으로 많은 현금유입을 원하는 젖소에 적합한 전략이다.
- 수확(harvest): 이 전략은 장기적 이익의 극대화보다는 단기적 현금유입을 극대화하려는 것이다. 시장전망이 불투명하고 현금유입이 많이 요구되는 약한 젖소, 개, 그리고 미지수에 적합한 전략이다.
- 철수(divest): 자원을 다른 전략사업단위에 보다 효율적으로 이용할 수 있기 때문에 현재의 전략사업단위를 청산하는 전략이다. 기업의 현금흐름을 방해하거나 이윤창

출의 능력이 거의 없는 개나 미지수에 적합한 전략이다.

시간이 흐름에 따라서 환경변화와 전략실행 효과에 의해 BCG매트릭스상의 전략사업단위의 위치가 변하게 된다. 따라서 마케팅관리자는 현재의 위치뿐만 아니라 시간의 흐름에 따른 위치 변화까지 함께 고려하면서 적절한 전략을 수립하여야 한다. 그림 2.4의 BCG매트릭스상의 현재의 위치뿐만 아니라 미래의 위치까지 고려하여 적절한 전략을 수립한 예를 들어 보면 다음과 같다.

- 성장률이 매우 높은 시장에 처음으로 도입된 제품 A를 시장선도기업으로 육성하기 위하여 적극적으로 강화한다. 그러나 시장의 전망이 좋기 때문에 새로운 경쟁자가 진입하여 시장점유율이 감소할 경우를 예상할 수 있다.
- 시장점유율을 현상태로 유지하기 위하여 B와 C제품은 현재의 전략을 유지한다. 그러나 환경변화에 의해서 시장성장률이 감소할 경우를 예상할 수 있다.
- F와 D를 합병함으로써 F가 보유하고 있던 인적·물적 자원을 이동시켜서 D제품의 시장점유율을 증대시킨다.
- E제품의 경우는 시장성장률이 둔화될 것으로 예상되기 때문에 규모를 축소하여 특정 시장부분에 집중적으로 침투하는 집중화 전략을 구사한다. 이때는 특정 시장부분에 침투하기 위하여 기존 제품의 모델을 변경할 수도 있다.
- F제품과 G제품은 시장에서 철수한다.

이처럼 BCG매트릭스는 시장성장률과 상대적 시장점유율이라는 단순한 2개의 축으로 전략사업단위의 현재 위치뿐만 아니라 미래 위치까지도 예측할 수 있게 구성되었기 때문에 마케팅 관리자가 시장상황을 쉽게 이해할 수 있다는 장점이 있다. 그러나 2개의 축을 구성하고 있는 요소가 시장성장률과 상대적 시장점유율 뿐이어서 복잡한 시장상황을 정확하게 평가하지 못한다는 단점이 있다. 복잡한 시장상황을 보다 정확하게 표현하기 위하여 고안된 기법이 다음에 설명할 GE매트릭스이다.

GE매트릭스

> **GE매트릭스**
> SBU가 속해있는 산업의 매력도와 SBU의 경쟁력을 두 축으로 BCG매트릭스보다 많은 변수를 고려

BCG매트릭스는 시장성장률과 상대적 시장점유율이라는 2가지 변수로 전략사업단위를 평가하였기 때문에 복잡한 시장상황을 잘 표현하지 못하는 단점이 있음을 앞에서 설명한 바 있다. 이러한 BCG의 단점을 보완하기 위해서 GE사(General Electric Co.)는 여러 가지 변수를 고려하여 전략사업단위가 속해 있는 산업의 매력도와 시장에서의 당해 전략사업단위의 경쟁력을 평가하였다.

■ GE매트릭스의 구성

그림 2.5에서 보는 바와 같이 세로축은 당해 전략사업단위가 속해 있는 산업의 매력도를 나타내고 있으며, 가로축은 당해 전략사업단위의 시장에서의 경쟁력을 나타내고 있다.

전략사업단위를 2가지 차원으로 평가하는 것은 BCG매트릭스 기법과 같지만, 시장성장률과 상대적 시장점유율 대신 보다 광범위한 의미를 지닌 산업 매력도와 경쟁력이라는 2가지 차원으로 평가하고 있다. 다시 말하면 산업의 매력도를 측정하기 위해서는 시장성장률 이외의 여러 가지 변수를 추가적으로 포함하여야 하고, 당해 전략사업단위의 시장에서의 경쟁력을 측정하기 위해서도 상대적 시장점유율 이외의 여러 가지 변수를 포함하여야 한다는 것이다. 따라서 GE매트릭스가 BCG매트릭스에 비해서 시장상황을 보다 현실에 가깝게 표현하고 있다고 할 수 있다.

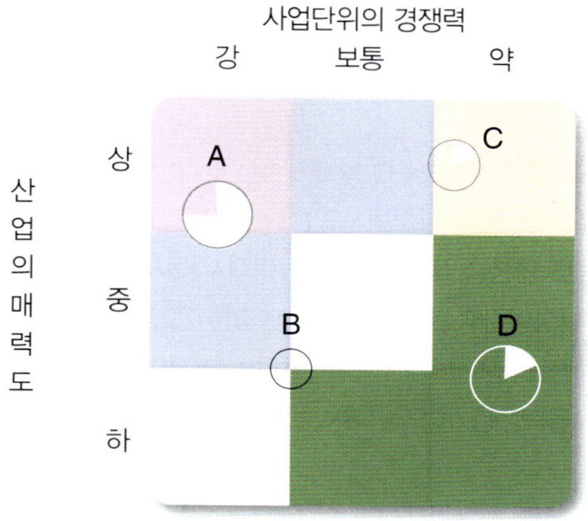

그림 2.5 GE매트릭스

세로축을 표시하고 있는 산업 매력도는 다음과 같은 변수들로 구성되어 있다.

- 시장규모: 시장규모가 클수록 매력 있는 산업으로 평가된다.
- 시장성장률: 시장성장률이 높을수록 매력 있는 산업으로 평가된다.
- 이익률: 이익률이 높을수록 매력 있는 산업으로 평가된다.
- 경쟁도: 경쟁자가 다수이고 경쟁의 정도가 심할수록 그 산업의 매력도가 낮아질 것이다.
- 수요의 경기순환적 변동: 제품의 판매량이 경기순환에 따라서 그 변화율이 높을 때 당해 산업의 매력도가 떨어진다.
- 수요의 계절적 변동: 제품의 판매량이 계절적으로 변동이 심할 때 당해 산업의 매력도가 떨어진다.
- 규모의 경제: 생산량에 관계없이 단위당 생산비가 일정한 산업보다는 생산량이 많아짐에 따라서 단위당 생산비가 체감되는 산업이 보다 매력적인 산업으로 평가된다.
- 경험곡선: 누적생산량이 많아질수록 경험효과에 의해서 단위당 생산비가 체감되는 산업이 보다 매력적인 산업으로 평가된다.

이러한 여러 가지 변수들을 그 중요도에 따라서 점수를 주어 가중평균하면 산업의 매력도 점수를 측정할 수 있는데, 산업의 매력도는 크게 나누어 상·중·하로 구분하고 있다. 가로축에 표시되어 있는 각 전략사업단위의 경쟁력은 다음과 같은 변수들로 구성되어 있다.

- 상대적 시장점유율: 당해 전략사업단위의 상대적 시장점유율이 클수록 경쟁력이 높은 것으로 평가된다.
- 가격경쟁력: 단위당 생산원가가 낮을수록 경쟁력이 높은 것으로 평가된다.
- 품질: 경쟁자에 비해서 제품의 품질이 우수할수록 경쟁력이 높은 것으로 평가된다.
- 고객에 관한 정보: 고객계층과 그들의 욕구와 필요에 관한 정보를 가지고 있을 때 경쟁력이 높은 것으로 평가된다.
- 판매효율성: 판매효율성이 높을수록 경쟁력이 높은 것으로 평가된다.
- 판매지역: 기업이 대상으로 하고 있는 판매지역이 넓을수록 경쟁력이 높은 것으로 평가된다.

이러한 여러 가지 변수들을 중요도에 따라서 점수를 주어 가중평균 하면 당해 전략사업단위의 경쟁력을 측정할 수 있는데, 일반적으로 강·보통·약의 3가지로 경쟁력을 구분한다.

그림 2.5에서 이 기업은 4개의 전략사업단위를 보유하고 있음을 보여주고 있다. 각 원의 크기는 각각의 전략사업단위가 속해 있는 산업의 규모를, 각 원에서 흰 부분은 시장점유율을 나타내고 있다. 또한 그림에서 보면 산업의 매력도와 경쟁력을 각각 3가지로 분류하여 모두 9가지의 형태로 구분하고 있다. 그림에서 좌측 상단의 3개 부분에 속하는 전략사업단위는 산업의 매력도가 크고 경쟁력이 강하기 때문에 집중적으로 투자하여 발전시키는 전략을 구사하여야 할 것이다. 좌하단에서 우상단의 대각선으로 연결되는 3개 부분에 속하는 전략사업단위는 산업의 매력도나 경쟁력이 서로 상쇄되어 전체적으로 보아 보통의 매력을 가지고 있다고 볼 수 있다. 따라서 여기에 속하는 전략사업단위는 현상유지 전략을 구사하는 것이 일반적이다. 우측 하단의 3개 부분에 속하는 전략사업단위는 전체적으로 불리한 위치에 있다. 따라서 앞의 BCG매트릭스에 언급한 수확전략이나 철수전략 중에서 어느 전략을 선택할 것인가를 신중하게 결정하여야 한다.

그림 2.5에서 전략사업단위 A는 해당 산업에서의 시장점유율이 75%임을 나타내고 있으며, 속해 있는 산업의 매력도가 높고 시장에서의 경쟁력도 매우 강하기 때문에 매우 유망한 전략사업단위라고 할 수 있다. B는 시장점유율이 25%나 되고 시장에서의 경쟁력도 강하지만 산업의 규모도 작고 매력도도 낮은 것으로 나타나고 있다. C와 D는 시장점유율도 낮을 뿐만 아니라 장점도 적은 전략사업단위임을 나타내고 있다. 결론적으로 말하면 이 기업은 A를 육성하고 B는 현상유지하며 C와 D에 대해서는 사업을 계속할 것인가를 결정하여야 한다.

BCG매트릭스나 GE매트릭스 모두 기업의 전략수립을 위한 기법이기 때문에 환경변화에 따른 기회와 위협요소를 파악하여 기회요소를 활용하고 위협요소를 제거하기 위하여 기업이 보유하고 있는 인적·물적 자원을 어떻게 배분할 것인가를 결정하는 일이 중요하다.

2) 성장전략의 개발

기업이 보유하고 있는 기존 전략사업단위를 중심으로 하는 포트폴리오 분석이 끝나면 신규시장, 신제품, 또는 신규 전략사업단위의 도입 등을 포함하는 성장전략을 개발하여야 한다. 기업은 성장기회를 추구하기 위하여 다음과 같은 3가지 전략을 구사할 수 있다.

첫째, 집중적 성장전략으로서 기존 조직이나 기구를 가지고 기존의 제품이나 시장을 보다 잘 활용하거나 신제품 도입, 혹은 신 시장 개척 등을 통하여 성장기회를 이용하려는 전략이다.

둘째, 통합적 성장전략으로서 마케팅 경로 상에 위치하고 있는 다른 조직이나 기구를 통합하여 성장기회를 이용하려는 전략이다.

셋째, 다양화 성장전략으로서 기존의 마케팅 경로 밖에 존재하는 사업단위에 진출하여 성장기회를 이용하려는 전략이다. 이러한 3가지 성장전략을 요약하면 다음의 표 2.2와 같다. 아래에서는 3가지 성장전략에 대해서 보다 구체적으로 살펴보기로 한다.

표 2.2 성장전략의 분류

1. 집중적 성장	2. 통합적 성장	3. 다양화를 통한 성장
A. 시장침투	A. 후방통합	A. 집중적 다양화
B. 시장개발	B. 전방통합	B. 수평적 다양화
C. 제품개발	C. 수평통합	C. 복합적 다양화

집중적 성장전략

집중적 성장전략은 기존의 조직이나 기구를 가지고 시장이나 제품을 중심으로 성과를 향상시킬 수 있는 추가기회가 있는지를 파악하는 전략이다. 앤소프(H. I. Ansoff)는 시장/제품 매트릭스를 가지고 다음의 4가지 전략을 제시한 바 있다 (그림 2.6 참조).

그림 2.6 시장/제품 매트릭스

- 시장침투전략(market penetration strategy): 기존시장에서 기존제품으로 판매를 증대시키는 전략이다. 이를 위하여 사용할 수 있는 방법으로는 자사상표 소비자에게는 더 많이 사용하도록 하며, 경쟁상표 소비자에게는 자사상표를 구매하도록 유도하고, 자사상표나 경쟁상표를 사용하지 않는 소비자에게는 그 제품을 사용하도록 유도하는 방법이 있다. 예를 들어 "하루에 세 번 양치하세요"라는 광고는 제품사용을 증가시키어 보다 많은 판매량을 올리려는 치약회사의 광고이다.

- 제품개발전략(product development strategy): 새로운 제품을 개발하여 기존시장에서 판매를 증가시키려는 전략이다. 기존제품이라도 새로운 기능의 부가, 디자인 변경 등의 방법을 사용하여 신제품화 할 수 있다. 한국통신의 전화문의, 예약, 주문시 고객의 통화요금을 해당기업이 대신 지불해 주는 "클로버 서비스"는 신제품을 개발하여 시장을 확대한 좋은 예가 될 수 있다.

- 시장개발전략(market development strategy): 기존제품으로 새로운 시장을 개발하여 판매를 증가시키려는 전략이다. 잠재소비자 집단을 확인하여 기존의 제품으로 이들의 욕구를 충족시킬 수 있는 방법을 모색하거나 새로운 유통경로를 개척하고, 지역적으로 새로운 시장을 개발하여 시장을 확대하려는 전략이다. 존슨앤존슨사가 유아용 샴푸를 가지고 "엄마가 사용해도 좋습니다" 라고 광고함으로써 시장을 확대한 것이 좋은 예가 될

> **시장/제품 매트릭스**
> 앤소프(Ansoff)매트릭스 라고도 하며, 기존의 조직으로 추가기회를 확인하는 방법

- 다각화 전략(diversification): 다각화전략은 현재의 사업과 직접적인 관계가 없는 다른 분야에서 새로운 성장기회를 발견하려는 전략으로서 다음의 다양화를 통한 성장전략에서 구체적으로 설명하고자 한다.

통합적 성장전략

기업이 진출하고 있는 당해산업의 성장전망이 좋거나, 전방 혹은 후방 또는 수평으로 통합함으로써 기업의 이익이나 판매량을 증가시킬 수 있을 때 사용하는 전략이다. 제조업체를 기준으로 통합적 성장전략을 도시하면 그림 2.7과 같다.

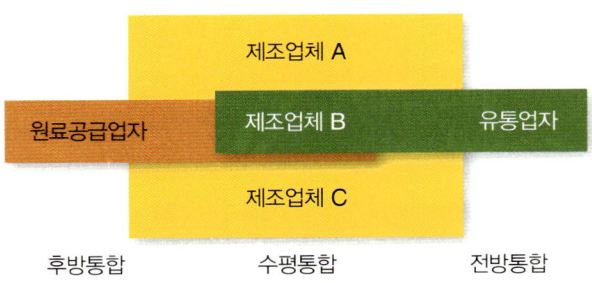

그림 2.7 통합적 성장전략

- 전방통합(forward integration): 공급업체→제조업체→중간상→소비자로 이어지는 원료와 제품의 흐름상에서 자사보다 앞쪽의 기업을 통합하는 경우를 의미한다. 예를 들어 제조업체가 도매상이나 소매상 등의 중간상을 통합하거나, 원료공급업체가 제조업체를 설립하는 경우가 여기에 해당한다. 세제 원료 공급업체인 동양화학이 세제 생산업체인 (주)옥시를 설립한 것이 전방통합의 예이다.
- 후방통합(backward integration): 위의 원료나 제품의 흐름상에서 자사보다 뒤쪽의 기업을 통합하는 경우를 말한다. 예를 들어 제조업체의 경우 원료공급업체를 통합하는 것을 말한다. 포항제철이 제철 생산원료인 코크스 탄광이나 철광석 채굴회사를 설립하여 운영하는 것이 그 예이다.
- 수평통합(horizontal integration): 기업이 원료나 제품의 흐름상에서 자사와 동일수준에 있는 경쟁기업을 통합하는 경우를 말한다. 예를 들어 보잉사가 MD사를 통합하여 항공기 시장의 점유율을 높이려는 경우가 여기에 해당된다.

여기서 전방통합과 후방통합을 합하여 수평통합과 대비되는 수직통합(vertical integration)이라고 한다.

다양화를 통한 성장전략

앞의 집중적 성장전략에서 설명한 바와 같이 다양화 전략은 현재의 사업과 직접적 관련이 없는 다른 분야에서 새로운 성장기회를 찾으려는 전략이다. 다시 말하면 현재의 제품이나 시장으로는 이익이나 판매량을 더 이상 증가시키기 어렵거나, 다른 시장에서 보다 유리한 기회가 존재할 때 이용하는 성장전략이다. 다양화 전략이라고 해서 모든 시장기회를 이용하려는 것은 아니다. 자기 기업만의 특수한 능력을 보유하고 있고, 그 능력이 그 분야에서 성공할 수 있는 핵심요소일 때 이용할 수 있는 전략이다. 다양화를 통한 성장전략에는 3가지 유형이 있다.

- 집중적 다양화: 기존의 기술과 마케팅 활동을 이용하여 새로운 분야에 진출하려는 전략이다.
- 수평적 다양화: 기업이 확보하고 있는 기존 고객을 대상으로 신제품을 추가하는 전략이다.
- 복합적 다양화: 기존의 기술이나 제품 혹은 시장과 전혀 관계가 없는 새로운 분야에 진출하려는 전략이다.

이처럼 기업이 체계적으로 성장기회를 찾기 위해서는 먼저 기존의 제품이나 시장에서 그 기회를 탐색하고, 그 다음에는 기존의 사업분야나 마케팅경로상에서, 그리고 최종적으로는 현재와 다른 사업분야에서 성장기회를 찾는 것이 적절한 순서라고 할 수 있다.

3 제품수준의 전략적 계획

전략적 계획은 기업의 전반적 사명과 목표를 설정하는 것이며, 각 전략사업단위내에서 마케팅이 기업의 전략적 목표를 달성하는데 매우 중요한 역할을 수행하고 있음을 앞에서 설명한 바 있다. 다시 말하면 마케팅은 변화하는 시장을 모니터하여 기업을 여기에 적응시키는 주요한 역할을 담당하고 있다. 즉 마케팅은 단순히 판매하거나 광고하는 활동이 아니고 기업을 자신을 둘러싸고 있는 최선의 기회요소에 적응시키는 통합적 활동과정이라고 할 수 있다. 이러한 관점에서 마케팅관리 과정은 4가지 과정으로 구분할 수 있다 (그림 2.8 참조).

마케팅관리 과정은 마케팅환경 분석, 세분시장 마케팅전략의 수립, 마케팅믹스의 개발, 그리고 마케팅활동의 관리로 구성되어 있다. 본 절의 나머지 부분에서 마케팅관리 과정을 요약해서 설명하고, 보다 자세한 것은 본 서의 나머지 장에서 구체적으로 설명하고 있다.

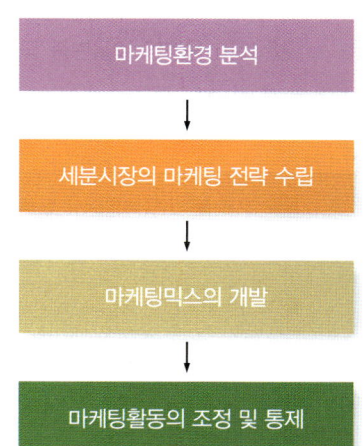

그림 2.8 마케팅관리 과정

3.1 마케팅환경 분석

모든 기업은 변화하는 환경 속에서 기업에게 유리한 최선의 기회를 식별하여 이를 이용하여야 한다. 어떤 기업도 현재의 제품과 시장만으로 영원히 번영을 누릴 수는 없다. 복잡하고 변화하는 환경은 항상 기업에게 새로운 기회와 위협을 동시에 제공하고 있다. 따라서 기업은 소비자와 환경을 주의 깊게 분석하여 위협을 회피하고 기회를 이용하여야 한다. 다시 말하면 기업이 변화하는 환경 속에서 살아남기 위해서는 경쟁기업보다 우수한 가치를 소비자에게 제공할 수 있는 새로운 방법을 끊임없이 찾아야 한다.

시장기회를 분석하기 위해서는 많은 정보의 공급이 필요하다. 예를 들면 고객에 대한 정보로서, 표적시장이 누구이며 그들이 어떻게 의사결정을 하고 있는지를 알아야 한다. 또한 기업 활동에 보다 직접적 영향을 미치는 주요 기관(actors), 예를 들면 경쟁자, 공급업체, 재판매업자, 그리고 공중 등에 대한 정보를 입수하여야 한다. 끝으로는 기업 활동에 보다 광범위하며 간접적 영향을 미치는 영향요인(forces), 예를 들면 인구통계적, 경제적, 자연적, 기술적, 정치적, 그리고 문화적 요인에 대한 정보를 입수하여야 한다. 마케팅정보 시스템은 마케팅관리자의 의사결정에 필요한 정보를 평가하고, 이를 여러 가지 원천, 예를 들면 내부기록(internal records), 외부정보(marketing intelligences), 그리고 마케팅조사(marketing research)를 통하여 획득하며, 획득된 정보를 적시에 적절한 양식으로, 정보가 필요한 마케팅관리자에게 분배하는 체계적인 시스템이다. 따라서 기업은 마케팅정보 시스템을 이용하여 체계적으로 변화하는 환경 속에서 시장기회를 식별하고, 이를 기업의 자원과 조화시키는 계속적인 노력이 필요하다고 할 수 있다. 본서에서는 기업이 분석하여야 할 마케팅환경에 대해서는 제3장에서, 그리고 필요정보의 체계적인 평가, 획득, 그리고 분배 시스템인 마케팅정보 시스템에 대해서는 제4장에서 자세히 다루고 있다.

3.2 세분시장 마케팅전략 수립

기업이 오늘날의 경쟁적 시장환경에서 성공하기 위해서는 고객 지향적이어야 하고, 경쟁기업보다 큰 가치를 제공함으로써 경쟁기업으로부터 고객을 유인하여야 한다. 그러나 고객을 만족시키기 위해서는 먼저 고객의 욕구와 필요를 찾아내야 한다. 따라서 적절한 마케팅활동을 수행하기 위해서는 주의 깊은 고객 분석이 요구된다.

한편 기업들은 특정시장의 모든 고객을 만족시킬 수는 없다. 왜냐하면 시장에는 다양한 욕구를 가진 수많은 유형의 소비자가 존재하기 때문이다. 기업에 따라서 특정 세분시장에 보다 잘 서비스 할 수 있는 경우가 발생할 수 있다. 따라서 각 기업들은 전체시장을 나누어서 그들이 보다 잘 서비스할 수 있는 세분시장을 선택하고, 선택된 세분시장에서 경쟁자보다 잘 서브할 수 있는 전략을 수립하여야 한다. 이러한 과정은 다음과 같은 ① 수요의 추정과 예측, ② 시장세분화, ③ 표적시장의 선정, ④ 시장 포지셔닝의 4단계로 나뉘어져 있다.

1) 수요의 추정과 예측

어떤 기업이 신제품을 판매할 수 있는 시장을 찾고 있다고 가정하자. 첫째, 그 기업은 전체시장과 각 세분시장의 현재규모와 미래규모를 신중히 추정할 필요가 있다. 현재의 시장규모를 추정하기 위해서는 경쟁하고 있는 모든 제품을 식별하고, 각 제품의 현재판매량을 추정해야 하며, 이 시장이 또 다른 제품을 판매하여 이익을 남겨줄 만큼 충분한 규모를 가지고 있는지 여부를 결정하여야 한다.

수요를 추정하고 예측하는데 있어서 또 다른 중요한 일은 미래의 시장성장률을 평가하는 일이다. 특정시장의 성장잠재력은 어떤 제품을 사용하는 연령집단, 소득집단, 그리고 인종집단의 증가율에 의해서 결정된다. 또한 시장성장률은 경제적 환경, 범죄율, 그리고 라이프스타일의 변화 등과 같은 보다 광범위한 환경변화에 의해서 영향을 받고 있다. 예를 들면 질 좋은 유아용 장난감이나 의류의 미래시장은 현재의 출생률, 소비자 생활수준, 그리고 가족 라이프스타일의 변화 등과 밀접한 관련이 있다. 이러한 환경요소들의 영향을 예측하는 것은 매우 어려운 일이지만, 시장에 대한 의사결정을 하기 위해서는 회피할 수 없는 중요한 사항이다.

2) 시장세분화

시장수요에 대한 예측이 긍정적인 경우에는 다음 단계로 시장에 진입하는 방법을 결정하여야 한다. 다시 말하면 시장은 여러 가지 유형의 고객, 제품, 그리고 욕구들로 구성되어 있기 때문에 마케팅관리자는 어떤 세분시장이 기업목표를 달성하는데 있어서 최선의 기회를 제공해 주는가를 결정하여야 한다. 어떤 시장을 별개의 제품이나 마케팅믹스를 필요로 하는 각기 다른 욕구, 특징, 혹은 행동을 지닌 독특한 소비자집단으로 분할하는 과정을 시장세분화(market segmentation)라고 한다. 그리고 분할된 시장을 세분시장(market segments)이라고 하며, 세분시장은 특정한 마케팅믹스에 대해서 유사한 반응을 보이는 소비자의 집단을 말한다.

모든 시장은 몇 개의 세분시장으로 구성되어 있지만, 시장을 세분화하는 모든 방법이 동등하게 유용한 것은 아니다. 예를 들면 감기약 타이레놀의 경우 남성과 여성이 특정 마케팅믹스에 대하여 동일한 반응을 보인다면 타이레놀시장을 남성시장과 여성시장으로 세분화하는 것은 아무런 의미가 없을 것이다. 그러나 자동차 시장의 경우 가격에 관계없이 가장 크고 안락한 자동차를 원하는 고객집단과 가격과 운영비에 주된 관심을 가지고 있는 고객집단이 시장에 함께 있을 때에는 모든 고객들의 욕구를 충족시킬 수 있는 자동차를 만들 수 없다. 이런 경우에는 시장을 세분화하여, 하나 이상의 세분시장의 독특한 욕구를 충족시키기 위하여 노력하는 것이 현명한 일이다.

3) 표적시장의 선정

기업이 세분시장을 정한 후에는 하나 혹은 여러 개의 세분시장에 진입할 수 있다. 표적시장의 선정(market targeting)은 각 세분시장의 매력도를 평가하여 진입할 하나 이상의 세분시장을 선정하는 것을 말한다. 자원이 제한되어 있는 기업은 하나 혹은 소수의 세분시장에만 진입하여야 할 것이다. 이러한 전략으로는 판매량에 한계가 있지만, 많은 이익을 올릴 수 있다. 자원이 풍부한 기업의 경우는 다양한 제품으로 모든 세분시장에 진입할 수도 있다.

대부분의 기업은 신규시장에 진입하는 경우 하나의 세분시장에 먼저 진출한 후에 성공하면 다른 세분시장에 추가적으로 진입하는 것이 보통이다. 대기업의 경우는 결국 전체 세분시장에 진입하기 위하여 노력한다. GM은 '모든 사람, 모든 소득계층, 그리고 모든 개성'에 적합한 다양한 종류의 자동차를 만들려고 노력하고 있는데, 대기업의 경우는 자신의 산업에서 GM과 같은 기업이 되기를 원하는 경우가 많다. 일반적으로 각 산업의 선도기업은 각 세분시장의 독특한 욕구에 적합한 다양한 형태의 제품을 가지고 있다.

볼보는 오랫동안 '안정성'이라는 포지셔닝 전략을 전개해왔다

4) 시장 포지셔닝

기업이 진입할 세분시장을 결정한 후에는 그 세분시장에서 점유하고자 하는 위치를 정하여야 한다. 여기서 '위치'란 특정 제품이 경쟁기업의 제품과 대비하여 소비자의 마음속에서 차지하고 있는 자리를 말한다. 만일 어떤 제품이 소비자의 마음속에서 경쟁제품과 똑같다고 인식된다면 소비자들은 그 제품을 구입할 이유가 없을 것이다.

시장 포지셔닝(market positioning)이란 특정제품이 표적시장에서 경쟁제품에 비하여 뚜렷하고 바람직한 위치를 차지하기 위한 준비과정을 말한다. 따라서 마케팅관리자는 자사 제품이 경쟁사 제품과 구별되고 표적시장에서 전략적 우위를 누릴 수 있는 위치를 차지하도록 계획하여야 한다. 예를 들면 크라이슬러(Chrysler)자동차의 경우는 '가장 유리한 자동차'라는 점을 강조하고 있고, 포드(Ford)자동차의 경우는 '품질이 첫 번째 과제'라는 점을 강조하고 있다. 또한 재규어(Jaguar)자동차는 '예술과 기계의 결합'이라는 이미지를, 반면에 사브(Saab)자동차는 '가장 지적인 자동차'라는 이미지를 심어주려고 노력하고 있다.

특정제품을 포지션하기 위해서는 먼저 그 위치에서 누릴 수 있는 가능한 경쟁적 우위요소를 식별하여야 한다. 경쟁적 우위를 차지하기 위해서는 경쟁기업보다도 저렴한 가격을 제시하거나 가격이 높은 경우에는 고가격을 정당화시킬 수 있는 보다 많은 효익(benefit)을 제공해 주는 등 선택된 표적시장에 경쟁기업보다도 더 큰 가치를 제공해 주어야 한다.

3.3 마케팅믹스의 개발

기업이 세분시장 마케팅전략을 수립한 이후에는 마케팅믹스(marketing mix) 세부계획을 수립하여야 한다. 마케팅믹스란 '표적시장에서 원하는 반응을 획득하기 위하여 기업이 이용할 수 있는 통제 가능한 마케팅수단의 집합'을 말한다. 다시 말하면 마케팅믹스는 기업이 자사제품의 수요에 영향을 미치기 위하여 동원할 수 있는 모든 수단을 말한다. 이러한 모든 수단들은 제품(product), 가격(price), 유통(place), 촉진(promotion)의 4가지 변수로 분류할 수 있다. 이러한 4가지 수단의 머리글자를 따서 마케팅믹스를 4P's라고도 한다. 그림 2.9는 이러한 각각의 4가지 P를 구성하고 있는 다양한 마케팅수단을 제시하고 있다.

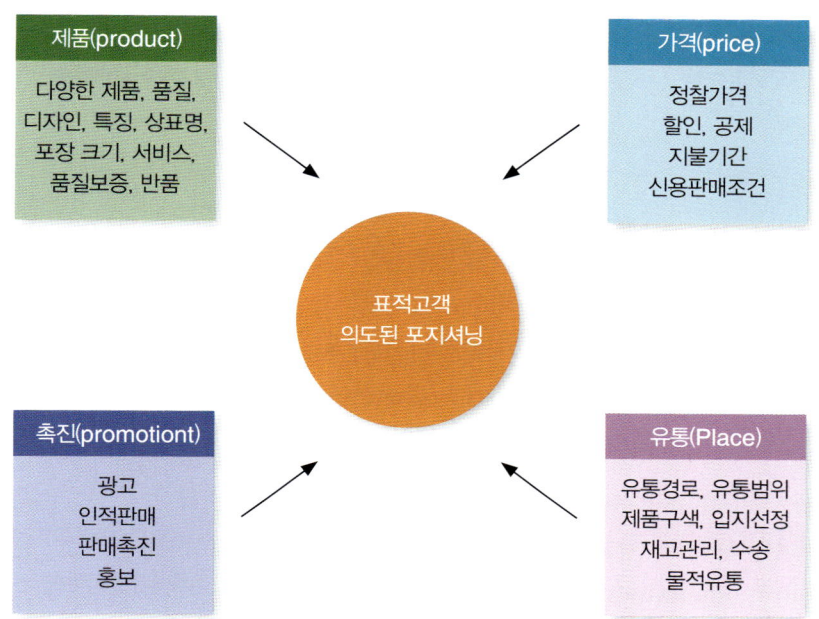

그림 2.9 마케팅믹스의 4P's

- 제품(product)은 기업이 표적시장에 제공하는 제품과 서비스의 총체를 의미한다. 제품 수요에 영향을 미치기 위하여 기업이 동원할 수 있는 수단으로서 제품범주에 포함시킬 수 있는 것은 다양한 제품, 품질, 디자인, 특징, 상표명, 포장, 크기, 서비스, 품질보증, 반품 등이 있다.
- 가격(price)은 제품을 획득하기 위하여 고객이 지불하여야 하는 화폐량을 의미한다. 제품수요에 영향을 미치기 위하여 기업이 동원할 수 있는 수단으로서 가격의 범주에 포함되는 것은 정찰가격, 할인, 공제, 지불기간, 신용판매 조건 등이 있다.
- 유통(place)은 표적시장이 제품을 이용할 수 있도록 해주는 모든 기업 활동을 의미한다. 제품수요에 영향을 미치기 위하여 기업이 동원할 수 있는 수단으로서 유통의 범주에 속하는 것은 유통경로, 유통범위, 제품구색, 입지선정, 재고관리, 수송, 물적 유통 등이 있다.
- 촉진(promotion)은 표적고객에게 제품의 장점을 알리고 그들이 제품을 구매하도록 설득하는 기업 활동을 의미한다. 제품수요에 영향을 미치기 위하여 기업이 동원할 수 있는 수단으로서 촉진의 범주에 속하는 것은 광고, 인적 판매, 판매촉진, 홍보 등이 있다.

> **마케팅믹스(4P's)**
> 제품관련 의사결정, 가격결정, 유통결정, 광고 및 판촉등의 촉진결정들을 포함

그림 2.10 기업의 4P's와 고객의 4C's

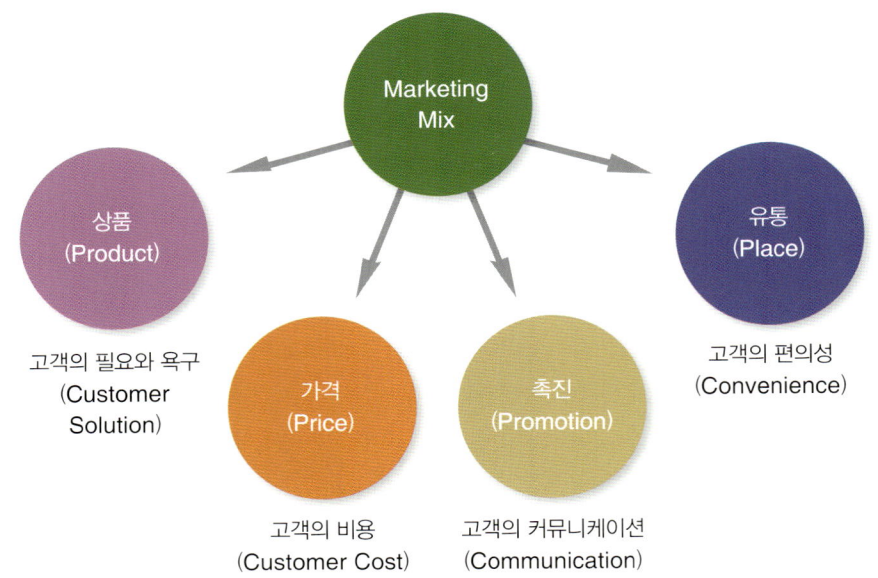

그림 2.10은 제품을 판매하는 기업중심의 마케팅 관점인 4P를 고객이 가치를 전달받는 고객중심의 관점인 4C로 재정의한 것이다.

3.4 마케팅활동의 조정 및 통제

기업들은 표적시장에서 자신의 목표를 가장 잘 달성할 수 있는 마케팅믹스를 설계하여 이를 실천에 옮기기를 원한다. 마케팅믹스를 설계하고 실천에 옮기기 위해서는 4가지 마케팅관리기능, 즉 분석(analysis), 계획수립(planning), 실행(implementation), 그리고 통제(control)의 과정을 거쳐야 한다. 그림 2.11은 이러한 4가지 마케팅관리 기능 간의 관계를 보여주고 있다 (그림 2.11 참조).

그림 2.11 4가지 마케팅관리 기능간의 관계

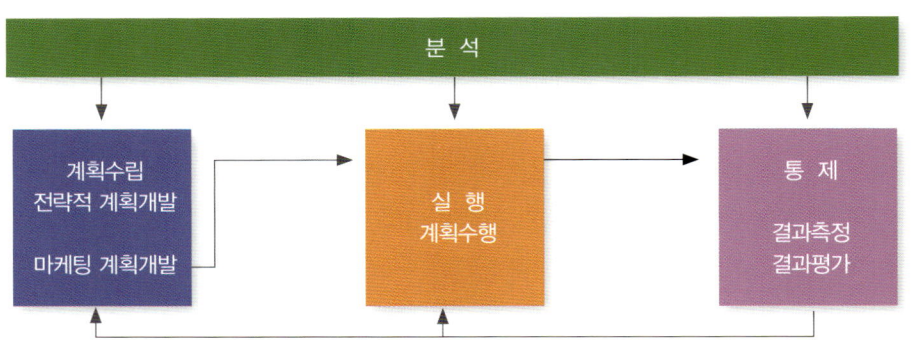

기업이 목표를 달성하기 위하여 수립한 계획을 수행하는 과정에는 예상하지 못한 여러 가지 돌발사태가 발생하기 때문에 계획과 실제 결과 사이에 차이가 발생하는 것이 보통이

다. 따라서 마케팅 계획과 그 집행 결과를 비교·평가하여, 기업의 목표를 달성할 수 있도록 시정조치를 취하는 과정이 필요하게 되는데, 이러한 과정을 마케팅 통제라고 한다. 이러한 마케팅 통제과정은 네 가지 단계로 구성되어 있다 (그림 2.12 참조).

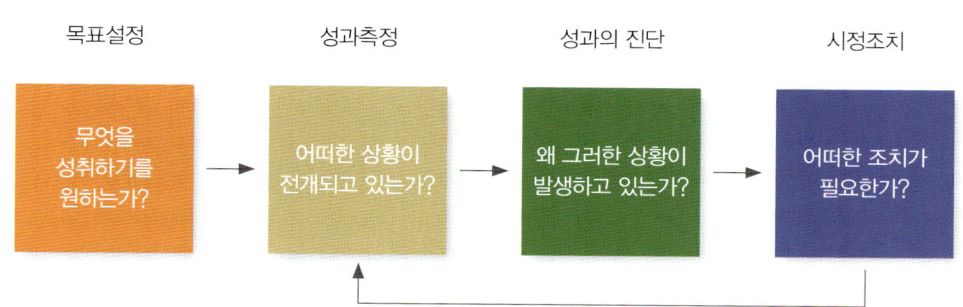

그림 2.12 마케팅 통제과정

마케팅 통제과정의 첫 번째 단계는 구체적인 마케팅목표를 설정하는 것이고, 두 번째 단계는 시장에서의 성과를 측정하는 것이다(그림 2.13 참조). 세 번째 단계는 기대했던 성과와 측정된 실제성과 간의 차이가 발생한 원인을 평가하는 것이고, 마지막 단계는 목표와 실제성과 간의 차이를 좁히기 위한 시정조치를 취하는 것이다. 시정조치는 목표를 수정하거나 행동 프로그램을 변화시키는 것을 말한다. 예를 들어 목표로 했던 시장점유율이 목표설정 당시에는 실현가능한 것이었으나 돌발적인 경쟁자의 시장진입으로 실현 불가능한 것이 되었을 수도 있다. 이럴 경우 마케팅관리자는 목표 시장점유율을 현재의 25%에서 20%로 수정하여 실제성과와의 차이를 조정할 수 있다. 반면에 목표 시장점유율 25%를 충분히 달성할 수 있음에도 불구하고 실제성과가 낮았다면 판매원의 동기를 부여하거나 마케팅믹스를 조정하여 실제성과를 높임으로써 목표 시장점유율과의 차이를 조정할 수 있다.

그림 2.13 성공적인 광고캠페인의 예

기업은 마케팅 프로그램의 실행에 대한 성과를 다양한 방법으로 측정한다. 캠벨의 "Soup at Hand" 광고 캠페인은 제품의 사용비율과 재구매율을 기존의 두 배 이상 증가시킨 것으로 분석되었다

요약

현대기업의 성공여부는 복잡하면서도 항상 변화하고 있는 기업의 내·외부환경에 적절히 대응할 수 있는 능력에 달려 있다고 할 수 있다. 먼저 전략이란 변화하는 기업외부환경이 제공하는 기회와 위협에 대처하기 위하여 자사가 보유하고 있는 인적·물적 자원을 적절히 배분하여 경쟁우위를 확보하려는 기업 활동을 말한다.

전략적 계획수립과정이란 기업이 생존과 성장이라는 자신의 목적을 달성하기 위하여 환경변화에 적응하는 계획을 수립하는 과정이다. 이 과정은 기업 사명의 정의, 목표설정, 환경분석, 사업포트폴리오 설계, 그리고 기능부서별 전략적 계획수립이라는 다섯 단계를 거쳐서 진행된다.

첫 번째, 기업의 사명이란 보다 넓은 환경 속에서 기업이 달성하려고 하는 그 무엇을 말하며, 기업의 사명이 실질적인 효과를 거두기 위해서는 그 내용이 시장지향적이고, 실현가능성이 있으며, 조직구성원들의 사기를 높일 수 있고, 구체적인 것이야 한다.

두 번째 단계인 목표의 설정은 기업의 사명을 특정 기간 동안 달성할 수 있는 일련의 목표로 전환하는 것을 말하며, 가능한 한 구체적이고 계량화 되어야 한다.

세 번째 단계인 기업의 환경분석은 기업의 외부환경을 분석하고 변화하는 환경 속에서 기업에 영향을 미치는 기회·위협요인을 파악하여 자사의 강·약점을 연계시키는 과정을 말한다.

네 번째, 사업포트폴리오 설계는 기업의 환경분석을 통하여 자원의 적절한 배분을 결정하는 계획을 말한다.

마케팅관리과정은 전체의 기업차원과 사업부차원에서 전략적 계획이 수립되면 이를 바탕으로 보다 구체적인 마케팅계획을 수립·실천·통제하는 과정을 말한다. 즉 마케팅환경을 분석하고, 세분시장 마케팅계획을 수립하며, 마케팅믹스를 개발하는 과정과 수립된 계획을 실천하고 통제하는 마케팅활동의 관리과정으로 구분할 수 있다.

마케팅관리과정의 첫 번째 단계인 마케팅 환경분석은 마케팅정보시스템을 이용하여 변화하는 환경 속에서 체계적으로 시장기회를 파악하고 이를 기업의 자원과 조화시키는 노력을 말한다.

두 번째 단계는 세분시장에 대한 마케팅전략을 수립하는 것이다. 세분시장에 대한 마케팅전략의 수립은 수요의 추정과 예측, 시장세분화, 표적시장의 선정, 시장 포지셔닝의 4단계로 이루어진다.

세 번째 단계는 수립된 세분시장 마케팅전략을 바탕으로 구체적인 마케팅믹스, 즉 제품, 가격, 유통 그리고 촉진계획을 수립하는 것이다.

마케팅관리과정의 마지막 단계는 수립된 계획과 실제의 실행결과 사이에 차이가 있는지 여부를 비교·평가하는 마케팅 통제과정이다.

진·도·평·가

1. 기업사명을 기술하는 데 있어서 고려해야 할 사항을 나열하고 각각을 구체적으로 설명하시오.

   ▶ 2장 36~37쪽 참조

2. BCG매트릭스와 GE매트릭스를 비교하고 각각의 장단점을 논하시오.

   ▶ 2장 40~44쪽 참조

3. 세분시장 마케팅 전략의 수립은 크게 4단계로 구성되어 있다. 이들 단계들을 간략히 설명하시오.

   ▶ 2장 49~50쪽 참조

참·고·문·헌

1) Kotler Philip and Gary Armstrong, *Principles of Marketing*, Prentice-Hall, 1989, pp. 27-28.
2) 채서일 (1995), 마케팅, 학현사, P. 29.
3) 안광호·유창조·전승우 옮김 (2017), Kotler의 마케팅 원리, 16판, 시그마프레스, p.46.
4) Kotler, Philip and Gary Armstrong, op. cit., p. 31.

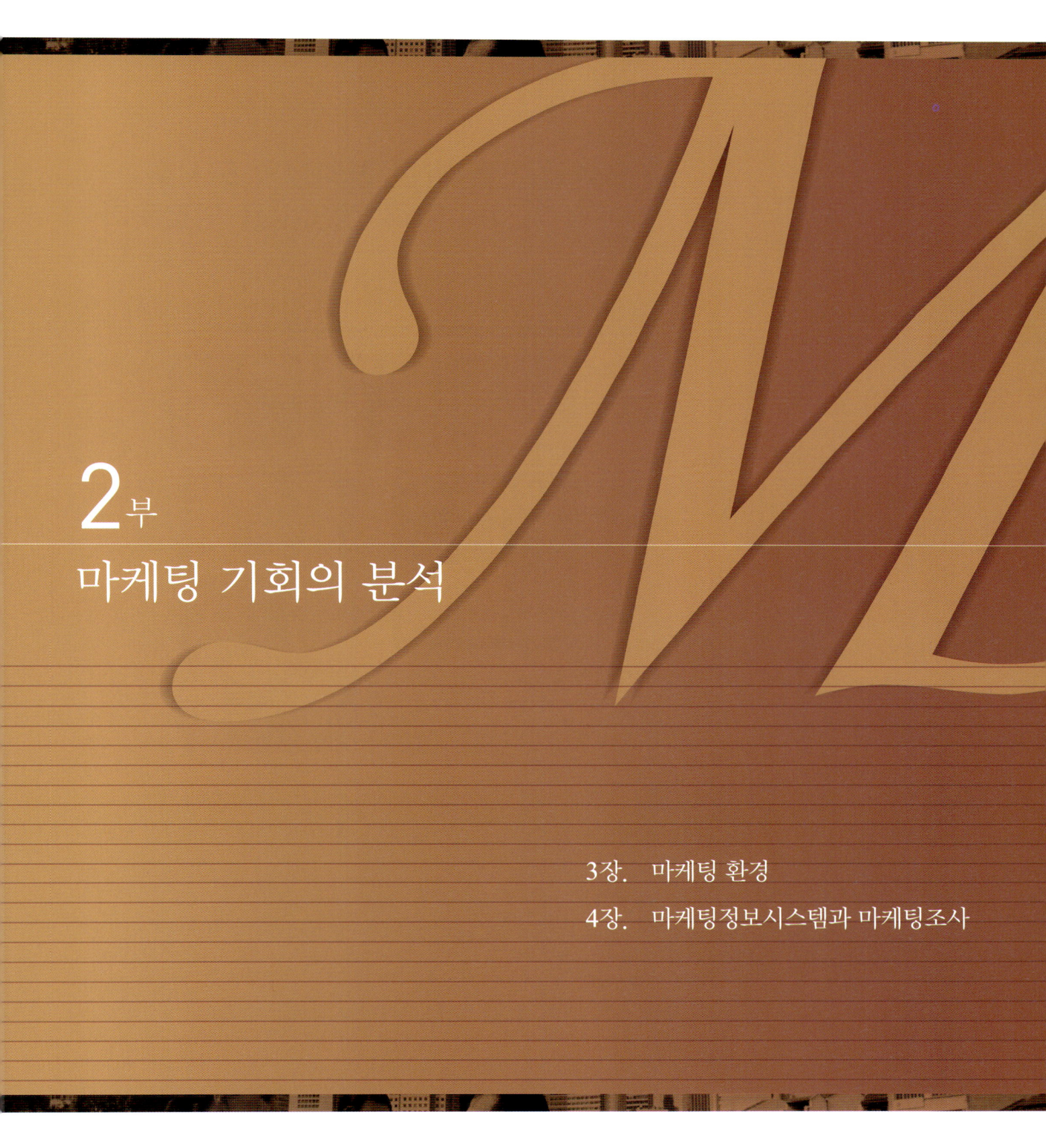

2부 마케팅 기회의 분석

3장. 마케팅 환경
4장. 마케팅정보시스템과 마케팅조사

도입사례

24시간 불 밝힌 편의점의 도시樂
양과질 가성비 만족...2030을 위로하다

그림1 빅3 편의점 업체의 대표 도시락 (위에서부터 시계방향으로 '백종원도시락' - '김혜자도시락' - '혜리도시락')

1. 돈도, 여유도 사라진 소비자들에게 '가성비'로 어필

올해 소비자들의 머리를 지배한 단어를 꼽으라면 단연 '가성비(가격 대비 성능비)'다. 장기화된 불경기로 취업난이 가중되고, 40대 명예퇴직자들이 속출하고, 있고 재기대경움이 유유한 사항에서 소

서울광화문의 점심시간. 사원증을 목에 건 직장인들이 삼삼오오 식당 앞에 줄을 늘어선 가운데 유명 식장 못지 않게 인파가 붐비는 곳이 있다. 바로 편의점이다.

기업들이 밀집한 도심 빌딩가에서 점심식사로 편의점 도시락을 애용하는 직장인들을 찾아보는 것은 어렵지 않은 일이다. 불과 몇 년 전만 해도 편의점 도시락 하면 맛없고 부실하다는 인상을 떠올렸다. 하지만 2016년 식당보다 다양한 메뉴와 반찬, 저렴한 가격으로 무장한 편의점 도시락은 그 같은 편견을 불식시키며 지갑이 가벼운 2030세대를 위로하는 소울푸드로 거듭났다. '혜자 도시락''백종원 도시락'등 각 편의점 업체들의 대표 도시락 간의 경쟁이 뜨겁게 달아오른 가운데 매출 증가세는 그야말로 폭발적이다. CU의 경우 2016년 상반기 기준 전년대비 매출이 200% 이상 증가했다. GS25의 도시락 매출은 10월 말 기준 전년 동기 대비 176.7% 신장한 것으로 집계됐다. 세븐일레븐의 도시락 역시 올해 150% 이상 매출이 증가했다. 이에 힘입어 2014년 2000억 원대에서 지난해 3000억 원대로 성장한 편의점 도시락 시장은 올해 5000억 원을 훌쩍 넘어서는 규모로 불어날 것으로 전망됐다.

단순히 숫자만 변화한 것이 아니라 편의점 도시락에 대한 소비자들의 시선 자체가 달라졌다는 점이다. 온라인 리서치 기업이 120만 명의 소비자 패널들을 조사한 바에 따르면 전체 응답자의 78.6%는 일상 생활에서 도시락으로 한끼 식사를 해결해 본 것으로 답했다. 또 전체 응답자의 87.3%가 편의점 도시락의 수준이 예전보다 좋아진 것 같다고 응답했다. 소비자들이 구입하는 편의점 도시락 가격은 3000원대이며 이용자의 67.1%가 적정한 수준이라고 평가했다.

돈도, 여유도 사라진 소비자들에게 '가성비'로 어필

올해 소비자들의 머리를 지배한 단어를 꼽으려면 단연 '가성비'다. 장기화된 불경기로 취업난이 가중되고, 40대 명예퇴직자들이 속출하고, 임금은 제자리 걸음인 우울한 상황에서 소비자들은 심리적으로 위축됐다. 돈도, 시간도, 여유도 사라진 소비자들은 '가성비'를 따지고 들 수밖에 없었다. 2016년 편의점 도시락은 이렇듯 가성비를 중시하기 시작한 소비자들의 취향을 제대로 적중했다.

서울시내 시중 음식점에서 점심식사를 하려면 평균 7000원 가량의 비용이 소요된다. 취업포털 잡코리아가 올해 조사한 바에 따르면 직장인의 평균 점심값은 6370원이었다. 하지만 편의점 도시락의 가격은 3000~4000원대다. 딱 절반 가격이다. BGF 리테일 김정훈 간편 식품팀 팀장은 "편의점 도시락의 라인업이 확대되고 있지만 초창기에 소비자들에게 어필할 포인트는 분명 가성비일 것"이라며 "초창기 제품인 더블 BIG정식의 경우에도 반찬과 밥을 2단으로 제공하는 등 푸짐한 양에 비해 가격이 저렴하다는 점이 네티즌 사이에서 화제가 됐다"고 설명했다. 게다가 편의점 업계는 가성비라는 메가트랜드를 재빨리 읽고 스마트한 전략을 구사하고 있다. 3000~4000원대의 저렴한 가격을 제시하는 것을 넘어 2in1 제품을 출시하는 것도 그 같은 전략의 일부다. 기존에는 도시락에만 충실했다면 소비자에게 더 큰 만족감을 안겨주기 위해 디저트, 음료와 결합한 구성을 선보이고 있는 것이다. 끼니+a 를 제공해 가성비에 예민한 소비자들에게는 한층 더 매력적으로 다가가고 있는 셈이다.

치열한 경쟁을 통해 키운 도시락 자체의 경쟁력, '창렬스럽다'는 옛말

물론 아무리 가격이 저렴하고 스타마케팅이 이어졌다고 하더라도 본질적으로 도시락이 소비자들의 눈높이를 채워주지 못했더라면 현재의 '편의점 도시락 열풍은 없었을 것이다.

가성비, 스타마케팅에 끌려 한두번 도시락을 구매할 순 있겠지만 일시적인 바람에 그쳤을 가능성이 높다. 올해 편의점 도시락이 바람을 넘어 '태풍'으로 번지고, 올해 편의점 도시락 시장이 2배 수준으로 성장한 것은 '구매→만족→재구매'로 이어지는 선순환을 창출해냈기 때문이다. 편의점 업체들이 창렬스럽다는 이미지를 벗기 위해 식재료 선택, 위생 기준을 강화하고 설비에 투자하여 도시락 맛을 가다듬으며 경쟁력을 끌어올린 '공'이 드디어 효과를 본 것이다.

(중략)

1인가구 확대, 업체들도 이들을 겨냥한 다양한 O2O 서비스 제공

편의점 도시락의 상승세는 인구구조 변화와도 맞물려있다. 편의점 도시락도 물론 자체 경쟁력을 갖추고 있었지만 1인 가구의 확대 속에 '혼밥족'이 늘어나는 등 시대적인 조류의 변화가 맞물려 폭풍성장이 가능했다는 얘기. 통계청이 발표한 '인구주택 총조사'에 따르면 지난해 1인가구는 총 520만 3000가구로 전체 가구의 27.2%를 차지했다. 1990년 102만1000가구 였던 것이 25년 새 5배나 성장 한 셈이다. 이처럼 홀로 식당에 가기도 불편하고, 혼자 먹기 위해 마트에서 한보따리 재료를 사다가 음식을 하기도 어려운 1인 가구는 끼니가 되면 편하게 골목 구석구석에 자리한 편의점 도시락을 선택한다. 편의점 업계는 이들을 겨냥해 편의점을 도시락 카페처럼 꾸미는가 하면 스마트폰 등 디지털 기기에 친숙한 이들이 더 편리하게 도시락을 선택할 수 있게끔 각종 O2O서비스도 내놓고 있다.

자료원 : 동아비즈니스 리뷰 2016.12

제3장

마케팅 환경

1 마케팅환경의 정의 및 구성요소

1.1 마케팅환경의 정의

기업의 마케팅 환경이란 '기업의 표적고객과 성공적인 관계를 개발하고 유지하는데 필요한 마케팅 관리자의 능력에 영향을 미치고 있는 마케팅 외부의 모든 세력(actors)과 영향력(forces)을 말한다'. 이러한 마케팅 환경은 기업에게 기회와 위협을 동시에 제공한다. 오늘날 기업의 성공여부는 항상 변화하고 있는 환경에 대해서 적시에 적절하게 적응할 수 있는 능력에 달려 있다고 할 수 있다.

따라서 마케팅 관리자는 환경 속에서 일어나고 있는 중요한 변화를 식별할 책임이 있다. 다시 말하면 기업 내의 어느 누구보다도 마케팅 관리자는 트렌드 추적자(trend trackers)가 되어야 하고 기회 추구자(opportunity seekers)가 되어야 한다. 따라서 마케팅 관리자는 변화하는 마케팅 환경에 대한 정보를 지속적으로 수집하여야 한다. 또한 그들은 고객과 경쟁 환경에 대한 정보의 수집에 보다 많은 노력을 기울여야 한다. 이처럼 체계적인 환경탐색을 통하여 마케팅 관리자는 시장에서 나타나고 있는 새로운 위기와 기회에 적응할 수 있는 새로운 마케팅 전략을 개발하거나 기존의 전략을 수정할 수 있게 된다.

1.2 마케팅환경의 구성요소

마케팅환경은 미시적 환경(microenvironment)과 거시적 환경(macroenvironment)으로 구분된다. 미시적 환경이란 고객과 교환관계를 개발하고 유지하는 기업의 능력에 직접적으로 영향을 미치는 기업 가까이 있는 세력, 즉 기업내부, 공급업자, 마케팅 중개기관, 고객, 경쟁자, 그리고 대중 등을 말한다. 한편 거시적 환경은 미시적 환경 전체에 영향을 미치고 있는 보다 넓은 의미의 사회적 영향력, 즉 인구통계적 환경, 경제적 환경, 자연적 환경, 기술적 환경, 정치적 환경, 그리고 문화적 환경 등을 말한다 (그림 3.1 참조).

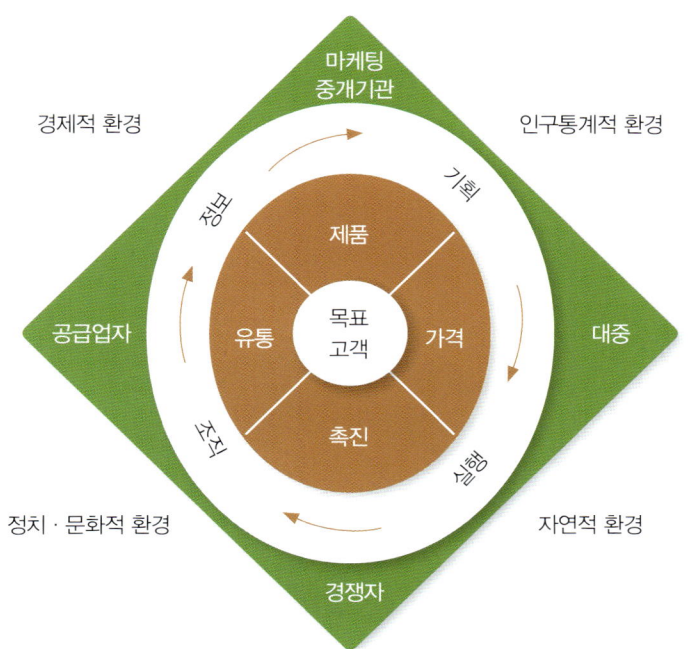

그림 3.1 기업의 마케팅전략에 영향을 미치는 요인들

2 미시적 환경

마케팅 관리자는 고객의 욕구 충족을 위해서는 표적시장에만 초점을 둘 수 없으며, 기업의 미시적 환경을 구성하고 있는 모든 요소를 주시하여야 한다 (그림 3.2 참조). 즉 기업의 내부부서(마케팅 이외의 다른 부서), 공급업자, 중개기관, 고객, 경쟁기업, 대중 등 미시적 환경요소의 변화를 주시하여 여기에 맞게 4P's를 조정함으로써 고객의 욕구를 충족시킬 수 있으며, 이를 통하여 표적고객과의 교환관계를 유지시킬 수 있다. 미시적환경의 구성요소를 자세히 살펴보면 다음과 같다.

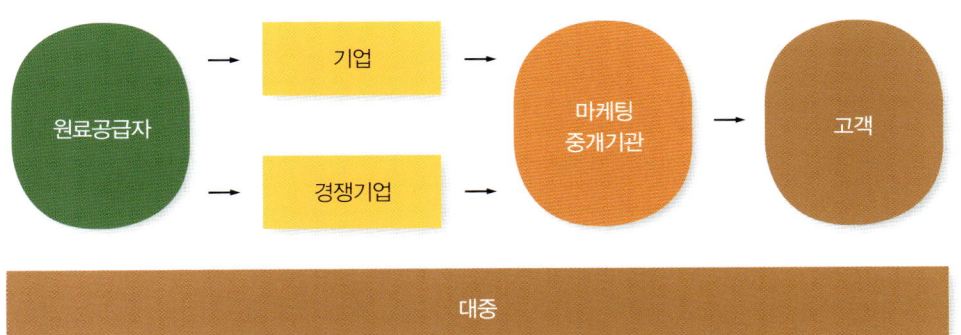

그림 3.2 미시적 환경의 구성요소

2.1 기업내부환경

마케팅 관리자가 마케팅계획을 수립하려면 기업내부의 여타부서, 다시 말하면 최고경영층, 자금부, 연구개발부, 구매부, 생산부, 그리고 회계부 등을 고려하여야 한다. 이처럼 마케팅계획의 수립에 영향을 미치고 있는 기업내부의 상호 관련된 부서를 기업내부환경(internal environment)이라고 한다 (그림 3.3 참조).

그림3.3 기업내부 환경

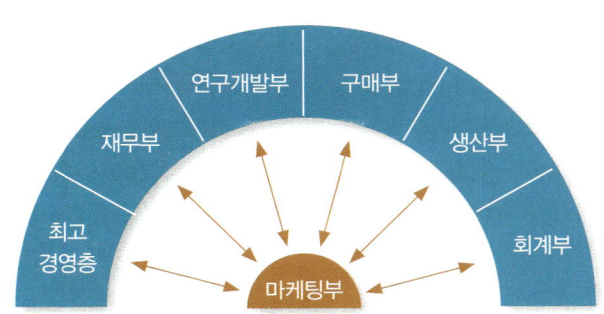

기업의 최고경영층은 기업의 사명, 목적, 전략, 그리고 정책을 수립하고, 마케팅 관리자는 최고경영층이 수립한 정책의 범위 내에서 의사결정을 하여야 하며, 의사결정내용을 실천하기 전에 최고경영층의 승인을 받아야 한다. 또한 마케팅 관리자는 기업내부의 다른 부서와도 긴밀한 협조관계를 유지하여야 한다. 예를 들면 자금부는 마케팅계획을 실행하는데 필요한 자금을 조달하고 배분하기 위하여 마케팅부와 긴밀한 협조관계를 유지하여야 한다. 연구개발부는 안전하고 매력적인 제품을 설계하여 고객의 호감을 끄는데 마케팅부와 협조하여야 하며, 생산부는 원하는 품질과 수량을 생산하기 위하여 마케팅부와 협조관계를 유지하여야 한다. 이처럼 기업내부의 모든 부서는 마케팅부의 계획수립과 수립된 계획의 실행에 영향을 미치고 있다. 마케팅개념에 의하면 이러한 기업내부의 모든 부서는 소비자를 생각하면서 보다 나은 고객가치와 고객만족을 제공하기 위하여 조화롭게 노력하여야 한다.

2.2 공급업자

공급업자는 기업이 제품이나 서비스를 생산하는데 필요한 자원(원료, 부품, 반제품, 완제품 등)을 조달해 주는 개인이나 기업을 말한다. 이러한 공급업자는 기업의 전반적인 고객가치전달체계(customer value delivery system)내에서 중요한 연결고리 역할을 수행하고 있다. 따라서 공급업자에게 일어나는 환경변화는 마케팅에 심각한 영향을 미치고 있다. 예를 들면, 자전거를 생산하는 기업은 강철, 알루미늄, 고무 타이어, 기어 및 기타의 부품을 구입하여야 하며, 노동력, 기계, 연료, 전력, 컴퓨터 및 기타의 요소들도 조달하여야 한다. 만일 이러한 자원들 중에서 한 가지라도 원하는 시간에 원하는 품질의 제품을 원하는 수량만큼 공급받지 못한다면 기업의 마케팅계획에 심각한 영향을 미치게 될 것이다. 또한 마케팅 관리자는 이러한 투입요소의 가격변화 추세도 주시할 필요가 있는데, 그 이유는 투입요소의 가격인상은 제품가격의 인상을 초래하여 판매량에 영향을 미칠 것이기 때문이다.

2.3 마케팅 중개기관

마케팅 중개기관(marketing intermediaries)이란 기업이 최종구매자에게 제품을 판매, 촉진, 그리고 분배하는데 도움을 주는 모든 개인이나 기업을 말한다. 예를 들면, 중간상, 물류(물적유통)기업, 마케팅 서비스기관, 그리고 금융기관 등이 여기에 해당된다.

- 중간상(middlemen) : 기업이 고객을 찾아서 그들에게 제품을 판매하는 일을 도와주는 유통경로를 말한다. 예를 들면 제품을 구매하여 다시 판매하는 도매업자나 소매업자가 여기에 해당된다.

- 물적유통기업(physical distribution firms) : 제품을 생산지로부터 소비지로 이동시키는데 필요한 저장이나 운송을 도와주는 모든 개인이나 기업을 말한다. 기업이 창고회사나 운송회사와 협력하여 제품을 생산지로부터 소비지로 이동시키기 위해서는 비용, 배달속도, 그리고 안전도 등을 고려하여 적절한 균형을 유지할 수 있는 최선의 방법을 찾아내는 일이 중요하다.

- 마케팅 서비스기관(marketing services agencies) : 기업이 그들의 고객을 선정하고, 이들을 대상으로 촉진하는 일을 도와주는 모든 개인 및 기업으로서, 마케팅조사기업, 광고대행사, 언론사, 그리고 마케팅 자문회사 등이 있다. 기업의 입장에서 볼 때 저렴한 가격으로 능력 있는 마케팅 서비스기관을 이용할 수 있느냐의 여부가 기업의 성공여부에 큰 영향을 미치기 때문에 이들의 업적을 정기적으로 평가하여 최적의 서비스기관을 선정하는 일이 매우 중요하다.

- 금융기관(financial intermediaries) : 거래지원 금융을 제공해 주고 제품의 구매나 판매에 부수되는 위험을 제거하는데 도움을 주는 모든 개인이나 기업으로서, 은행, 신용회사, 보험회사 등이 있다. 대부분의 기업이나 고객들은 원활한 거래를 위하여 이러한 금융기관을 통하여 자금을 융통하고 있다. 따라서 이러한 금융기관의 적절한 지원을 받을 수 있는지 여부가 기업의 판매나 이익에 많은 영향을 미치기 때문에 기업은 최적의 금융기관과 협력관계를 유하는데 많은 노력을 기울여야 한다.

2.4 소비자

기업의 성공여부는 고객의 욕구를 경쟁기업에 비하여 보다 효율적으로 충족시킬 수 있느냐에 달려 있다. 즉 소비자가 원하는 것이 무엇인지를 파악하고 이를 충족시킬 수 있는 제품이나 서비스를 제공하는 것이 필요하다. 따라서 기업이 효과적인 마케팅 전략을 수립하고 실행하기 위해서는 소비자에 대한 명확한 이해가 선행되어야 한다. 소비자에 대한 내용은 이 책의 제 5장에서 설명하고 있다.

2.5. 경쟁자

마케팅개념에 의하면 기업이 성공하기 위해서는 경쟁자에 비해서 보다 큰 고객가치와 고객만족을 제공할 수 있는 능력을 가지고 있어야 한다. 따라서 기업은 표적고객의 욕구에 단순히 적응하는 것 이상의 노력을 기울여야 한다. 다시 말하면 경쟁에 이기기 위하여 소비자의 마음속에 자사 제품을 경쟁자 제품보다 유리한 위치에 포지셔닝 함으로써 전략적 우위를 유지하려는 노력이 필요하다.

이러한 전략적 우위를 확보할 수 있는 모든 기업에 적합한 단일의 경쟁전략이 있는 것은 아니다. 따라서 각 기업은 경쟁기업과 비교하여 자신의 규모나 산업내 위치를 고려하여 자신에게 적합한 경쟁전략을 수립하여야 한다.

따라서 기업은 경쟁자가 누구이며, 그들의 경쟁전략, 생산원가, 가격정책, 촉진정책 등의 모든 마케팅전략면에서 강점과 약점을 분석하여 이에 적응하려는 노력을 지속적으로 유지해야 한다.

2.6 대중

대중(public)이란 기업이 자신의 목적을 달성할 수 있는 능력에 실제적 혹은 잠재적 영향을 미치거나, 이러한 능력에 실제적 혹은 잠재적 관심을 가지고 있는 모든 집단을 말한다. 기업의 마케팅환경에 포함되어 있는 대중에는 여러 가지 형태가 있다 (그림 3.4 참조).

그림 3.4 대중의 형태

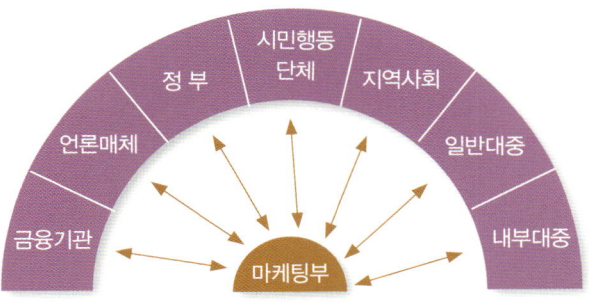

- 금융기관(financial publics): 금융기관은 자금을 조달하려는 기업의 능력에 영향을 미치고 있다. 은행, 투자회사, 증권회사 등이 여기에 속한다.
- 언론매체(media publics): 언론매체란 뉴스, 특징, 그리고 편집된 의견을 전달해 주는 기관을 말한다. 신문, 잡지, 라디오, 그리고 TV 등이 여기에 속한다.
- 정부(government publics): 정부의 정책, 제도, 규정 등이 기업의 목적달성 능력에 심각한 영향을 미치고 있기 때문에 기업은 정부정책 등의 변화를 면밀히 분석하여 이에 적응하려는 노력을 지속적으로 기울여야 한다. 예를 들면 제품의 안전성, 광고의 진실성

폭로된 '인공 美' 화제 만발

유니레버의 대표적 뷰티 브랜드인 도브의 미국 내 광고가 우리나라 네티즌 사이에서 큰 화제를 모으고 있다. '진화(Evolution)'라는 이름의 이 광고는 획일화된 아름다움을 타파하고 진정한 아름다움의 기준을 제시한다는 취지로 새롭게 제작된 것이다.

이 광고는 평범한 일반인 모델이 촬영 중 헤어 스타일링, 메이크업, 조명 시스템에 의해 변신하는 과정을 보여준다. 촬영이 완료된 모델의 사진은 컴퓨터 그래픽 작업을 통해 눈, 코, 입 모양은 물론 얼굴선, 목의 길이까지 새로운 모습으로 수정된다. 이처럼 전형적인 미인의 모습으로 다시 태어난 모델의 사진은 옥외 광고물로 게시됨으로써 마무리된다. 이를 통해 그동안 아름다움에 대한 우리의 인식이 얼마나 인위적이고 왜곡돼 있었는지 보여주고 나아가 자라나는 아이들마저 그릇된 미의식을 형성하게 만드는 환경에 노출돼 있음을 시사한다는 것이 도브의 의도다.

미국 내 광고이지만 외모에 대한 관심이 높고 인위적인 미의 조작이 일상적으로 이뤄지는 국내에서도 공감을 얻으며 확산되고 있다는 것.

한편, 미에 대한 올바른 인식 확산을 위해 전 세계적으로 '리얼뷰티 캠페인'을 펼치고 있는 도브는 국내에서도 '도브 리얼뷰티 교육기금'을 운영하고 있다. 이 기금은 10대 소녀와 여성들의 올바른 미의식 형성과 외모에 대한 자신감 향상을 위한 교육에 쓰이고 있다.

자료원 : 뷰티누리 2006.02

등에 대한 정부의 규제가 강화되는 환경변화에 직면하여 기업은 여기에 적절하게 대응하지 않고는 자신의 목적을 달성할 수 없을 것이다.

- 시민 단체(citizen-action publics): 기업은 소비자보호단체, 환경운동단체, 기타 시민단체 등의 반응을 고려하여 마케팅 의사결정을 내려야 한다. 오늘날 시민사회에서는 이러한 시민행동단체가 기업의 목적달성은 물론 국가의 목적달성에도 큰 영향을 미치기 때문에 기업은 이들의 행동강령과 입장을 고려하면서 마케팅 의사결정을 내려야 한다.
- 지역사회(local publics): 모든 기업들은 제품을 생산하고 판매하는 지역 내의 주민, 단체, 그리고 기관간의 유대관계를 유지하는 일이 매우 중요하다. 왜냐하면 지역사회와의 유대관계가 기업의 생산과 판매활동을 포함하여 기업의 목적달성에 큰 영향을 미치고 있기 때문이다.
- 일반대중(general publics): 일반대중의 당해기업에 대한 이미지는 제품의 구매에 영향을 미치기 때문에 기업은 자신의 제품이나 활동에 대한 일반 대중의 태도에 관심을 가져야 한다.
- 내부대중(internal publics): 기업의 내부대중은 노동자, 관리자, 이사, 그리고 자원봉사자 등을 포함하고 있다. 대기업의 경우는 사보나 기타의 여러 가지 수단을 이용하여

내부대중에게 기업에 관한 정보를 제공하거나, 내부대중의 동기를 유발하고 있다. 그 이유는 내부대중이 자신이 근무하고 있는 기업에 대하여 호감을 가지고 있을 때 이러한 긍정적인 태도가 외부공중에게도 전파되기 때문이다.

기업은 표적시장을 대상으로 마케팅 계획을 수립할 수 있는 것과 마찬가지로 이러한 주요 대중을 대상으로 마케팅 계획을 수립하여야 한다.

3 거시적 환경

기업은 제2절에서 설명한 미시적 환경요소들과 기업에게 기회와 위협을 동시에 제공하고 있는 보다 넓고 광범위한 영향을 미치고 있는 거시적 환경의 틀 속에서 관리되지 않으면 안 된다. 따라서 거시적 환경분석의 목적은 환경으로부터의 기회와 위협요소를 발견하는데 있다. 기회의 발견은 변화하는 환경 가운데서 자신이 활용할 수 있는 특별한 기회를 발견하는 것이다.

거시적 환경분석은 이와 같이 중·장기적인 기회와 위협의 발견을 가능하게 함으로써, 마케팅 관리자에게는 일종의 조기경보시스템으로서의 역할을 수행해 주고 있다고 할 수 있다. 이러한 거시적 환경요소들은 6가지 요소로 구성되어 있다 (그림 3.5 참조).

그림3.5 기업의 거시적 환경 구성요소

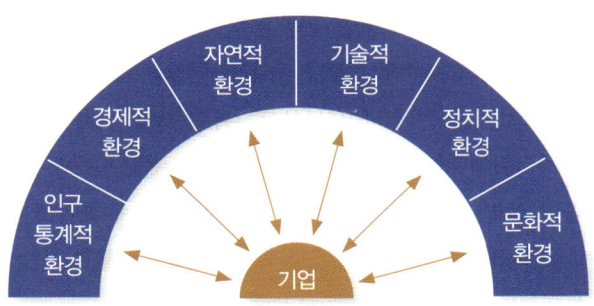

3.1 인구통계적 환경

인구통계(demography)란 인구의 규모, 밀도, 지리적 분포, 연령별 구조, 성별 구조, 인종별 구조, 직업별 구조, 기타의 통계적 구조에 대해서 연구하고 조사하는 것을 말한다. 기업의 매출이나 이익에 영향을 미치는 가장 중요한 요인이 시장의 크기와 그 시장을 구성하고 있는 구매자의 특성이기 때문에 인구통계적 환경에 대한 연구·조사활동이 매우 중요하다.

기업의 외부환경 구성요소 중 첫 번째인 인구통계적 환경은 통계청에서 주기적으로 발간하는 통계연보에 수록되어 있는 인구수, 가구수, 연령, 성별 비교, 결혼통계, 직업 및 소득 같은 변수들이 포함된다. 인구통계적 환경에서 시장의 잠재성을 추정할 수 있는 4가지 요인으로서는 총인구규모, 연령별 인구, 인구지역분포, 가구구성 등이 있다.

> **인구통계적 환경**
> 총인구규모, 연령별인구, 인구지역분포, 가구구성으로 시장의 잠재성을 추정할 수 있다.

총인구수의 증감은 기업에게 기회와 위협을 동시에 제공해 주고 있다. 왜냐하면 인구의 증감은 시장의 크기에 영향을 미쳐서 기업의 매출액을 결정해 주기 때문이다. 일본의 인구는 2005년 1억2700만 명을 정점으로 감소하기 시작했다. 이러한 인구감소는 일본의 경제활동 및 소비시장의 위축으로 이어지고 있다. 한국 역시 마찬가지 이다.

인구성장은 곧 가구수의 증가를 의미하고 가구수는 곧바로 소비재시장의 크기와 연결된다. 냉장고, 텔레비전, 세탁기, 가스오븐, 목욕실 용품, 가구 등 각 가정마다 필수로 가지고 있는 물건들은 이루 헤아릴 수 없을 정도로 많다.

우리나라의 경우는 지난 70년대 이후 인구증가율이 점차 감소되어 80년대 중반부터 1% 이하로 떨어지고 2032년 부터는 마이너스로 전환될것으로 예상되고 있다 (그림 3.6 참조). 따라서 식품, 의류 등의 생활필수품을 제조하는 기업의 경우에는 이러한 인구증가율의 둔화가 위협을 주고 있다. 반면에 젊은 부부들은 자녀의 수가 적기 때문에 여행, 외식, 레저 등을 즐기게 되어 이러한 산업의 경우는 인구증가율의 둔화가 오히려 기회를 제공해 줄 수도 있다.

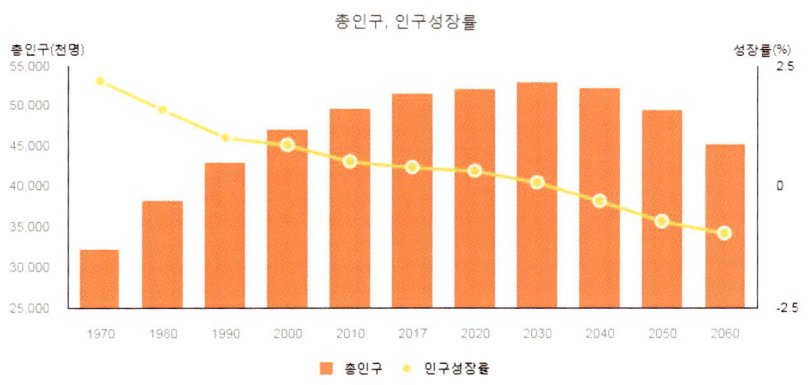

그림 3.6 총인구 및 인구성장률
자료원 : e-나라지표, www.index.go.kr

총인구수나 인구증가율의 변화뿐만 아니라 각 연령별 인구구조의 변화도 기업에 심각한 기회와 위협을 제공해 주고 있다. 우리나라의 연령별 인구구조는 1970년까지는 전형적인 피라미드 형태를 보여주고 있으나 1980년부터는 유·소년층의 비중이 줄어들고 경제활동 층인 청년과 중년의 비중이 늘어나는 다이아몬드형의 구조로 바뀌어 가고 있다. 따라서 유아들을 대상으로 하는 분유나 완구를 제조하는 기업의 경우는 시장이 축소되고 있기 때문에 제품의 고급화를 통하여 총매출액의 증가를 유도하거나 제품사용 연령층을 확대하여 매출액 감소를 방지하여야 할 것이다. 예를 들면 존슨 앤 존슨사의 베이비 로션은 표적시장을 유아로부터 청소년층과 피부가 민감한 성인층까지 확대하면서 깨끗하고 순한 화장품으로 소구하여 매출액을 크게 늘렸다.

한편 우리나라의 경우 소득수준의 증가와 의료기술의 향상으로 평균수명이 연장되어 고령인구의 비율이 증가하고 있으며 이러한 추세는 앞으로도 계속될 전망이다. 일반적으로 65세 이상의 고령인구가 전체인구에서 차지하는 비율이 14%를 넘으면 고령 사회라고 하는데 우리나라는 2017년에 고령사회에 진입했다 (그림 3.7 참조).

과거에는 우리나라의 노인들은 구매력이 없거나 노후에 자식에게 의존하고 있었지만 최근에 와서는 노후보험, 연금제도, 핵가족화 등으로 인하여 노인들의 구매력이 급속하게 증가되고 있다. 따라서 노인을 표적시장으로 하고 있는 건강식품, 자가진단 의료기, 노인들만을 위한 주거단지 등에 대한 수요가 증가될 것으로 예상되고 있다.

그림 3.7 연령별 인구구조의 변화
자료원 : e-나라지표, www.index.go.kr

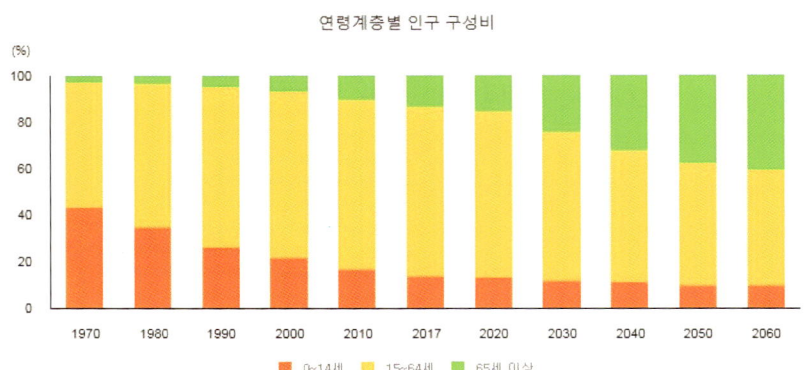

2차 세계대전종전기념퍼레이드

최초의 종이 기저귀(P&G Pampas)

연령별 인구는 특정시장의 규모와 매우 밀접한 관련을 갖는다. 어느 특정 연령대의 증가는 그 연령층을 주요 타겟으로 하는 시장의 성장을 가져오며, 특정 연령대의 감소는 그 연령층에 해당되는 시장의 쇠퇴를 가져오게 된다.

미국의 베이비붐을 통해 연령별 인구의 변화가 어떻게 특정시장의 형성과 몰락에 영향을 미치는지 살펴볼 수 있다.

제2차 세계대전이 끝난 후 미국의 수많은 젊은이들이 고향으로 돌아오면서 결혼을 하기 시작해서 많은 아기들을 집중적으로 생산해내기 시작했는데 이러한 사회적 현상을 베이비붐이라고 한다. 미국의 베이비붐은 1946년에 시작해서 1964년까지의 만18년 동안 이어졌다. 이 기간 동안에 수백만의 신생아들이 미국사회에 쏟아져 나오면서 크나큰 사회적 영향을 미쳤다. 베이비붐 시대에 태어난 신생아들은 커가면서 평생 동안 미국사회에 많은 영향을 미치게 되는데 이러한 영향에는 국가경제도 포함된다. 베이비붐 세대의 주류(main stream)가 특정 나이에 도달하면 그 나이에 필요한 제품들에 대한 거대한 시장이 형성되었고, 그들이 나이가 들어 그 시장을 떠나면 그 시장은 급속히 위축되어 불경기를 맞게 되었다.

베이비붐 세대가 태어나면서 미국에는 기저귀와 장난감에 대한 수요가 크게 형성되었고, 이 아기들이 자라나서 초등학교에 들어갈 나이가 되자 초등학교 선생님들, 통학버스, 교실, 문구용품, 그리고 도시락가방 등이 크게 모자라게 되어 이것들에 대한 거대한 시장이 형성되었다. 그러나 이들이 자라나서 초등학교를 떠나게 되자 많은 초등학교들이 문을 닫았고, 아울러 많은 선생님들도 일자리를 잃게 되었다. 1980년대 말과 1990년대 초반에 걸쳐 베이비붐세대의 선두 주자들이 결혼을 해서 아이를 갖게 되었다. 이들 베이비붐세대 부부들의 특징은 부부가 교육수준이 높고 맞벌이를 하여 경제적으로는 보다 윤택해졌으나, 시간이 없어서 생필품을 사러 장을 보러 가는 회수가 1, 2주에 한 번 꼴이 되어 한 번 장을 보는데 구입하는 물건의 양이 크게 늘어나게 되었다. 또한 평일에 가족끼리의 오붓한 시간을 갖기가 힘든 관계로 주말이면 야외로 나가서 가족 간의 시간을 가지려는 욕구가 매우 강했다. 또한 아이들을 출근길에 어린이 보육(child care)시설에 데려다 주고 퇴근길에 데려 오는 일도 일상생활 중의 중요한 부분의 하나가 되었다. 이에 따라서 한 번에 장 본 물건이 많은 관계로 짐을 싣는 공간이 충분하고, 아이들을 태우고 내리게 하기가 쉬우며, 가족들이 쾌적한 분위기에서 야외로 나가기 쉬운 차가 필요하게 되었다. 이러한 배경 하에서 중산층이 부담할 수 있는 가격대의 미니밴이 크게 성공하게 되었던 것이다.

통학버스

폐교 교실

최초의 미니밴 크라이슬러 보이저

생각해 보기

이상에서 미국 베이비붐세대라는 특정 인구집단이 연령별로 이동함에 따라 그에 해당되는 시장이 부침되는 것을 볼 수 있었다. 그러면 다음 〈표 3-1〉의 통계청 인구센서스 자료를 사용하여 국내시장환경이 어떻게 변화할 것인지에 대하여 예상해 보자. 특히 0-14세의 인구변화와 15-64세의 인구변화, 그리고 65세 이상의 인구변화에 주목해보자.

단위: 천명	1990	%	1995	%	2000	%	2005	%	2010	%	2015	%
계	43,390	100%	44,690	100%	45,985	100%	47,041	100%	47,990	100%	49,705	100
0-4세	3,280	7.6%	3,429	7.7%	3,130	6.8%	2,328	5.1%	2,219	4.6%	2,235	4.5
5-9세	3,863	9.0%	3,098	6.9%	3,444	7.5%	3,168	6.7%	2,394	5.0%	2,252	4.5
10-14세	3,992	9.2%	3,714	8.3%	3,064	6.7%	3,434	7.3%	3,173	6.6%	2,418	4.9
15-19세	4,449	10.3%	3,867	8.7%	3,692	8.0%	3,100	6.6%	3,438	7.2%	3,170	6.4
20-24세	4,396	10.1%	4,318	9.7%	3,848	8.4%	3,662	7.8%	3,055	6.4%	3,385	6.8
25-29세	4,334	10.0%	4,149	9.3%	4,097	8.9%	3,671	7.8%	3,538	7.4%	3,027	6.1
30-34세	4,208	9.7%	4,237	9.5%	4,093	8.9%	4,096	8.7%	3,695	7.7%	3,611	7.3
35-39세	3,201	7.4%	4,138	9.3%	4,187	9.1%	4,112	8.7%	4,099	8.5%	3,783	7.6
40-44세	2,539	5.9%	3,074	6.9%	3,996	8.7%	4,123	8.8%	4,131	8.6%	4,215	8.5
45-49세	2,177	5.0%	2,467	5.5%	2,952	6.4%	3,900	8.3%	4,073	8.5%	4,266	8.6
50-54세	2,010	4.6%	2,065	4.6%	2,350	5.1%	2,855	6.1%	3,798	7.9%	4,145	8.3
55-59세	1,623	3.7%	1,915	4.3%	1,968	4.3%	2,278	4.8%	2,766	5.8%	3,863	7.8
60-64세	1,157	2.7%	1,496	3.4%	1,789	3.9%	1,888	4.0%	2,182	4.5%	2,758	5.6
65-69세	900	2.1%	1,044	2.3%	1,376	3.0%	1,680	3.6%	1,812	3.8%	2,117	4.3
70세 이상	1,262	2.9%	1,597	3.6%	1,996	4.3%	2,685	5.7%	3,612	7.5%	4,974	10.0

표 3.1 우리나라 연령별 인구변화추이
자료원: 통계청

마케팅 의사결정 및 전략기획은 특정 지역의 인구규모에 의해 좌우된다. 우리나라는 전 인구의 50%가 넘는 2,552만 명이 수도권에 몰려 있다 (2017인구주택총조사, 통계청). 인구밀도에 따라 유통시스템이라든지, 광고매체의 선정은 많은 차이가 있게 된다. 한 예로 인구밀도가 높은 지역에는 옥외간판의 활용이나 영업사원의 활동이 보다 효율적으로 운용될 수 있다. 반면에 인구밀도가 낮은 지역에 대해서는 대형상점의 설치보다는 카탈로그나 TV홈쇼핑 등 원격배달판매가 효율적일 것이다.

가구구성원 수의 변화도 시장환경 변화에 영향을 미치게 되는데 표 3.2의 가구원수의 변화에 관한 통계청 발표를 보고 다음 중 맞는 것을 골라보자.

① 가전제품 시장이 점점 위축되어 가고 있다.
② 가정용품 시장은 점점 활성화되어 가고 있다.
③ 가구 시장은 상대적으로 축소되어 가고 있다.
④ 케이블 TV 시장은 점차 확대되고 있다.

(답: ②, ④)

표 3.2 가구원수의 변화추이 (1990년 – 2015년)
자료원: 통계청

연도	1975	1980	1985	1990	1995	2000	2005	2010	2015
평균 가구당 가구원수(명)	5.0	4.5	4.1	3.7	3.3	3.2	2.9	2.7	2.5
총인구(만 명)				4,339	4,469	4,598	4,704	4,799	4,970
총가구수(세대)				1,172	1,354	1,436	1,622	1,772	1,956

1인 가구, 식품 시장 바꾼다

편의점서 파는 '호텔요리사 간편식'

1인 가구 증가로 시장이 달라지고 있다. 식품업체들은 호텔 요리사를 영입, 간편식의 고급화에 나서는가 하면 낱개 상품을 많이 파는 편의점의 매출 증가율이 대형마트를 추월했다. 마트와 편의점은 소고기, 야채는 물론 와인까지 소포장 제품을 내놓고 있다. "조만간 일본처럼 모든 식품이 1인용 포장상품으로 팔릴 것"(남장현 경북대 식품외식학과 교수)이란 분석이다.

상품 고급화·다양화

식품업체인 대상은 최근 그랜드힐튼호텔과 신라호텔의 요리사 출신인 김규진 씨를 채용. '마늘찜닭''안동식찜닭''매운양푼찜'등 3종의 간편식을 선보였다. 편의점 미니스톱은 요리연구가인 에드워드 권과 함께 '코코넛 돈가스 도시락'을 자체상표(PB) 상품으로 개발했다. 간편식의 진화는 이 같은 고급화에 그치지 않고 상품의 다양화로도 나타난다. 코카콜라는 300㎖짜리 용기제품을 내놓았고, 편의점 세븐일레븐은 187㎖ 크기의 '옐로테일 시리즈'와인을 팔고 있다. 켈로그 시리얼 '콤보팩'은 한 끼 분량의 시리얼인 27g을 낱개로 소포장해 판매하고 있다. 풀무원은 소용량의 '신선한 네모두부'를 판매해 인기를 끌고 있으며 쌀도 1㎏ 혹은 2㎏ 단위로 팔려나간다. 식품업체인 아워홈은 지난해 9월 기존 대구탕 알탕 동태탕의 용량을 600g에서 400g으로 줄여 15% 수준이던 즉석 탕류 시장 점유율을 20%대로 끌어올렸다.

유통·소비패턴 변화

세븐일레븐에서는 올 들어 봉지라면과 컵라면의 판매량 차이가 급격히 줄어들고 있다. 컵라면과 봉지라면의 매출 비중이 올 상반기 59 대 41로 좁혀졌다. 2010년엔 75 대 25를 기록했다. 조용범 세븐일레븐 상온식품팀장은 "간식용인 컵라면이 아니라 식사대용인 봉지라면이 많이 팔리는 것은 1인 가구 증가와 밀접한 관련이 있다"고 설명했다. 도시락 판매가 늘어나는 것도 같은 맥락이다. 편의점 CU와 세븐일레븐의 도시락 판매량은 올 상반기 각각 54.3%와 56.7% 늘어났다. GS25는 61.2% 증가했다. CJ제일제당이 지난 7월 내놓은 컵밥은 두 달간 32만개(8억원어치)가 팔렸다. 2월 컵국밥 4종을 출시한 대상은 다섯 달 만인 7월 말까지 100만개를 판매했다. 황지선 CU 간편식품팀 상품기획자는 "간단하게 식사를 해결하려는 사람들이 그만큼 늘어나고 있다는 증거"라고 말했다. 통계청에 따르면 1인 가구는 작년 말 현재 454만가구로 전체의 25.3%를 차지하고 있다. 이에 따라 간편식을 주로 파는 편의점의 판매 증가율이 두드러지고 있다. 통계청에 따르면 7월 편의점 매출은 2010년 월평균 대비 61.6% 늘었다. 같은 기간 0.8%의 성장률에 그친 백화점은 말할 것도 없고 40%의 판매증가율을 보인 홈쇼핑과 인터넷쇼핑을 크게 앞질렀다. 이화영 리딩투자증권 애널리스트는 "1인 가구 증가로 편의점 업계의 성장세는 당분간 지속될 것"이라고 전망했다.

자료원 : 한국경제 2013.09

이와 같이 총인구규모, 연령별 인구, 인구의 지역분포, 가구구성 외에도 인구통계적 변수에는 지역별, 교육수준별, 소득수준별, 직업별, 가족생활주기별 인구구조를 들 수 있는데, 이러한 변수 모두는 시장세분화 수단으로 이용되고 있기 때문에 기업에게 기회와 위협을 제공하는 요소로 작용하고 있다. 따라서 마케팅 관리자는 이러한 인구통계적 변수의 변화방향과 강도를 면밀히 연구·조사하여 이에 적절히 적응하는 노력을 지속하여야 한다.

3.2 경제적 환경

국민총생산, 이자율, 인플레이션과 같은 경제적 요인은 기업의 수익성에 큰 영향을 준다. 이러한 경제적 환경은 산업별로 주는 충격이 다를 수 있는데 경제 여건이 어려워지

불황기의 소비성향 – 중저가 상품의 몰락 및 중상가 제품의 상승

활황기에는 앞으로의 현금흐름을 기대하고 부담이 조금 되더라도 고급브랜드를 찾는 경향이 있으나, 불경기에서는 본인의 현금흐름을 예측하기가 불확실해졌다. 그러나 그렇다고 해서 소비자들이 이제껏 사오던 제품의 취향을 완전히 바꾸는 것은 아니다. 소비자들은 가격이 다소 저렴하면서도 이전에 쓰던 물건과 비슷한 것을 찾기 마련이다. 대체로 가격과 품질 사이에는 어느 정도 정적인 관계(positive relationship)가 있으며 이것은 소비사슬로 표현된다. 미래의 현금흐름에 대해 불안감을 느끼는 소비자들은 품질이 만족할 수 있는 선까지 낮은 가격을 선호하여 소비사슬을 타고 내려온다. 그러나 무한정 낮은 가격만을 보고 품질을 희생시키며 소비사슬의 바닥까지 내려오는 것이 아니라, 품질이 받아들여 질 수 있는 적절한 선에서 멈추게 된다. 따라서 저성장 시대의 많은 중산층들은 부담이 덜 되는 가격대로 내려오지만 품질에 대한 기대는 크게 낮아질 수가 없어서 중상가 제품에서 멈추는 사람이 많아지게 될 것이다. 한편 중저가 제품은 이전의 주 고객층이었던 소비자들이 더욱 어려워짐에 따라 저가제품으로 하향 이동할 것이기 때문에 설자리가 더욱 없어지게 될 것이다.

> **경제적 환경**
> 국민소득증가율, 소비구조변화, 가계수지 동향, 소비자 신뢰는 산업별 소비추정을 가능케 한다.

면 자동차, 전자제품 등의 내구재 산업, 관광산업, 그리고 주택건설업과 같은 분야가 가장 큰 타격을 받게 된다. 많은 경제지표 중에 기업에 가장 유용한 경제통계는 국민총생산(GNP), 가구수입, 소비성향, 그리고 인플레이션이라고 할 수 있다.

시장은 인구수나 인구구조뿐만 아니라 그들의 구매력에 의하여 결정된다. 따라서 시장의 구매력을 결정해 주는 경제적 환경을 연구·조사하는 일이 매우 중요하다. 경제적 환경(economic environment)이란 소비자의 구매력과 소비구조에 영향을 미치는 모든 요인을 말한다. 마케팅 관리자가 관심을 가지고 연구·조사하여야 할 경제적 환경으로는 다음과 같은 몇 가지 요인이 있다.

첫째, 국민소득 증가율이다. 우리나라 1인당 국민소득이 1961년 81달러에서 2010년 20,759달러로 불과 50년 만에 무려 250배 이상의 증가를 보여주고 있다 (그림 3.8 참조).

그림 3.8 우리나라 1인당 국민소득 및 소비추이

우리나라 소비자들은 국민소득의 증가로 구매력이 높아지자 그 동안에 쌓였던 욕구를 주로 제품의 양적 소비를 통하여 충족하고자 하였다. 그러나 지속적인 소득의 증가와 교육수준의 향상은 소비자의 가치관을 변화시켜서 소비패턴의 변화를 가져오게 되었다. 또한 1980년대 후반 이후의 거품경제가 사라지고 불경기가 나타나고 있다. 경기가 침체되

면 소비자는 가격 대비 품질을 따지고, 급하지 않은 구매는 연기하여 세일기간에 구매하는 등 구매행동에 변화를 가져오게 된다. 따라서 마케팅 관리자는 국민소득의 증가추세뿐만 아니라 전체 국가경제상황에 대해서도 항상 주의를 기울여야 한다.

둘째로 소비구조의 변화이다. 소득수준이 변함에 따라서 제품이나 서비스에 대한 수요구조에 변화가 일어난다. 한 가계의 소비지출 중에서 식료품비가 차지하는 비율을 나타내는 엥겔계수는 소득이 증가함에 따라서 작아진다. 일반적으로 소득수준이 증가할수록 교양오락비, 교통통신비, 외식비, 교육비 등은 증가하는 추세를 보이게 된다. 이러한 추세는 건강이나 개인생활을 중시하는 가치관의 변화와 함께 앞으로 스포츠나 레저에 관련된 업종이 각광받을 것이란 예측을 가능하게 해 준다 (그림 3.9 참조).

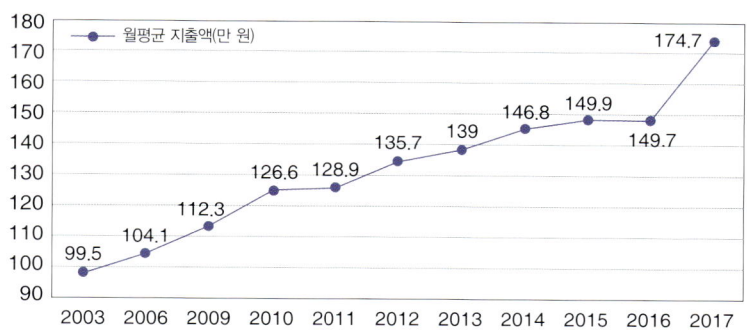

그림 3.9 가구 월평균 문화여가비 지출액

셋째로 가계수지 동향이다. 가계수지 동향은 실질소득 증가율과 실질소비 증가율을 대비하는 개념으로서 제품의 구매력과 직접적인 관계가 있기 때문에 이에 대한 분석도 매우 중요하다.

넷째로 소비자신뢰이다. 소비자신뢰지수는 소비자태도를 나타내는 종합적인 지수로서 현재 생활형편 및 미래 생활형편에 대한 예상, 현재경기 및 경기예상, 내구재 구입에 대한 판단을 종합적으로 반영한다. 이러한 소비자신뢰지수가 기준치를 넘는 경우에는 소비자들의 현재 경제에 대한 판단 및 향후 경제에 대한 예상이 긍정적인 것을 의미하며 소비가 늘어날 것을 간접적으로 예측한다. 소비자신뢰지수를 모니터링하고 그 변화에 민첩하게 대응함으로써 기업은 시장의 변화에 미리 대비할 수 있다.

3.3 자연적 환경

자연적 환경이란 마케팅 관리자가 기업의 투입물로서 필요로 하거나 마케팅 활동에 의하여 영향을 받는 자연자원(natural resources)을 말한다. 지난 30년 동안 자연환경에 대한 관심은 점증되어 왔다. 어떤 환경 분석가들은 자연환경이 기업이나 대중이 직면한 가장 중요한 세계적 이슈라고 주장하면서 지난 1990년대를 '지구세대(earth decade)'로 부르고 있다. 세계의 많은 주요 도시들의 대기오염이나 수질오염 수준이 위험수위에 있으며, 대기권의 오존층이 고갈되고 있고, 지구에 대한 위험신호인 온실효과가 나타나고 있

> **자연적 환경**
> 기업의 투입물로서 필요하거나 기업산출물에 의해 영향을 받는 자연자원이나 환경으로서 기업의 비용상승과 규제를 초래

제약사들, 황사·미세먼지 마케팅에 열중

여전한 봄의 불청객, 황사

황사와 미세먼지에 대한 우려가 커지는 만큼 관련 제품에 대한 관심도 높아졌다. 그러자 제약사들은 의료 전문성을 결합한 제품으로 차별화를 꾀하는 모습이다. 예컨대 동국제약은 보건용 마스크에 4중 필터를 적용해 여과 효율을 높였다. 기부 마케팅으로 기업의 인지도를 높이기도 한다. 유한킴벌리는 서울시와 함께 저소득층에 보건용 마스크 3만 개를 기부하고 있다. 유한킴벌리 관계자는 "이번 기부(미세먼지 걱정 아웃 캠페인)는 미세먼지 사각지대에 놓인 시민들에게 실질적인 도움을 주고자 마련했다"고 설명했다.

의사들이 황사나 미세먼지가 많은 시기에 과일과 채소를 충분히 먹으라고 강조하는 것은 비타민 섭취를 늘려 체내 면역력을 유지하라는 의미와 맞닿아 있다. 특히 비타민B군은 미세먼지가 심장에 주는 악영향을 줄인다는 연구결과가 있다. 미국 컬럼비아대 환경보건학과 연구팀은 미세먼지에 2시간 노출되면 심장박동과 백혈구 수치에 좋지 않은 영향이 생기지만, 4주일 동안 비타민B군을 섭취하면 그 악영향을 낮춘다고 발표한 바 있다. 비타민B군은 음식으로 섭취할 수 있다. 그러나 식품으로 섭취하기 어려운 사람에게는 영양제가 도움을 줄 수 있다. 이런 수요에 맞춰 유한양행은 기존 영양제에 비타민B군을 함유한 제품(삐콤씨 액티브)을 내놨다. 유해물질 배출에 대한 관심이 커지면서 프로바이오틱스(건강에 이로운 균)를 찾는 사람도 늘었다. 그러자 종근당은 유산균 19종을 함유한 프로바이오틱스 건강기능식품(프리락토)을 내놨다. 장내 유해균을 억제하고 배변 활동을 도와 체내 유해물질 배출을 돕는다는 게 업체의 설명이다.

스모그가 발생하면 안구건조증 환자가 40% 증가한다는 미국의 연구결과가 있다. 황사나 미세먼지가 심한 날, 눈에 이물질이 들어가 가렵더라도 손으로 만지지 말아야 한다. 따라서 눈을 씻어주는 눈 전용 세정제에 대한 관심이 높아질 수밖에 없다. 동아제약은 세정액에 눈을 대고 깜박거리면 눈의 이물질을 빼낼 수 있는 제품(아이봉)을 선보였다.

자료원 : 시사프레스 2018.04

다. 또한 환경론자들은 곧 우리가 버린 쓰레기더미에 묻히게 될 것이라고 경고하고 있다. 이러한 심각한 환경문제에 적절히 대응하기 위하여 마케팅 관리자는 다음과 같은 네 가지 자연환경의 변화추세에 대해서 주의를 기울여야 한다.

첫째, 원자재의 부족에 대처하여야 한다. 공기와 물은 얼마 전까지만 해도 무한한 자원으로 인식되어 왔으나, 많은 환경론자들은 멀지 않아 공기와 물이 부족한 시기가 도래할 것이라고 경고하고 있다. 특히 물 부족은 지구상의 일부지역에서 가장 심각한 문제로 대두되고 있다. 산림자원이나 식량자원과 같이 재생할 수 있는 자원의 경우도 현명하게 사용하지 않으면 머지않아 고갈될 위기에 처해 있다. 석유, 석탄, 그리고 여러 가지 광물자원과 같은 재생할 수 없는 자원의 경우는 보다 심각한 국면에 처해 있다. 다시 말하면 이러한 자원을 많이 사용하여 제품을 생산하고 있는 기업들은 생산원가가 상승하고 있으며, 이러한 원가상승요인을 소비자에게 전가하기가 쉽지

미세먼지 공포는 수소자동차에 대한 관심을 불러 일으켰다.

않다. 반면에 신소재나 새로운 원자재를 연구·개발하는 기업들은 개발이 성공하는 경우 큰 이익을 볼 수 있다.

둘째, 에너지비용이 상승하고 있다. 재생할 수 없는 자원의 한가지인 석유의 부족은 앞으로의 경제성장에 걸림돌이 되는 가장 심각한 문제이다. 세계의 경제성장에 가장 중요한 역할을 담당하고 있는 산업의 대부분이 석유에 크게 의존하고 있기 때문에 새로운 대체에너지가 개발되기 전까지는 석유가 세계의 정치와 경제를 지배하게 될 것이다. 1970년대 이후 석유파동으로 선진국들은 대체에너지 개발을 서두르고 있다. 석탄의 이용률이 증가하고 태양열, 풍력, 조력 등의 이용방법에 대한 관심이 높아지고 있다.

셋째, 환경오염이 증가하고 있다. 공업화는 자연환경을 훼손하여 왔다. 이러한 환경오염에 대처하기 위하여 일반대중은 기업의 환경오염 행동을 수정하기 위한 의식의 전환을 가져왔다. 다시 말하면 자연환경에 대한 관심을 증가시킨 '녹색운동(green movement)'이 나타났다. 이러한 녹색운동의 결과 보다 많은 소비자들은 자연환경에 보다 많은 책임을 느끼고 있는 기업과의 거래를 선호하게 되었다. 즉 오늘날의 소비자들은 가격이 비싸더라도 환경친화적인 제품(environmentally friendly products)을 구매하고 있다. 우리나라에서도 삼성과 유한킴벌리 등에서 환경보호를 돋보이게 하는 그린마케팅을 추진하고 있다. 삼성의 경우는 지구환경위원회를 만들어 대내외적인 환경문제에 대한 전략수립과 환경보호운동에의 적극적 참여, 그리고 환경상품 및 청정기술개발 등을 통한 환경사업을 적극적으로 추진하고 있다. 또한 유한킴벌리사는 지난 1984년부터 '우리강산 푸르게 푸르게'라는 프로그램을 추진하여 제지업이 가지고 있는 공해유발과 환경파괴의 이미지를 전환시키려는 노력을 계속하고 있다.

끝으로 자연환경의 보전과 공해방지를 위한 정부의 규제와 간섭이 증대되고 있다. 이러한 유형의 규제와 간섭은 나라마다 다르다. 예를 들면 독일의 경우는 과거 동독의 심각한 환경파괴와 현재 일반대중의 활발한 녹색운동 때문에 환경보호에 대한 정부의 규제와 간섭이 매우 심하다. 그러나 많은 후진국들은 필요한 자금의 부족과 정치적 불안정으로 환경보호에 대한 관심이 미약하다. 따라서 마케팅 관리자는 이러한 정부의 규제나 간섭의 동향과 자연환경 보전노력에 따라서 발생하는 기회와 위협요인을 분석하여 적절히 대응하는 노력을 지속적으로 기울여야 한다.

3.4 기술적 환경

기술적 환경이란 새로운 기술을 창조하고 새로운 제품과 시장기회를 창조하는데 영향을 미치는 모든 영향력(forces)을 말한다. 이러한 기술적 환경이야말로 오늘날 기업의 문명을 결정하는 가장 극적인 요인이 되고 있다. 즉 새로운 기술은 새로운 산업을 탄생시키기도 하고 기존의 산업을 사멸시키기도 한다. 트랜지스터의 발명으로 진공관이 사라지고, 제록스 복사기의 출현으로 카본지(복사용 먹지) 산업이 도태되었으며, 개인용 컴퓨터의 등장으로 타자기 산업이 사양화된 것이 그 예에 속한다. 기술의 진보는 한 기업 또는 한 산업을 부흥시킬 수도 몰락시킬 수도 있다. 지난 20년 동안에 포춘(Fortune)지가 선정한

트랜지스터가 진공관을 대체

[4차산업혁명이대] 무인점포 아마존고 '내가 음료수 산 걸 어떻게 알지?'

시애틀의 아마존고 가게 앞을 시민들이 지나가고 있다. (사진=뉴시스)

시애틀에 '아마존고'에 대한 관심이 끊이지 않고 있다. 아마존은 1월 22일 인공지능(AI)의 도움으로 계산대가 필요없는 점포 '아마존고'를 시애틀에 처음으로 개장했다. 아마존고를 이용하려면 먼저 전용앱을 내려받아 QR코드를 리더기에 비추고 들어가면 된다. 들어가면 그날 요리한 샌드위치나 도시락, 과자, 쿠키 등 일반 편의점과 다를 바 없는 모습의 매장을 만난다. 소비자는 사고 싶은 상품을 집어 가방에 넣거나 마음이 바뀌면 그 상품을 선반에 돌려 놓으면 된다. 쇼핑이 끝난 고객은 그대로 가게를 걸어나오면(Just Walk Out) 된다. 이는 아마존고의 천장에 매달린 100여 개에 달하는 블랙박스 센서를 통해 고객이 구매한 목록을 파악해 전용 앱에 결제를 청구하고 앱에 영수증이 표시되기 때문에 가능하다. 추측할 수밖에 없는 상황이지만 '컴퓨터 비전(영상분석), 센서 퓨전, 딥러닝 등을 이용한 것으로 알려졌다. 컴퓨터 비전(영상분석), 센서 퓨전 기술은 천장의 카메라들을 통해 고객과 고객이 집어든 제품을 식별하는 기능을 담당하는 것으로 보인다. 또 겉으로 보이진 않지만 진열대에 카메라와 저울이 탑재돼 카메라는 소비자가 선택한 상품을, 저울은 선반의 무게를 측정해 무게가 줄어들면 상품이 구매된 것으로 인식하는 것으로 추정된다. 각 제품에는 따로 센서나 칩을 부착하지 않는 것이 인상적이다. 이는 컴퓨터 비전은 개별 제품을 추적하는 것이 아니라 선반 위 물건을 인식하고 상호 작용하면서 어떤 항목이 선반에서 사라졌는지 파악하기 때문이다.

인공지능 딥러닝 알고리즘은 컴퓨터 비전과 센터 퓨전을 통해 수집된 데이터로 최종 고객이 어떤 아이템과 얼마만큼의 상품을 구매했는지를 파악하는 것으로 설명된다. 매장 내에서 발생할 수 있는 다양한 종류의 상황에 대해서는 아직까지 딥러닝이 완벽하진 않은 것으로 보인다. 쇼핑 도중 마음이 바뀌어 아무 선반에 물건을 올려 놓거나, 고객이 상품을 가방에 넣지 않고 동반한 아이에게 들게 하는 경우, 들고 있던 상품을 다른 사람에게 전달하는 경우 등이 종종 발생할 수 있다. 하지만 아마존 앱에 따르면 현재 상품을 다른 사람에게 전달하는 행위는 금지돼 있다. 알고리즘은 이런 돌발 사태를 파악하고 적절한 청구를 할 수 있도록 딥러닝을 통해 훈련시킬 필요가 있다는 지적이다.

아마존고가 오픈한 지 수개월이 지났지만 특별히 큰 문제는 보고되지 않고 있으며 판정 정확도는 실용화가 가능한 수준인 것으로 판단된다.

자료원: 데일리 팝 2018.05

기술적 환경
새로운 기술은 기존 시장을 철저히 파괴하고 새로운 시장을 탄생

500대 기업에는 기술의 진보로 새롭게 가입한 기업들이 다수 있는데 이들 기업들은 주로 컴퓨터기술과 바이오기술의 혁신에 힘입어 성장한 기업으로 컴퓨터 소프트웨어의 마이크로소프트, 컴퓨터프로세서의 인텔, 컴퓨터 네트워킹의 노벨, 바이오테크놀로지의 암젠 등이 이에 해당한다. 따라서 마케팅 관리자는 다음과 같은 몇 가지 기술동향을 예의 주시해야 한다.

첫째, 기술변화 속도가 매우 빨라졌다. 기술변화 속도에 따라가지 못하는 기업의 제품은 곧 구식이 되고, 신제품 개발기회와 시장기회를 잃고 말 것이다. 요즈음 신기술개발이 활발히 전개되고 있는 분야는 유전공학, 소형 가전제품, 로봇, 그리고 신소재 등이다.

둘째, 신기술 개발보다도 제품의 사소한 개량에 중점을 두어야 한다. 신기술의 도입이나 개발에는 많은 비용이 소요되기 때문에 많은 기업들은 기술혁신에 도박을 걸기 보다는 사소한 제품개량에 많은 관심을 보이고 있다. 듀폰이나 벨연구소, 그리고 화이자 같은 기초기술연구 기업까지도 기술혁신에는 매우 조심스럽게 접근하고 있다.

셋째, 기술에 대한 정부의 규제가 강화되고 있다. 제품이 보다 복잡화함에 따라서 일반대중들은 제품의 안전성을 확인 받기 원한다. 따라서 관련 정부기관은 불안전한 제품을 조사하여 제품의 위해를 사전에 방지하고 있다. 예를 들면 미국의 연방식품의약국(the Federal Food and Drug Administration)은 신약을 조사하기 위하여 복잡한 규제조치를 취하고 있으며, 소비재 안전위원회(the Consumer Product Safety Commission)는 소비재의 안전기준을 정해 놓고 기업들이 이 기준을 충족하지 못하는 경우 처벌하고 있다. 이러한 규제조치로 인하여 기업들은 보다 많은 연구비를 투자하여야 하고 신제품 아이디어로부터 제품도입에 이르기까지 보다 많은 시간을 투자하여야 한다. 따라서 마케팅 관리자는 이러한 규제조치들을 고려하면서 신제품을 개발하여야 한다.

3.5 정치적 환경

정치적 환경이란 특정사회의 조직이나 개인에게 영향을 미치거나 이들의 활동에 제한을 가하고 있는 법률, 정부기관, 그리고 압력집단 등을 말한다. 정부가 법을 정하여 기업의 활동을 제한하는 데에는 다음과 같은 세 가지 목적이 있다. 첫째는 기업 상호간의 관계에서 약한 기업을 보호하기 위한 것이다. 이것은 부당한 경쟁을 함으로써 경쟁업체에게 피해를 주기 때문에 이를 방지하기 위하여 규제를 하는 것이다. 두 번째 목적은 불공정한 기업행위로부터 소비자를 보호하는 것이다. 불량품 생산, 과대광고, 속임수 포장, 가격조작 등의 부당한 방법으로 이익을 취하려는 일부 기업들의 관습과 태도를 규제하여 소비자를 보호하려는 것이 기업에 대한 법적·정치적 환경의 영향은 정부뿐만이 아니라 정부가 아닌 각종 정당, 사회단체, 시민단체 등에서 올 수 있다. 더군다나 요즈음은 시민단체의 활동이 매우 활발하여 기업의 입장에서는 이들 모두를 세심히 모니터링하고 필요에 따라서 신속하고도 적절히 대응을 하여야 기업활동에 지장이 없을 수 있다.

> **정치적 환경**
> 기업의 활동을 제약하는 법률적 규제를 촉발

그러나 기업 활동에 대한 이러한 규제가 항상 그 목적과 부합되는 것은 아니다. 다시 말하면 규제를 위한 법률이 반드시 공정하게 시행된다는 보장은 없으며 합법적인 기업을 해칠 수도 있고 새로운 시장의 개척이나 투자의욕을 저하시킬 수도 있으며 소비자에게도 편의보다는 불편을 줄 수도 있다. 한편 1970년대부터 본격적으로 일기 시작한 소비자보호운동은 그 중요성이 날로 증대하고 있으며, 우리나라에서도 소비자보호를 위한 입법과 소비자보호집단의 압력이 증가하고 있다. 따라서 기업은 소비자보호운동을 위협으로 보지 않고 소비자 욕구를 충족시킬 수 있는 기회로 바꿔야 한다.

3.6 문화적 환경

문화적 환경
사회구성원인 소비자의 구매행태나 선호를 결정

문화적 환경이란 특정 사회의 기본적 가치관, 인식, 선호성, 그리고 행동 등에 영향을 미치고 있는 모든 제도(institutions)나 영향력(forces)을 말한다. 사람들은 특정 사회 속에서 성장하며, 그 사회는 사람들에게 기본적인 신념이나 가치관을 만들어 준다.

이러한 문화적 가치관은 다음과 같은 두 가지 특징이 있다.

첫째, 핵심적 신념이나 가치관은 지속성이 있기 때문에 좀처럼 변화하지 않는다. 예를 들면 우리나라 사람의 식생활 문화 중, 주식을 쌀밥 대신 다른 대체식품으로 바꾸려는 노력은 아마 쉽지 않을 것이다. 대부분의 사람들은 결혼하여 자식을 기르면서 부지런히 일하고 정직하게 살려는 핵심적 가치관을 가지고 살고 있다. 이러한 핵심적 가치관은 부모로부터 자식에게 전해져 내려오고 학교, 교회, 기업, 그리고 정부 등에 의해서 강화되고 있다.

둘째, 2차적 신념이나 가치관은 보다 잘 변화하는 경향이 있다. 예를 들면 결혼을 해야 한다는 신념은 핵심적 가치관이지만, 조혼을 해야 한다는 신념은 2차적 가치관이다. 따라서 마케팅 관리자의 노력 여하에 따라서는 2차적 가치관을 변화시킬 수 있는 가능성이 있지만 핵심적 가치관의 변화시키는 일은 거의 불가능하다. 예를 들면 가족계획을 추진하고 있는 마케팅 관리자는 결혼을 해서는 안 된다고 주장하는 것보다 결혼을 늦게 하는 것이 좋다고 주장하는 것이 보다 효과적일 것이다.

이러한 문화적 환경은 주로 국가와 같은 큰 집단 간에 차이를 보이지만 한 국가나 도시와 같은 작은 집단 내에서도 차이를 보이는 경우가 있다. 예를 들어 우리나라 안에서도 지방이나 사회계층에 따라 의식주에 있어 많은 차이를 보이는 경우가 많다. 따라서 기업은 이러한 문화적 차이에 관심을 가지고 문화적 차이를 고려한 마케팅 전략의 수립과 실행이 필요하다.

중요하면서도 파악하기 어려운 기업의 외부환경은 사회문화적 환경요인이라고 할 수 있다. 사회문화적 요인은 사회전반에 걸친 가치관과 밀접한 관련을 갖고 있다. 이러한 사회문화적 가치관의 변화는 새로운 시장을 탄생시키기도 하는데 다음에 몇 가지를 살펴보기로 하겠다.

그림 3.10 한국인의 문화를 고려한 펩시콜라 광고

지갑여는 젊은 중년... '영포티' 유통업계 큰 손으로

용산 아이파크백화점에 있는 키덜트족(아이의 감성을 지닌 어른)을 위한 취미·장난감 전문숍/아이파크백화점 제공

수원에서 기타 강사를 하고 있는 강모(56)씨는 일주일에 한 두 번 혼자 영화관을 찾는다. 지인이나 가족들과 함께 갈 수도 있지만 영화에 집중하기 위해서다. 4개월 전부터는 색연필과 스케치북을 사서 남는 시간에 그림을 그리곤 한다. 강씨는 "어렸을 때는 잘하는 것도 많고 좋아하는 것도 많았는데 나이든 뒤 무엇을 하면 좋을까 생각하다 취미 생활을 찾았다"며 "자녀들도 적극적으로 지지해 준다"고 했다. 직장인 이진숙(55)씨는 최근 천연염색을 즐기고 있다. 천연염색 동아리에 들어가 동아리원들과 주말에 공방에서 강의도 듣고 원단에 실습을 해본다. 평일 저녁에도 여유가 있을 때는 유튜브를 보면서 익히고 있다. 이씨는 "주말에 수업을 신청하면 가기 전부터 설레는 기분이 든다. 몸은 조금 피곤하지만 취미생활을 하고 나면 뿌듯해서 좋다"고 말했다. 중년이 젊어지고 있다. 늦은 결혼·출산, 평균 수명 증가와 함께 인생을 즐기며 사는(욜로·YOLO) 분위기가 확산되면서 문화·여행·취미에 지갑을 꺼내는 중년이 늘고 있다. 26일 CJCGV가 50대 영화관람객 비중을 살펴본 결과, 2014년말 6.9%에서 올해(1~7월) 10.5%로 3.6%포인트 늘었다. 올 1월부터 7월까지 롯데시네마를 찾은 40대 관람객도 30%에 달했다. 10대(23%)와 20대(27%)보다 높다. 해외여행을 즐기는 4050세대도 늘고 있다. 하나투어(039130)에 따르면 지난해 패키지여행을 신청한 40~50대는 전년대비 11.8% 늘었다. 최근에는 여행가이드 도움없이 돌아다니는 자유여행 열풍이 거세다. 지난해 자유여행을 즐기는 40~50대는 2016년보다 71.3% 증가했다. 전 연령 평균 증가율(45.7%)보다도 높은 수준이다. 하나투어 관계자는 "4050세대는 1990년대 청년기를 보낸 해외여행 1세대로 해외여행에 거부감이 덜하다"고 설명했다. G마켓에서도 올 1~7월 40~50대 고객들의 국내 여행 상품 주문이 작년 같은기간보다 96% 늘었다. 국내호텔·레지던스(48%), 뮤지컬 티켓(23%), 콘서트 티켓(13%) 구매도 증가했다. 젊은 취향을 갖춘 '영포티(Young Forty)'도 많아졌다. 같은 기간 옥션에서 중년남성의 게임기 주문은 작년보다 601% 늘었다. 휴대용게임기 주문은 197% 증가했다. 골프용품(1%)이나 등산용품(18%)에 비해서도 훨씬 높은 수치다. 전문가들은 중년들이 '개성화'되고 있다고 분석한다. 4050세대는 기대수명이 증가하고, 취직·결혼·육아 등이 늦어져 과거 중년들보다 젊은 사고를 가지고 있다. 예전에는 40대가 되면 자녀의 대학 입학식에 갔지만, 지금은 초등학교 입학식에 가는 사람이 많아 "0.7을 곱해야 진짜 나이"라는 얘기가 나올 정도다. 근무 시간이 줄면서 여유시간이 늘어난 것도 영향을 미친다. 과거 일에만 몰두했던 것에서 벗어나 자신만의 개성을 찾아 소비에 나서고 있다는 것이다. 김경훈 한국트렌드연구소장은 "한국 중년들이 늦은 나이에 자신의 가치를 발견하려고 하고 있다"며 "앞으로도 많은 소비영역에서 한국 중년들이 영향을 미칠 것"이라고 설명했다.

조선일보 안소영 기자 2018.08.26.

맞벌이부부의 증가

아내가 직장을 다니는 가구는 구매패턴이 전업주부 가구와 다르다. 대개 부부가 일을 하면 가구의 수입은 증대된다. 맞벌이부부는 쓸 수 있는 돈은 더 많으나, 그 돈을 쓸 수 있는 시간이 부족하다. 따라서 맞벌이부부에게는 경제활동에 있어서 시간이 매우 중요한 고려점이다. 그러므로 맞벌이부부에게는 가사를 덜어주거나, 생활의 편리를 증대시키는 제품이나 서비스, 그리고 어린이 양육에 대한 수요가 높을 것임을 짐작할 수 있다. 맞벌이부부를 대상으로 하는 레저 또한 전망이 좋을 것으로 생각되는데, 그 이유는 맞벌이부부는 일상으로부터 벗어나서 한가한 가운데 부부애를 확인하고 싶은 욕구가 강할 것으로 기대되기 때문이다.

장보는 남자들의 증가

슈퍼마켓에 가보면 남자들이 장보는 모습이 점차 눈에 띄게 많아지고 있다. 그런데 남자들은 대개 쇼핑에 지루함을 느끼는 경우가 많아서 (특히 식료품이나 가정용품 쇼핑의 경우가 더욱 그러함), 매장 내에서 남성고객을 위한 배려의 필요성이 점차 증대되고 있다. 미국에서는 이러한 남자 고객의 성향에 맞추어 식료품을 개발하거나 매장의 상품진열을 하는 슈퍼마켓이 늘고 있다.

건강 및 체형에 관한 관심의 증가

건강의 개념이 바뀌고 있다. 이전에도 건강에 대한 관심은 많았지만, 요즘 추세는 내가 건강하면 되는 것에서 나아가, 다른 사람들에게도 내가 건강하게 보이는 것이 강조되고 있다.

사람들이 건강함을 느낄 뿐만 아니라 남들에게 좋은 몸매를 가졌다는 것을 보이고 싶어 하는 추세의 확산은 피트니스(fitness) 운동기구 시장의 급성장을 가져 왔다. 미국의 신체단련기 회사인 솔로플렉스(Soloflex)사는 이러한 추세를 남보다 먼저 발견해서 성공한 회사라고 할 수 있다. 솔로플렉스의 성공을 보고 시장에 늦게 뛰어든 후발 회사들은 솔로플렉스 만큼 성공하지 못했는데 그 이유는 경쟁이 심해진데다가, 소비자들에게 심어 놓은 솔로플렉스에 대한 이미지를 극복하기가 힘들었기 때문이다.

시간의 중요성에 대한 인식증가

"시간은 돈이다"라는 말은 이제는 우리에게 친숙한 말이 되었지만 우리가 원래부터 그러한 개념에 익숙해 있던 것은 아니다. 시간을 돈으로 생각하고, 돈처럼 철저히 관리를 해야 한다는 사고는 경제발전과 더불어 서구로부터 수입된 사고인데, 우리도 점차 미국인처럼 시간 관리를 위해 개인일정표를 구입하고, 시간 관리를 위한 서적을 탐독하고 있다.

이제 시간 관리는 주어진 일을 보다 효율적으로 처리하여 생산성을 높임으로써 절약된 시간에 레저를 즐기거나 가족과 함께 보냄으로써 삶의 질을 높이려는 현대인에게 매우 중요한 것으로 인식되고 있다. 시간을 절약하기 위해서는 약간의 프리미엄을 줄 수도 있다는 사람들을 타겟으로 한 새로운 시장이 폭 넓게 창출되고 있는데 세븐일레븐이나 이마트24 등의 편의점, 패스트푸드, 휴대전화기 등이 이에 포함된다.

4 마케팅환경 변화와 대응전략

마케팅환경은 크게 구분하여 내부환경, 미시적 환경(과업환경), 그리고 거시적 환경의 세 가지로 구분할 수 있으며, 각 환경은 또한 여러 가지 세부적인 환경요소로 구성되어 있음은 앞 절에서 살펴 본 바와 같다. 따라서 세 가지 환경요소의 각각을 구성하고 있는 세부 환경믹스의 시너지뿐만 아니라, 세 가지 환경요소간의 시너지가 나타날 수 있는 방향으로 환경요소를 관리하여야 한다. 다시 말하면 마케팅 관리자는 환경요소를 분리하여 다루어서는 안 되며, 환경을 하나의 전체로서 관리, 집행, 그리고 통제하여야 한다. 세 가지 환경요소와 기업의 마케팅 기회 간에 일관성이 유지되고, 세 가지 환경요소 간에 보완적인 관계가 성립되는 경우 마케팅 기회에 대한 긍정적인 시너지가 발생하는 것이다 (그림 3.11 참조).

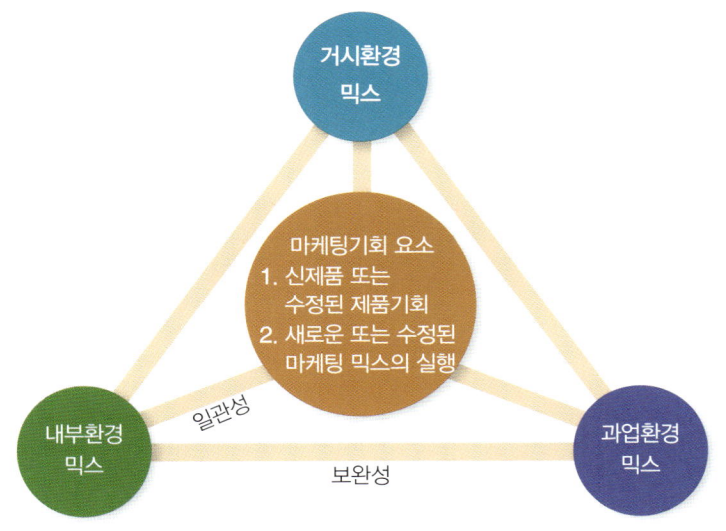

그림 3.11 전체 환경믹스에서의 시너지 창출

특정한 마케팅 기회에 대하여 각각의 환경믹스가 긍정적인 시너지를 지니고 있다고 해서 반드시 세 가지 환경믹스들 사이에서도 긍정적인 시너지가 나타나는 것을 의미하지는 않는다. 예를 들면 내부환경믹스와 과업환경믹스가 마케팅 기회와 일관성이 있지만, 내부환경인 구매부서와 과업환경인 원자재 공급업자간에 원활한 협력관계가 유지되지 못하는 경우 다시 말하면 보완적이지 못하는 경우에는 긍정적인 시너지가 나타나지 않는다. 또한 원자재 공급시장에서 특정 공급업자 이외에 다른 공급업자가 존재하지 않는 상황에서는 환경믹스들 사이에 시너지가 없기 때문에 마케팅 기회는 좋은 기회가 되지 못한다. 반면에 원자재 공급시장에 많은 공급업자가 존재하는 경우는 내부환경인 구매부서와 과업환경인 원자재 공급업자간에 상호보완적 관계가 나타나기 때문에 좋은 마케팅 기회를 제공할 수 있다.

한편 많은 기업들은 마케팅 환경을 그들이 적응하여야 할 '통제 불가능한 요소'로 보고 있다. 따라서 마케팅 관리자들은 마케팅 환경을 수동적으로 수용하고 있으며, 환경을 변화시키려는 적극적인 노력을 하지 않고 있다. 다시 말하면 마케팅 관리자들은 환경요소를 분석하여 환경이 제공하여 주는 기회를 이용하고 위협을 회피할 수 있는 전략을 설계하고 있다.

반면에 몇몇 기업들은 환경을 통제할 수 있다는 관점인 '환경관리 관점(environmental management perspectives)'을 가지고 있다. 다시 말하면 이러한 기업들은 단순히 환경을 관찰하고 이에 적응하는 것이 아니라, 마케팅환경 내에 있는 세력과 영향력에 영향을 미치기 위하여 공격적인 행동을 취하고 있다. 이러한 기업들은 로비스트를 고용하여 자신이 속해 있는 산업에 영향을 미치려는 법률의 제정을 적극적으로 방해하거나, 언론매체 이벤트를 계획하여 자사에 대한 대중의 호의적인 감정을 유발하고 있다. 그러나 마케팅 관리자는 모든 환경요소에 영향을 미칠 수는 없다. 예를 들면 마케팅 관리자가 지리적 인구이동, 경제적 환경, 혹은 문화적 가치관 등에 영향을 미칠 수는 없다. 그러나 마케팅 관리자는 가능한 한 마케팅 환경에 사후 행동적(reactive)인 반응을 보이는 것보다 사전 행동적(proactive)인 반응을 보이는 것이 효과적이다.

요약

마케팅환경이란 기업의 표적고객과 성공적인 관계를 개발하고 유지하는 데 필요한 마케팅관리자의 능력에 영향을 미치고 있는 마케팅 외부의 모든 세력과 영향력을 말하며, 이러한 마케팅환경은 기업에게 기회와 위협을 동시에 제공한다. 따라서 마케팅관리자는 마케팅정보시스템을 이용하여 변화하는 마케팅환경에 대한 정보를 지속적으로 수집하여야 한다. 마케팅환경을 보는 관점은 폐쇄 시스템적 관점과 개방 시스템적 관점의 두 가지로 나눌 수 있다. 폐쇄 시스템적 관점은 시스템이란 환경에 대해 문을 닫고 있으며 아무런 교류가 필요하지 않다고 보는 견해이다. 개방 시스템적 관점은 기업과 환경은 상호의존적이어서 분리할 수 없다고 보는 견해이다. 한편 마케팅환경은 미시적 환경과 거시적 환경으로 크게 구분할 수 있다. 미시적 환경이란 고객과 교환관계를 개발하고 유지하는 기업의 능력에 직접적으로 영향을 미치는 기업 가까이에 있는 세력, 즉 기업내부, 공급업자, 마케팅 중개기관, 고객, 경쟁자 그리고 대중 등을 말한다. 기업은 이러한 미시적 환경요소들에 대한 정보를 수집하여 마케팅계획수립에 반영하여야 효과적인 마케팅시스템을 유지할 수 있다. 먼저 마케팅 시스템이 효과적으로 작용하기 위해서는 먼저 마케팅부서 이외의 기업내부의 여타부서, 즉 최고경영층, 자금부, 연구개발부, 구매부, 생산부 그리고 회계부 등의 목적 및 정책을 이해하고 이를 마케팅계획수립에 반영하여야 한다. 공급업자는 기업이 제품이나 서비스를 생산하는데 필요한 자원을 조달해 주는 개인이나 기업을 말한다. 공급업자로부터 원하는 시간에, 원하는 품질의 제품을, 원하는 수량만큼 공급받지 못한다면 기업의 마케팅시스템은 그 효과가 크게 저하될 것이다. 마케팅 중개기관은 기업이 최종소비자에게 제품을 판매, 촉진 그리고 분배하는 데 도움을 주는 모든 개인이나 조직으로서 중간상, 물류기업, 마케팅 서비스기관 그리고 금융기관 등을 들 수 있다. 이러한 중개기관들의 도움 없이는 효과적인 마케팅시스템을 이룰 수 없다. 고객은 기업의 성공여부를 직접적으로 결정하는 가장 중요한 환경요소로서, 고객의 욕구에 대한 면밀한 조사가 필요하며, 이는 기업의 판매나 이익에 직접적인 영향을 미친다. 경쟁업자도 역시 기업의 판매나 이익에 많은 영향을 미치는 요소로서, 기업은 경쟁자가 누구이며, 그들의 경쟁전략, 생산원가, 가격정책, 촉진정책 등의 모든 마케팅 전략 면에서 강점과 약점을 분석하여 이를 적응하려는 노력을 지속적으로 유지하여야 한다. 공중은 기업의 목적달성에 실제적 또는 잠재적 영향을 미치거나 관심을 가지고 있는 집단으로서 금융기관, 언론매체, 정부, 시민행동단체, 지역사회, 일반대중, 내부대중 등을 들 수 있다. 기업의 거시적 환경은 미시적 환경 전체에 영향을 미치고 있는 보다 넓은 의미의 사회적 영향력으로 인구통계적 환경, 경제적 환경, 자연적 환경, 기술적 환경, 정치적 환경 그리고 문화적 환경 등을 말한다. 인구통계적 환경은 인구의 규모, 밀도, 지리적 분포, 연령별 구조, 성별 구조, 인종별 구조, 직업별 구조, 기타의 통계적 구조 등을 말한다. 이러한 인구통계적 환경의 변화는 기업에게 기회와 위협을 동시에 제공하고 있다. 경제적 환경은 소비자의 구매력과 소비구조에 영향을 미치는 모든 요인을 말한다. 자연적 환경이란 기업의 투입물로서 필요로 하거나 마케팅활동에 의하여 영향을 받는 자연자원의 부족, 에너지 비용의 증가, 공해의 증가, 기타 자원관리에 대한 정부의 간섭 증가 등을 들 수 있다. 기술적 환경은 새로운 기술을 창조하고 새로운 제품과 시장기회를 창조하는 데 영향

요약

을 미치는 모든 영향력을 말한다. 마케팅관리자는 기술변화의 가속성, 무한한 혁신의 가능성, 기술개발비의 증가, 기술에 대한 정부의 간섭 증대 등의 요소를 고려하여야 한다. 정치적 환경은 특정사회의 조직이나 개인에게 영향을 미치는 법률, 정부기관 그리고 압력집단 등을 말한다. 문화적 환경은 특정 사회의 기본적 가치관, 인식, 선호성 그리고 행동에 영향을 미치고 있는 모든 제도나 영향력을 말한다. 기업의 마케팅관리자는 기업의 미시적 환경과 거시적 환경요소를 고려하면서 마케팅계획을 수립·실천하여야만 마케팅시스템이 효과적으로 작동할 수 있고, 마케팅시스템이 효과적으로 작동되어야 기업의 목표를 달성할 수 있다.

진·도·평·가

1. 인구통계적 환경 중에서 시장의 잠재성을 추정할 수 있는 요인은 4가지가 있다. 이 4가지 요인을 들고, 각각의 요인이 어떻게 시장 잠재성을 추정하는 데 관련되는지 설명하시오.

   ▶ 3장 69~70쪽 참조

2. 기술적 환경에서는 트랜지스터와 개인용 컴퓨터가 산업 전반에 미친 영향을 설명하고 있다. 본문에서 설명한 사례 이외에 기술적 환경이 한 기업 또는 한 산업을 부흥시키거나 몰락시킨 사례를 들고, 그 과정을 설명하시오.

   ▶ 3장 77~79쪽 참조

3. 문화적 환경에서 본문에서는 맞벌이 부부의 증가, 장보는 남자의 증가, 건강 및 체형에 관한 관심 증가, 시간의 중요성에 대한 인식 증가 등의 예를 들고 있다. 본문에서 설명한 사례 이외에 문화적 환경이 새로운 시장을 탄생시킨 사례를 들고, 그 과정을 설명하시오.

   ▶ 3장 80~82쪽 참조

도입사례

[TF초점] 은행권, 빅데이터 '본격' 활용
··· 마케팅부터 여신심사까지

국내 은행들이 빅데이터 활용을 업무 전반에 확대하고 있다. 지난해부터 관련 부서를 개편하는 등 적극적인 투자를 진행해 올해부터는 빅데이터 분석 결과를 다양한 분야에 적용하고 있다.

금융데이터 활용 범위 확대로 효율성↑
국내 은행들의 '빅데이터' 활용 범위가 점차 넓어지고 있다. 상품 추천부터 여신 심사와 같은 은행 고유 업무에 빅데이터 분석을 적극적으로 활용하고 있는 것이다. 금융산업은 데이터 보유량이 많고 증가 속도도 빠른 만큼 빅데이터가 앞으로 더 광범위하게 활용될 것이라는 평이 나오고 있다.

'빅데이터'로 개인 맞춤형 서비스를
11일 금융권에 따르면 은행들은 연이어 빅데이터를 활용한 상품 추천 서비스와 여신심사 시스템 등을 내놓고 있다. 먼저 신한은행은 모바일플랫폼 '쏠(SOL)'에서 빅데이터 기반의 금융상품 추천 서비스를 제공하고 있다. 신한은행은 빅데이터 분석 기법 중 '이동 경로 분석'을 도입해 고객 행동을 예측하고 나섰다. 거래 이용 패턴이나 결제 데이터 등을 통해 고객 예상 이탈률을 예상할 수 있어 필요할 때 금융 상품 등의 정보를 제공하며 고객을 확실히 잡겠다는 취지다. 여기에 영업점과 인터넷, 모바일 플랫폼 내에서 고객이 어떻게 움직이는지 분석해 이 또한 빅데이터로 활용한다. 고객들의 편의성을 제고할 뿐 아니라 향후 고객 불만 대응, 사기 금융거래 탐지 등에도 빅데이터를 활용해 기존 고객 만족도를 높이기 위해 노력할 계획이다.

NH농협은행도 빅데이터로 고객 거래패턴 변화를 감지하며 맞춤 서비스를 제공한다. 결제 데이터와 서비스 이용 등의 데이터뿐 아니라 콜센터 상담 내역, 영업점 섭외 기록 등도 수집해 최적화된 개인 마케팅을 진행하겠다는 것이다. 특히 거래 패턴을 통해 맞춤형 상품을 제안하는 이벤트 기반 마케팅이 효과를 봤다. 신용카드 명세와 면세점 구매정보를 활용해 해외여행에 갈 가능성이 높은 고객에 환율 우대나 해외 거래 결제 이벤트를 진행하자 환전·카드 이용률이 증가했다. 농협은행 관계자는 "고객 개인별 맞춤 마케팅이 효과를 본 만큼 이번 달 중 다양한 시나리오를 활용해 본격적으로 맞춤형 이벤트 마케팅을 도입할 것"이라고 밝혔다.

KEB하나은행도 빅데이터 분석 플랫폼 구축과 핀테크 스타트업 제휴로 고객 맞춤 서비스를 제공할 방침이다. 데이터 분석 기반 구축을 강화해 양질의 데이터를 축적하겠다는 입장이다. 하나은행은 하이(HAI)뱅킹과 개인비서 서비스 등의 고도화 작업을 진행해 실시간 고객대응 서비스 속도를 개선하며 추후 상품 출시에도 빅데이터를 활용할 계획이다. 또한 은행뿐 아니라 하나금융그룹 전체의 고객 데이터를 취합해 시너지를 극대화하는 방향으로 빅데이터를 활용할 계획이다.

(생략)

자료원 : 더 팩트 2018.05

제4장

마케팅정보시스템과 마케팅조사

기업이 아무리 좋은 인적, 물적 자원들과 방대한 자료들을 보유하고 있더라도 적재적소에 필요한 정보로 만들지 못한다면 의미가 없을 수 있다. 따라서 마케터는 필요할 때 정보를 언제 어디서나 활용할 수 있도록 적절한 마케팅정보시스템을 구축해 두어야 하며, 특정 마케팅 문제에 대하여 어떻게 접근해야 하는가를 항상 숙지할 필요가 있다.

1 마케팅정보시스템

마케팅 관리자가 마케팅 환경분석, 계획수립, 실행 및 통제와 관련된 의사결정을 수행하려면 이에 적합한 정보가 필요하다. 즉, 마케터가 고객에게 보다 많은 가치를 제공하기 위해서는 고객의 욕구와 필요는 물론, 경쟁자, 중간상 그리고 기타의 마케팅 환경에 대한 정보가 주기적으로 필요하다. 마케팅정보시스템은 마케팅 관리자의 의사결정 문제 해결에 도움을 주기 위하여 이용되는 주요한 수단으로서 기업의 마케팅 프로그램의 모든 부분에 직·간접적으로 연결되어 있다. 오늘날 정보는 단순한 의사결정의 투입변수로서 뿐만 아니라 조직의 중요한 전략적 자산으로 간주되고 있다.

1.1 마케팅정보시스템의 의의

마케팅정보시스템(marketing information system: MIS)이란 기업의 마케팅 프로그램과 관련하여 마케팅 의사결정자가 적절한 의사결정을 할 수 있도록 적합한 정보를 적시에 주기적으로 제공하기 위하여 정보를 수집, 분류, 분석, 평가, 그리고 분배할 목적으로 마련된 미래지향적인 사람, 장비 및 절차의 상호작용 체계를 말한다[1] (그림 4.1 참조).

> **마케팅정보시스템**
> 마케팅의사결정자에게 필요한 정보를 수집, 분류, 분석, 평가, 분배하는 사람, 장비 및 절차의 상호작용 체계

마케팅정보시스템의 첫 단계는 마케팅 관리자가 필요로 하는 정보를 평가하는 것으로부터 출발한다. 다음 단계는 마케팅조사를 필두로 기업의 내·외부의 마케팅정보를 수집하고 분석하는 정보개발 단계이다. 마지막 단계는 개발된 정보를 마케팅 관리자에게 분배

그림 4.1 마케팅 정보시스템

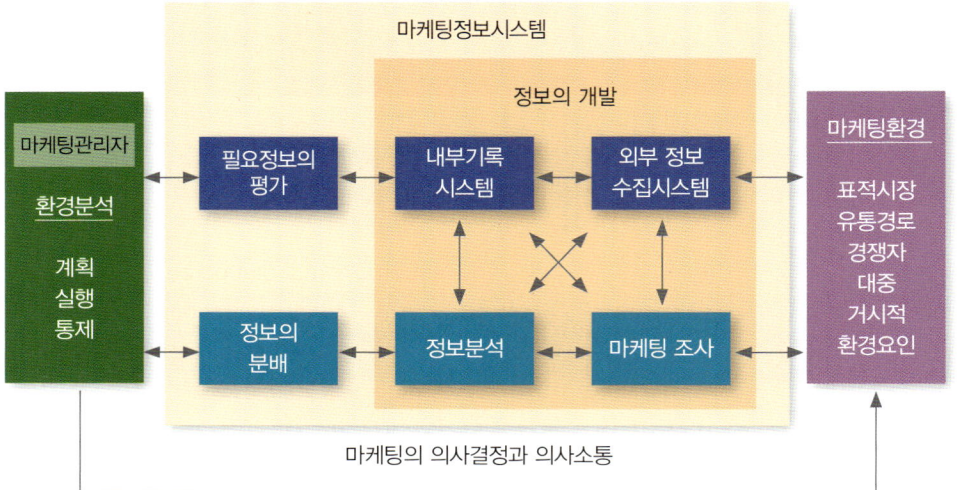

하는 단계이다. 구체적으로, 마케팅 정보시스템은 다음과 같은 특징과 절차를 포함하고 있다.

- 정보의 처리와 관리에 시스템 컨셉(system concept)을 적용한 것으로 기업이 필요로 하는 정보를 수집, 분석, 분배하는 체계이다.
- 당면한 문제의 해결은 물론이고 더 나아가 미래의 문제를 예측하여 사전에 예방한다. 즉 성공적인 마케팅을 위한 치료제이면서 예방약이기도 하다.
- 산발적이거나 단속적이 아니며 지속적으로 운영한다.
- 불필요한 정보는 낭비를 초래한다.

아래에서는 마케팅정보시스템을 구성하고 있는 주요 구성요소에 대해서 살펴본다.

1.2 마케팅정보시스템의 구성요소

1) 필요 정보의 평가

효과적인 마케팅정보시스템은 마케팅 관리자가 마케팅 계획, 실행, 통제 활동을 위해 수집하기를 원하는 정보와 다양한 마케팅 환경으로부터의 정보 개발을 통해 제공할 수 있는 정보 간에 적절한 균형을 유지하는 것이라고 할 수 있다. 마케팅정보시스템은 마케팅 관리자가 필요로 하는 정보를 찾아내기 위하여 마케팅 관리자와 면담하는 것으로부터 출발한다. 일반적으로 필요한 정보를 찾아내기 위하여 사용하는 질문의 내용은 표 4.1과 같다.

표 4.1 필요 정보의 평가를 위한 질문들

1. 정기적인 의사결정의 내용은 무엇인가?
2. 이러한 의사결정을 내리기 위하여 필요한 정보는 무엇인가?
3. 정기적으로 입수하고 있는 정보 중에서 유용한 정보는 무엇인가?
4. 지금 수집하고 있지 않는 정보 중에서 수집하기를 원하는 정보는 무엇인가?
5. 지금 수집하고 있는 정보 중에서 실제로 필요하지 않는 정보는 무엇인가?
6. 수집을 원하는 일일정보, 주간정보, 월간정보, 그리고 연간정보는 무엇인가?
7. 필요한 데이터베이스는 무엇인가?
8. 원하는 정보 분석 프로그램은 무엇인가?

그러나, 모든 마케팅 관리자들이 원하는 정보를 마케팅정보시스템이 모두 제공할 수는 없다. 때로는 정보가 없거나 마케팅정보시스템의 한계 때문에 마케팅 관리자가 필요로 하는 정보를 제공할 수 없는 경우도 있다. 예를 들면 마케팅 관리자가 경쟁기업의 차기 년도 광고예산을 알고 증가된 광고비가 시장점유율에 미치는 영향을 알고자 하는 경우 경쟁기업의 광고예산에 대한 정보를 수집하지 못할 수도 있다. 또한 광고예산에 대한 정보를 수집한다고 해도 이러한 광고비 증가가 향후 시장점유율의 변화에 미치는 영향을 정확하게 추정하기가 어려울 수도 있다. 광고의 효과는 항상 단기간에 나타나지는 않으며 또한 기업의 시장 점유율은 여러 가지 복합적 요인에 의해 발생하기 때문이다.

끝으로 의사결정자는 정보를 수집, 처리, 분배하는 정보의 공급비용과 정보의 효용가치를 비교할 필요가 있다. 왜냐하면 정보는 언제, 어디에서, 누가 사용하는가에 따라 그 가치가 달라지기 때문이다. 대부분의 경우 추가적으로 수집된 정보가 마케팅 관리자의 의사결정에 미치는 영향이 미미하기 때문에 정보수집 비용이 의사결정의 개선으로부터 오는 효익을 초과할 때가 많다. 따라서 마케팅 관리자는 추가정보를 항상 수집할 가치가 있다고 생각해서는 안 되고, 오히려 추가정보의 획득비용 대비 추가정보의 효익을 주의 깊게 살펴 정보의 활용가치를 극대화해야 한다.

2) 정보의 개발

마케팅 관리자가 필요로 하는 정보는 기업의 내부기록 시스템, 외부정보수집 시스템, 마케팅조사 시스템 등을 통하여 수집할 수가 있다. 그리고 수집된 정보는 정보분석과정을 통하여 보다 유용한 정보로 가공된다. 아래에서는 이러한 4가지 정보개발 수단을 보다 구체적으로 설명하고자 한다.

내부기록 시스템

대부분의 마케팅 관리자들은 일상적인 업무를 계획, 실행, 그리고 통제하기 위하여 정기적으로 기업의 내부기록과 내부보고를 이용하고 있다. 내부기록 정보(internal records information)란 마케팅 실적을 주기적으로 평가하고, 마케팅 문제와 기회를 탐색하기 위하여 기업내부의 정보원으로부터 수집된 정보를 말한다. 예를 들어 회계부서는 재무제표

내부기록 시스템
기업내부의 정보원으로부터 주기적으로 수집되는 정보

를 작성하고 매출액, 비용, 그리고 현금흐름 등에 대한 정보를 자세하게 기록하고 유지하며, 생산부서는 생산량, 출하량, 출하시기 그리고 재고량 등에 대한 자세한 정보를 기록하여 보고한다. 또한 마케팅부서는 고객의 인구통계적 특성, 심리적 특성, 그리고 구매행동 패턴 등에 대한 정보를 기록·유지하고 있으며, 고객지원부서는 고객들의 불평 사항들이나 만족 정도 등에 대한 정보를 제공한다.

이러한 기업의 내부기록 정보들은 다른 정보에 비해서 보다 신속하게 수집할 수 있고, 수집비용이 저렴한 장점이 있지만 다음과 같은 몇 가지 문제점이 있다. 먼저 내부기록 정보는 이미 다른 목적으로 수집되었기 때문에 당면한 마케팅 의사결정에 적합하지 못한 경우가 있다. 또한 대기업의 경우는 내부기록 정보의 양이 너무 많아 이를 일일이 추적하거나 분석하여 필요 정보로 맞춤화하기가 어렵다. 따라서 마케팅관리자는 마케팅 정보시스템을 이용하여 정보를 체계적으로 수집, 조직, 그리고 처리하는 프로세스를 지속적으로 유지·개선하여 내부기록 정보를 쉽고 신속하게 찾을 수 있게 해야 한다.

외부정보수집 시스템

내부기록 시스템이 기업의 CEO들에게 기업의 주요 거래실적에 관한 정보를 제공하는 데 비하여 외부정보수집 시스템(marketing intelligence system)은 마케팅환경에서 발생하고 있는 상황들에 대한 일상적 정보를 제공하는 시스템이다.

> **외부정보수집 시스템**
> 기업 외부의 정보원으로부터 마케팅환경과 관련하여 일상적으로 수집되는 정보시스템

기업의 외부정보수집원은 매우 다양하다. 가장 중요한 정보수집원은 기업 내부직원으로 중역, 엔지니어, 대리인이나 판매원 등을 들 수 있다. 그러나 일반적으로 기업 내부직원들은 일상적 업무가 많기 때문에 중요한 정보를 간과하기 쉽다. 따라서 기업은 자신의 직원에게 외부정보수집자로서의 역할이 매우 중요하다는 사실을 인식시킴은 물론 새로운 환경변화를 항상 감지할 수 있도록 훈련시키고, 외부정보를 정기적으로 보고하도록 하는 시스템을 구축해 두어야 한다. 또한 기업은 기업외부의 공급업자, 중소 판매업자, 그리고 고객들로부터 중요한 외부정보를 수집할 수 있다. 경쟁기업에 대한 외부정보는 그들의 연간활동 보고서, 연설문, 언론보도, 그리고 광고 등을 통하여 수집할 수 있으며, 업계출판물이나 박람회 등을 통해서도 수집할 수 있다.

> 종업원은 제 1의 고객이자 유능한 정보원이다. 따라서 마케터는 내부고객을 통한 정보의 수집에도 관심을 가져야 한다.

끝으로 기업은 외부정보를 전문적으로 수집하여 상업적으로 판매하는 정보공급업자로부터 필요한 정보를 취득할 수도 있다. 예를 들면 닐슨(Nielsen)사는 브랜드점유율, 소매가격, 브랜드별 재고량 등에 관한 정보를 수집하여 원하는 기업에게 관련정보를 판매하고 있다.

마케팅조사 시스템

마케팅 관리자가 합리적인 의사결정을 내리려면 앞에서 설명한 내부기록 시스템이나 외부정보수집 시스템 이외에 문제의 상황을 보다 적극적이며 구체적으로 파악할 필요성이 있다. 즉, 마케팅 관리자는 항상 내부기록이나 외부정보수집 시스템을 통하여 단편적인

정보수집만을 기다릴 수는 없으며, 때로는 기업이 당면하고 있는 구체적 상황에 대한 공식적인 조사를 통하여 충체적인 정보를 적기에 수집할 필요가 있다.

마케팅조사 시스템(marketing research system)은 정보를 통하여 마케팅 관리자와 소비자 그리고 일반 공중을 연결해 주는 기능을 수행한다. 이를 위하여 마케팅조사 시스템은 마케팅 기회와 문제점을 식별하고, 마케팅활동을 계획, 정의, 평가하며, 마케팅성과를 모니터함과 동시에 마케팅과정에 대한 이해를 증진시키기 위하여 이용되는 시스템이다[2].

> **마케팅조사 시스템**
> 특정한 마케팅 기회와 문제점을 식별하고, 마케팅활동을 계획, 정의, 평가하며, 마케팅성과를 모니터링함으로써 마케팅과정에 대한 이해를 증진하는데 이용되는 시스템

마케팅조사는 기업에 따라서 기업 내 마케팅조사의 전담부서를 통하여 이루어 질 수도 있고, 외부의 전문조사기관을 통하여 수행될 수도 있다. 외부의 전문조사기관을 이용할 것인가 여부는 자사가 보유한 전담부서의 조사능력과 조사자원의 보유 여부에 달려 있다고 할 수 있다. 많은 대기업들이 마케팅조사부서를 설치하고 있지만 특별한 조사과제나 특수한 조사에 대해서는 외부의 전문기관에 의뢰하는 경우도 많이 있다. 마케팅조사과정은 문제의 정의, 조사계획의 수립, 자료의 수집과 분석 그리고 조사결과의 해석 및 보고로 이루어지는데 이에 대한 자세한 설명은 이 장의 후반부에서 상세히 다룬다.

정보의 분석

기업의 외부정보수집 시스템이나 마케팅조사 시스템을 통하여 수집된 정보는 보다 심도 있는 분석을 필요로 하거나 경우에 따라서는 마케팅 문제해결이나 의사결정에 이용할 수 있도록 정보를 응용할 필요가 있다. 이를 마케팅의사결정지원시스템(marketing decision support system)이라 한다. 수집된 정보의 깊이 있는 분석이나 응용을 위해서는 전문적인 통계분석기법에 대한 이해와 지식이 필요하다. 신제품 개발을 위한 제품컨셉테스트, 제품포트폴리오 결정을 위한 제품별 강약점 조사, 제품수요예측 등 마케팅의사결정 지원과 관련하여 진일보된 전문적인 통계분석기업의 활용은 마케팅 관리자에게 단순한 자료의 해석 차원을 넘어서 다음과 같은 깊이 있는 분석과 정보의 응용을 가능하게 해준다.

- 판매에 영향을 미치는 주요 변수는 무엇이며, 상대적인 중요성은 어느 정도인가?
- 시장세분화의 기준 변수는 무엇이며, 몇 개의 세분시장이 존재하는가?
- 경쟁 제품 대신에 우리 제품을 구매하는 소비자를 예측할 수 있는 최선의 예고 지표는 무엇인가?
- 만일 제품가격을 10% 인상하고 광고비 지출을 20% 늘린다면 판매량은 어떻게 변할 것인가?

3) 정보의 분배

마케팅정보시스템을 통하여 제공되는 마케팅정보는 마케팅 관리자가 보다 나은 의사결정을 위하여 그 정보를 이용하지 않으면 아무런 가치가 없다. 따라서 외부정보수집 시스템이나 마케팅조사 시스템을 통하여 수집된 정보는 적시에 그 정보를 필요로 하는 마케팅 관리자에게 분배되어야 한다. 대부분의 기업에서는 경영성과 정보, 수집된 외부정보, 그리고 연구결과 정보 등을 정기적으로 마케팅 관리자에게 제공하는 중앙집중적인 마케팅정

보시스템을 가지고 있다. 마케팅 관리자는 정기적으로 마케팅 의사결정을 계획, 실행, 그리고 통제하기 위하여 이러한 일상적인 정보가 필요하다. 그러나 마케팅 관리자는 특수한 상황이나 현장과 관련된 의사결정을 하기 위하여 비일상적인 정보를 필요로 하기도 한다. 예를 들어 주요 고객과 다툼을 벌이고 있는 어떤 판매관리자의 경우는 과거에 그 고객이 구매한 구매량이나 그의 이익기여도에 대해 요약된 정보를 필요로 할 수도 있다. 그러나 중앙집중적인 마케팅정보 시스템을 운영하고 있는 기업에서는 마케팅 관리자가 이러한 정보를 마케팅정보 시스템 담당자에게 요구한 후 정보가 도착할 때까지 기다려야 한다. 따라서 가끔 요구한 정보가 늦게 도착하여 아무런 쓸모가 없게 될 경우도 있다.

소셜네트워크와 소셜커머스의 발달은 마케터에게 소셜마케팅서비스의 필요성을 강조하고 있다. 기존의 의사결정단계에서 대안에 대해 복잡하게 비교 검토 했던 단계들이 자신과 관계를 맺고 있는 동료, 이웃, 신뢰할 수 있는 경험담들을 통해 최소화됨으로써 소비자의 구매패턴도 빠르면서도 짧아지고 있다.

최근에 정보기술이 발전함에 따라서 정보의 분배 면에서 일대 혁명이 일어나고 있다. 컴퓨터, 소프트웨어, 그리고 정보통신의 비약적인 발전에 따라서 대부분의 기업들은 과거의 중앙집중적인 마케팅정보 시스템(centralizing marketing information system)에서 분권적인 마케팅정보 시스템(decentralizing marketing information system)으로 전환하고 있다. 많은 기업들에서는 마케팅 관리자가 개인용 컴퓨터나 다른 수단을 이용하여 중앙집중적인 마케팅정보 시스템 관리자를 거치지 않고 직접 정보통신망에 접근할 수 있게 되었다. 따라서 이들은 어디에 있던지 기업의 내부기록이나 외부의 정보공급회사로부터 정보를 수집하고, 통계패키지나 모델을 이용하여 그 정보를 분석한 후 워드프로세서나 개인용 컴퓨터를 이용하여 보고서를 작성할 수도 있다. 또한 다른 사람과 의사소통이 필요할 때, 언제든지 이 보고서를 사용할 수 있게 되었다.

이와 같이 분권적인 마케팅정보 시스템이 발달함에 따라서 오늘날의 마케팅 관리자들에게 그들이 필요로 하는 정보를 직접적이면서 신속하게 취득할 수 있는 환경이 갖추어지고 있다.

2 마케팅조사

2.1 마케팅조사의 의의와 역할

모든 마케팅 의사결정은 정보를 필요로 한다. 마케팅 의사결정을 위한 정보의 가장 중요한 원천은 마케팅조사이다. 마케팅 의사결정 중의 가장 중요한 것은 아마도 어떻게 하면 소비자를 만족시킬 수 있는가에 관한 것일 것이다. 그러나 소비자를 만족시키는 것이 말처럼 쉬운 것은 아니다. 소비자를 만족시키려면 소비자가 필요로 하고 기대하는 것이 무엇인지를 사전에 정확하게 알아야 하기 때문이다.

사례1 공공정책 수립

"미국의 클린턴 대통령은 미국의 역대 대통령 중 정부정책의 결정 및 수행에 마케팅조사를 가장 적극적으로 사용한 대통령이라고 할 수 있다. 클린턴은 포커스그룹 인터뷰(Focus Group Interview)와 전화서베이(telephone survey), 대인서베이(personal survey), 그리고 인터뷰 스타일의 미팅(interview-style meeting) 등을 적극적으로 활용하여 국민들이 기대하는 바를 정책수립에 반영하였다.

클린턴 행정부는 세금인상에 바탕을 둔 첫 경제정책을 발표할 때 마케팅조사를 활용하여 반발을 최소화시키도록 정책을 포장하였다. 세금인상이란 누구에게나 환영받기 힘들다. 그래서 클린턴은 전화조사와 포커스그룹 인터뷰를 통하여 새로운 경제정책을 어떻게 포장하면 세금인상 부분이 잘 받아들여질 수 있는가를 조사하였다. 조사결과 일반대중은 국가부채를 줄이기 위해서라면 세금인상을 용인할 수 있으며, 아울러 대통령과 의회가 국가예산이 낭비되지 않도록 힘써주기를 원하고 있다는 것을 알 수 있었다. 클린턴은 새로운 경제계획의 주안점을 재정적자의 감소에 맞추어 발표함으로써 세금인상에 대한 반발을 최소화하는데 성공했을 뿐만 아니라 새로운 정책에 대한 광범위한 지지를 얻어냈다."

사례2 신제품 개발

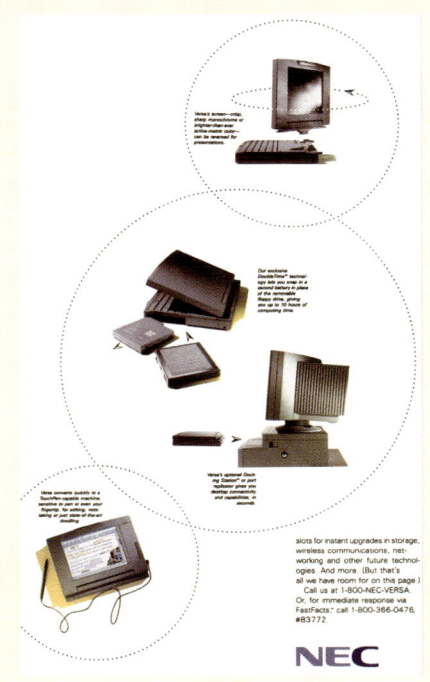

"일본의 전자제품 제조업체인 **NEC**는 새로운 모델의 노트북 컴퓨터를 개발하기 위해서 제일 먼저 노트북 컴퓨터를 사용하고 있는 기업체 직원들을 찾아가서 현장에서 어떻게 사용하고 있는지를 관찰하였다. 많은 사용자들을 관찰한 결과 사람들이 노트북 컴퓨터를 사용하기 위해서 케이스를 열 때는 보통 몇 가지 일을 동시에 하고 있다는 것을 알게 되었다. 이러한 관찰 결과에 따라 **NEC**는 새로운 노트북 컴퓨터 모델은 한 손으로도 열 수 있도록 디자인 했다. **NEC**는 사용자관찰뿐만 아니라 포커스그룹인터뷰와 컴퓨터보조 대인인터뷰(**CAPI**: Computer Assisted Personal Interview)를 통하여 몇 가지 사실을 더 밝혔다. 기업에서 노트북 컴퓨터를 사용하는 사람들은 다양한 용도로 사용하기를 원했고 각자의 업무에 따라 간단히 특정 성능을 강화하기를 원하고 있었다. 이에 따라 **NEC**는 몇 개의 부품을 추가하거나 떼어 냄으로써 다용도성과 기능성을 강화했다. 일례로 프레젠테이션을 자주 하는 사람들을 위하여 노트북 컴퓨터의 스크린을 분리하여 다른 사람들이 쉽게 볼 수 있도록 하는 장치가 고안되었을 뿐만 아니라 장거리 출장자들을 위하여 별도의 배터리 팩을 제공하였고, 모듈로 된 하드디스크를 제공하여 대용량의 데이터를 다루는 사람들의 편리를 도모하였다. **NEC**의 마케팅조사는 또한 기업체 직원들이 노트북 컴퓨터를 외출할 때면 거의 항상 지니고 다니는 추세가 늘어나고 있다는 것을 보여주었다. 이러한 추세에 맞추어 **NEC**는 비즈니스맨을 위한 노트북 컴퓨터를 아주 가볍고 작으며, 모서리는 둥글게 처리하는 등의 세련된 디자인을 도입하여 투박한 사무용품으로 보이지 않도록 배려했다. 이 모델이 바로 **UltraLite Versa**이며, 이 모델로 **NEC**는 일 년 안에 노트북 컴퓨터시장의 **10%**를 차지할 수 있었다. 이와는 대조적으로, 노트북컴퓨터 시장의 거인이었던 **Zenith**는 산업디자인 전문가에게 새 모델의 디자인을 의뢰했다. 이 모델은 그해의 디자인상을 수상했지만 소비자의 필요를 제품설계에 반영하지 못해서 같은 해 나온 **Versa**에게 고객을 뺏기게 되어 고작 **1%**의 시장점유율을 차지하는데 그쳤다."

자료원: InfoWorld 1994년 1월31일

사례에서 볼 수 있듯이 마케팅조사는 사회 각 방면에서 활용되고 있다. 이처럼 마케팅조사에 대한 필요성은 시장특성의 급격한 변화와 더불어 오늘날 더욱 절실하게 요구되고 있다. 그렇다면 마케팅조사란 무엇인가? 여기서 미국마케팅학회가 마케팅조사에 대하여 내린 정의를 살펴보기로 한다.

"마케팅조사는 마케팅기회와 문제를 정의하며, 마케팅활동을 창출하고 수행하고 평가하며, 성과를 모니터링 하는 데 어떠한 정보가 필요한지를 명확히 해 주고, 정보수집 방법을 설계하고, 정보수집과정을 관리하고, 결과를 해석하고, 발견한 사실과 그 의미를 보고하는 기능이다."

위 정의를 요약하면 "마케팅조사란 마케팅기회와 문제를 파악하고 해결하는데 관련된 의사결정을 잘 할 수 있도록 체계적이고 객관적으로 정보를 확인하고, 수집해서, 분석한 후 보고하는 것"이라 할 수 있다. 그 특징은 다음과 같다.

- 마케팅조사는 체계적이다. 따라서 마케팅조사의 전 과정에 걸쳐서 체계적인 계획이 필요하다. 각 단계별로 올바른 방법을 사용해야 하며, 문서화하고 가능한 한 미리 계획해야 한다.
- 마케팅조사는 객관적이다. 마케팅조사는 현상을 정확히 반영하는 정보를 제공하여야 한다. 따라서 조사는 공정하게 수행되어야 한다. 조사는 특정 주체가 유리하도록 윤색되어서는 안 된다. 즉, 조사자는 "발견한 것을 있는 그대로 말해야" 한다.
- 마케팅조사의 절차는 정보의 확인, 수집, 분석, 그리고 보고를 포함한다. 먼저, 조사자는 마케팅조사를 할 문제 또는 기회가 무엇인지 정의를 한 후에 무슨 정보를 조사할지를 결정한다. 다음에 자료원을 파악한 후 적합한 자료수집 방법을 결정한다. 자료가 수집되면 분석하고 해석해서 추론한다. 마지막으로 정해진 양식에 따라 결과, 실제 적용, 그리고 제안을 하게 된다.

2.2 마케팅정보시스템과 마케팅조사의 관계

마케팅정보시스템은 1960년대에 처음으로 개발된 반면에, 마케팅조사는 별도의 마케팅활동분야로 1910년대를 전후해서 개발된 것이다. 마케팅정보시스템이 없는 기업에서는 마케팅조사부의 역할이 광범위한 것이 당연하다. 그러나 기업에 **MIS**가 존재할 때에는 마케팅조사활동은 분명히 정보시스템의 일부로 간주된다.

여기서 말하는 마케팅조사의 본질은 **Richard Crisp**의 정의에 따르면 "마케팅 분야와 관련된 사실에 관한 체계적이며, 객관적인 철저한 조사와 연구"라고 한다.

마케팅조사는 한 프로젝트에서 시작하여 그것으로 끝나는 경향이 짙다. 또 문제해결을 위한 과거의 자료를 수집하는 데 치중하는 반면에, 정보시스템은 미래의 거래에 어떠한 문제가 발생하지 않도록 예방하는 거래지향적인 활동에 치중하는 것이 특징이다. 회계담당부서와 기타 비마케팅분야에서는 내부적인 마케팅 자료를 수집하고 처리하며 판매지역별 또는 제품별 성과를 평가하기 위하여 판매량과 판매비를 분석한다. 그러나 마케팅조사는 주로 외부의 자료를 취급하는 것이 보통이다.

2.3 마케팅조사과정

마케팅조사의 과정은 문제의 정확한 정의에서부터 출발한다. 그 과정을 요약하면 그림 4.2와 같다. 먼저, 기업내외의 문제에 대하여 발생원인과 해결방안을 찾기 위해 문제에 대한 정확한 인식과 조사목적을 확정한다. 두 번째 단계는 정보수집을 위한 조사계획을 수립하는 단계인데, 여기에서는 필요정보를 결정하고, 자료수집방법과 설문지와 같은 측정도구를 작성한다. 세 번째 단계는 계획된 조사 일정을 바탕으로 자료의 수집이 이루어진 후 이에 대한 분석이 실시된다. 마지막으로, 조사결과의 해석과 보고가 이루어진다.

그림 4.2 마케팅조사 과정

```
문제의 정의
   ↓
조사계획의 수립
   ↓
자료의 수집과 분석
   ↓
조사결과의 해석 및 보고
```

1) 문제의 정의

기업이 당면한 문제와 이를 해결하기 위해 조사문제를 정의하는 것은 전체적인 마케팅조사의 방향을 설정하기 위한 마케팅조사의 첫 번째 단계로서 문제해결과 기회포착을 위한 가장 중요한 단계이다. 따라서 합리적인 의사결정을 해야할 마케팅 관리자와 이를 지원해야할 마케팅 조사자는 이 단계에서 충분한 협조를 하여야 한다.

마케팅 관리자는 마케팅조사에 대한 전문가적 지식을 꼭 갖추어야 하는 것은 아니지만, 계획을 수립하거나 조사결과를 해석하는 데 필요한 만큼의 마케팅조사에 대한 기본 지식을 어느 정도 가지고 있어야 한다. 만일 마케팅 관리자가 마케팅조사를 이해할 만큼의 필요한 지식을 가지고 있지 못한 경우에는 잘못된 정보를 입수하거나, 조사결과에 대한 잘못된 결론을 수용할 수도 있으며, 과다한 비용이 소요되는 정보를 요구할 수도 있다. 한편 마케팅 조사자는 이 단계에서 마케팅 관리자를 도와서 문제를 정확하게 정의하거나 보다 나은 의사결정을 지원할 수 있는 방법을 제시할 수 있는 능력이 있어야 한다.

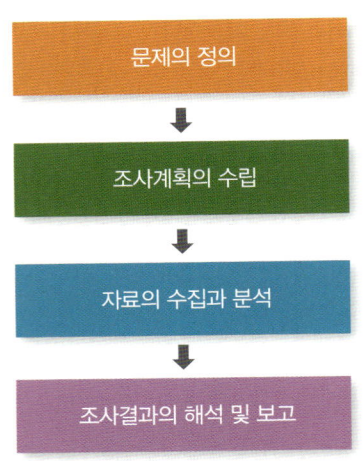

그러나, 문제와 조사목적을 정의하는 것은 쉬운 일이 아니다. 마케팅 관리자는 마케팅관리에 무엇인가 문제가 있다는 것은 알고 있지만, 그 문제를 일으키는 원인에 대해서는 잘 모를 수가 있다. 예를 들어, 어느 대형 백화점의 마케팅 관리자가 판매액 감소의 원인이 광고 때문이라고 잘못 생각하여 광고를 조사하도록 명령하였다. 그러나 광고를 살펴 본 결과 현재의 광고에는 아무런 문제가 없었으며, 판매액 감소의 원인은 광고에서 약속한 제품품질, 가격, 그리고 서비스를 제공하지 못한 것이었다. 이러한 경우 만일 처음부터 문제를 잘 정의하였다면 광고 자체를 테스트하는 불필요한 조사비용의 지출과 시간의 낭비를 피할 수 있었을 것이다.

마케터는 종종 문제를 정확하게 인식하는 것이 쉽지 않다. 세계적인 코카콜라 회사도 80년대 '뉴코크'의 개발 실패 원인이 정확한 문제의 인식에서 출발하지 못했음을 뒤늦게 깨달았다.

탐색적 조사
문제를 정의하고 가설을 설정하는데 필요한 사전 정보 수집 조사

문제를 신중하게 정의한 후에는 구체적인 조사목적을 정의하여야 한다. 마케팅 조사의 목적은 일반적으로 세 가지 유형으로 구분할 수 있다. 첫 번째 유형은 탐색적 조사(exploratory research)로서 문제를 정의하고 가설을 설정하는데 필요한 사전 정보를 수집하는데 목적을 둔 조사이다. 주로 조사문제가 명확하지 않을 때 수행되며, 그 수단으로

문제와 증상의 차이점

어느 식당을 들어가야 할지 잘 모를 때 어떤 기준을 사용하는가? 어느 식당에 들어가야 할지 확신이 서지 않을 때 사람이 많이 앉을 자리를 찾기가 힘든 집이면 일단 실패할 가능성은 낮아 보인다. 손님들이 식당 밖이나 안에서 차례를 기다리고 있다면 그 식당에서 실패를 찾기란 어려울 것이다. 이러한 원칙을 무시해서 낭패를 보았던 경험을 예로 들어보겠다. 필자가 몸담고 있는 대학교 앞에는 분식집이 즐비하게 늘어서 있다. 처음에는 어느 집을 들어가야 할지 몰라서 이집 저집을 기웃거렸는데 후문에서 가장 가까운 곳에 분식집 두 개가 나란히 붙어있었다. 한 집은 이름이 약간 촌스러운 "시골집"이었고 바로 옆집은 그래도 이름이 세련된 "명동분식"이라는 간판을 달고 있었다. 그런데 시골집은 앉을 자리가 없을 정도로 북적거렸고 바로 옆의 명동분식은 손님 한 두 명이 있을 뿐이었다.

분식집 음식이 차이가 있으면 얼마나 있겠나 하고 기다리지 않아도 되는 명동분식으로 들어갔다. 주문한 참치김치찌개는 분식집에서 흔히 맛 볼 수 있는 평범한 것이었다. 필자는 도대체 시골집이란 식당은 왜 사람이 그렇게 많을까하는 궁금증이 밀려와서 다음 날은 사람이 많은 시간을 피해 일부러 시골집에 가서 같은 메뉴를 시켜 보았다. 그러자 왜 시골집에 그렇게 학생들이 몰리는지 이유를 알 것 같았다. 먼저 찌개에 들어가 있는 참치의 양에 있어서 명동분식은 몇 점 보이지 않았는데 시골집은 명동분식과는 비교가 안될 정도로 참치가 많이 눈에 띄었다. 또한 찌개에 들어있는 김치도 명동분식보다 풍부했을 뿐만 아니라 공기밥도 수북이 담겨 있었다. 그 뿐만 아니라 찌개에 곁들여 나오는 반찬도 정갈하고 맛이 있었다. 이렇게 같은 메뉴에서 음식의 내용에 차이가 나니 매출도 차이가 나는 것은 당연하다고 생각했다.

위의 경험담에서 여러분이 명동분식의 주인이라면 문제가 무엇이라고 생각하는가?
① 시골집에 비해 손님이 적다
② 시골집에 비해 음식양이 적다

문제는 시골집에 비해 음식양이 적은 데 있다. ①번의 시골집에 비해 손님이 적다는 문제가 아니라 증상에 해당된다. 문제를 정의함에 있어서 주의할 점은 증상과 문제를 혼동하면 안 된다는 것이다. 증상이란 문제로 인하여 나타나는 표면적인 결과로서 단지 문제가 있다는 것을 알려줄 뿐이다. 손님이 없다는 것은 그 가게에 어떤 문제가 있다는 것을 나타내주는 증상에 불과하다.

문제를 정의하기 위해서는 손님이 안 찾는 내재적인 이유를 찾아야 한다. 마치 환자가 열이 난다는 것은 문제가 아니라 환자에게 어떤 문제가 있다고 알려주는 증상이며, 의사가 치료를 시작하기 위해서는 열이 나는 진정한 이유가 무엇인지를 알아야 하는 것과 같다고 할 수 있다.

는 잡지, 보고서 등의 문헌조사, 유통중간상이나 전문분야의 경험적 지식을 활용하는 전문가 의견조사, 회사가 직면한 문제와 유사한 사례를 분석하는 사례조사 등이 있다. 두 번째 유형은 기술적 조사(descriptive research)로서 특정 제품의 시장잠재력이나 그 제품을 구매하는 소비자의 인구통계적 특성 또는 태도와 같이 현상에 대한 실체 자료를 수집하는데 목적을 둔다. 기술적 조사는 조사시점에 따라 특정 시점에 모집단으로부터 추출된 표본을 바탕으로 조사하는 횡단조사(cross sectional research)와 일정한 시간과 간격을 두고 패널(panel)을 활용하여 정기적으로 자료를 제공받는 종단조사(longitudinal research)가 있다. 세 번째 유형은 인과적 조사(casual research)로서 현상에 대한 원인과 결과 간의 관련성을 검증하는데 목적을 둔 조사이다. 즉 제품의 가격(원인요소)을 10% 인하하면 수입의 감소를 상쇄할 만큼의 매출액증가(결과요소)를 실현할 수 있을 것인가를

> **기술적 조사**
> 특정 현상에 대한 실체 자료를 수집하는 조사

인과적 조사
현상에 대한 원인과 결과간의 관련성을 검증하는데 활용되는 조사

규명하는 조사를 인과조사라고 할 수 있다. 일반적으로 마케팅조사는 문제를 정의하고 가설을 설정하기 위한 탐색적 조사를 수행 한 후 마케팅 현상을 설명하고 가설을 검증하여 결론을 내리는 기술조사나 인과조사를 진행하게 된다.

2) 조사계획의 수립

마케팅조사의 두 번째 단계는 정보수집을 위한 조사계획을 수립하는 단계로서, 첫 번째 단계에서 정의한 마케팅 문제를 해결하는데 필요한 정보가 무엇인가를 결정하고, 그 정보를 효율적으로 수집하기 위한 계획을 수립하여 그 계획을 마케팅 관리자에게 제시하는 단계이다.

필요정보의 결정

마케터는 조사목적을 달성하기 위하여 어떠한 정보가 필요한가를 결정하여야 한다. 예를 들면 수프를 만드는 어떤 식품회사에서 기존의 캔 대신에 다른 제품의 용기로 성공적으로 사용되어 오던 종기 모양의 플라스틱 용기로 대체하는 경우 소비자의 반응이 어떠할 것인지에 대하여 마케팅조사를 하기로 결정하였다고 가정하자. 새로운 용기는 비용은 더 들지만 전자레인지에 데워서 먹을 수도 있고 용기가 따로 필요 없다는 장점이 있다. 이러한 경우 마케터는 다음과 같은 구체적인 정보가 필요할 것이다.

- 현재 스프를 먹고 있는 소비자들의 인구통계적, 경제적, 그리고 라이프스타일상의 특성에 관한 정보(예를 들면 맞벌이 부부는 가격이 비싸지만 시간을 절약할 수 있는 새로운 플라스틱 용기를 원하지만, 어린이가 있는 전업주부의 경우는 시간적 여유로 인하여 가격이 저렴한 캔 용기를 선호할 수도 있다)
- 소비자들이 스프를 언제, 어디서, 얼마나 먹고 있는가와 같은 이용형태에 관한 정보(예를 들면 새로운 플라스틱 용기는 점심시간이 짧은 직장인의 경우에는 매우 편리하지만 많은 자녀에게 점심을 먹이는 가정주부에게는 덜 편리할 수도 있다)
- 전자레인지의 보급률에 관한 정보(전자레인지의 숫자가 새로운 플라스틱 용기의 제품에 대한 수요를 결정할 것이다)
- 기존제품과 신제품 각각에 대한 판매량 예측에 관한 정보(기존제품에 비하여 신제품이 이 회사의 이익을 증가시킬 것인가?)

기업의 마케팅 담당자는 마케팅조사를 통해 수집된 자료를 근거로 향후의 마케팅문제에 대한 의사결정을 내리게 된다. 따라서 객관적이고 정확한 자료의 수집은 마케팅조사에 있어서 매우 중요한 부분이라고 할 수 있다. 마케팅에서 수집되는 자료는 크게 1차자료 (primary data)와 2차자료(secondary data)로 나누어진다. 1차자료는 조사자가 당면한 의사결정문제를 해결하기 위해 직접 수집한 자료이다. 2차자료는 다른 조사에 의해 다른 조사목적으로 이미 수집된 자료를 말하며 사내자료, 정부기관 발행물, 연구기관 보고서, 전문조사기관에 의한 상업서비스자료 등이 포함된다.

흔히 문제가 정의되고 나면 서베이를 한다든가 실험을 해서 자료를 수집하려는 생각을 갖기 쉬운데 이는 잘못된 생각이라고 할 수 있다. 무엇보다도 먼저 행해야 할 작업은 2차자료를 수집하는 것이다. 만약 당면한 문제를 해결할 수 있는 2차자료가 있다면 구태여 1차자료를 다시 수집할 필요가 없다. 따라서 모든 조사에 있어서 처음 출발점은 항상 2차자료를 찾는 것이라 할 수 있다.

■ 2차자료의 수집

2차자료의 장점은 시간과 비용을 절약할 수 있는데 있다. 또한 1차자료의 수집이 자료특성상 역부족일 때 주로 활용된다. 많은 2차자료들은 마케팅조사문제의 해결에 직접적인 관련이 있거나 또는 유용한 정보를 포함하고 있다. 따라서 조사자는 다양한 2차자료를 파악하여 이를 활용할 필요가 있다. 2차자료는 도서관이나 기관을 통해서 입수하기 때문에 직접 자료를 수집하는 시간이 절약되며 대부분의 경우에 실비로 자료를 얻을 수 있다.

> **2차 자료**
> 다른 조사 목적으로 이미 수집된 자료

그러나 2차자료는 다른 조사목적을 위해 수집된 자료이므로 당면한 문제에 적절한 정보를 제공하지 못할 수가 있다. 먼저 측정대상이 원하는 카테고리로 안 되어 있는 경우가 있다. 예를 들어 남녀 간의 차이점을 보고자 할 때 성별구분 없는 자료를 제공하는 2차자료는 무용지물일 것이다. 또한 측정단위의 문제도 있다. 컴퓨터매출과 광고비간의 인과관계를 증명하고자 할 때 매출액이 아닌 컴퓨터 판매대수만을 제공하는 2차자료는 곧바로 사용하기에는 문제가 있다. 그리고 측정단위의 정의가 다른 경우가 있다. 월평균수입이 250만원 미만인 사람과 이상인 사람 간에 구매행동의 차이가 보일 것이라고 가정하는 제품의 경우에 월수입을 100만원 단위로 측정한 2차자료로 곧 바로 적용하기 힘들 것이다.

이러한 문제 외에도 당면 문제와 관련된 정보라 하더라도 시간이 상당히 경과하여 시의적절하지 못한 정보일 경우도 많다. 그리고 가장 심각한 문제 중의 하나는 다른 목적으로 다른 조사자들이 조사해 놓은 자료를 믿고 중대한 의사결정을 내릴 수 있을 것인가 하는 자료의 신빙성에 관한 의문이다. 따라서 많은 경우에 조사자는 1차자료에 의존하게 된다.

■ 1차자료의 수집

1차자료는 조사목적에 적합한 정보를 시의적절하게 제공하는 장점이 있으나, 설문지 작성, 실사, 자료처리 등 자료수집과정에 많은 비용과 시간이 발생되는 단점이 있다. 그러나 2차자료를 찾을 수 없다든지, 찾았다 하더라도 앞서 언급한 여러 가지 문제로 인하여 사용할 수 없는 경우에는 직접 1차자료를 수집할 수밖에 없다. 아래에서는 1차자료를 중심으로 자료의 수집계획을 논의한다.

> **1차 자료**
> 당면한 의사결정문제를 해결하기 위해 직접 수집한 자료

자료 수집계획의 수립

올바른 의사결정을 내리기 위해서는 적절한 자료수집계획이 필요하다. 수집계획을 수립하기 위해서는 자료수집방법, 응답자접촉방법, 표본추출계획, 그리고 자료수집도구 등을 결정하여야 한다. 표 4.2는 자료수집 계획에서 고려해야할 제 유형들을 보여주고 있다.

표 4.2 자료 수집계획의 주요 고려 요소들

자료수집방법	응답자접촉방법	표본추출계획	자료수집도구
관찰법	우 편	표본추출단위	설문지
서베이법	전 화	표본크기	기계장치
실험법	대인면접	표본추출방법	

■ **자료수집방법**

자료수집방법에는 관찰법, 서베이법, 그리고 실험의 세 가지 방법이 있다.

● 관찰법(observational research) : 피관찰자가 하는 행동을 관찰하고 이를 체계적으로 정리하여 자료화하는 방법이다. 예를 들어 편의점을 이용하는 고객의 특성을 조사하기 위하여 30분 간격으로 들어오는 고객의 성별 및 연령대를 관찰하여 이를 기록할 수 있다. 이러한 자료를 통하여 매장방문 고객에 대한 프로파일을 파악할 수도 있으며, 방문고객의 수에 따라 시간대별 종업원수나 영업시간 등을 결정할 수 있다. 관찰법은 사람들이 제공할 수 없거나 제공하기를 꺼려하는 정보를 얻는 데 적합한 방법이나, 소비자들의 최종행동만을 관찰하게 되므로 그러한 행동을 유발한 동기, 신념, 태도 등을 파악하기 어렵다는 한계가 있기 때문에 의사소통법을 이용한 자료수집방법과 보완적으로 활용될 때 보다 효과적이다. 최근에는 직접 현장에 참여하여 개개인에 대한 깊이 있고 지속적인 관찰을 통해 개인의 생활양식 전반을 관찰하는 민족지학적 방법(ethnographic research)이 자주 활용되고 있다.

> **민족지학적 방법**
> 일정한 기간동안 직접 현장에 참여하여 개인의 생활양식 전반을 관찰하는 조사방식

● 서베이법(survey research) : 다수의 응답자들을 대상으로 설문조사를 활용하여 기술적 정보(descriptive information)를 수집하는 데 가장 적합한 방법이다. 즉 소비자들의 지식, 태도, 선호성, 구매행동 등에 대하여 설명해 주는 정보들이 기술적 조사의 대상이다. 서베이법은 1차자료를 수집할 때 가장 널리 이용된다. 이 조사의 가장 큰 장점은 융통성이다. 다시 말하면 여러 가지 상황에서 다양한 정보를 수집할 수 있는 융통성이 있다. 또한 서베이법은 관찰이나 실험법에 비해서 신속하고 저렴하다는 장점이 있다. 그러나 서베이조사에도 몇 가지 문제점이 있다. 응답자들이 질문내용을 잘 모르거나 생각해 보지 않아서 답변할 수 없는 경우도 있다. 또는 면접자에게 답변하고 싶지 않거나 사생활과 관계된 것이기 때문에 답변하고 싶지 않은 경우도 있다. 경우에 따라서는 응답자들이 아는 체 하기 위하여 잘 모르는 내용을 답변하거나 면접자의 의도에 맞는 답변을 할 수 있다.

● 실험(experimental research) : 원인과 결과와의 관계를 규명하는데 가장 적합한 방법이다. 다시 말하면 관찰법은 탐색조사에 가장 적합하고 서베이법은 기술조사에 적합한 데 비하여 실험은 인과조사에 가장 적합한 조사방법이다. 예를 들면 어떤 인스턴트 식품회사가 새로운 피자를 메뉴에 추가하려고 할 때 마케팅 조사자는 실험을 통하여 다음과 같은 문제를 해결할 수 있을 것이다. 새로운 피자의 가격대가 판매에 미치는 영향을 알아보기 위하여 이 회사는 한 도시의 식당에서는 A가격으로, 다른 도시의 식당에서는 B가격으로 판매하는 실험상황을 설정할 수 있을 것이다. 이러한 상황에서 두개의 도시가 비슷

하고, 두 식당의 피자 판매를 위한 마케팅노력이 동일하다면 두 도시에서의 판매액의 차이는 가격수준의 차이 때문이라고 할 수 있다. 물론 판매액에는 가격 이외에 광고, 제품, 그리고 다양한 외생변수 등 여러 가지 변수가 영향을 미치기 때문에 이러한 변수들이 판매에 미치는 영향을 알기 위해서는 이러한 변수를 제외할 수 있는 보다 복잡한 실험설계가 필요하다.

■ 응답자접촉방법

응답자접촉방법에는 우편, 전화, 그리고 대인면접을 이용하는 세 가지 방법이 있다. 표 4.3은 이러한 세 가지 응답자접촉방법의 장점과 단점을 설명하고 있다.

표 4.3 세 가지 응답자접촉방법의 장점과 단점

	우 편	전 화	대인면접
1. 신축성	열등함	우수함	매우 우수함
2. 자료수집량	우수함	보통임	매우 우수함
3. 면접자의 영향에 관한 통제	매우 우수함	보통임	열등함
4. 표본통제	보통임	매우 우수함	보통임
5. 자료수집속도	열등함	매우 우수함	우수함
6. 응답률	열등함	우수함	우수함
7. 비용	우수함	보통임	열등함

● 우편질문(mail questionnaires) : 잠재적 응답자에게 질문지를 우송하여 정보를 수집하는 방법으로서 일반적으로 조사시간의 여유가 있을 때 저렴한 비용으로 많은 정보를 수집할 수 있는 방법이다. 이 방법은 직접적인 면담을 하지 않기 때문에 면접자의 편견이 개입될 가능성이 없고 면접관리에 신경을 쓸 필요가 없으며, 광범위한 지역을 대상으로 할 수 있다. 그러나 이 우편질문은 수신인명단을 확보하기가 어렵다는 단점이 있다. 또 다른 단점은 반송된 질문지가 무기명으로 되어 있을 경우 응답자들이 무응답자와 다른 특성을 가지고 있다면 무응답오류가 발생하여 조사결과의 타당성이 결여되는 결과를 가져오게 된다.

● 전화면접(telephone interviewing) : 정보를 신속하게 수집하는 데 가장 좋은 방법이며, 우편질문보다 융통성이 많은 장점이 있다. 또한 전화면접은 일정한 특성을 가진 응답자에게만 접근할 수도 있으며 심지어 실명으로도 접근할 수 있기 때문에 우편질문에 비하여 응답률이 높고 표본통제도 보다 용이한 장점이 있다. 그러나, 응답자 1인당 비용이 우편질문에 비해서 많이 소요되며, 면접자와 개인적인 신상문제에 대해서 논의하기를 원하지 않을 수가 있으며, 면접자를 이용하기 때문에 면접자오류가 발생할 수 있다. 뿐만 아니라 면접자에 따라서 응답을 다르게 해석하거나 기록할 수도 있으며, 시간이 없다는 이유로 질문을 하지 않고 임의로 응답을 작성하는 허위기록도 나타날 수 있는 단점이 있다.

- 대인면접(personal interviewing) : 개별면접과 집단면접의 두 가지 유형으로 구분된다. 개별면접(individual interviewing)은 개인에게 가정, 직장, 길거리, 혹은 상점에서 개별적으로 질문하는 방법으로 융통성이 매우 높은 방법이다. 즉, 숙련된 면접자의 경우 장시간에 걸쳐서 어려운 질문도 할 수 있고, 상황에 따라서 새로운 질문이나 심층적인 조사가 가능하다. 그러나 개별면접의 경우 유능한 면접자를 구하기가 쉽지 않고, 전화면접에 비하여 시간과 비용이 많이 소요되는 단점이 있다. 집단면접(group interviewing)은 특정 제품, 서비스 혹은 조직 등에 관하여 한 사람의 면접자가 중재하여 10명 내외의 응답자들이 자유롭게 토론하도록 유도함으로써 정보를 수집하는 방법이다. 면접자는 자유스럽고 쉽게 토론을 유도함으로써 집단속에서의 상호 의견교환이 실제의 감정과 사고를 반영할 수 있도록 잘 중재하여야 하며, 특히 토론의 내용이 주제에 초점을 맞출 수 있도록 유도하여야 하는데 이런 의미에서 표적집단면접(focus-group interviewing)이라는 말이 유래되었다. 그러나 표적집단면접은 시간과 비용을 절감하기 위하여 소규모의 표본을 이용하기 때문에 조사결과의 일반화에 문제가 있다.

> **표적집단면접**
> 10명 내외의 응답자들이 자유로운 토론과정을 하도록 사회자가 중재함으로써 필요한 정보를 수집하는 방법

> **표본**
> 모집단을 대표하기 위하여 모집단으로부터 추출된 일부분의 집단

■ 표본추출계획

자료수집방법이 결정되면 구체적인 조사대상자를 선정하여야 한다. 조사대상자를 선정하는 방법은 크게 두 가지로 나눌 수 있는데, 조사대상자들의 전체를 조사하는 전수조사와 그 중에서 일부분만 뽑아서 조사하는 표본조사가 있다. 일반적으로 마케팅조사자들은 조사비용 대비 효용을 고려하여 전체 소비자 가운데에서 소규모의 표본을 대상으로 그들의 행동이나 태도를 조사하고 그 조사결과를 이용하여 전체 소비자 혹은 모집단의 행동이나 태도를 추정하는 방법을 이용하고 있다. 여기서 표본(sample)이란 전체 조사대상자인 모집단을 대표하기 위하여 모집단으로부터 추출된 일부분의 집단을 말한다. 따라서 표본은 전체 모집단의 행동, 생각, 그리고 태도 등을 정확하게 추정할 수 있도록 모집단을 대표할 수 있어야 한다. 모집단을 대표할 수 있는 표본을 선정하기 위해서는 다음과 같은 세 가지의 의사결정이 필요하다.

- 조사대상인 표본추출 단위(sampling unit)를 결정하여야 한다. 표본추출 단위를 결정하는 것은 항상 용이한 일이 아니다. 예를 들면 어떤 가족의 자동차 구매의사결정과정을 조사하기 위해서 조사자가 남편, 부인, 기타의 가족구성원, 자동차 판매원, 혹은 이들 모두 중에서 누구를 대상으로 조사할 것인가를 결정하는 것은 쉬운 일이 아니다. 따라서 조사자는 어떠한 정보가 필요하며 그 정보를 누가 가지고 있는가를 잘 판단해서 결정해야 한다.

- 몇 사람을 대상으로 조사할 것인가를 결정하는 표본크기(sample size)를 정하여야 한다. 표본크기가 크면 보다 신뢰성 있는 정보를 얻을 수 있으나, 조사시간과 비용 등이 더 소요된다. 따라서 신뢰성 있는 정보를 얻기 위하여 반드시 전수조사를 하거나 표본규모를 크게 하기 보다는 모집단의 특성을 잘 반영할 수 있는 적절한 표본의 크기가 조사의 효율성을 더 높일 수 있다.

- 모집단에서 표본을 어떻게 추출할 것인지에 대한 표본추출방법(sampling

methods)을 결정하여야 한다. 표본추출방법은 크게 확률 표본추출(probabilistic sampling)과 모집단을 특정한 기준에 따라 서로 상이한 소집단으로 나눈 후 각 소집단으로부터 일정 수의 표본을 무작위로 추출하는 비확률 표본추출(nonprobabilistic sampling)로 구분된다. 확률 표본추출은 조사대상자들이 표본으로 추출될 확률이 사전에 알려져 있고, 비확률 표본추출은 그러한 확률을 알 수 없다. 확률 표본추출방법으로는 표본프레임에 있는 각각의 표본에 대해 일련번호를 부여하고, 이를 활용하여 일정 수의 표본을 무작위로 추출하는 단순무작위 표본추출법(simple random sampling), 모집단을 특정한 기준에 따라 서로 상이한 소집단으로 나눈 후 각 소집단으로부터 일정 수의 표본을 무작위로 추출하는 층화 표본추출법(stratified sampling), 모집단을 일정 수의 군집으로 분류한 다음 추출된 하나 또는 일정수의 군집 내 모든 구성원들을 조사하는 군집 표본추출법(cluster sampling) 등이 있다. 비확률 표본추출방법으로는 조사담장자가 임의로 정한 시간과 장소에서 표본대상을 선정하는 편의 표본추출법(convenience sampling), 조사문제와 관련하여 전문적인 지식을 가진 표본을 조사담당자가 임의로 선정하는 판단 표본추출법(judgement sampling), 인구통계적 특성과 같이 미리 정해놓은 분류기준에 따라 구분된 각 집단들의 분포와 특성에 비례하도록 필요한 만큼의 표본을 추출하는 할당 표본추출법(quota sampling) 등이 있다. 앞에서 설명한 바와 같이 확률 표본추출은 각 모집단의 구성요소가 표본으로 추출될 확률이 알려져 있기 때문에 조사자는 표본추출오차를 고려하기 위한 신뢰수준을 계산할 수 있고, 그 결과 모집단의 특성을 추정할 수 있다는 논리가 성립된다. 그러나 확률에 의한 표본추출 방법은 많은 비용과 시간이 소요되기 때문에, 일반적으로 표본추출오류를 계산할 수 없다는 단점에도 불구하고 마케팅조사자들은 종종 비확률 표본추출방법을 이용하고 있다.

■ 자료수집도구

응답자접촉방법과 표본추출방법이 결정되면 자료수집도구를 선정하여야 하는데, 자료수집도구에는 설문에 의한 방법과 기계장치에 의한 방법이 있다. 설문지는 가장 많이 이용되고 있는 조사수단으로서 질문의 방법을 자유롭게 설계할 수 있다는 장점이 있다. 설문지작성에 유의할 사항은 다음과 같다.

- 질문내용 : 설문지를 작성하기 위해서는 먼저 질문의 주요 내용을 결정하여야 한다. 설문지를 작성하다 보면 때로는 꼭 물어 보아야 할 질문은 생략하고, 답변할 수 없거나 답변하지 않으려는 질문, 또는 답변할 필요가 없는 질문을 포함하는 경우가 많다. 따라서 조사자는 각각의 질문이 조사목적에 꼭 필요한 질문인가를 확인하는 절차를 거쳐야 한다.

- 질문형식 : 질문형식도 중요한데, 질문의 형식에는 자유응답형 질문(open-end questions)과 폐쇄형 질문(closed-end questions)이 있다. 자유응답형 질문은 응답자가 응답내용을 자유롭게 결정하여 답변할 수 있도록 만든 질문을 말한다. "우리 회사의 제품에 대하여 당신은 어떠한 견해를 가지고 계십니까?"와 같은 질문이 그러한 예이다. 반면에 폐쇄형 질문은 응답자가 답변할 내용을 사전에 정해 놓고, 그 중에서 선택하도록 만든 질문이다.

설문지 작성에 유의할 점

① 쉬운 말을 쓴다(Use simple words).
② 명확한 말을 쓴다(Use clear words).
③ 응답자가 추측하지 않게 한다(Avoid estimates).
④ 한 질문에서 두 가지 내용을 질문하지 않는다(Avoid double-barreled questions).
⑤ 유도성질문을 하지 않는다(Avoid leading questions).
⑥ 선입관을 주는 질문을 하지 않는다(Avoid biasing questions).
⑦ 선택형 질문에 대해서는 모든 가능한 응답을 제시한다(Avoid implicit alternatives).
⑧ 조사자 임의로 가정하지 않는다(Avoid implicit assumptions).
⑨ 대답하기 곤란한 질문은 간접적으로 물어 본다(Consider frame of reference).

● 질문어휘·순서 : 설문지를 작성할 때에는 질문 어휘의 선정과 질문의 순서도 신중하게 고려하여야 한다. 단순하고 직접적이며 편향되지 않은 어휘를 선택하고, 질문의 순서도 논리적으로 정연해야 한다. 즉 처음의 질문은 응답자의 흥미를 끌 수 있으며, 응답하기가 용이한 질문들이 좋으며, 답변하기 어렵거나 개인적인 질문은 설문지의 뒷부분에 두는 것이 좋다. 다음은 일반적으로 설문지를 작성할 때 유의할 점들이다.

기계장치에 의한 방법으로는 마케팅자극에 대한 조사 대상자의 신체적 반응을 측정하는 기계로 Galvanometer와 Eyecamera 등이 자주 활용된다. Galvanometer는 땀의 분비정도나 맥박수 등을 측정하여 마케팅자극에 보이는 관심과 감정의 정도를 조사한다. Eyecamera는 마케팅자극에 대한 응답자들의 눈의 움직임을 조사하는 것으로, 어느 자극에 얼마나 오래 머무는지 등을 측정하여 제품설계나 매장동선배치, 광고콘텐츠의 설계 등에 활용된다. 이외에 일부 선택된 가정의 TV에 People Meter 기계를 부착하여 언제 누가 어느 채널을 시청하였는지를 조사하거나, 소비자 개개인의 구매활동을 소매점에 설치된 스캐너(scanner) 기계로 읽어 파악하기도 한다.

조사계획의 제출

이 단계에서 마케팅조사자는 마케팅조사계획서(research proposal)를 마케팅관리자에게 제출하여야 한다. 마케팅조사계획서에는 관리자가 직면한 문제, 조사목적, 입수하여야 할 정보, 2차자료원, 1차자료의 수집방법, 그리고 조사결과가 마케팅관리자의 의사결정에 어떠한 도움을 줄 수 있는지 등에 대하여 설명하는 내용을 포함하여야 한다. 오늘날에는 마케팅조사의 중요성이 더욱 강조되고 있어 조사의 대부분이 외부기관에 의하여 수행되는 경우가 많고, 조사프로젝트의 규모가 크고 복잡하기 때문에 마케팅조사계획서를 작성하여 제출할 필요성이 증가하고 있다.

3) 자료의 수집과 분석

앞에서 설명한 조사계획의 수립이 관리자와의 협의를 거쳐 최종 완료되면 마케팅조사자는 수립된 계획을 실행에 옮겨야 한다. 조사계획을 실행하는 일에는 정보를 수집하고, 처리하며, 분석하는 일을 포함하고 있다. 자료수집은 마케팅조사과정 중에서 가장 많은 비용이 소요되며 오류가 발생될 가능성이 가장 높은 단계이다. 따라서 마케팅조사자는 이 단계에서 계획대로 정확히 실행되고 있으며 응답자와의 접촉과정에서 발생하는 문제가 없는지를 확인하기 위하여 체계적인 계획 하에 실사과정을 면밀히 감독하여야 한다. 응답자와 접촉하는 과정에서 발생하는 문제로는 응답거절, 편향되거나 부정직한 답변, 그리고 면접자의 실수나 고의적인 면접누락 등을 들 수 있다.

자료의 수집이 완료되면 마케팅조사자는 의사결정에 필요한 정보를 얻기 위해 수집된 자료를 처리하고 분석하는 과정을 거쳐야 한다. 자료처리과정은 컴퓨터 분석을 위하여 응답자료의 정확성과 완결성을 검토하고 이를 기호화하는 과정을 말한다. 자료분석과정은 조사결과를 집계하고 평균이나 다른 통계치를 계산하는 과정을 말한다.

4) 조사결과의 해석과 보고서 작성

분석이 끝난 자료는 마케팅관리자의 경영의사결정 문제를 해결하는 데 도움이 되도록 해석을 하게 된다. 분석결과의 해석은 문장과 도표로 정리하여 보고서를 작성하는 과정이다. 아무리 분석이 정확하고 해석이 뛰어나도 마케팅관리자가 이해하지 못하면 소용이 없으므로 정보이용자의 이해 정도와 지식정도를 고려하여 보고서를 작성해야 한다.

요약

오늘날 기업환경이 급변하는 상황에서 기업이 성공적으로 존속·발전하기 위해서는 무엇보다도 올바른 의사결정에 도움이 될 수 있는 정보를 획득해야 한다. 이를 위해서 마케팅정보시스템이 필요하다. 마케팅정보시스템이란 기업의 마케팅프로그램과 관련하여 마케팅 의사결정자가 적절한 의사결정을 할 수 있도록 필요하고 정확한 정보를 적시에 제공하기 위하여 정보를 수집, 분류, 분석, 평가 그리고 분배할 목적으로 마련된 미래지향적인 사람, 장비 및 절차가 계속적으로 상호작용하는 체계를 말한다.

마케팅정보시스템이 작동하는 순서는 먼저 필요한 정보가 무엇인지를 평가하고, 정보를 개발하여, 이를 의사결정자에게 분배하는 과정을 거치게 된다. 이중에서 정보개발수단은 내부기록 시스템, 외부정보수집 시스템, 마케팅조사 시스템 그리고 정보분석 시스템의 4가지 요소로 구성되어있다.

한편, 마케팅정보시스템의 중요한 하위시스템인 마케팅조사는 여러 가지 마케팅상황에서 다양하게 이용된다. 마케팅조사는 마케팅의사결정을 위한 정보의 제공을 목적으로 자료를 체계적으로 획득, 분석, 해석하는 객관적이고 공식적인 과정으로 정의된다.

마케팅조사의 과정은 먼저 조사할 문제와 조사목적을 분명하게 정의하고 조사계획을 수립하여야 한다. 조사계획을 수립할 때에는 2차자료의 활용가능성을 판단한 후에 1차자료 조사계획을 수립하여야 한다. 1차자료 조사계획에는 관찰, 서베이, 실험 등의 조사접근방법과, 우편, 전화, 대인면접 등의 자료수집방법, 확률과 비확률 표본추출방법 그리고 설문지나 기계장치 등에 의한 조사수단 등이 포함되어야 한다. 조사계획을 수립한 후에는 조사계획을 실행하여야 하는데 이 과정에서는 발생할 가능성이 있는 오류를 줄이거나 제거하는 일이 가장 중요하다. 조사가 완료된 후에는 조사결과를 명확하게 해석하여 경영자에게 보고하여야 한다.

진 도 평 가

1. 마케팅정보시스템은 무엇이며, 어떻게 개발되었다고 생각하는가?

   ▶ 4장 89~94쪽 참조

2. 마케팅조사의 의의와 특징은 무엇인가?

   ▶ 4장 95~97쪽 참조

3. 마케팅조사과정의 주요 단계와 각 단계별 특징은 무엇인가?

   ▶ 4장 97~107쪽 참조

참 고 문 헌

1) Kotler, Philip and Gary Armstrong, op., cit., p.109.
2) Kotler, Philip and Gary Armstrong, op., cit., p.115.

3부
고객에 대한 이해와 세분시장 마케팅 전략

5장. 소비자 구매행동
6장. 세분시장 마케팅 전략

도입사례

'비비고 만두' 유튜브 통해 열풍 견인

문재인 대통령이 참석한 미국 워싱턴 상공회의소 한·미 비즈니스 서밋에서 에드 로이스 미 하원외교위원장이 CJ제일제당 '비비고 만두'를 한미 FTA의 대표적인 성공 케이스로 극찬하면서 미국 내 '비비고 만두' 열풍이 얼마나 뜨거운 지에 대한 세간의 관심이 모아지고 있다. CJ제일제당은 '비비고 만두'가 무려 25년간 미국 만두 시장을 독점해 온 중국 만두 브랜드 '링링'을 제치고 시장 1위에 오르며 미국 만두 시장의 판도를 바꾸어 놓을 수 있었던 것은 철저한 '현지화 전략' 덕분이라고 보고 있다. '비비고 만두'가 나오기 전까지 미국에서 만두는 저렴한 중국 냉동 음식의 이미지가 강했다. 그러나 CJ제일제당은 만두 시장의 사이즈 자체를 키우려면 '인스턴트 푸드' 이미지에서 탈피, 만두를 '웰빙 푸드'로 포지셔닝 해야 한다고 보고 '비비고 만두'를 제품 생산부터 마케팅에 이르기까지 '건강한 아시안 푸드'로 포지셔닝했다.

일례로 대표적인 미국 베스트셀러 만두 제품인 '치킨& 실란트로 미니 완탕'의 경우. 얇고 쫄깃한 피가 특징으로 크고 두툼한 중국 만두 피와 대조를 이뤄 건강한 이미지를 전달했다. 메인 속 재료 역시 중국 업체들이 주로 사용하는 돼지고기 대신 미국인들이 건강한 육류로 여기는 닭고기를 선택했다. 여기에 미국인들이 즐겨 먹는 아시아 향신료인 실란트로(고수)를 넣어 미국인들의 입맛을 사로잡았다. 미국 소비자들은 특히 다양한 재료가 어우러진 '비비고 만두'의 건강한 맛과 조리의 편의성을 높이 평가하고 있다.

요즘 미국 대도시의 핫플레이스로 떠오르는 글로벌 한식 레스토랑 '비비고'에서의 체험도 한식의 우수성을 알리며 '비비고 만두'를 널리 알리는 데 일조 했다는 평이다. 먹는 방법을 소비자들에게 알리고, 브랜드 파워를 끌어올려 맛있고 건강한 '비비고 만두'의 성공 가도에 부스터(Booster) 역할을 해줬다는 분석이다.

CJ제일제당 관계자는 "'비비고 만두'가 한·미 비즈니스 서밋 자리에서 미 정부 고위 인사의 입을 통해 한미 FTA의 성공 케이스로 지목돼 큰 영광"이라며 "'비비고 만두'는 물론 CJ제일제당의 다양한 제품들이 한식 세계화라는 전사 경영철학 아래 지속적인 R&D 투자와 기술혁신을 바탕으로 'K-Food', 한국 식문화, 라이프스타일 등을 지구촌 각지에 전파해오고 있는 만큼 앞으로 미국 뿐만 아니라 다른 나라에서도 의미 있는 결실들이 계속 맺어질 수 있을 것으로 기대한다"고 말했다.

자료원 : 푸드 투데이 2017.07

제5장
소비자 구매행동

기업과 교환과정에 참여하는 고객은 크게 나누어 개인의 욕구충족을 위하여 제품이나 서비스를 구매하는 최종소비자(이하 소비자)와 제품이나 서비스를 생산하기 위하여 다른 기업의 제품이나 서비스를 구매하는 기관구매자 혹은 산업구매자로 구분할 수 있다. 본 교재에서는 최종소비자를 다루기로 한다.

마케팅에서는 고객집단을 시장이라고 하기 때문에, 마케터는 시장의 특성을 잘 파악할 필요가 있다. 이를 위해서는 구매의사결정에 참여하는 사람이 누구인지, 제품이나 서비스를 구매할 때 영향을 미치는 중요 요소는 무엇인지 그리고 고객들의 의사결정과정은 어떻게 이루어지는가에 대한 이해가 있어야 한다.

1 소비자행동모델

1.1 소비자행동의 의의

쉬프만과 카눅(L.G. Schiffman and L.L. Kanuk)은 소비자행동을 "소비자들이 그들의 욕구를 충족시켜 주리라고 기대하는 제품이나 서비스 혹은 아이디어를 탐색, 구매, 사용 및 평가함에 있어서 보여주는 행동"이라고 정의하고 있다.[1] 또한 엥겔과 블랙웰(J.F. Engel and R.D. Blackwell)은 "경제적인 재화나 서비스를 획득하고 사용하는데 직접 관련한 개인의 행위 및 그러한 행위에 앞서서 그것을 결정해 주는 여러 결정과정"이라 보았다.[2] 따라서 소비자행동(consumer behavior)이라고 할 때의 행동(behavior)이라는 말에는 제품이나 서비스를 구매하는 외형적 행동뿐만 아니라 그에 선행하는 정신적 의사결정과정까지도 함축되어 있다.

소비자행동을 이러한 의미로 이해할 때 마케팅관리자는 소비자행동을 접근할 때 소비자가 시장에서 제시되는 마케팅믹스에 대하여 어떻게 반응하는가 하는 부분과 소비자가 어떠한 의사결정과정을 거쳐서 제품을 구매하는가 하는 부분으로 구분하여 파악하여야 한다. 마케팅관리자가 소비자행동분석을 통하여 얻어야 하는 정보는 표 5.1과 같다.

표 5.1 소비자행동분석을 통하여 얻어야 하는 정보

1. 무엇을 사는가? (구매량, 상표, 제품의 특성, 사용상황)
2. 어디서 구입하는가? (전통시장, 편의점, 백화점)
3. 언제 구매하는가? (일 년, 한 달, 일주일에 한 번, 혹은 매일)
4. 어떻게 선택하는가? (의사결정과정, 사용하는 정보원천)
5. 특정 제품을 선택한 이유는? (상표, 기능적 특성, 서비스, 이미지)

1.2 소비자행동모델

마케팅관리자의 효율적인 마케팅전략수립을 위해서는 기업이 제공하는 다양한 마케팅 노력에 대하여 소비자들이 어떻게 반응하고 있는지를 알아야 한다. 기업의 마케팅노력에 대한 소비자의 반응은 소비자가 속한 사회, 문화적 요인과 개인의 내면적 요인 등에 영향을 받아서 이루어지기 때문에 소비자행동에 대한 연구는 심리학, 사회학, 그리고 문화인류학 분야의 연구 성과를 중심으로 1950년대 이래 주로 행동과학적 접근방법을 이용하여 꾸준히 이루어져 왔다.

행동과학적 접근방법은 주로 기업이 제공하고 있는 마케팅 자극물에 대하여 소비자의 물리적 반응이 어떠한 과정을 거쳐서 나타나며 이러한 반응에 영향을 미치는 요소들이 무엇인가를 조사하는 데 중점을 두고 있다. 이 접근방법의 기본이 그림 5.1에 제시되어 있는 소비자행동의 자극-반응 모델(stimulus-response model)이다.

그림 5.1 소비자 행동모델

마케팅 자극물	기타 자극물	소비자의 블랙박스		소비자 반응
제품 가격 유통 촉진	경제적 환경 기술적 환경 정치적 환경 문화적 환경	소비자 특성	소비자 의사결정 과정	제품선택 상표선택 점포선택 구매시기 구매량

그림에서 볼 수 있는 바와 같이 마케팅 자극물이나 기타 자극물이 소비자의 블랙박스(black box)에 들어가 일련의 반응을 일으키게 된다. 따라서 마케팅관리자는 소비자의 블랙박스에 무엇이 들어있고 어떻게 처리되는지를 알아내야 한다. 그 동안 많은 마케팅학자들이 소비자 행동모델을 만들어 소비자의 블랙박스 안에 무엇이 들어 있는지를 알기 위하여 많은 노력을 기울여 왔다.[3]

소비자의 블랙박스는 두 가지 부분으로 이루어져 있다. 첫 번째 부분은 소비자들이 자극에 대하여 지각하고 반응하는 방법에 영향을 미치고 있는 소비자의 개인적 특성이고, 두 번째 부분은 소비자 행동에 영향을 미치는 의사결정 과정 그 자체를 말한다. 본 장에서는 먼저 소비자행동에 영향을 미치는 요소들을 살펴보고 이어서 소비자 구매의사결정 과정을 설명한다.

2 소비자의 행동에 영향을 미치는 요인

소비자의 구매행동에는 문화적, 사회적, 개인적, 그리고 심리적 요인 등이 강력한 영향을 미치고 있으며, 이러한 내용들이 그림 5.2에 잘 나타나 있다.

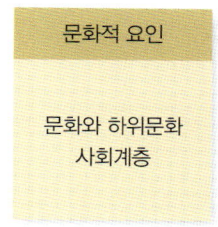
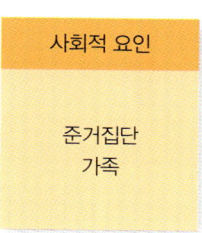
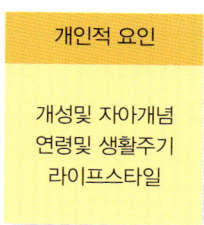
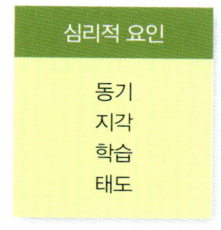

그림 5.2 소비자구매행동에 영향을 미치는 요인들

이 요인들은 대부분 마케팅관리자가 통제할 수 없는 것들이지만, 효율적인 마케팅전략을 수립하기 위해서는 이러한 요인들을 고려하여야 한다. 아래에서는 이러한 요인들이 소비자의 행동에 어떻게 영향을 미치는가를 검토한다.

2.1 문화적 요인

문화적 요인은 소비자 행동에 가장 넓고 깊은 영향을 미치고 있다. 따라서 마케팅관리자는 문화(culture)와 하위문화(subculture), 그리고 사회계층(social class) 등의 문화적 요인들이 소비자 행동을 결정하는 데 어떠한 역할을 수행하고 있는지를 이해하여야 한다.

1) 문화와 하위문화

문화는 인간의 욕구와 행동을 결정하는 가장 기본적인 영향요인이다. 또한 문화는 한 사회가 직면하였던 환경에 적응하며 생활하였던 삶의 방식(a way of living)을 말한다. 따라서 문화는 소비자가 속한 사회구성원들이 공유하는 관습, 가치관, 라이프스타일, 도덕 등의 복합체로서 소비자가 어떤 상황에서 취하게 될 적절한 생각이나 행동이 무엇인지를 알려주는 중요한 지침을 제공한다.

> **문화**
> 사회구성원들이 공유하는 관습, 가치관, 라이프스타일, 도덕 등의 복합체

모든 사회는 각자의 고유한 문화를 가지고 있기 때문에 소비자의 구매의사결정에 영향을 미치는 문화적 영향력은 나라에 따라서 다를 수 있다. 우리나라는 전통적으로 유교문화권에 속해 있어서 명절에 차례를 지내기 때문에 명절 직전에 차례에 필요한 식료품의 수요가 급증한다. 반면 서구의 일부 국가들은 크리스마스를 앞두고 선물과 같은 공산품에 대한 수요가 급증하기도 한다.

최근에는 모든 사회가 급격한 문화변화(cultural shifts)를 경험하고 있는데, 마케팅관리자는 이러한 문화변화에 대응하는 신제품을 개발하기 위하여 문화변화추이를 예의주시하여야 한다. 예를 들면 건강과 날씬함에 대한 관심이 증대됨에 따라서 운동기구나 운동

문화의 차이에 따른 성공과 실패

중국에 진출한 코카콜라의 좌절과 성공은 문화를 어떻게 다뤄야 하는지 잘 보여준다. 코카콜라는 중국에서 커코우커러(可口可樂의 중국어 발음)로 불린다. '코카콜라를 마시면 입이 시원하고 기분이 상쾌해진다'는 뜻이다. 하지만 코카콜라가 중국에 처음 진출했을 때는 커뚜우컨라였다. 코카콜라와 발음이 비슷한 중국 단어를 골라 만든 이름이다. 커뚜우는 올챙이, 컨은 씹는다, 라는 양초 만드는 원료인 밀랍을 의미한다. 해석하자면 '밀랍으로 만든 올챙이를 씹는다'는 뜻으로 소비자에게 불쾌감을 주어 실패하게 된다.

Sprite는 중국에서 쉬에삐(雪碧)란 이름으로 인기를 끌고 있다. 코카콜라가 스프라이트를 중국에 첫선 보일 때 이름은 샤오야오징(小妖精)이었다. Sprite의 뜻이 요정, 정령이니 중국에서도 야오징(妖精)이라고 하면 통할 것으로 당연히 여겼고, 귀여운 의미를 더하기 위해 샤오(小)를 덧붙였다.

결과는 대실패였다. 중국 사람들이 야오징을 매우 싫어한다는 것을 알지 못한 탓이었다. 한국에서도 요정(妖精)은 긍정적 의미를 갖고 있지만 중국에서 야오징은 야오과이(妖怪)와 같은 의미로 쓰여 요괴나 괴수의 부정적인 의미를 가지고 있다. 또한 야오징은 중국에서 결혼한 남자를 빼앗는 비도덕적 여자를 가리킬 때 쓰는 말이다. 스프라이트를 마시면 남편을 빼앗아 간다는 것으로 소비자들은 스프라이트를 외면하였다.

뒤늦게 사태의 심각성을 알아챈 코카콜라는 야오징이란 이름을 버리고 쉬에삐(雪碧)로 대신했다. '눈처럼 시원하고 깨끗하다'는 뜻의 쉬에삐는 생각했던 것보다 훨씬 중국인들에게 강하게 어필했다.

한경희생활건강은 2005년에 중국 홈쇼핑을 통해 스팀청소기를 팔기로 하고 마케팅을 했지만 효과는 그다지 크지 못했다. '청소에 대한 중국과 한국의 인식 차이'를 깨닫지 못했기 때문이다. 한국에선 물기로 닦아야 깨끗하다고 생각하지만 중국에선 물기가 있으면 썩는다는 인식이 강하다. 건조한 지역도 있지만 스팀청소기를 살 정도의 경제력을 갖고 있는 지역은 대부분 습한 지역이기 때문이다.

한국에서 성공한 경험으로 중국에 진출하려 했다가 중간에 접은 삼계탕도 마찬가지다. 한국을 찾는 중국 관광객들이 한국에서 가장 즐겨 먹는 음식이 비빔밥과 삼계탕이라고 한다. 한국 최대의 닭고기 회사인 하림은 중국 사람이 삼계탕(蔘鷄湯, 중국에서는 선지탕이라고 부름)을 좋아한다는 사실을 확인하고, 1회용 선지탕을 만들어 상하이에 진출하려고 했다. 하지만 시제품을 만들어 판매하려고 했더니 반응이 냉랭했다. 선지탕을 그렇게 좋아하던 중국 사람들이 전자레인지에 2분만 넣고 돌리면 맛있게 먹을 수 있는 1회용 선지탕을 외면한 것이다. 중국 사람은 아침은 간단하게 먹거나 아예 거르고, 점심은 밖에서 사 먹으며 저녁은 볶아 먹는 게 일반적이다. 중국 사람이 삼계탕을 먹는 것은 주로 점심 때, 식당에 가서 사먹는 것이다.

문화의 차이는 그렇게 작으면서도 큰 셈이다.

자료원: 머니투데이, 2011. 8. 15

복, 저지방의 건강식품, 그리고 정신적 평안함을 제공해 주는 다양한 서비스 등에 대한 수요가 급격히 증가하고 있다.

한 나라의 문화도 그 안에 몇 개의 하위문화(subculture)가 존재할 수 있는데, 하위문화란 크게는 그것이 속해 있는 문화의 속성을 지니고 있지만 그 범주 내에서 나름대로의 고유한 특성을 지닌 문화를 말한다. 우리나라의 경우도 지방마다 독특한 특성을 가진 지방문화가 있고, 세대 간에도 N세대, 386세대와 같은 각 세대 특유의 문화가 있다. 이러한 하위문화는 중요한 세분시장을 형성하고 있기 때문에 마케팅관리자는 하위문화권의 욕구를 충족시킬 수 있도록 차별화된 제품이나 서비스를 설계하여야 한다.

> **하위문화**
> 문화적 속성의 범주 내에서 지역, 종교, 인종 등과 같이 나름대로의 고유한 특성을 지닌 문화

2) 사회계층

사회계층이란 비슷한 수준의 사회적 지위와 경제력을 가진 사람들의 집합으로, 같은 계층 내에서는 태도, 가치관, 사고방식, 행동 등에 있어서 많은 공통점이 발견된다. 따라서 종종 같은 계층의 사람들끼리는 교류가 쉽게 이루어지고, 다른 계층의 사람들끼리는 잘 어울리지 않는 경향이 있다. 이것은 다른 계층의 사람들에게서 이질감을 느끼기 때문인데, 각 사회계층은 옷, 가구, 자동차, 식당 및 여가선용 등의 소비행동에 있어서 뚜렷한 차이를 보인다. 그러므로 기업은 우리 회사의 제품이 어느 계층을 표적으로 하느냐에 따라 제품의 디자인, 유통경로, 광고, 가격 등을 달리 해야 한다. 일반적으로 사회계층은 소득과 같은 하나의 변수로 결정될 수 없고, 직업, 재산, 교육수준 등 여러 변수를 종합하여 결정된다. 따라서 사회계층은 다차원적이면서도 동질적, 계층적 구조를 가지고 있다.

> **사회계층**
> 비슷한 수준의 사회적 지위와 경제력을 가진 사람들의 집합

2.2 사회적 요인

소비자행동은 소비자가 속해 있는 준거집단(reference group)과 가족(family)에 의해서도 영향을 받는다.

1) 준거집단

소비자는 타인에게 쉽게 노출되는 제품, 예를 들어 옷, 넥타이, 장신구 등을 구매할 때 종종 친구, 동료, 가족 등이 어떤 의견을 가질까를 생각한다. 이와 같이 자신의 행동에 직, 간접적으로 영향을 미치는 모든 집단을 준거집단(reference group)이라 한다. 이러한 준거집단에는 가족, 친척, 이웃, 학교동료나 직장동료, 스포츠 동우회나 교회 등의 여러 형태가 있다. 여기서, 가족, 친구, 이웃, 직장동료 등과 같이 일상적으로 만나서 직접적인 영향을 미치는 집단을 1차 준거집단(primary group)이라고 하며, 동창회, 협회, 학회 등과 같이 비정기적으로 만나면서 간접적인 영향을 미치는 집단을 2차 준거집단(secondary group)이라고 한다. 또한 사람들은 자신이 속해 있지 않지만 속하기를 바라고 있는 집단에 의해서도 영향을 받고 있는데 이러한 집단을 열망집단(aspirational group)이라고 한다. 직장에 다니는 사원의 경우는 중역집단, 운동선수인 경우는 국가대표선수단 등이 그 예가 된다.

> **준거집단**
> 자신의 행동에 직, 간접적으로 영향을 미치는 모든 집단

준거집단은 소비자행동의 여러 부분에서 많은 영향을 미친다. 사람들은 준거집단의 행동규범과 생활양식을 따르려고 하기도 하고, 또한 따르라고 하는 압력을 준거집단으로부터 받기도 한다. 이밖에도 소비자는 준거집단 구성원의 의견을 신뢰성 있는 정보원천으로 받아들이는 경우가 많기 때문에 기업은 고객의 준거집단의 특성을 파악하여, 그 특성에 맞는 마케팅활동을 수립할 필요가 있다.

2) 가족

가족은 준거집단 중에서 개인의 구매행위에 가장 큰 영향을 끼친다. 가족은 가족 구성원인 소비자로서의 개인의 행동에 가장 큰 영향력을 미치며 가장 중요한 공동소비단위이

> **가족**
> 개인의 행동에 가장 큰 영향을 미치는 공동소비단위이자 공동구매단위

10대들의 화장품 시장, 입소문이 좌우한다

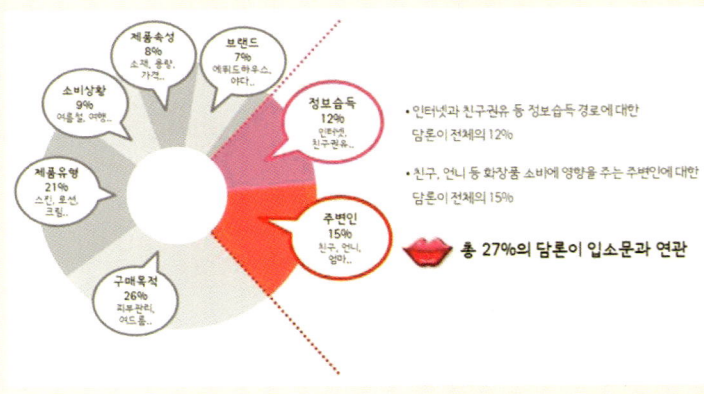

빅데이터 분석 결과 10대들은 입소문 듣고 제품 구매

10대 소녀들이 화장품 산업의 주요 소비층으로 급부상하는 가운데 이들은 화장품 구매시 입소문에 가장 큰 영향을 받는 것으로 나타났다. 빅데이터 분석업체인 타파크로스(대표 김용학)가 소셜미디어 상의 소비자 담론 5만 3천여 건을 조사해 10대 소비자들이 화장품 소비성향을 분석한 결과 이들은 주로 입소문을 듣고 제품을 선택하는 것으로 나타났다. 이번 조사 결과를 보면 10대들의 화장품 관련 담론 중 27%가 주변인으로부터의 권유와 인터넷을 통한 정보 공유 관련 내용이었다. 10대들은 화장품 구매 시 친구 등 준거집단으로부터 얻는 정보와 인터넷에서 얻는 정보에 상당히 민감하게 반응하며 높은 신뢰도를 보인다는 것이다. 또한 입소문이 이들의 소비에 영향을 미치는 부분이 매우 크며 준거집단 내의 정보 공유 역시 매우 활발한 것으로 분석됐다. 화장품 정보공유를 위한 그들만의 온라인 커뮤니티가 어느 소비층보다도 크게 활성화 돼 있는 것으로 나타났다.

특히 10대 소녀들은 광고에서 많이 본 제품이나 유명한 제품보다 친구가 추천하거나 온라인 상에서 호평이 많은 제품을 구매하는 것으로 분석됐다. 20대 이상의 화장품 소비자가 브랜드의 유명세나 가격 등에 가장 많이 영향을 받는 것과는 다른 양상이다.

이번 조사에서 10대들은 유명 대기업의 브랜드나 접근성이 좋은 로드샵 브랜드 외에도 온라인에서만 판매하는 10대 전용 브랜드를 선호하는 것으로 나타났다. 두드러진 마케팅 활동도 펼치치 않은데다 10대 외의 소비자층에는 인지도 상당히 낮은 중소기업의 제품이어도 10대들 사이에서는 인기였다. 천연원료를 사용한 순한 화장품으로 소문이 나면서 유명 브랜드의 제품 못지 않은 관심과 인기를 누리고 있는 것이다. 타파크로스 측은 "화장품 기업들이 10대들에게 효과적으로 어필하기 위해서는 무엇보다 또래 준거집단 내의 영향력자들을 발굴하고 활발한 입소문을 위한 바이럴마케팅 전략을 세우는 것이 중요하다"면서 "더불어 브랜드와 제품에 대한 소비자 평가 모니터링과 관리가 반드시 수행돼야 할 것"이라고 말했다.

이번 조사는 타파크로스의 온라인 마케팅조사 전문 솔루션인 '트렌드업3.0'을 통해 진행됐다. 트렌드업은 소셜미디어와 온라인 상의 소비자 의견을 수집하고 분석하는 전문 플랫폼으로 소비자의 행태와 특성을 파악하는데 유용하게 활용될 수 있다.

자료원 : 아이뉴스 24 2014.01

며 공동 구매단위이다. 그러므로 가족의 구매행동을 이해하고 가족이 소비자의 구매행동에 미치는 영향을 파악한다는 것은 매우 중요하다. 구매에 있어서 가족구성원의 역할구조는 가정에 따라 다소 차이가 있으나, 남편과 아내의 상대적인 의사결정 영향력에 따라 다음과 같이 네 가지 유형으로 나눌 수 있다. 첫째 공동의사결정(syncratic decisions)으로 집을 구매한다거나 휴가를 어떻게 지낼 것인가, 자녀가 취학할 학교를 결정할 때는 남편과 아내가 공동으로 의사결정을 한다. 둘째 자치적 결정(autonomic decisions)으로 남편이나 아내가 자치적으로 결정하는 경우이다. 화장품은 아내가 알아서 선택하며, 담배를 피우는 남편은 알아서 담배를 고른다. 셋째 아내 지배적 구매결정(wife dominant decisions)으로 주방용품, 세탁기, 냉장고와 같은 주부 고유의 영역에 들어가 있는 제품을 구매할 때는 아내의 영향력이 더 강하다. 마지막으로 남편 지배적 구매결정(husband dominant decisions)으로 가정의 미래를 위한 투자지출이나 생명보험의 가입 같은 결정에는 남편의 영향이 더 크다.

2.3 개인적 요인

소비자의 구매의사결정은 그의 특성, 예를 들면 개성과 자아, 연령이나 생활주기단계(life cycle stage), 라이프스타일 등에 의해서 영향을 받고 있다.

1) 개성 및 자아개념

개성(personality)이란 어느 한 개인으로 하여금 환경에 대하여 비교적 일관적이고 영속적인 반응을 하게 하는, 심리적 특성을 말한다. 이러한 개성의 유형과 상품·상표의 선택에 상관관계가 있다는 것을 알아낼 수 있으면 개성은 소비자행동을 분석하는데 유용한 변수가 될 수 있다. 개성은 다양한 접근법들에 의해 여러 가지 유형으로 분류될 수 있고 마케터는 그 중 특정한 개성유형과 특정 제품이나 상표를 선택하는 행동 간에 강한 상관성을 파악하여 신제품이나 광고메시지 등을 개발할 수 있다. 예를 들면 커피회사의 경우 커피를 많이 마시는 사람들이 사교성이 높다는 사실을 알게 된다면 한 잔의 커피를 마시면서 다른 사람들과 담소하는 광고메시지가 매우 효과적일 것이다.

또한 많은 마케팅관리자들은 개성과 관련된 개념인 자아개념(self concept)을 이용하고 있다. 자아란 사람들이 자기 자신을 보는 방법을 말하거나 다른 사람들이 자기에 대하여 가지고 있으리라 생각되는 자아상을 말한다. 만약 어떤 소비자가 자신을 외향적이며 창조적이고 적극적인 사람으로 본다면 이러한 특성을 투영해 줄 수 있는 제품들을 선호할 것이다. 따라서 마케터는 외향적이며 창조적이고 적극적인 사람들을 광고의 화자로 이용한다면 상표이미지와 그의 자아이미지가 조화를 이루어 그 제품을 구매할 가능성이 높아질 것이다.

2) 연령 및 생활주기

사람은 태어나면서부터 죽을 때까지 많은 제품과 서비스를 필요로 하며, 사용하는 제품과 서비스는 연령이나 생활주기에 따라서 많은 차이가 있다. 음식, 의복, 가구 그리고 레크리에이션 등에 있어서의 기호는 연령이나 자신이 살아가면서 거치게 되는 생활주기와도 밀접한 관계를 가지고 있다. 표 5.2는 가족생활주기 단계를 열거하고 있다.

> **개성**
> 환경에 대하여 비교적 일관적이고 영속적인 반응을 하게 하는 개인의 심리적 특성

> **자아개념**
> 사람들이 자기자신을 보는 방법 또는 자신에 대하여 가지고 있으리라 생각되는 자아상

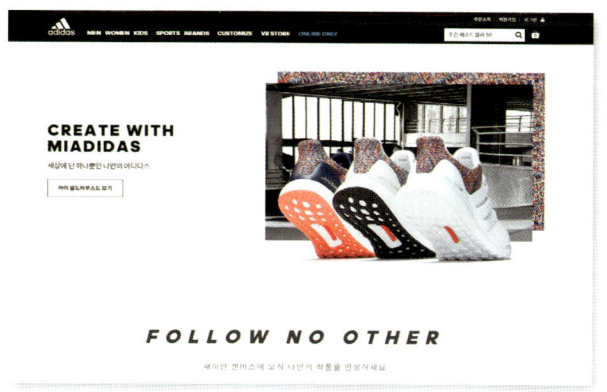

자신의 개성에 맞는 디자인을 직접 선택할 수 있는 나이키의 '수퍼러너 캠페인'

표 5.2 가족생활주기 단계

자료원: J. Paul Peter and Jerry C. Olsen, Consumer Behavior, McGraw-Hill, 2009, p. 459.

가족수명주기상의 단계	구매 또는 행동 패턴
1. 미혼단계 : 젊고 독립해서 혼자 살고 있음	재정적 부담이 거의 없음. 패션의 패션선도자, 오락지향적, 기본적인 부엌장치, 가구, 자동차, 휴가용품 구입
2. 신혼부부 : 젊고, 아이가 없음	미래보다 경제적으로 풍부함. 내구재 구매율이 가장 높음. 자동차, 냉장고, 난로, 가구를 구입, 휴가를 즐김
3. Full nest Ⅰ: 막내가 6세 미만	가족구매가 절정에 달함. 유동자산과 저축금액이 적음. 신제품에 관심이 많음. 세탁기, 건조기, TV, 아기용 음식, 기침 감기약, 비타민, 인형, 사륜차, 썰매, 스케이트 구입
4. Full nest Ⅱ: 막내가 6세 이상	재무상태가 호전됨. 취업주부가 늘어남. 광고로부터 영향을 적게 받음. 보다 큰 포장제품을 구입. 많은 음식, 자전거, 피아노를 구입. 과외비가 많이 지출됨
5. Full nest Ⅲ: 부양자녀가 있는 장년 부부	재무상태가 호전됨. 직업을 가지는 자녀도 생김. 광고에 영향을 잘 받지 않음. 내구재 구매가 많음. 새로운 가구를 구입하며 자동차 여행을 즐기고, 잡지를 구입함. 치과진료를 받음
6. Empty nest Ⅰ: 부양자녀가 없는 부부, 취업가장	자기집 소유비율이 최고조에 달함. 재무 상태와 저축수준에 만족. 여행, 오락, 자기교육에 관심이 있음. 기부와 사회봉사를 함. 신제품에 관심이 없음. 휴가를 즐기고 호화품 구입
7. Empty nest Ⅱ: 부양자녀가 없는 부부, 퇴직가장	소득이 현저하게 감소함. 집은 소유하고 있음. 건강, 수면, 소화를 증진시키는 의료제품을 구입함
8. 배우자와 사별, 취업중	소득은 아직 양호한 수준임. 그러나 집을 소유하고 있지 않은 경우가 많음
9. 배우자와 사별, 퇴직	가장이 퇴직한 다른 가정과 같은 의료서비스와 관련제품을 필요로 함. 소득이 격감함. 특별한 주의, 애정, 보호가 필요함

3) 라이프스타일

라이프스타일
소비자들이 살아가는 방법으로 행동과 의식을 결합한 생활양식

사람들은 동일한 문화, 사회계층, 그리고 직업에 속해 있다고 할지라도 각기 다른 삶의 방식을 가지고 있는 경우가 많다. 소비자의 라이프스타일(lifestyle)이란 소비자들이 살아가는 방법으로 행동과 의식을 결합한 생활양식이며 종합적 상징으로서의 성격을 지니고 있다. 이러한 라이프스타일은 소비자의 가치와 개성과 관련성이 깊지만 가치와 개성은 내적 상태나 특성을 나타내는 반면, 라이프스타일은 실질적인 행동유형을 나타내 주며 소비자의 AIO, 즉, 활동(activities), 관심(interests) 그리고 의견(opinion)에 의해 나타난다.

구체적으로 말하면 라이프스타일은 사람들이 어떻게 자신의 시간을 활용하고 있는가 하는 활동(작업, 쇼핑, 스포츠 등), 자신의 주위환경에서 중요하게 생각하고 있는 것은 어떠한 것인가 하는 관심(음식, 패션, 가족, 여가 등), 그리고 자신과 주위의 세계에 대하여 어떻게 생각하고 있는가 하는 의견(자기 자신, 사회적 이슈, 제품 등)의 3가지 차원으로 구성된다. 라이프스타일의 적절한 분류는 마케터에게 시장세분화와 제품에 대한 광고소구의 기준이 되기도 한다.

병디자인만으로도 4조원의 가치를 가지고 있다는 코카콜라의 컨투어병 디자인이 '어

라이프스타일의 변화에 따른 코카콜라의 디자인 변화

코카콜라의 새로운 '어고그립' 디자인

병디자인만으로도 4조원의 가치를 가지고 있다는 코카콜라의 컨투어병 디자인이 새로운 디자인으로 바뀌었다. 120년 만에 혁신적인 변화를 시도한 코카-콜라 '어고 그립' 패키지의 출시배경은 현대인의 새로운 라이프 스타일인 온더고(On The Go) 트렌드에 따른 것이라고 한국 코카-콜라 측은 밝혔다. 온더고란 운동, 이동 등 야외에서 보내는 것을 의미하는 것으로, 최근 국내에서도 생활수준 향상으로 야외활동을 통해 삶의 질을 높이려는 트렌드가 높아지고 있다. 실제, 통계청이 발표한 한국의 블루슈머(Blue Ocean Consumer)에 따르면, 온더고(On The Go)의 일환으로 이동 족(Moving life)이 새로운 소비자 계층으로 급부상하고 있다. 1999년부터 2004년 사이 국민전체의 이동시간이 5분이나 증가했을 뿐만 아니라, 이동시간의 증가로 소비트렌드 또한 새롭고 멋진 디자인과 이동 중 휴대하기 편리한 제품을 선호하는 것으로 나타났다. 더구나 한국은 모바일 등 이동을 위한 기술기반까지 잘 돼있어 코카-콜라의 새로운 '어고 그립' 패키지 또한 한국에서 주도적으로 출시되며, 미국, 유럽 주요 국가들도 하반기 잇따라 출시할 예정이다.

한국 코카-콜라 이지연 차장은 "어고 그립은 활동적인 삶을 지향하는 소비자들의 욕구를 반영한 이동성과 젊은 소비자들이 제품 구매 시 중요하게 고려하는 스타일리쉬함을 모두 충족시켜 주는 혁신적 제품"이라고 강조하였다.

자료원 : 더데일리 뉴스, 2007. 4. 27

고 그립'으로 120년 만에 혁신적으로 바뀐 것도 현대인의 새로운 라이프 스타일인 온더고(On The Go) 트렌드에 따른 것이라고 할 수 있다. 온더고란 운동, 이동 등 야외에서 보내는 것을 의미하는 것으로, 최근 국내에서도 생활수준 향상으로 야외활동을 통해 삶의 질을 높이려는 트렌드가 높아지고 있는 것을 감안한 것이다.

이러한 라이프스타일 개념을 주의 깊게 활용하면 마케팅관리자가 변화하는 소비자의 가치관을 이해할 수 있게 되고, 이것들이 소비자의 구매행동에 어떻게 영향을 미치고 있는지를 알 수 있게 된다.

2.4 심리적 요인

소비자의 구매행동은 동기(motivation), 지각(perception), 학습(learning), 그리고 태도(attitudes)와 같은 심리적 요인에 의해서도 영향을 받는다.

1) 동 기

사람들은 살아가면서 다양한 욕구를 지닌다. 굶주림, 갈증과 같은 생리적 욕구(biological needs)도 있고 존경, 소속 등과 같은 심리적 욕구(psychological needs)도 있다. 그러나 대부분의 욕구들은 행동에 이르게 할 정도로 강력하지 못하다. 그 이유는

> **동기**
> 욕구가 행동을 야기하게끔 하는 강력한 유기체 에너지

욕구가 해결되어야 한다는 동기부여가 이루어지지 않기 때문이다. 즉, 욕구가 행동을 하게 할 정도로 강력한 유기체 에너지를 동기(motivation)라 한다. 심리학자들은 여러 가지 동기이론을 제시하여 왔는데, 대표적인 이론으로는 프로이드(S. Freud)와 매슬로우(A. Maslow)의 이론을 들 수 있다.

프로이드는 인간의 행동을 결정하는 동기는 본능적 충동, 자아(ego), 그리고 초자아(super ego)의 3가지 요소로 구성되어 있다고 보았다. 본능적 충동은 인간이 동물로서 가지고 있는 가장 강렬하고 억제하기 힘든 충동을 말하며, 자아는 만족을 얻기 위하여 계획을 하는 의식의 중심을 말하며, 마지막으로 초자아는 죄책감이나 수치심을 면하기 위하여 본능적 충동을 사회적으로 용납되는 행동으로 변화시키는 동인을 말한다. 프로이드는 인간은 자라면서 자기의 행동을 결정하는 본능적 충동(urges)을 억제하는 데 익숙해지기 때문에 자신의 행동을 결정하는 심리적 요인에 대해서는 일반적으로 잘 알지 못한다고 보았다. 특히 성적인 충동은 억제하거나, 합리화 혹은 순화하는 방어적 심리과정을 통하여 거부하거나, 사회적으로 용인된 행동으로 변화시키는 것이지, 충동적 요인들을 완전히 없애거나 통제할 수는 없다고 보았다.

한편, 매슬로우는 특정시점에 특정욕구가 인간을 행동하도록 충동하고 있는지를 설명하려고 하였다. 즉, 욕구가 인간이 행동을 하도록 충동하며, 이러한 인간의 욕구는 계층구조를 이루면서 충동의 정도가 미미한 것에서부터 아주 강렬한 것에 이르기까지 위계적으로 구성되어 있다고 보았다. 매슬로우에 의하면 인간은 배고픔이나 목마름 같은 가장 기초적인 생리적 욕구부터 안전, 사회, 존경 그리고 자아개발과 관련된 자아실현욕구를 가지고 있다는 것이다 (그림 5.3 참조).

그림 5.3 매슬로우의 욕구계층
자료 : Abraham H. Maslow, Motivation and Personality, New York : Harper & Row, 1954.

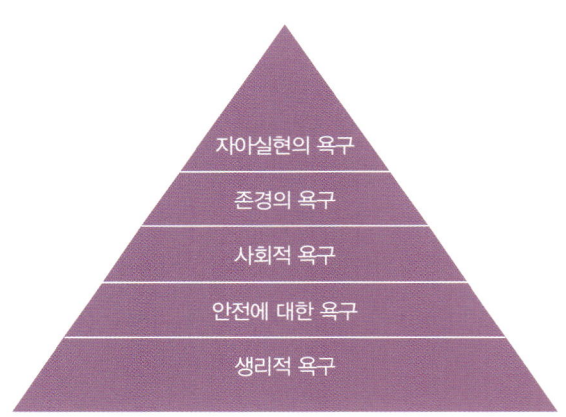

그에 의하면 이러한 욕구계층상에서 가장 저변에 있는 생리적 욕구가 가장 강렬한 욕구이며 이 욕구가 충족되면 보다 상위 욕구로 지향한다고 보았다. 예를 들어 배고픈 사람(생리적 욕구)은 이를 해결할 수 있는 음식이나 빵 등에 관심을 보이게 되고, 이를 충족했을 때 자신에 대한 안전과 보호(안전에 대한 욕구)와 관련된 대상들에 관심을 보인다는 것이다. 따라서 욕구 단계설은 마케팅 관리자가 자사의 제품이 소비자의 어느 단계의 욕구와 관련이 있는가를 제시할 수 있다는 점에서 유용하다고 할 수 있다.

소셜커머스로 보는 블링크 이론과 칵테일 파티 효과

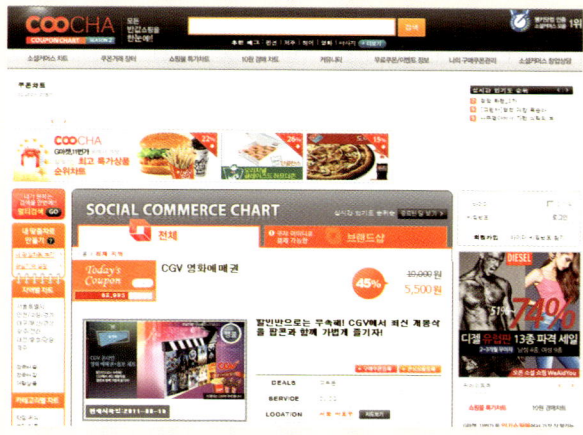

글래드웰의 주장에 따르면 눈을 깜빡이는데 소요되는 2초 동안의 짧은 순간에 사람들은 자신이 선호하는 내용에 대한 생각을 정리하여 호감을 갖게 된다. 이 2초 동안에 살 것인가, 말 것인가에 대해 소비자들이 선택한다는 것이다. 글래드웰은 이를 '블링크 이론'이라고 했다. 또한, 칵테일 파티 장에서도 많은 소리들이 귀에 들어오지만 의식되는 정보는 별로 없다. 그러다가 자기 이름을 부르는 소리가 희미하게나마 들리면 돌아보는 현상도 일종의 선택적 지각이다. 특히 칵테일 파티 장에서 일어나는 것과 같은 선택적 지각 현상을 '칵테일 파티 효과'라고 한다. 이러한 블링크 이론과 칵테일 파티 효과가 소셜커머스 속에서도 일어나고 있다. 티켓몬스터, 쿠팡, 위메이크프라이스, 그루폰, 지금샵 등 많은 소셜커머스의 상품이 리스트로 정렬되지 않고 상품이 하나씩 보임에 따라, 소셜커머스 상품 구경에 적응한 사람들은 키워드만으로도 페이지를 닫아버린다. 하지만, 이러한 소셜커머스를 모아둔 메타 소셜커머스(소셜커머스 모음 사이트) 속에서는 또 다른 상품에 대한 기대 심리 속에서 블링크 이론과 칵테일 파티 효과가 적절히 섞인 채 반응이 일어나고 있다. 소셜커머스 모음 1위 쿠폰차트(http://www.couponchart.co.kr)에 따르면, 상품의 세부정보를 하나씩 보여주거나 선택할 수 있는 키워드가 지역 정도밖에 없는 소셜커머스 사이트들보다 키워드와 대표 이미지를 통해 상품을 소개해주는 소셜커머스 모음 사이트에서 페이지 대기현상과 재방문율이 높은 점이 이를 뒷받침 해주는 근거라고 할 수 있다고 한다. 하루 20만 명이 넘는 방문자가 드나드는 쿠폰차트에서 5분 이상 체류 중인 방문자는 전체의 35%이며 재방문율 역시 75%를 웃돌고 있다고 한다. 재방문을 통해 5분 이상 체류하면서 나열된 소셜커머스 상품들 중에서 보고 싶은 상품을 찾는 것을 칵테일 파티에 비유한다면, 소셜커머스 모음 상품들이 칵테일 파티장이며 스크롤을 넘기면서 단 2초이내에 자신이 원하는 상품을 찾아내어 클릭하기까지의 과정이 블링크 이론에 부합한다는 것이다. 하루 600여개의 소셜커머스들이 내어놓는 1000여개의 상품들 중에서 소비자가 보이는 반응은 결코 단순히 몇 개의 숫자와 관계성만으로 표현하기에는 부족하다. 하지만, 최근 소셜커머스가 받고 있는 큰 관심과 그에 따르는 많은 다양한 반응의 시작점으로 설명하기엔 충분하다.

자료원: 경향신문. 2011. 4. 28

2) 지 각

동기가 유발된 사람은 행동할 준비가 되어 있다는 것을 의미한다. 그러나 그 사람이 어떻게 행동하느냐는 그에게 주어진 상황에 영향을 받기 때문에 동일한 동기유발을 받았거나, 처해있는 상황이 동일하다고 할지라도 상황에 대한 지각이 사람마다 서로 다를 수 있으며, 이에 따라 행동도 다를 수도 있다. 그 이유는 우리가 가지고 있는 5감(感), 즉 시각, 청각, 후각, 촉각, 그리고 미각을 통하여 수집된 정보를 가지고 사물을 학습하게 되는데, 이를 있는 그대로 모두 받아들이기 보다는 인간이 가지고 있는 감각기관을 통하여 각기 다르게 수용, 조직화, 그리고 해석하기 때문이다. 이러한 의미에서 지각(perception)이란 수집된 정보를 가지고 사물에 어떤 의미를 부여하기 위하여 정보를 선택, 조직화, 그리고 해석하는 과정을 말한다.[4]

> **지각**
> 수집된 정보를 가지고 사물에 어떤 의미를 부여하기 위하여 정보를 선택, 조직화, 해석하는 과정

인간이 동일한 사물에 대하여 달리 지각하는 이유는 선택적 주의, 선택적 왜곡 그리고 선택적 보유 때문이다. 여기서 선택적 주의(selective attention)란 정보의 홍수 속에서 일부분만 선택적으로 주의를 기울인다는 의미이며, 선택적 왜곡(selective distortion)이란 일단 주의하여 받아들인 정보라 할지라도 미리 갖고 있던 선입관에 맞추어 해석하는 경향이 있다는 것이며, 이 중에서도 자신들의 행동이나 태도를 뒷받침해주는 정보만을 기억하는 선택적 보유(selective retention)경향이 있다는 것이다. 따라서 마케팅관리자는 소비자에게 전달하려는 메시지가 정확히 의도하는 바와 똑같이 전달될 수 있도록 각별한 노력을 기울여야 한다.

3) 학습

> 학습
> 경험이나 사고를 통하여 나타나는 개인 행동의 변화

학습(learning)이란 사람의 지각에 많은 영향을 주는 것으로 경험이나 사고를 통하여 나타나는 개인행동의 변화를 의미한다. 학습은 사고과정에 의하여 이루어진다는 인지적 학습이론(cognitive learning theory)과 자극과 반응의 연결에 의하여 이루어진다는 행동주의 이론(behavioral learning theory)으로 구분된다.

인지적 학습이론이란 소비자가 상당한 사고(思考)과정을 통하여 학습이 이루어지는 것으로 소비자가 어떤 제품이나 상표를 평가하려고 할 때 그 제품이나 상표와 관련된 과거의 경험이나 평가당시 제공되는 외부정보를 기초로 하여 제시된 여러 대안에 대한 신념을 형성하거나 태도를 형성하고, 그것이 구매행동에 영향을 미친다는 것이다.

자극과 반응의 연결에 의한 행동주의적 학습은 고전적 조건화(classical conditioning)와 수단적 조건화(instrumental conditioning)로 구분된다. 고전적 조건화란 중립적인 조건자극을 특정 반응을 유발하는 무조건 자극과 결부시켜 반복적으로 노출시키면 이후의 조건자극이 처음의 무조건자극에 대한 반응과 동일한 반응을 일으킨다는 주장으로 심리학자 파블로프(Pavlov)의 조건반사이론에 근거를 두고 있다. 고전적 조건화는 광고에 효과적으로 이용될 수 있다. 예를 들면 소비자가 새로 나온 신제품에 대하여 중립적 태도를 가지고 있을 때에 소비자가 좋아하는 음악이나 멋진 배경과 함께 반복적으로 노출되면 나중에는 좋아하는 음악이나 멋진 배경에 대하여 가지고 있던 호의적인 태도가 광고되는 제품과 연결되어 나중에는 그 제품에 대하여도 호의적인 태도를 가지게 됨으로써, 그 제품을 구매할 가능성이 높아질 수 있다.

한편 수단적 조건화는 자극과 반응을 연계하여 행동을 변화시킨다는 점에서는 고전적 조건화와 동일하지만 자극에 대한 반응의 결과에 따라서 다음에도 동일한 반응을 보이든지 또는 다른 반응을 보이든지 한다는 것이다. 즉, 특정 결과를 얻기 위해 특정 자극을 수단으로 활용한다는 관점이다.

마케팅관리자는 이러한 학습이론을 응용하여 자사 제품이 소비자에게 강한 충동이 되고 실마리가 되어 제품을 구매하고, 구매한 후에 강화가 되어 다시 찾게 될 수 있도록 해야 한다. 그림 5.4는 학습이 이루어지는 과정을 보여주고 있다.

그림 5.4 학습이 이루어지는 과정

충동(drive)	충동이란 채워지지 않은 욕구 때문에 일어나는 강한 내적인 자극을 말한다. 저녁 무렵에 장을 보러 갔다가 충동구매를 했던 경험이 누구나 한 번쯤은 있을 것이다.
실마리(clue)	실마리는 충동에 대한 반응형태를 결정짓게 하는 일반환경내의 자극물을 가리킨다. 저녁 무렵에 장을 보러 갔다가 어떤 식품이 눈에 띄어 계획에는 없었으나 시장기에 구입했다면 이 식품은 당시의 배고픔을 해결하도록 자극하는 실마리의 역할을 한 것이다
반응(response)	반응은 충동이나 실마리에 자극을 받아 취하는 행동을 말한다. 즉, 앞서의 예에서 식품을 구입하는 행동이 반응이 된다.
강화(reinforcement)	사람은 반응의 결과에 만족하게 되면 미래에 비슷한 상황이 발생할 때 똑 같은 반응을 할 가능성이 많아지는데, 강화란 이렇게 어떤 반응이 발생한 후에 자극을 주었을 때 동일한 반응이 반복되도록, 또는 근절되도록 하는 것을 말한다.

4) 태도

태도(attitude)란 어떤 사람이 사물이나 다른 사람에 대해서 가지고 있는 지속적인 긍정적 또는 부정적 감정을 말한다. 따라서 태도는 어떤 대상물에 대한 정보를 바탕으로 형성되는데 이것이 일단 형성되면 그 대상물을 좋아하거나 싫어하는 감정을 갖게 된다. 그러나 한 번 형성된 태도는 좀처럼 바뀌지 않기 때문에 기업은 소비자의 태도를 변화시키려고 노력하기보다는 그 태도에 자사의 제품을 맞추는 것이 더 바람직하다고 할 수 있다. 그러나 예외도 있을 수 있다.

> **태도**
> 사물이나 다른 사람에 대해서 가지고 있는 지속적인 긍정적 또는 부정적 감정

"혼다가 1950년대에 미국의 모터사이클 시장에 진출했을 때 어려운 결정에 직면하였다. 즉 시장규모가 작지만 이미 확립된 모터사이클 시장에 판매할 것인가 그렇지 않으면 새로운 소비자를 끌어들임으로써 시장규모를 확대할 것인가를 결정하지 않으면 안 되었다. 후자는 값비싼 대가를 치러야 하는데 그것은 많은 사람들이 모터사이클에 대하여 부정적인 태도를 가지고 있었기 때문이었다. 사람들은 모터사이클을 보면 검은 가죽잠바, 칼, 그리고 범법자를 연상하였다. 따라서 혼다는 새로운 소비자를 끌어들여 시장규모를 확대하기 위하여 '당신은 혼다를 타면 가장 멋있는 사람들을 만날 수 있습니다'라는 캠페인을 하였고, 결과적으로 많은 성과를 거둘 수 있었다. 즉 어렵게만 보였던 사람들의 기존 태도를 바꾼 것이다"

지금까지 살펴본 바와 같이 소비자의 선택은 문화적, 사회적, 개인적, 그리고 심리적 요인들의 복잡한 상호작용의 결과임을 알 수 있다. 이러한 요인들의 대부분은 마케팅관리자들이 통제할 수 없는 것들이지만 자사제품에 대하여 관심 있는 소비자들을 식별하고 그들의 욕구를 보다 잘 충족시킬 수 있는 제품이나 광고를 만드는 것은 마케터의 영원한 숙제라 할 수 있다.

3 소비자 구매의사결정과정

소비자가 제품을 구매하는 의사결정과정과 사용하는 정보원을 알 수 있다면 제품이나 서비스의 구매를 위한 마케팅활동을 훨씬 효과적으로 수행할 수 있을 것이다. 이를 위해서는 소비자가 제품을 구입하는 실제의 구매행위 이전에 구매의 필요성을 느끼는 시점으로부터 구매를 한 후의 행동까지를 포함해서 접근해야 한다. 소비자가 제품을 구매하기 위하여 거치는 과정은 크게 5단계로 나누어 볼 수 있다 (그림 5.5 참조)

그림 5.5 소비자의 구매의사결정과정

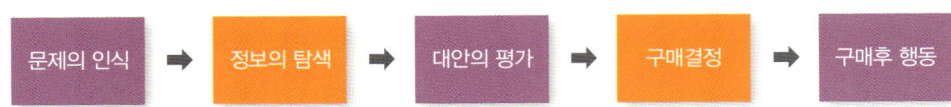

문제의 인식 → 정보의 탐색 → 대안의 평가 → 구매결정 → 구매후 행동

> **관여도**
> 어떤 대상을 중요시여기는 정도나 대상에 대해 관심을 갖는 정도

그러나, 소비자는 항상 구매의사결정과정에서 위의 다섯 단계를 모두 거치는 것은 아니다. 특정 제품이나 구매에 대한 관심이 낮을 경우 몇 가지 단계가 생략되기도 하고 순서가 뒤바뀌기도 한다. 여기서 소비자가 어떤 대상을 중요시여기는 정도나 대상에 대해 관심을 갖는 정도를 관여도(involvement)라 한다.[5]

소비자들은 대개의 경우 가격이 높고 중요한 제품, 즉 관여도가 높은 제품을 구매할 때에는 보다 많은 정보를 탐색하고 보다 신중하게 대체 안을 비교·평가하기 때문에 비교적 많은 노력과 시간이 소요되며, 반면에 가격이 낮고 중요하지 않은 제품 즉 관여도가 낮은 제품의 경우에는 정보탐색을 거의 하지 않거나, 대체안의 비교·평가과정을 생략하기도 한다. 관여도가 구매의사결정단계에 미치는 영향을 요약하면 다음의 표 5.3과 같다.

표 5.3 관여도에 따른 의사결정과정의 특징

특징	고관여	저관여
문제의 인식	• 공통적	• 공통적
정보의 탐색	• 탐색동기가 높다 • 다양한 정보원을 이용(각종 매체나 준거집단)	• 탐색동기가 낮다 • 광고에 수동적으로 노출 • 판매시점광고(point of purchase)의 영향을 많이 받음
대안의 평가	• 까다로운 평가절차 사용 • 평가기준으로 여러가지 사용 대안들을 잘 평가 • 신념, 태도, 구매의도 등이 강하게 형성되어 있음 • 보상적 평가방식을 이용	• 제한된 평가기준 사용 • 대안들을 서로 비슷한 것으로 인지 • 비보상적 평가방식 사용 • 평가수단으로 구매하려 함
구매	• 비교쇼핑 • 의사결정을 통해 점포선정 • 때로는 구매시 협상과 커뮤니케이션이 사용됨	• 셀프서비스(self-service)선호 • 종종 판촉수단에 이끌려 구매함. • 구매사용 후 제품평가를 할 경우가 있음
구매 후 행동	• 자신이 한 구매에 대해 인정 받으려함 • 구매에 대하여 만족한 경우, 상표애호도가 형성되어 재구매 피해에 대하여 구제받으려 함	• 상표애호도에 의해서가 아니라, 타성에 젖어 똑같은 상표 재구매 • 불만족한 경우 다른 상표를 구매

소비자의 구매행동은 관여도의 정도에 따라 다양하게 나타나지만 가장 기본이 되는 다섯 단계에 대하여 보다 구체적으로 살펴보기로 한다.

20대 10명 중 8명, 그냥 맥주 대신 '특정 브랜드 맥주' 주문한다

리서치업체 소비자 음주 행태 조사…맥주도 '고관여' 제품으로 변화

오비맥주의 '카스'

"그냥 맥주 말고 ○○ 맥주 주세요."
오비맥주가 리서치업체 아이디인큐를 통해 실시한 설문조사에 따르면 20대 소비자들은 식당에서 맥주를 시킬 때 특정 브랜드를 꼭 집어서 주문하는 것으로 나타났다.
22일 오비맥주에 따르면 전국 20대 1000명을 대상으로 '20대 소비자 음주 행태'를 조사한 결과, 응답자 10명 중 8명은 외식할 때 자신이 선호하는 브랜드명으로 맥주를 주문한다고 답했다.
'종업원이 주는 대로 마신다'라고 대답한 비중이 '20.5%'인데 반해 '특정 브랜드를 달라고 주문한다'는 대답은 '79.5%'에 달했다. 응답자들이 가장 많이 꼽은 브랜드는 '카스(54.5%)', 다음으로는 클라우드(13.6%), 하이트(12.2%) 순이었다.
아이디인큐 관계자는 "그동안 맥주는 가전제품이나 스마트폰과 달리 소비자 관여도가 낮은 상품으로 인식됐으나 20대 젊은 소비자층 사이에서는 개인의 취향과 주관을 적극 반영하는 고관여 제품으로 변화하고 있는 것으로 보인다"고 분석했다.
평소 외식 시 술을 함께 마시는 빈도를 묻는 질문에 응답자들은 10번의 외식 중 평균 5.57회는 식사와 함께 술을 즐긴다고 답했다. 20대 남성은 5.61회, 20대 여성은 5.53회라고 응답했다.

자료원 : 비즈 조선 2018.01

3.1 문제의 인식

> **문제의 인식**
> 소비자의 실제 상황과 바라고 있는 상황 간의 차이로 인하여 느끼는 심리적 불편함

소비자는 실제 상황(actual state)과 자신이 바라고 있는 상황(desired state) 간에 차이를 많이 느끼게 될 때 심리적 불편함을 느끼거나 해결책을 필요로 하게 된다. 이러한 필요를 충족시키기 위하여 구체적인 대안을 선택하는 과정을 문제의 인식단계라고 하며 소비자가 물건을 구매하는 결정을 시작하게 되는 첫 단계가 된다.

문제인식의 근본이 되는 욕구는 내적자극 혹은 외적자극으로 유발될 수 있다. 즉, 식욕, 갈증, 성욕 등의 내적자극이 동인(drive)이 될 정도로 강력해지면 욕구가 유발된다. 또한 욕구는 광고, 판매원, 구전 등 외적자극에 의해서도 유발될 수 있다. 따라서 마케팅 관리자는 어떠한 내적 혹은 외적 자극을 통하여 소비자들이 문제를 인식하는가를 잘 이해할 필요가 있다.

3.2 정보의 탐색

> **내부탐색**
> 소비자 자신의 기억이나 경험을 통해 상기되는 정보를 찾는 방식

소비자가 필요를 인식하게 되면 다음 단계는 그 필요로 인한 욕구를 충족시킬 대안을 선택하기 위한 준비단계로서 각종 정보를 수집하게 된다. 정보의 탐색은 소비자가 자신의 기억이나 경험을 되살리는 내부탐색(internal search)부터 시작이 되며, 그것만으로도 만족한 제품이 머릿속에 떠오른다면 정보탐색이 끝나게 된다. 그러나 내부탐색만으로 문제

를 해결하는데 부족함을 느끼게 되면 외부에서 정보를 찾는 외부탐색(external search)을 하게 된다. 소비자가 외부탐색으로 정보를 얻을 수 있는 원천은 다음과 같다.

외부탐색
내부탐색외에 필요한 정보를 외부 정보원들을 통해 찾는 방식

- 개인적 원천: 가족, 친구, 이웃, 친지, 아는 사람
- 상업적 원천: 광고, 판촉사원, 대리점, 포장, 진열
- 공공적 원천: 신문기사나 방송의 뉴스, 잡지, 소비자보호센터와 같은 공공기관
- 경험적 원천: 제품의 검사나 시용, 제품의 직접사용

이러한 정보원이 소비자에게 미치는 영향력의 정도는 소비자의 개인적 특성과 제품의 종류(예: 고관여 제품과 저관여 제품)에 따라서 달라진다. 일반적으로 볼 때 특정 제품에 대한 정보는 마케팅관리자가 통제하는 광고나 판매원 등 상업적 정보원으로부터 주로 수집한다. 한편, 소비자가 제품구매를 위해 내부탐색을 할 때 일부 회상되는 상표들을 상기상표군(evoked set)이라 하며, 외부탐색과정에서 새롭게 추가된 상표들과 합친 것을 고려상표군(consideration set)이라 한다. 따라서 마케팅관리자는 자사 제품이 고려상표군에 포함될 수 있도록 쉽게 그 제품을 상기하거나 찾을 수 있도록 노력해야 한다.

고려상표군
내부탐색을 통한 상기상표군과 외부탐색을 통해 추가된 상표들의 합

3.3 대안의 평가

소비자는 정보탐색을 통해서 몇 개의 상표들을 고려대상으로 삼게 된다. 한 제품에 대해 상표가 많더라도 소비자가 구매를 고려하는 상표의 수는 3~4개 정도인 경우가 많다. 여러 개의 상표를 놓고 평가할 때 소비자는 몇 개의 평가기준을 정해 놓고 그 기준에 따라 평가하게 된다.

이때 소비자가 대안을 비교하고 평가하는데 사용하는 제품속성들이 서로 독립적 역할을 하는가 아니면 상호 보완적 역할을 하는가에 따라 보완적 평가방식과 비보완적 평가방식으로 구분된다.

1) 보완적 평가방식

소비자가 상표대안들을 평가기준에 의하여 평가를 할 때 어떤 평가기준의 약점을 다른 평가기준의 강점으로 상쇄하여 전반적인 평가를 할 수 있는데 이러한 평가방식을 보완적 평가방식(compensatory rule)이라고 한다. 예를 들어 음료를 구매하려는 소비자가 상표 A, B, C 세 가지를 고려한다고 가정하자. 이 소비자가 중요하다고 생각하는 속성(평가기준)은 맛, 향기, 가격 등이며, 각 속성에 대하여 부여하는 중요성의 정도를 전체 1.0으로 했을 때 맛이 0.3, 향기가 0.3, 그리고 가격이 0.4이다. 각 상표에 대한 속성별 평가는 가장 이상적인 상태를 10점으로 하여 점수가 높을수록 소비자를 만족시키는 것으로 하자. 표 5.4에서 각 상표에 대한 평가점수는 각 속성에 대한 평가기준별 중요도와 평가점수를 곱한 값을 모든 평가기준에 걸쳐서 합계한 값을 나타내며, 이를 기대가치라고도 한다.

보완적 평가방식
어떤 평가기준의 약점이 다른 평가기준의 강점으로 상쇄되는 방식

표 5.4 보완적 평가방식의 예

평가기준	중요도	음료상표		
		A	B	C
맛	0.3	8	3	5
향기	0.3	5	3	5
가격	0.4	5	5	5
총 점수	1.0	5.9	3.8	5.0

위와 같은 방법으로 계산한 각 상표별 기대가치는 다음과 같다.

A상표의 기대가치: $(0.3 \times 8)+(0.3 \times 5)+(0.4 \times 5) = 5.9$
B상표의 기대가치: $(0.3 \times 3)+(0.3 \times 3)+(0.4 \times 5) = 3.8$
C상표의 기대가치: $(0.3 \times 5)+(0.3 \times 5)+(0.4 \times 5) = 5.0$

이 경우 소비자의 상표선호도는 A, C, B의 순으로 나타나고 있다.

표적시장의 소비자가 보완적 방식에 의하여 대안을 평가한다면 마케팅관리자는 어떻게 대응해야 할까? 먼저 평가기준별 중요도를 고려해 볼 수 있다. 예를 들면, A상표의 경우 타 상표에 비하여 맛에 높은 평가점수를 얻고 있기 때문에 커피의 속성 중에서 맛이 가장 중요하다고 소구함으로써 맛의 중요도를 높이는 것이 효과적이다. 또한 각 평가기준별 평가점수를 변경시키려는 노력에 의하여 소비자의 기대가치를 향상시킬 수 있다. 예를 들면 B상표는 맛과 향기 모두 경쟁상표에 뒤지기 때문에 신제품개발을 통하여 맛과 향기를 보강하고 이를 광고를 통하여 소비자에게 적극 홍보하는 전략을 취할 수 있다.

2) 비보완적 방식

비보완적 방식
어떤 평가기준의 강점이 다른 평가기준에서의 약점과 상호 상쇄되지 않는 방식

이 방식은 각 상표를 평가할 때 보완적 방식과는 다르게 한 평가기준에서의 약점이 다른 평가기준에서의 강점으로 상호 상쇄되지 않는 방법이다. 이 방식에는 일반적으로 한 속성에 대하여 여러 상표를 동시에 비교하는 사전편집식과 순차적 제거식 그리고 한 번에 한 상표를 평가하는 결합식과 분리식 모델 등이 있다.

표 5.5 비보완적 평가방식의 예

평가기준	중요도	치약상표			
		A	B	C	D
충치예방	0.5	4	4	2	3
미백효과	0.3	3	2	3	1
치석제거	0.2	1	2	3	5

사전 편집식(lexicographic rule)

이 방식은 소비자가 가장 중요시하는 평가기준에서 최상으로 평가되는 상표를 선택하는 과정이다. 이 때 최상의 상표가 2개 이상이면 두 번째로 중요시 여기는 평가기준에 의하여 선택한다. 예를 들어 표 5.5의 치약 예에서 소비자가 치약의 충치예방을 가장 중요시하고 미백효과를 두 번째로 중요하게 여긴다면 소비자는 충치예방에서는 A, B를 그리고 미백효과에서 A를 고려하게 되므로 최상의 선택은 A상표가 될 것이다.

> **사전 편집식**
> 가장 중요시하는 평가기준에서 최상으로 평가되는 상표를 선택하는 방식

순차적 제거식(sequential elimination rule)

이 방식은 소비자가 중요하게 생각하는 각각의 속성에 대한 평가점수가 최소 일정수준 이상이어야 한다는 수용기준(acceptable cutoff point)을 설정하고 각 속성에서 이 수용기준에 미달되는 상표를 순차적으로 제거함으로써 최종적으로 이 기준을 만족시키는 상표를 선택하는 방식이다. 표 5.5의 치약 예에서 한 소비자가 치약의 각 속성에 대하여 5점 만점에 최소한 2점 이상이 되어야 한다는 수용기준을 설정하였다면 미백효과에서 D를 치석제거에서 A를 각각 제거하고 나머지 상표 B와 C중 어느 하나를 선택하게 된다. 이 때 만일 두 가지 이상의 상표가 모든 속성에서 수용기준을 만족시켰다면 두 가지 이상의 상표 중에서 어느 것을 선택할 것인가의 문제는 그 소비자가 이 시점에서 다른 평가방식을 고려하여 어떻게 선택하느냐에 달려있다.

> **순차적 제거식**
> 설정된 최소 수용기준에 미달되는 상표를 순차적으로 제거함으로써 상표를 선택하는 방식

결합식(conjunctive rule)

이 방식은 나쁜(bad) 대안을 거부하기 위해 상표별 최소 기준을 설정한 비보완적 방식으로 소비자가 기꺼이 수용할 수 있는 최소한의 수용기준을 설정한 후 각 상표별로 모든 속성의 수준이 이 기준을 만족시키는가에 따라 평가하는 방식이다. 표 5.5의 치약 예에서 각 속성의 최소 수용기준을 2로 한다면 상표 A는 치석제거에서 상표 D는 미백효과에서 수용기준에 못미치므로 결국 B와 C 상표중 하나를 선택하게 된다. 이 방식이 순차적 제거식과 다른점은 소비자들이 부적절한 대안을 가능한 한 빨리 제거하려는 관점에서 첫 번째 상표를 모든 속성에 대하여 평가한 후 다음 대안으로 넘어간다는 것이다.

> **결합식**
> 나쁜 대안을 거부하기 위해 최소 수용기준을 설정한 후 각 상표별로 모든 속성의 수준을 비교하여 상표를 선택하는 방식

분리식(disjunctive rule)

이 방식은 좋은(good) 대안을 찾기 위해 수용기준을 설정한 비보완적 방식으로 소비자가 특별히 중요시 하는 한 두가지 속성에서 최소 수용기준을 설정한 후 각 상표별로 그 수용기준을 만족시키는 대안들 중 하나를 선택하는 방식이다. 표 5.5의 치약 예에서 만약 어떤 소비자가 충치예방이 5점 이상이거나 치석제거가 5점 이상인 대안을 선택하기로 했다면 D 상표가 선택될 것이다. 이 방식이 결합식과 다른 점은 좋은 대안을 찾으려는 관점에서 수용가능한 결정 기준을 설정한다는 점과 긍정적 정보에 비중을 두고 전체 속성보다는 몇 가지 중요한 속성들을 기준으로 한다는 점이다.

> **분리식**
> 좋은 대안을 찾기 위해 특별히 중요시 하는 한 두가지 속성에 최소 수용기준을 설정한 후 각 상표별로 수용기준을 만족시키는 상표를 선택하는 방식

만일 표적시장의 소비자가 비보완적 방식에 의하여 상표를 선택한다면 이 방식을 활용하여 마케터는 적절한 마케팅전략을 수립할 수 있다. 예를 들어 다수의 소비자가 사전 편

집식에 의하여 상표를 선택한다면 마케팅관리자는 다수의 소비자가 가장 중요시하는 속성이 무엇인가를 사전에 조사하여 이에 따라서 제품을 개발하고 신제품의 차별적 속성으로 이를 강조하는 커뮤니케이션을 시도해야 할 것이다. 한편, 만약 결합식 또는 순차식으로 상표를 평가한다면 소비자들의 수용기준을 파악하여 그 정도를 만족시킬 수 있도록 노력해야 할 것이다.

3.4 구매 결정

소비자들은 문제의 인식과 정보의 탐색 그리고 판단행동을 거친 뒤 실제 구매행동을 하게 된다. 즉, 앞의 대안의 평가단계에서 소비자는 여러 가지 제품이나 상표에 대한 선호순위를 매기게 되며, 그 중 가장 선호하는 제품이나 상표를 구매하고자 하는 구매의도를 형성하게 된다. 일반적으로 특정 제품에 대한 구매의도가 강할수록 실제 구매가 일어나는데, 구매의도와 실제 구매 사이에는 몇 가지 요소가 작용하여 구매의도대로 구매하지 않을 수도 있다. 그 첫 번째 요소가 타인의 태도(attitudes of others)로 자신의 구매의도가 방해를 받을 수 있다. 두 번째 요소는 예기치 않은 상황요소(unexpected situational factors)이다. 대안의 평가과정에서 가장 우수한 제품일지라도 소득, 가격, 그리고 제품이점 등에 대한 기대치를 기초로 하여 구매의도를 변화시킬 수도 있다. 또한 경쟁기업의 판촉할인 행사로 인해 구매의도가 보류 또는 변화될 수 있다.

3.5 구매 후 행동

소비자가 제품을 구매하고 난 후에는 제품을 사용하면서 만족 또는 불만족을 경험하고, 그 결과에 따라서 재구매를 결정하기 때문에 소비자의 구매 후 평가 및 행동은 마케팅관리자에게 매우 중요하다.

그림 5.6 구매 후 행동과정

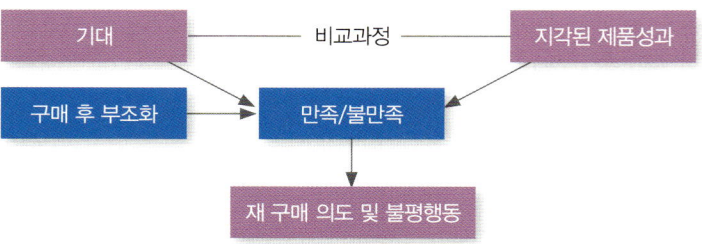

특정 구매에 대한 만족과 불만족은 그 제품에 대한 소비자의 기대(expectations)와 그 제품의 지각된 제품성과(perceived performance)와의 관련성에 의하여 결정된다. 즉, 그 제품의 성과가 구매전의 기대수준에 미치지 못하면 불만족(dissatisfaction)을 느낄 것이고, 기대수준에 미치면 만족(satisfaction)할 것이며, 기대수준을 넘을 경우에는 소비자는 기쁨(delight)을 느끼게 될 것이다. 따라서 마케팅관리자는 소비자들을 만족시켜서 자상표를 재구매시키기 위해서는 기대수준을 낮추거나 성과수준을 높이는 전략을 구현함으로써 성과수준이 기대수준 이상이 되도록 노력하여야 한다.

한편 소비자는 구매 이후 자신의 의사결정에 대한 일종의 불안감을 가질 수 있다. 자신이 선택한 대안이 과연 선택하지 않은 대안보다 더 나은 것인가에 대한 심리적 불안감을 가질 수 있는데 이러한 심리적 불안감을 인지적 부조화(cognitive dissonance)라고 한다. 소비자들은 고가격의 제품을 구매하거나, 구매 후 취소결정을 할 수 없을 때, 특정 제품속성이 자신이 구매한 제품에는 없고 구매하지 않은 제품에는 있을 때, 관여도가 높을 때, 마음에 드는 대안들이 여러 개 있을 때 심리적 불안감을 크게 느낀다. 따라서 마케팅 관리자는 거래 후 서신이나 안내책자를 발송하여 구매에 대한 확신을 심어 줌으로써 구매 후 인지적 부조화를 감소시키려는 노력을 기울여야 할 것이다.

> **인지적 부조화**
> 자신이 선택한 대안이 선택하지 않은 대안보다 더 나은 것인가에 대한 심리적 불안감

요약

기업은 소비자 없이 존재할 수 없다. 즉, 재화나 서비스 또는 정보 등을 생산하여 필요한 대상들에게 제공하기 위해서는 끊임없이 기업의 대상이 되는 소비자들의 행동을 이해해야만 한다.

소비자행동은 소비자들이 시장에 제공되는 다양한 마케팅믹스에 대하여 어떻게 반응하고 있는지를 연구대상으로 하고 있으며, 지금까지의 연구결과를 요약하여 설명한 것이 소비자행동 모델이다. 대부분의 소비자행동 모델은 마케팅자극물이나 기타의 자극물들이 소비자의 블랙박스에 들어가서 여러 가지 과정을 거친 후에 관찰 가능한 일련의 반응, 즉 제품선택, 상표선택, 점포선택 그리고 구매시기나 구매량 선택 등으로 변환되는 과정을 간단한 도식으로 요약한 것이다.

또한 소비자행동에 영향을 미치는 요소로는 문화, 사회, 개인 그리고 심리적 요인 등으로 구분할 수 있다. 문화적 요인은 문화와 하위문화 그리고 사회계층으로 구분된다. 문화는 인간의 욕구와 행동을 결정하는 가장 기본적 요인으로서 한 사회의 구성원들이 환경에 적응하여 살아가는 방식을 말한다. 하위문화는 공통의 생활경험을 토대로 형성된 공통의 가치체계를 지니고 있는 사람들의 집단으로서, 민족, 인종 그리고 지역을 포함하고 있다. 이러한 하위문화는 그 특성에 따라서 표적시장으로 중요한 의미를 지닐 경우가 많다. 사회적 요인 또한 소비자행동에 영향을 미친다. 사회적 요인으로는 준거집단, 가족 등이 있다. 준거집단이란 어떤 사람의 태도형성이나 행동에 직접적 혹은 간접적 비교점이나 준거점으로서 작용하는 모든 집단을 말한다. 가족 또한 소비자의 구매행동에 큰 영향을 미치는데, 마케팅관리자들은 주로 제품이나 서비스의 구매 시에 남편, 아내 그리고 자녀의 영향력과 활용에 대해 관심을 가지고 있다. 마지막으로, 소비자행동에 영향을 미치는 개인적 요인으로는 연령이나 생활주기단계, 직업, 라이프스타일, 개성 그리고 자아개념 등이 있다. 소비자행동에 영향을 미치는 심리적 요인은 동기, 지각, 학습 그리고 태도 등이 있다. 이러한 요인들에 대한 이해는 소비자행동모델에서 설명한 소비자의 블랙박스 내에서 어떠한 처리과정이 이루어지고 있는가에 대해 보다 많은 정보를 제공해 주고 있다.

마지막으로, 소비자들의 특정 제품에 대한 반응을 구매의사 결정과정으로 설명할 수 있다. 소비자의 구매의사 결정과정은 문제의 인식, 정보의 탐색, 대안의 평가, 구매결정, 구매 후 행동 등의 5단계를 거치게 된다. 마케팅관리자들은 이러한 구매의사 결정과정의 각 단계를 충분히 이해하고 있어야, 각 단계에 영향을 미칠 수 있는 효과적인 마케팅프로그램을 개발할 수 있다.

진도평가

1. 소비자행동은 무엇이며 어떻게 이해해야 하는가?

   ▶ 5장 113~114쪽 참조

2. 소비자행동에 영향을 미치는 요인들은 무엇인가?

   ▶ 5장 115~126쪽 참조

3. 소비자 구매의사결정과정의 주요 단계는 무엇인가?

   ▶ 5장 126~133쪽 참조

참고문헌

1) Schiffman, L.G. and L. L. Kanuk (1978), *Consumer Behavior* (Englewood Cliff, N.J.: Prentice-Hall, Inc.), p.4.
2) Engel, James F. and Roger D. Blackwell (1982), *Consumer Behavior*, 4th ed.(New York: The Dryden Press), p.9.
3) Howard, John A. and Jagdish N. Sheth (1969), *The Theory of Buyer Behavior* (New York: John Wiely)
4) 박성연(1996), "한국인의 라이프스타일 유형과 특성," 마케팅연구, 제11권 제1호, 한국마케팅학회,19-34.
5) Antil, John H. (1984), "Conceptualization and Operationalization of Involvement," *Advances in Consumer Research*, Vol. 11, 203-209.

도입사례

카페베네? 점포 늘어난 것 말고 뭐있지?
명확한 타깃 못찾고 쇠락의 길로…

카페베네의 신화

카페베네 창업주, 김선권 대표의 첫 사업 아이템은 오락실이었다. 그는 일본 여행중 일본의 발전된 오락실을 보고 영감을 얻어 1997년 국내에 처음으로 pc방 프렌차이즈를 시작했고 200호점까지 늘렸다. 이후 pc방 사업이 대중화를 통해 성숙기에 도달해 수익성이 떨어지자 외식업으로 눈을 돌린다. 이에 2001년 삼겹살 전문점 '왕삼겹 닷컴'을 론칭했고 가맹점을 200여 개로 까지 늘렸다. 하지만 이 사업은 구제역 파동과 경쟁 심화로 김대표는 결과적으로 실패의 쓴 맛을 보게 했다. 이후 유행을 타지 않는 업종을 찾다가 2002년. 감자탕 전문점 '행복 추풍령'과 인연을 맺었다. 행복 추풍령은 감자탕에 묵은지를 결합하는 등 차별화된 퓨전 메뉴를 통해 소비자들의 입맛을 사로잡았고 론칭 3년만에 320개 매장을 보유할 만큼 성공을 거뒀다. 감자탕 사업이 궤도에 오르자 김 대표는 새로운 아이템을 찾기 위해 유럽 시장을 벤치마킹하기 시작했다. 스터디 끝에 2008년, 드디어 커피전문점 시장에 도전장을 던졌다.

이렇게 시작된 카페베네는 스타벅스, 커피빈 등 글로벌 커피전문점에 밀려 고전을 면치 못했다. 글로벌 브랜드에 비해 낮은 인지도 탓이 컸다. 하지만 얼마 지나지 않아 돌풍을 일으켰다. 2009년부터 인기 프로그램인 시트콤 '하이킥', 드라마 '시크릿 가든'에 PPL광고를 시도하는 등 당시에는 파격적인 방식으로 마케팅을 펼치며 브랜드 인지도를 높여갔다.

공격적인 마케팅 덕에 2010년 한 해만 335개 매장을 열였고, 2011년에는 무려 800호 점을 개설할 정도로 고속 성장을 거듭했다. 카페베네는 커피 맛보다 매장의 편익을 극대화 하는 전략을 구사하고 스타마케팅을 통한 브랜드 및 이미지 전략으로 차별화를 이뤄내면서 치열한 커피전문점 시장에서 급속히 성장할 수 있었다.

성장의 암초를 만난 카페베네

급성장하던 카페베네는 왜 암초를 만난 것일까.
기존 성장 전략이 더 이상 힘을 쓰지 못한 이유는 무엇일까.

첫째, 커피전문점으로서 명확한 포지셔닝을 구축하지 못했다.

마이클 포터 하버드대 교수의 경쟁 우위전략에 따르면 경쟁자보다 부가가치를 높이는 것은 '차별화 전략', 경쟁자보다 싸게 만드는 것을 '비용우위전략'이라고 한다. 스타벅스는 확실한 차별화 전략으로 프리미엄 이미지를 선점했고, 이디야는 저가 시장을 잡아 독특한 포지셔닝을 구축했다. 국내 커피전문점 업계의 샤오미라 할 수 있는 빽다방은 싸다! 크다! 맛있다! 라는 슬로건을 표방한 가성비 전략으로 이디야보다 더욱 확고한 저가 이미지를 구축했다. 하지만 카페베네는 어중간했다. 가장 중요한 본질적 경쟁요소의 거피의 맛과 가격 에서도 높은 평가를 받지 못했다. 소비자들 사이에서는 카페베네가 저가 원두를 쓰는 것 같다는 말이 나올 정도로 맛에 대한 비판이 적지 않았다. 가격은 스타벅스 만큼 비싸지만 맛은 이에 못 미친다는 평가였다.

둘째. 욕심을 부려 무리하게 사업확장에 나섰다.

잘나가던 카페베네는 본업 외에 패밀리레스토랑, 드럭스토어, 제과점 사업에 무리하게 진출했다가 연이어 실패했다. 2011년과 2013년 각각 외식브랜드 '블랙스미스'와 제과 브랜드 '마인츠돔'을 론칭했지만 3년여를 버티지 못하고 정리했다. 2012년 론칭한 드럭스토어 '디셈버24'역시 CJ, 신세계, 코오롱 등 대기업의 벽에 가로막혀 1년도 못채우고 문을 닫았다. 결국 잇따른 악재를 극복하지 못한 카페베네는 2015년7월 사모펀드 '케이쓰리 제5호'로부터 234억 규모의 자금을 수혈받고 경영진이 교체됐다. 카페베네는 나중에 실적이 악화되자 커피사업에 집중하기로 전략을 수정했으나 다소 늦은 결정이었다는 아쉬움이 남는다. 지속되는 수익성 악화와 높은 부채 비율 때문에 결국2015년 12월30일 카페베네 경영권이 토종 사모펀드로 넘어갔다. 2008년 1호점을 시작으로 2010년대 초 커피프랜차이즈 1위 자리까지 올랐던 한국 토종 프랜차이즈의 성공 신화는 안타깝게 7년8개월 만에 경영권 이양으로 막을 내렸다.

셋째, 신메뉴를 출시할 때도 선택과 집중에 실패했다.

카페베네는 신메뉴를 출시할 때 잘 외워지지 않을만큼 여러개의 메뉴를 내놓았다. 다양한 입맛을 사로잡고자 하는 의도겠지만 오히려 소비자들을 헷갈리게 했다. SNS이벤트를 해도 언급 단어가 분산되는 탓에 효과가 적었다. '빙수'하면 '설빙"아이스크림'하면 '베스킨 라빈스'와 같이 머릿속에 떠올라야 하는데 그런 연상이 어려웠다. 설빙의 경우 신메뉴를 하나씩만 내놓는 전략을 취한다. SNS를 통해 언급되는 것 자체가 홍보가 되는 요즘, 이는 소비자들로 하여금 설빙에서 어떤 신메뉴가 나왔는지 쉽게 인지하게 만든다. 이에 따라 소비자들의 평가도 긍정적이든, 부정적이든 하나에 집중된다.

.
.

(생략)

자료원 : 등아 비즈니스 리뷰 2016.12

제6장
세분시장 마케팅전략

소비자의 입장에서 볼 때 모든 제품들이 다양한 소비자들의 욕구를 충족시켜 줄 수 있다면 이상적이라고 할 수 있다. 그러나 대부분의 기업들은 자원, 기술, 경영능력 등의 면에서 한계가 있기 때문에 다양하고 끊임없이 변화하는 개인의 욕구를 모두 만족시킬 수 있는 제품들을 제공하기가 쉽지 않다. 따라서 어느 기업이든 전체시장에서 모든 경쟁기업들과 경쟁하기 보다는 자사가 경쟁우위를 가지고 있는 제품이나 서비스를 가지고 가장 매력적인 세분시장에서 경쟁하는 것이 유리하다. 따라서 전체 시장을 효율적이고 매력적으로 구분한 후(Segmentation), 자사의 능력을 고려하여 적절한 수의 세분시장을 선택하고(Targeting), 이 시장에 자사의 능력을 집중적으로 투입하는 전략(Positioning)을 세분시장 마케팅전략이라고 하며, 이를 영문 머리글자를 따서 S·T·P 전략이라고 부른다.

1 세분시장 마케팅전략

1.1 세분시장 마케팅전략의 도입배경

전술 하였듯이 세분시장 마케팅(이하 STP)전략이란 시장을 세분화하고 표적시장을 선정하며 표적시장에 적절한 제품을 포지셔닝 하는 행위이다.

> **STP전략**
> 시장을 세분화하고 표적시장을 선정하며 표적시장에 적절한 제품을 포지셔닝 하는 행위

많은 기업들이 STP 전략에 대한 사고를 원래부터 가지고 있었던 것은 아니다. 초기에는 대다수의 기업들이 한 가지 제품을 대량생산, 대량유통, 대량 촉진하는 대중마케팅(mass marketing)을 중심으로 시장을 공략하였다. 그러나 소비자들은 시간이 지남에 따라서 변화되는 다양한 기호를 지니고 있으며 그 결과 다양성과 변화를 반영하는 제품을 추구하게 되었다. 따라서 기업들은 특징, 스타일, 품질, 규격 등이 다른 두 가지 이상의 제품을 생산하여 고객에게 제공하는 제품다양화 마케팅(product-variety marketing)을 시도하게 되었다. 이후 대량생산에 의한 규모의 경제(economy of scale) 그리고 계속되는 기술혁신은 눈부신 생산체계의 발전을 가져왔고, 이러한 발전은 기업 간의 경쟁을 가속화시켰다. 이러한 경쟁에서 살아남고 성장하기 위해서는 시장에서 차별적 우위를 추구하지 않으면 안 되게 되었다. 차별적 우위를 추구하기 위한 방법으로는 전체시장을 서로 비슷

"씹기 편한 음식이 좋아"…노인식 시장 커진다

씹기 어려운 고기와 떡을 부드럽게 가공한 노인 영양식단 사례.   아워홈 제공

"시장규모 2020년까지 16조될 듯"
사태찜 등 음식 맛·영양 그대로…
삼키기 쉬운 조리법 앞다퉈 개발

"한국은 일본보다 실버푸드 후발주자이지만 방향은 달라야 합니다. 연세대 치과대학과 함께 한국의 70대 노인 500명을 조사하니 일본과 달리 한국은 임플란트 시술이 보편화돼 있어 음식을 '씹는'기능이 일반 성인의 70~90%로 유지되는 것으로 나타났기 때문이죠."
 아워홈의 김세진 영양기능성팀 차장은 "노인식이 가급적 기존에 먹던 음식과 형태가 동일하면서도 편하게 씹을 수 있는 음식이 되어야 한다"며 이같이 말했다. 국내 고령자 식사 개발의 선두주자인 아워홈은 연구를 진행. 효소를 이용해 음식을 부드럽게 만드는 특허 3건을 출원한 바 있다.
 '연화'기술을 적용한 돼지고기 사태찜을 직접 먹어봤다. 1시간 동안 일반 조리한 고기보다 10분간 조리한 효소처리 제품이 훨씬 부드러웠다. 질긴 근육과 근막을 프로테아제로 처리해서다. 측정해보니 일반 사태고기는 절단에 약 9.6㎏의 힘이 필요한 반면 가장 연한 2단계 고기는 3.6㎏에 불과했다. 가래떡도 쪄내는 과정에서 아밀라아제 효소를 넣어 강도를 50% 약화할 수 있다.
 2026년 초고령사회에 진입할 것으로 전망되면서 식품업계는 노인식 개발에 박차를 가하고 있다. 저출산과 인구 감소로 정체에 빠진 식품업계의 새로운 시장이기도 하다. 농식품부의 '넌년 가공식품 세분시장 현황조사'에 따르면 2011년 5104억원 규모였던 실버푸드 시장은 2020년까지 16조원 규모로 급성장이 전망된다.
 노인들에게 음식물을 씹어 삼키는 소화활동은 건강 유지에도 중요하다. 턱과 목의 삼킴 근육들은 사용하지 않으면 기능이 저하되고, 건강은 더 나빠진다. 국가적으로도 노인들의 건강하고 균형 잡힌 식생활이 만만찮은 과제로 떠올랐다. 2016년 기준 남녀 기대수명은 각각 79.3세, 85.4세였지만 건강기간은 64~65세로 늘지 않고 있어서다. 식품업계의 노인식 개발은 점차 다양해질 것으로 보인다. 아워홈의 다음 프로젝트는 견과류이다. 실버타운 입주 노인들이 간식 1순위로 꼽는 견과류는 영양가치는 높지만 딱딱해 씹어 삼키기가 어렵다는 점에서 착안했다.

자료원 : 경향 비즈 2018.04

한 욕구와 기호를 가진 몇 개의 세분시장으로 분할하고 대중 마케팅이나 제품다양화 마케팅으로 충족시키지 못한 각 세분시장의 다양한 욕구를 충족시키려는 표적 마케팅(target marketing)이 출현하게 되었다.

> **표적마케팅**
> 비슷한 욕구와 기호를 가진 몇 개의 세분시장으로 나누고 각 세분시장의 욕구를 충족시키려는 마케팅 노력

1.2 세분시장 마케팅전략수립의 단계

 일반적으로 시장세분화와 표적시장 선정과 포지셔닝은 일관되게 이루어지고, 이론적으로도 밀접하게 연관되어 있기 때문에 이러한 전략들을 통칭하여 STP전략이라고 한다. STP전략은 먼저 시장을 몇 개의 기준들을 사용하여 의미가 있는 다수의 시장으로 나누

고, 세분화된 여러 시장 중에서 우리 회사의 능력과 경쟁 등을 고려하여 표적시장을 선정한 다음, 그 시장에서 제품속성이나 다양한 마케팅믹스 요인을 이용하여 우리 회사 제품을 소비자의 마음 속에 심어주는 과정을 포함한다.

STP전략을 수립하려면 다음과 같은 세 가지 단계를 거쳐야 한다.

첫 번째 단계는 시장을 몇 개의 시장으로 나누기 위한 기준을 결정하고 이를 분석하는 단계이다. 시장을 나누는 기준은 여러 가지가 있을 수 있는데 크게 지리적, 인구통계적, 심리적, 구매행동 등이 많이 사용된다. 그리고 나누어진 각 세분시장의 특성을 여러 변수들을 사용하여 정밀하게 기술하게 된다.

둘째 단계는 진입할 세분시장을 선정하는 단계로 각 세분시장의 매력도를 측정하고 난 후에 해당기업의 능력을 고려하여 해당기업에 가장 적합한 표적시장(target market)을 선정하여야 한다.

셋째 단계는 선정된 표적시장을 대상으로 자사제품의 포지셔닝(product positioning)을 개발하여야 한다. 선정된 표적시장에 이미 여러 개의 경쟁브랜드가 있을 때는 우리 회사의 브랜드가 가지는 경쟁우위를 파악하여 표적시장에 가장 효과적으로 자리매김을 할 위치를 결정해야 한다. 그리고 현재의 포지셔닝이 표적시장에서의 마케팅목표를 달성하는데 효과적인가를 평가하고, 만약 그렇지 못하다면 재포지셔닝을 해야 한다.

그림 6.1 세분시장 마케팅전략수립 단계

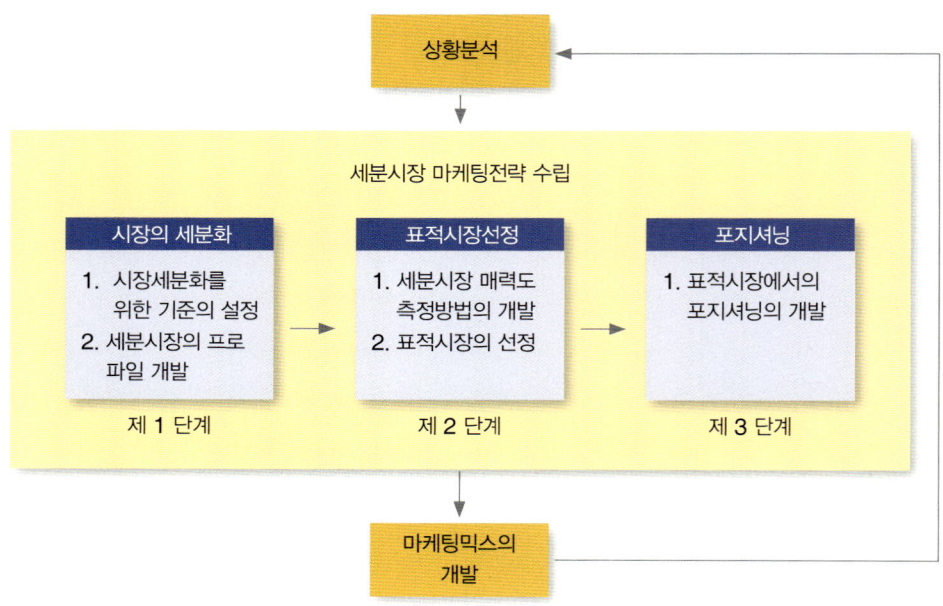

시장세분화는 무조건 해야 하는가?

예를 들어 어느 기업이 수요측정과 예측을 바탕으로 매력적인 어느 특정시장에 진출하고자 한다고 하자. 기업은 소비자들과의 면담을 통하여 그들이 그 제품을 구매하는 경우에 중요하게 고려하는 선택기준(품질·가격·서비스 등)으로 두 가지의 속성, X와 Y를 파악하였다. 각 소비자들은 지적한 두 가지 속성과 관련하여 이상적인 상표가 어느 정도의 위치에 있는지를 표시하였다. 그 결과로 나오는 세 가지 유형의 선호성은 다음과 같다.

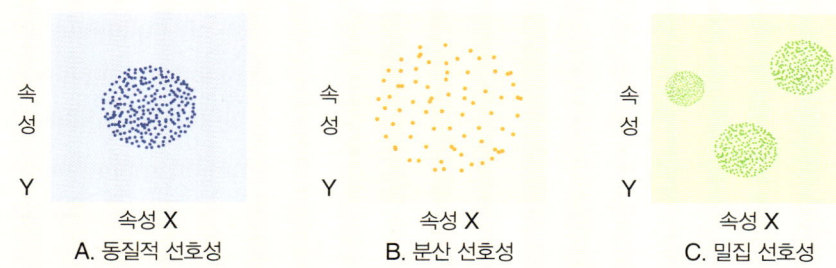

속성 Y / 속성 X
A. 동질적 선호성   B. 분산 선호성   C. 밀집 선호성

위의 그림에서 A는 모든 소비자가 거의 같은 선호성을 보이고 있는 시장을 표시하고 있다(동질적선호성: homogeneous preferences). 이러한 시장을 세분화하는 것은 무의미하다. 따라서 이러한 동질적 시장에서는 제품의 속성에 의한 차별화보다는 촉진수단에 의한 이미지 차별화를 시도하거나 유통망 확충을 통한 매출액 증대전략이 오히려 효과적이다.

위와는 대조적으로 B는 소비자의 선호성이 어느 한쪽에 집중되지 않고 골고루 분산되어 있다(분산된선호성: diffused preferences). 이러한 선호성은 소비자가 제품에 대한 지식이 없어서 어느 것이 좋은지 판별이 안 되는 경우이거나 시장 자체가 덜 개발되어 소비자의 선호성이 미 확립된 경우이다. 만일 이 시장에 단 하나의 제품만 존재한다면 소비자의 불만을 극소화하기 위해 중심에 자리 잡는 것이 유리할 것이다. 반면에 여러 상표가 존재하는 경우는 여백에 골고루 자리 잡아 제품 간에 차이를 보이는 차별화전략이 효과적이다.

마지막으로, 그림 C는 A와 B의 중간 형태로서 밀집된 몇 개의 선호군이 존재한다(밀집된선호성: clustered preference). 이 시장에 처음으로 진출하는 기업은 다음 세 가지 대안 중 하나를 선택할 수 있다. ① 선호군들을 포괄할 수 있는 한 가운데에 자리를 잡고 모든 밀집군에게 소구한다(비차별화마케팅). ② 가장 큰 세분시장에 자리를 잡는다. ③ 여러 개의 상표를 개발하여 각각 다른 밀집군에 자리 잡는다(차별화마케팅). 분명한 것은 만일 어떤 기업이 한 상표만을 개발한다고 하면 경쟁기업이 들어와서 다른 상표로 다른 세분시장에 소구를 시도할 수 있다는 것이다.

결론적으로 동질적 선호성이나 분산된 선호성을 보이고 있는 시장에서는 시장세분화가 필요하지 않으며 밀집된 선호성을 보이는 시장에서는 마케팅전략의 성공적인 수행을 위하여 시장세분화가 절대적으로 필요하다.

2 시장세분화

2.1 시장세분화의 의의

하나의 제품으로 시장의 모든 소비자를 만족시킬 수 있을까? 과거 수요가 공급을 초과하던 시대에는 하나의 제품으로 시장을 만족시킬 수 있었다. 포드자동차는 T모델이라는 하나의 모델로 미국 자동차시장의 대부분을 무려 십 수 년 동안 점유했다. 이 때 포드는 미국 자동차시장의 소비자들을 가격이라는 하나의 변수로만 보았다. 가격이라는 관점에서만 볼 때는 자동차를 저렴하게 만들어 팔기만 하면 되었다. 그러나 미국의 경제가 풍요로워짐에 따라 소비자의 욕구도 '저렴한 가격' 하나로만은 설명되지 않게 되었다. GM은 이러한 추세를 기회로 파악해서 자동차시장에서 오랫동안 성공을 거두었다.

이 같은 사례에서 보듯 시장세분화의 중요성은 국내 승용차시장에 소나타(북미의 T 모델처럼) 한 종류밖에 없다면 소비자들의 반응은 어떠할 것인가를 생각해보면 명백해진다. 그러면 시장세분화는 어떻게 이루어지는 것일까? 시장세분화란 우리 회사와 경쟁 회사의 제품을 살 가능성이 있는 사람들을 비슷한 사람들끼리 구분해 놓는 것을 말한다. 이러한 시장세분화는 다음과 같은 논리에 바탕을 두고 있다.

> 시장세분화
> 제품을 살 가능성이 있는 유사한 사람들을 묶어놓은 집단

- 모든 소비자는 동일하지 않다.
- 소비자들을 비슷한 행동, 가치관, 배경을 가진 사람들로 묶을 수 있다.
- 소비자집단들을 작게 나누어 집단화하면 하나의 시장을 전체로 보는 것보다 더 비슷한 사람들끼리 묶일 것이다.
- 서로 다른 사람들로 구성된 커다란 소비자집단보다 비슷한 사람들로 구성된 작은 집단을 만족시키기가 더 쉬울 것이다.

이상과 같은 논리에 기초하여 효과적인 시장세분화는 각 세분시장 내에서는 소비자들이 비슷해야(동질적) 하며, 서로 다른 세분시장 간에는 소비자들이 달라야(이질적) 한다.

2.2 시장세분화의 단계

그렇다면 시장세분화는 어떻게 진행될까? 아래의 그림 6.2를 통하여 시장세분화가 어떻게 이루어지는가를 설명할 수 있다.

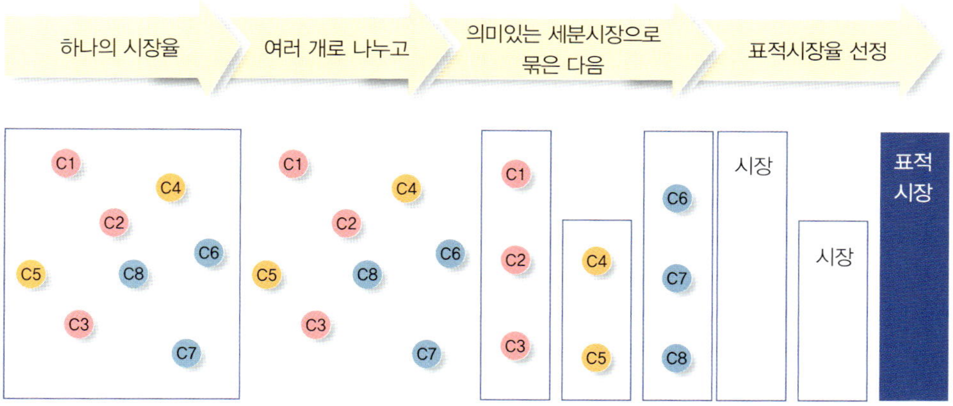

그림 6.2 시장세분화의 단계

하나의 시장을 → 여러 개로 나누고 → 의미있는 세분시장으로 묶은 다음 → 표적시장을 선정

먼저 세분화 대상 시장의 소비자를 일정한 기준에 따라 개인, 가족, 조직 등의 최소 단위로 나눈다. 그 다음에는 공통된 특성을 가지고 있는 구성원들을 한데 묶어 의미 있는 세분시장으로 재구성한다. 마지막으로 마케팅활동의 표적으로 할 세분시장을 선정한다.

2.3 시장세분화의 이점

기업은 시장을 세분화함으로써 다음과 같은 이점을 누릴 수 있다.
- 시장의 기회를 보다 잘 찾아낼 수 있다. 시장세분화를 통하여 소비자의 욕구나 구매동기를 정확히 파악할 수 있기 때문에 시장기회를 보다 손쉽게 찾아 낼 수 있다.
- 소비자들의 욕구에 맞는 마케팅믹스를 개발함으로써 소비자들의 욕구를 더 정확하게 충족시킬 수 있다. 이렇게 소비자의 욕구를 정확하게 충족시키므로 소비자들의 자사 제품에 대한 충성도를 높일 수 있다.
- 변화하는 시장수요에 능동적으로 대처할 수 있다. 서로 다른 소비자들이 섞여 있는 전체시장수요를 탐색하는 것에 비해 적은 수의 비슷한 소비자들로 구성된 세분시장에 대한 수요변화는 보다 쉽게 파악될 수 있다.
- 자사가 경쟁회사에 비해 갖고 있는 강점을 최대로 활용할 수 있는 세분시장에 마케팅노력을 집중하기 때문에 그 세분시장 내에서 경쟁기업에 비해 상대적인 우위를 누릴 수 있다.

2.4 의미 있는 시장세분화의 요건

시장세분화를 하는 궁극적인 목적은 선정된 세분시장 내에 있는 비슷한 소비자들에게 적합함과 동시에 다른 세분시장의 소비자들에게는 차별적인 마케팅믹스전략을 개발하는 데 있다. 이러한 시장세분화의 목적이 달성되려면 각 세분시장이 의미가 있도록 구성되어야 한다. 각 세분시장이 의미 있는 세분시장이 되려면 다음과 같은 조건을 충족시켜야 한다.
- 측정가능성(Measurability) : 세분시장의 규모, 세분시장에 속한 소비자들의 구매력과 같은 세분시장의 특성들이 측정 가능해야 한다. 어떤 세분화변수들은 측정하기가 매

우 어렵기 때문에 의미 있는 세분시장을 구성하는 것이 불가능할 수 있다.

셜록 홈즈가 나오는 탐정소설 중에 빨간 머리클럽이라는 단편소설이 있다. 이야기의 줄거리는 은행털이들이 은행과 붙어 있는 상점주인의 머리가 붉은 색인데 착안하여 가장 이상적인 빨간 머리를 갖고 있는 사람을 찾는 광고를 내서 은행 옆의 상점 주인을 장기간 여행을 보내고는 은행과 맞닿아있는 벽을 뚫어서 금고를 털어 간다는 내용이다. 빨간 머리를 가진 사람은 한 둘이 아니나 그 색깔은 농도에 따라 천차만별이기 때문에 의심을 받지 않고 특정인을 최우수 빨간머리 인물로 선정할 수 있었다. 이것을 측정가능성의 예에 견주어보면 "빨간 머리를 가진 소비자들로 구성된 세분시장"은 첫째 한국시장에서는 염색한 사람 이외에는 찾아 볼 수가 없을 것이며, 둘째 심지어 서구에 있어서도 그들의 수나 구매력을 측정하기가 거의 불가능하기 때문에 의미 있는 세분시장이라고 볼 수가 없다.

● 충분한 규모의 시장(Substantiality) : 각 세분시장에 기업이 개별적인 마케팅 프로그램을 실행할 수 있을 정도로 충분한 규모를 지니고 있어야 한다. 세분된 시장이 의미가 있기 위해서는 각각의 세분시장은 개별적인 마케팅전략의 수립에 소요된 비용을 회수하고 기업에 충분한 이익을 보장해 줄 정도의 규모를 가져야 한다.

얼마 전에 TV에서 해외 진기 중의 하나로 소개된 일본의 한 자동차회사에서 개발한 트렁크 자동차의 사례를 보자. 샘소나이트(Samsonite)가방 속에 엔진을 설치하고 바퀴를 달아 러시아워 시간대에 출퇴근에 활용할 수 있다는 기발한 제안을 한 프로그램이 방영된 바 있었다. 이 트렁크 자동차는 조립식이어서 회사에 도착하면 자동차 본체부분이 트렁크 안에 쏙 들어가서 회사건물 내에 끌고 들어 갈 수 있게 고안되었다. 이 프로그램이 나간 지 한참 되었는데도 상용화가 되었다는 소식이 없는 것을 보면 이 트렁크 자동차를 출퇴근에 구입하겠다는 소비자 규모가 그다지 많지 않은 것으로 보인다.

● 접근가능성 (Accessibility) : 세분시장이 의미가 있기 위해서는 세분시장 내에 있는 소비자들에게 마케팅노력으로 효과적이며 경제적인 접근을 할 수 있는 적절한 수단이 존재해야 한다.

한때, 모 브랜드의 광고에 전기도 들어오지 않는 산골에 아버지와 단둘이 살고 있는 영자라는 소녀가 등장하였다. 영자는 광고상의 기획된 가공인물이 아니라 외부와의 접촉을 차단한 채 전기도 없이 아버지와 단둘이 살고 있는 실제인물이었다. 이러한 영자네 식구에는 TV광고도 신문광고도 접근이 어려웠을 것이다.

● 차별적 반응(Responsibility) : 세분시장이 의미가 있기 위해서는 각 세분시장들에게 적용된 차별화된 마케팅전략에 대하여 각각의 세분시장들이 다르게 반응을 해야 한다. 만약 기업의 어떤 마케팅활동에 대해서 모든 세분시장이 동일하게 반응한다면 세분시장에 따른 차별적 마케팅전략을 사용하는 것이 의미가 없게 된다. 이럴 경우 구태여 비용이 훨씬 많이 들게 세분시장별로 마케팅 프로그램을 실행할 필요가 없이 전체시장에 대하여 하나의 마케팅 프로그램을 실행하면 되기 때문이다. 따라서 각 세분시장은 마케팅믹스에 대

하여 서로 다른 반응을 보여야 한다.

- 실행가능성(Actionability) : 세분시장이 의미가 있기 위한 또 하나의 조건은 세분시장을 공략하기 위한 마케팅 프로그램을 개발할 수 있어야 하는 것이다. 만약 현대자동차가 수소전기차를 요구하는 충분히 시장성이 있는 세분시장을 발견하였다 하더라도 수소전기차를 상용화할 준비가 되어 있지 않다면 이러한 세분시장은 빠르게 진입하기가 쉽지 않다.

2.5 시장세분화 기준변수

시장은 여러 각도에서 세분화 할 수 있다. 이때 시장을 세분화하기 위한 관점은 시장세분화의 기준이 된다. 어떤 세분화 기준이 적합한가 하는 것은 기업이 처한 상황에 따라 달라지므로, 다양한 시장세분화 기준을 익혀 두는 것이 도움이 될 것이다. 시장세분화의 기준은 크게 네 가지로 나누어 볼 수 있다(표 6.1 참조).

표 6.1 소비재시장의 세분화 기준변수

변 수	대표적 구분형태	
지리적 특성		
지방	중부지방, 영남지방, 호남지방 등 A, B, C, D	
군 단위 규모	인구 5만 명 이하	
도시 규모	인구 5만~10만 명 미만	
	인구 10만~30만 명 미만	인구 30만~50만 명 미만
	인구 50만~100만 명 미만	인구 100만 명 이상
인구통계적 특성		
연령	6세 미만, 6~11, 12~19, 20~34, 35~49, 50~64세 이상	
성별	남, 여	
가족규모	1~2, 3~4, 5명 이상	
가족생활주기	가족라이프스타일	
소득	월 50~100만 원 미만	월 100~150만 원 미만
	월 150~200만 원 미만	월 200만 원 이상
직업	전문, 기술직, 관리, 경영직, 공무원, 주부, 사무직, 학생	
종교	불교, 유교, 기독교, 천주교 등	
심리적 특성		
사회계층	하류층, 중류층, 상류층	
라이프 스타일	편의주위형, 성취동기형, 전통주의형 등	
개성	충동적, 권위주의적, 야심적, 공격적	
행동적 특성		
구매계기	정기적 구매, 특별구매	
추구효익	품질, 서비스, 전략	
사용경험여부	사용경험이 없는 사람	
	사용경험이 있는 사람	
	사용 가능성이 있는 사람	
사용량	소량 사용자, 보통 사용자, 다량 사용자	
충성도	없음, 보통임, 강함	
구매준비단계	인식, 관심, 평가, 시험, 수용	
제품에 대한 태도	열광적, 적극적, 무관심, 부정적	

지리적 특성에 의한 시장세분화(geographic segmentation)

소비자의 욕구와 반응이 지역적으로 다르다는 가정 하에 지역, 인구밀도, 도시, 기후 등에 따라 소비자를 세분할 수 있다. 특히 지리적 요인에 의해 시장의 이질성이 크거나, 기업의 영업활동에 큰 영향을 미치는 경우에는 지리적 변수가 시장세분화의 기준으로서 중요하게 된다. 지리적 세분화는 다른 세분화방법보다 시장을 구분하는 것이 쉽고, 시장에 대한 측정이나 접근도 쉽다는 장점이 있다. 그러나 일반적으로 지리적 변수 하나만을 가지고 시장을 구분하는 데에는 위험이 따르게 된다. 지역별로 소비자 특성의 차이가 크지 않을 경우에는 지리적 변수만을 가지고 소비자 구매행동의 차이를 규명하기는 어려운 일이기 때문이다.

인구통계적 특성에 의한 시장세분화(demographic segmentation)

나이, 성별, 가족규모, 가족수명주기, 소득, 직업, 교육수준, 종교 등의 인구통계적 변수에 따라 시장을 세분할 수도 있다. 일반적으로 소비자의 욕구, 선호, 사용빈도 등은 인구통계적 변수들에 따라 잘 나누어지며 다른 변수들에 비하여 측정하기가 용이하기 때문에 인구통계적 변수는 시장세분화에 가장 많이 쓰인다. 심리적 변수 등에 의하여 시장이 세분되었다하더라도 그 시장의 크기와 그 시장의 구체적인 특성, 그리고 효율적인 접근방법을 알아내기 위하여 인구통계적 변수를 사용하는 경우가 많다. 구체적으로 인구통계적 변수가 어떻게 이용되고 있는지를 살펴보면 다음과 같다.

■ 연 령

이 변수는 인간의 가치관이나 행동이 나이에 의하여 결정되는 경우가 많기 때문에 상당히 의미 있는 세분화 기준변수이다. 그러나 추구효익이나 사용상황을 무시하고 연령에만 의존한 세분화는 시장세분화전략의 의도와는 다른 결과를 가져올 수 있다. 예를 들면 포드자동차 회사는 연령을 기준으로 시장을 세분화하고 젊은층을 소구 대상으로 무스탕을 출시하였다. 제품 출시 이후 시장조사를 실시한 결과 무스탕은 경제적인 가격과 스포티한 이미지 때문에 모든 연령층의 소비자에게 인기가 있었다. 이는 보이고 싶은 소비자의 욕구가 작용하였기 때문이었다. 최근 국내에서는 카드업계에서 다양한 연령별 세분화 카드가 제공되고 있다.

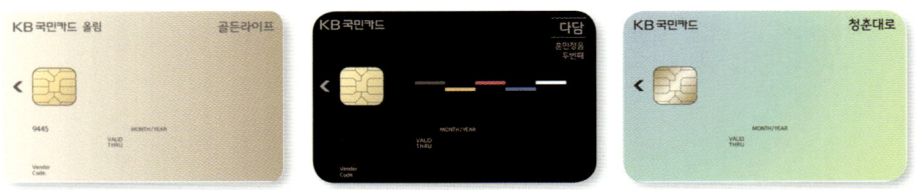

KB카드의 sweet카드는 연령별로 세분화된 카드로 각기 다른 혜택을 제공하고 있다.

■ 성 별

최근에 와서 성별에 의한 시장세분화가 널리 이용되고 있다. 성별에 따라서 소비자 욕

[트렌드] 털털한 남성은 가라… 남성 제모 시장 큰 손 부상

왼쪽부터 실큰 레이저 제모기, 카이의 레그 트리머, 비트 제모 크림

제모시장에서 남성이 큰 손으로 부상했다.
그동안 제모는 여성의 전유물로 여겨졌으나 남성 화장품 시장이 1조원을 넘어서고 그루밍족이 증가하면서 제모시장에서 남성의 영향력이 커졌다.
11번가에 따르면 지난해 제모 관련 기기와 용품 구매액 증가율은 남성이 여성을 압도했다. 여성은 전년대비 12% 늘어난데 그쳤지만 남성은 같은 기간 38%나 구매액이 증가했다.
제모용품 거래 비중도 남성의 증가세가 뚜렷하다. 2016년 남녀의 제모용품 구매 비중은 39대 61이었지만 지난해에는 44대 56으로 높아졌다.
제모시즌은 통상 여름 직전인 늦은 봄부터 시작되는 것이 일반적이다. 미리 준비하는 이들은 4월부터 제모용품을 찾는다. 11번가가 4월 들어 보름간 제모용품 판매량을 조사한 결과 남성은 전년동기 대비 13%나 구매가 늘었고 여성은 2% 증가하는데 그쳤다.
남성들은 턱수염과 다리 제모에 특히 신경을 쓴다. 제모용품 관련 기업들도 이 같은 수요에 힘입어 여성과 달리 두껍고 제거하기 어려운 남성의 수염이나 다리 털 제거에 효과적인 제품을 속속 내놓고 있다.
뷰티&헬스스토어 올리브영도 남성을 위한 제모제품을 다양하게 선보이고 있다. 올리브영은 남성 제모 브랜드 '매너남'을 통해 코털 제거와 다리털을 정리할 수 있는 기기를 판매 중이다. 또 그루밍족을 위한 다양한 제모 브랜드도 갖췄다.
뷰티업계 관계자는 "최근 남성 그루밍족들의 증가로 제모에 관심을 갖는 이들이 많다. 면도기로 잘못 제모해 트러블을 달고 사는 남성들에게도 레이저 제모기가 적합하다"며 "레이저 제모기의 가격이 부담스럽다면 워시오프 타입의 제모 크림이나 면도기 형태의 제모기기를 사용하는 것도 한 방법"이라고 조언했다.

자료원 : 비바 100 2018.04

구에 큰 차이를 보이고 있는 산업으로는 미용, 의복, 잡지, 서비스업 등을 들 수 있다. 잡지의 경우를 보면 어린이잡지, 청소년잡지, 여성 성인용 잡지, 남성 성인용 잡지가 있다. 스포츠음료인 포카리스웨트는 여성시장을 표적으로 하고 있으며 게토레이는 주로 남성시장을 표적으로 하고 있다. 최근에는 남성 전용 미용실이 등장하면서 기존 여성들이 주로 이용하던 미용실과의 차별화를 시도하고 있다.

■ 소득

소득에 따른 세분화는 비교적 가격 폭이 넓고 제품이 상징성을 가지고 있는 경우 시장을 세분화하는 데 효과적인 기준이 된다. 이 기준에 의해 나누어진 세분시장들 간에는 구매력 차이가 크게 나타나게 된다. 그 대표적인 제품으로는 자동차, 주택, 의류, 화장품 등을 들 수 있다. 의류의 경우 고급패션의류는 고소득층을, 중저가대 브랜드의류는 중류층을, 그리고 재래시장에서 판매되는 많은 의류들은 저소득층을 표적으로 하고 있다. 그러나 주의해야 할 점은 상징성이 높은 제품이라고 해서 소득에 따른 시장세분화만으로는 세

이랜드와 오리온처럼 중국서 성공하는 키워드는 적당한 가격과 품질 '굿-이너프' 제품으로 승부하라

롯데백화점은 오는 9월 쓰촨성 청두에 중국 4호 백화점인 청두환구센터점을 개장한다. 앞서 톈진에 2개, 산둥성 웨이하이에 1개 점포의 문을 연 롯데백화점은 중국 사업을 계속 확장하고 있다. 하지만 중국 사업이 처음부터 순조로웠던 것은 아니다. 2008년 베이징에 첫발을 내디뎠으나 소비자 접근성이 떨어지는 곳에 문을 열어 한동안 고생했다. 결국 왕푸징점을 매각해야 했다.

13억 중국 소비자를 향한 글로벌 기업의 구애가 이어지지만 여전히 희비가 엇갈린다. 국내 기업만 해도 이랜드, 오리온처럼 안착한 기업이 있는가 하면 이마트처럼 고전하는 곳도 적지 않다. 미국의 홈디포와 베스트바이, 독일 미디어막트 등 글로벌 소매업체들은 중국에서 줄줄이 철수했다. 중국에서 성공하는 기업과 실패하는 기업은 소비자 접근 및 제품 전략의 관점에서 무엇이 다른지 살펴봤다.

중국은 너무나 큰 시장…소비자층을 세분화하라

중국은 누구나 인정하듯 세계의 시장이다. 2001년 중국이 세계무역기구(WTO)에 가입하며 시장 개방을 확대하자 앞다퉈 진출한 글로벌 기업들과 급성장한 로컬기업이 각축전을 벌이고 있다. 한국 기업들도 적극적으로 뛰고 있지만 여건은 호락호락하지 않다. '샌드위치'신세로 전락하고 있다는 우려도 나온다. 기술 및 브랜드에선 미국이나 유럽, 일본 기업에 미치지 못하고 원가경쟁력에선 로컬기업에 밀리기 때문이다.

그러나 이 같은 중간 위치를 기회로 삼으면 오히려 승산을 높일 수 있다. 중국 시장 구조를 볼 때, 샌드위치 중간의 '햄'이 위아래의 '빵'보다 더 많은 먹거리를 제공할 정도로 충분히 두텁고 성장 잠재력도 크다.

중국 시장은 구매자의 소득 수준 및 구매 패턴에 따라 크게 세 가지로 분류할 수 있다. 첫째는 프리미엄 시장으로, 선진국 기준 중상류층 이상인 고소득층이 주 고객층을 형성한다. 이들은 가격보다는 브랜드 및 품질을 중시하는 경향이 강하며 베이징과 상하이, 광저우 같은 1급 도시에 주로 거주한다. 다국적 기업이 우선적으로 공략 목표로 삼는 시장이다.

둘째는 저가 시장으로 선진국 기준 하위층에 준하는 소득 수준을 보유한 소비층이다. 4급 이하의 도시 및 농촌지역 주민이 주 고객층으로, 이들은 가격에 매우 민감하다. 가격 경쟁력에서 우위를 지닌 로컬기업이 종종 저가 시장 장악을 통해 성장의 발판을 구축한다.

셋째는 중저가 시장으로 주로 1급 도시의 중산층, 그리고 2, 3급 도시의 부유층이 이 시장의 주요 구매층이다. 소득 분포상 중국의 중산층을 형성하지만 선진국 기준으로는 중하위층 수준으로 최고 품질 및 브랜드보다는 적당한 가격에 적당한 품질과 기능을 가진 '적당품(good-enough product)'을 선호한다. 현재의 시장 규모뿐 아니라 향후 성장 잠재력 또한 가장 큰 시장이라 볼 수 있다.

(생략)

자료원 : 한국경제 2013.07

분시장간의 이질성을 적절히 나타내는 데 실패할 가능성이 높다. 예를 들면 현대자동차의 소나타는 비교적 중류층에 에쿠스는 고소득층에 소구하고 있다. 그러나 소나타와 같은 중형승용차도 가끔은 고소득층의 세컨드 카로 구매될 수 있다. 또한 미국의 경우 노동자층에서 비싼 TV를 구매하는 경우가 있는데 그 이유는 영화를 보러 가는 것보다 비용이 저렴하기 때문이라는 것이다.

■ **복합적 · 인구통계적 변수에 의한 시장세분화**

두 개 혹은 그 이상의 인구통계적 변수를 이용하여 시장을 세분할 수 있다. 어느 가구회사가 사전 조사를 기초로 세 개의 인구통계적 변수 즉 가장의 연령, 가족의 수, 소득수준의 세 가지 변수가 가장 중요하다는 것을 발견하였다. 그림 6.3은 이들 세 가지 변수에 의한 복합적 세분화의 결과를 보여주고 있다.

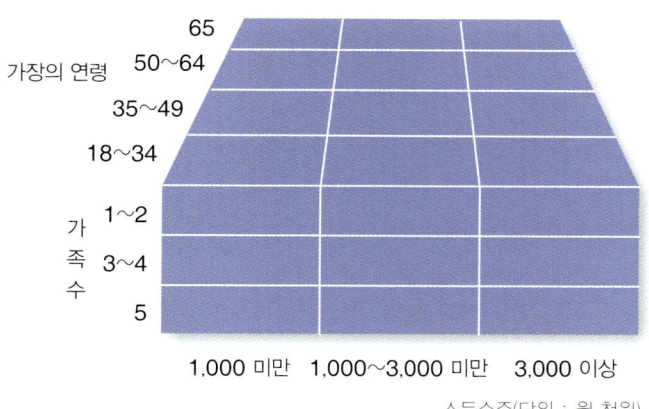

그림 6.3 복합적·인구통계적 변수에 의한 시장세분화의 예

즉 각 변수들을 네 가지, 세 가지, 세 가지로 구분하여 시장을 세분화하면 총 36개의 세분시장으로 나누어진다. 모든 가구는 이들 36개의 세분시장 중에서 어느 하나에 해당된다. 이와 같은 방법으로 시장을 세분화하여 각 세분시장에 속하는 가구의 수, 이들의 평균 구매횟수, 경쟁정도 등을 예측하면 각 세분시장에서 얻을 수 있는 이익의 규모를 측정할 수 있다. 오늘날 RFM(recency, frequency, monetary) 분석도구 등을 활용하여 복합적 변수에 의한 세분화방법이 많이 이용되고 있다.

> **RFM 분석**
> 구매의 최근성, 구매빈도, 구매액의 정도를 복합적으로 고려하여 세분시장을 찾는 방법

심리묘사 변수에 의한 세분화(psychographic segmentation)

심리적으로 시장을 세분하는 기준에는 사회계층, 라이프스타일, 그리고 개성이 있다. 같은 인구통계적 집단에 속한 사람들일지라도 심리적 변수에 의해서 다르게 묶일 수가 있기 때문에 심리적 변수에 의한 시장세분화는 중요하다. 심리적 변수들은 고객의 특성을 보다 구체적으로 파악할 수 있는 장점이 있으나, 앞서의 지리적 변수나 인구통계적 변수보다 상대적으로 모호한 개념을 다루므로 측정하기가 어렵다는 단점이 있다.

■ **사회계층**

사회계층은 소득, 직업, 재산, 교육수준 등이 반영된 복합적 개념으로서 상류층, 중류층, 하류층으로 구분되거나 더욱 세분화되기도 한다. 같은 인구통계적 집단에 속하는 사람들이라도 심리묘사적 특징에서 서로 상당히 다를 수 있다. 따라서 사회계층이 시장세분화의 기준으로 사용될 수 있는 것은 소비자들이 속해 있는 사회계층에 따라 자동차, 의류, 가구, 레저활동 등에 대한 선호에 큰 차이를 보이기 때문이다.

■ **라이프스타일**

라이프스타일이란 사람들이 살아가는 방식(a way of living)을 말한다. 이 생활양식

당당한 솔로, 유쾌한 싱글 라이프를 즐기다!

최근 통계청에 따르면 2009년 1인 가구수가 338만 가구로 13년 전에 비해 2배 이상 증가했다. 특히 20~40대 나홀로족은 이 가운데 30%로 100만 명을 넘어선 것으로 나타났다. 2020년이 되면 싱글족 가구는 전체 가구의 21.5%, 2030년엔 2인 이하 가구가 45%에 이를 전망이라고 예측했다. 즉 '한 집 건너 한 집' 꼴이 되는 것이다. 이들은 탄탄한 경제력을 갖추고 자신들만의 삶을 만끽하며 홀로 산다는 공통점을 갖고 있다. 그러다보니 이들은 구매력 또한 대단하다. 이에 따라 각각의 업체들은 싱글족을 겨냥한 상품들을 앞 다퉈 내놓으며 마케팅을 강화하고 있다.

조리보다 바로 먹기 요리도 간단하게 '간편 가정식'

개봉 후 바로 식사가 가능하거나 또는 간단한 조리만으로 외식을 즐기듯 맛있는 한 끼를 해결할 수 있는 이른바 '간편 가정식'이 큰 인기를 끌고 있다. 대형 마트는 물론 유명 외식업체에서도 앞 다퉈 선보이고 있는 간편 가정식은 나홀로 외식을 꺼려하는 싱글족에게 특히 반응이 뜨겁다. 부대찌개와 녹두삼계탕 등을 선보인 이마트는 전달대비 25%, 소갈비찜과 사골곰탕 등을 선보인 홈플러스는 30%의 매출 성장을 기록했을 정도다.

요렇게 작은 먹거리! 대형 할인마트의 '990원' 코너

이마트 등 주요 대형 할인마트에선 4인 가족을 기준으로 했던 이전의 포장용량을 반으로 줄여 싱글족의 식비 부담까지 가볍게 해 주는 이른바 '990원' 코너를 신설, 쏠쏠한 재미를 보고 있다. 주로 야채나 커피, 과자 등 싱글족이 즐겨 먹는 것들이 그 대상인데 필요할 때마다 먹을 만큼만 구입할 수 있어 편리

하다. 다양한 종류의 식품과 생활용품을 소포장을 통해 990원, 1990원, 2990원대의 저렴한 가격에 판매하고 있는 롯데슈퍼의 '마켓999'는 신촌 등 1인 가구들이 밀집한 역세권과 대학가를 중심으로 점포를 확장하며 큰 호응을 얻고 있기도 하다.

조금만 마시자 미니 맥주와 미니 콜라

제조업체에서도 1인 가구의 증가를 염두에 둔 소용량 제품들을 대거 출시했다. 하이트에선 250㎖의 미니 맥주를 출시해 꾸준한 매출 증가를 이루는가 하면 콜라와 와인 등도 기존의 2/3의 가량으로 용량을 줄인 미니 사이즈를 선보였다. 특히 여성 싱글족을 겨냥한 1/2 햇반이나 싱글 스팸, 1인분 김치 등은 합리적인 소비를 추구하는 이들의 니즈와도 잘 맞아떨어져 시장에서 좋은 반응을 얻고 있다.

깔끔하게 끝 1인용 전기밥솥과 미니정수기

갓 지은 따끈따끈한 밥이 가장 맛있는 건 누구나 마찬가지겠지만 싱글족에게 매번 새로 밥을 짓기란 여간 귀찮은 일이 아니다. 게다가 3~4인용의 전기밥솥으로는 1인분만큼 쌀과 물의 양을 맞추기도 힘들다. 이 같은 번거로움을 해결하기 위해 출시된 1인용 전기밥솥은 이제 싱글족에게 필수품이 되었다. 이뿐만이 아니다. 전자레인지와 정수기, 식기세척기, 냉장고까지 미니 사이즈가 등장했다. 최근엔 스타일리시한 싱글족을 타깃으로 옷의 구김과 냄새를 한 번에 해결해주는 고급 의류관리기도 선보였다. 이제 가전업계에서 '프리미엄 미니'는 주요 마케팅 전략으로 대두되고 있다.

자료원: 매일경제 2011. 8. 9. 머니투데이 2010. 7. 21

(lifestyle)에 따라 사람들이 필요로 하는 상품이나 서비스도 다르다. 사람들의 생활양식에 의한 세분화에는 AIO기법과 VALS2기법이 있다.

AIO기법은 사람들이 하는 활동(Activities), 관심(Interests), 의견(Opinions)으로 그 사람이 어떤 생활을 하는가를 파악하여 이에 의하여 비슷한 생활양식을 가진 사람끼리 묶는 기법이다.

표 6.2 AIO기법에 활용되는 변수들

활동(Activities)	관심(Interests)	의견(Opinions)
일	가족	자기 자신에 대한 의견
취미	가정	사회적 이슈
사회활동	직업	정치
휴가	지역사회	사업
오락	여가활동	경제
클럽회원활동	유행	교육
지역사회활동	음식	상품
쇼핑	대중매체	미래
스포츠	업적	문화

마지막으로 VALS(Values and Lifestyle Survey)는 스탠포드 연구소(SRI)에서 개발된 프로그램으로 소비자의 가치관과 라이프스타일에 따라 시장을 세분화하는 기법이다. 이 기법은 여러 가지 원천들과 동기들을 결합하여 분류된 집단들의 특성들을 보여주고 있다. 예를 들어, 자기표현(self-expression)세분화집단의 특성 중에는 최근 탄탄한 경제력을 기반으로 자신만의 삶을 추구하는 싱글 라이프족의 의미를 전하고 있다.

■ 개성

사람들의 개성(personality)은 크게 독선적, 사교적, 내성적, 권위적, 야심적 등으로 구분되어 시장세분화에 사용될 수 있다. 개성에 의한 세분화는 우리 회사의 제품과 유사한 경쟁제품이 많거나 소비자의 욕구가 다른 세분화 변수에 의해 크게 영향을 받지 않을 때 유용한 방법이다. 특히 의류, 담배, 화장품, 보험 또는 주류와 같은 상품에 많이 활용되는 기준으로서 소비자들의 개성 차이를 인식하고 그 차이에 따라 시장을 세분화하는 데 활용된다. 예를 들면 말보로 담배는 카우보이를 광고에 등장시킴으로써 힘과 강인한 남성상을 소구하여 성공을 거두었다.[1]

행동적 변수에 의한 시장세분화(behavioral segmentation)

지리적 변수, 인구통계적 변수와 심리적 변수뿐만 아니라 소비자 행동과 관련이 있는 변수들로도 시장을 세분화할 수 있다. 소비자를 세분화할 수 있는 행동적 변수로는 추구하는 편익, 사용량, 사용경험, 충성도 등이 있다.

■ 추구편익(Benefit Sought)

> **추구편익**
> 소비자가 제품을 소비하여 얻고자 하는 만족

추구편익은 소비자들이 제품을 소비하여 얻고자 하는 만족을 말한다. 손목시계를 차는 사람의 약 23%는 가격 싼 것을 찾고, 약46%는 품질과 내구성을 중요시하며, 31%는 중요한 때 과시하기 위해서라고 한다. 이 중 스위스의 시계회사들은 셋째 시장만 중시하여 비싸고 품위 있는 시계만을 생산하고 보석상에서만 시계를 팔도록 하였다. 반면 타이맥스는 첫째와 둘째 시장이 시계시장의 70%를 차지하는 것에 주목하여 값싸고 튼튼한 시계를 대량생산하여 잡화상과 약국을 통해 팔게 하였다. 그 결과 타이맥스는 미국뿐만 아니라 세계최대의 시계회사가 되었다.

치약시장 역시 추구하는 편익에 따라 몇 개의 세분시장으로 나누어 볼 수 있다. 경제성을 추구하는 시장, 치약의 향기와 용기의 그림을 추구하는 시장, 충치예방을 추구하는 시장, 치아를 희게 보이기를 추구하는 시장 등으로 나누어 볼 수 있다[2] (표 6.3 참조).

표 6.3 치약시장의 추구효익 세분화

추구편익	산뜻한 맛	빛나는 치아	충치예방	저가격
인구통계적 특성	어린이	청소년과 젊은 층	대가족	남자
특별한 행동적 특성	향기치약 사용	흡연자	대량사용자	대량사용자
선호상표	Colgate Aim	Aqua-Fresh Ultra Birte	Crest	세일하는 상표
개성	높은 자기관여	사교적	우울한 성격	자율성이 강함
라이프스타일	쾌락적	활동적	보수적	가치지향적

■ 사용량(Usage Rate)

시장은 소량, 보통, 대량 사용자집단으로 세분화되어 질 수 있다. 사용량이 세분화의 기준으로 사용되는 이유는 대량소비자들이 수는 적지만 총 구매량의 많은 부분을 차지하기 때문이다. 미국 맥주시장의 경우는 20%의 다량소비자가 전체 소비량의 80%를 마신다고 한다. 이와 같은 20대80의 법칙은 여러 시장에서 발견될 수 있다.

■ 사용경험(User Status)

고객계층은 제품에 대한 사용경험이 없는 소비자, 사용경험은 있지만 현재는 사용하지 않는 소비자, 향후에 잠재적으로 사용할 가능성이 있는 사용자, 처음으로 구매하여 사용하고 있는 소비자, 규칙적으로 사용하고 있는 소비자 등으로 나누어 질 수 있다. 기업은 소비자의 사용경험 상태에 따라 차별적인 마케팅전략을 수행할 수 있는데 사용경험이 전혀 없는 소비자들과 향후 잠재적으로 사용할 가능성이 있는 소비자들에게 우리 회사 제품을 시용(trial)해 보도록 하는 마케팅전략을 실행할 수 있다. 수퍼마켓에서의 시식코너가 이와 같은 취지에서 하는 마케팅활동이라고 할 수 있다. 한편 우리 회사 제품을 규칙적으로 사용하는 소비자들에게는 다른 회사 제품으로 전환하는 것을 막기 위한 소비자관리 등의 마케팅활동이 요구되어 진다.

■ **상표충성도(Brand Loyalty)**

상표충성도란 어떤 특정 상표를 일관성 있게 선호하는 정도를 말하며, 어느 상품에 대해서든지 그 시장은 서로 다른 충성도를 보이는 소비자들로 구성된다. 소비자들은 상표(현대), 점포(현대백화점), 그리고 제조회사(현대자동차)에 대하여 충성도를 가질 수 있으며 이러한 소비자들의 충성도에 따라 시장을 세분화할 수 있다. 상표충성도에 따른 시장세분화는 세 가지 유형이 있다. 첫 번째 유형은 항상 동일한 한 가지 상표를 구입하여 특정 상표에 대하여 매우 높은 충성도를 보이는 소비자집단이다. 두 번째 유형은 어떤 상품에 대하여 두세 개 정도의 상표에 대하여 충성도를 가지고 있어 가끔은 다른 상표를 구입하기도 하지만 전반적으로 하나의 특정상표를 선호하는 충성도가 약간 높은 소비자집단이다. 세 번째 유형은 전혀 충성도가 없는 경우로서 매번 구입할 때마다 다른 상표를 구입하기를 원하거나 할인된 가격의 상표 위주로 구입하는 소비자집단이다.

상표충성도가 고객을 차별적으로 관리한다는 차원에서 유용하기도 하지만, 때에 따라서는 신중을 기할 필요도 있다. 소비자의 상표충성도가 높다고 해서 그 소비자가 그 상표를 진정으로 좋아하는 것이라고 할 수는 없기 때문이다. 특정 상표에 대하여 충성도가 높게 나타나는 것이 습관적인 행동일수도 있고, 상표 간에 차이가 없다는 소비자의 판단에 기인한 것일 수도 있으며, 낮은 가격 때문일 수도 있고, 유통 상의 문제로 다른 브랜드를 구입할 수 없기 때문일 수도 있기 때문이다.

표적시장의 선정은 STP전략의 단계에서 시장세분화 기준이 결정되고, 이 기준에 따라 시장을 몇 개의 세분시장으로 나누고, 각 세분시장의 특성을 여러 변수들을 사용하여 정밀하게 기술한 다음 기업이 진입할 세분시장을 선정하는 단계이다. 특히 이 단계에서는 각 세분시장의 매력도를 평가하여 어떤 세분시장을 선정해야 할 것인가를 분석하게 된다.

> **상표충성도**
> 특정 상표를 일관성 있게 선호하는 정도

3 표적시장의 선정

3.1 세분시장의 평가

어떤 세분시장을 표적시장으로 선정할 것인지를 결정하기 위해서는 먼저 각 세분시장을 세분시장의 규모와 성장률, 세분시장의 구조, 기업의 목표와 자원 같은 기준들에 의해 평가해야 한다.

1) 세분시장의 규모와 성장률

표적시장으로 선정되기 위해서는 해당 세분시장이 객관적으로 보아 매력이 있는 시장이어야 한다. 즉, 세분시장이 충분한 규모와 높은 성장률을 보일 때 그 세분시장은 매력적이라고 할 수 있다. 그러나 큰 시장규모와 높은 시장성장률이 항상 매력적인 것은 아니다.

큰 규모의 시장을 감당하기에 기술이나 자원이 부족한 기업은 오히려 그 회사가 감당할 수 있는 적절한 크기의 시장을 선호할 것이다. 높은 시장성장률은 치열한 경쟁을 가져 올 수 있다. 마찬가지로 소규모의 기업은 잠재적으로 높은 수익률을 얻을 수 있는 보다 작고 덜 빠르게 성장하는 세분시장을 표적으로 선정할 수 있다.

2) 세분시장의 구조

세분시장의 규모와 성장률에 대한 평가를 마쳤다고 해도 기업은 세분시장의 매력도에 영향을 주는 요인들을 고려해야 한다. 고려해야 될 구조적 요인 중 가장 중요한 것은 경쟁상황이다. 해당 세분시장에 강하고 공격적인 경쟁자가 많다고 판단되면 그 세분시장은 매력적이지 못하다. 또한 경쟁상황 요인 못지않게 중요한 것은 대체상품의 위협이다. 한때 급성장을 보였던 삐삐라는 무선호출기와 씨티폰은 PCS휴대폰에 의해서 완전히 대체되었고, 오늘날 스마트폰의 출현은 유사한 기능을 발휘하는 다른 제품들에게 심각한 위협으로 다가오고 있다. 다음으로 기업은 구매자들이 판매자에 대하여 가지는 교섭력을 고려해야 한다. 구매자의 교섭력이 판매자에 비하여 월등히 높다면 그 시장은 매력적이지 못할 것이다. 끝으로, 기업은 공급자의 교섭력도 고려해야 한다. 공급자가 제품의 질이나 가격, 서비스 등을 마음대로 할 수 있을 정도로 큰 교섭력을 가지고 있다면 그 시장은 덜 매력적일 것이다.

3) 기업의 목표와 자원

표적시장을 선정하기 전에 기업은 세분시장과 관련된 회사의 목표와 자원을 고려해야 한다. 세분시장이 매력적이라 할지라도 기업의 주요 목표와 부합되지 않는다면 기업은 그 시장으로의 진입을 자제해야 할 것이다. 중소기업이 주력하는 분야에 대기업이 뛰어든다면 "문어발식 확장"이라는 사회 여론의 비난을 받을 우려가 있다.

또한 주어진 세분시장이 기업의 목표에 부합된다면 기업은 그 시장에서 성공할 수 있는 기술과 자원이 있는지를 평가해 보아야 한다. 시장이 매력적으로 보인다고 해서 기업의 역량을 넘어서는 시장에 무조건 참여할 수는 없기 때문이다. 기업은 그 시장에서 성공할 수 있는 요건을 갖추었을 때 표적시장으로 선정해야 한다.

3.2 표적시장의 선정

각 세분시장에 대한 평가가 끝났다면, 기업은 몇 개의 세분시장에 진출할 것인지와 어느 세분시장을 공략할 것인지를 결정해야 한다. 이를 표적시장(target market)이라 하는데 이는 기업이 서브하려고 결정한 공통적인 욕구와 특성을 지닌 소비자 집단을 말한다. 기업이 선택할 수 있는 표적 시장의 선정 전략은 비차별화 마케팅, 차별화 마케팅, 그리고 집중화 마케팅의 세 가지 전략이 있다 (그림 6.4 참조).

> **표적시장**
> 기업이 공략하려고 결정한 공통적인 욕구와 특성을 지닌 소비자 집단

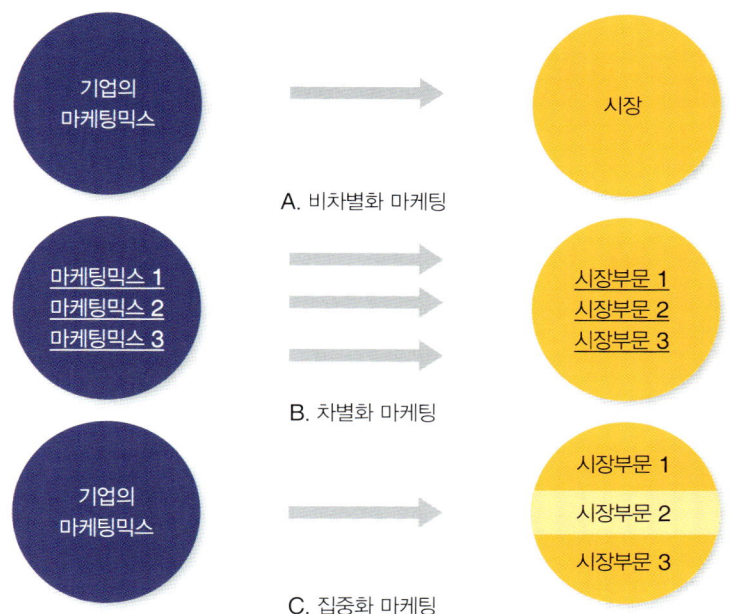

그림 6.4 세 가지 시장커버리지 전략

1) 비차별화 마케팅(undifferentiated marketing)

비차별화 마케팅전략은 각 세분시장 간의 차이를 무시하고 하나의 제품으로 전체시장을 공략하는 전략이다. 이 전략은 소비자들 사이의 공통점에 초점을 맞추어 하나의 상품과 하나의 마케팅 프로그램으로 시장을 공략한다. 농심의 새우깡은 시장을 세분화하지 않고 남녀노소 모든 소비자를 대상으로 판매하는 것이 이 전략에 해당된다고 할 수 있다. 비차별화 마케팅전략을 채택하게 되면 생산라인이 단순하게 되어 생산비용, 재고관리비용, 유통비용 등이 절감되게 된다. 또한 광고 프로그램도 여러 개를 개발할 필요가 없기 때문에 광고비용도 절감되며, 세분시장에 대한 조사와 기획의 필요성이 없기 때문에 마케팅조사비용이 절약될 수 있다.

그러나 단일 마케팅믹스로 다양한 소비자의 욕구를 충족시키기란 매우 어려우며, 이러한 틈을 경쟁자가 파고들면 시장을 빼앗길 위험이 있다. 그러므로 비차별화 마케팅 전략은 소비자들 사이에 욕구의 차이가 그다지 크지 않고 단일 마케팅 믹스의 사용으로 인한 비용절감 효과가 아주 클 때 채택하는 것이 바람직하다.

비차별화 마케팅
각 세분시장 간의 차이를 무시하고 하나의 제품으로 전체시장을 공략하는 전략

2) 차별화 마케팅(differentiated marketing)

차별화 마케팅전략은 기업이 여러 개의 표적시장을 선정하고 각각의 표적시장에 적합한 마케팅전략을 개발하여 활용하는 전략이다. 따라서 이 전략을 채택한 기업은 각 세분시장에서 더 많은 판매고를 올리면서 당해 제품과 회사의 이미지를 강화하려고 노력한다. 최근에 와서 차별화 마케팅전략을 채택하는 기업의 수가 증가하고 있다. 코카콜라사도 현재에는 상이한 기호에 맞추어 다양한 제품을 생산하고 있으며, 현대자동차도 경차, 소형차, 준중형, 중형, 대형 등 여러 시장들을 겨냥한 차별화 전략을 구사하고 있다.

차별화 마케팅전략을 쓰면 전체적인 소비자의 만족도도 올라가므로 매출액도 비차별화

차별화 마케팅
여러 개의 표적시장을 선정하고 각각의 표적시장에 적합한 마케팅전략을 개발하여 활용하는 전략

성공적인 집중화 전략: 유닉스 전자

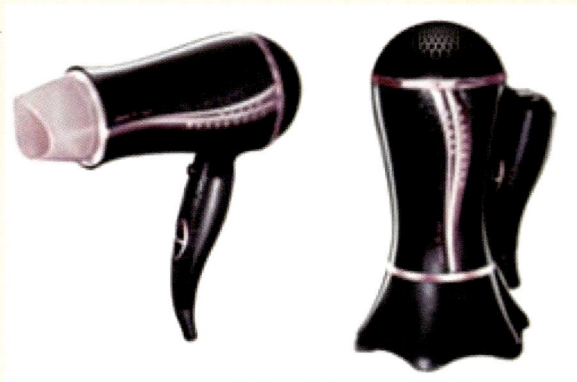

지난 78년 창사 이래 단 한 번의 적자도 기록하지 않은 것으로 유명한 유닉스전자는 세계적인 경제위기에도 불구하고 헤어드라이어 한 아이템만으로 매년 100% 이상의 수출 성과를 달성하고 있다. 현재는 미국의 '콘에어', 프랑스의 '파룩스'에 이어 헤어드라이어 업계 세계 3위, 세계시장 점유율 25%의 지위를 차지하고 있는 글로벌 기업이다.

유닉스전자는 수출대상국만 해도 전 세계 68개국에 달한다. 미국, 캐나다, 브라질, 멕시코와 유럽, 중동 등 전 세계 각국에 제품을 내보내고 있어, 수출국 숫자만 따져도 여느 대기업에 뒤지지 않는다. 유닉스전자가 세계적인 브랜드 기업으로 성장할 수 있었던 요인은 품질의 우수성 덕택이다.

유닉스전자는 미국 전기안전인증청으로부터 국내 소형가전업체 처음으로 드라이기, 머리 인두기에 대한 'UL 인증'을 획득했으며, 지난 2004년과 2005년에는 미국의 헤어 디자이너 7만 5,000명이 선정한 '베스트 오브 베스트 이미용기기'로 선정된 바 있다. 이 후 세계적인 명성에 힘입어 2006년 8월 미국의 유명 헐리웃 스타인 패리스 힐튼과 공동으로 '패리스 힐튼 라인' 헤어드라이기를 선보이기도 했다. 아울러 2006년 10월 러시아 최대 유통업체인 '테크노실라'와 전략적 업무협약을 통해 유닉스전자의 대표적인 헤어기구 라인인 잇츠매직 시리즈, 젊은층을 겨냥한 X-1 시리즈 등을 선보였다. 이는 특히 OEM(주문자상표부착) 방식이 아니라 '유닉스(UNIX)' 자체 브랜드로 이뤄진 해외시장 진출이었다는 점에서 의미가 크다.

이충구 유닉스전자 회장은 "해외에서는 미국시장의 성공에 이어 러시아를 제2의 성공거점으로 활용할 예정"이라며 "러시아는 물론 동유럽과 중동 등에서 지속적으로 수요가 늘고 있어 올해에는 400만 달러 수출을 목표로 하고 있다"고 말했다.

자료원: 한국경제, 2009. 5. 3

전략을 사용할 때보다 늘어나게 된다. 그러나 여러 개의 마케팅믹스를 운영하므로 제품의 생산비, 관리비, 재고비, 광고비 등이 많이 늘어나게 된다. 따라서 차별화 마케팅전략은 비용의 증가보다 매출액의 상승이 훨씬 더 커서 전체적인 수익률이 향상될 것으로 예상될 때 바람직하다.

3) 집중화 마케팅(concentrated marketing)

> **집중화 마케팅**
> 큰 시장보다 정선된 소수의 시장에서 높은 시장 점유율을 누리기 위한 전략

집중화 마케팅 전략은 기업의 자원이 제한되어 있을 경우에 주로 사용하는 전략으로서 큰 시장에서 고전하는 것보다는 정선된 소수의 시장에서 높은 시장 점유율을 누리기 위한 전략이다. 이 전략은 소수의 세분시장에 전력을 다하므로 그 시장의 소비자들의 욕구를 매우 잘 알고 있기 때문에 그 시장 내에서 강력한 위치를 구축할 수 있다. 또한 소수의 세분시장에 집중하기 때문에 생산, 유통, 광고 등에서 비용을 절감할 수 있다.

그러나 소수의 시장에만 의존하기 때문에 그 시장의 기호가 변화하면 더 이상 그 시장은 시장을 갖지 못하게 된다. 또한 강력한 경쟁자가 들어오면 매우 위험하다고 할 수 있

다. 이러한 이유 때문에 대부분의 기업들은 하나의 세분시장을 선정하여 집중하기보다는 몇 개의 세분시장에 집중하여 위험을 분산시키고자 한다.

3.3 시장커버리지 전략의 선택

이상에서 세 가지 표적시장의 선정 전략들을 살펴보았다. 그렇다면 어떤 마케팅전략을 사용해야 하는가에 대한 의문이 남게 된다. 세분시장을 공략하기 위한 표적마케팅전략을 선정하기 위해서는 다음의 요인들을 고려해야 한다.

- 기업의 자원이다. 기업의 자원이 제한되어 있는 경우에는 집중화 마케팅전략이 바람직하다.
- 제품의 동질성이다. 쌀이나 소금같이 제품의 질이 어느 정도 균일한 제품의 경우에는 비차별적 마케팅이 바람직하다. 이와는 대조적으로 자동차, 가전제품과 같이 제품이 다양하거나 차별화할 여지가 많을 때는 차별화 마케팅전략이나 집중화 마케팅전략이 바람직하다.
- 제품수명주기이다. 새로운 제품을 시장에 처음 도입할 때는 한 가지 모델만을 내놓는 것이 바람직하므로 비차별 또는 집중화 마케팅전략이 바람직하다. 그러나 제품이 성숙기에 접어들면 차별화 마케팅전략을 고려할 수도 있다.
- 시장의 동질성이다. 고객의 취향과 구매량이 비슷하고 기업의 다양한 마케팅믹스에 대해서 비슷한 반응을 보인다면 비차별화 전략이 바람직하다.
- 경쟁사의 마케팅 전략이다. 경쟁사가 비차별화 마케팅전략을 구사하고 있다면 기업은 차별 또는 집중화 마케팅전략을 사용하여 유리한 위치를 점할 수 있다. 이와는 반대로 경쟁사가 차별화 마케팅전략을 수행할 때 비차별화 마케팅전략을 수행한다면 큰 낭패를 볼 수 있다.

4 포지셔닝 전략

4.1 포지셔닝의 개념

제품 포지션(product position)은 특정제품이 경쟁제품에 비해서 특정속성에 대하여 소비자들의 마음속에서 차지하고 있는 상대적 위치를 말한다. 예를 들면 미국시장에서 현대자동차는 경제적인 자동차로, 벤츠나 BMW는 고급차로 소비자들의 마음속에 위치하고 있는 것과 같다. 마케팅관리자가 여러 세분시장 중에서 표적시장을 선정하고, 그 시장 내에서 효과적인 마케팅활동을 수행하고자 할 때에는 자사제품이 경쟁제품과는 다른 차별적 속성을 보유하여 소비자의 욕구를 보다 잘 충족시켜 줄 수 있다는 인식을 소비자에게

> **제품 포지셔닝**
> 자사제품이 경쟁제품과는 다른 차별적 속성으로 소비자의 욕구를 잘 충족시켜 줄 수 있다고 인식시켜주는 마케팅노력

인식이 사실을 초월한다

수 년전 미국에서 발모촉진제인 '로게인'에 대한 시장조사의 일환으로 머리가 벗겨진 사람들을 실험대상으로 모집했다. 한 집단에게는 로게인을, 다른 집단에게는 플라시보(placebo, 심리테스트용 가짜약)를 제공하였다. 3주 동안 머리에 약물을 규칙적으로 바르고 그 결과를 보고하게 했다. 로게인을 처방받은 사람들은 머리카락이 자란다는 기쁨에 넘친 보고를 해왔다. 그런데 놀라운 것은 플라시보를 받은 집단도 머리카락이 자라났다고 보고한 것이었다. 플라시보 집단에게는 로게인이 아니라 물과 인공색소, 향, 레놀린을 혼합한 것이었는데 말이다. 사람들은 자신이 인식하는 바를 믿는다. 그것이 사실이든 사실이 아니든 그 사람의 신념을 굽힐 수는 없다.

심어 주어야 하는데 이러한 노력을 제품 포지셔닝(product positioning)이라고 한다.

오늘날 소비자들은 제품과 서비스에 대하여 정보포화상태에 직면하여 있다. 따라서 그들은 구매의사결정을 내릴 때마다 제품을 재평가할 수 없기 때문에 구매의사결정과정을 단순화시키기 위하여 제품을 몇 가지 범주로 분류하고 이를 기반으로 판단과 의사결정을 시도한다. 따라서 소비자 마음속에서의 특정 제품의 위치는 경쟁제품에 비하여 소비자들이 지니고 있는 지각, 인상, 그리고 느낌의 복합체라고 할 수 있다. 소비자들은 마케팅관리자들의 마케팅노력과는 관계없이 제품에 대하여 포지셔닝하고 있지만, 마케팅관리자들은 자사제품의 위치를 소비자에게 맡기지 않고 경쟁적 우위를 확보할 수 있는 위치로 이동시키려고 끊임없이 노력하고 있다. 특히, 포지셔닝에 대한 결정은 표적시장과 경쟁요소를 확인하고 자사 제품과의 공통점들과 차별점들을 잘 정의하여 의사소통해야 한다.

4.2 포지셔닝 전략수립의 절차

포지셔닝은 우리 회사 제품이 갖는 경쟁우위를 파악해서 효과적인 포지셔닝을 개발한 후 이러한 포지셔닝이 제대로 정립되었는지 확인하고 수정하는 재포지셔닝의 단계를 거친다. 포지셔닝의 절차는 기업의 여건에 따라서 다르겠지만 일반적인 절차는 그림 6.5와 같다.

그림 6.5 포지셔닝의 절차

1) 소비자 분석

앞에서도 설명한 것처럼 포지셔닝 전략이란 경쟁제품에 비하여 소비자의 욕구를 보다 잘 충족시켜 줄 수 있다는 상대적 인식을 심어주는 데 목적이 있기 때문에 소비자들의 욕구를 명확히 이해하여야 한다. 또한 소비자들이 여러 상표들을 비교·평가하기 위하여 이용하고 있는 평가기준 혹은 중요한 속성들을 명확히 파악하여야 한다.

2) 경쟁자의 확인

포지셔닝이란 경쟁제품에 대한 우리 회사 제품의 위치를 결정하는 것이기 때문에 효과적인 포지셔닝이 되기 위해서는 먼저 경쟁제품들을 확인해야 한다. 경쟁제품을 확인할 때는 직접적인 경쟁관계에 있는 브랜드뿐만 아니라 보다 폭 넓게 간접적으로 경쟁이 될 수 있는 브랜드나 제품까지도 고려하는 것이 바람직하다. 이는 경쟁제품의 결정이 표적시장의 범위를 어떻게 결정하느냐와 밀접한 관련이 있기 때문이다. 예를 들어 다이어트 코크(Diet Coke)의 표적시장 범위를 다이어트 콜라(diet cola)시장, 콜라시장, 청량음료시장, 나아가서 전체 음료시장 등으로 표적시장을 설정할 수 있는데 표적시장의 범위가 넓어질수록 경쟁제품의 숫자가 많아지게 된다.

3) 경쟁제품의 포지션 분석

경쟁제품이 확인되면 소비자들이 대안을 평가할 때 중요하게 고려하는 속성들에 따라서 경쟁제품이 어떻게 포지션 되어 있는지 그리고 전반적인 이미지는 어떤지를 조사하여야 한다. 예를 들어 분말세제시장에서 LG생활건강의 슈퍼타이, 테크, 애경의 스파크, CJ의 비트 등이 세탁력, 피부보호, 그리고 환경보호 등의 속성에서 소비자의 마음속에서 어떻게 평가되고 있는지를 파악하여야 한다. 이때 만약 소비자들이 중요시 하는 특정 속성에서 기존 제품들이 긍정적으로 평가받는 상표가 없다면 이는 새로운 기회를 의미한다.

4) 자사제품의 포지셔닝 개발

지피지기백전불태(知彼知己百戰不殆)란 말처럼 경쟁에서 우위를 차지할 수 있는 효과적인 포지셔닝 전략을 수립하기 위해서는 경쟁제품의 포지션뿐만 아니라 자사제품에 대하여 구매자들이 어떻게 지각하고 있는가를 파악해야 한다. 이를 통하여 마케팅관리자는 구매자의 마음속에 자사제품이 차지하기를 원하는 위치를 발견할 수 있다. 즉, 소비자분석과 경쟁자분석으로부터 자사가 경쟁적 우위를 차지할 수 있는 포지셔닝 개념(positioning concept)을 개발하여야 한다.

이때 기업의 포지셔닝 개념의 결정은 자사제품과의 차별점(point of difference: POD)과 공통점(point of parity: POP)을 명확히 하는 관점에서 이루어져야 한다. 그 이유는 표적시장의 결정은 경쟁적인 준거의 틀을 결정하는 중요한 요인이며, 이 같은 준거틀에 의해 포지셔닝에 대한 경쟁의 본질을 정의할 수 있기 때문이다. 따라서 마케팅관리자는 표적시장과 경쟁제품의 포지션을 분석한 후 이에 적절한 차별점과 공통점을 정의할 수 있다.

차별점(POD)은 소비자들이 어떤 특정 브랜드와 관련하여 경쟁브랜드에서는 발견할 수 없는 차별적이고 긍정적인 속성이나 편익의 연상을 말한다. 일반적으로 기업들이 강력

> **차별점(POD)**
> 어떤 특정 브랜드와 관련하여 경쟁브랜드에서는 발견할 수 없는 차별적이고 긍정적인 속성이나 편익의 연상

하고 독특하며 우호적 관련성을 갖는 브랜드를 창출하는 것은 매우 어려운 문제이기도 하지만 경쟁적 포지셔닝을 구축하는 관점에서는 꼭 필요한 일이다. 스웨덴의 소매상인 이케아(IKEA)의 경우 고급 가정용 가구용품을 취급하되 합리적 가격으로 경쟁제품들과의 다름을 인식시키기 위해 소비자 스스로 구매, 배송, 조립하게 함으로써 시장에서 확실한 차별점을 구축할 수 있었다.

> **공통점(POP)**
> 특정 브랜드에 대해 반드시 독특하지는 않지만 다른 브랜드들과 공유하는 속성이나 편익의 연상

그러나 포지셔닝 전략을 수립하고 실행할 때 적절한 차별점을 찾아내는 것도 중요하지만 더 중요한 것은 특정 브랜드가 해당 제품군에서 경쟁자들과 최소한 동등한 속성과 편익을 제공한다는 믿음 즉 '공통점에 대한 인내나 수용의 영역'을 확보해야 한다. 이를 공통점(POP)이라 하는데 특정 브랜드에 대해 반드시 독특하지는 않지만 다른 브랜드들과 공유하는 속성이나 편익의 연상정도를 말한다. 예를 들어, 웰빙 또는 다이어트 이용자들에게 선호되는 저지방 우유는 초기에 고소한 맛을 내는 지방함량을 단순히 줄이다보니, 우유 본래의 부드럽고 고소한 맛이 사라져 소비자들에게 밋밋하다는 인식을 심어주었다. 따라서 경쟁적 위치를 차지하기 위해서는 저지방 우유가 일반 우유보다 약간 맛이 없더라도 일반 우유들과의 맛에 대한 차이는 별로 없다는 믿음을 줄 필요가 있었다. 따라서 우유 회사들은 지방함량을 줄였으나 우유 본연의 고소한 맛을 살리거나 비타민과 철분을 배합하는 등 맛과 영양성을 강화한 신제품을 내놓게 되었다. 포지셔닝 개념의 핵심은 차이점을 강조하는게 아니라 공통점을 먼저 구축하는 것임을 명심할 필요가 있다.

5) 포지셔닝의 실행

포지셔닝 개념에 따라 제품을 개발하고 제품믹스를 결정한다. 자사제품이 경쟁제품에 비하여 차별적 특성을 가지고 있더라도 중요한 점은 소비자가 그렇다고 인식하는 것이다. 따라서 마케팅관리자는 기업이 원하는 위치에 포지셔닝 되도록 마케팅믹스 요소를 최대한 활용하여 인식을 심어줄 필요가 있다.

6) 포지션의 확인과 재포지셔닝

자사 제품의 포지셔닝이 결정되고 그에 따라 차별화 전략이 수행된 이후에도 지속적으로 자사 제품이 목표로 한 위치에 제대로 포지셔닝이 되어 있는지 확인해야 한다. 소비의 욕구와 경쟁은 시간에 따라 지속적으로 변화되므로 마케팅관리자는 지속적인 조사를 통하여 자사 제품이 제대로 포지셔닝이 되었는지를 확인해야 한다. 초기에는 적절한 포지셔닝이었다고 할지라도 환경의 변화 때문에 기존의 포지셔닝이 적절하지 않은 포지셔닝으로 바뀔 수도 있기 때문이다. 또한 초기에 적절한 포지셔닝으로 성공했다 하더라도 경쟁회사 제품과 자사 제품과의 포지셔닝이 변화되는 것을 파악하지 못하면 볼보와 같이 낭패를 볼 수도 있다. 효과적인 포지셔닝의 확인과 재포지셔닝을 위해서 마케팅관리자는 자사 제품들과 경쟁 회사제품들의 포지셔닝 분석을 지속적으로 실시해야 한다.

안전성이라는 포지셔닝으로 성공했던 볼보의 몰락

볼보는 안전한 차라고 포지셔닝 함으로써 차별화에 성공하였다. 볼보는 모듈 제작이나 측면 에어백, 야간조명과 같은 안전을 향상시키는 많은 아이디어를 냈고, 소비자들에게 볼보는 안전한 차라는 인식을 깊게 심어왔다. 그러나 안타깝게도 컨버터블이나 쿠페처럼 안전과는 거리가 먼 개념을 개발하느라 안전에서의 유리한 포지셔닝을 유지하기 위한 아이디어를 계속 개발해내는 데는 게을리 하였다. 그 동안 일본자동차회사들은 계속해서 새로운 기술의 안전장치를 선보였고 볼보는 이들 일본자동차들에게 시장을 급속히 빼앗겼다.

4.3 포지셔닝의 유형

기업이 자사 제품을 포지셔닝 할 수 있는 방법에는 여러 가지 있는데 대체로 다음과 같이 분류할 수 있다.

1) 속성에 의한 포지셔닝

이는 자사제품이 경쟁제품과 비교하여 차별적 속성, 특징을 가지고 있어서 차별화된 효익을 제공하고 있다는 인식을 심어주려는 전략이다. 엘지전자의 트롬 트윈워시 세탁기는 두 가지 빨래를 나눠서 동시에 세탁하는 점을 소구하고, 삼성전자는 세탁 중간에 세탁물을 추가할 수 있는 애드워시 기능을 소구하는 것이 차별적 속성을 이용한 포지셔닝으로 볼 수 있다. 한편 브렌닥스 치약은 충치예방능력을 강조하고, 페리오닥터는 치석제거를 강조하였으며, 클로즈업치약은 입냄새제거 치약으로 포지션 하였다.

LG 트롬 트윈워시

2) 이미지 포지셔닝

이미지 포지셔닝은 제품이 지니고 있는 추상적인 효익으로 소구하는 포지셔닝이다. 예를 들어 동서식품은 "커피 한 잔이 주는 여유와 행복" "커피의 명작 맥심"과 같은 광고문구로서 사색적이며 고급스러운 이미지로 포지션 하였다. 또한 제네시스는 어느 각도에서 봐도 잘 생기고 아름다운 모습을 전달하기 위해 "하루 일과에서 GENESIS G80과 함께한 인상적인 순간"을 테마로 외장컬러의 다양한 매력을 포지션 하였다. 이미지 포지셔닝은 대개 고급패션의류, 화장품, 보석, 중형차 등을 포지셔닝 하는데 많이 이용되고 있으며, 고급제품이 주는 이미지에 의하여 자아이미지를 향상시키고자 하는 소비자심리에 소구하는 방법이다.

GENESIS G80

피죤 액츠

3) 사용상황에 의한 포지셔닝

이 방법은 제품의 적절한 사용상황을 묘사 또는 제시함으로써 포지셔닝하는 것이다. 게토레이는 운동 후의 갈증해소용으로, 무궁화의 브라이트는 집들이용으로, 피죤의 액츠(Actz)가 빨래의 대명사인 것처럼 지속적으로 소구하고 있는 것이 좋은 예이다. 또한 콜라가 한국의 전통음식에도 어울린다는 점을 강조하기 위하여 빈대떡, 불고기 등과 같이 제시하고 있는 광고도 사용상황을 확대하여 매출액을 늘리려는 전략이라고 할 수 있다.

4) 제품사용자에 의한 포지셔닝

이 방법은 소구하는 제품이 특정한 소비자 계층이나 집단에 적절하다고 포지셔닝하는 방법이다. 예를 들어 필립 모리스의 말보로 담배는 카우보이를 광고모델로 등장시켜 야성적인 남성미에 소구하고 있고, 버지니아 슬림은 여성을 모델로 제시하여 여성용 담배로 소구하고 있다.

필립모리스 말보로 담배

5) 경쟁제품에 의한 포지셔닝

이 방법은 소비자의 지각 속에 자리 잡고 있는 경쟁제품과 명시적 또는 묵시적으로 비교함으로써 자사제품의 효익을 강조하는 방법으로 오래전부터 비교 광고가 허용되고 있는 미국에서 많이 사용되고 있다. 미국 렌터카 시장의 2위기업인 에이비스(Avis)사의 "우리는 2등입니다. 그래서 더욱 열심히 노력하고 있습니다."라는 광고문안이나, 맥도널드 보다 더 크고 맛있는 버거킹의 광고 그리고 펩시의 인기가 바닥이 닳을 정도로 높다는 소구 등이 대표적인 경쟁제품에 의한 포지셔닝이라고 할 수 있다.

좌로부터 버거킹, 펩시광고

알레르망, 고품격 차별화된 마케팅으로 2017년 침구 업계 1위 입지 굳혀

국내 기능성 침구 선도브랜드 알레르망 (㈜이덕아이앤씨. 대표이사 김종운)이 금융감독원 공시기준으로 2017년에 약 1069억원의 매출액을 달성하며 명실상부 침구 업계 1위로서의 입지를 단단히 굳혔다고 4일 밝혔다. 알레르망은 탄탄한 기술력과 우수한 품질을 바탕으로 고급화된 침구를 선보이며 꾸준한 성장을 거듭했다. 뛰어난 품질로 소비자들을 사로잡은 알레르망은 기업 성과가 치솟아 2016년부터는 단독 브랜드 매출만으로 1천억원 이상을 기록했으며, 올해 역시 1천억원이 훌쩍 넘는 매출 성과를 달성하며 큰 반향을 일으켰다.

이번 1위 달성은 '알레르망'의 브랜드 철학을 입증했다는 점에서 더욱 의미가 있다. 타 침구업계들의 경우 자매 브랜드를 론칭하며 사업을 다각화해왔다. 하지만 알레르망은 알레르기를 방지하는 '먼지 없는 이불'이라는 본질에 충실하며 자회사 설립보다는 기존 제품의 품질을 높이는데 집중하면서 고급화 브랜딩 전략을 추진해왔고 그 노력이 공시 기준 업계 전체 매출액 1위 성과로 이어지며 그 가치를 인정받았다.

이러한 알레르망의 성장을 이끈 근본적인 힘은 신기술을 활용한 뛰어난 제품이다. 알레르망은 먼지. 집 먼지진드기 등 알레르기 유발물질을 원천적으로 차단하는 고유 원단 '알러지 X-커버'를 사용한 고급 침구로 재구매율이 80%에 달할 정도로 큰 인기를 끌었다. 2010년대에 들어서며 강남권을 중심으로 입소문 나며 빠르게 성장했고, 2012년에는 업계 최초로 톱스타 모델을 기용해 TV 광고 및 적극적인 마케팅활동을 전개하며 빠른 속도로 매출을 증대해 나갔다. 쾌속 성장을 이어오며 2017년도에는 매출액 천억을 달성해, 중소벤처기업부로부터 천억 클럽 가입 트로피를 수여 받는 쾌거를 이뤘다.

알레르망은 기존의 고급스러운 이미지에 젊은 활기를 더하며 침구 업계 1위로서의 브랜드 가치를 확장해 나갈 방침이다. 이를 위해 지난 2월 글로벌한 인지도에 우아한 건강미까지 두루 갖춘 배우 '박신혜'를 브랜드의 새 얼굴로 맞이하며 2030 젊은 고객층의 마음까지 사로잡고 있다. 알레르망 관계자는 "가치에 투자하는 소비 트렌드가 확산되며 오로지 기능성 침구의 본질에 충실해온 알레르망의 진심을 고객들이 공감해주신 덕분에 침구 업계 1위라는 성과를 달성했다"라며 "앞으로 기술 및 신제품 개발, 모델 박신혜씨와 함께하는 마케팅 등으로 꾸준한 성장을 이어가는 기업이 되겠다."고 말했다.

한편, 알레르망은 성장과 함께 꾸준한 사회 공헌 활동으로도 기업의 의무를 다하고 있다. 지난해 3월에는 2017년도 경기도 성실납세자 인증서를 수상하며 국가 재정에 성실히 기여해 왔음을 인정받았고, 다양한 불우환자 후원, 대학 장학금 등도 전달하고 있다. 무엇보다 한 번 인연을 맺은 단체나 기관은 지속적으로 후원한다는 방침을 갖고 더불어 사는 따뜻한 세상을 위해 노력하고 있다.

자료원 : 팩트뉴스 2018.05

요약

소비자의 입장에서 볼 때 모든 제품들이 다양한 소비자들의 욕구를 충족시켜 줄 수 있다면 이상적이라고 할 수 있다. 그러나 대부분의 기업들은 자원, 기술, 경영능력 등의 면에서 한계가 있기 때문에 다양하고 끊임없이 변화하는 개인의 욕구를 모두 만족시킬 수 있는 제품들을 제공하기가 쉽지 않다. 따라서 어느 기업이든 자사가 경쟁우위를 가지고 있는 제품이나 서비스를 가지고 가장 매력적인 세분시장에서 경쟁하는 것이 유리하다.

이러한 세분시장 마케팅전략의 개념은 한 가지 제품을 대량생산, 대량유통, 대량 촉진하는 대중 마케팅, 품질, 규격 등에서 다양성과 변화를 반영하는 제품다양화 마케팅 그리고 시장에서의 상대적 차별화를 모색하는 표적 마케팅의 단계를 거치면서 발전되었다.

세분시장 마케팅전략은 먼저 시장을 몇 개의 기준들을 사용하여 의미가 있는 다수의 시장으로 나누고, 세분화된 여러 시장 중에서 우리 회사의 능력과 경쟁 등을 고려하여 표적시장을 선정한 다음, 그 시장에서 제품속성이나 다양한 마케팅믹스 요인을 이용하여 우리 회사 제품을 소비자의 마음 속에 심어주는 과정을 포함한다.

먼저 시장세분화란 별개의 제품이나 마케팅믹스를 필요로 하는 각기 다른 욕구, 성격이나 행동을 가지고 있는 구매자집단으로 특정 시장을 구분하는 과정을 말한다. 이를 위해서는 각 세분시장의 규모나 구매력을 측정할 수 있어야 하며, 선정된 세분시장에 대하여 마케팅활동을 효과적으로 집중할 수 있고, 시장의 규모가 크고 수익성이 커서 별개의 시장으로 개척할 만한 가치가 있어야 하며, 세분시장에 소구하는 데 효과적인 프로그램을 개발할 수 있어야 한다.

시장세분화를 하는 데 이용되는 변수는 지리, 인구통계, 심리, 행동적 변수 등이 있다. 시장세분화의 기준이 되는 변수를 선정한 후에는 각 세분시장을 효과적으로 설명할 수 있는 변수를 이용하여 세분시장의 프로파일을 작성해야 한다.

시장세분화 마케팅전략의 두 번째 단계인 표적시장의 선정이란 각 세분시장의 매력도를 측정하고 난 후에 해당기업의 능력을 고려하여 해당기업에 가장 적합한 세분시장을 선정하는 것을 말한다. 각 세분시장의 매력도를 평가하기 위해서는 각 세분시장의 규모와 성장률, 구조적 매력성, 기업의 목표와 이용 가능한 자원 등을 고려하여야 한다. 각 세분시장의 매력도를 평가한 후에는 기업이 목표로 하는 하나 이상의 세분시장을 선정하여야 하는데, 차별화 마케팅, 비차별화 마케팅, 그리고 집중화 마케팅의 세 가지 전략 가운데서 선정할 수 있다. 비차별화 마케팅은 시장을 구성하고 있는 소비자들의 욕구와 필요가 모두 동일하다고 보고 한 가지 마케팅믹스로 전체시장에 소구하려는 전략을 말한다. 차별화 마케팅이란 두개 혹은 그 이상의 세분시장을 표적시장으로 선정하고 각각의 세분시장에 적합한 제품과 마케팅프로그램을 개발하여 공급하는 전략을 말하며, 집중화 마케팅은 전체의 시장 대신에 작은 틈새시장에 기업의 자원을 집중하여 시장점유율을 확대하려는 전략을 말한다.

표적시장을 선정한 후에는 특정 속성에 대하여 특정 제품이 경쟁제품에 비해서 소비자들의 마음속에서 차지하고 있는 상대적 위치를 정해야 하는데, 이를 포지셔닝이라고 한다. 포지셔닝을 하는데 자주 이용하는 변수로는 제품의 속성, 이미지, 사용상황, 제품사용자, 경쟁제품 등이 있다. 포지셔닝의 절차는 먼저 경쟁제품의 포지션을 분석하고, 자사제품의 포지션을 개발하여 포지셔닝을 실행한다. 포지셔닝이 실행된 이후에는 자사제품이 목표로 하는 위치에 포지션 되었는지를 지속적으로 확인하여야 하며, 그 결과 위치를 수정할 필요가 있으면 재포지셔닝 하여야 한다.

진도평가

1. 세분시장마케팅전략의 도입배경과 접근 방법은 무엇인가?

   ▶ 6장 138~140쪽 참조

2. 의미 있는 시장세분화가 되려면 어떠한 조건이 충족되어야 하는가?

   ▶ 6장 143~145쪽 참조

3. 포지셔닝의 의미와 그 절차는 무엇인가?

   ▶ 6장 157~160쪽 참조

참고문헌

1) Assael, Henry (1992), *Consumer Behavior and Marketing Action*, 4th ed. (Pws Kent), p.293.
2) Haley, Russell J.(1968) "Benefit segmentation: A Decision-Oriented Research Tool", *Journal of Marketing*, July, 30-5.

4부
마케팅믹스 전략

7장.   제품 전략
8장.   신제품 개발 및 관리
9장.   가격전략
10장. 유통 전략
11장. 마케팅커뮤니케이션 전략

도입사례

다이슨 생활가전 한국에서도 승승장구, '기능 혁신이 디자인'

다이슨이 날개없는 선풍기, 선없는 청소기 등 고정관념을 깬 제품을 잇달아 내놓고 고가전략에도 한국시장에서 승승장구하고 있다. 다이슨은 선풍기와 무선청소기와 헤어드라이기 등으로 한국시장에서 매년 높은 성장세를 이어가고 있다. 최근 이마트가 3월1일부터 4월9일까지 매출을 분석한 결과 선풍기 판매량은 지난해 같은 기간보다 230%나 증가했다. 이 가운데 다이슨 선풍기의 판매량 비중이 78%에 이르러 전체 선풍기 매출을 끌어올린 것으로 나타났다. 다이슨은 헤어드라이기 가격이 50만 원이 넘는 초고가인데도 프리미엄 이미지를 굳히며 한국 소비자들의 지갑을 열고 있다. 국내 소비자들이 비싼 가격에도 선뜻 지갑을 여는 이유는 '가전업계의 애플'로 불릴 만큼 혁신적인 기술력과 독창적 디자인 때문으로 풀이된다. 혁신적 제품들의 경쟁력은 연구개발 투자에서 나온다. 다이슨은 2013~2015년 3년 동안 연평균 3억8천만 파운드(5400억 원가량)의 상각 전 영업이익을 냈는데 이 가운데 40% 이상을 연구개발에 투자했다. 하나의 제품이 나올 때까지 수백 명이 투입돼 보통 2~3년의 기간이 걸린다.

다이슨에서 근무하는 엔지니어와 과학자들의 수는 전 세계에 3500명에 이르러 전체직원의 30% 이상을 차지하고 있다. 일주일에 제품개발에 쏟아붓는 돈만 100억 원이 넘는 것으로 알려졌다. 제임스 다이슨 창업주는 수석 엔지니어로 연구소에서 근무하고 있다. 그는 기술개발에 전념하기 위해 2012년 CEO에서 물러나 전문경영인에게 경영을 맡겼다.

다이슨의 제품은 높은 기술력이 뒷받침돼 다른 기업들이 모방하기도 쉽지 않다. 다이슨 본사에서는 컴퓨터 화면을 사진으로 촬영할 수 없게 돼 있는 등 기술유출에도 철저히 대비하고 있다. 다이슨의 독창적 디자인은 성공비결로 꼽히지만 실상 디자인에는 별다른 투자를 하지 않는다. '디자인은 기능을 따른다'는 게 다이슨의 철학이다. 독창적인 기능을 먼저 생각하다 보면 독창적인 외관도 자연스럽게 만들어진다는 것이다.

다이슨은 지난해 매출 25억 파운드(3조5800억 원가량)를 거뒀다. 2015년보다 45% 늘었다. 상각전영업이익(EBITDA)도 6억3100만 파운드(9천억 원)에 이른다. 창사 이래 매출과 영업이익 모두 사상 최고치다. 최근 2년 동안 전 세계에서 직원 수는 5200여 에서 8500여 명으로 늘었으며 제품 판매량도 800만 대에서 1300만 대로 증가했다. 최근 허진수 GS칼텍스 회장은 사내 게시판을 통해 "다이슨은 '선풍기=날개'라는 기존의 프레임에서 벗어나 날개없는 선풍기를 개발했다"며 "지금이 최선이라는 생각이 든다면 '선풍기는 날개가 있어야 한다'와 같이 고정된 틀 안에서 스스로 한계를 만든 것은 아닌지 되돌아볼 필요가 있다"고 칭찬하기도 했다.

자료원 : 비즈니스 포스트 2017.04

제7장
제품전략

　마케팅의 의사결정분야는 제품개발 및 관리, 가격, 촉진, 유통에 관한 의사결정의 네 가지로 크게 분류될 수 있으며, 마케팅은 이러한 네 가지분야에 대한 의사결정을 돕기 위한 학문이다. 이러한 네 가지 분야는 마케팅믹스로 통칭되며 이것은 이 들 네 가지 분야를 통합적으로(믹스하여) 관리해야 한다는 의미를 갖고 있다. 마케팅믹스는 4P로 표현되며, 이것은 제품(Product), 가격(Price), 촉진(Promotion), 유통(Place)을 의미한다. 즉, 마케팅믹스란 선정된 표적시장에서 마케팅목표를 달성하기 위하여 제품, 가격, 촉진, 유통 등의 구성요소를 결합한 것을 말한다.

　마케팅믹스를 구성할 때는 표적시장의 욕구를 적절히 반영할 수 있어야 하며, 마케팅믹스 구성요소들간의 조화를 이루어야 한다. 또한 마케팅믹스는 기업이 가진 자원의 한계 내에서 실현될 수 있어야 하며 경쟁자에 비해 차별적 우위를 가질 수 있도록 구성되어야 한다. 마케팅믹스가 구성되면 기업의 마케팅활동은 그 테두리 내에서 이루어지게 된다.

　이러한 마케팅믹스에서 가장 중요한 것은 제품으로서 가격, 유통, 촉진 등에 관한 모든 의사결정은 제품을 중심으로 이루어지기 때문이다. 따라서 마케팅믹스에 대한 설명은 제품에 대한 이해로부터 시작된다.

　본장에서는 먼저 제품의 개념과 분류방법, 제품 유형에 따른 마케팅전략과 브랜드자산에 대해 알아본다. 그리고 제품믹스에 관한 의사결정과 서비스제품관리를 설명한다. 다음 장에서는 제품과 관련하여 신제품개발과 제품수명주기전략에 대하여 설명하고자 한다.

1 제품의 개념

1.1 제품의 개념

앞서 살펴본 바와 같이 제품은 유형적인 요소와 무형적인 요소의 결합이다. 예를 들어 자동차는 단지 디자인, 크기, 색깔, 옵션, 마력, 연비와 같은 눈에 보이고 계량적으로 표시할 수 있는 것에 의해서만 차별화가 되는 기계가 아니다. 자동차의 다른 요소는 무형적인 것으로서 자동차는 구입자의 신분, 취향, 성취감 등을 함께 함축하고 있는 보다 복잡한 상징물이라고 할 수 있다. 그러나 자동차를 구입하는 소비자들은 기계적 요소와 심리적 요소에 의해서만 자동차를 구입하지는 않는다. 자동차의 주문과 출고기간, 애프터서비스, 영업사원의 고객서비스 등 많은 부분이 자동차라는 제품 속에 포함되어 있다. 심지어 철강제품에도 복잡한 기술적 제품명세만이 전부가 아니다. 철강제품의 고객은 운송조건 및 유통성, 가격, 지불조건, 그리고 재주문에 대한 신속한 처리 등을 철강이라는 제품 속에 포함해서 고려한다.

유형적 요소가 강한 제품도 유형적 요소뿐만 아니라 무형적 요소로 이루어진 여러 차원으로 구성되어 있다. 이렇게 하나의 제품은 크게 핵심제품(core product), 유형제품(tangible product), 확장제품(augmented product)의 세 가지 제품 차원으로 구성된다(그림 7.1 참조).

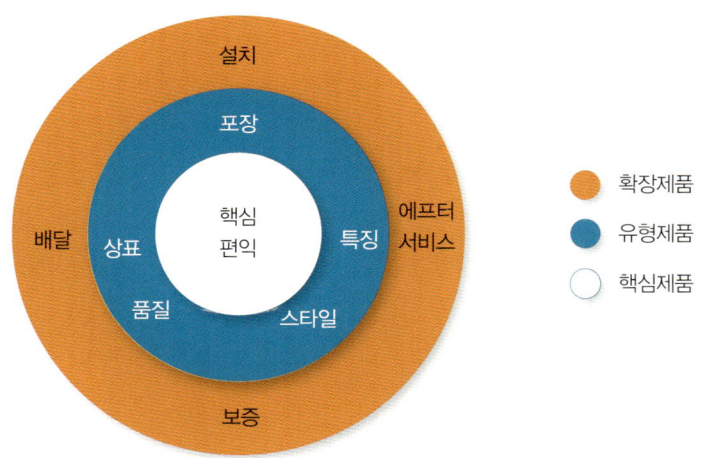

그림 7.1 제품개념의 세 가지 차원

핵심제품
고객이 제품구매로부터 얻으려고 하는 가장 근본적인 효용이나 서비스

먼저 핵심제품이란 그림에서 원의 중심에 위치하고 있는 것처럼 제품개념 중에서 가장 기본적인 차원으로서 고객이 제품구매로부터 얻으려고 하는 가장 근본적인 효용이나 서비스를 말한다. 예를 들면 여성들이 립스틱을 구매할 때 립컬러 이상의 것을 구매한다. 화장품회사인 Revlon사는 " 우리는 공장에서는 화장품을 만들지만, 매장에서는 희망을 판매하고 있다"라고 말한 바 있다. 따라서 마케팅관리자는 제품을 설계하는 데 있어서 그 제품

이 소비자에게 제공할 수 있는 핵심적 편익(benefit)을 먼저 정의하고 이를 제품에 반영하도록 노력하여야 한다.

두 번째, 이러한 핵심적 편익을 실제적인 제품으로 유형화시켜야 하는데 이를 유형제품 혹은 실제제품(actual product)이라고 한다. 유형제품은 품질, 스타일, 상표, 포장, 그리고 기타의 특징으로 구성되어 있다. 컴퓨터, 시계, 세탁기, 가구 등이 이 차원에 해당되는 제품들이다. 예를 들면 캠코더는 '중요한 순간들을 편리하고 고품질의 영상으로 잡는다'는 핵심적 편익을 소비자에게 제공하기 위하여 상표명, 부품, 스타일, 특징, 포장, 그리고 기타의 속성들을 주의 깊게 결합하여야 한다.

> **유형제품**
> 품질, 스타일, 상표, 포장, 그리고 기타의 특징으로 구성

세 번째, 확장제품은 핵심제품과 유형제품을 확장한 개념으로서 배달, 설치, 보증, A/S(After-sales Service) 등의 추가적인 서비스와 편익을 말한다. 즉 냉장고를 판매할 때 배달해서 설치해 주고 고장 나면 무료로 고쳐주겠다고 한다면 이것이 확장제품이다. 또한 삼성캠코더를 구매하는 소비자에게 캠코더는 물론 촬영하는데 발생하는 여러 가지 문제점에 대한 전체적인 해결책을 제공하여 주어야 한다. 예를 들면 캠코더 제조사는 구매자에게 부품이나 품질에 대한 보증, 캠코더 사용방법에 대한 교육프로그램, 고장 난 경우 신속한 수리서비스, 소비자가 문제가 있을 때 전화를 걸 수 있는 무료전화 서비스 등을 포괄적으로 제시하여 주어야 한다. 이러한 확장제품의 개념은 기업이 제품을 판매하는 데 있어서 소비자의 '총체적인 소비시스템'을 고려하여야 함을 의미한다.

> **확장제품**
> 배달, 설치, 보증, A/S 등의 추가적인 서비스와 편익

결국 제품은 단순한 유형적 특성의 집합이 아니고, 소비자들은 제품을 자신의 욕구를 충족시켜 줄 수 있는 편익의 집합(bundles of benefits)으로 보고 있다. 따라서 마케팅관리자들은 제품을 개발할 때 제품이 충족시켜 주어야 할 핵심적인 소비자욕구를 식별하여야 한다. 그런 다음에 실제적인 유형제품을 설계하고, 최선으로 소비자욕구를 충족시켜 줄 수 있는 편익의 집합을 창조하기 위하여 유형제품을 확장시킬 수 있는 방법을 강구하여야 한다.

오늘날 대부분의 경쟁은 제품 확장의 수준에서 일어나고 있다. 그러므로 기업이 경쟁우위를 확보하기 위해서는 적절한 확장제품을 개발하는 일이 매우 중요하다.

1.2 제품특성

특정 제품을 개발하는데 있어서는 그 제품이 소비자에게 제공할 수 있는 편익을 정의하는 것이 가장 중요한 과제이다. 이러한 편익들은 품질(quality), 특징(features), 그리고 디자인 등의 제품속성(product attributes)을 통하여 소비자에게 전달된다. 이러한 제품속성에 관한 의사결정은 소비자들에게 그 제품에 대한 반응을 결정하는 가장 중요한 요소이다.

1) 제품의 특성

제품의 특징들은 경쟁사 제품과 자사의 제품을 차별화하는 데 매우 유용한 수단으로 이용되고 있다. 즉 소비자들이 요구하는 가치 있는 새로운 특징을 기존제품에 추가하는 것

은 가장 효과적으로 경쟁하는 방법 중의 하나이다.

그러면 기업들은 이러한 새로운 특징들을 어떻게 찾아내고, 그러한 특징들 중에서 어떠한 특징들을 제품에 추가할 것인가를 어떻게 결정할 것인가? 기업들은 그 제품을 사용하고 있는 소비자들에게 설문조사나 인터뷰조사를 통해 정기적으로 실사자료를 수집하고 그 결과를 종합하면 제품특징에 대한 다양한 아이디어를 얻을 수 있다. 조사결과와 아이디어를 토대로 기업은 각 특징에 대하여 고객들이 부여하는 가치와 그것을 전달하기 위하여 기업이 지불하여야 하는 비용을 비교하여 분석하여야 한다. 만약 특징을 추가하는 경우 소요되는 비용에 비하여 고객들이 인식하는 가치가 크지 않다면 그러한 특징을 추가할 필요가 없다.

2) 제품 디자인

제품을 차별화할 수 있는 또 하나의 방법은 제품 디자인이다. 그러나 많은 기업들은 디자인 감각이 결핍되어 있고, 제품의 디자인기능을 경시하고 있다. 그러나 디자인은 기업의 마케팅현장에서 가장 강력한 무기로 이용될 수 있다.

디자인은 스타일보다는 더 포괄적인 개념이다. 스타일이란 특정 제품의 외형을 말하는 것으로서, 좋은 스타일은 소비자의 주의를 환기시킬 수는 있지만 반드시 제품의 성능을 개선시킬 수 있는 것은 아니다. 경우에 따라서는 좋은 스타일이 제품의 성능을 저하시킬 수도 있다. 예를 들면 어떤 제품은 모양은 매우 좋지만 편안하지 못할 수가 있다. 반면에 디자인은 단순한 외형적인 것 이상으로서 제품의 핵심부분에 해당된다. 제품을 훌륭하게 디자인하는 경우 제품의 외형은 물론 그 가치나 유용성도 크게 증가한다. 따라서 훌륭한 디자이너는 단순히 제품의 외양만 아름답게 하는 것이 아니고, 사용하기 쉽고, 안전하며, 사용하거나 서비스를 받는 데 있어서 비용이 많이 들지 않으며, 생산비와 유통비를 절감시킬 수 있는 제품을 만들어야 한다.

훌륭한 제품 디자인은 고객들의 관심을 유도할 수 있을 뿐만 아니라 제품의 성능을 개선하며 생산원가를 절감하고, 표적시장에서 강력한 경쟁적 우위를 차지할 수 있는 기회를 제공할 수 있다.

3) 품 질

품질은 마케팅관리자가 이용할 수 있는 가장 중요한 포지셔닝(positioning) 수단이다. 제품품질은 두 가지 차원 즉 수준(level)과 일관성(consistency)을 지니고 있다. 특정 제품을 개발하는데 있어서 마케팅관리자는 가장 먼저 표적시장에서의 제품의 포지션을 지원해 줄 수 있는 품질수준을 결정하여야 한다. 제품품질이란 제품이 기능을 발휘할 수 있는 능력을 말한다. 이러한 제품품질에는 제품의 전반적인 내구성, 신뢰성, 정밀성, 작동과 수선의 용이성, 그리고 기타의 가치 있는 속성을 포함한다. 이러한 속성 중에는 객관적으로 측정할 수 있는 것도 있지만, 일반적으로는 마케팅관점에서 구매자의 지각에 의하여 측정되어야 한다.

제품의 품질수준 이외에도 항상 목표수준의 품질을 소비자에게 전달해 줄 수 있는 일관

디자인은 제품의 영혼 – 파산기업도 살린다

회사 존폐위기 맞았던 P&G – 과자에 캐릭터 새기자 매출 폭등
아우디 일류 디자이너 영입 기아車 – 적자서 연매출 23조2600억 원
美의 삼성전자 연구소 – 디자이너 1人위해 회사이전까지

지금은 애플 하면 온라인에서 콘텐츠를 사고파는 '앱스토어'를 먼저 떠올리지만 망해가던 애플의 부활을 이끈 것은 디자인이었다. 애플이 2001년 출시한 아이팟은 심플한 디자인으로 단번에 세계시장을 장악했다. 애플의 디자인이 제품의 기능과 품질을 앞세우던 기존 MP3플레이어 업체들을 압도했다. 애플 직원들은 "디자인은 인간이 창조해 낸 상품의 영혼"이라고 말한다. 디자인은 제품을 둘러싼 껍질이 아니라 제품을 감싸는 영혼이라는 것이다. 삼성전자도 디자인을 위해 다양한 파격을 시도하고 있다. 삼성전자는 2001년 당시 미국 디자인 전진 기지인 샌프란시스코 북미디자인연구소의 휴대전화 디자인 조직을 분리해 LA에 휴대전화 디자인 전담팀을 만들었다. 공들여 스카우트한 경쟁업체 출신 초일류 휴대전화 디자이너가 "LA가 아니면 출근하지 않겠다"고 고집을 부렸기 때문이다. 이후 확 달라진 삼성전자 휴대전화는 삼성이라는 브랜드를 세계 초일류 기업으로 끌어당기는 견인차 구실을 했다. 삼성전자는 또 지난 7월 세계 3대 자동차 디자이너로 꼽히는 크리스 뱅글과 협업을 시작했다고 발표했다. 뱅글은 지난 20년간 BMW 디자인 총책임자로 일한 인물. 디자인 혁신을 통해 세계 일류 기업의 위치에 오른 회사가 디자인을 통해 한 단계 도약하겠다는 의지를 밝힌 것이다.

덴마크의 세계적인 오디오 회사 뱅앤올룹슨은 신제품을 만들 때 디자인을 먼저 정하고, 그 후 제품을 만든다. 디자인 아이디어를 먼저 고르고 그 디자인을 제안한 디자이너가 제품 개발을 책임진다. 국내에서도 이런 디자인 제일주의가 이미 자리를 잡은 지 오래다. 국내 최초(1983년)로 디자인 종합연구소를 만든 LG전자는 2006년 6월 이른바 '디자인 경영'을 선포했다. 제품 개발의 주축은 디자인팀이고, 상품기획·설계·마케팅 등 관련 부서가 협업팀(Cross Functional Team)을 만들어 상품을 만든다는 것이다. 디자인 영역은 후발 기업들엔 시장 판세를 뒤집을 수 있는 '기회의 땅'이기도 하다. 국내에서는 기아차가 디자인으로 변방의 후발 업체 가운데 하나에서 세계 주요 자동차 업체로 발돋움한 사례. 기아차는 2006년 아우디와 폭스바겐의 디자인 총괄 책임자였던 피터 슈라이어를 디자인 총괄 부사장으로 영입했다. 이후 회사는 '직선의 단순화'란 기치를 내걸고 국내 자동차 업계 최초로 패밀리룩(디자인 통일)을 시도했다. 로체 이노베이션을 시작으로 포르테·쏘울·쏘렌토R·스포티지R·K5·K7로 이어지는 히트작들은 직선의 단순함을 극대화한 디자인이라는 공통점이 있다. 이 덕분에 디자인 혁신 초기 적자(2007년 영업적자 554억원)에 허덕이던 회사가 작년 사상 최대 실적(매출 23조2600억원, 영업이익 1조6800억원)을 냈다.

자료원: 조선일보, 2011. 8. 21

성이 있어야 한다. 이러한 의미에서 제품품질이란 결함 혹은 변이가 없는 상태를 말한다. 따라서 모든 기업들은 품질의 일관성이 높은 수준으로 유지될 수 있도록 노력하여야 한다.

그러나 전략적으로 품질을 관리한다는 것은 소비자들을 불편하게 하는 결함을 감소시키는 것 이상을 의미한다. 즉 소비자들의 품질에 대한 욕구와 선호를 더욱 잘 충족시켜 줄 수 있는 제품을 제공함으로써 경쟁기업에 비하여 우위에 서는 데 그 의미를 두어야 한다. 따라서 품질은 해결하여야 할 문제가 아니라 경쟁에서 비교우위를 찾을 수 있는 하나의 기회로 인식하여야 한다.[1]

4) 포장(Packaging)

오늘날 포장은 제품, 가격, 유통, 그리고 촉진 등과 관련되어 그 중요성이 널리 인정되고 있다.

포장의 개념

포장(packaging)이란 제품계획에 관련된 전반적 활동영역으로 제품의 용기(container) 또는 포장지를 디자인하고 만드는 것과 관련된 일련의 활동을 말한다. 포장이란 확실히 상표(brand)와 레이블(label)과 밀접한 관계를 갖게 된다. 레이블이 포장 위에 표시되고 상표는 레이블에 표시되는 것이 보통이기 때문이다.

포장의 기능과 중요성

> **포장의 기능**
> 제품기능, 의사전달기능, 가격기능

포장은 제품기능(product functions), 의사전달기능(communication functions), 그리고 가격기능(price functions) 등 세 가지기능을 수행한다.

- 제품기능이란 포장이 제품 자체가 가지는 각종 한계를 연장하고 극복해 주는 기능으로서, 제품을 담고, 제품을 보호하며, 제품의 사용을 편리하게 해 주는 등의 기능을 말한다.
- 의사전달기능은 제품에 대한 정보를 제공해 주는 기능으로서, 제품을 식별하고, 제품의 이미지를 전달하며, 제품에 대한 소비자의 태도를 변화시켜 주는 등의 기능을 말한다.
- 가격기능은 가격을 표시하고 소비자의 구매량을 조정하는 기능으로서, 대형포장 구매유도기능, 다량 구매유도기능, 그리고 가격표시 기능 등을 말한다.

이러한 포장의 기능들은 제조업체, 유통업체, 그리고 소비자 모두에게 대단히 중요한 기능이다. 따라서 포장을 개발하려는 기업은 포장이 이러한 모든 기능을 제대로 수행할 수 있도록 디자인에 반영 되었는지 검토하여야 한다.

그러나 최근에 와서 이러한 포장의 순기능뿐만 아니라 과다 포장, 환경오염, 자원낭비 등 포장의 역기능 때문에 사회적 관심이 고조되고 있으며, 그 결과 포장에 대한 정부의 규제강화 움직임도 일어나고 있다. 따라서 마케팅관리자는 이러한 사회적 문제점도 반영하여 포장을 개발할 필요가 있다.

'쓰레기 줄이기' 유통업계가 앞장

커피점 등 다회용 컵 권장 캠페인
과대 포장 없애고 친환경 소재로

폐비닐 수거 중단 사태로 재활용 쓰레기에 대한 사회적 관심이 높아지고 있는 가운데, 일회용품과 포장재를 많이 사용하는 유통업계가 재활용 쓰레기를 줄이기 위한 노력에 속속 동참하고 있다.

17일 업계에 따르면 신세계그룹의 '제주소주'는 비접착식 라벨을 활용해 소주 페트병의 재활용률을 높이기로 했다. 음료병에 접착제를 사용하면 상표 라벨이 잘 떨어지지 않아 재활용에 어려움이 많다. 롯데칠성음료도 재활용 시 제품 라벨이 잘 떨어지도록 생수 브랜드 '아이시스 8.0'의 2l 제품에 물에 녹는 수용성 접착제를 사용하고 있다.

재활용 쓰레기가 나오지 않도록 아예 1회용품 사용을 줄이는 움직임도 늘고 있다. 스타벅스커피코리아는 이달부터 3개월간 매월 10일을 '일회용컵 없는 날'로 정하고 다회용 컵 사용 촉진 캠페인을 벌이기로 했다. 맥도날드는 전국 매장에서 머그잔 사용을 기본 원칙으로 하고 있으며 개인 컵을 가져오는 고객에게 마일리지를 제공한다. 또 재생용지로 만든 종이봉투를 사용하고 메뉴 용지와 포장재도 산림 훼손을 최소화하는 친환경 용지로 바꾸고 있다.

애초에 불필요한 과대 포장을 줄이자는 움직임도 있다. 오리온은 2014년부터 포장재 규격을 줄이고 포장재에 들어가는 잉크 사용량을 줄이는 '착한 포장 프로젝트'를 시행하고 있다. CJ제일제당은 밀 껍질 등을 활용한 친환경 소재를 개발해 제품 포장에서 플라스틱 사용을 줄이고 있다. 화장품업계도 쓰레기 줄이기 움직임에 동참하고 있다. 아모레퍼시픽은 매장에서 제공하는 비닐봉지를 친환경 소재로 만들어 사용하고 있으며, LG생활건강은 용기 재활용률을 높이기 위해 투명 페트용기를 주로 쓰고 있다.

유통업계 관계자는 "재활용 쓰레기를 줄이려는 움직임은 비용 감소뿐 아니라 기업 이미지 제고에도 도움이 된다"며 "과대 포장 줄이기, 친환경 포장지 사용 등의 움직임은 유통업계 전반으로 계속 확산될 것"이라고 말했다.

자료원 : 한국일보 2018.04

포장정책과 전략

먼저 포장개념(packaging concept)을 개발하여야 한다. 포장개념이란 포장이 제품을 위하여 어떤 것이어야 하며, 어떠한 기능을 수행하여야 하는가에 대한 정의를 말한다. 다시 말하면 포장의 주요기능이 제품을 보호하는 것인가, 제품을 사용하고 난 후에 손쉽게 버리는 방법을 도입하는 것인가, 그렇지 않으면 제품이나 기업의 품질을 나타내 보이는 것인가 등을 결정하여야 한다.

다음에는 포장에 관한 세부적인 요소, 즉 크기, 모양, 재료, 컬러, 재질, 그리고 상표명칭 등을 결정하여야 한다. 이러한 포장의 세부적인 요소들은 그 제품의 포지션이나 마케팅전략과 부합되는 방향으로 설계되어야 하며, 그 제품의 광고, 가격, 유통경로 등과도 적

혁신적 포장디자인은 기업의 판매증진에 중요한 기여를 하게 된다. 하인즈는 기존의 케첩 포장을 거꾸로 바꾸어서 3배의 매출증대 효과를 보았다

합성이 있어야 한다.

5) 레이블링

레이블(label)이란 제품의 일부로 제품이나 판매업자에 관하여 말로 표현된 정보를 나타내는 것이다. 레이블은 포장의 일부일 수도 있고 제품에 직접 붙여 놓은 부착물일수도 있다. 레이블과 포장 그리고 레이블과 상표는 밀접한 관계가 있다.

> 레이블(label)
> 제품의 일부로 제품이나 판매업자에 관하여 말로 표현된 정보를 나타내는 것

레이블링은 여러 가지 기능을 수행하고 있다. 먼저 제품이나 상표를 식별해 주는 식별기능이 있는데, 오렌지에 스탬프로 찍혀진 'Sunkist'가 바로 그 예이다. 또한 제조업체, 제조장소, 제조일자, 내용물, 사용방법, 안전수칙 등의 여러 가지 사항에 대한 정보를 제공해 주는 정보제공기능을 가지고 있다. 끝으로 레이블링은 매력적인 그래픽을 이용하여 제품을 촉진하는 촉진기능도 지니고 있다.

잘 알려진 상표의 레이블링도 얼마동안만 지나면 구식이 되기 때문에 새롭게 변화시키지 않으면 안 된다. 예를 들면 아이보리 비누(Ivory Soap)의 레이블은 1890년대 이후 문자를 조금씩 바꾸면서 18번이나 변경되었다.

한편 레이블링은 소비자를 오도할 수 있기 때문에 오래전부터 법률적인 규제를 받아왔다. 1966년에 제정된 미국의 포장 및 표찰에 관한 법률(the Fair Packaging and Labeling Act)에 의하면 제품의 중요성분을 표시하여야 하며, 필요한 안전수칙을 명시하도록 규정하고 있다. 또한 최근에 와서는 단위당 가격을 표시하여야 하며, 제품의 보관기간을 명시하여야 하고, 제품에 포함된 영양소의 값을 표시하도록 규정하고 있다.

6) 제품보증

좋은 서비스는 기업의 성공 여부를 결정한다. 자사제품에 대한 기존고객의 호의적인 태도를 유지시키는 것이 신규고객을 끌어들이거나 떠나버린 고객을 달래는 것보다 적은 비용이 소요된다. 따라서 좋은 서비스를 제공하고 있는 기업은 그렇지 못한 경쟁기업에 비하여 보다 높은 성과를 올리고 있다. 기업이 제공하는 서비스품질에 대한 평가에서 높은 점수를 받은 기업들이 보다 빨리 성장하고 보다 많은 이익을 올리는 것으로 나타나고 있다.[2]

기업이 고객에게 제공할 수 있는 제품지원 서비스로는 외상판매나 신용제공 등의 재무적 서비스, 설치, 고장수리, 정비 등의 제품적 서비스, 친절, 고객요구에 대한 신속한 대응 등의 대인적 서비스 등이 있다. 제품지원 서비스를 개발하기 위해서는 먼저 표적시장이 중요시하는 서비스가 무엇이고, 이러한 서비스의 상대적 중요성이 어느 정도인지를 파악하여야 한다. 따라서 기업들은 정기적인 조사를 통하여 현재의 서비스뿐만 아니라 새로운 서비스 아이디어에 대한 고객들의 평가결과를 분석하여야 한다.

2 제품의 분류

제품은 여러 가지 기준에 의해서 다양한 유형으로 분류되는데 각 제품유형마다 다른 마케팅믹스전략이 적용되어야 한다. 제품을 분류하는 기준으로 많이 쓰이는 것은 제품의 용도, 소비자의 구매행동, 제품의 내구성이 있다.

제품은 구매목적이나 용도에 따라 소비재와 산업재로 나뉠 수 있다. 소비재는 최종소비자나 가정에서 사용되며 더 이상 가공하지 않고 사용할 수 있는 모든 제품을 말한다. 한편 산업재는 다른 제품을 생산 또는 가공하는 데 주로 사용되거나 서비스를 제공하는 데 사용되는 모든 제품을 말한다. 따라서 동일한 제품일지라도 구매하는 사람과 용도에 따라서 소비재로 구분될 수도 있고 산업재로 분류될 수도 있다 (그림 7.2 참조).

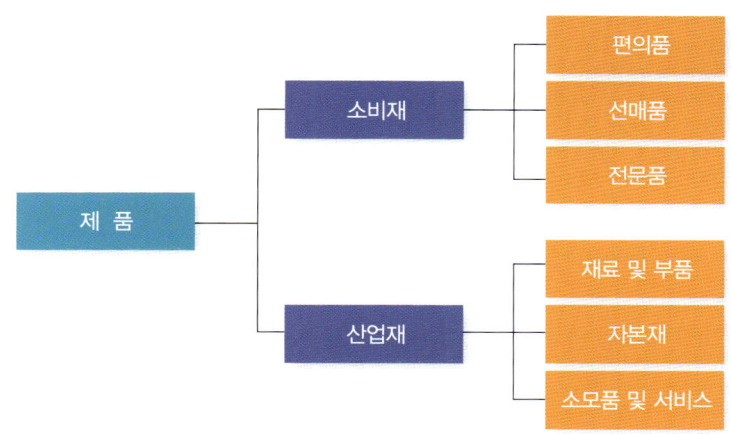

그림 7.2 제품의 분류

1) 소비재

앞에서 설명한 바와 같이 소비재는 최종소비자가 개인의 소비목적으로 구매하는 제품을 말한다. 또한 소비재는 일반적으로 소비자의 구매행동과 관련하여 편의품, 선매품, 그리고 전문품으로 구분한다.

■ 편의품

편의품(convenience goods)이란 소비자가 제품구매를 위해 많은 노력을 들이지 않는 제품으로서 가격이 저렴한 편이다. 편의품의 편의라는 용어는 소비자가 우유, 빵, 계란, 맥주 같은 제품을 구입할 때는 편리한 장소(convenient place)에서 구입하는 행동을 보이는 데서 붙여졌다. 따라서 편의품에 해당되는 제품들은 폭넓은 유통망을 유지하여 소비자가 편리한 장소에서 구매할 수 있도록 하여야 한다. 편의품은 전형적으로 저가품이며 부피가 작은 제품으로서 유행에도 큰 영향을 받지 않는 경향이 있다. 브랜드제품 중에서

> **편의품**
> 소비자가 제품구매를 위해 많은 노력을 들이지 않는 가격이 저렴한 제품

어느 한 상표를 다른 상표보다 선호하는 경우도 거의 없는 것이 특징이다. 다음의 표 7.1은 제품과 점포에 따라서 구매행동이 어떻게 달라지는가를 예시하고 있다.

표 7.1 제품·점포·구매행동의 관계

상품 / 점포	편의품점	선매품점	전문품점
편의품	가장 가까운 점포 가장 사기 쉬운 상표	아무 상표라도 좋으나 서비스의 질과 저가격을 위해서 여기저기 돌아다님	점포를 선택하나 상표에는 무관심
선매품	가장 가까운 점포 많은 구색에서 선택	두루돌아다님 점포요소와 상품을 비교·검토함	특정점포를 선택하나 여러가지 구색 중에서 선택·구매
전문품	마음에 있는 상표를 취급하는 가장 가까운 점포에서 구매	강력한 상표선호성 상표 취급점에서 가장 좋은 거래조건	특정점포와 특정상표를 선택

편의품은 세부적으로 상용/필수품(staple goods), 충동구매품(impulsive goods), 그리고 비상용품(emergency goods)의 세 가지로 분류할 수 있다. 첫째 상용품은 소비자들이 정기적으로 구매하는 제품으로서 치약, 비누 등의 생활필수품들이 이 범주에 속한다. 대부분의 경우 소비자들은 어떤 특정한 상표의 제품을 그가 잘 가는 점포에서 구매하는 경향을 보이기 때문에 상용품의 가장 중요한 구매결정요소는 상표충성도이다. 둘째 충동구매품은 소비자가 계획에 없이 제품을 보고 그냥 충동적으로 구매하는 제품을 말한다. 셋째 비상용품은 예상치 못한 일이 발생하여 긴급하게 구매하는 제품을 말한다. 따라서 소비자가 필요할 때 즉각 구매할 수 있도록 점포의 출구마다 진열하는 것이 효과적이다.

- 마케팅 시사점 : 위에서 설명한 편의품의 특성상 소비자의 수요가 있을 때에 손쉽게 접근할 수 있어야 하기 때문에 편의품과 관련된 가장 중요한 마케팅변수는 유통이라고 할 수 있다. 편의품의 경우 소비자가 접근하기 쉬운 곳에 있는 제품이 가장 잘 팔리게 되므로 많은 유통점포를 확보하고 점포내에서도 눈에 띄기 쉬운 곳에 진열되는 것이 무엇보다도 중요하다. 편의품과 관련하여 두 번째로 중요한 마케팅변수는 판매촉진활동이다. 따라서 제조업체는 자사상표에 대한 인지도를 높이고 선호도를 형성하기 위한 광범위한 광고활동을 전개해야 되며, 소매상들은 충동구매(impulsive buying)에 상당한 영향을 미칠 수 있는 구매시점 진열과 포장 등의 판매촉진활동을 강화하여야 한다.

■ 선 매 품

선매품
고객이 구매하기 전에 흔히 품질·가격·스타일 등을 비교 평가하고 싶어 하는 제품

선매품(shopping goods)이란 고객이 구매하기 전에 흔히 품질·가격·스타일 등을 비교 평가하고 싶어 하는 제품들로서 선매품이란 쇼핑(shopping)이라는 용어가 말해 주듯이, 소비자가 여기 저기 돌아다니면서(shopping around) 제품들을 비교해보고 구입

하는데서 이름이 붙여졌다. 편의품과 구별할 수 있는 하나의 특징은 선매품의 경우 소비자가 충분히 상품에 관한 지식을 갖고 있지 않다는 것이다. 그러므로 구매의사결과정에서 정보를 탐색하고 상표대안들의 상대적 적합성을 평가하게 된다. 이와 같은 정보탐색활동과 상표들에 대한 대안평가 활동은 더 이상 돌아 다녀도 시간과 노력의 보람이 없을 것으로 확신할 때까지 계속된다. 대표적인 선매품으로는 여성용 의류, 가구와 내구재, 가전제품, 보석을 들 수 있다. 선매품은 대체로 고가격 제품이 많으며 편의품에 비해서 구매빈도도 그리 높지 않은 것이 특징이다. 선매품의 판매에는 우리 회사의 제품이 경쟁제품보다 우수하다는 점을 설득할 수 있는 영업사원의 역할이 중요시 된다.

- 마케팅 시사점 : 선매품을 구매할 때 나타나는 고객들의 구매습관은 제조업체와 중간상의 유통경로와 판매촉진전략에 큰 영향을 미친다. 선매품의 경우 고객이 정보탐색과 대체상표의 평가를 원하고, 구매횟수도 많지 않으며, 즉각적으로 욕구를 충족시킬 필요도 없기 때문에 유통경로의 숫자가 많을 필요가 없다. 선매품의 마케팅에는 편의품과는 달리 제조업체가 도매상보다는 소매상과 긴밀한 관계를 가지게 되는 것이 보통이다. 점포의 수가 적을수록 소매상에의 의존도는 더 크다. 또한 선매품의 경우는 점포명이 제조업체명보다 중요성을 가지게 되는 경우가 많다. 그 결과 소매상은 상당부분의 광고를 담당하며 진열과 판매비의 부담도 맡게 된다. 특히 의류의 경우 구매자는 제조업체 명에는 무관심한 경향을 보이고 있다.

■ 전 문 품

전문품(specialty goods)이란 특정한 제품이 갖고 있는 전문성, 독특한 특성 또는 매력으로 인해 소비자들이 그 제품이나 상표를 구매하기 위하여 특별한 노력을 기울이는 제품이다. 고급시계, 카메라, 자동차, 오디오 등이 이 범주에 속한다. 일반적으로 소비자들은 전문품을 구매할 때 선매품과는 다르고 편의품과 유사한 구매행동을 보인다. 즉 특정상표를 선호하여 시간과 노력이 소요되는 경우라도 자기가 원하는 상표를 찾아보고자 하며 심지어는 자기가 좋아하는 상표가 없으면 구매를 연기하려는 경우도 있다. 따라서 전문품을 구매하는 소비자는 당연히 상표충성도(brand loyalty)가 높고, 원하는 상표를 구매하기 위해서는 어떠한 대가도 치를 준비가 되어 있기 때문에 가격에 대해서 비탄력적이다.

> 전문품
> 특정한 제품이 갖고 있는 전문성, 독특한 특성 또는 매력으로 인해 소비자들이 그 제품이나 상표를 구매하기 위하여 특별한 노력을 기울이는 제품

- 마케팅 시사점: 흔히 일정지역이나 시장에 한 개의 점포만을 이용하는 것이 보통이며 제조업체가 직접 이들을 상대로 마케팅활동을 전개한다. 이때에 제조업체에게는 이들 점포가 대단히 중요한 위치를 차지하게 된다. 당해 제품을 취급할 독점판매권(franchise)이 중요할 때에는 소매상은 제조업체에 크게 의존하게 된다. 그들은 상호의존적이며 성패도 상호간의 노력여하에 달려 있다고 할 수 있다. 이 때 상표가 중요하고 소수점포를 이용하고 있기 때문에 제조업체와 소매상은 서로 협동하여 광고를 하게 된다. 때때로 제조업체가 소매상의 광고비의 일부를 부담하며 소매점의 이름을 제조업체의 광고내용에 포함시키는 경우도 있다.

이상에서 설명한 제품유형별 특징과 그에 적합한 마케팅전략을 요약하면 표 7.2와 같다.

표 7.2 제품유형별 특징과 마케팅전략적 요소

소비재 제품의 특징과 마케팅전략적 요소	상품의 분류		
	편의품	선매품	전문점
특징			
1. 소비자의 시간과 노력	극히 적음	상당함	가까운 곳에서 잠깐 동안에 살 수도 있고 먼 곳에서 오래 걸릴 수도 있음
2. 구매계획에 할애시간	극히 적음	상당함	상당함
3. 욕구충족에 소요시간	즉각적임	비교적 오랜 시간	비교적 오랜 시간
4. 가격과 품질비교	없음	있음	없음
5. 가격	낮음	비쌈	비쌈
6. 구매빈도	보통 빈번함	빈번하지 않음	빈번하지 않음
7. 중요도	중요하지 않음	때로는 대단히 중요함	일률적으로 볼 수 없음
전략적 요소			
1. 경로의 길이	길음	짧음	짧거나 아주 짧음
2. 소매상의 중요도	그다지 중요하지 않음	중요함	대단히 중요함
3. 거래 점포의 수	되도록 많이	적게	적게(때로는 단일점포)
4. 상품회전율	높음	비교적 낮음	비교적 낮음
5. 이윤폭	낮음	높음	높음
6. 광고에 대한 책임	제조업체	소매상	공동 책임
7. 구매시점 진열의 중요도	대단히 중요함	크게 중요하지 않음	크게 중요하지 않음
8. 광고의 활용	제조업체	소매상	제조업체와 소매상
9. 상표와 점포명의 중요도	상표	점포명	상표와 점포명
10. 포장의 중요도	대단히 중요함	그다지 중요하지 않음	그다지 중요하지 않음

2) 산 업 재

산업재는 기업이나 기관 같은 조직이 추가적인 가공을 목적으로 구매하거나 사업활동을 영위하기 위해서 구매하는 제품이다.

산업재의 분류방법은 학자들이나 실무진들 간에 의견이 다양하다. 그러나 산업재 구매결정과정은 일반적으로 합리적이며, 일정한 규칙에 의거하여 집단적으로 구매하기 때문에 제품에 따라 그 구매의사결정과정에 큰 차이가 없다. 따라서 산업재를 분류할 때에는 구매행동을 기준으로 하는 것보다는 그 용도를 기준으로 구분할 수밖에 없다는 데에는 의견의 일치를 보고 있다. 산업재를 용도에 따라 분류하면 재료 및 부품(materials and parts), 자본재(capital items), 그리고 소모품 및 서비스(supplies and services) 등의 세 가지로 분류할 수 있다.

■ 재료 및 부품

재료 및 부품은 가공이나 조립을 통하여 구매가 생산하는 제품의 일부분이 되는 산업재로서 원자재(raw materials)와 제조된 원료 및 부품(manufactured materials and parts)으로 양분할 수 있다. 원자재는 농산물(밀, 면화, 가축, 과일, 채소 등)과 자연생산물(수산물, 목재, 원유, 철광석 등)로 구분된다.

　제조된 원료 및 부품은 그 자체가 생산 공정을 거쳐서 제조되었지만, 아직 그대로는 충분한 효용가치를 가지고 있지 않은 제품으로서 완제품의 일부를 구성한다. 제조된 원료 및 부품은 구성자재(철, 면사, 시멘트, 철사 등)와 구성부품(소형모터, 타이어, 주물 등)으로 구분된다. 구성자재는 더 많은 가공이 필요한데, 예를 들면 철을 가공하여 강철로 만들고 면사를 가공하여 옷감을 만들어서 효용가치를 높인다. 반면에 구성부품은 더 이상의 가공을 거치지 않고 바로 완제품의 일부가 된다. 대부분의 제조된 원료와 부품은 산업사용자에게 직접 판매되며, 상표나 광고보다도 가격이나 서비스가 중요한 마케팅요소가 된다.

■ 자 본 재

　자본재는 생산을 지원해주는 산업재를 말한다. 자본재는 설비(installations)와 보조장비(accessory equipment)로 구분된다. 설비는 건물(공장, 사무실 등)과 고정장비(발전기, 프레스, 대형컴퓨터, 엘리베이터 등)로 구분된다. 이러한 설비는 중요한 구매에 해당되기 때문에 장기간의 의사결정기간을 거쳐서 생산자로부터 직접 구매한다.

　보조장비는 휴대가 가능한 공장용 장비와 도구(공구, 지게차 등)와 사무장비(팩시밀리, 책상 등)로 구분된다. 보조장비는 설비에 비하여 수명이 짧고, 생산과정을 지원하는 정도가 보다 낮다. 보조장비시장은 지리적으로 분산되어 있고, 구매자의 숫자도 많으며, 주문량도 소량이기 때문에 산업사용자에게 직접 판매하기 보다는 중간상을 통하여 판매하는 것이 보통이다.

■ 소모품 및 서비스

　소모품과 서비스는 완제품에 전혀 들어가지 않는 산업재를 말한다. 소모품(supplies)은 운영품목(윤활유, 석탄, 연필, 종이 등)과 유지 및 수선품목(페인트, 못, 빗자루 등)으로 구분된다. 이러한 소모품은 상표간의 비교노력을 거의 하지않고 구매하기 때문에 산업분야의 편의품 이라고 할 수 있다.

　한편 기업서비스는(business service) 유지 및 수선서비스(유리창 닦기, 컴퓨터수리 등)와 기업자문서비스(법률자문, 경영자문, 광고자문 등)로 구분된다. 이러한 서비스들은 보통 계약을 통하여 제공된다. 유지서비스는 종종 소규모 생산자에 의하여 제공되지만, 수선서비스는 장비제조업자가 제공하는 것이 일반적이다. 제품관리는 제품속성, 제품계열, 그리고 제품믹스에 관한 의사결정의 세 가지로 구분할 수 있다.

3 브랜드자산 관리

3.1 상표와 브랜드자산 관리

1) 브랜드의 개념과 구성

브랜드란 제품이나 서비스의 생산자를 다른 경쟁자와 구별하기 위해 사용되는 이름, 표현, 기호 등을 말한다. 구체적으로 브랜드는 다음과 같이 구성되어 있다.

브랜드 = 상표명(brand name) + 브랜드마크(brand mark)

- 브랜드명(brand name): 상표를 구성하는 핵심적인 요소로 글자, 단어, 숫자 등으로 구성된다. 현대자동차의 '그랜져 XG', 코카콜라 등이 이에 해당된다.
- 브랜드마크(brand mark): 글자나 숫자가 아닌 도형, 로고 또는 그림으로 상표의 정체성(identity)을 전달한다. 현대자동차의 'H마크'나 에쿠우스의 자동차 보네트에 달려 있는 심볼, 대한항공의 태극마크 등이 이에 해당된다.

이와 같은 브랜드명이나 브랜드마크의 일부 또는 전부가 특허청에 등록되어 있다면 등록브랜드 또는 등록상표(trade mark)가 되고 이를 독점적으로 사용할 수 있게 된다. 그러므로 등록상표는 브랜드명일수도 있고, 브랜드마크일수도 있으며, 이 둘 모두를 포함한 것일 수도 있다. 등록상표는 등록되었다(registered)는 뜻을 나타내는 영문자의 첫머리를 따서 ®이라고 표시하거나 TM(trade mark)로 표시하기도 한다.

> **브랜드**
> 제품이나 서비스의 생산자를 다른 경쟁자와 구별하기 위해 사용되는 이름, 표현, 기호
>
> **브랜드명**
> 상표를 구성하는 핵심적인 요소로 글자, 단어, 숫자
>
> **브랜드마크**
> 글자나 숫자가 아닌 도형, 로고 또는 그림. 상표의 정체성(identity)을 전달함

2) 브랜드의 기능과 중요성

브랜드의 기능 중에서 가장 중요한 것은 특정 제품을 다른 제품과 구별하도록 하는 데 있다. 이렇게 특정 제품에 브랜드를 붙여서 다른 제품과 구별하게 함으로써 소비자, 제조업체, 그리고 중간상 모두에게 편익을 가져다주고 있다. 먼저 소비자는 자기가 원하는 제품을 찾아내는 데 있어서 브랜드가 결정적인 도움을 준다.

제조업체의 경우는 자사제품을 소비자나 중간상이 다른 제품과 혼동하는 것을 방지함으로써, 자사제품만을 원하는 고객들이 계속 자사제품을 구매하도록 할 수 있다. 즉 제조업체로서 가장 바람직한 것은 소비자나 중간상이 자사제품에 대하여 높은 브랜드충성도를 유지하도록 유도하는 것이다. 높은 브랜드충성도를 유지하기 위해서는 제품의 품질이 우수한 것도 중요하지만 그 제품을 다른 경쟁제품과 구별할 수 있어야 하는데 브랜드가 이러한 역할을 담당하고 있다.

한편 중간상의 경우도 브랜드가 부착된 제품을 취급함으로써 몇 가지 편익을 누린다. 중간상에게 브랜드란 광고의 대상이 되는 것이고 아울러 점포에 진열된 상품을 차별할 수 있는 기준이기도 하다. 또한 구매자가 다른 브랜드와 혼동을 안 하게 되므로 시장점유율을 통제할 수 있으며, 중간상은 브랜드충성도가 높은 브랜드를 취급함으로써 고객들의 점

포충성도(store loyalty)를 확보할 수 있다.

오늘날 브랜드는 점차 그 중요성이 더욱 크게 인식되는데 그 이유는 다음과 같다.
- 강력한 브랜드는 소비자의 브랜드충성도를 높여 경쟁브랜드의 공격적인 촉진활동과 저가격공세에도 불구하고 소비자의 브랜드전환을 어렵게 한다.
- 강력한 브랜드는 중간상의 협조를 쉽게 얻을 수 있어 보다 유리한 진열공간을 확보하거나 중간상들의 가격인하요구를 막을 수 있다.
- 강력한 브랜드는 높은 브랜드인지도를 가지므로 그 브랜드를 부착한 신제품을 도입하여 마케팅비용을 절감할 수 있다.

립페인트·악어발팩… 뷰티업계, 직관적 네이밍·디자인 뜬다

뷰티업계가 화장(?)을 지웠다.
이전까지 뷰티 브랜드들이 세련된 네이밍이나 화려한 패키지로 경쟁했다면 최근에는 제품의 특징을 강조하는 데 집중하고 있다. 특히 네이밍은 화려한 수식어 대신 제품의 특징을 나타내는 노골적이고 직관적인 단어로 무장했다. 이처럼 직관적인 네이밍은 솔직 담백한 2030들의 성향을 반영한 것이기도 하다. 소비자의 뇌리에 한 번에 각인될 수 있도록, 제품이나 브랜드의 특장점을 네이밍과 패키지에 적용한 제품들은 SNS 상에서 입소문만으로 높은 매출신장률을 기록 중이다.

썬더볼 틴트
올리브영이 자체 개발한 색조 화장품 '컬러그램'의 주력 제품인 '썬더볼 틴트 라커'는 한 번만 발라도 번개처럼 짜릿한 컬러감이 발색되는 립 틴트다. 제품 콘셉트의 주요 키워드인 '번개'를 제품명과 패키지에 담은 것이 특징이다.

메이크업 브랜드 '웨이크메이크(WAKEMAKE)'가 출시한 '립 페인트'역시 페인트 같은 질감과 높은 발색 지속력을 강조한 '페인트'키워드를 명칭에 활용했다. 제품은 입술에 페인트가 묻듯 완벽 밀착돼 쉽게 지워지지 않는다. SNS 상에서는 입술에 착 붙어 발라져 색이 딱 붙어 지속된다는 의미의 '착붙딱붙 틴트'라는 애칭으로도 불린다.

제품 콘셉트를 노골적으로 드러내는 전략은 실제 판매 수치로도 입증됐다. 컬러그램의 썬더볼 틴트 라인은 출시 첫 주 매출이 최근 한 주 대비 40% 이상 신장했으며, 웨이크메이크의 립 페인트 역시 출시 인기 컬러의 경우 품절 사태가 이어지고 있다.

라벨영 쇼킹마요네즈 헤어팩
신개념 멀티 화장품 업체인 라벨영의 '쇼킹마요네즈헤어팩'은 단백질 등 풍부한 영양 성분으로 머릿결 관리에 도움을 주는 마요네즈의 효과를 그대로 적용한 것에 더해 용기 디자인까지 마요네즈 케이스를 활용했다.

올리브영 관계자는 "수많은 뷰티 아이템 중 제품의 특장점을 직관적으로 제시하는 네이밍과 패키지의 신제품들이 소비자에게 강한 인상을 남김 구매로까지 이어지고 있다"고 전했다.

자료원 : 비바100 2018.03

3) 좋은 브랜드의 선정

좋은 브랜드를 선정하는 것은 마케팅관리자가 당면하는 가장 어려운 과제중의 하나라고 할 수 있다. 다음에 열거하는 특징을 되도록 많이 구비하고 있는 브랜드가 좋은 브랜드라고 할 수 있다. 그러나 다음의 특징 모두 갖추고 있는 브랜드를 발견하기란 그다지 쉽지 않다.

- 브랜드가 그 제품의 특성을 암시하는 것
- 발음하기 쉽고, 읽고, 쓰기 쉬우며, 기억에 남는 것
- 특특한 것
- 신제품 도입시 적용할 수 있는 것
- 등록할 수 있고 법적 보증을 받을 수 있는 것

오랫동안 브랜드가 널리 알려지고 수용되면 그 브랜드가 그 상품의 대명사화되는 수가 있다. 나일론, 아스피린(Aspirin)은 처음에는 브랜드로 사용되었으나, 나중에는 일반적 상품명으로 쓰이게 되었다. 이러한 문제에 직면하기 전에 기업으로서는 무엇인가 전략을 세우지 않을 수 없다. 첫째, 두 개의 명칭을 사용하는 것이다. 즉 기업의 상호와 함께 브랜드를 쓰거나 일반적인 명칭과 함께 브랜드를 쓰는 방법이다. 이스트만 코닥社(Eastman Kodak)는 "여러분이 찾는 브랜드는 이스트만이 아니고 코닥이지요" 라고 계속적으로 광고함으로써 '코닥'이라는 브랜드가 일반적인 제품명이 되는 상황에 대처하고 있는 것이다. 둘째로, 유명브랜드를 보호하기 위해서 "이 브랜드는 소유권이 등록되었습니다." 라고 일반소비자에게 사실대로 알리고 계몽하는 방법이다. Sunbean사(社)와 Sunkist사는 극단적인 예로 너무나 유명해진 브랜드를 따라 상호를 바꾸어 버린 대표적인 예이다.

4) 브랜드자산 관리

■ 브랜드자산의 개념과 중요성

> **브랜드자산**
> 소비자가 상품에 대한 브랜드명을 앎으로서 고객 반응에 미치는 긍정적, 차별적 효과

브랜드자산(brand equity)이란 소비자가 상품이나 서비스에 대한 브랜드명을 앎으로서 고객의 반응에 미치는 긍정적, 차별적 효과를 말한다. 따라서 강력한 브랜드는 높은 브랜드자산을 보유하고 있는 것이다. 2011년 발표된 조사결과에 의하면 코카콜라의 브랜드 가치가 약 718억 달러로 평가되어 세계1위의 브랜드가치를 보유한 것으로 나타났으며, 2위 IBM 699억 달러, 3위 마이크로소프트 591억 달러 등의 순으로 평가되었다.

브랜드 자산은 기업에게 많은 경쟁적 우위를 제공한다. 즉 강력한 브랜드는 높은 브랜드 인지도와 소비자 충성도를 구축함으로써 유통업체와의 관계에서 우위를 점할 수 있고, 새로운 제품라인과 브랜드확장제품의 성공가능성이 높아진다.

재미있는 브랜드 이야기: 나이키

1980년대 스포츠 브랜드에서 나이키는 '부의 상징'으로 통했다. 신발을 신고 있다는 이유만으로 주변 사람들의 부러움을 한 몸에 받았을 정도였다. 오른쪽 상단으로 뻗어나간 날개 모양의 로고는 선망의 대상이 됐었기 때문이다.

회사 로고는 창업자들이 고민 끝에 포틀랜드 주립대학에 다니던 옆집 여대생에게 단돈 **35**달러를 주고 부메랑이 날아가는 듯한 모양을 부탁해 만들어졌다고 한다. 오늘날 전 세계 브랜드 **2**위를 고수하고 있는 나이키 브랜드는 이렇듯 '싼 값'에 손에 넣게 된 셈이다.

하지만 부메랑 로고 하나 때문에 나이키가 지금의 위상을 얻게 된 건 아니다. 나이키는 **1970**년대 태어난 베이비붐 세대의 개인주의와 자기확신을 적절히 이용해 나이키 브랜드를 포지셔닝했다. 나이키 제품을 지니고 있기만 해도 소비자에게 차별화된 자부심을 준다는 마케팅 전략을 이용해 경쟁사들을 따돌리기 시작했다. 여기에 건강에 대한 관심이 높아지면서 다양한 기능성 운동화와 운동용품을 생산해 고객의 지갑을 열었다. 마이클 조던과 타이거 우즈 같은 최고의 스포츠 스타를 동원해 명품 스포츠 이미지를 각인시켰던 것도 주요한 광고 전략이었다.

자료원: 서울경제 **2010. 12. 1**

■ 브랜드자산 관리

소비자 관점에 볼 때 브랜드자산은 브랜드 인지도와 브랜드 이미지(호의적 브랜드 태도)에서 비롯된다. 즉 소비자가 특정 브랜드의 제품을 구매하기 위해서는 구매시점에서 그 브랜드를 인지해야 하며 그 브랜드에 대해 호의적인 태도나 이미지를 가지고 있어야 한다. 따라서 기업의 입장에서는 소비자에게 브랜드 인지도를 향상시키고 호의적인 브랜드 이미지(태도)가 형성될 수 있도록 노력해야 한다.

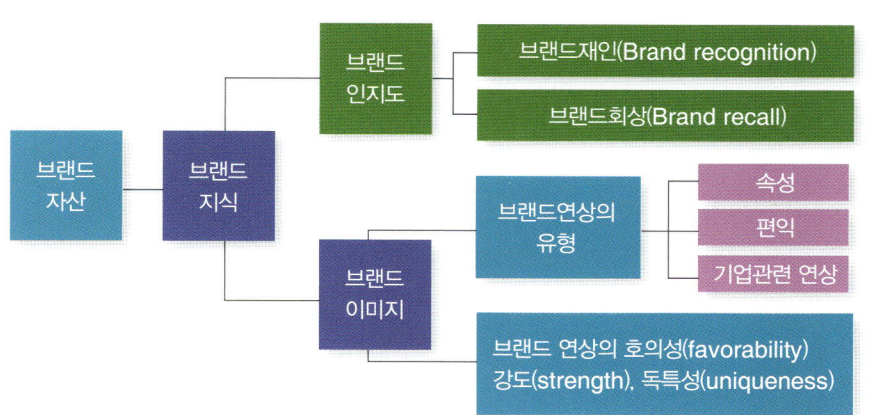

그림 7.3 브랜드자산의 구성요소

3.2 브랜드자산의 관리전략

경영자는 적어도 다음과 같은 측면에서 브랜드에 관한 전략적 의사결정을 내려야 한다.

1) 브랜드의 부착 여부 결정

기업이 가장 먼저 결정해야 할 사항은 생산된 제품에 브랜드명칭을 부여할 것인가 여부를 결정하는 일이다. 브랜드는 앞에서 설명한 바와 같이 소비자, 제조업체, 그리고 중간상 모두에게 편익을 제공한다. 따라서 오늘날에는 브랜드 없이 시장에 출시되는 제품은 거의 없다. 예를 들면 소금도 브랜드가 붙은 포장지에 넣어 유통시키고 있으며, 플러그, 필터, 타이어 등의 자동차부품들도 자동차 메이커와 다른 별도의 브랜드를 붙여서 유통시키고 있다. 또한 일차적 농산물에는 브랜드를 붙이지 않는 것이 관례였음에도 불구하고 최근에는 선키스트 오렌지(Sunkist oranges), 돌 파인애플(Dole pineapples), 고창 수박 등 대중적인 과일에까지도 브랜드를 부착하는 경우가 일반화되었다. 이러한 제품에 브랜드를 붙이는 이유는 다른 제품과 차별화함으로써 소비자에 의하여 인지되는 제품의 품질을 높이는 데 있다.

그러나 일부 제품의 경우에는 브랜드를 부착하지 않고 판매하고 있다. 광물, 농수산물 등의 총칭제품(generic products)이나 일부 저가격제품 등에는 브랜드를 붙이지 않고 평범하게 포장하여 판매하고 있는데, 그 이유는 브랜드가 없는 소박한 제품은 소비자에게 값이 싼 제품으로 느껴지기 때문에 가격에 대하여 탄력적인 고객을 상대로 저가정책을 채택하려는 기업이 고려할 만한 전략이기 때문이다.

2) 브랜드소유자의 결정

기업이 제품에 브랜드를 붙이기로 결정했으면 그 다음에는 과연 누구의 브랜드를 부착하느냐에 관한 결정을 해야 한다. 브랜드는 그 소유주를 기준으로 할 때 제조업체 브랜드(manufacturer's brand), 유통업체(중간상) 브랜드(private brand) 그리고 무브랜드(generic brand)로 구분된다.

■ 제조업체 브랜드(NB; Manufacturer's Brand, National Brand)

제조업체 브랜드는 제품을 제조하는 생산자가 만드는 브랜드로서 직접 소비자에게 제품의 품질, 이미지 등에 관한 정보를 제공할 수 있고 광고나 판촉 등의 마케팅활동을 수행할 수 있다. 제조업자 브랜드는 현대자동차와 같이 생산자 자신이 소비자에게 널리 알려져 명성이 있는 경우에 특히 효과적이라고 할 수 있다.

> 제조업체 브랜드(NB)
> 제품을 제조하는 생산자가 만드는 브랜드

■ 유통업체(중간상) 브랜드(PB: Private Brand)

도매상이나 소매상이 제품을 공급받아 자신들의 신용과 명성에 근거하여 브랜드를 부착하는 것으로 중간상이 공급자보다 시장에서 더 높은 명성과 전통을 가지고 있을 때 효과적이다. 명성 있는 백화점이나 할인점들은 자체브랜드로 많은 매출을 올릴 수 있다. 이러한 자체브랜드는 유통업체에게 제품에 관한 보다 높은 의사결정력, 보다 높은 마진 등의

> 유통업체 브랜드(PB)
> 도매상이나 소매상이 제품을 공급받아 자신들의 신용과 명성에 근거하여 브랜드를 부착하는 것

"이름 말고 품질을 봐주세요" 유통거인 이마트 '노브랜드 혁명'

1980년대 혹은 1990년대 초반까지만 해도 사람들은 '믿을 만한 제조사가 만든 다소 비싼 제품'을 '메이커'라 불렀다. 아직 '브랜드'에 대한 정립은 제대로 이뤄지지 않은 상태였지만 소비자들은 운동화, 의류 등 각종 소비재 선택에 있어 제조사와 제조사다 내세운 브랜드를 '신뢰 여부의 기준'으로 삼았다는 뜻이다. 과자나 음식도 마찬가지였다. 유명한 식품회사가 아닌 회사에서 만든 '가성비'가 좋은 식품은 싸구려 내지 불량식품으로 매도되기 일쑤였다. 이후 '브랜드 전성시대'가 열렸다. 1990년대, 사람들은 온갖 수입 브랜드에 열광했으며 브랜드를 사고, 입고, 마셨다. 그러나 양극화가 심해지고 저성장이 '뉴 노멀'이 되면서 부터 사람들은 '브랜드'가 아닌 제품이나 서비스의 '절대가치'를 중시하기 시작했다. 소비자들이 변하고 있음을 감지한 많은 유통업체들이 자체 상표 제품을 저렴한 가격에 내놓았다. 2015년 전 세계적으로 장기 불황은 계속되고 있고 디지털 혁명으로 오프라인 유통업체는 엄청난 위기에 봉착했다. 유통업체 선두기업인 이마트의 위기감도 상당했다. 그동안 여러 PB제품을 만들어 팔면서 얻은 교훈을 토대로 아예 브랜드 자체가 없는 PB제품 '이마트 노브랜드'를 내놨다. 결과는 놀라웠다.

출시 첫 한 달 매출은 1억 9000만여 원이었지만 1년 7개월여가 지난 2016년 11월의 한 달 매출은 약 200억 원에 이른다. 물론 이 같은 엄청난 매출 신장은 상품수가 9개에서 1000여개로 늘어나고 소형 전자제품 등 단가가 높은 제품이 증가했지 때문인 측면도 있다.

단순한 수치보다 더 눈길을 끄는 건 소비자들의 반응이다. 많은 일상블로거, 리뷰 블로거들이 자발적으로 노브랜드의 각 제품에 대한 품평을 올리고 새로 나온 제품의 리스트, 히트제품 리스트 등을 올리면서 정보를 공유하고 있다. (이하 생략)

자료원 : 동아 비즈니스 리뷰 2017.01

많은 이점을 제공하여 주기 때문에 유통업체에게 선호되고 있다.

■ 무상표(Generic Brand)

무상표는 제품에 상표를 붙이지 않고 콩나물, 버섯 등과 같이 단지 제품의 내용만을 표시하는 상표전략으로서 평범하게 포장되어 있고 제품광고를 비롯한 상표인지도를 올리기 위한 마케팅활동을 하지 않으므로 매우 저렴한 가격에 판매될 수 있다.

과거에는 상표를 가질 수 있는 유일한 주체는 제조업체였고, 따라서 상표는 의례 제조업체 상표를 의미하였다. 그러나 최근 백화점, 할인점, 슈퍼마켓, 전문점 등의 유통업체가 국내외에 다점포망을 형성함에 따라 이러한 전통에 변화가 시작되었다. 즉 유통업체도 경쟁자와 차별화를 위해 독자적인 브랜드를 보유할 필요성을 느끼게 된 것이다. 미국 전역에 유통망을 지니고 있는 시어즈(Sears)의 경우 배터리에 'Diehard', 페인트에

> **무상표(Generic Brand)**
> 제품에 상표를 붙이지 않고 단지 제품의 내용만을 표시하는 상표전략

'Weatherbeater', 그리고 공구에는 'Craftman'이라는 유통업체 브랜드를 붙이고 있으며 판매액의 90%를 자체브랜드로 판매하고 있다. 한국의 경우에도 대형할인점 기업을 중심으로 다수의 유통업체들이 자체의 브랜드를 사용하고 있는데 신세계 이마트의 빅텐·자연주의, 롯데마트의 초이스L·세이브L·롯데마트랑 등이 대표적인 예라고 할 수 있으며 자체브랜드의 매출액이 급속히 증가하고 있다. 그러나 이러한 유통업체 브랜드를 부착하기 위해서는 품질유지에 대한 책임, 촉진비용 및 재고관리에도 많은 자금이 필요하다. 이러한 단점에도 불구하고 유통업체는 왜 자기 브랜드를 가지려고 하는가? 첫째 어떤 생산자의 생산시설에 잉여가 있을 때 그 생산자로부터 제품을 주문받는 경우 정상가격을 밑도는 가격에 제품을 공급받음으로써 다른 소매점보다 유리한 입장에서 고객을 확보할 수 있다. 둘째, 유통업체브랜드를 개발함으로써 독자적으로 고객의 신뢰와 충성을 얻기 위함이다.

이처럼 유통업체가 자체브랜드를 가지게 되는 것은 피할 수 없는 현실이지만 제조업체의 입장에서 볼 때 이러한 현상이 확산되는 것은 많은 어려움을 겪게 하는 것이기도 하다.

제조업체 브랜드(NB)와 유통업체 브랜드(PB)간에 일어나는 경쟁을 브랜드전쟁(battle of brands)라고 한다. 이러한 양자 간의 경쟁에서 유통업체가 보다 유리한 이점을 가지고 있다. 유통업체는 어떤 제품을 재고로 가지고 있을까를 결정할 수 있으며, 어떤 제품을 진열대의 가장 좋은 위치에 놓을 것인가도 결정할 수 있다. 또한 유통업체는 자체브랜드의 관리에 주의를 기울이게 되어 소비자의 신뢰를 높일 수 있다. 또한 유통업체는 자체브랜드의 가격을 제조업체 브랜드보다 낮게 책정하여 가격 의식적 소비자의 구매를 유도할 수도 있다. 이러한 여러 가지 이유로 인하여 제조업체 브랜드의 지위가 상대적으로 약화되는 추세에 있다.

3) 개별브랜드와 공동브랜드

제품의 브랜드결정시 선택하여야 할 일이 또 하나 있다. 즉 개별브랜드(individual brand), 공동브랜드(family brand) 그리고 혼합브랜드 중 어떤 것을 부착할 것인가 하는 것이다. 개별브랜드란 제조업체나 유통업체가 생산·관리하는 모든 제품에 대하여 각각 별도의 브랜드를 붙이는 것을 말한다. 개별브랜드를 채택하면 몇 가지 이점이 있다. 첫째 기업의 명성이 특정브랜드에 의하여 영향을 받지 않는다. 다시 말하면 제조업체나 유통업체가 여러 가지 브랜드를 취급할 때 어느 한 개가 잘못되었을 경우 이 제품에 대한 좋지 않은 인상이 다른 제품에까지 파급되는 것을 막을 수 있다. 둘째 신제품이 시장에 소개될 때 별도의 이름이 주어지면 보다 새로운 느낌을 주어 고객의 구매를 유도하는 효과가 있다. 개별브랜드는 제품의 유통경로가 다양하거나 각 제품이 커다란 잠재시장을 가지고 있을 때 적절한 방법이다.

한편 공동브랜드는 제조업체나 유통업체가 생산·관리하는 모든 제품에 대하여 동일한 브랜드를 붙이는 것을 말한다. 공동브랜드의 이점은 기존에 확립된 브랜드의 명성을 이용하여 새로운 제품을 시장에 도입할 때 적은 비용으로 소비자에게 쉽게 접근할 수 있다는 것이다. 반면에 한 제품에 발생하는 실패는 공동브랜드를 사용하는 모든 제품에 영향을 미치며, 형태가 전혀 다른 여러 가지 제품을 생산하는 기업의 경우 공동브랜드를 사용하

개별브랜드
제조업체나 유통업체가 생산·관리하는 모든 제품에 대하여 각각 별도의 브랜드를 붙이는 것

공동브랜드
제조업체나 유통업체가 생산·관리하는 모든 제품에 대하여 동일한 브랜드를 붙이는 것

는 것이 바람직하지 않다.

여러 개의 제품라인에서 별도의 제품들을 생산하는 기업들은 개별브랜드명과 공동브랜드명을 조합하여 사용하는 혼합브랜드명전략을 채택한다. 이 전략은 각 제품라인의 소비자가 현저히 다르거나 제품품질이 다를 때는 제품라인별로 별도의 브랜드명을 붙이고 같은 제품라인 내에서는 동일한 브랜드명을 유지하는 전략이다. 토요타 자동차는 미국의 고급차시장에 진출하기 위해서 렉서스라는 별도의 브랜드를 개발하였으며 렉서스 자동차라인에는 차의 크기에 따라 LS300, LS400 등의 숫자로 브랜드명을 붙이고 있다. 닛산의 경우도 인피니티라는 고급차 브랜드를 별도로 운영하고 있으며, 인피니티 라인 내에서는 차 크기에 따라 인피니티 Q20, 인피니티 Q30, 인피니티 Q40 등으로 공동브랜드명을 사용하고 있다.

4) 브랜드정책

일반적으로 기업은 네 가지 브랜드정책, 즉 계열확장(line extension), 브랜드확장(brand extension), 다브랜드(multi brands), 그리고 신 브랜드(new brands)의 네 가지 정책 중에서 선택할 수 있다 (그림 7.4 참조).

그림 7.4 네 가지 상표정책

■ 라인확장정책

라인확장정책이란 기업이 기존의 제품범주(product category)내에 새로운 제품을 도입할 때 이미 명성을 얻은 기존의 브랜드를 붙이는 정책을 말한다. 여기서 기존의 제품범주내의 새로운 제품이란 기존제품에 향, 형태, 성분, 포장규격 등에 수정을 가하여 출시한 제품을 말한다. 예를 들면 코카콜라사의 경우 'Coke'라는 브랜드로 레귤러 혹은 다이어트, 카페인 혹은 카페인 프리, 병 혹은 캔 콜라 등 다양한 제품을 출시하고 있다.

생산시설에 여유가 있기 때문에 새로운 품목을 도입하거나, 경쟁사의 성공적인 라인연장정책에 적절히 대응하고, 소매상의 진열면적을 보다 많이 차지하기 위해서는 라인확장정책이 매우 효과적이다. 그러나 라인확장정책도 몇 가지 위험요소를 지니고 있다. 브랜드의 지나친 확장은 브랜드의 고유한 의미를 잃어버리기 쉽다. 또한 지나친 라인확장은

> **계열확장 정책**
> 기업이 기존의 제품범주(product category) 내에 새로운 제품을 도입할 때 이미 명성을 얻은 기존의 브랜드를 붙이는 정책을

충분한 매출액을 확보하기 어렵기 때문에 소요되는 제품개발비나 촉진비용을 보전할 수 없다.

■ 브랜드확장정책

> **브랜드확장 정책**
> 기존의 성공적인 브랜드명을 새로운 제품범주의 신상품이나 수정된 상품에 붙이는 정책

브랜드확장정책이란 기존의 성공적인 브랜드명을 새로운 제품범주의 신상품이나 수정된 상품에 붙이는 정책을 말한다. 예를 들면 프록터앤갬블(Procter & Gamble)社는 그의 성공적인 브랜드인 'Ivory'를 주방용세제나 샴푸에 붙여서 크게 성공한 바 있다. 또한 혼다(Honda)사는 'Honda'를 자동차, 모터사이클, 스노모빌, 잔디깍기기계 등에 붙여서 판매하고 있다. 이러한 브랜드확장정책은 몇 가지 장점이 있다. 즉 잘 알려진 브랜드를 이용함으로써 신제품을 보다 쉽게 시장에 도입할 수 있으며, 신제품에 대한 즉각적인 인지와 보다 빠른 수용을 가져올 수 있다. 그러나 브랜드확장정책도 몇 가지 문제점을 지니고 있다. 즉 확장된 브랜드가 시장에서 실패하는 경우 동일한 브랜드를 붙인 기존의 다른 제품에 대한 소비자의 태도를 부정적인 것으로 만들 수 있다. 또한 특정 브랜드명을 과다하게 사용함으로써 그 브랜드가 소비자의 마음속에서 차지하고 있는 특별한 포지션을 잃어버릴 위험이 있다. 다시 말하면 특정 브랜드와 특정 제품 간의 연상 작용이 사라짐으로써 브랜드희석현상(brand dilution)이 나타날 수 있다.

■ 다브랜드정책

> **다브랜드 정책**
> 동일한 제품범주에서 출시되는 제품마다 각각 별도의 브랜드를 붙이는 정책

다브랜드(multi brand)정책이란 동일한 제품범주에서 출시되는 제품마다 각각 별도의 브랜드를 붙이는 정책을 말한다. 다브랜드정책은 소비자의 각기 다른 구매동기에 소구하기 위하여 다양한 제품특징을 추가할 때 효과적으로 이용되는 정책이다. 이 정책을 가장 성공적으로 활용해 온 회사는 프록 앤 갬블사로서, 이 회사는 소비자의 각기 다른 구매동기를 충족시키기 위하여 8개 브랜드의 세탁기용 가루비누를 출시하고 있다. 이 정책은 한 기업이 동일한 제품범주 내에서 여러 품목을 개발하여 출시함으로써 시장점유율을 높이고 경쟁사의 시장진입을 막는 데 효과적이다. 그러나 이 정책에도 문제가 없는 것은 아니다. 그 중에서도 가장 심각한 문제점은 제품마다 브랜드가 다르기 때문에 별도의 촉진비용을 투자하여야 한다는 점이다.

■ 신브랜드정책

> **신브랜드 정책**
> 한 기업이 새로운 제품범주를 출시할 때 기존의 브랜드명이 그 제품범주에 적합하지 않기 때문에 새로운 브랜드명을 붙이는 것

끝으로 신브랜드정책은 한 기업이 새로운 제품범주를 출시할 때 기존의 브랜드명이 그 제품범주에 적합하지 않기 때문에 새로운 브랜드명을 붙이는 것을 말한다. 예를 들면 시어즈(Sears)의 경우 제품범주에 따라서 각각 별도의 공동브랜드를 붙이고 있는데, 가전제품에는 'Kenmore', 공구에는 'Craftman', 주요 가정용설비에는 'Homart'를 붙이고 있다.

구찌, 팝업 '구찌 카페' 오픈.. "럭셔리 철학과 장인 정신 느껴보세요"

이탈리아 럭셔리 브랜드 구찌가 1일부터 11월 16일까지 약 7주 동안 현대백화점 무역센터점 1층에 '구찌 카페(Gucci Caffè)'를 연다. 이미 이탈리아 밀라노와 피렌체, 일본 도쿄에서 구찌 카페를 운영하고 있지만 한국에서는 처음으로 열게 됐으며 한국의 고객들에게도 구찌만의 럭셔리 철학과 장인 정신을 생생하게 전달하기 위해 이번 팝업 카페가 기획됐다. 또 국내에 있는 럭셔리 브랜드 중에서도 하우스의 가치를 경험할 수 있는 '카페'를 여는 것도 구찌가 처음이다. 이번 카페 인테리어에 구찌는 장인 정신과 문화와 역사적 전통을 존중하는 뜻을 담아 한국 고유의 전통 한지를 사용했다. 입구에 위치한 구찌의 대표 핸드백 4가지의 실루엣 디스플레이와 벽면의 월페이퍼로 사용돼, 이탈리아적이면서도 한국적인 인테리어를 표현했다. 2010년부터 100% 재활용 할 수 있는 FSC 인증 용지 및 코튼 등 친환경 소재를 패키징 소재로 사용하고 있는 구찌는 기존 팝업 스토어 등에 사용되는 고급스럽고 럭셔리한 소재들(골드 메탈, 로즈우드, 플루트 글라스)의 사용을 최소화하고 한지와 시트지를 활용하는 등, 팝업 스토어의 짧은 운영기간 이후 발생하는 산업 폐기물을 최소화하고자 하는 노력을 더했다. 팝업 구찌 카페에서는 커피를 비롯한 다양한 음료와 구찌만의 독특함이 담긴 디저트를 만나볼 수 있다. 모든 디저트 메뉴는 이탈리아 럭셔리 포셀린(porcelain; 자기) 브랜드 리차드 지노리(Richard Ginori)에 담겨 제공된다. 또한 구찌 아이콘 백의 슈가 아트 디스플레이, 슈퍼모델 케이트 모스와 함께 한 재키 디지털 캠페인 등 구찌 카페를 방문하는 고객들을 위한 볼거리를 더했다. 또 구찌 카페를 방문하는 모든 어린이 고객들에게는 브랜드의 대표적인 핸드백 2종을 직접 만들어볼 수 있는 페이퍼 아트, '컷 & 크래프트(Cut&Craft)' 키트가 무료로 제공된다.

자료원 : 투데이 신문 2014.10

4 제품믹스에 관한 의사결정

제품전략을 수립하기 위해서는 제품라인과 제품믹스에 관련된 의사결정도 필요하다. 제품라인(product line)이란 기능이 유사하거나, 동일한 고객집단에게 판매하거나, 유사한 유통경로를 통하여 판매하거나, 혹은 가격범위가 일정하기 때문에 서로 밀접한 관련이 있는 일련의 제품집단을 말한다.

4.1 제품믹스 관리

일반적으로 기업은 하나의 사업(제품)으로부터 시작하여 기업성장에 따라 여러 제품분야로 진출한다. 현대자동차의 경우도 포니로부터 출발하여 많은 제품라인을 추가하여 많은 제품라인을 유지하게 되었다.

제품믹스는 특정 판매자가 소비자들에게 판매용으로 제공하는 모든 품목들이 포함된 제품라인들의 집합을 의미하므로 제품믹스관리는 새로운 제품라인을 추가하거나 기존의 제품라인을 철수시키는 등의 결정과 관련된 것으로서 제품라인의 폭을 결정하게 된다. 기업의 마케팅담당자는 각 제품라인의 시장매력도를 정기적으로 분석하여 각 제품라인을 키울 것인가, 현상유지를 할 것인가, 철수시킬 것인가 등의 결정을 내림으로써 최적의 제품믹스를 유지해야 한다.

제품라인 폭을 너무 적게 유지하면 기업의 매출과 시장점유율이 정체될 수 있으며, 이와는 반대로 제품라인 폭을 너무 넓게 유지하면 수익성이 악화될 수 있다. 따라서 적정한 제품라인 폭을 유지하는 것이 기업의 경쟁력을 좌우하게 된다. 제품라인 폭을 결정하는 것은 기업의 마케팅목표에 달려 있다. 높은 시장점유율을 목적으로 하는 기업은 넓은 제품라인 폭을 유지하는 것이 바람직하며, 고수익을 목적으로 하는 기업은 좁은 제품라인 폭을 유지하는 것이 바람직하다.

> **제품믹스의 넓이**
> 한 기업이 생산하는 제품라인의 수
>
> **제품믹스의 깊이**
> 제품라인내의 각 제품이 제공하는 품목의 수
>
> **제품믹스의 길이**
> 기업이 제공하고 있는 총 품목의 수로서 폭×깊이로 측정

제품믹스(product mix)란 기업이 판매하고자 제공하는 모든 개별 제품들의 집합을 말한다. 이 때 제품믹스의 구조는 폭 또는 넓이(width of product mix)와 깊이(depth of product mix), 그리고 길이(length of product mix)로 이루어진다. 폭(넓이)이란 기업의 제품라인의 수로서 측정되며, 깊이란 제품라인내의 각 제품이 제공하는 품목의 수로서, 각 제품이 사이즈, 칼라 별로 얼마나 다양한 구색(assortment)을 갖추고 있느냐를 말한다. 한편 길이란 각 제품라인의 제품 수이다. 여기서 깊이는 각 제품라인별 깊이의 평균을 말한다.

제품라인의 폭(넓이), 길이, 깊이를 이해하기 위해 현대자동차의 제품믹스 사례를 살펴보기로 하자. 표 7.3에서 제품라인의 폭(넓이)은 승용차, SUV, 상용차 등을 가리킨다. 승용차 제품라인에서의 벨로스터, 쏘나타, 아반떼, 엑센트, i30, i40, 그랜저는 제품라인의 길이를 의미한다. 제품라인의 깊이에 대한 예는 그랜저의 가솔린 2.4, 가솔린 3.0, 가솔린 3.3, 디젤 2.2가 된다.

표 7.3 현대자동차 제품라인의 넓이, 길이, 깊이

제품라인 1		제품라인 2		제품라인 3	
승용차		SUV		상용차	
벨로스터	가솔린 1.4 터보 가솔린 1.6 터보	산타페	가솔린 2.0T 디젤 2.0 디벨 2.2	포터 Ⅱ	CRDi 2WD CRDI 4WD
쏘나타	가솔린 2.0 가솔린 1.6 터보 디젤 1.7 가솔린 2.0 터보 LPi2 렌터카	코나	가솔린 1.6 터보 디젤 1.6 Kona FLUX	마이티	
아반떼	가솔린 1.6 디젤 1.6 가솔린 1.6 터보	투싼	가솔린 1.6 터보 디젤 1.7 디젤 2.0	메가트럭	
엑센트	4Door 가솔린 4Door 디젤 5Door 가솔린 5Door 디젤	맥스크루즈	디젤 2.2 가솔린 3.3	멕시먼트	
i30	가솔린 1.4 터보 가솔린 1.6 터보 디젤 1.6				
i40	i40(왜건) i40 Caloon				
그랜저	가솔린 2.4 가솔린 3.0 가솔린 3.3 디젤 2.2				

(← 제품라인의 폭 →, ↓ 제품라인의 길이, ↓ 제품라인의 깊이)

우리나라의 LG전자와 삼성전자 등 가전제품회사는 다 같이 텔레비전라인 라디오라인 에어컨라인 세탁기라인 등 넓은 제품라인의 폭을 포함하고 있으며, 텔레비전만 하더라도 20인치・40인치・60인치 등 여러 가지 사이즈와, 에어컨도 크고 작은 것에 중간 사이즈 등 제품믹스의 깊이를 갖고 여러 가지 욕구를 충족시키기 위한 전략을 구사하고 있음을 볼 수 있다.

전체적인 제품믹스를 이루는 각 제품라인들은 서로 간에 일관성(consistency)이 있어야 하고, 이러한 일관성이 있음으로 해서 제품라인 간에 시너지효과를 얻을 수 있다. 제품믹스의 일관성이라 함은 여러 제품라인이 그 용도나 생산에 필요한 요소, 판매되고 있는 유통경로 등 여러 가지 점에서 상호 밀접한 관련이 있는 것을 말한다. 즉 제품라인관리자는 각 제품라인에 대한 매력도와 제품라인간의 일관성 등을 고려하여 제품라인을 확장할 것인가, 축소할 것인가, 혹은 분할이나 통합할 것인가, 그렇지 않으면 기존제품을 개조할 것인가 등을 결정하여야 한다.

1) 제품라인 확장전략

제품라인 확장전략이란 기업이 기존의 제품라인 이외에 새로운 제품라인을 추가하는 것을 말한다. 예를 들어 의류제조업체가 기존의 남성복 정장라인 이외에 캐쥬얼라인을 추가한다면 새로운 제품라인을 추가한다는 의미와 새로운 사업영역에 진출한다는 의미를 동시에 가지고 있다. 이러한 제품라인의 확장전략은 두 가지 형태가 있다. 첫 번째 형태는 현재 생산하고 있는 제품라인과 유사한 제품라인을 추가하는 것이고, 두 번째 형태는 현재 생산하고 있는 제품라인과는 관련이 없는 전혀 새로운 제품라인을 추가하는 것이다. 두 번째 형태는 제품다각화전략이라고도 한다.

제품라인 확장전략은 제품라인의 길이와 관련된 전략과 제품라인의 깊이와 관련된 전략으로 구성되어 있다.

제품라인 길이 확장전략

제품라인관리자는 제품라인길이의 확장에 의한 매출액 증가분과 이에 따른 비용증가분 간의 비교분석을 통하여 적정한 제품라인길이를 유지할 수 있도록 노력하여야 한다.

제품라인의 길이를 증가시키는 방법으로는 두 가지가 있는데 한 가지는 라인확장(stretching)이고, 다른 한 가지는 라인충원(filling)이다. 제품라인 확장(product line stretching)은 특정기업이 현재 커버하고 있는 제품범위를 넘어서 제품라인의 길이를 길게 하는 전략을 말한다. 한편 제품라인충원(product line filling)은 현재의 제품라인의 범위 내에서 품목수를 추가하는 전략을 말한다. 그림 7.5는 제품라인 길이 확장전략의 세 가지 형태, 즉 하향 확장(downward stretching), 상향 확장(upward stretching), 그리고 양방향 확장(both ways stretching)을 보여주고 있다.

그림 7.5 제품라인 길이 확장전략

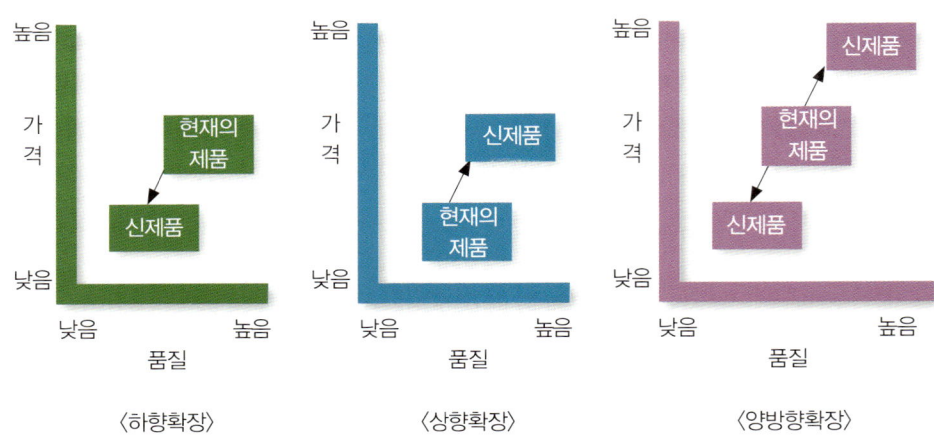

■ 하향 확장

하향 확장이란 그림에서 보는 바와 같이 고가, 고품질의 제품라인을 생산하던 기업이 저가, 저 품질의 제품을 추가로 생산하는 것을 말한다. 많은 기업들이 초기에는 고가, 고

> **하향 확장**
> 고가, 고품질의 제품라인 생산 기업이 저가, 저 품질의 제품을 추가로 생산하는 것

품질의 제품라인을 생산하다가 그들의 제품라인을 하향 확장하는 경향이 있는데 그 이유는 다음과 같다. 첫째, 초기에는 고품질의 이미지를 구축하기 위하여 상층시장에 진입하며, 그 이후에는 하향 확장하게 된다. 둘째, 경쟁사의 상층시장에 대한공격을 방어하기 위하여 하층시장에 진입할 수도 있다. 셋째, 가만히 놓아두면 경쟁자가 진입하게 될 공백시장(market hole)을 메우기 위하여 저급제품을 추가할 수도 있다.

제품라인의 하향 확장은 몇 가지 위험도 수반한다. 첫째, 저급품목을 추가함으로써 경쟁사가 맞대응전략의 일종으로서 고급품시장에 진입할 가능성이 높아진다. 둘째, 고급제품을 취급하여 오던 기존의 중간상들이 저급제품의 취급을 거부할 수 있다. 끝으로 추가한 저급제품이 기존의 고급제품시장을 잠식할 가능성이 있다. 포드(Ford)사의 경우 경제적인 자동차를 원하는 구매자를 위하여 팰콘(Falcon)이라는 승용차를 생산하였는데, 기대한 바와 달리 표준형 차를 구매할 것으로 기대했던 사람들이 이 소형차를 구매함으로써 전체적인 판매액과 이익이 감소하였다.

■ 상향 확장

하향 확장과는 반대되는 개념으로서, 저가, 저품질의 시장을 목표로 하던 기업이 고가, 고품질시장을 목표로 제품라인을 확장하는 것을 말한다. 이러한 전략을 채택하는 이유는 고급제품시장이 빠르게 성장하거나 높은 이익을 가져다 줄 수 있기 때문이다. 또는 전체의 제품라인을 취급하는 기업으로 포지션하기 위하여 이 전략을 채택할 수도 있다. 상향 확장은 미국 자동차시장에서의 일본자동차회사들이 전형적으로 사용한 전략이다. 예컨대 혼다(HONDA)자동차는 미국시장에 진출할 때 씨빅(Civic)이라는 소형차로 출발하였다. 그러다가 시장에서 혼다의 명성이 올라가자 어코드(Accord)라는 중형차를 승용차 제품라인에 추가하였다.

> **상향 확장**
> 저가, 저품질의 제품라인 생산 기업이 고가, 저품질의 제품을 추가로 생산하는 것

상향 확장전략에도 위험이 존재한다. 고급품시장에 진출해 있는 기존 기업들이 이미 확고한 시장지위를 차지하고 있을 뿐만 아니라 대응전략의 한 가지로 중저가품시장에 진출하여 반격을 가할 수도 있다. 또한 유망고객들이 신규진입기업이 고급제품을 생산할 수 있는 능력을 가지고 있다고 믿지 않을 수도 있다.

■ 양방향 확장

양방향 확장이란 중급시장에 포지션한 기업이 고급제품이나 저급품을 추가하는 전략을 말한다. 에스에스패션의 남성복사업부는 로가디스, 버킹검 등의 중가시장에서 강력한 포지션을 구축한 후에 고가제품인 이브생로랑과 저가제품인 빌트모아를 추가함으로써 남성정장 제품라인의 전체범위를 모두 포함하는 전 품목 생산기업으로 위치를 확보하였다.

> **양방향 확장**
> 중급시장에 포지션한 기업이 고급제품이나 저급품을 동시에 추가하는 전략

2) 제품라인 깊이 전략: 제품 확충전략

제품 확충전략(product filling)은 기존의 제품라인 내에서 품목을 추가시킴으로써 제품라인의 깊이를 더욱 깊게 하여 제품라인의 확장을 도모하는 전략이다. 이 전략의 장점은 잉여설비의 활용, 매출의 증대, 세분시장에의 침투 등의 효과가 있을 수 있다. 그러나

제품 확충전략을 과도하게 사용하여 소비자의 혼돈을 불러일으키면 비용 상승과 수익성감소를 가져올 수도 있는 위험이 있다.

3) 제품라인 축소전략

제품라인축소전략이란 여러 개의 제품라인을 생산하고 있는 기업이 포트폴리오 분석을 통해 수익성이 낮거나 성장가능성이 없는 제품라인을 제거하는 것을 말한다. 미국에서 1970년대 중반에 일어났던 이 전략은 오히려 대기업에서 많이 채택하였다. 예를 들면 미국의 대규모 가전제품회사인 Xerox, RCA, 그리고 GE등은 모두 컴퓨터라인을 탈락시켰으며, Motorola도 처음에 휴대용 라디오·오디오·녹음기를 제거시킨 후에 텔레비전수상기까지 제거하여 제품라인을 대폭 축소한 바 있다. 이 전략은 오래 전부터 중요한 제품전략으로 인식되어 오다가 1970년대에 들어오면서 출생률의 감소, 원자재의 부족, 그리고 에너지자원의 고갈 등의 환경변화로 인하여 이 전략의 중요성이 가중되었다. 그 결과 여러 업종에 걸쳐 수많은 기업들이 전품목 판매전략(full-line strategy)을 회피하면서 이윤을 높이면서 원자재 및 에너지를 절약할 수 있는 제품의 포지션을 강조하기 시작하였다.

기업은 원가가 상승하거나 가용자원이 부족해지기 시작할 때 제품라인의 단순화를 통해서 기존 제품라인을 축소할 수 있다. 제품라인의 단순화는 제품라인 내의 다양한 제품을 관리하기 용이한 수준으로 감소시킴으로써 재고감소와 원가감소를 위해 사용된다. 그러나 한 번 단순화된 제품라인을 부활시키는 것은 어렵기 때문에 제품라인의 축소에 대한 결정은 매우 신중하게 이루어져야 한다.

4) 제품라인의 분할 및 통합전략

이 전략은 복수의 제품라인을 소유한 기업이 기존의 제품라인을 재편하는 것을 말한다. 즉 기존의 제품라인을 분할하거나 통합하는 전략을 의미하며, 현재 생산하고 있는 품목은 변화시키지 않고 단지 제품라인의 수를 줄이거나 늘리는 것을 말한다.

이러한 전략을 실시하는 이유는 특정 제품라인이 지나치게 커지거나 작아져 효율적인 제품관리가 어려워졌기 때문이다. 예를 들어 의류사업부를 가지고 있는 기업이 남성정장의 품목수가 늘어나고 매출액이 증가한다면 남성정장 사업부를 독립시킬 수 있다. 또한 의류사업부의 품목수가 축소되고 매출액이 감소한다면 액세서리 사업부와 통합하여 제품라인의 수를 줄일 수도 있다.

5) 기존제품의 개조

제품믹스에 관한 전략으로 신제품을 개발하여 특정 제품라인의 깊이를 깊게 하는 것도 좋지만, 제품관리자는 자사의 기존제품을 참신한 관점에서 검토할 필요가 있다. 때로는 기존제품을 개량하는 것이 신제품을 개발하는 것보다 유익하고 위험이 적어서 한층 바람직할 경우가 있다. 특히 산업용품의 경우에는 재디자인(redesigning)으로 제품을 부활(product renaissance)시킨 경우가 많다. 예를 들면 병원용 원심분리기(centrifuge)를 현대적 감각이 풍기는 캐비닛과 조화를 이루도록 재 디자인함으로써 시장을 크게 확장한 사례가 있다. 또한 소비재의 경우는 포장을 개조하여 새로운 포지션을 확보함으로써 시장을 확장한 경우가 많다.

5 서비스 제품 관리

5.1 서비스의 본질

미국 마케팅학회에서는 서비스를 "판매를 목적으로 제공되거나 제품의 판매와 연계되는 활동이나 효익, 만족"이라고 정의하고 있다. 이러한 정의에 의하면 서비스는 핵심서비스와 부가서비스 두 가지 유형으로 분류될 수 있다. 핵심서비스는 서비스 자체가 거래를 기본 목적으로 제공되는 서비스로 미용실의 서비스나 법률서비스 등을 의미한다. 부가서비스는 유형의 재화를 판매할 목적으로 유형의 재화와 함께 제공되는 서비스로 에어컨 구입 후 제공되는 설치 서비스 등을 의미한다.

서비스는 그림 7.6과 같이 제품의 유·무형의 정도에 따라 세부적으로 분류될 수 있다. 소금이나 청량음료, 세제 등은 순수하게 유형의 재화만이 제공되고 무형의 서비스는 제공되지 않는다. 반면, 교육이나 컨설팅 등은 소비자에게 유형의 재화는 거의 제공되지 않으며 무형의 서비스만을 제공한다. 유형의 재화와 서비스가 복합적으로 제공되는 경우도 생각해 볼 수 있는데 자동차의 경우 자동차를 판매한 후 무상보증기간 서비스나 수리서비스 등을 제공하는 것은 유형의 재화와 무형의 서비스가 혼합되어 소비자에게 제공되는 것이라 할 수 있다.

이와 같이 유형의 재화와 달리 서비스는 다양성의 폭이 넓기 때문에 서비스를 명확하게 정의하기는 쉽지 않다. 또한 서비스 생산을 위해 투입되는 요소와 생산되어지는 요소가 무형적인 특징을 가지고 있기 때문에 서비스가 창출되어 소비자에게 전달되는 과정을 파악하기도 어렵다.

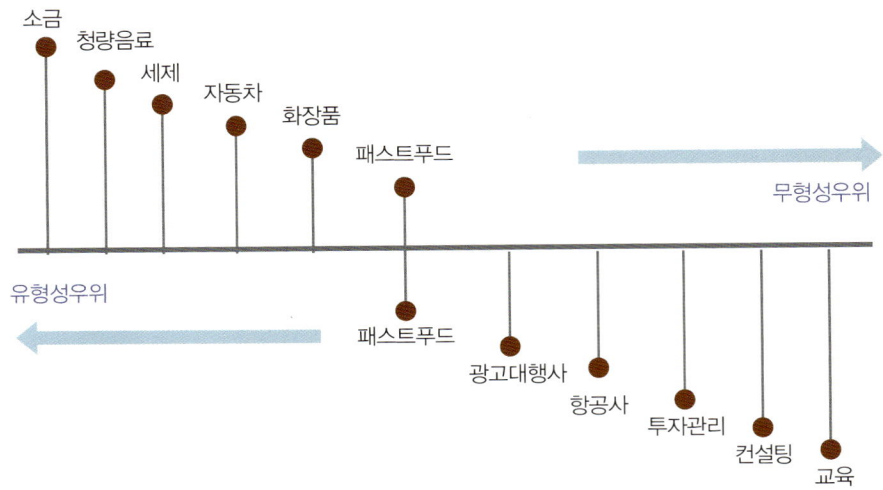

그림 7.6 유·무형 정도에 따른 서비스 스펙트럼

5.2 서비스의 중요성

아침부터 저녁까지 우리의 소비생활을 보면 매일 서비스를 소비하면서 생활한다. 아침에 일어나서 TV를 켜며 친구에게 전화를 걸고, 충치치료를 받으러 치과에 가고, 지하철을 타고 집으로 와서 홈쇼핑으로 구매한 제품을 택배로 받는 등 소비자는 매일 다양한 서비스를 소비하고 있다.

앞으로 21세기에는 업종구분이 부가가치에 따라 달라질 것이다. 생산되는 제품의 품질이 비슷하다고 판단되어질 때 소비자들은 서비스에 의한 부가가치 창출에 보다 더 많은 비중을 두게 될 것이다. 이러한 이유로 서비스 부문의 규모는 개발국가나 개발도상국가 등 세계 대부분의 국가에서 증가하고 있다. 이미 잘 알려진 것처럼 태국은 의료관광을 기초로 서비스 산업을 키워오고 있는 것과 같이 대부분의 개발 국가의 경우 서비스 부문이 국내 총생산의 많은 부분을 차지하고 있다.

이와 같이 경제전체에서 차지하는 서비스 비중이 높아지는 현상을 서비스 경제화(service economy)라 한다. 이러한 서비스 경제화는 앞으로도 다음과 같은 이유에서 계속해서 진전될 것으로 예상된다.

> **서비스 경제화**
> 경제전체에서 차지하는 서비스 비중이 높아지는 현상

첫째, 물적 재화에 대한 수요가 상당부분 충족되어 서비스에 대한 수요가 상대적으로 높아졌다. 가계지출에서 보면 교육, 문화, 스포츠, 관광과 관련된 지출이 증가하였다는 것은 서비스에 대한 수요가 증가하고 있다는 것을 의미한다.

둘째, 물적 재화가 충족됨에 따라 양보다는 질이 중시되고 제품의 기능이 비슷해짐에 따라 제품의 기능보다는 부가적으로 제공되는 서비스를 통해 소비자의 태도가 결정된다는 것이다. 따라서 판매자는 제품에 각종 서비스를 부가하여 판매하고 있다.

셋째, 제품의 종류나 고용기회, 교육기회가 다양해짐에 따라 이러한 환경 속에서 최선의 선택을 해야 할 필요가 발생하게 된다. 또한 거래관계가 한층 복잡화되고 제도도 세분화되고 있다. 따라서 제품정보, 고용정보 등의 정보 산업이 발전하며 세무사, 공인회계사, 변호사, 컨설턴트 등의 각종 전문 서비스업이 성장하게 된다. 또한, 경제 환경의 변화로 가처분 소득이나 소비자의 구매력이 증가함으로써 의료, 보험 등에 대한 수요도 증가하게 되어 관련분야의 시장이 확대된다. 주5일 근무를 통한 근로시간의 단축이나 여가시간의 증가는 레저와 관광 서비스 시장 등 서비스 산업의 확대를 가져오게 된다.

마케팅 분야는 의류, 식품 등과 같은 유형의 제품을 판매하고 유통하는 과정에서 발달해 왔다. 그러나 오늘날 제조업에 비해 서비스분야의 비중이 빠르게 증가하고 있고 앞으로도 계속 성장할 전망이다.

제품마케팅과 서비스마케팅은 본질적으로 유사하지만 무형의 서비스가 갖는 특성으로 인해 서비스마케팅은 제품마케팅과 현저한 차이가 있다. 대부분의 제품판매에는 정도의 차이는 있으나 제품요소와 서비스요소가 혼재되어 있다. 예를 들어, 컴퓨터를 판매하는 기업이 컴퓨터의 배달이나 설치 및 사후서비스를 실시하는 것처럼 유형의 제품을 판매하는 기업도 서비스요소가 포함되어 있다.

따라서 서비스의 특징을 정확히 인식하고 서비스마케팅전략의 중요성에 대해 이해하는 것은 오늘날 기업에 주어진 큰 과제라고 할 수 있다.

5.3 서비스의 특징

물리적인 제품의 마케팅과 마찬가지로 서비스 또한 소비자의 욕구를 충족시킬 수 있도록 설계되고 이상적인 가격을 설정하여 편리한 유통채널을 통해 소비자에게 전달되어야 한다. 또한 촉진전략을 통해 표적 소비자들에게 차별적인 포지셔닝 전략을 전개하는 것이 필요하다. 그러나 서비스가 가지고 있는 제품과 다른 기본적인 특징으로 인해 전통적인 제품마케팅 전략과는 다른 전략이 필요하게 된다.

서비스는 다음과 같이 제품과 다른 특징을 가지고 있다

무형성

무형성(intangibility)이란 서비스가 맛볼 수도, 냄새 맡을 수도, 볼 수도, 들을 수도 없으며 구매 전에 서비스 특징을 평가하기가 어렵다는 것을 의미한다. 항공서비스에서 좌석이나 제공되는 기내식과 같이 서비스가 유형적인 요소를 포함하기도 하지만 서비스의 성과는 기본적으로 무형적인 특징을 통해 창출된다. 항공서비스의 경우 티켓 예약서비스 과정이나 기내에서의 승무원의 친절성, 전문성 등 무형의 요소에 의해 서비스의 성과가 결정된다. 이러한 서비스의 무형성으로 인해 서비스 마케터는 서비스 편익을 강조하고 물리적 이미지를 강조하여 무형적인 서비스 속성을 유형적인 요소로 가시화시키는 것이 중요하다.

서비스의 무형성이라는 특징으로 인해 포장이나 표찰;스타일 등과 관련된 과업은 서비스 기업에게 있어 무의미하다. 무형적인 서비스의 특징으로 인해 소비자는 구매 전 서비스에 대한 평가기준을 찾기 어렵기 때문에 브랜드 이미지를 통해 서비스 품질에 대한 기대를 형성한다. 따라서 서비스 브랜드는 서비스 구매 전 소비자의 중요한 평가기준이 되므로 브랜드에 대한 의사결정이 매우 중요하다.

> **무형성(intangibility)**
> 서비스는 맛볼 수도, 냄새 맡을 수도, 볼 수도, 들을 수도 없으며 구매 전에 서비스 특징을 평가하기 어려움

서비스와 제품의 가장 중요한 차이점 중의 하나는 일반적으로 소비자가 유형적인 요소를 영구적으로 소유하지 않고 서비스를 통해 가치를 획득한다는 것이다. 대부분의 경우에서 서비스 마케터는 소비자에게 물리적 요소를 대여하거나 이용할 수 있는 기회를 제공하거나 서비스 제공자의 특정 기술이나 노동력을 소비자가 이용할 수 있도록 한다. 예를 들어, 호텔 서비스의 경우 호텔방을 일정기간 이용하도록 하거나 병원에서 의사의 전문적 능력을 이용하여 수술을 받는다. 따라서 소비자는 서비스의 최종 결과에 대해서 중요하게 생각하지만 서비스가 소비자에게 전달되는 과정도 중요한 요소로서 소비자의 서비스 만족에 많은 영향을 미치게 된다.

그림 7.7 편의점의 무형적 서비스(빠른 서비스와 휴식)를 유형화 시킨 광고

비분리성

비분리성(inseparability)
서비스는 생산과 소비가 동시에 발생함

비분리성(inseparability)이란 서비스는 생산과 소비가 동시에 발생한다는 것으로 소비자는 서비스를 생산하는 과정에 능동적으로 참여하는 경우가 많다. 이러한 능동적인 참여는 ATM기에서 현금인출을 하는 것과 같이 소비자 자신이 직접 서비스를 생산하는 활동을 수행하기도 하고 병원이나 미용실에서 서비스를 제공받으면서 제공받는 서비스에 협조하는 경우와 같이 다양한 형태로 나타나게 된다. 이러한 생산과 소비의 비분리성이라는 특징은 서비스가 소비자와 서비스 제공자 간의 상호작용을 통해 전달됨을 의미하는 것으로 서비스 제공자와 소비자 간의 상호작용의 품질을 높이려는 노력이 중요하다. 따라서 서비스 제공자가 고객에게 양질의 서비스를 제공할 수 있도록 서비스 종업원에 대한 효과적인 훈련 및 동기부여와 이들에 대한 지원서비스를 제공해야 함을 의미한다. 또한 서비스는 생산되는 동시에 판매되기 때문에 중간상의 개입이 필요하지 않다. 예를 들어, 경영컨설팅, 변호사, 건축가 등은 중간상 없이 판매되는 대표적인 경우이다. 중간상이 없는 까닭에 서비스판매업자는 지리적인 제약을 크게 받지만 중간상을 통하지 않고 서비스를 직

접 소비자에게 제공한다는 점에서 제공되는 서비스의 품질에 대한 직접적인 통제가 가능하다는 장점도 있다.

이질성

이질성(heterogeneity)이란 서비스는 사람에 의해 제공되기 때문에 서비스 운영의 투입과 산출에 있어 표준화를 시키기 어려우며 품질에 대한 통제가 어려움을 의미한다. 또한 제품의 경우 품질관리를 통해 제품의 생산성과 품질을 최적화 할 수 있도록 설계되지만 서비스는 실시간으로 전달되기 때문에 서비스가 전달되는 시간이나 장소에 따라 서비스의 품질이 달라진다. 예를 들어 미용실에서 동일한 미용사에게 서비스를 제공받는다고 하더라고 매번 완벽하게 똑같은 헤어스타일을 만들어 낼 수는 없다. 이러한 서비스의 특징은 생산성이나 서비스 품질의 일관성을 통제하는데 어려움이 발생한다. 따라서 고객의 기대에 근거한 품질기준의 정립이 필요하며 서비스 실패를 대비하여 좋은 서비스 회복시스템을 구축하는 것이 필요하다. 그러나 때론 이러한 변동성이 서비스를 제공받는 모든 소비자에게 원하는 서비스를 개별적으로 전달할 수 있다는 점에서는 긍정적인 효과도 있다. 미용실에 오는 모든 고객에게 일관된 헤어스타일이 아닌 고객 개개인이 원하는 헤어스타일을 제공할 수 있다는 점에서 대량 고객화(mass customization)가 가능하며 고객 만족도를 증대시킬 수 있다.

> **이질성(heterogeneity)**
> 서비스는 사람에 의해 제공되기 때문에 서비스 운영의 투입과 산출에 있어 표준화가 어려우며 품질에 대한 통제가 어려움

소멸성

서비스는 소비가 되지 않으면 재고로 남겨둘 수 없기 때문에 소멸성(perishability)이라는 특징을 갖는다. 예를 들어 호텔의 룸이 20개인 경우 오늘 10개의 룸만 사용되었다고 사용되지 않은 10개의 룸을 포함하여 30개의 룸을 다음날 판매할 수 없다. 서비스 산업은 계절에 따라, 요일에 따라 또는 하루 중의 시간에 따라 서비스에 대한 수요가 크게 변동한다. 스키리조트는 여름 동안 유휴상태로 버려져 있고, 어느 지역의 골프장은 겨울에 유휴상태에 있는 경우가 있다. 재고로 보관할 수 없다는 서비스의 특징은 정확한 수요예측이 필요함을 의미하며 수요를 변동시킬 수 있는 전략의 실행도 중요하다. 예를 들어 여름 동안 유휴상태에 있는 스키리조트가 여름시즌동안 가격을 할인하거나 극장에서는 수요가 적은 아침시간에 조조할인을 통해 수요를 이동시키는 전략을 실행한다.

> **소멸성(perishability)**
> 서비스는 소비가 되지 않으면 재고로 남지 않고 소멸됨

지금까지 설명한 제품과 서비스의 차이를 요약해 보면 표 7.4와 같다

표 7.4 제품과 서비스의 차이

제품	서비스
물리적인 재화	과정이나 활동
유형성	무형성
동질성	이질성
생산과 유통, 소비의 분리	생산, 유통, 소비의 비분리
저장 가능	저장 불가능
소유나 소유권 이전 가능	소유나 소유권 이전 불가능

5.4 서비스 품질관리

서비스 기업이 소비자의 욕구를 만족시키고 기업의 가치를 증대시키기 위해서는 서비스의 품질을 관리하는 것이 매우 중요하다. 기업의 서비스 품질관리는 고객만족을 향상시키고 기업에 대한 소비자의 긍정적 구전과 고객이탈을 방지하여 고객충성도를 향상시키기 때문에 기업의 성장기회를 제공할 수 있다. 따라서 경쟁이 더욱 더 치열해지는 시장 환경에서 서비스 품질을 향상시키는 것은 기업의 성공과 생존을 위한 필수전략이라는 인식이 확대되고 있다.

그러나 앞서 언급한 바와 같이 서비스가 가지는 다양성으로 인해 서비스 품질을 관리하기가 쉽지 않다. 서비스 품질관리는 주로 고객이 경험한 서비스의 성과가 고객의 기대에 부합하는 정도로 정의된다. 고객은 서비스를 제공받기 전 제공받을 서비스에 대한 기대를 형성하게 되고 고객이 경험한 서비스 성과가 기대에 얼마나 충족되는지를 평가하여 서비스 품질을 지각하게 된다. 고객의 기대수준은 과거 경험, 구전, 서비스 기업의 광고 등을 통해 형성되며 개인의 소득수준 등에 따라 기대수준이 다를 수 있기 때문에 서로 다른 고객에게 동일한 서비스가 제공되어졌다 하더라도 각각의 고객이 지각하는 서비스 품질은 다를 수 있다.

1) 서비스 품질인식의 차이 관리

Parasuraman 등은 서비스 품질을 관리하기 위해 그림 7.8과 같은 갭 모형(gap model)을 제안하고 고객이 지각하는 서비스 품질을 향상시키는데 걸림돌이 될 수 있는 다섯 가지 차이(gap)에 대한 관리가 필요하다고 제시하고 있다.[3]

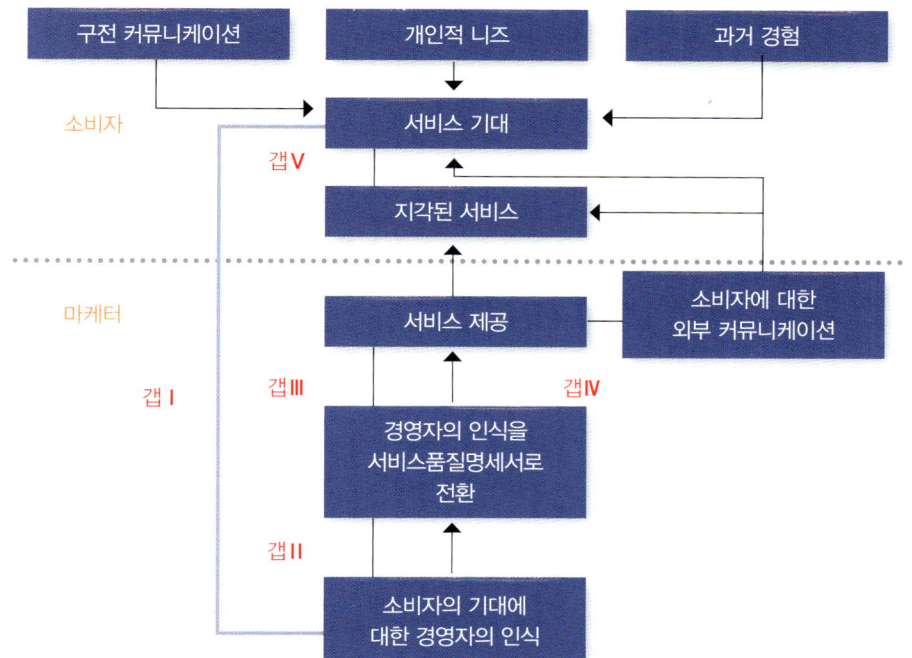

그림 7.8 서비스 품질관리 갭모형

■ 갭 1 : 고객의 기대와 경영자의 인식 차이

고객의 서비스 기대와 고객 기대에 대한 경영자의 인식 간에 발생하는 차이로 서비스 기업의 경영자가 고객에게 고품질의 서비스를 제공하기 위해 필요한 요소들이 무엇인지를 정확하게 이해하지 못하는 경우가 많다. 고객의 요구를 충족하기 위해 필요한 서비스 기능에 대한 경영자의 이해 부족은 결과적으로 고객의 서비스 품질 인식에 영향을 줄 수 있다. 갭1을 줄이기 위해서는 고객의 기대를 정확하게 파악하는 것이 중요하기 때문에 고객에 대한 조사를 지속적으로 실시해야 한다. 예를 들어, 기업이 주기적으로 고객에 대한 인터뷰나 설문조사를 실시하거나 고객의 의견이나 친절 또는 불친절 서비스를 적을 수 있는 카드를 배치함으로써 고객의 기대를 파악할 수 있다.

■ 갭 2 : 경영자의 인식과 서비스 품질 특성의 차이

고객의 기대를 정확하게 파악하였다면 고객이 원하는 대로 기업이 서비스를 계획하고 제공하는 것이 중요하다. 이때 파악된 고객의 기대와 기업이 제공하는 서비스가 일치하지 않을 때 발생하는 차이를 갭2라 한다. 갭2를 줄이기 위해서는 서비스 품질을 개선하려는 경영자의 의지가 중요하며 고객에게 제공하는 서비스의 기준을 명확히 규정하는 게 중요하다.

■ 갭 3 : 서비스 품질의 특성과 서비스 제공 간의 차이

고객이 원하는 대로 서비스를 설계하는 것도 중요하지만 서비스를 제공하는 종업원이 설계된 대로 서비스를 고객에게 제공하지 못한다면 고객은 만족하지 못하게 된다. 이와 같이 서비스 전달과정에서 발생할 수 있는 차이를 갭3라 한다. 고객접점에서 종업원이 제공하는 서비스의 질은 기업의 서비스 품질을 결정하는 가장 중요한 부분이다. 따라서 갭3을 줄이기 위해서는 기업이 계획한 서비스가 고객에게 정확하게 제공될 수 있도록 접점 종업원에게 서비스 제공에 필요한 지식이나 업무능력 향상 교육이 필요하다.

■ 갭 4 : 서비스 제공과 외부 커뮤니케이션 간의 차이

기업은 광고 등 외부 커뮤니케이션 활동을 통해 고객이 제공받을 수 있는 서비스를 전달한다. 서비스에 대한 고객의 기대는 기업의 외부 커뮤니케이션을 통해 형성되기 때문에 고객이 실제 경험하는 서비스와 기업이 외부 커뮤니케이션을 통해 소비자에게 약속한 서비스 간에 차이가 발생할 수 있는데 이 차이를 갭4라 한다. 이러한 차이는 고객에게 실제 제공할 수 있는 서비스 품질보다 더 많은 것을 약속하기 때문에 발생하는 것으로 갭4를 줄이기 위해서는 기업의 외부 커뮤니케이션에 대한 적절한 관리가 필요하다.

■ 갭 5 : 기대했던 서비스와 지각된 서비스 간의 차이

고객이 서비스 경험 전에 기대했던 서비스 품질과 서비스를 제공받은 후 지각된 서비스 간의 차이를 의미한다. 가장 중요한 갭인 갭5는 이전의 4개의 갭을 관리함으로써 줄일 수 있다. 따라서 서비스 기업이 고객에게 양질의 서비스를 제공하는 데 방해가 되는 네 개의 갭을 줄임으로써 소비자가 지각하는 기업의 서비스 품질을 향상시킬 수 있다.

2) 서비스 품질 결정 요인

Parasuraman 등은 서비스 품질은 다차원 구조로 구성되기 때문에 이러한 다차원성을 측정하기 위해 SERVQUAL이라는 측정도구를 개발하였다. SERVQUAL 모형은 서비스 품질을 측정하는데 가장 일반적으로 사용되는 모형으로 Parasuraman 등은 표 7.5와 같이 서비스 품질을 결정하는 10가지 요소를 제시하고 있다.[4]

> **SERVQUAL 모형**
> 서비스 품질을 측정하는데 가장 일반적으로 사용되는 모형으로 서비스 품질을 결정하는 유형성, 신뢰성, 응답성, 확신성, 공감성 차원으로 구성됨

표 7.5 서비스 품질 결정 요인

차원	정의	평가항목
유형성	서비스 평가를 위한 외형적 단서	물리적 시설, 주차편의성, 직원 외모
신뢰성	약속된 서비스를 정확하게 수행하는 능력	서비스 약속시간 준수, 한 번에 완벽한 서비스 수행, 기업의 실수 여부
응답성	즉각적인 서비스를 제공하고자 하는 의지와 능력	신속한 서비스, 고객의 요구에 신속한 대응
능력	서비스를 수행하는데 필요한 기술과 지식	서비스 제공자의 지식과 기술
예절	종업원의 친절과 배려, 공손함	종업원의 예의와 친절
신용도	서비스 제공자의 정직성, 진실성	기업평판, 종업원의 정직성
안전성	위험, 의심으로부터의 자유	물리적 안전, 금전적 안전, 비밀보장
접근가능성	서비스의 접근 용이성	편리한 영업시간, 대기시간, 장소의 편리성, 전화예약
커뮤니케이션	고객의 말을 경청하고 고객에게 쉽게 설명함	서비스 제공내용 및 시간 설명
고객의 이해	고객의 특정 요구 사항을 확인하기 위한 노력	고객에 대한 관심, 고객 요구사항 파악

Parasuraman 등이 제시한 10개의 서비스 품질관리 결정요인은 모두 독립적이지 않고 중복되는 차원들이 존재하기 때문에 중복되는 차원들을 다시 5개의 차원으로 수정하여 제시하고 있다.[5]

- 유형성 : 물적 요소의 외형
- 신뢰성 : 약속된 서비스를 정확하게 제공
- 응답성 : 고객에게 즉각적인 서비스를 제공하려는 태도
- 확신성 : 능력, 예절, 신용성, 안정성
- 공감성 : 접근가능성, 고객에 대한 이해, 원활한 의사소통

푸드마켓의 경영 레시피

"그들이 할 수 없는 걸 하자"

웨그먼스는 과일과 야채, 생선, 고기 등을 파는 식료품 체인이다. 미국 동부지역에 자리잡은 웨그먼스의 지점은 고작 80여개. 27개국에서 1만185개의 지점을 운영하고 있는 월마트에 비하면 초라하다. 그러나 웨그먼스는 올해 미국 컨슈머리포트가 선정한 미국 대형 식료품 체인 평가에서 1위에 올랐다. 작지만 강하고 매력적인 식료품 체인이라는 평가다. 웨그먼스를 일군 주인공은 대니 위그먼 웨그먼스 최고경영자다.

'공룡 월마트와 어떻게 맞설까'…전략의 탄생

당시 할인판매는 새로운 트렌드였다. 미국에서 가장 빠르게 성장하는 산업이기도 했다. 월마트가 대표주자였다. 주식을 공개한 지 1년 남짓 된 월마트는 거대한 물류시스템, 막강한 가격경쟁력을 앞세워 소매시장을 빠르게 잠식해나가고 있었다. 30년간 지속될 고속성장이 시작되던 때였다. 월마트의 비약적인 성장으로 전통적인 소규모 소매상들이 속수무책으로 무너져갈 것이란 점을 정확히 파악했다. 강소기업 '웨그먼스'의 사업 전략은 이렇게 탄생했다.

'따분한 식료품점을 매력적인 놀이터로'

웨그먼은 스스로에게 질문을 던졌다. "월마트와 싸워서 이기려면 어떻게 해야 할까." 고민은 오래하기 않았다. 그가 얻은 답은 "월마트가 할 수 없는 것을 해야 한다"였다. 월마트의 양적 팽창에 질 좋은 서비스로 대응한다는 전략이었다.

'매력적인 식료품점.' 웨그먼의 전략이었다. 그는 매장을 통째로 바꿔갔다. 테마파크처럼 만드는 것이 목표였다. 웨그먼스를 찾은 고객들은 쇼핑 리스트를 손에 쥐고 복도 사이를 뛰어다니지 않게 됐다. 예술작품을 감상하기 위해 갤러리를 돌아보듯 천천히 갖가지 신기한 재료와 요리들을 음미한다. 따분한 식료품점을 매력적인 놀이터로 변신시킨 결과다. 웨그먼은 제품 수도 늘렸다. 지금은 품목 수가 6만개에 달한다. 업계 평균(대형 체인점)에 비해 42% 많은 수준이다. 제품의 신선도도 남다르다. 납품업체들이 정해진 시간에 맞춰 제품을 공급하도록 했기 때문이다. 웨그먼은 2008년 고객을 위한 또 하나의 결단을 했다. 경제위기가 닥치자 수백가지 제품의 가격을 인하했다. 돈에 쪼들리는 고객들의 식료품 쇼핑 부담을 덜어주기 위해서였다. 경기가 나빠지면 원자재와 연료 가격이 하락하게 마련이다. 비용 절감분을 미리 고객들에게 돌려준 셈이다.

제품과 서비스 수준을 높이는 데 힘쓰는 대신 매장은 공격적으로 늘리지 않았다. 웨그먼스는 매년 신규 매장을 두 곳 정도 연다. 질로 승부한 결과 웨그먼스의 영업이익은 할인점의 두 배에 달한다. 평방피트당 매출은 14달러로 업계 평균인 9.39달러보다 훨씬 많다.

'새로운 수요를 만들어라'…교육의 힘

"고객들이 왜 생선을 안 사는지 아십니까. 생선을 어떻게 조리해서 먹어야 하는지 모르기 때문입니다." 웨그먼 CEO의 말이다. 그는 고객들이 가정에서 음식을 쉽게 요리할 수 있도록 도와주고 있다. 웨그먼스 매장 곳곳에서 직원들이 요리법을 알려준다. 이를 통해 식료품 수요를 창출할 수 있다고 봤다. 웨그먼은 때때로 세계 정상급 요리사들을 불러 요리 기법을 시연하도록 했다. 또 고객들에게 권장 식단과 조리법을 담은 전단지 등을 만들어 배포하려는 배려도 잊지 않았다. 이 지시에 따라 웨그먼스는 식품이 어디에서 왔고, 어떻게 재배됐으며, 어떤 조리법이 좋은지 등 재밌는 정보를 연구해 고객들에게 알려준다.

자료원 : 한국경제 2012.07

요약

제품이란 고객이 주의를 기울여서 구매한 다음에 이를 사용 또는 소비함으로써 자신의 욕구와 필요를 충족시켜 줄 수 있는 것으로서 판매목적으로 시장에 내놓는 모든 것을 말한다. 그러나 일반적으로 제품이라고 할 때에는 기업이 생산하여 판매하는 유형재와 무형재인 서비스를 말한다. 제품을 좀 더 깊이 이해하는 데에는 코틀러(Philip Kotler)가 제시한 세 가지의 제품수준, 즉 핵심제품, 유형제품 그리고 확장제품이 많은 것을 시사해 주고 있다 먼저 유형제품은 핵심적 효용을 구체화시킨 것으로서 품질, 스타일, 상표, 포장 그리고 기타의 특징을 말한다. 확장제품은 유형제품을 확장한 개념으로서 배달, 설치, 보증, 애프터서비스 등의 추가적인 서비스와 편익을 말한다. 따라서 제품은 단순한 유형적 특성의 결합이 아니고 소비자들의 욕구를 충족시켜 줄 수 있는 편익의 집합이라고 할 수 있다.

제품은 구매자의 유형이나 용도에 따라서 소비재와 산업재로 구분하고, 소비재의 경우에는 소비자의 구매행동과 관련하여 편의품, 선매품 그리고 전문품으로 구분된다. 편의품은 소비자가 구매활동에 많은 시간과 노력을 기울이지 않고 구매하는 제품으로서 식품류, 담배, 값싼 과자류, 치약, 비누 등을 예로 들 수 있다. 선매품은 고객이 구매하기 전에 가격, 품질, 스타일 등을 비교·평가하고 싶어 하는 제품으로서 여성의류, 가구와 내구재, 가전제품, 금은보석 등이 여기에 해당한다. 전문품은 전문성이나 독특한 특성 때문에 대체품이 존재하지 않고 상표인지도가 높아서 고객들이 습관적으로 특정 상표를 구매하기 위하여 특별한 구매노력을 집중하는 제품으로서 자동차, 고가의 사진장비, 맞춤신사복, 오디오 등이 있다. 한편 산업재는 그 용도에 따라서 재료 및 부품, 자본재, 소모품 및 서비스 등으로 구분된다. 마케팅관리자는 제품의 유형에 따라서 소비자의 구매행동이 각기 다르기 때문에 제품유형에 적합한 마케팅전략을 개발해야 한다.

마케팅관리자가 결정하여야 할 제품에 관한 의사결정으로는 개별제품에 관한 의사결정과 제품계열에 관한 의사결정 그리고 제품믹스에 관한 의사결정으로 구분할 수 있다.

먼저 개별제품에 관한 의사결정은 제품의 속성, 상표, 포장, 레이블링 그리고 제품지원 서비스 등에 관한 결정을 말한다. 먼저 제품속성의 결정은 제품의 품질, 특징 그리고 디자인 등에 관한 결정을 말한다. 상표에 관한 결정은 제품에 상표명을 부여할 것인지, 제조업체상표로 할 것인지 그렇지 않으면 유통업체상표로 할 것인지, 개별상표를 달아 줄 것인지 그렇지 않으면 공동상표를 달아 줄 것인지 그리고 상표정책은 어떻게 할 것인지 등을 결정하여야 한다.

포장은 오늘날 제품, 가격, 유통, 촉진 등의 4P's에 이어 다섯 번째의 P로 간주될 정도로 그 중요성이 인정되고 있다. 포장은 제품기능, 의사전달 기능 그리고 가격기능의 세 가지 기능을 가지고 있다. 개별제품에 관한 의사결정에는 레이블링도 포함되는데, 레이블링이란 제품의 일부로서 제품이나 판매업자에 관하여 말로 표현된 정보를 말한다. 제품지원 서비스에 관한 결정은 확장제품의 결정을 말하며, 외상판매나 신용제공 등의 재무적 서비스를 결정하기 위해서는 먼저 표적시장이 중요시하는 서비스가 무엇이고, 이러한 서비스의 중요성이 어느 정도인지를 결정하여야 하다.

제품에 관한 두 번째 의사결정은 제품계열을 결정하는 것이다. 제품계열이란 기능이 유사

요약

하거나 동일한 고객집단에게 판매하거나 유사한 유통경로를 통하여 판매하거나 혹은 가격범위가 일정하기 때문에 서로 밀접한 관련이 있는 일련의 제품집단을 말한다. 제품계열에 관한 결정으로는 제품계열의 길이를 결정하는 것이 가장 중요하다. 제품계열의 길이를 증가시키는 방법에는 두 가지가 있는데, 하나는 계열확장이고 다른 한 가지는 계열충원이다. 계열확장은 특정기업이 현재 커버하고 있는 제품범위를 넘어서 제품계열의 길이를 길게 하는 전략을 말하고, 계열충원은 현재의 제품계열 범위 내에서 품목수를 추가하는 전략을 말한다.

제품믹스란 기업이 판매하고자 제공하는 모든 개별제품들의 집합을 말한다. 이 때 믹스의 구조는 넓이, 깊이 그리고 길이로 이루어진다. 넓이란 기업에 제공하고 있는 제품계열의 수를, 깊이란 제품계열 내의 각 제품이 제공하는 품목의 수를 그리고 길이는 기업이 제공하고 있는 총 품목수를 각각 의미한다. 제품믹스를 결정할 때에는 각 제품계열 간에 일관성이 있어야 하며, 이러한 일관성을 고려하여 제품계열을 확대할 것인가, 축소할 것인가, 그렇지 않으면 기존 제품을 개조할 것인가를 결정하여야 한다.

서비스는 "판매를 목적으로 제공되거나 제품의 판매와 연계되는 활동이나 효익, 만족"이라고 정의되며, 서비스 자체가 거래를 기본 목적으로 제공되는 핵심서비스와 유형의 재화를 판매할 목적으로 유형의 재화와 함께 제공되는 부가 서비스로 구분된다.

서비스는 유형의 제품과는 다른 특징을 가지고 있는데, 먼저 무형성(intangibility)은 서비스가 맛볼 수도, 냄새 맡을 수도, 볼 수도, 들을 수도 없으며 구매 전에 서비스 특징을 평가하기가 어렵다는 것을 의미한다. 비분리성(inseparability)은 서비스는 생산과 소비가 동시에 발생한다는 것으로 소비자는 서비스를 생산하는 과정에 능동적으로 참여하는 경우가 많다. 이질성(heterogeneity)은 서비스가 사람에 의해 제공되기 때문에 서비스 운영의 투입과 산출에 있어 표준화를 시키기 어려우며 품질에 대한 통제가 어려움을 의미한다. 소멸성(perishability)은 서비스는 소비가 되지 않으면 재고로 남지 않고 소멸된다는 것을 의미한다. 이러한 서비스가 가지는 제품과 다른 기본적인 특징으로 인해 전통적인 제품마케팅 전략과는 다른 서비스 마케팅 전략이 필요하다.

서비스 품질관리는 주로 고객이 경험한 서비스의 성과가 고객의 기대에 부합하는 정도로 정의된다. 고객은 서비스를 제공받기 전 제공받을 서비스에 대한 기대를 형성하게 되고 고객이 경험한 서비스 성과가 기대에 얼마나 충족되는지를 평가하여 서비스 품질을 지각하게 된다.

SERVQUAL 모형은 서비스 품질을 측정하는데 가장 일반적으로 사용되는 모형으로 유형성, 신뢰성, 응답성, 확신성, 공감성이라는 다섯 가지 차원으로 구성된다.

진도평가

1. 제품의 개념과 제품개념의 3가지 수준은 무엇인가?

   ▶ 7장 170~171쪽 참조

2. 소비재 제품의 분류와 각각의 특성은 무엇인가?

   ▶ 7장 177~180쪽 참조

3. 브랜드 자산의 개념과 중요성은 무엇인가?

   ▶ 7장 182~190쪽 참조

4. 서비스는 유형적인 제품과 다른 네 가지 특징이 있다. 이 네가지 특징을 설명하고, 각각의 특징과 관련된 마케팅 전략을 설명하시오.

   ▶ 7장 197~202쪽 참조

참고문헌

1) Jacobson, Robert & David A. Aaker(1987), "Strategic Role of Product Quality," *Journal of Marketing*, (October), 31-44.
2) Parasuraman, A., V. A. Zeithmal and L. L. Berry(1985), "A Conceptual Model of Service Quality and Its Implications for Future Research," *Journal of Marketing*, 48(Fall), p.45.
3) Parasuraman, A., V. A. Zeithmal and L. L. Berry (1988), "SERVQUAL: A Multiple-Item Scale for Measuring Consumer Perceptions of Service Quality," *Journal of Retailing*, 64(Spring), 12-40.
4) Parasuraman, A., V. A. Zeithmal and L. L. Berry(1991), "Refinement and Reassessment of the SERVQUAL Scale," *Journal of Retailing*, 67, 420-450.

도입사례

인공지능이 신제품 개발을?…
식품·외식업계, 푸드테크 '착착'

롯데제과, 엘시아

식품업계가 최근 식품 개발 단계부터 인공지능을 도입해 트렌드 예측과 신제품 조합을 추천해주는 기술을 도입하고 있다.

롯데제과는 약 2년간 개발해온 AI 트렌드 예측 시스템 '엘시아(LCIA: Lotte Confectionery Intelligence Advisor)'를 현업에 본격 도입했다.

'엘시아'는 인공지능(AI)을 통해 수천만 건의 소셜 데이터와 POS 판매 데이터, 날씨, 연령, 지역별 소비 패턴 및 각종 내·외부 자료 등을 종합적으로 판단해 고유의 알고리즘을 통해 식품에 대한 미래 트렌드를 예측해 이상적인 조합의 신제품을 추천해준다. 사용자는 '엘시아'가 추천한 신제품 조합의 3개월 후 8주간의 예상 수요량을 미리 알 수 있다.

'엘시아'는 제품의 트랜드를 분석하기 위해 제품에 DNA 개념을 도입해 알고리즘에 적용했다. 제품의 속성을 맛, 소재, 식감, 모양, 규격, 포장 등 7~8가지의 큰 카테고리로 나누고 수백 개의 세부 속성으로 나눴다. 그리고 과거 성공 사례에 대한 제품 DNA를 분석해 시스템의 알고리즘을 완성시켰다. 뿐만 아니라 알파고와 같이 딥 러닝기술을 적용. 시간이 흐를수록 자가 학습을 통해 예측의 정확도가 높아진다.

또한 '엘시아'는 제품 DNA 지역, 유통채널, 성별, 연령, 직업, 산업 별로 다양한 관점에서의 분석을 가능케 할뿐만 아니라 버즈량 증가 추세와 편차, 경향 등 고도화된 소셜 데이터 분석이 가능하다. 신제품에 대한 소비자 반응 등도 실시간으로 파악된다. 롯데제과는 향후 '엘시아'를 신제품 개발뿐만 아니라 생산, 영업 전반에 걸쳐 활용할 계획이다.

앞서 롯데제과는 작년 9월 제과업계 최초로 '엘시아'를 통해 '빼빼로 카카오닙스'와 '빼빼로 깔라만시 상큼요거트'를 선보인 바 있다.

롯데제과 측은 "이번에 도입한 '엘시아'를 통해 심도 있고 신속한 시장 분석이 가능해져 제품 개발이나 마케팅 전략 수립에 큰 도움이 될 것으로 기대하고 있다"며 "또한 객관적이고 과학적인 분석 자료를 실시간으로 확인할 수 있어, 의사 결정에 대한 시간 손실도 줄일 수 있다"고 말했다.

자료원: 아시아타임즈 2018.08.

제8장
신제품 개발 및 관리

1 신제품 개발 및 과정

 기업이 경쟁을 통하여 이윤을 창출하기 위해서는 경쟁사에 비해 뛰어난 제품을 보유하고 있어야 한다. 더구나 오늘날과 같이 소비자의 욕구, 기술, 경쟁 환경 등이 급속히 변화되고 있는 상황 하에서는 이러한 변화에 적응할 수 있는 신제품을 지속적으로 개발하지 않고서는 생존과 성장이라는 기업목표를 달성하기가 매우 어려운 실정이다. 또한 모든 제품은 수명주기를 가지고 있다. 다시 말하면 모든 제품은 태어나서, 성장하고, 성숙한 다음에는 사라지게 되는 몇 단계의 수명주기를 거치게 된다. 제품의 수명이 다하게 되는 이유는 기존제품에 비해서 소비자의 욕구를 보다 잘 충족시킬 수 있는 신제품이 출현하기 때문이다.

 제품이 수명주기를 가지고 있다는 사실은 기업에게 두 가지 도전적인 과제를 던져주고 있다. 첫 번째 과제는 모든 제품이 쇠퇴기를 가지고 있기 때문에 기존제품을 대체할 수 있는 신제품을 개발하는 것이고, 두 번째 과제는 자사의 제품이 수명주기상 어떤 단계에 있는가를 아는 것과, 각 수명주기 단계별로 적합한 마케팅전략을 개발하는 것이다.

끊임없는 혁신으로 세상을 바꾼 '3M'

1만7천여 가지 제품, 전 세계 200여개 국가서 판매…신소재 개발 앞장

◇ 3M을 만든 다섯명의 사업가들 [사진=한국쓰리엠]

1902년 다섯명의 사업가가 연마재 휠 제조용 미네랄 채광을 위해 미네소타주에 광산 회사를 함께 설립했다. 그러나 연마재에 사용하려던 광물질이 질이 낮은 사암으로 판명되자, 새로운 투자자인 오드웨이는 세인트폴(St. Paul) 회사를 옮겨 샌드페이퍼 사업을 시작했다. 이는 현재 '스카치테이프', '포스트잇' 등 사무용품과 의료·산업·생활용품을 생산하는 기업으로 유명한 3M의 이야기다.

3M은 현재 사무용품과 **LCD·OLED** 필름, 의료, 안전, 전자·전기, 자동차 제조, 건설, 전력 및 통신에 이르는 **1만7천여** 가지의 제품을 전 세계 **20** 여개 국가에서 판매하며 세계적인 기업으로 인정받고 있다. 또 **70개** 이상 국가에 진출한 3M은 2013년에 매출액 **300억 달러**를 돌파했으며, 2014년에는 **10만번째** 특허권을 기록했다. 현재도 매년 전 세계적으로 **3천여개**의 특허를 출원하며 신소재 개발에 적극 나서고 있다.

혁신 제품 개발 앞장…글로벌 기업으로 '우뚝'

이 같은 지속적인 혁신 제품 개발을 바탕으로 3M은 2004년 매출액 **200억 달러**를 돌파했다. 한국쓰리엠 관계자는 "3M은 끊임없이 신제품을 개발하고 그 제품을 시장에서 성공시키는 데서 독보적인 경쟁력을 지녔다고 평가받고 있다"며 "지금도 매년 **1천개** 이상의 신제품을 출시하고 있다"고 설명했다.

이어 "연간 전 세계에서 **300억 달러**(약 32조 원)가 넘는 매출 중 **30%** 이상이 최근 **5년** 안에 출시된 제품에서 나오고 있다"며 "지금까지 경제 불황, 사업 환경 악화를 겪으면서도 매년 지속적인 혁신을 통해 성장하고 있다"고 덧붙였다.

출처 : 아이뉴스 24 2018.04

1.1 신제품 개발

1) 신제품의 개념

기업은 신제품을 두 가지 방법으로 얻을 수 있다. 한 가지는 매수(acquisition)를 통하여 신제품을 획득하는 방법으로서, 신제품을 생산하는 기업 전체를 매수하거나 특허권 혹은 면허권을 매수하는 것을 말한다. 두 번째 방법은 연구개발을 통하여 기업 스스로 신제품을 개발하는 것을 말한다.

신제품이라 함은 새로운 제품으로서, 기업 자체의 연구개발을 통하여 얻어지는 독창적인 제품, 개량된 제품, 개선된 제품, 그리고 개발된 신상표 등을 말한다. 다시 말하면 신제품은 새로운 제품인데, 새로운 제품이라는 말 속에는 여러 가지 의미를 포함하고 있다. 벨이 발명한 전화기 같이 이 세상에 처음 나타나 전혀 새로운 시작을 창출하는 혁신적인 신제품에서부터, 후발기업이 이미 시장에 존재하고 있는 제품을 만들어 출시하는 경우 시장에서는 신제품이 아니지만 자사의 입장에서는 처음으로 만들기 때문에 신제품개발과정을 거친 신제품으로 볼 수도 있다. 이처럼 신제품이란 제품의 혁신·개량·개선의 정도에 따

> **신제품**
> 새로운 제품으로서, 기업 자체의 연구개발을 통하여 얻어지는 독창적인 제품, 개량된 제품, 개선된 제품, 그리고 개발된 신상표 등

라서 혁신적 신제품에서부터 자사입장의 신제품에 이르기까지 매우 다양하다.

2) 신제품 개발과정

신제품 개발과정은 신제품 개발전략과 함께 시작되어야 한다. 신제품 개발전략이란 기업의 목표와 마케팅목표를 달성하는 데 신제품이 수행해야 할 전략적 역할을 규명하는 것이다. 예를 들면 기업의 목표가 시장점유율을 방어하는 것이거나 제품혁신자로서 기업의 지위를 유지하는 것이라면, 신제품도 이러한 목표를 달성할 수 있도록 설계되어야 한다. 따라서 이러한 신제품 개발전략은 신제품 개발과정에 진입하기 전에 수립되어야 하고, 이 전략은 신제품의 단계적 개발과정에 의미 있는 지침을 제공하여야 한다.

신제품 개발전략이 수립된 이후에는 신제품 개발과정에 진입하게 되는데, 신제품 개발 자문을 전문으로 하고 있는 미국의 경영자문회사인 Booz Allen & Hamilton사는 지난 수십 년간에 걸친 여러 기업의 신제품 개발과정을 연구하였다. 이들의 연구결과를 토대로 많은 기업들이 이용하고 있는 신제품 개발과정은 8단계로 요약할 수 있다 (그림 8.1 참조).

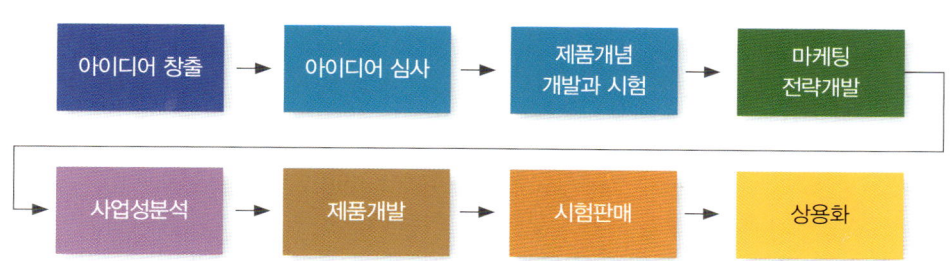

그림 8.1 신제품 개발과정

아이디어 창출

신제품개발의 첫 단계는 기업의 마케팅목표와 부합되는 신제품에 관한 아이디어를 창출하고 모으는 것이다. 기업은 좋은 신제품 아이디어를 찾아내기 위하여 가능한 한 많은 아이디어를 창출하여야 한다. 그러나 많은 아이디어를 창출하여야 한다고 해서 아무렇게나 아이디어를 수집하는 것이 아니고 조직적이고 체계적인 방법으로 아이디어를 수집하여야 한다. 따라서 기업의 최고경영층은 사전에 신제품개발전략을 세밀하게 수립함으로써 이러한 오류를 제거하여야 한다. 최근에 와서 많은 기업들은 신제품개발활동을 점점 체계적이고 독립적인 활동으로 인식하고 있다.

기업은 다양한 아이디어 원천들로부터 아이디어를 수집할 수 있다. 이러한 아이디어 원천들에는 기업의 내부직원, 고객, 경쟁사, 유통업자와 공급업자 등이 있다.

첫째, 기업은 자체의 연구개발부서 연구원, 판매사원 등으로부터 신제품 아이디어를 수집할 수 있다. 한 조사에 의하면 신제품 아이디어의 55% 이상이 기업내부로부터 수집된다는 것이다.[1] 특히 고객과 일상적인 접촉을 하는 판매사원이나, 전문적인 연구개발에 종사하고 있는 연구개발부서로부터의 신제품 아이디어 수집이 매우 중요하다. 토요타(Toyota)사의 경우 매년 200만 건의 신제품 아이디어가 자사 종업원들로부터 수집되는

데, 이는 종업원 1인당 35건을 제안하고 있음을 의미하며, 제안된 아이디어의 85%가 실천에 옮겨지고 있다는 것이다.

둘째, 기업은 소비자조사를 통하여 발견된 고객의 욕구 및 불만사항 등을 분석하여 신제품 아이디어를 수집할 수 있다. 모든 신제품 아이디어의 28%가 고객을 관찰하거나 그들의 의견을 청취하여 얻어진 것이다. 주로 이용되는 방법은 소비자 동기조사, 핵심집단면접 등이며, 기업 자체의 소비자 상담실이나 애프터서비스 담당부서로부터 접수된 자료들도 아이디어 창출의 원천이 될 수 있다. 예를 들면 GE사의 비디오제품 사업부에서는 자사의 설계엔지니어로 하여금 최종고객과 면접을 통하여 새로운 가전제품에 대한 아이디어를 얻게 하고 있다. 우리나라의 삼성전자, LG전자 등도 주부모니터제도를 통하여 소비자로부터 신제품 아이디어를 수집하고 있다.

셋째, 경쟁사들의 제품을 조사함으로써 새로운 아이디어를 수집할 수 있다. 신제품 아이디어의 약 30%가 이 방법을 이용하여 수집되고 있다. 이 방법은 기본적으로 혁신이라기보다는 모방전략에 바탕을 둔 것이다. 즉 경쟁사의 신제품을 구입하여 이를 분해한 후 작동원리를 규명하고 판매량을 분석하여 자사의 신제품개발 여부를 결정하는 방법이다. 또한 경쟁사의 광고나 커뮤니케이션을 잘 관찰함으로써 신제품개발의 단서를 포착할 수도 있다. 예를 들면 포드사의 경우 매우 인기가 높은 '토러스(Taurus)'를 개발할 때 50가지 이상의 경쟁모델을 분해하여 각 모델의 장점을 모방하고 성능을 개선하여 아이디어를 수집하였다.[2)]

넷째, 유통업자나 공급업자도 신제품 아이디어를 수집하는 좋은 원천이 될 수 있다. 유통업자의 경우 고객과 가까운 위치에 있기 때문에 소비자가 제기하는 문제점이나 신제품 개발가능성 등에 대한 정보를 수집할 수 있다. 또한 공급업자도 신제품을 개발하는 데 이용할 수 있는 신제품개념, 기술, 그리고 원자재 등에 대한 정보를 제공할 수 있다.

신제품 아이디어를 수집할 수 있는 기타의 정보원천으로는 협회지, 전시회, 세미나, 정부기관, 신제품 자문기관, 광고대행사, 마케팅 조사기관, 대학 연구소나 민간 연구소, 그리고 발명가 등이 있다.

아이디어 심사

많은 신제품 아이디어가 창출되면 몇 차례의 선별과정을 거쳐서 가능성 있는 아이디어를 추려내야 한다. 아이디어를 창출하는 목적은 유용한 아이디어를 가능한 한 많이 수집하는 것이고, 아이디어 심사의 목적은 가능한 한 빠른 시간 안에 좋은 아이디어는 골라내고 나쁜 아이디어는 버리는 것이다. 일본의 소비재 생산기업인 카오(Kao)사의 신제품 개발위원회는 다음과 같은 전반적인 기준을 가지고 제출된 아이디어를 평가하고 있다.

- 그 제품이 소비자와 사회에 정말 유용한 것인가?
- 그 제품이 우리 기업에게도 좋은 것인가?
- 그 제품이 우리기업의 목적과 전략과도 잘 부합되는가?
- 우리기업이 그 제품을 성공시킬 수 있는 인력, 기술, 그리고 자원 등을 가지고 있는가?

- 그 제품이 경쟁제품에 비하여 더 많은 가치를 고객에게 제공해 줄수 있는가?
- 그 제품을 광고하거나 유통시키는 데 별 문제가 없는가?

이러한 전반적 기준에 의한 평가단계를 거친 아이디어에 대해서는 관리적 기준에 의한 보다 정교한 심사가 필요하다 (표 8.1 참조).

표 8.1 신제품 아이디어 평가과정

신제품 성능요인	가중치 (A)	기업의 신제품 아이디어 수행능력(B) 0 1 2 3 4 5 6 7 8 9 10	아이디어 평가 (A×B)
회사전략 및 목표	.20	8: X	.160
마케팅 기술 및 경험	.20	9: X	.180
재원(혹은 재정적 자원)	.15	7: X	.105
유통경로	.15	8: X	.120
생산능력	.15	8: X	.120
연구개발	.10	7: X	.070
부품 및 장비 조달	.05	5: X	.025
합계	1.00		.780

표의 첫 번째 열은 성공적인 신제품 출시에 필요한 요소이고, 두 번째 열은 이러한 요소들에 대하여 경영자들이 부여하는 상대적 중요성을 표시하고 있다. 세 번째 열은 각 요소에 대하여 신제품 아이디어가 기업의 능력과 부합되는지 여부를 .0에서부터 1.0까지의 척도로 평가하는 것을 표시하고 있다. 마지막 열은 각 요소별로 아이디어의 상대적 중요성과 적합성을 곱하고 이를 합산하여 평가점수를 산정한 것이다. 예시에서 평가하고 있는 아이디어의 평가점수는 .780으로서 최소수용수준인 .70을 초과하고 있기 때문에 좋은 아이디어라고 할 수 있다.

한편 아이디어 심사단계에서는 두 가지 오류를 범할 우려가 있다. 한 가지는 실제로 유용한 아이디어임에도 불구하고 가능성이 없는 것으로 잘못 판단하여 심사과정에서 탈락되는 경우이다. 다른 한 가지는 좋지 못한 아이디어를 좋은 것으로 평가하여 상용화함으로써 막대한 손실을 입을 가능성이다. 개발과정이 상당히 진행된 이후에는 이미 많은 비용이 투자되었기 때문에 도중에 신제품개발을 포기할 수 없게 되기 때문이다.

제품개념(Product Concept)의 개발과 시험

세 번째 단계는 선택된 신제품 아이디어를 제품개념으로 보다 정교화 시키고 이것을 표적고객들이 받아들일지 여부를 시험하는 단계이다. 이 때 제품아이디어, 제품개념, 그리고 제품이미지를 구분하는 것이 중요하다. 제품아이디어는 특정기업이 시장에 제공할 수 있는 가능한 제품에 대한 어떤 아이디어를 말한다. 제품개념은 제품아이디어를 제품의 형태로 정교화 시켜 소비자의 관점에서 의미를 부여한 것을 말한다. 제품이미지는 소비자들이 실제적 제품 혹은 잠재적 제품을 지각하는 방법을 말한다.

제품개념(product concept)
제품아이디어를 제품의 형태로 정교화 시켜 소비자의 관점에서 의미를 부여한 것

■ 제품개념의 개발

예를 들면 어떤 자동차제조회사에서 최고속도 130km로 달릴 수 있고, 한 번 충전에 150km를 운행할 수 있는 전기자동차를 상업화하려고 한다고 가정하자. 또한 이 전기자동차는 일반 휘발유 자동차에 비하여 유지비가 반밖에 소요되지 않을 것으로 예측되고 있다. 이 자동차제조회사는 이러한 신제품 아이디어를 여러 가지 제품개념으로 전환시켜야 한다. 그런 다음에 개발된 각 제품개념들이 고객에게 어느 정도 매력적인가를 알기 위하여 고객을 상대로 제품개념을 테스트한 후 가장 매력적인 제품개념을 선정하여야 한다.

이 전기자동차의 경우 다음과 같은 제품개념이 가능하다.

- 제품개념 1 : 근거리용으로 주로 사용되는 세컨드 카로서 저렴하고 소형인 자동차. 식료품을 싣고 어린이를 태우기에 적합하며, 승차가 편한 자동차
- 제품개념 2 : 모든 목적에 적합한 가정용 승용차로서 가격과 크기가 중간 수준인 자동차
- 제품개념 3 : 젊은 층에 소구하는 중간가격의 스포티한 소형자동차
- 제품개념 4 : 기본적 운송, 저연비, 저공해 등을 원하는 소비자에게 소구하는 저가격의 소형 자동차

이처럼 한 가지의 제품아이디어는 여러 개의 제품개념으로 전환될 수 있다.

■ 제품개념의 시험

제품개념의 시험이란 이러한 제품개념들이 적합한 것인가를 알기 위하여 표적고객을 대상으로 테스트하는 것을 말한다. 이 단계에서는 실제 소비자들에게 제품개념을 보다 구체적으로 제시해 주고 제품의 사용상황도 함께 설명해 주면서 고객들이 그 제품개념을 어떻게 느끼고 있는가를 분석한다. 위에서 설명한 제품개념 1을 보다 구체적으로 제시하면 다음과 같다.

"이 전기자동차는 4인승으로서 운전하기 재미있고, 전기로 운행되는 소형차이다. 쇼핑을 가거나 친구를 방문하기에 매우 적합한 자동차로서 같은 수준의 휘발유차에 비하여 운영비가 절반밖에 소요되지 않는다. 최고속도 시속 130km이고, 한 번의 충전으로 150km를 운행 할 수 있다. 모든 장치를 다 갖춘 자동차 가격은 $14,000이다"

어떤 제품개념의 테스트에는 한마디 단어나 한 장의 그림으로도 충분하지만, 제품개념을 보다 구체적이고 물리적인 방법으로 제시함으로써 제품개념 테스트의 신뢰성을 높일 수 있다. 즉, 소비자에게 제품개념을 제시하고 질문을 하여 응답하도록 한다 (표 8.2 참조).

전기자동차 제품개념 테스트를 위한 질문
1. 당신은 전기자동차의 제품개념을 이해할 수 있는가?
2. 상기한 전기자동차의 성능을 믿을 수 있는가?
3. 전기자동차는 일반자동차와 비교하여 주요 장점이 무엇인가?
4. 이 자동차의 특성에 대하여 개선할 점이 있다면 어떠한 것을 제시할 수 있는가?
5. 전기자동차는 일반자동차에 비하여 어떠한 용도에 적합하다고 생각하는가?
6. 전기자동차의 가격은 얼마가 적절하다고 생각하는가?
7. 이런 자동차의 구매결정에 누가 참여하는가?
8. 이런 자동차를 구매할 의사가 있는가? (반드시 구매한다, 구매할 가능성이 있다, 구매할 가능성이 없다, 절대로 구매하지 않는다)

표 8.2 전기자동차 제품개념 테스트를 위한 질문

이러한 질문에 대한 소비자의 응답을 분석함으로써 어떠한 제품개념이 소비자에게 가장 강력하게 소구되고 있는지를 파악할 수 있다. 예를 들면 마지막 질문은 소비자의 구매의도를 물어보는 것으로서, 응답자의 10%가 '반드시 구매한다', 5%가 '구매할 가능성이 있다'고 응답하였다면 이러한 숫자를 표적 집단의 전체인구에 투사하면 예상판매량을 예측할 수 있다. 그러나 이러한 예측도 불확실할 수가 있는데, 그 이유는 소비자들이 의도한 대로 구매하지 않는 경우도 있기 때문이다.

마케팅전략 개발

제품개념을 개발하고 테스트한 결과 제품개념 1이 가장 최선의 개념이라고 가정하자. 그런 다음에는 이 전기자동차를 시장에 도입하기 위한 최초의 마케팅전략을 개발하여야 한다.

마케팅전략은 세 가지 부분으로 구성되는데, 첫째, 표적시장, 계획하고 있는 제품포지셔닝, 그리고 판매량, 시장점유율, 초기 수년간의 이익목표 등을 포함하여야 한다. 전기자동차의 예를 들면 다음과 같다.

> "이 전기자동차의 표적시장은 쇼핑, 심부름, 친구방문 등의 목적으로 가정에서 기존에 주로 사용하는 자동차 이외에 2번째 자동차를 원하는 가구들이다. 이 전기자동차는 시중에 나와 있는 어떠한 자동차보다도 가격과 운영비가 저렴하고, 운전하기 재미있는 자동차로 포지션될 것이다. 출시 첫해에는 200,000대를 판매하여 손실액이 3천만 불을 넘지 않도록 하겠다. 2차년도에는 220,000대를 판매하여 5천만 불의 이익을 올리겠다."

마케팅전략의 두 번째 설명은 계획하고 있는 제품의 가격, 유통경로, 그리고 첫해의 마케팅예산을 포함하고 있어야 한다. 다시 전기자동차의 예를 들어 보자

> "전기자동차의 컬러는 세 가지로 하고, 에어컨과 자동변속장치는 선택사양으

로 한다. 소비자가격은 14,000불이고, 딜러에게는 15%를 할인하여 판매한다. 한 달에 10대 이상을 판매하는 딜러에게는 추가로 5%를 더 할인해 준다. 광고예산은 2천만 불인데 전국광고와 지역광고에 절반씩 투입한다. 광고의 소구점은 경제성과 재미있는 운전을 강조한다. 그리고 첫해에 마케팅조사비로 100,000불을 투자하여 구매자가 누구이고 이들의 만족수준이 어느 정도인지를 파악한다."

마케팅전략의 세 번째 설명은 계획하고 있는 장기적 판매량, 이익목표, 그리고 마케팅믹스전략을 포함하고 있어야 한다. 다시 위의 예를 들어보기로 하자.

"장기적으로 자동차시장의 3%를 점유하여 세후 투자수익률 15%를 실현하는 것을 목표로 한다. 이러한 목표를 달성하기 위하여 고품질정책을 채택하여 지속적으로 품질향상노력을 경주한다. 경쟁상황이 허락하는 한 2차년도와 3차년도에 가격을 인상한다. 총광고비는 매년 10%씩 인상한다. 마케팅조사비는 첫해 이후 매년 60,000불을 유지한다."

사업성 분석

제품개념과 마케팅전략을 결정한 이후에는 제품개념의 사업매력도를 평가하여야 한다. 사업성 분석이란 마케팅관리자가 적절하다고 판단한 가격, 촉진, 그리고 유통 등의 마케팅노력의 투입으로 발생될 신제품의 예상매출액, 예상비용, 예상이익 등을 추정하여 기업이 설정한 신제품개발 목표를 달성할 수 있는지를 판단하는 것을 말한다. 만일 예측결과가 만족스러우면 제품개발단계로 이행하게 된다.

매출액을 추정하기 위해서는 유사한 제품의 과거 판매실적을 검토하거나 시장의 의견을 들어볼 수도 있다. 위험의 범위를 평가하기 위하여 최대매출액과 최소매출액을 모두 추정하여야 한다. 기업이 이미 진출한 제품시장 내에서 신제품을 개발하는 경우에는 과거 실적이 있기 때문에 매출액 추정이 비교적 용이하지만, 신규시장에 진입하는 기업은 매출액 추정이 상당히 어려울 것이다. 예상매출액을 추정한 후에는 마케팅비용, 연구개발비용, 생산비용, 회계비용, 재무비용 등의 비용을 모두 포함한 제품비용과 이익을 추정하여야 한다. 신제품이 기존의 제품과 유사할수록 비용의 추정이 용이할 것이다. 끝으로 추정된 매출액과 제품비용을 이용하여 그 신제품의 재무적 매력도를 분석하여 사업의 타당성을 검토한다.

제품개발

사업성 분석에서 제품개념이 유망한 것으로 판단되면 연구개발부나 기술부로 넘겨져서 실제 제품을 개발하는 단계로 이행한다. 연구개발부에서는 확정된 제품개념에 따라서 실물의 시제품 개발한다. 이 때 가장 중요한 것은 소비자의 욕구를 충족시킬 수 있고, 예산범위 내에서 신속하게 생산할 수 있는 시제품을 만들어야 하는 것이다. 또한 시제품은 제품의 기능적 특성뿐만 아니라 제품개념이 의도하고 있는 심리적 특성까지도 반영하여야 한다. 예를 들면 전기자동차의 경우 잘 만들어지고 안전하다는 점을 소비자에게 인식시켜야 한다. 이 때 기업은 무엇이 소비자로 하여금 자동차가 잘 만들어졌다고 인식하게 하는가를 알아야 한다. 어떤 소비자들은 자동차문을 탕 닫을 때 나는 소리를 듣고 잘 만들어졌는지 여부를 판단할 수도 있다.

시제품이 만들어지면 테스트를 거쳐야 한다. 기능 테스트는 제품이 안전하고 효과적으로 성능을 발휘하고 있는지를 실험실이나 현장에서 테스트하는 것을 말한다. 전기자동차의 경우는 스타트는 순조로운지, 안락한지, 큰 충격에서도 안전한지 등을 테스트하여야 한다. 다음에는 소비자 테스트를 하여야 하는데, 소비자가 전기자동차를 직접 운전해 보고 각 속성에 대하여 평가하는 것을 말한다.

시제품제작과정에서는 연구개발부서와 마케팅부서 간의 의견조정이 중요하다. 그 이유는 연구개발부서는 고품질의 완벽한 제품을 개발하기 위하여 충분한 시간을 요구하는 반면에 마케팅부서는 경쟁사가 제품을 시판하기 전에 신속히 적정수준의 제품을 개발해 주기를 원하기 때문이다.

시험판매

시제품의 기능 테스트와 소비자 테스트가 성공적으로 끝난 이후에는 표적시장에 출시하기에 앞서 소규모의 실제시장에 신제품을 도입하여 소비자의 반응과 실제매출가능성을 조사할 필요가 있는데, 이것을 시험판매(test marketing)라고 한다. 시험판매에서는 포지셔닝 전략, 유통, 가격, 상표와 포장, 그리고 예산 수준 등의 제품과 마케팅 프로그램을 조사하여야 한다. 만일 제품이나 마케팅 프로그램의 수정이 필요하다면 다시 제품개발단계로 돌아가야 한다.

> **시험판매(test marketing)**
> 시제품의 기능 테스트와 소비자 테스트가 성공적으로 끝난 이후에는 표적시장에 출시하기에 앞서 소규모의 실제시장에 신제품을 도입하여 소비자의 반응과 실제 매출 가능성을 조사하는 것

시험마케팅을 어느 정도 수행할 것인가는 각 신제품에 따라서 다르다. 시험판매에는 많은 비용과 시간이 소요되기 때문에 단순한 제품계열의 확장이거나 성공적인 경쟁제품의 단순 모방인 경우에는 시험판매를 거의 하지 않거나 전혀 하지 않을 수도 있다. 그러나 신제품의 시장도입에는 막대한 투자가 필요하기 때문에 제품이나 마케팅 프로그램에 확신을 갖지 못할 때에는 많은 시험판매를 거쳐야 한다.

신제품을 테스트할 시험시장은 다음과 같은 특성을 가지고 있어야 한다. 첫째, 나이, 소득, 직업 등의 인구통계적 특성에서 표적시장을 충분히 대표할 수 있는 지역이 선정되어야 한다. 둘째, 시험시장내의 경쟁제품들이 전국시장에서의 실제경쟁상황을 충분히 반영하는 지역이 선정되어야 한다. 셋째, 시험시장이 경쟁사의 영향으로부터 격리되어야만 시험시장에서 제품의 통제권을 확보하고 경쟁사의 방해를 예방할 수 있다.

상용화

시험판매결과는 신제품을 본격적으로 시장에 출시할 것인가 여부를 결정할 수 있는 정보를 제공해 준다. 전체시장에 신제품을 본격적으로 도입하는 상용화에는 많은 투자가 따라야 한다. 즉 생산시설을 만들거나 임차하여야 하며, 출시 초기에 광고나 촉진활동에 막

대한 자금을 투자하여야 한다. 따라서 신제품을 출시하는 기업은 다음과 같은 몇 가지 사항에 대한 의사결정을 신중히 하여야 한다.

첫째, 도입 시기(introduction time)를 결정하여야 한다. 만일 신제품이 다른 기존제품을 대체하는 것이라면 신제품의 도입이 그 제품의 매출액을 잠식할 수고 있기 때문에 기존제품의 수명이 다 할 때까지 신제품의 도입을 연기 할 수도 있으며, 신제품을 더 많이 개량할 수 있는 여지가 있거나 불경기라면 그 상황이 종료될 때까지 도입을 연기할 수도 있다.

둘째, 신제품을 출시할 지역을 결정하여야 한다. 즉 일정한 도시나 지역에만 한정하여 판매할 것인가, 그렇지 않으면 전체시장을 상대로 판매할 것인가 나아가서 세계시장을 상대로 판매할 것인가 등을 결정하여야 한다. 처음부터 자신 있게 전국시장이나 세계시장을 상대로 판매할 수 있는 충분한 자본이나 능력이 있는 기업은 그리 많지 않다. 따라서 많은 기업들은 시간이 지남에 따라서 점차 시장을 확대해 나가는 것이 보통이다. 중소기업의 경우는 특정 도시나 지역에 소규모로 집중적으로 침투하여 점차적으로 시장을 확대하는 것이 바람직하다. 그러나 대기업의 경우는 몇 개의 지역이나 전국규모의 시장에 신속하게 도입할 수도 있다. 예를 들면 프록 앤 갬블(P&G)사의 경우는 'Folgers'커피를 도입하면서 자사의 판매망이 강한 미국의 서부지역에 먼저 도입한 후, 나중에 제너럴 푸드(General Food)사의 'Maxwell House'커피의 주력시장인 동부지역에 진출하였다.

4) 신제품의 수용과 확산

소비자는 최초로 신제품이나 혁신에 노출되는 순간부터 최종구매에 이를 때까지 여러 단계의 심리적 과정을 거치게 되는데 이러한 심리적 과정을 신제품 수용과정이라고 한다. 여기서 혁신(innovation)이란 제품·서비스 또는 관념과 같이 인간이 새로운 것으로 지각하는 모든 것을 의미한다. 다시 말하면 수용과정(adoption process)이란 혁신을 받아들이는 것과 관련된 개인의 의사결정과정을 말하고, 반면에 확산(diffusions)은 일정기간에 걸쳐 신제품이나 혁신이 사회시스템 내에 전달되는 과정을 말하는 것이다.[3)]

수용과정 모델

전통적으로 수용과정 모델에 의하면 소비자는 신제품이나 혁신에의 노출에서부터 그것을 수용하기까지 인지, 정보, 평가, 시용, 수용, 그리고 수용 후 확인까지 여섯 단계를 거친다 (표 8.3 참조).

표 8.3 수용과정 모델

단계	단계별 활동
인지 (Awareness) ↓	이노베이션이 개인에게 제시된다.
정보 (Information) ↓	잠재고객은 관심을 갖고 정보를 입수하려고 한다.
평가 (Evaluation) ↓	잠재고객은 정신적으로 상대적 장점 등을 측정한다.
시용 (Trial) ↓	소비자는 한정적인 범위에서 이노베이션을 채택한다. 견본품으로 소량구매하고 만일 견본품사용이 허용되지 않을 때에는 수용될 가능성은 희박해진다.
수용 (Adoption)	잠재고객은 대량으로 이노베이션의 사용을 할 것인가 여부를 결정한다.
수용후 확인 (Postadoption Confirmation)	채택되고 나면 구매 결정이 옳았다는 확증을 계속해서 추구 한다.

이 모델은 마케팅관리자가 신제품을 출시할 때 어떠한 전략적 고려를 하여야 하는가에 대하여 몇 가지 시사점을 제시해 준다.

첫째, 신제품 도입 초기에는 인지도 제고를 위한 노력이 중요하고, 그 이후에는 제품에 대한 보다 상세한 정보를 알리는 일이 중요함을 알 수 있다.

둘째, 소비자에 따라서 인지에서 수용까지 이르는 기간에 차이가 있다. 따라서 시장 전체로 볼 때에는 신제품이 출시된 때부터 각 시점별로 수용자의 숫자가 일정한 분포를 보이게 되는데 이러한 현상을 사회 전체적으로 볼 때 신제품의 확산과정이라고 한다.

신제품수용에서의 개인별 차이

소비자에 따라서는 신제품이 도입된 직후 재빨리 채택하는 사람도 있는 반면에, 신제품을 받아들이기에 상당한 시간이 걸리는 사람도 있고, 이들을 전혀 채택 또는 수용하지 않는 소비자도 있다. 혁신의 수용시간 따라서 소비자들을 분류할 수 있다 (그림 8.2 참조).

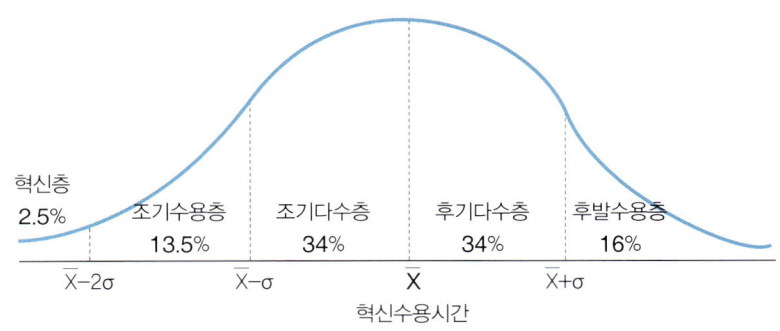

그림 8.2 혁신(신제품) 수용계층의 분포

로저스(Rogers)는 신제품을 수용하는 시점에 따라서 수용자들을 5개의 수용자 범주로 나누고, 각 범주에 해당하는 수용자들의 수를 정규분포의 표준편차 비율에 따라서 할당하였다.[4] 아래에서는 이러한 5개의 수용자 범주의 비율과 이들의 특성을 자세히 살펴보겠다.

■ 혁신층 (innovators)

모험심이 강한 전체시장의 약 2.5%를 차지하는 소비자들로서 누구보다 앞서 새로운 것(innovation)을 받아들이는 계층을 말한다. 후기수용층에 비하여 혁신층은 대체로 젊고 사회적 신분이 높으며, 소득이 높고 광범위한 대인관계를 형성하고 있다. 따라서 이들은 위험을 무릅쓰고 새로운 아이디어를 시험해 보려고 하며 성격도 외향적인 경우가 많다. 또한 혁신층은 정보를 수집할 때 판매원이나 구전광고 보다는 비인적(非人的) 정보원천에 의존하는 경향이 있다.

■ 조기수용층 (early adaptors)

전체시장의 13.5%를 차지하는 소비자로 구성되며, 혁신층이 세계적 생활관을 특징으로 하고 있는 반면에 이들은 지역민으로서의 생활관을 가지는 경우가 많다. 또한 그들의 지배적인 가치관은 '존경심'이며, 그 사회에서 의견선도자(opinion leader)의 지위를 누리며 새로운 아이디어를 조기에 수용하지만 선별적으로 수용하는 특징을 지니고 있다. 조기수용층은 그들 지역사회에서 존경받는 집단이기 때문에 어떠한 혁신을 보급시키려는 개혁주도자(agents of change)들도 조기수용층을 잡지 않고는 혁신을 성공적으로 확산시킬 수 없다. 정보를 탐색할 때 인적 판매원을 가장 많이 이용하는 계층이다.

■ 조기다수층 (early majority)

전체시장의 34%를 차지하는 소비자들로서 조기수용층 다음으로 수용하는 대부분의 일반소비자를 말한다. 즉 수용에 있어 신중성을 기하며 일반대중이 받아들이기 전에 수용하는 층을 말하며, 정보를 수집할 때 주로 이용하는 정보원은 광고이다. 또한 인적 판매원이나 조기수용층과의 접촉을 통해서 영향을 받는 경우도 있다.

■ 후기다수층 (late majority)

전체시장의 34%를 차지하는 비교적 회의적인 집단으로서, 경제적 필요성이나 그들 동료들 사이에서 느끼는 사회적 압력에 의해서만 새로운 것을 수용하는 계층을 말한다. 이들은 조기다수층이나 후기다수층 등의 인적 정보원으로부터 정보를 수집하는 경향이 강하고 광고나 인적 판매 등은 별로 이용하지 않고 있다.

■ 후발수용층 (laggards)

전체시장의 16%에 해당하는 전통지향적인 소비자집단으로서 이노베이션(새로운 상품·서비스·관념)을 마지막으로 수용하는 계층을 말한다. 이 후발수용층이 새로운 것을 수용할 때에는 혁신층에서는 또 다른 혁신을 추구하기 때문에 기존제품은 유행에서 사라지고 마는 경우가 많다. 또한 이 계층에 속하는 소비자는 노인층과 사회경제적 지위가 낮은 사람들이 대부분이다.

신제품의 특징이 수용도에 미치는 영향

신제품이 수용되는 데 소요되는 시간은 빠르면 수 주일에서 늦으면 50~60년에 이른다. 개인이 지각하는 혁신에는(신제품)에는 다섯 가지 특징이 있는데, 그 하나하나가 수용도(adoption rate)에 영향을 미친다. 즉 혁신이 이러한 다섯 가지 특징을 보다 많이 지니고 있을수록 수용 속도가 빨라진다는 것이다. 다섯 가지 요소를 하나씩 살펴보면 다음과 같다.

- 상대적 이점(relative advantage)이 있어야 하는 것이다. 즉 기존제품에 비하여 새로운 것으로서 우월한 점이 있어야 하는데, 가령 값이 저렴하거나 수익성이 높아야(higher profitability) 한다.
- 적합성(compatibility)을 들 수 있는 바, 혁신이 수용자들의 문화적 가치나 경험과 일치할수록 혁신의 수용 속도가 빨라진다.
- 복잡성의 정도(degree of complexity)가 혁신의 수용 속도를 좌우하게 된다. 사용·구매에 편의성이 없다면 이노베이션은 수용되기가 힘들게 된다.
- 시용가능성(trial-ability)으로 소비자가 제한된 수량을 견본품으로 사용할 수 있느냐의 여부를 말한다. 가정용 에어컨 시스템은 분할하여 시험적으로 사용할 수 없기 때문에 샴푸나 비누보다 수용 속도가 낮다.
- 관찰가능성(obserbability)이 수용 속도에 영향을 미친다. 즉 혁신의 내용과 특징을 관찰하고 설명할 수 있는 경우에는 사회에 빨리 확산될 수 있다.

LG전자 '세상에 없던 제품' 전략 승승장구 뷰티가전도 완판

LG전자 모델들이 홈 뷰티기기 'LG 프라엘'을 소개하고 있다.

LG전자가 '세상에 없던 제품' 전략으로 성공 스토리를 쓰고 있다. 스타일러(의류관리기), 톤플러스부터 올레드TV, 트윈워시에 이르기까지 여러 혁신형 제품이 연승 행진을 구가하고 있다. 최근에는 홈 뷰티기기 'LG 프라엘'로 미용가전 시장에서 돌풍을 일으켰다.

27일 유통업계에 따르면 LG전자가 9월 말에 출시한 뷰티가전 'LG 프라엘'이 홈쇼핑 채널에서 완판됐다. 'LG 베스트샵' 등 유통가에서 주문이 밀릴 정도로 큰 인기를 끌고 있다.

더마 발광다이오드(LED) 마스크(LED 마스크), 토털 리프트업 케어(탄력 관리), 갈바닉 이온 부스터(화장품 흡수 촉진), 듀얼 모션 클렌저(클렌징) 4종으로 구성한 LG 프라엘은 세트 가격이 200만원에 육박한다. LG 프라엘은 광고 모델 이나영의 이름을 따서 '이나영 마스크'라고 불린다. 홈쇼핑 판매 첫날 1000대 완판에 이어 온라인 쇼핑몰, 백화점 등에서도 인기다. LG전자는 초도 물량이 소진되자 서둘러 추가 생산에 들어갔다. 미용가전은 필립스, 파나소닉 등 글로벌 업체는 물론 국내 중소기업도 일부 진출했다. 그러나 시장이 형성되지 않아 판매에 어려움이 있었다. LG전자가 진입하면서 소비자들의 미용가전 관심이 커졌다.

LG전자 관계자는 "아직 초기여서 판매 수량을 밝히긴 어렵지만 내부 예상보다 빠른 속도로 제품이 팔리고 있다"면서 "미용가전 시장에 먼저 진출한 중소기업도 프라엘을 통해 시장이 커질 것으로 기대한다"고 전했다.

LG전자는 세상에 없던 가전제품을 만들고 있다. LG 프라엘 외에도 의류관리기 스타일러, 목에 거는 이어폰 톤플러스, 트윈워시, 의류 건조기, 상중심 무선청소기 등 여러 혁신 제품으로 시장을 선도해 왔다.

자료원 : 전자신문 2017.11

2 제품수명주기 관리

제품수명주기
신제품이 도입되어 시장에서 사라질 때까지 제품의 판매액과 이익의 변화 상태를 수명단계별로 구분해 놓은 것

신제품을 개발한 후 그 제품이 영구적으로 판매하여 이익을 거둘 수 있으리라고 기대할 수 없다. 그 이유는 기술, 경쟁상황, 그리고 소비자의 욕구 등이 항상 변화하기 때문에 제품 또한 수명이 있기 때문이다. 따라서 제품의 판매 잠재성과 가능성은 시간이 경과함에 따라 변화할 것이다. 제품수명주기는 신제품이 도입되어 시장에서 사라질 때까지 제품의 판매액과 이익의 변화 상태를 수명단계별로 구분해 놓은 것인데 각 단계별로 상이한 기회나 문제점이 발생하여 마케팅전략과 이익가능성이 달라진다. 즉, 한 제품이 제품수명주기상 어느 단계에 있는가 또는 어느 단계로 이동 중에 있는가를 파악함으로써 보다 적합한 마케팅계획을 수립할 수 있다.

제품수명주기와 관련한 4가지 특성을 살펴보면 다음과 같다.
- 제품은 제한된 수명을 갖는다.
- 제품의 매출은 각 단계에 걸쳐 상이한 크기가 나타난다.
- 제품의 이익은 제품수명주기상의 단계별로 증가했다가 감소한다.
- 제품수명주기상의 각 단계에 따라 마케팅, 재무, 생산, 구매, 인사 전략이 달라진다.

2.1 제품수명주기 형태

제품수명주기에는 가장 표준적인 S형 제품수명주기와 기타 여러 가지 형태의 제품수명주기가 있다.

1) S형 제품수명주기

제품수명주기는 대부분 전형적으로 S형 곡선을 그리며 그림 8.3과 같이 보통 4단계로 나누어진다.[5]

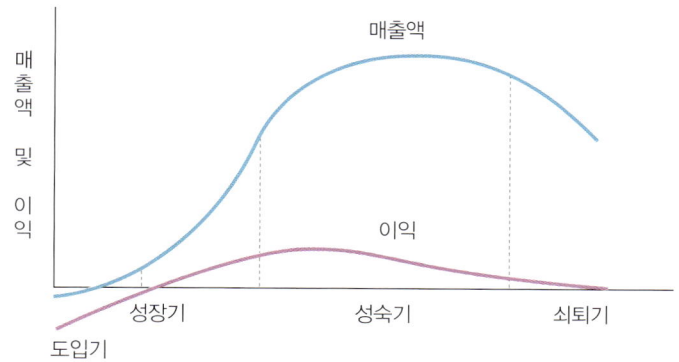

그림 8.3 제품수명주기상의 매출액과 이익의 변화

제품수명주기의 각 단계별 매출액과 이익의 변화를 살펴보면 다음과 같다.

- 도입기(introduction stage) : 신제품을 시장에 소개함으로써 매출이 서서히 증가하는 시기로 이 단계에서는 제품도입에 소요되는 높은 비용지출로 이익은 거의 발생하지 않는다.
- 성장기(growth stage) : 급속한 시장수용단계로서 지속적으로 매출액과 이익이 상승하는 단계이다.
- 성숙기(maturity stage) : 제품이 대부분의 잠재고객에게 수용됨으로써 매출성장율이 둔화되는 시기로서 이 단계에서는 경쟁에 대응하여 많은 마케팅비용을 지출하기 때문에 이익이 정체 또는 감소하기 시작한다.

- 쇠퇴기(decline stage) : 매출액이 급격히 하락하고 이익이 감소되는 시기이다.

2) 기타형태의 제품수명주기

모든 제품이 똑같이 전형적인 S형의 제품수명주기를 갖는 것은 아니다. 콕스(Cox)는 754개의 처방용의약품에 대한 매출액추이를 조사하여 6개의 상이한 제품수명주기 형태를 발견하였다.[6] S자형 외에 흔히 볼 수 있는 제품수명주기의 형태로는 순환-재순환 형태와 부채꼴 형태가 있다. 순환-재순환 형태는 쇠퇴기에 접어들었다가 촉진활동의 강화나 재포지셔닝에 의해 다시 한 번 성장기를 맞는 제품수명주기로서 재순환과정은 최초순환과정보다 크기도 작고 기간도 짧은 것이 보통이다 (그림 8.4(a) 참조). 또 다른 제품수명주기 형태로는 부채꼴형(scalloped)이 있는데 (그림 8.4(b) 참조), 이는 새로운 제품특성, 새로운 용도, 새로운 사용자의 발견에 의하여 제품수명이 계속적으로 연장되는 제품수명주기 형태를 말한다. 예를 들면, 나일론의 경우 시간이 경과함에 따라 새로운 용도, 즉 낙하산, 양말, 셔츠나 블라우스, 카펫 등의 용도를 개발했기 때문에 그 판매액이 부채꼴형태를 나타낸다는 것이다.[7]

그림 8.4 특수한 제품수명주기 형태

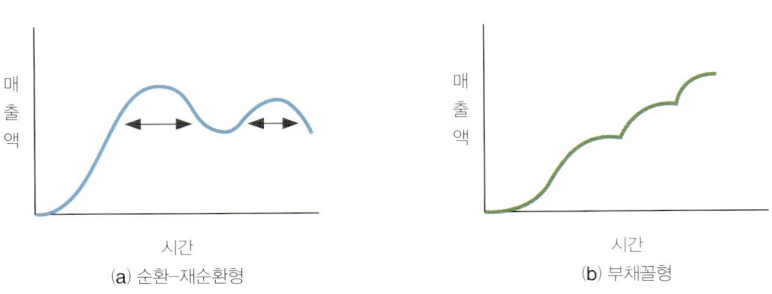

이 밖에도 특수한 형태의 제품수명주기로서 스타일, 유행, 그리고 일시적 유행 등이 있다 (그림 8.5 참조).

그림 8.5 스타일, 유행, 일시적 유행의 제품수명주기

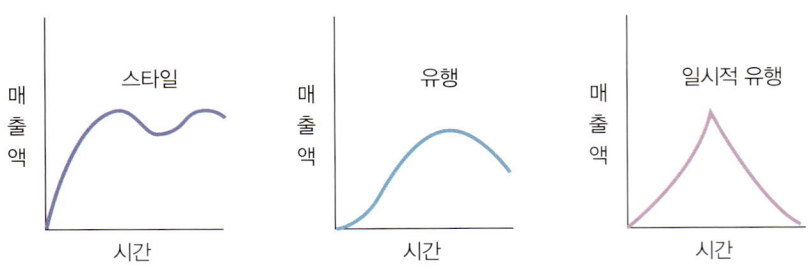

스타일(style)이란 인간이 노력을 기울이는 여러 활동분야에서 나타나는 기본적이고 특징적인 표현양식(distinctive mode of expression)이다. 예를 들면 스타일은 건축양식에

백화점 카페에서 우아하게 '초코파이' 먹어볼까

목욕을 끝낸 후 동네 슈퍼에서 사먹었던 '바나나맛 우유'와 '초코파이'를 백화점 고급 카페에 앉아 맛본다. 쇼핑을 하다 사람 키 정도 크기의 대형 바나나맛 우유 모형을 배경 삼아 '셀카'를 찍는 사람도 늘고 있다. 단순히 물건을 판매하던 백화점이 식음료 업체와 협업을 통해 새로운 경험을 제공하는 이색 공간으로 진화하고 있다.

14일 업계에 따르면 불황 파고를 넘기 위한 유통·식음료 업계 간 컬래버레이션(협업)이 강화되고 있다. 현대백화점은 15일 오리온과 손잡고 '초코파이 하우스'를 판교점 지하 1층에 오픈한다. 이 매장에서는 전문 파티셰들이 직접 만든 수제 초코파이와 초코파이를 활용한 이색 디저트 등을 맛볼 수 있다. 현대백화점과 오리온은 SNS를 많이 사용하는 20~30대 젊은 층을 위해 카페 외관에도 신경을 썼다. 오리온 관계자는 "초코파이 모양의 캐릭터 초코파이 보이를 개발해 매장에 배치하고, 카페 방문했다는 인증샷을 쉽게 찍을 수 있도록 다양한 초코파이 신메뉴를 개발했다"고 말했다. 현대가 빙그레와 손잡고 지난해 현대시티아울렛 동대문점에 선보인 '옐로우 카페'도 유통업체와 식품업체가 협업한 대표 사례 중 하나다. 옐로우카페는 바나나맛 우유를 넣은 라떼 등 각종 신 메뉴 개발은 물론 바나나맛 우유 모양을 한 캐릭터 상품도 내놔 소비자들로부터 좋은 반응을 얻고 있다. 특히 매장 입구에 설치된 대형 바나나맛 우유 모형은 사람들이 배경 사진을 찍는 단골 장소로 각광받고 있다. 현대백화점 관계자는 "옐로우카페는 테마형 카페로 초기부터 끊임없는 입소문을 타며 현대시티아울렛 14개 카페 매장 가운데 매출 1위를 달리고 있다"고 말했다. 현대시티몰 가든파이브점에 선보인 광동제약 '비타민청춘카페'도 젊은 고객들이 많이 찾는 핫 플레이스 중 한 곳이다. 메뉴도 기존 음료와 차에 비타500을 믹스한 '비타 파인애플 라떼' '비타에이드' 등을 판매해 고객들에게 색다른 맛을 제공하고 있다..

최용구 현대백화점 공산품팀 바이어는 "'스테디셀러'인 초코파이와 바나나맛 우유 등은 친밀감이 높아 매장을 열며 입소문이 자연스럽게 나곤 한다"며 "향후에도 협업을 통해 고객이 만족할 만한 새로운 상품을 지속적으로 선보일 방침"이라고 말했다.

자료원 : 한국일보 2017.12

서도 나타나고, 의류에서는 정장, 캐주얼 등으로, 미술에서는 초현실파, 추상파 등으로 나타난다. 스타일은 한번 형성되면 여러 세대를 거쳐 나타났다가 사라지고 하면서 지속된다. 스타일은 일정기간 반복적으로 새로운 관심을 가지게 되면 여러 번 되풀이되기도 한다.

한편 유행(fashion)은 어떤 분야에 있어 널리 수용되거나 대중화된 스타일을 말한다. 예를 들면 오늘날의 진(Jean)은 의류에 있어서의 유행이고 랩은 대중음악에서의 유행이다. 이러한 유행은 네 단계를 거치게 된다.[8] 첫 번째 단계는 구별단계(distinctiveness stage)인데 이 단계에서는 일부 소비자가 다른 소비자와 구분 지을 수 있는 새로운 것에 관심을 가지는 유행의 초기단계이다. 이 때 제품은 주문생산 또는 제조업자에 의해 소량으로 제조된다. 두 번째 단계는 모방단계(emulation stage)로서 기타 소비자들도 유행선도자를 모방하는데 관심을 가지며 더욱 많은 제조업자들이 더욱 많은 량의 제품을 생산하기 시작한다. 세 번째 단계는 대중유행단계(mass-fashion stage)로서 유행이 극도로 대중화되어 제조업자들도 대량생산을 하게 된다. 마지막 쇠퇴단계(decline stage)에서는 소비자는 또 다른 새로운 유행으로 옮기기 시작한다.

끝으로 일시적 유행(fad)은 급속하게 대중의 눈에 띄어 열정적으로 수용되고 조속히 절정에 오른 다음 매우 빠르게 쇠퇴하는 유행을 말한다. 이의 수명주기는 매우 짧으며 소수의 사람들만 흡인하는 경향이 있다. 이는 사람들이 유행음반을 구입하거나 스트리킹을 할 때와 마찬가지로 신기성이나 변이성에서 흥미를 느끼려는 사람들이나 자신을 다른 사람과 구별시키고자하는 사람들에게 소구된다.

2.2 제품수명주기단계별 특징과 마케팅 전략

1) 도입기

도입기의 특징

신제품이 시장에 출시된 이후 소비자들의 반응을 얻기까지 상당한 시간이 소요된다. 따라서 도입기에는 판매는 적지만 새로운 유통경로를 확보하고 소비자의 신제품에 대한 인지도를 높이기 위하여 유통비와 촉진비가 많이 소요되기 때문에 이익은 적자이거나 매우 낮다. 또한 거래점으로 하여금 자사의 제품을 취급하도록 유치하기 위한 비용이 많이 든다. 그러므로 새롭지만 잘 알려져 있지 않은 신제품에 대한 정보를 잠재고객에게 전달하고 소매점을 확보하기 위하여 높은 수준의 촉진활동을 수행해야 하므로 판매액에 대한 촉진비의 비율이 최고수준을 보인다.[9]

도입기의 마케팅전략

신제품의 도입기에는 직접적인 경쟁이 없기 때문에 2차적 수요가 아닌 1차적 수요를 자극하게 되는데 네 가지 마케팅변수, 즉 제품, 가격, 유통, 촉진의 수준을 높은 수준으로 할 것이냐 그렇지 않으면 낮은 수준으로 할 것인가를 결정하여야 한다. 예를 들어 가격과 촉진의 두 가지 마케팅변수만을 고려한다면 네 가지의 전략이 가능하다 (그림 8.6 참조).

그림 8.6 도입기 마케팅전략의 네 가지 형태

■ 신속한 흡수전략

신속한 흡수전략(rapid-skimming strategy)은 가격을 높게 하고 촉진을 집중적으로 하면서 신제품을 도입하는 전략을 말한다. 기업은 단위당 총이익을 가능한 한 크게 하기 위해서 높은 가격을 채택하며 또한 높은 가격이 될 수밖에 없는 제품의 장점을 소구하기 위하여 집중적인 촉진활동을 수행한다. 이러한 집중적 촉진활동으로 시장침투율이 가속화 된다. 이 전략은 잠재시장의 대부분이 그 제품을 모르고, 제품을 인지한 소비자는 높은 가격으로도 그 제품을 구매하기를 원하며, 기업은 경쟁가능성을 직시하고 소비자의 상표선호도를 높이려는 상황에서 효과적으로 이용할 수 있는 전략이다.

■ 완만한 흡수전략

완만한 흡수전략(slow-skimming strategy)은 가격을 높게 책정하면서도 촉진활동은 별로하지 않는 전략으로서, 단위당 총이익은 크게 하면서 마케팅비용을 줄이려는 목적으로 채택하는 전략이다. 이 전략은 시장규모가 제한되어 있고, 시장의 대부분이 그 제품을 알고 있으며, 구매자는 높은 가격을 기꺼이 지불할 준비가 되어있고, 경쟁가능성이 희박한 상황 하에서 효과적으로 적용될 수 있는 전략이다.

■ 신속한 침투전략

신속한 침투전략(rapid-penetration strategy)은 가격은 낮게 하지만 촉진활동을 집중적으로 하여 빠른 시장침투와 시장점유율의 확대를 목표로 하는 전략을 말한다. 이 전략은 시장이 크고, 시장이 제품을 잘 모르고 있으며, 대부분의 고객들이 가격에 민감한 반응을 보이고, 경쟁가능성이 매우 크며, 판매량이 증가함에 따라서 단위당 제조비용이 감소되는 상황 하에서 효과적으로 이용될 수 있는 전략이다.

■ 완만한 침투전략

완만한 침투전략(slow-penetration strategy)은 가격도 낮게 촉진활동도 별로 하지 않으면서 제품을 도입하는 전략이다. 이는 가격을 낮추어 시장수용도를 크게 하고 촉진비용을 낮춤으로 더 많은 이익을 얻을 수 있다. 이 전략은 시장이 크고, 시장은 제품에 대해 잘 알고 있으며, 시장이 가격에 민감하고, 약간의 경쟁가능성이 존재할 때 효과적이다.

2) 성장기

성장기의 특징

신제품이 소비자의 욕구를 충족시켜 다수의 소비자가 급속히 신제품을 수용하게 되면 성장단계로 접어들게 된다. 이 단계의 특징은 흔히 판매곡선과 이익곡선이 빠른 속도로 상승하게 된다는 점이다. 성장기의 지속적인 판매량 증대는 단위당 유통비와 촉진비를 하락시켜 이익이 점점 늘어나게 되며 성장기 말기에 최대의 이익이 실현된다. 따라서 매출액의 증가로 산업 전체의 이익이 발생하고 경쟁기업들은 점차 이 시장을 매력적인 것으로 평가하고 진입하게 되며, 그 결과 시장에 유사한 제품들이 많이 출시되어 경쟁이 격화된다.

성장기의 마케팅전략

성장기의 마케팅전략은 상표강화(brand reinforcement)를 통해 시장점유율을 급속히 확대시키는 것이 효과적이다. 즉 이 단계에서는 제품시용(try-my-product)보다는 상표구매(buy-my-brand)를 자극하고, 판매망을 확충하며, 규모에 의한 경제(economy of scale)를 도입하고 가격을 인하하여 시장점유율을 확대하는 것이 최선의 전략이 될 수 있다. 따라서 성장기단계의 기업은 성장기 기간을 연장하기 위하여 다음과 같은 전략을 수행해야 한다.

- 제품의 품질을 개선하고 새로운 특성과 모델의 신제품을 제공한다.
- 새로운 세분시장에 진출한다.
- 새로운 유통경로를 설정한다.
- 제품인지를 위한 광고보다 제품에 대한 확신과 구매를 위한 광고를 한다.
- 가격에 민감한 소비자에게 소구하기 위해 적시에 가격을 인하한다.

성장기 단계에 있는 기업은 비용이 많이 소요되는 제품개선, 촉진 및 유통활동을 증대시킴으로써 시장점유율을 극대화해야 하는 목적과 다음 단계에서 안정된 기업 활동을 위해 현재의 이익을 극대화하여야 하는 상반된 목적을 동시에 추구하여야 하는 어려움에 직면하게 된다.

3) 성숙기

성숙기의 특징

성숙기는 성장기에 진입한 많은 경쟁기업들로 인하여 잠재적 소비자의 대부분이 제품을 수용하여 판매량이 증가하지만 매우 완만한 속도로 증가한다. 판매곡선은 안정되는 반면에 제조회사와 소매상의 이익은 감소하기 시작한다. 시장점유율이 낮은 생산업자는 당해 시장에서 탈락하게 된다. 가격경쟁은 더욱 심해지고 생산업자는 자사제품취급상을 계속 유지하기 위하여 훨씬 더 많은 판매촉진활동을 떠맡게 된다. 제품계열의 폭을 넓히기 위해서 새로운 모델이 도입된다.

이러한 성숙기는 다른 단계에 비하여 오랫 동안 지속되기 때문에 보다 세분화하여 관찰할 수 있다. 즉 성숙기 초기로서 기존 유통경로가 포화됨으로써 나타나는 성장형 성숙기, 성숙기 중기로서 시장침투가 완전히 끝났기 때문에 나타나는 안정형 성숙기 그리고 성숙기 후기로서 대체제품이 개발되어 판매액이 감소하는 쇠퇴형 성숙기의 세 가지 형태로 분류할 수 있다.

성숙기의 마케팅전략

성숙기는 판매성장율이 둔화됨으로써 성장기에 확대된 과잉생산능력으로 인하여 경쟁이 치열해진다. 따라서 이 단계의 마케팅목표는 기존의 시장점유율을 방어하면서 적정이윤을 계속 유지하는 것이다. 이 단계는 신제품이 출시된 이후 상당한 기간이 지났기 때문에 변화하는 소비자의 욕구를 충족시키기 위하여 시장과 제품을 적응시켜야 한다. 즉 성숙제품을 가지고 수동적으로 시장에 임하기보다는 적극적으로 시장, 제품 그리고 마케팅 믹스를 확대하거나 수정하는 전략이 필요하다.

■ 시장확대 전략

이 단계에서 기업은 기존제품의 소비증가를 위하여 노력하여야 한다. 자사상표의 사용자 수를 증대시키는 방법에는 당해 제품범주(product category)를 사용하지 않는 비사용자를 사용자로 전환시키는 비사용자의 사용유도(convert nonusers), 새로운 세분시장에 참여하는 신시장에의 참가 (enter new market segments), 경쟁기업의 고객으로 하여금 자사제품을 시용하고 수용하게 하는 경쟁기업고객의 잠식(win competitor's customer) 등이 있다. 상표사용량을 증대시킴으로써 매출액의 증대를 꾀할 수 있는 전략으로는 소비자의 구매회수를 증대시키는 사용빈도의 증가(more frequent use), 1회의 사용량의 증대를 위한 사용량의 증가(more usage or occasion), 다양한 신규 용도로의 확대 등이 가능하다.

■ 제품의 수정

이는 신규사용자나 사용률을 위해 제품특성을 변경하는 것으로 여기에는 내구성, 신뢰성, 속도, 맛과 같은 제품의 기능적 성능을 증대시키는 품질개선(quality improvement) 전략, 제품의 융통성, 효율성, 안전성, 편의성 등을 확대하기 위한 새로운 제품특성을 추가하려는 특성개선(feature improvement)전략, 제품의 심미적 소구력을 높이는 스타일 개선(style improvement)전략 등이 있다. 예를 들면 소니(Sony)사는 워크맨과 디스크맨 계열의 제품에 새로운 스타일과 특성을 계속적으로 추가하여 판매량을 증대시킨바 있으며, 볼보(Volvo)사는 신차에 새로운 안전장치를 추가하고 있다.

■ 마케팅믹스의 수정

하나 또는 그 이상의 마케팅믹스 요소를 변경하여 성숙제품의 판매를 증대시킬 수 있는데 여기에는 가격, 유통, 촉진, 인적 판매, 서비스 등을 변수로 사용할 수 있다. 예컨대 가격을 인하하여 신규사용자나 경쟁기업의 고객을 유인할 수 있다. 또한 보다 많은 광고캠페인이나 보다 공격적인 판매촉진을 전개할 수 있고, 보다 대규모의 유통채널을 통한 유통을 시작하거나 구매자에게 신규서비스나 개선된 서비스를 제공할 수도 있다.

4) 쇠 퇴 기

쇠퇴기의 특징

거의 대부분의 제품이나 상표는 일정기간이 경과하면 결국 판매량이 감소하게 된다. 이처럼 기존제품의 판매량이 감소하는 이유는 기술의 발전, 소비자취향의 변화 그리고 경쟁심화 등을 들 수 있다. 이 단계에서는 산업전체의 판매량과 이익이 감소하면서 경쟁력이 없는 기업은 시장에서 철수하기 시작하며, 나머지 기업들도 공급하던 제품을 줄이기 시작한다. 수요가 감소됨에 따라 비용통제가 더욱 중요해진다.

쇠퇴기의 마케팅전략

쇠퇴기의 전략적 대안으로는 철수전략과 잔존전략이 있다. 이 단계에서 제품을 폐기시키느냐 그렇지 않으면 계속해서 이익을 실현하면서 전문화하고 제한된 시장에서 존속하느냐의 여부는 경영자의 역량과 능력, 제품의 성격에 따라 좌우된다. 시장에 잔존하기로 결정한 기업의 마케팅관리자는 비용을 최소화하는 소극적 노력 이외에, 전체시장 중에서 부분적으로 판매량이 증가하는 성장세분시장에 집중하거나 비교적 저렴한 가격으로 경쟁기업을 인수·합병하여 높은 수익을 올릴 수 있다. 한편 시장에서 철수하기로 결정한 기업의 마케팅관리자는 철수장벽(exit barriers), 자사의 시장점유율, 가격, 원가 등을 분석하여 단기간 내에 최대의 이익을 창출한 후에 시장에서 철수하여야 한다. 쇠퇴기에는 철수전략이 매우 중요하며, 효과적인 철수를 위해서는 다음과 같은 점에 유의해야 한다.

■ 취약제품의 확인

쇠퇴기에 접어든 취약제품을 확인하기 위해서는 다음과 같은 단계를 밟아 그것을 확인하는 체제를 확립해야 한다.[10]

- 제품믹스상의 취약제품을 정기적으로 검토하는 제품검토위원회(product review committee)를 설치한다. 이에는 마케팅, 생산 및 재무담당부서의 대표자도 포함된다.
- 이 위원회에서 취약제품의 검토를 위한 시스템을 개발한다.
- 통제담당부서(controller's office)에서 각 제품별 시장규모, 시장점유율, 가격, 원가 및 이익동향을 나타내는 자료를 마련한다.
- 컴퓨터프로그램을 이용하여 이러한 정보를 분석함으로써 의심스런 제품을 확인한다. 이때의 기준은 판매감소 년수, 시장점유율동향, 총이익 폭 및 투자수익률 등이 된다.
- 폐기예정품목표상에 오른 제품들을 이에 대해 책임을 지고 있는 경영자에게 보고한다. 경영자는 이러한 제품이 현재의 마케팅전략을 변경하지 않으면 그 판매와 이익이 어떻게 될 것이며 또 그것을 변경하면 어떻게 될 것인지를 평가한다.
- 제품검토위원회는 이러한 정보들을 분석하여 현상유지, 마케팅전략의 수정, 폐기 등을 권고한다.

■ 마케팅전략의 결정

기업은 철수시기나 잔존여부를 신중히 결정해야 하는데 해리건(K. R. Harrigan)은 쇠퇴기 산업분야에서 기업전략을 연구하면서 기업이 사용할 수 있는 다섯 가지의 쇠퇴기전략을 발견했다.[11]

- 경쟁의 위치를 개선하기 위해 기업의 투자를 증대시킴.
- 산업분야의 불확실성이 해소될 때까지 기업의 투자수준을 유지함.
- 불리한 소비자집단을 제외시킴으로써 기업의 투자규모를 선택적으로 감소시키는 동시에 매력적인 전문화시장부분의 고객을 대상으로 투자를 증대시킴.
- 투자 상태에 관계없이 빠른 현금회수를 위한 투자를 유지함.
- 가능한 한 유리하게 자산을 처분함으로써 신속하게 사업을 철수함.

■ 폐기결정

기업의 제품을 폐기하여 중단하기로 한 경우에는 다음의 결정을 하여야 한다. 첫째, 제품을 다른 기업에 판매 또는 양도하거나 혹은 완전히 폐기할 것인가를 결정해야 한다. 둘째, 제품의 폐기를 빨리 할 것인지 또는 천천히 해야 할 것인지를 결정해야 한다. 기존의 판매제품에 대한 보수부품의 재고와 서비스의 수준을 어떻게 할 것인가를 결정해야 한다.

이상에서 설명한 수명주기 단계별 특징과 마케팅전략을 요약하면 표 8.4와 같다.

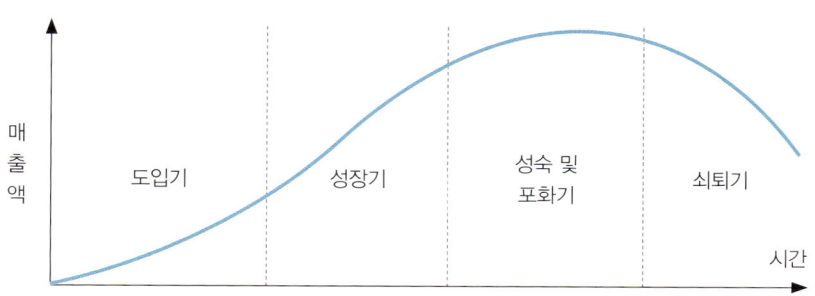

표 8.4 제품수명주기단계별 특징과 마케팅전략

특성	도입기	성장기	성숙및 포화기	쇠퇴기
매출액	낮음	급격히 상승	최고	감소
비용(고객기준)	높음	중간	낮음	낮음
이익	부(-)	증가	높음	감소
고객	혁신층	조기수용층	중간다수층	후발수용층
경쟁자	소수	증가	일부 감소	감소
마케팅목표				
마케팅목표	제품인지와 시용	시장점유율 극대화	시장점유율방어와 이익극대화	비용절감과 제품철수
전략				
제품	기초상품제공 보증 등의 제공	제품확대, 서비스 보증 등의 제공	다양한 상표 및 모델을 제시	취약품목의 제거
가격	원가가산법	시장침투가격	경쟁가격	가격 인하
유통	선택적 유통활동	강력한 유통활동	더욱 강력한 유통활동	이익성 없는 판로의 제거
광고	조기수용층과 중간상에게 제품 인식	대중시장에 제품 인식과 관심을 증대시킴	상표차이와 이점을 강조	핵심충성자들을 유지하는 수준 정도로 감소
판매촉진	시용을 유도하기 위한 적극적인 판매촉진	다량사용소비자의 수요의 이점으로 판매촉진의 감소	상표전환을 위한 판매촉진의 증가	최소한의 수준으로 감소

자료 : Philip Kotler. op.cit.. p. 373

2.3 제품수명주기의 관리

수명주기관리의 한 가지 비결은 제품이 시장에 도입되기 전에 문제되는 제품의 수명주기의 윤곽을 예측하는 일이다. 각 단계마다 경영자는 그 다음 단계의 마케팅요건을 예견해야 한다는 것이다. 유통의 폭을 집중적으로 넓히고 판매촉진활동을 강화함으로써 심지어 도입단계를 단축시킬 수도 있는 것이다. 또 성숙기와 포화기에 있어서 제품의 수명주기를 새로운 포장을 이용하여 활성화함으로써 연장시키는 것도 가능한 것이다. 예를 들면, 제조업체들은 판매량을 증대시키기 위하여 다음과 같은 전략을 이용한 사례가 있다.

- 제품사용의 빈도를 늘리는 일(하루 세 번 양치하기 운동으로 치약의 판매촉진을 하는 경우)
- 새로운 사용자에게 매력을 끄는 일(쥐포를 술안주로 권하는 경우)
- 새로운 용도를 개발하는 일(토마토케첩을 깍두기 담그는 데 사용하도록 권하는 경우)

판매량이 감소하는 쇠퇴기에는 보다 신속하고 민감한 전략이 필요하다. 즉 쇠퇴기의 적당한 시점에서 경영자는 당해 제품의 폐기처분을 충분히 고려해야 한다. 유익한 제품에 전념하지 않고 병든 제품에 노력과 시간을 낭비하는 일은 백해무익한 일이다. 제품수명주기를 합리적으로 운영·관리하는 기법의 하나로 판매가 감소할 때에는 다음과 같은 것을 들 수 있다.

- 제품을 기능면에서 개량할 수 있는 새로운 아이디어를 창출할 것.
- 마케팅 프로그램과 생산프로그램이 과연 효율적인가를 재검토할 것.
- 수익성이 낮은 사이즈와 모델을 제거하고 구색을 재정비함으로써 제품계열을 재검토 할 것.
- 남아 있는 수명주기에 걸쳐서 수익성을 적정수준으로 유지할 수 있도록 모든 비용을 최저수준으로 절감하고 제품을 정리할 것.
- 적절한 시기를 선택하여 제품을 폐기할 것.

경영자가 제품을 언제 어떻게 폐기시킬까에 관하여 숙지해야 함은 신제품을 언제 어떻게 도입하느냐에 관한 결정 못지않게 중요한 일이다. 제품폐기에 관한 세련된 프로그램을 마련하고 있는 기업은 많지 않으며, 효과적으로 수행하지 못하고 있는 것이 사실이다. 따라서 경영자는 자기회사의 제품을 폐기하는 체계적 절차를 수립해 놓아야 한다.

요약

신제품이란 새로운 제품으로서 기업 자체의 연구개발을 통하여 얻어지는 독창적인 제품, 개량된 제품, 개선된 제품 그리고 개발된 신상표 등을 말하며, 혁신적이며 특이한 제품, 중요한 속성이 차별화된 대체품 그리고 자사에는 새롭지만 시장에는 이미 존재하는 모방제품 등으로 구분할 수 있다.

신제품의 개발과정은 8단계로 나눌 수 있다. 즉 아이디어 창출, 아이디어 심사, 제품개념 개발과 시험, 마케팅전략 개발, 사업성 분석, 제품개발, 시험판매 그리고 상용화의 8가지 과정이 그것이다.

신제품이 개발되고 나면 이러한 신제품을 소비자 개인이나 사회시스템이 신속히 받아들일 수 있게 하기 위하여 신제품의 수용과 확산에 대하여 이해하여야 한다. 신제품의 수용이란 신제품을 받아들이는 것과 관련된 개인의 의사결정과정을 말하며, 확산이란 일정기간에 걸쳐서 신제품이나 혁신이 사회시스템 내에 전달되는 것을 의미한다. 신제품을 수용하는 시간에 따라서 혁신층, 조기수용층, 조기다수층, 후기다수층, 후발수용층으로 구분된다. 따라서 마케팅관리자는 신제품을 먼저 수용하는 소비자를 대상으로 판매촉진활동을 전개하는 것이 신제품을 빨리 전파하는 데 효과적임을 인식하여야 한다. 또한 신제품의 수용 속도에는 신제품이 지니고 있는 상대적 이점, 적합성, 시용가능성 그리고 복잡성의 정도 등이 영향을 미친다.

신제품이 개발된 후에는 그 제품이 영구적으로 이익을 거둘 수는 없다. 그 이유는 제품 또한 수명이 있기 때문이다. 제품수명주기는 그 분석수준에 따라서 제품범주의 수명주기, 제품형태의 수명주기, 상표의 수명주기로 구분할 수 있다. 또한 제품수명주기는 그 모양에 따라서 S자형 제품수명주기와 기타 특수한 형태의 수명주기가 있다. S자형의 제품수명주기는 다섯 가지 단계로 구분된다.

첫 번째 단계는 도입기이다. 도입기의 특징은 판매액의 성장이 완만하고 새로운 유통경로를 개척하고 소비자의 신제품에 대한 인지도를 높이기 위하여 유통비와 촉진비를 많이 투자하기 때문에 이익이 적거나 적자일 수도 있다. 이 단계의 마케팅전략은 신속한 흡수전략, 완만한 흡수전략, 신속한 침투전략, 완만한 침투전략의 4가지로 구분할 수 있다.

두 번째 단계는 성장기이다. 성장기의 특징은 판매곡선과 이익곡선이 빠른 속도로 성장하며, 경쟁기업이 시장에 진입하게 되어 경쟁이 격화된다는 점이다. 이 단계의 마케팅전략으로는 제품사용보다는 상표구매를 자극하고 판매량을 확충하며, 규모의 경제를 도입하고 가격을 인하하여 시장점유율을 확대하는 것이 효과적이다.

세 번째 단계는 성숙기이다. 이 단계에서는 판매곡선은 안정되지만 이익은 감소하기 시작한다. 가격경쟁은 더욱 심해지고 생산자는 자사제품 취급상을 유지하기 위하여 더 많은 판매촉진활동을 떠맡게 되며, 소비자의 선택권을 확보해 주기 위하여 제품계열의 폭을 넓히게 된다. 이 단계의 마케팅전략은 기존의 시장점유율을 방어하면서 적정이윤을 유지하는 데 초점을 두어야 한다.

네 번째 단계는 쇠퇴기이다. 쇠퇴기의 특징은 산업 전체의 판매량과 이익이 감소하면서 경

요약

쟁력이 없는 기업은 시장에서 철수하기 시작하며, 나머지 기업들도 시장에서 철수하면서 공급하던 제품을 줄이기 시작한다. 이 단계의 마케팅전략으로는 잔존전략과 철수전략이 있다. 잔존전략을 선택한 기업은 비용을 최소화하고 부분적으로 판매량이 증가하는 세분시장에 집중하여 수익을 올려야 한다. 한편 철수전략을 선택한 기업은 철수장벽, 자사의 시장점유율, 가격, 원가 등을 분석하여 단기간 내에 최대의 이익을 창출한 후에 시장에서 철수하여야 한다.

제품수명주기의 마지막 단계는 폐기기이다. 폐기기 에는 제품을 다른 기업에 판매 또는 양도하거나 혹은 완전히 폐기할 것인가를 결정하여야 한다. 또한 제품의 폐기를 빨리할 것인가 혹은 천천히 해야 할 것인가를 결정하여야 한다.

기업에서 제품의 판매곡선과 이익곡선은 반드시 필연적인 것은 아니며, 이를 어느 정도 통제할 수 있다. 즉 유통망을 확장하고 판매촉진활동을 강화하여 도입기를 단축할 수도 있으며, 성숙기 말에 새로운 포장을 개발하여 성숙기를 연장할 수도 있다.

따라서 마케팅관리자들은 제품수명주기 단계별 특징을 파악하여 적합한 마케팅전략을 개발함으로써 기업이 의도한 대로 제품수명주기를 관리하여야 한다.

진도평가

1. 신제품의 개념과 신제품 개발과정은 무엇인가?

   ▶ 8장 211 ~ 219쪽 참조

2. 신제품의 수용과 확산은 무엇인가?

   ▶ 8장 220 ~ 223쪽 참조

3. 제품수명주기 단계별 특징과 마케팅 전략은 무엇인가?

   ▶ 8장 228 ~ 233쪽 참조

참고문헌

1) Lawton, Leigh and A. Parasuraman (1980), "So You Want Your New Product Planning to Be Productive," *Business Horizons*, December, 29-34.

2) Mitchell, Russel (1986), "How Ford Hit the Bull's-Eye with Taurus," *Business Week*, June 30, 69-70.

3) Rogers, Everett M. (1976), "New Product Adoption and Diffusion," *Journal of Consumer Research*, March, 290-301.

4) Rogers, Everett M. (1983), *Diffusion of Innovations*, 3rd ed., Free Press.

5) Cox, William E. Jr. (1967), "Product Life Cycles as Marketing Models," *Journal of Business*, October, 375~384.

6) Yale, Jordan P. (1964), "The Strategy of Nylon's Growth," *Modern Textiles Magazine*, February, p. 32; Levitt, Theodore (1965), "Exploit the Product Life Cycle," *Harvard Business Review*, November-December, 81~94.

7) Wasson, Chester R. (1963), "How Predictable are Fashion and Other Product Life Cycles," *Journal of Marketing*, July, 36-43.

8) Buzzell, Robert D. (1956), "Competitive Behavior and Product Life Cycles," in *New Ideas for Successful Marketing*, eds. John S. Wright and Jack Goldstucker (Chicago: American Marketing Association), p. 51.

9) Kotler, Philip(1965), "Phasing Out Weak Products," *Harvard Business Review*, March-April, 107-118. ; Hamelmanan, Paul W. and Edward M. Mazze (1972), "Improving Product Abandonment Decision," *Journal of Marketing*, April, 20-26.

10) Harrigan, Kathryn Rudie (1980), "Strategies for Declining Industries," *The Journal of Business Strategy*, Fall, p. 27.

도입사례

"이케아는 제품보다 가격을 먼저 디자인한다"

이케아 창업자 잉바르 캄프라드

세계 최대 가구 기업 이케아(IKEA)가 1974년 독일에 진출할 당시 '이바르(IVAR)'라는 장식장은 82유로에 판매됐다. 이 제품은 꾸준한 인기를 누렸는데, 2004년 가격이 69.5유로로 떨어졌다. 제품 가격은 대개 시간이 지나면 오르는데, 30년 사이에 오히려 15%가량 인하된 것이다. 30년간 물가상승률과 임금 구매력(제품을 구매하기 위해 일 해야 하는 시간)을 감안하면 가격 인하 폭은 75%에 달한다.

28개국 340개 매장을 보유하고, 연간 7억8,300만명이 매장을 방문해 342억유로(45조8,105억원)의 매출을 올리는 이케아는 이처럼 낮은 가격으로 전 세계 고객을 열광하게 한다. 그 비결은 창업자 잉바르 캄프라드(Ingvar Kamprad · 91)가 이케아 제품 전체에 적용하는 확고한 철학, "새로운 제품을 만들기 전에 가격표를 먼저 디자인한다"에서 비롯된다. 제품 가격을 낮게 책정하면, 소비자들이 더 많이 구매하고, 제품을 대량으로 생산할 수 있어 그만큼 다시 가격이 낮아지는 선순환 구조를 유지하게 된다는 것이다. 이 철학은 이케아 제품 전부에 적용된다.

(중략)

조립식가구, 불편해도 싸면 팔린다

캄프라드는 본격적으로 가구 사업을 시작한 초기 '카탈로그'제작을 위해 디자이너를 고용했다. 매장 방문 전 고객이 미리 원하는 가구를 선택할 수 있도록 돕기 위해서였다. 이 카탈로그는 1950년대 중반 이미 50만부를 발송할 정도로 큰 인기를 끌었다.

이케아 디자이너들은 카탈로그에 실을 사진을 위해 가구를 잘 배치한 후 촬영해야 하는데, 촬영 전후 옮길 때마다 큰 부피 때문에 매번 애를 먹었다. 한번은 탁자를 차 트렁크에 실으려다 네 다리 때문에 곤란을 겪게 됐다. 고민 끝에 네 다리를 떼어낸 채로 차에 실은 뒤 회사에 도착해 탁자를 다시 조립했다. 이 장면을 지켜본 캄프라드는 여기서 힌트를 얻어 '플랫 팩(flat pack)'콘셉트 가구를 개발했다.

'플랫팩 가구'는 완성되지 않은 가구 부품을 납작한 상자에 담아 판매하면 소비자가 쉽게 집으로 가져가 직접 조립하는 가구를 말한다. 이케아를 상징하는 '플랫팩 가구'는 운송비와 보관비용을 낮춰 경쟁업체보다 훨씬 저렴하게 팔 수 있고 또 배송 과정에서 파손도 줄어든다. 캄프라드는 플랫팩 가구를 점차 확대했고, 큰 성공을 거뒀다.

이케아는 1963년 노르웨이에 매장을 열면서 해외에 진출을 시작했다. 이후 덴마크(1969년), 스위스(1973년), 독일(1974년), 미국(1985년), 영국(1987년) 등으로 영토를 확장해 나갔다. 2014년 12월 경기 광명시에 1호 매장(광명점)을 열면서 한국에도 진출, 지난해 매출 3,650억원을 기록하며 성공적으로 안착했다. 올해 10월에는 경기 고양시에 2호점도 개점한다. 안드레 슈미트칼(48) 이케아코리아 대표는 최근 기자간담회에서 "약 2,000억원을 투입해 2020년까지 한국 내 매장을 6곳으로 확대하고, 온라인쇼핑몰도 열 생각"이라며 공격적 투자를 예고하기도 했다.

해외에서도 이케아의 가장 강력한 무기는 저렴한 가격이다. 어떤 나라에서 팔리는 책장 가격이 얼마인지 먼저 조사하고, 경쟁사 제품 평균 가격보다 현저하게 낮은 가격을 책정한다. 그런 다음에 이 가격에 맞는 재료와 디자인, 납품업체를 선정하는 것이다.

잉바르 캄프라드는 자신을 다룬 책 '어느 가구상인의 유언장'에서 "우리는 디자인이 아름답고 기능이 뛰어난 가구와 집기들을 가능한 한 많은 사람이 구매할 수 있을 만큼 저렴한 가격으로 제공해야 한다"며 "낮은 가격을 유지하려면 어떤 노력도 두려워해서는 안 된다. 경쟁자들과의 확실한 가격 차이는 필수적이다. 모든 영역에서 우리는 언제나 가장 저렴한 매장이어야만 한다"고 밝혔다.

.
.

(생략)

자료원 : 한국일보 2017.09

제9장
가격전략

1. 가격의 중요성과 의의

가격이란 소비자가 제품 또는 서비스를 구매하기 위하여 지불하는 화폐의 양을 말한다. 기업의 경영자는 가격요인을 다른 마케팅믹스 요인들과 별도로 생각하면 안 된다. 왜냐하면 시장에서 소비자들이 자사의 제품을 어떻게 평가하느냐 하는 것은 가격을 비롯한 모든 마케팅 믹스 요인들이 얼마나 서로 조화를 이루느냐에 달려있기 때문이다.

1.1 가격의 중요성

> **가격**
> 제품이 시장에서 가지는 가치로서 판매자나 소비자가 그 제품을 획득하기 위해서 지불하는 값

가격을 포함한 기업의 마케팅 믹스 요인들이 서로 조화를 이루어야만 기업은 시장에서 소비자들을 설득하고 성공을 거둘 수 있다.

마케팅 믹스 요인 중 제품·유통·촉진 등 다른 요인들은 비용을 유발하는 반면, 가격은 수익을 창출하는 요인이다. 또한 가격은 마케팅 믹스 요인들 중 가장 유연성이 높은 전략요인이다. 제품, 유통 및 촉진 요인은 그 특성상 변경에 많은 시간과 비용이 소요되지만, 가격은 경영진의 의사결정 즉시 변경될 수 있는 것이다.

가격은 제품에 대한 시장의 수요를 결정하는 중요한 요소로서 기업의 시장점유율이나 수익에 상당한 영향을 미친다. 가격은 마케팅믹스의 요소 중 기업의 수익에 직접적인 영향을 미치는 요소로서 기업의 마케팅 프로그램에도 큰 영향을 미치게 된다. 그러므로 가격결정이 제품, 유통 및 촉진 등의 다른 마케팅믹스 요소들과 조화를 이루어야 기업의 마케팅 프로그램은 효과적이 될 수 있다.

가격은 기업이 마케팅믹스로 활용할 수 있는 요소 중 경쟁에 가장 민감하게 반응하는 특징을 가지고 있다. 기업이 시장에서 경쟁기업의 전략변화나 시장상황의 변화를 감지하고 이에 대응하고자 할 경우에 제품이나 유통 같은 마케팅믹스 요소들은 변경에 시간이 걸려 즉각적으로 대응하기가 어렵지만 또한 상대적으로 신속하게 대응할 수 있다. 따라서 가격은 다른 마케팅믹스 요소들에 비해 실행에 대한 결과가 즉각적으로 나타날 수 있기 때문에 강력한 경쟁도구가 될 수 있다.

그러나 가격은 경쟁기업에 의해 손쉽게 모방이 가능하다는 단점도 지니고 있다. 가격인하를 통하여 시장점유율을 늘리고자 할 경우, 경쟁기업의 모방적인 가격인하는 가격인하로 기대했던 성과의 달성을 어렵게 할 것이기 때문이다. 또한 가격은 내리는 것은 매우 쉽지만, 일단 내렸던 가격을 다시 올리기란 매우 어렵다. 따라서 가격인하결정은 매우 신중하게 고려해야 한다.

1.2 가격의 의의

"모든 것은 그것을 사고자 하는 사람이 지불하려는 만큼의 가치가 있다"

모든 상품에는 가격이 있다. 그러나 같은 종류의 제품이라 할지라도 그 가격은 천차만별이다. 아스피린을 예로 들면, 같은 두통약이라고 해도 그 가격은 매우 크게 차이가 난다. 무상표 아스피린이 제일 싸고, 바이엘(Bayer)사의 아스피린은 같은 성분임에도 훨씬 비싸다. 같은 효과를 가진 타이레놀의 경우는 이 둘보다 훨씬 비싸다. 또 다른 예로 가전제품을 들 수 있다. 전화기의 종류도 많고 모양도 가지가지이다. 거의 비슷한 기능을 갖고 있음에도 그 가격은 큰 차이를 보인다. 그렇다면 올바른 가격은 어떻게 결정되는 것일까? 올바른 가격결정은 어떤 제품을 구입하고자 하는 사람이 기꺼이 지불하고자 하는 값이다. 제품의 가격이 사람들이 기꺼이 지불하고자 하는 가격보다 낮다면 기업은 그만큼 이익을 손해 보는 것이 되고, 가격이 이보다 높다면 제품은 그만큼 덜 팔리게 되어 기업은 손해를 보게 될 것이다. 그러므로 기업이 효과적인 가격결정을 하기 위해서는 시장에서의 제품의 가치를 파악해야 한다.

결국 가격은 제품이 시장에서 가지는 가치로서 판매자나 소비자가 그 제품을 획득하기 위해서 지불하는 값에 의해서 결정된다.

2 가격결정목표

기업의 마케팅목표가 수익이냐 시장점유율이냐 경쟁우위확보냐에 따라 제품의 가격을 결정하는 방향은 크게 달라진다. 제품의 가격설정을 위해 선택할 수 있는 가격목표는 크게 이익지향적 목표, 매출지향적 목표, 경쟁지향적 목표의 세 가지로 나눌 수 있다.

2.1 이익지향적 목표

이익지향적인 목표를 선택한 기업은 가격결정에 다음과 같은 가격목표를 고려할 수 있다.

■ 목표투자수익율 (target return on investment)

기업들은 투자액이나 순매출액에 대한 일정비율의 이익을 목표로 하고 있는 것이 일반적이다. 목표투자수익율(target return on investment)은 특정산업의 선도기업이 자주 이용하는 가격결정목표이다. 선도기업들이 목표투자수익율을 가격결정목표로 자주 이용하는 것은 추종기업에 비하여 경쟁을 의식하지 않고 보다 독립적으로 가격결정목표를 설정할 수 있기 때문이다. 이러한 가격목표를 가진 기업은 투자비용의 일정비율을 이익으로 확보할 수 있는 가격전략을 선택한다.

> **목표투자수익률**
> 투자액이나 순매출액에 대한 일정비율의 이익을 목표로 하는 것

■ 이익극대화 (profit maximization)

대부분의 기업들이 가격결정의 목표로 삼고 있다. 만일 수요에 비하여 공급이 부족하기 때문에 제품가격을 높여 기업의 이익이 상당히 높다면 새로운 자본이 시장에 유입된다. 따라서 시장에서 독점이 오랜 기간 동안 지속될 수 없다. 또한 특정제품이 고가이면 대체재를 구매하거나 구매를 연기하고 경쟁기업이 시장에 진입하기 때문에 가격은 적정수준으로 회귀하게 된다. 가격이 상당히 높은데도 경쟁기업의 진입이 제한되면 대중의 여론이 악화되어 곧 균형을 이루게 된다.

이익극대화 목표는 장기적으로 볼 때 기업이나 소비자 모두에게 이익이 된다. 왜냐하면 장기적 관점에서 이익극대화는 자원의 바람직한 배분을 가능하게 하기 때문이다. 즉 효율적인 기업은 보상을 받게 될 것이고, 비효율적인 기업은 사라질 것이다. 이익은 신규자본의 유입을 촉진하고, 가격은 합리적인 수준에서 머무르게 되는 경향이 있다.

이러한 가격목표를 가진 기업은 최고의 이익을 낼 수 있는 가격전략을 선택하게 된다.

■ 현금흐름 증대 (cash flow increase)

자금이 부족하거나 미래에 대한 불확실성이 클 것으로 판단하는 기업이 채택하는 가격목표로서 유동성확보를 위해 초기에 높은 가격을 설정하는 전략이다.

■ 기업존속 목표

소비자의 급격한 기호변화, 치열한 경쟁, 급격한 시장축소와 같은 어려움에 처해 있는 기업들이 선택하는 목표로서 생존을 우선적인 목표로 하는 것이다.

2.2 매출지향적 목표

제품의 사용자 수나 사용률을 높이고자 할 때 책정하는 가격목표이다. 이러한 가격목표는 시장점유율 확대 목표 또는 매출액 증대 목표로 표현된다.

■ 시장점유율 유지 또는 확대

시장에서 경쟁이 치열하게 전개될 때 기업들은 일단 높은 시장점유율을 확보한 후에 높은 시장점유율을 이용하여 나중에 높은 수익성을 달성할 것을 기대할 수 있다.

■ 매출액 증대

현재의 매출성장이 장기적으로 시장통제와 이윤증대를 보장할 것이라는 믿음에 따라 단위제품당 마진을 낮추는 대신 판매량을 늘림으로써 총이윤을 증대시키고자 하는 가격목표이다.

2.3 경쟁지향적 목표

현재 시장에서 좋은 위치를 차지하고 있을 때 주로 사용하는 가격목표로서 현상유지를 목표로 경쟁자의 가격에 대한 대응에 초점을 맞추고 있다.

■ 경쟁상응 가격목표

경쟁자의 가격에 맞추어 가격을 책정하는 목표이다.

■ 경쟁회피 가격목표

경쟁자의 시장진입을 사전에 예방하려는 목적에서 가격을 낮게 책정하여 경쟁자가 시장에 진입하고 싶은 생각이 아예 없도록 한다.

■ 경쟁저가 가격목표

시장에 진입한 경쟁자보다 낮은 가격을 책정함으로써 경쟁자의 시장잠식을 막는 가격목표이다.

3 가격 결정요인

가격결정의 목표가 정해지면 가격관리자는 가격관리의 핵심과제인 제품이나 서비스의 실제적인 기준가격(base price)의 결정에 들어가게 된다. 기준가격이란 생산이나 재판매 시점에서 제품 한 단위의 가격이다. 이는 가격결정전략에 포함되는 수량할인, 운임, 기타 가격수정 등이 이루어지기 전의 가격을 말한다.

기업의 가격결정에 중요한 영향을 미치는 요인 다음과 같다.

3.1 시장과 수요

가격과 수요의 관계를 설명하기 위해서는 먼저 시장유형에 따른 가격결정을 이해해야 한다. 경제학에서 고려하는 시장유형은 완전경쟁(pure competition), 독점적 경쟁(monopolistic competition), 과점적 경쟁(oligopolistic competition), 완전독점(pure monopoly) 등 4가지가 있다.

■ 완전경쟁 (pure competition)

다수의 구매자와 판매자로 구성된 시장으로서 판매자와 구매자 모두 가격에 큰 영향을 미치지 못하는 시장이다.

■ 독점적 경쟁 (monopolistic competition)

한정된 가격범위 내에서 거래를 하는 다수의 구매자와 판매자로 구성된 시장이다. 판매자가 자사의 제품을 차별화 할 수 있기 때문에 이 시장에서는 한정된 가격범위 내에서 거래가 이루어지는 것이다.

■ 과점적 경쟁 (oligopolistic competition)

경쟁자의 가격과 마케팅 전략에 민감하게 대응하는 소수의 판매자로 구성된 시장이며, 새로운 판매자가 시장에 진입하기 어렵다.

■ 완전독점 (pure monopoly)

하나의 판매자로 구성된 시장이며, 정부나 독점적인 지위를 갖는 일부 사기업이 대부분이다. 독점적 지위에 대한 규제 유무에 따라 가격책정이 달라진다.

일반적으로 소비자들은 제품의 가격이 낮아질수록 그 제품을 더 많이 구입한다. 이러한 현상을 수요의 법칙이라고 한다. 그러나 제품에 따라 가격인하가 가져오는 수요증가는 매우 다른데, 이렇게 제품의 가격변화에 따라 판매량이 얼마나 변화되는지를 나타내는 지표를 가격탄력성이라고 한다.

$$가격탄력성 = 판매량의 변화율(\%)/가격의 변화율(\%)$$

수요의 가격탄력성은 탄력적, 비탄력적, 단위탄력적수요 등 세 가지 유형으로 구분된다.

■ 탄력적 수요 (|가격탄력성| 〉 1)

약간의 가격변화에 대해 수요량이 크게 변화한다. 이 상황에서는 가격을 인하하면 총수익이 늘어나고 가격을 인상하면 총수익이 줄어들게 된다.

> **탄력적 수요**
> 가격탄력성의 절대값이 1보다 크고, 약간의 가격변화에 대해 수요량이 크게 변화

■ 비탄력적 수요 (|가격탄력성| 〈 1)

대형 고급승용차의 경우처럼 가격인하로 얻는 수요증가는 매우 미미하여, 가격을 인하하면 총수익이 감소하게 된다.

> **비탄력적 수요**
> 가격탄력성의 절대값이 1보다 작고, 가격을 인하해도 수요량이 작게 증가

■ 단위탄력적 수요 (|가격탄력성| = 1)

가격의 변화율만큼 판매율이 변화하여 총수익에는 변화가 없는 경우이다.

> **단위탄력적 수요**
> 가격탄력성의 절대값이 1인 경우, 가격의 변화율만큼 판매율 변화

3.2 경쟁사의 전략

일반적으로 제품가격의 상한선은 소비자들이 지불하고자 하는 가격이 될 수 있고, 제품가격의 하한선은 원가가 될 수 있다. 이 범위 내에서 구체적인 가격결정에 영향을 미치는 요인이 바로 경쟁사의 가격과 원가, 그리고 품질이다. 경쟁사와 유사한 제품을 제공하는 경우에는 독자적인 가격정책을 펼칠 수가 없으며 가격은 시장상황에 따라 결정되게 된다. 그러나 차별화된 제품을 제공하는 경우에는 기업이 주도적으로 가격을 결정할 수 있다.

현재 또는 잠재적 경쟁자가 가격결정에 중요한 영향을 미친다. 특히 잠재적 경쟁의 위협은 시장진입이 용이하거나 이익가능성이 클 때 높아지게 된다. 그뿐 아니라 경쟁은 다음과 같은 원천에서 나타나게 되는 것이다.

- 직접적으로 유사한 제품 : 야쿠르트, 요구르트 등
- 대체상품 : 강철과 알루미늄 등
- 동일한 고객의 예산을 차지하기 위하여 경쟁하는 비관련제품

기업이 특정 투자수익을 달성할 수 있느냐의 여부는 특정기업이 제시한 가격에 경쟁사가 어떻게 반응하느냐에 달려 있다. 만일 특정기업의 목표가 가격안정이라면 가격을 경쟁기업의 수준에서 결정하여야 할 것이다.

저가항공 경쟁 심화에 '해외항공권 가격' 6년간 평균 26% 하락!

항공권 가격 하락에 해외여행 수요 증가세 이어져

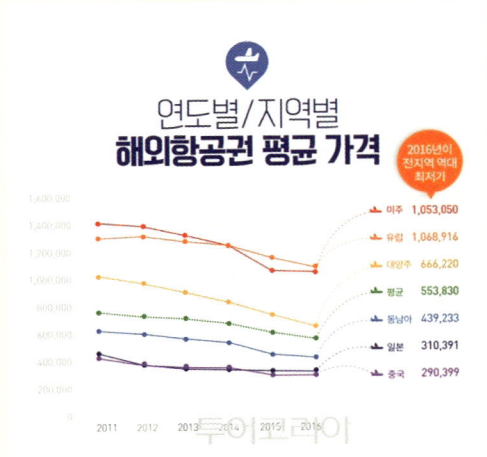

저비용항공사(LCC항공사)의 경쟁 심화로 해외항공권 가격이 지난 6년간 평균 26% 하락한 것으로 나타났다. 이같은 항공권 가격 하락은 해외여행 수요 증가로 이어지는 주요 원인으로 작용. 지난해 해외여행 2천만명 시대를 열었고, 올해는 그보다 더 많은 여행객들이 해외여행을 떠날 것으로 전망된다. 실제로 인터파크투어가 지난 6년간(2011년~2016년)의 해외 항공권 평균 가격 추이를 분석한 결과, 평균 74만 9,075원에서 55만 3,830원으로, 약 26% 하락한 것으로 집계됐다.

이 같은 해외항공권 가격 하락은 저가항공의 취항 및 증편 등 경쟁이 심화되고 있기 때문으로 풀이된다. 실제로, 지난 6년간 항공권 가격이 가장 많이 하락한 지역은 대양주(호주, 뉴질랜드, 괌, 사이판 지역)로, 항공권 가격이 2011년 평균 약 101만원에서 2016년 약 67만원으로, 34% 하락했다. 대양주의 경우 괌, 사이판에 저가항공사(LCC)들이 각각 지난 2012년과 2014년 하반기부터 직항을 취항하면서, 항공권 가격이 하락

했고, 이에 힘입어 여행객 증가로 이어졌다. 이외에도 지난해 말부터는 저가항공사들이 직항 취항을 시작한 '호주'지역도 앞으로도 항공사들의 경쟁이 더욱 치열해질 전망이다. 인터파크투어는 "항공사간의 가격 경쟁 등으로 해외 항공권 평균 단가는 지속적으로 하락해 왔다"며 "작년에는 특히 주요 지역이 모두 역대 최저가를 기록했는데, 이러한 항공권 가격 인하가 내국인 해외 여행 2천만명 시대를 여는 데 있어 매우 중요하게 작용했을 것으로 판단된다"고 설명했다.

자료원 : 투어 코리아 2017.09

3.3 원가

원가는 가격의 하한선을 결정한다는 점에서 가격결정에 영향을 미치는 요인 중 매우 중요한 부분을 차지하고 있다. 원가의 상승과 하락은 여러 가지 형태로 가격결정에 영향을 미칠 수 있다.

원가가 상승하는 경우 기업이 택할 수 있는 대응방안은 다음 다섯가지가 있다.
- 제품을 그대로 유지하면서 원가상승분을 가격인상으로 반영하여 소비자에게 전가한다.
- 제품을 그대로 유지하면서 원가상승분의 일부는 자체 비용절감으로 흡수하고 일부만 소비자가격에 반영한다.
- 제품수정을 통해 비용을 흡수하고 기존가격을 유지한다.
- 가격을 인상하고 소비자들이 이를 받아들일 수 있게 제품을 수정한다.
- 적정이윤이 나지 않는 제품의 생산을 포기한다.

반면 원가가 하락하는 경우 기업이 택할 수 있는 대응방안은 다음 두가지가 있다.

- 가격을 인하하여 매출을 늘린다.
- 가격을 그대로 유지하여 이윤을 증가시킨다.

3.4 마케팅 전략과 마케팅 믹스

가격은 마케팅 목표를 달성하기 위해 기업이 활용하는 4가지 마케팅 믹스요인(4P's mix)들 중 한 가지 요인에 불과하다. 따라서 가격결정은 일관성 있고 효과적인 통합적 마케팅프로그램이 될 수 있도록 제품, 유통, 촉진 등 기타 마케팅믹스 요인의 결정과 조화를 이루어야 한다. 기준가격결정 과정에서 경영자는 다른 중요한 마케팅믹스를 고려하여야 한다.

1) 제품

제품의 가격은 그 제품이 신제품인가 기존제품인가, 또는 노후화된 제품인가에 따라 달라진다. 이 때 전략적인 국면에서 제품의 다른 차원도 숙고하지 않으면 안 된다. 예컨대 최종사용시의 제품의 중요성도 고려해야 한다. 포장 재료의 제조업체나 산업용 가스회사는 경쟁이 거의 없기 때문에 안정된 가격구조를 유지할 수 있다. 이러한 산업재는 최종제품의 부수적인 부분을 차지하고 있기 때문에 고객들은 요구되는 품질기준에 일치하는 가장 저렴한 제품을 구매하려고 할 것이다.

제품믹스의 상호의존관계도 또 하나의 고려요소이다. 제품이 상호관련이 있을 경우에는 한 제품에 책정된 계열내의 다른 제품에도 영향을 미치게 된다. 예를 들면 현대자동차는 자사가 생산하고 있는 다른 모델의 가격을 고려하지 않고 소나타 모델의 가격을 결정할 수 없을 것이다.

2) 유통경로

선정된 유통경로, 이용되는 중간상의 형태, 중간상의 기대이익폭 등에 따라 제조회사의 가격은 달라진다. 도매상을 통하여 판매하거나 소매상에게 직접 판매하는 제조기업의 경우 이들 두 가지 부류의 고객에게 각기 다른 공장도가격을 적용한다. 일반적으로 도매상에게 적용하는 가격이 저렴한 것이 보통인데, 그 이유는 도매상이 제조기업을 대신하여 보관, 소매상에게 신용제공, 소매상에게 판매 등의 과업을 수행하기 때문이다.

3) 촉진

가격책정에서 고려해야 될 또 하나의 요소는 판매촉진활동을 제조기업이 담당하는가 아니면 중간상에 의해서 수행되는가, 이용하는 촉진방법은 무엇인가, 또는 촉진활동의 량은 어느 정도인가 등이다. 즉 판매촉진활동을 중간상이 수행하게 된다면 그들은 훨씬 큰 이윤폭을 요구하게 될 것이다. 기업이 전국광고 등을 이용하는 경우에도 소매상이나 도매상이 지방광고나 진열 등 부수적 판매촉진활동을 하기를 기대한다면 가격결정시 이를 고려 해야한다.

3.5 기타 외부요인

정부의 가격에 대한 규제는 기업의 가격에 영향을 미친다. 정부는 생필품 가격안정을 위해 법적으로 제품가격을 일정 수준으로 동결시키거나, 수요를 억제하기 위하여 최저가격을 설정하거나 세금을 부과하여 일정 수준이상으로 가격을 유지한다. 또한 독점이나 과점의 경우에는 정부의 규제로 인하여 이윤을 극대화시킬 수 있는 가격을 설정할 수 없는 경우가 많다.

기타 경제여건, 마케팅 환경을 구성하는 다른 참여자, 기업의 사회적 책임 등을 고려하여 가격을 책정해야 한다.

4 가격결정방법

가격결정에 대한 목표가 결정되면 제품이나 서비스에 대한 구체적인 가격을 결정하게 된다. 가격결정방법은 원가, 경쟁, 그리고 소비자에 중심을 둔 가격결정방법이 있다

4.1 원가기준 가격결정법

원가기준 가격결정방법에는 원가가산법과 목표투자수익율법 등 두 가지가 주로 이용되고 있다. 이 두 가지 방법을 이해하기 위해서는 원가에 관련된 몇 가지 개념에 대한 이해가 선행되어야 한다.

- 고정비(fixed costs): 생산량이나 판매량에 관계없이 일정하게 필요로 하는 비용(임차료·감가상각비·경영관리자의 급여·고정자산세 및 보험료 등)
- 변동비(variable costs): 생산량이나 판매량의 증감에 따라 변화되는 비용(원자재구입비·포장비·발송비·통신비·판매수수료 등)
- 총비용(total costs): 총고정비와 총변동비의 합계(총비용이 증가한다는 것은 변동비의 증가에 따른 것)
- 평균비용(average costs): 총비용을 생산량(또는 판매량)으로 나눈 것
- 평균고정비(average fixed costs): 총고정비를 생산량(판매량)으로 나눈 것
- 평균변동비(average variable costs): 총변동비를 생산량(판매량)으로 나눈 것

1) 원가가산법

원가가산법(cost-plus pricing)은 제품원가에 일정율의 이익을 가산하여 가격을 결정하는 가장 기본적인 가격결정방법이다. 여기서 원가는 기업의 이익을 산출하는 기준이 되

> **원가가산법**
> 제품원가에 일정율의 이익을 가산하여 가격 결정

는 것으로 제품의 생산 및 운영에 들게 되는 제비용을 말한다.

예를 들어 원가가산법을 설명하기 위하여 토스터 제조기업이 다음과 같은 원가와 기대 판매량, 그리고 예상수익율을 기대하고 있다고 가정하자.

변 동 비: $10
고 정 비: $300,000
예상판매량 50,000개

이 제조기업의 토스터 단위당 원가는 다음과 같이 계산할 수 있다.

$$\text{단위당 원가} = \text{변동비} + \frac{\text{고정비}}{\text{예상판매량}} = \$10 + \frac{\$300,000}{50,000} = \$16$$

그리고 이 기업이 판매수익율(percent markup on sales) 20%를 예상하고 있다면 원가가산법에 의한 토스터의 가격은 다음과 같이 $20이 될 것이다.

$$\text{가격} = \frac{\text{단위당 원가}}{(1-\text{예상판매수익율})} = \frac{\$16}{(1-0.2)} = \$20$$

따라서 제조기업은 도매상에게 토스터 단위당 $20의 가격을 책정하여 $4의 이익을 얻을 수 있다. 한편 도매상도 판매가격에 이윤을 가산하여 소매상에게 판매할 수 있다. 예를 들면 도매상은 판매가격에 50%의 마크업을 원한다면 토스터 가격은 $40이 된다($20 + $40의 50%). 이 가격은 구매가격을 기준으로 하면 100%의 이윤이 된다($20/$20).

원가가산법은 수요와 경쟁을 고려하지 못한다는 단점이 있지만 다음과 같은 장점 때문에 널리 이용되고 있다.

첫째, 판매자는 수요보다 원가를 보다 확신할 수 있다. 왜냐하면 수요는 예측하기도 어려울 뿐만 아니라 항상 변하는 성질이 있기 때문이다. 둘째, 산업내의 경쟁기업들이 모두 원가가산법을 채택하는 경우 가격이 유사해지고, 그 결과 가격경쟁이 최소화될 수 있기 때문이다. 셋째, 많은 사람들이 원가가산법은 판매자나 소비자에게 모두 공정하다고 느끼고 있다. 그 이유는 수요가 증가하더라도 가격을 인상하지 않기 때문에 공정한 수익률을 실현하고 있다고 믿기 때문이다.

2) 목표투자수익율법

이 방법은 손익분기 가격결정방법(break even pricing)이라고도 하며, 기업이 목표투자수익율을 정하고 이를 기준으로 가격을 산정하는 방법이다. General Motors사가 처음

목표투자수익율법
목표투자수익율을 정하고 이를 기준으로 가격산정

으로 이 방법을 사용하였는데, 당사는 투자액에 대하여 15~20%의 이익을 달성할 수 있도록 자동차가격을 결정하였다. 또한 이 방법은 공정한 투자수익률을 목표로 하도록 제한받고 있는 공공기관에 의하여 많이 이용되고 있다.

목표투자수익률법은 손익분기 도표(break even chart)라는 개념을 이용하고 있는데, 이 도표는 각기 다른 판매수준에서 예상되는 총수익과 총비용을 보여주고 있다. 그림 9.1은 앞에서 예로 든 토스터 제조기업의 손익분기 도표를 보여주고 있다.

그림 9.1 손익분기 도표

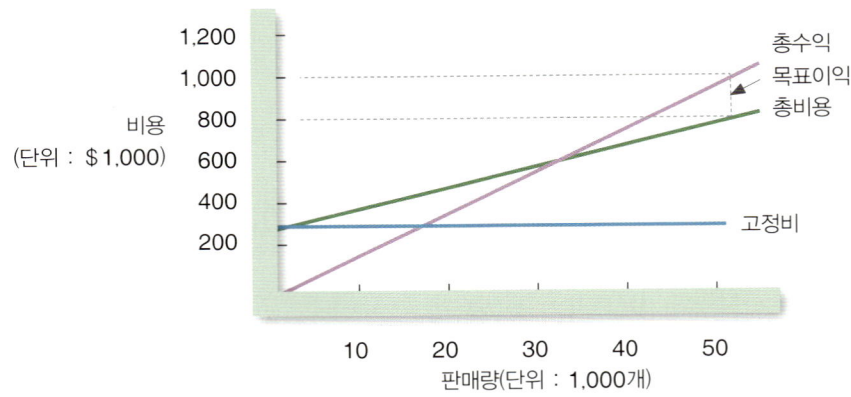

판매량에 관계없이 고정비는 $300,000이다. 총비용(total cost)은 변동비와 고정비를 합한 비용으로서 판매량이 증가함에 따라서 고정비는 일정하지만 변동비의 증가로 인하여 증가한다. 총수익(total revenues)은 판매량과 가격을 곱한 금액으로서 원점으로부터 판매량의 증가에 따라서 비례적으로 증가한다. 총수익선은 단위당 가격을 $20로 가정한 것이다.

이 도표에서 총비용곡선과 총수익곡선은 판매량 30,000개에서 만나며, 이 점을 손익분기 판매량(break even volume)이라고 한다. 즉 총비용을 커버할 수 있는 총수익을 올릴 수 있는 점이다.

손익분기 판매량을 계산하는 방법은 다음과 같다.

$$\text{손익분기 판매량} = \frac{\text{고정비}}{\text{가격} - \text{변동비}} = \frac{\$300,000}{\$20 - \$10} = 30,000 \text{ 개}$$

만일 이 기업이 목표이익을 실현하려면 $20의 가격으로 30,000개 이상을 판매하여야 한다. 토스터 제조기업이 $1,000,000을 투자하였고, 20%의 목표투자수익률 즉 $200,000의 이익을 목표로 한다면 단위당 $20의 가격으로 50,000개 이상을 판매하여야 한다. 만일 이 기업이 가격을 $20 이상으로 정할 수 있다면 보다 적은 판매량으로 목표이익을 실현할 수 있을 것이다. 그러나 소비자들이 $20 이상의 가격으로 그만한 양의 토스터를 구매해 줄지는 모른다. 가격탄력성이나 경쟁자의 가격이 결정할 것이다.

따라서 이 기업은 여러 가지 가격수준에서 손익분기 판매량, 예상수요량, 그리고 각 가격수준에서의 이익 등을 추정하여야 한다 (표 9.1 참조).

표 9.1 여러 가격수준에서의 손익분기점과 이익 추정

(1) 가격	(2) 손익분기점 판매량	(3) 주어진 가격에 따른 기대수요	(4) 총이익	(5) 총비용	(6) 이 익
$14	75,000	71,000	$ 994,000	$1,100,000	−$ 32,000
16	50,000	67,000	1,072,000	970,000	102,000
18	37,500	60,000	1,080,000	900,000	180,000
20	30,000	42,000	840,000	750,000	120,000
22	25,000	23,000	506,000	530,000	−24,000

이 표에서 볼 수 있는 바와 같이 가격이 인상됨에 따라서 손익분기 판매량이 감소함을 알 수 있다. 또한 가격이 인상됨에 따라서 토스터에 대한 수요가 감소됨을 알 수 있다. $14의 가격수준에서는 토스터 한 개 판매에 따른 공헌이익(가격−변동비)이 $4이기 때문에 손익분기점에 도달하기 위해서는 75,000개($300,000/$4)를 판매하여야 하지만, 소비자를 충분히 유인할 수 없기 때문에 수요가 손익분기 판매량을 밑돌고 있어서 기업이 손해를 보고 있다. 반면에 $22의 가격수준에서는 공헌이익이 $12로 크기 때문에 25,000($300,000/$12)개만 판매하면 손익분기점에 도달하지만 가격이 너무 높기 때문에 수요가 적어 손해를 보고 있다. 전체적으로 볼 때 $18의 가격수준에서 가장 높은 이익을 올리고 있다. 그러나 어느 가격수준에서도 목표이익 $200,000을 올리지 못하고 있다. 따라서 이 기업의 경우 목표이익을 실현하기 위해서는 고정비나 변동비를 인하시킬 수 있는 방안을 모색하여 손익분기점을 인하시키는 방법 밖에 없다.

4.2 소비자중심적 가격결정법

이 방법은 목표시장에서 소비자가 기대하는 가격수준을 기초로 제품이나 서비스의 가격을 결정하는 방법이다. 대표적인 소비자중심적 가격결정방법은 직접가격평가법, 직접지각가치평가법, 진단적 방법이 있다.

■ 직접가격평가법

소비자에게 제품을 보여 준 후 가격이 얼마쯤 될 것 같으냐고 직접 가격을 물어보는 방식이다. 일반적으로 간편해서 많이 쓰인다.

> **직접가격평가법**
> 소비자에게 제품을 보여 준 후 가격이 얼마쯤 될 것 같으냐고 직접 가격을 물어보는 방식

■ 직접지각가치평가법

소비자가 제품에 대해 지각하는 가치를 기준으로 가격을 결정하는 방법이다. 소비자에게 경쟁제품 몇 개를 제시하고 상대적인 가치를 100점 만점으로 각 제품에 할당하게 하여 제품의 평균시장가격에 소비자의 상대가치평가를 반영하여 가격을 결정하는 방법이다.

> **직접지각가치평가법**
> 소비자가 제품에 대해 지각하는 가치를 기준으로 가격 결정

■ **진단적 방법**

앞서 소비자의 구매행동에서 소나타, 매그너스, 옵티마를 비교평가한 것과 유사한 방법으로 제품속성의 중요도와 속성별 신념을 측정하여 산출된 평가치를 평균시장가격에 반영하여 가격을 결정하는 방법이다.

> **진단적 방법**
> 제품속성의 중요도와 속성별 신념을 측정하여 산출된 평가치를 평균시장가격에 반영하여 가격 결정

4.3 경쟁기준 가격결정법

많은 기업들은 자사제품의 원가나 수요보다도 경쟁제품의 가격을 근거로 자사제품의 가격을 결정하고 있다. 이 방법은 시장에서의 경쟁을 기준으로 가격을 결정하는 방법이기 때문에 시장기준 가격결정방법(market-based pricing)이라고도 한다. 제품의 특성이나 시장의 경쟁상황에 따라서 경쟁제품의 가격과 동일하게 책정하거나 또는 높거나 낮게 책정할 수 있다.

1) 경쟁대응 가격전략

경쟁대응 가격전략은 경쟁제품과 유사한 수준에서 가격을 결정하는 것을 말하며, 시장의 경쟁이 치열하고 제품이 차별화되지 않았을 때 이 전략이 효과적이다. 이 방법은 완전경쟁상태에서 발견될 수 있는 시장조건을 반영하고 있다. 즉 효과적인 제품차별화가 결여되고, 구매자와 판매자는 시장조건과 상황에 대하여 충분한 정보를 가지고 있으며, 판매자는 판매가격에 대하여 식별할 수 있을 정도의 통제력을 발휘할 수 없는 시장조건 하에서 나타나는 전략이다. 예를 들면 대부분의 농산물은 경쟁적 시장수준에 대응하는 가격결정을 하고 있다.

> **경쟁대응 가격전략**
> 경쟁제품과 유사한 수준에서 가격 결정

직물산업의 미가공직물제조회사, 자동차타이어제조회사, 유명상표로 표준화된 제품을 생산하는 소규모회사 등은 일반적으로 시장기준 가격결정방법을 이용하고 있다. 또한 시장기준 가격결정방법은 전통적 혹은 관습적 가격수준이 존재할 때 이용된다. 예를 들면 청량음료, 껌, 두부 같은 제품은 전통적으로 이 방법으로 가격을 결정하여 왔다. 물가가 상승하여 원가에 압력이 가하여지면 판매업자는 흔히 제품의 량이나 질을 낮추면서 관습가격을 유지하려고 노력하였다. 그러나 최근에 와서는 장기간에 걸친 원가압력이 관습가격을 인상시키는 사례가 늘고 있다.[1]

경쟁대응 가격결정방법은 적용하기가 용이하다. 회사는 현재의 가격이 얼마인가를 확인하고 중간상의 관습적인 이익폭을 가산하여 판매가격을 결정할 수 있다.

2) 경쟁수준 이하의 가격결정

> **경쟁수준 이하 가격전략**
> 경쟁제품의 가격수준 이하에서 가격 결정

시장기준 가격결정방법의 변형으로서 경쟁제품의 가격수준 이하에서 가격을 결정하는 방법을 말한다. 경쟁자보다 낮게 가격을 결정하는 경우는 대개 시장점유율을 높이기 위한 전략의 일환으로 사용된다. 또한 이 방법은 전형적으로 할인소매상(discount retailer)들이 많이 이용하고 있다. 이들은 박리다매(the principle of low markup and high volume)의 원칙 하에서 운영하는 것이 특징이다. 그들은 전국적으로 광고된 유명상표의

고가전략의 힘, 애플 안도의 한숨

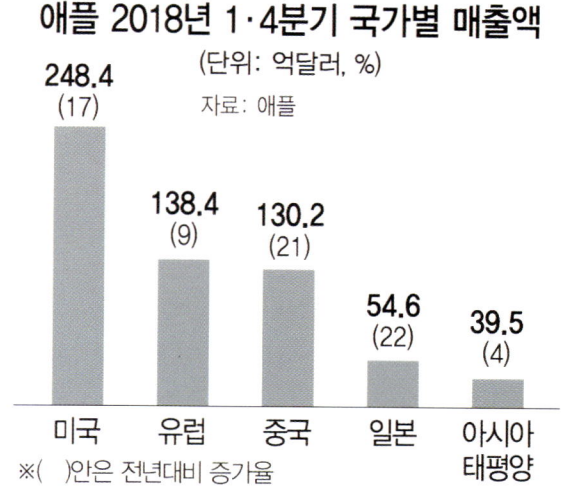

애플이 아이폰 판매 둔화로 실적 하락을 전망했던 시장을 비웃듯 올 1·4분기에 역대 분기 최대 매출을 기록하며 활짝 웃었다. 영업이익도 전년 대비 10% 이상 늘었다. 아이폰 판매량은 예측치를 밑돌았지만 '고가 전략'으로 대당 수익을 극대화한 것이 주효했다는 평가다.

애플은 1일(현지시간) 1·4분기(애플 회계연도 2·4분기) 611억3,700만 달러(약 65조4,472억원)의 매출을 기록해 지난해 같은 기간보다 15.6% 증가했다고 밝혔다. 이는 시장의 예상치였던 608억2,000만 달러를 웃도는 수치인데다 최근 2년 간 가장 높은 수준의 증가율이다. 영업이익도 158억9,400만 달러(17조145억원)로 전년 동기 대비 12.7% 늘었다.

팀 쿡 최고경영자(CEO)는 "아이폰과 서비스, 웨어러블의 강력한 매출 확대에 힘입은 것"이라며 "중국과 일본 등에서 20% 이상 성장하는 등 전세계적으로 고른 호황을 누렸다"고 강조했다. 실제로 애플은 중국에서 130억2,400만 달러(13조9,422억원)의 매출을 올리며 전년 동기 대비 21% 성장했다. 화웨이와 오포 등 토종업체들의 공세에도 불구하고 범접하기 힘든 프리미엄 이미지로 시장 확대에 성공한 것이다. 일본 매출도 54억6,800만 달러(5조8,535억원)을 기록, 전년 동기 대비 22% 증가했다.

전문가들은 애플의 깜짝 실적이 아이폰의 고가 전략 덕분이라는 분석을 내놨다. 1·4분기 아이폰 판매량은 5,222만대로 전년 동기 대비 3% 증가에 그쳤다. 반면 아이폰 매출은 380억3,200만 달러(40조7,133억원)로 지난해 같은 기간보다 14% 늘었다. 고가 논란 등으로 '아이폰X'의 판매량은 저조했지만 한 대당 거둬들인 수익은 과거보다 늘어난 것이다. 아이폰 평균 판매 가격은 728달러로 1년 전 655달러에 비해 높아졌다.

자료원 : 서울경제 2018.05

상품을 소매가격으로 알려진 수준보다 10~30% 이하에서 가격을 책정한다. 일부 외식체인업체와 주유소에서는 신용카드로 지불하지 않고 현금을 지불하는 고객에게 할인가격으로 판매하고 있다.[2]

3) 경쟁수준 이상의 가격결정

제조업체나 소매상은 경우에 따라서 시장가격 이상으로 가격을 결정할 수도 있다. 이러한 전략은 상층흡수가격전략을 이용하고자 하는 기업에서 많이 활용하고 있다. 그러나 이러한 전략은 제품의 차별성이 뛰어나거나, 판매업자가 당해업계에서 고품질로 높은 명성을 얻고 있을 때 효과적인 방법이다. 오랜 전통과 신용을 쌓아올린 금은보석점이나 의류상 등이 이 전략을 많이 이용하고 있다.

> **경쟁수준 이상 가격전략**
> 경쟁제품의 가격수준 이상에서 가격 결정

판매촉진활동을 중간상이 수행하게 된다면 그들은 훨씬 큰 이익폭을 요구하게 될 것이다. 기업이 전국광고 등을 이용하는 경우에도 소매상이나 도매상이 지방광고나 진열 등 부수적 판매촉진활동을 수행하기를 기대한다면 가격결정시 이를 고려하지 않으면 안 된다.

5 가격전략

앞에서는 기업들이 가격정책을 세우는데 고려하여야 할 전략적인 근거, 즉 가격결정의 목표, 가격결정에 미치는 여러 가지 영향요소, 그리고 가격결정의 기본적인 방법 등을 검토하였다. 본 절에서는 이러한 가격결정의 기본지침을 기초로 하여 기업들이 현장에서 실제적으로 수립하고 있는 다양한 가격정책에 대하여 검토해 보기로 한다.

즉 기업은 한 가지의 가격을 결정하는 것이 아니고 생산하고 있는 제품계열내의 여러 가지 품목을 커버하는 가격구조(pricing structure)를 정하는 것이다. 이 가격구조는 제품의 수명주기에 따라서 변화된다. 또한 기업은 제품가격을 원가나 수요의 변화에 따라서 조정하여야 하며, 경쟁환경이 변화함에 따라서 가격변경의 시기와 반응시기를 결정하여야 한다. 이처럼 가격에 관한 의사결정은 환경요소와 경쟁요소를 모두 고려하여야 하는 매우 복잡한 결정이라고 할 수 있다.

따라서 본 절에서는 기업의 경영자들이 이용할 수 있는 주요한 동태적 가격전략, 즉 ① 제품수명주기상 도입기에 있는 신제품 가격전략, ② 제품믹스 가격전략, ③ 가격조정전략, ④ 가격변경 등을 검토하고자 한다.

5.1 신제품 가격전략

가격전략은 제품의 수명주기가 지남에 따라서 변화한다. 특히 도입기의 가격전략은 극히 중요하다. 즉 도입기의 신제품 중에서 기존제품을 모방한 모방제품과 특허권으로 보호되는 혁신제품의 가격전략은 각기 달라야 할 것이다. 즉 모방제품을 출시하는 기업은 제품의 포지셔닝 문제에 직면하게 된다. 다시 말하면 가격과 품질 면에서 경쟁제품과 비교하여 자사제품의 위치를 결정하여야 한다. 신제품가격전략은 네 가지의 가능한 포지셔닝 전략이 있다 (그림 9.2 참조).

그림 9.2 가격-품질 전략

첫 번째 전략은 프리미엄 가격전략(premium pricing strategy)으로서 고품질의 제품을 생산하여 고가격을 받는 전략을 말한다. 두 번째 전략은 경제적 가격전략(economy pricing strategy)으로서 저품질의 제품을 생산하여 저가를 받는 전략을 말한다. 동일한 시장에 고품질을 추구하는 소비자와 가격지향적 소비자가 공존할 때에는 프리미엄 가격전략과 경제적 가격전략이 동시에 존재할 수 있다. 세 번째 전략은 고가치전략(good-value strategy)으로 고품질의 제품을 저가격으로 판매하는 전략을 말한다. 만일 제품이 신분을 상징하는 것이 아니라면 고품질 지향적 소비자는 고가치제품을 제공하는 기업을 믿고 그 제품을 구매하여 돈을 절약할 것이다. 마지막 전략으로는 과부과전략(overcharge strategy)이 있다. 이 전략은 제품의 품질에 비하여 비싼 가격을 부과하는 전략이다. 장기적 관점에서 볼 때 소비자들은 착취당한 느낌을 가지게 되어, 그 제품의 구매를 중단하고 다른 사람에게도 부정적인 구전(口傳)을 전하게 될 것이다. 따라서 이러한 전략을 채택해서는 안 된다.

혁신적이며, 특허권으로 보호받고 있는 신제품을 출시하는 기업은 최초의 가격결정에 많은 어려움을 느끼게 되지만, 일반적으로 다음의 두 가지 전략, 즉 초기 고가격전략(market-skimming pricing)이나 시장침투 가격전략(market-penetration pricing) 중에서 한 가지를 선택할 수 있다.

1) 초기 고가격전략

이 전략은 신제품의 도입초기에 시장의 핵심 고객만을 표적으로 하여 고가전략을 채택한 다음에 핵심 고객들의 수요가 감소하면 가격을 인하하여 그 다음 계층의 소비자를 표적으로 수요를 창출하는 전략을 말한다. 다시 말하면 혁신적 신제품을 개발한 기업은 초기 고가정책을 채택하여 그 제품의 도입으로 보다 많은 가치를 얻을 수 있는 고객계층별(layer by layer)로 수익을 흡수하는 전략을 말한다. 예를 들면 인텔(Intel)사는 새로운 컴퓨터 칩을 개발하면 이 새로운 칩의 이점이 경쟁기업의 그것에 비하여 훨씬 우월한 경우 가능한 한 고가격을 설정한다. 다시 말하면 새로운 칩으로 만든 컴퓨터를 구매하는 표적시장이 얻을 수 있는 가치를 반영할 수 있을 정도의 가격을 책정한다. 초기의 판매량이 감소하고 경쟁기업도 유사한 칩을 생산하기 시작하면 가격을 인하하여 그 다음으로 가격에 민감한 고객층을 유인한다. 예를 들면 인텔사는 펜티엄칩을 시장에 도입할 때 개당 $1,000의 가격을 설정하였다. 그 결과 컴퓨터 생산업체는 직업적인 컴퓨터 사용자나 기업구매자를 상대로 컴퓨터 가격을 $3,500로 책정하였다. 그 이후에 인텔사는 펜티엄칩의 가격을 매년 30%씩 인하하여 결국 펜티엄급 컴퓨터 가격을 일반가정에서 수용할 수 있는 전형적인 가격대로 인하하도록 하였다. 이와 같은 방법으로 인텔사는 여러 층의 세분시장으로부터 최대한의 수익을 흡수하였다.[3]

이 전략이 성공하려면 다음과 같은 조건이 충족되어야 한다. 첫째, 제품의 품질과 이미지가 고가격을 보상할 수 있어야 하며, 그 가격에 구매를 원하는 충분한 숫자의 구매자가 존재하여야 한다. 둘째, 상대적으로 소량을 생산하더라도 그 생산비가 고가격의 이점을 상쇄할 정도로 높지 않아야 한다. 끝으로 경쟁자가 쉽게 시장에 진입하여 고가격의 이익

> **초기 고가격전략**
> 신제품 도입 초기부터 고가로 가격 결정. 핵심 고객을 목표고객으로 함

시장침투 가격전략
신제품 도입 초기부터 저가로 가격 결정. 많은 구매자 유도

2) 시장침투 가격전략

어떤 기업은 초기 고가격으로 이익이 있는 세분시장을 단계적으로 표적화함으로써 전체적으로 최대의 수익을 흡수하는 초기이익 회수가격전략을 채택하지 않고, 보다 빨리 그리고 깊게 시장에 침투하기 위하여 초기에 저가격을 책정하는 시장침투 가격전략을 채택한다. 이 전략은 초기 저가격으로 보다 많은 구매자를 유도하여 가장 큰 시장점유율을 확보하기 위한 것이다. 이처럼 판매량이 증가하면 원가가 인하되어 가격을 더 많이 인하시킬 수 있으며, 그 결과 시장점유율은 더욱 높아진다. 예를 들면 Dell and Gateway사는 고품질의 컴퓨터 제품을 우편주문경로를 통하여 보다 저렴한 가격으로 판매하였다. 당사의 매출액은 소매상을 통하여 판매하는 IBM, Apple 등의 경쟁사가 제품가격을 당사의 가격수준으로 인하하지 못했을 때 급격히 증가하였다. 홈 데포(Home Depot), 월마트(Wal-Mart)나 기타의 할인점 체인들도 시장침투가격을 채택하고 있다. 이들 기업들은 대량판매를 유도하기 위하여 저가정책을 채택하였고, 대량판매가 원가를 인하시켰으며, 그 결과 저가격을 유지할 수 있게 되었다. 시장침투가격을 채택하기 위해서는 다음과 같은 몇 가지 조건이 충족되어야 한다. 첫째, 제품의 성격상 시장에서 수요의 가격탄력성이 높아서 저가격이 많은 구매자를 유도할 수 있어야 한다. 둘째, 생산량이나 판매량이 증가함에 따라서 생산비와 유통비가 감소하여야 한다. 끝으로 저가격이 경쟁기업의 시장진입을 억제하여야 한다. 그렇지 않으면 저가격의 이점이 일시적인 것이 될 것이다. 예를 들면 위에서 인용한 델 앤 게이트웨이사는 최대경쟁사인 IBM이 자체의 직접유통경로를 확보하였을 때 어려움에 직면하였다.

그렇다면 어느 때 초기고가전략을 또는 초기저가전략을 선정해야 하는지 그 기준을 요약하면 다음의 표 9.2와 같다.

표 9.2 초기고가격과 초기저가격의 선정기준

	초기고가격 선정	초기저가격 선정
수요의 가격탄력성	비탄력적	탄력적
시장진입장벽	높다	낮다
규모의 경제	작다	크다
시장규모	작다	크다
기술변화속도	빠르다	느리다
기술적 우위	보유	미보유

5.2 제품믹스 가격전략

기업이 생산하고 있는 특정 제품의 가격전략은 해당 제품이 그 기업이 생산하고 있는 제품믹스의 일부분일 때 변경하여야 한다. 이러한 경우에 기업은 전체의 제품믹스가 최대의 이익을 실현할 수 있도록 일련의 가격을 결정하여야 한다. 다음의 다섯 가지 제품믹스 가격결정상황에 대하여 보다 구체적으로 검토하기로 한다.

표 9.3 제품믹스 가격정책

전 략	정 의
제품계열 가격결정	제품계열간 가격결정의 설정
옵션제품 가격결정	기본 제품과 함께 판매되는 옵션제품이나 액세서리의 가격결정
부속제품 가격결정	주제품과 함께 사용되어야 하는 부속제품의 가격결정
부 산 물 가격결정	부산물을 처리하기 위한 가격결정
제품묶음 가격결정	함께 판매되는 제품묶음의 가격결정

1) 제품계열 가격결정 (Product Line Pricing)

일반적으로 기업에서 단일 품목을 생산하는 경우는 거의 없고 대부분 여러 제품계열을 통해 복수의 제품을 생산하는 것이 보통이다. 또한 동일한 제품계열내에서도 다양한 소비자 욕구를 충족시키기 위하여 규격, 품질, 성능, 디자인 등이 각기 다른 다양한 제품을 생산하는 것이 일반적이다.

제품계열간 가격을 차별화하기 위해서는 가격단계(price steps)를 설정하여야 한다. 가격단계를 설정하기 위해서는 제품계열간 혹은 제품계열내의 각 제품 간의 원가차이, 각기 다른 특성에 대한 고객의 평가, 그리고 경쟁기업의 가격 등을 고려하여야 한다. 만일 연속적인 단계에 있는 두 가지 제품 간의 가격차이가 크지 않다면 구매자는 앞선 단계의 제품을 구매할 것이다. 이러한 전략은 이 두 단계 제품 간의 원가차이가 가격차이 보다 크지 않을 경우에는 기업의 이익을 증가시킬 것이다. 그러나 가격차이가 크다면 구매자는 뒷단계의 제품을 구매할 것이다. 한편 많은 산업분야에서는 기업들이 제품계열내의 제품에 가격점(price points)을 설정하고 있다. 예를 들면 남성복 제조업체가 300,000원대, 400,000원대, 그리고 500,000원대의 양복을 내놓고 있는 경우를 볼 수 있다. 고객들은 이러한 세 가지 가격점을 기준으로 저급품, 중급품, 그리고 고급품으로의 이미지를 연상하게 된다. 만일 이러한 세 가지 수준의 가격점을 모두 조금씩 인상하더라도 구매자들은 그들 자신이 가장 선호하는 가격점의 제품을 구매하게 될 것이다. 이 때 기업의 과제는 이러한 가격 차이를 지원할 수 있는 지각된 품질차이를 확립하는 것이다.

도요타의 다양한 가격대 제품

2) 옵션제품 가격결정 (Optimal-Product Pricing)

> **옵션제품 가격결정**
> 제품의 기본적인 기능을 제외한 부가적 기능이나 액세서리 등을 옵션으로 구분하여 가격을 기본제품과 별도로 부과하는 전략

많은 기업들은 제품의 기본적인 기능을 제외한 부가적 기능이나 액세서리 등을 옵션으로 구분하여 가격을 기본제품과 별도로 부과하는 전략을 사용하고 있다. 예를 들면 자동차의 경우 에어백, 내비게이션, CD 플레이어 등의 가격을 기본형의 자동차가격과 별도로 정해놓고 소비자가 선택하도록 하고 있다. 이러한 전략은 가격의식적 소비자에게는 기본형의 자동차만으로 낮은 가격에 소구할 수 있고, 자동차의 편리성에 민감한 소비자에게는 다양한 옵션을 소구하여 가능한 한 많은 소비자들이 자동차를 구매하도록 유도할 수 있다. 그러나 옵션제품의 가격을 결정하는 일도 그리 쉽지 않다. 즉 어떠한 품목을 기본가격에 포함시키고 어떠한 품목은 옵션에 포함시킬 것인가를 결정하여야 한다. 예를 들면 미국의 General Motors사의 경우 저렴한 가격을 기본가격으로 제시하여 많은 구매자를 전시장으로 유도한 후 옵션을 장착한 자동차를 선보이는 전략을 사용하였다. 우리나라의 경우에도 1997년 외환위기 전후에 IMF의 구제금융을 요청하는 등 경제가 어려워지자 자동차, 가전, PC업계는 값싼 보급형을 개발하여 불황탈출을 시도한바 있다. 호황기에는 옵션을 고급화함으로써 사실상 가격인상을 단행하는 효과를 봤으나 불황기에는 옵션을 축소한 보급형으로 승부를 걸겠다는 전략이다. 현대자동차는 1998년 2월경에 300만 원대인 아토즈 보급형을, 대우자동차는 티코의 옵션을 줄인 299만 원짜리 보급형을 내놓았고, 기아자동차도 1997년 상반기에 프라이드의 옵션을 대폭 줄인 400만 원대 가격의 프라이드 영을 출시한 바 있다.

3) 부속제품 가격결정 (Captive Product Pricing)

> **부속제품 가격결정**
> 기본제품 사용 시 필수적으로 같이 사용하여야 하는 부속제품을 중심으로 가격 책정

어떤 종류의 기본제품을 사용하기 위해서는 반드시 소모품, 부품, 소프트웨어 등을 함께 사용하여야 하는데, 이처럼 기본제품 사용 시 필수적으로 같이 사용하여야 하는 제품을 부속제품(captive product)이라고 한다. 부속제품의 예를 들면 면도날, 카메라 필름, 컴퓨터 소프트웨어 등이 있다. 면도기, 카메라, 컴퓨터 등의 주제품(main products)을 생산하는 기업에서는 주제품의 가격을 낮게 책정하고 부속제품의 가격을 높게 책정하는 경우가 많다. 예를 들면 폴라로이드(Polaroid)사의 경우 카메라 가격은 낮게, 필름가격은 높게 책정하여 필름판매로 이익을 올리는 전략을 채택한 사례가 있다.

서비스의 경우에는 이러한 전략을 이중 가격결정(two-part pricing)이라고 한다. 서비스가격은 고정비 성격을 가진 수수료(fixed fee)와 변동비 성격을 가진 사용료(variable usage rate)로 구분된다. 고정요금은 그 서비스의 이용을 유도할 수 있도록 충분히 낮은 가격으로, 그리고 변동요금은 이익을 커버할 수 있는 수준으로 높게 책정하여야 한다. 예를 들면 이동통신의 경우 고정비 성격을 지닌 기본요금은 낮게 책정하고 변동비인 통화요금은 전체적으로 이익을 확보할 수 있는 수준에서 결정하여야 한다.

4) 부산물 가격결정 (By-Product Pricing)

육류가공제품, 석유제품, 화학제품 등을 생산할 때에는 부산물이 발생하는 경우가 많다. 만일 부산물이 전혀 가치가 없고, 오히려 처리하는데 비용이 소요된다면 처리비용을

주제품가격에 포함하여야 한다. 부산물 가격결정전략을 이용하기 위해서는 이러한 부산물을 구매할 시장을 찾아내고, 그 시장이 부산물 저장비용과 운송비용 이상을 커버할 수 있는 가격을 수용하여야 한다. 부산물을 처분할 수 있는 기업은 주제품가격을 인하할 수 있기 때문에 보다 경쟁적 우위를 차지할 수 있다. 예를 들면 많은 제재소들은 나무껍질과 톱밥을 가정의 장식용이나 상업적 조경용으로 판매하여 이익을 올리고 있다.

5) 제품묶음 가격결정 (Product-Bundle Pricing)

제품묶음 가격결정전략을 이용하는 기업은 자사가 생산하는 여러 가지 제품을 묶어서 각 제품의 가격을 합계한 것보다 낮은 가격으로 판매함으로써 판매량을 증대시킬 수 있다. 예를 들면 KBS 교향악단은 1년 동안 정기연주회 및 특별연주회를 관람할 수 있는 회원권을 낮은 가격에 판매하고 있다. 또한 많은 호텔들은 숙박료, 식사대, 그리고 여러 가지 서비스 이용료를 패키지로 묶어서 보다 저렴한 가격으로 판매하고 있다. 이러한 제품묶음 가격결정은 그렇지 않으면 소비자들이 구매하지 않을 제품의 판매를 촉진할 수 있지만, 소비자들이 제품묶음을 구매할 수 있도록 충분히 가격을 낮추지 않으면 안 된다.[4]

> **제품묶음 가격결정**
> 자사가 생산하는 여러 가지 제품을 묶어서 각 제품의 가격을 합계한 것보다 낮은가격으로 판매

5.3 가격 조정전략

기업들은 고객이나 변화하는 상황에 따라서 기본가격을 조정하고 있다. 일반적으로 가격조정전략은 7가지로 구분할 수 있다.

1) 할인 가격결정 (Discount Pricing)

많은 기업들은 고객들의 특정 반응, 즉 현금구매, 대량구매, 비수기 구매 등에 대하여 보상해 주기 위하여 기본가격을 조정해 주는 가격정책을 채택하고 있다. 이러한 가격조정을 할인 및 공제라고 하는데, 다음과 같이 여러 가지 형태가 있다.

■ **현금할인 (cash discount)**

판매가 주로 연불이나 어음결제로 이루어질 경우, 기일전의 현금지불에 대하여 본래의 기본가격에서 차감하여 주는 가격결정방법을 말한다. 예를 들면 "2/10, net 30"과 같은 표시는 외상구매자가 30일 이내에 대금을 지불하여야 하지만, 10일 이내에 외상대금을 현금으로 지불할 경우 2%를 할인해 준다는 의미이다. 현금할인은 이러한 조건을 충족시키는 모든 고객에게 무차별적으로 적용되어야 한다. 현금할인의 목적은 현금사정을 호전시키며, 악성 외상매출금과 자금회수비용을 줄이는 것이다.

> **현금할인**
> 현금으로 결재할 경우 가격 할인

■ **수량할인 (quantity discount)**

일정한 수량 이상을 구매하는 구매자에게 가격을 할인하여 주는 것을 말한다. 예를 들면 100개 미만 구매 시에는 한 개당 100원, 100개 이상 구매 시에는 한 개당 90원에 판매하는 것을 말한다. 이 때 할인금액은 대량판매로 절약할 수 있는 판매비, 재고비, 운송

> **수량할인**
> 일정한 수량 이상을 구매하는 구매자에게 가격 할인

비 등의 합계보다 커서는 안 되고, 고객이 여러 판매자로부터 구매하지 않고 특정 판매자로부터의 대량구매를 유도할 수 있을 정도로 커야한다. 수량할인은 비누적적 수량할인과 누적적 수량할인으로 구분할 수 있는데, 비누적적 수량할인은 1회당 구매량이 일정 수량 이상에 달했을 때만 수량할인을 해주는 것으로 대량구매를 촉진하려는 수량할인의 본질적 목적에 부합된다. 한편 누적적 수량할인은 일정 기간 동안의 구매총량이 일정규모 이상에 달했을 때 수량할인을 해주는 것으로서 반복구매를 통하여 대량구매를 유도하고 고객과 지속적인 관계를 유지하는 데 그 목적이 있다.

■ 기능할인 (functional discount)

거래할인(trade discount)이라고도 하며 판매, 보관, 기록유지 등 판매자가 담당하여야 할 여러 가지 기능을 유통경로 구성원이 대행하는 경우에 이에 대한 보답으로 할인해 주는 것을 말한다. 제조업체는 유통경로 구성원들이 제공하는 서비스의 종류에 따라서 각기 다른 정도의 기능할인을 제공하지만 동일한 수준의 유통경로 구성원에게는 동일한 할인을 제공하여야 한다. 예를 들면 어떤 제조업체가 '소매정찰가격은 1,000원, 할인은 30%, 10%'와 같이 제시하였다면, 소매상의 구매원가는 700원(1,000×0.7)이고, 도매상의 구매원가는 630원(700×0.9)이다. 이는 판매경로를 확보, 유지하려는 목적을 가지는 것으로서 유통경로에 따라서 그 이윤폭에 해당하는 금액을 할인하여 준다.

■ 계절할인 (seasonal discount)

비수기에 제품이나 서비스를 구매하는 구매자에게 할인하여 주는 것을 말한다. 즉 여름철 상품을 겨울철에 저가로 판매하는 것이라든가 비수기에 판매자극을 위하여 할인하는 것을 말한다. 이러한 방법을 이용하면 연중생산계획이나 판매계획에 안정을 기할 수 있게 된다. 예를 들면 스케이트 제조업체는 소매상에게 봄이나 여름에 계절할인을 제시하여 이월재고의 보관비를 줄이고, 여름이나 가을에 계절할인을 제시하여 조기주문을 자극할 수 있다.

2) 세분시장별 가격결정

세분시장별 가격결정이란 고객, 제품, 그리고 위치 등의 차이를 인정하기 위하여 기본가격을 조정하는 방법을 말한다. 따라서 세분화된 시장별 가격결정은 특정 제품이나 서비스에 두 가지 이상의 가격이 존재하는 것을 의미하는데, 이때의 가격차이는 원가의 차이 때문이 아니다. 이 방법은 다음과 같은 몇 가지 형태로 구분할 수 있다.

■ 고객별 가격결정 (customer-segment pricing)

동일한 제품이나 서비스에 대하여 고객에 따라서 각기 다른 가격을 지불하는 방식을 말한다. 예를 들면 박물관에서 학생이나 어린이에게 싼 요금을 적용하는 경우를 들 수 있다.

■ 제품형태별 가격결정 (product-form pricing)

제품의 버전에 따라서 각기 다른 가격을 산정하는 것을 말하며, 그 때의 가격차이는 원가차이에 따라서 결정되는 것이 아니다. 예를 들면 Black & Decker사는 가장 비싼 다리미가 $54.98인데 비하여 다음으로 비싼 다리미는 $12이나 저렴하다. 가장 비싼 다리미는 자동장치가 부착되었는데 그 장치의 원가는 $5에 불과하다.

■ 위치별 가격결정 (location pricing)

각각의 위치에 제공하는 원가가 동일하다고 할지라도 위치에 따라서 각기 다른 가격을 책정하는 방법을 말한다. 예를 들면 극장의 경우 청중들이 특정 위치를 선호하기 때문에 좌석에 따라서 가격을 달리 책정한다. 또한 미국 주립대학의 경우 타주에서 온 학생들에게 보다 많은 등록금을 부과하고 있다.

■ 시간대별 가격결정 (time pricing)

계절별, 월별, 날짜별, 심지어는 시간별로 각기 다른 가격을 책정하는 것을 말한다. 공공요금의 경우 하루 중의 낮과 밤에 따라서 혹은 주말이냐 주중이냐에 따라서 각기 다른 요금을 책정하고 있다. 예를 들면 전화요금과 전기요금은 심야에 낮은 가격으로 서비스를 이용할 수 있다. 또한 휴양시설들은 비수기에 요금을 할인해 주고 있다.

3) 심리적 가격결정

가격 자체가 제품을 말해 준다고 이야기하고 있다. 예를 들면 많은 소비자들은 품질의 판단기준으로 가격을 이용하고 있다.

심리적 가격결정방법을 이용하는 데 있어서 판매자들은 단순히 가격의 경제적 측면만을 고려하는 것이 아니라 심리적 측면도 고려하고 있다. 예를 들면 자동차에 대한 가격과 품질간의 관련성을 연구한 조사에서 소비자들은 가격이 높을수록 품질이 좋다고 인식하는 경향을 보이고 있다.[5] 동일한 논리로 품질이 높은 자동차일수록 실제보다 더 고가인 것으로 지각되고 있다는 것이다. 반면에 소비자들이 제품을 조사해 보거나 과거의 사용경험을 회상함으로써 특정 제품의 품질을 평가할 수 있을 때에는 품질을 평가하기 위하여 가격을 보다 더 적게 이용한다. 그러나 소비자들이 정보나 기술이 부족하여 제품의 품질을 판단할 수 없을 때에는 가격이 품질평가의 중요한 기준이 된다.

심리적 가격결정의 또 다른 중요한 측면은 준거가격(reference price)이다. 준거가격이란 구매자들이 특정 제품에 대하여 마음으로 정하여 둔 가격으로서 그 제품을 구매할 때 참고기준으로 사용하는 가격을 말한다. 이러한 준거가격은 현재가격을 주시하거나 과거가격을 회상하고, 혹은 구매상황을 평가하여 형성될 수 있다. 따라서 판매자들은 가격을 책정하기 위하여 이러한 준거가격을 이용할 수 있다. 예를 들면 어떤 기업은 자사제품을 가장 비싼 제품 옆에 진열하여 동일한 부류에 속하는 제품이라는 인식을 심을 수 있다. 백화점에서는 가격으로 차별화된 백화점, 즉 상류백화점, 중류백화점, 하류백화점에서 여성의류를 판매하고 있는데, 가장 비싼 상류백화점에서 판매하고 있는 여성의류는 가장 품질이 좋은 것으로 지각하고 있다. 또한 기업들은 제품이 원래 고가격으로 출시되었다는 점을 강조하거나 경쟁제품의 고가격을 지적함으로써, 소비자의 준거가격에 영향을 미칠 수 있다.

사소한 가격차이가 보다 큰 제품차이를 지각시킬 수 있다. 예를 들면 100,000원짜리의 스테레오와 99,900원짜리의 스테레오를 비교할 때 가격차이는 100원이지만 심리적 차이는 훨씬 클 수가 있다. 예를 들면 99,900원짜리는 90,000원대의 중급제품으로 100,000원짜리는 100,000원대의 고급제품으로 지각할 수 있다. 어떤 심리학자들은 각 단수가 상징적 의미와 시각적 의미를 지니고 있기 때문에 이 점을 가격책정에 반영하여야 한다고 주장하고 있다. 예를 들면 8이라는 숫자는 둥글고 평평하기 때문에 부드러운 느낌을 주고, 7이라는 숫자는 모가 나기 때문에 불일치하는 느낌을 준다는 것이다.[6]

소비자의 심리를 고려한 주요 가격전략은 아래와 같다.

■ 준거가격결정(reference pricing)

소비자들은 현재의 일반적인 제품가격, 과거의 구매경험을 토대로 어떤 제품에 대해 적정하다고 생각하는 준거가격을 형성하고 이를 기준으로 구매를 하는 경향이 있다. 준거가격결정은 소비자의 준거가격을 기준으로 이 보다 약간 낮게 가격을 설정하는 전략이다.

준거가격결정
현재의 일반적인 제품가격, 과거의 구매경험을 토대로 어떤 제품에 대해 적정하다고 생각하는 준거가격을 기준으로 이 보다 약간 낮게 가격 설정

■ 끝수가격결정(odd pricing)

가격의 끝자리를 특정화폐단위 이하로 설정하여 소비자로 하여금 제품가격이 최하의 가능한 선에서 결정되었다는 인상을 주어 제품의 판매량을 증가시키기 위한 가격결정전략이다. 경차의 경우 500만원보다는 490만원으로 가격을 설정할 때 소비자는 500만 원대와 400만 원대로 생각하게 되어 490만원이 훨씬(10만원의 실제가격차이 이상으로) 싸다고 소비자는 느끼게 된다.

끝수가격결정
가격의 끝자리를 특정 화폐단위 이하로 설정

■ 위신가격결정(prestige pricing)

소비자가 제품의 가격에 의해서 제품의 품질을 평가하는 경향이 강하거나, 제품이 개인의 사회적 지위나 명예 등의 상징적인 의미를 내포하고 있는 경우에 주로 사용되는 가격결정전략이다. 위신가격에 의해 제품의 수요가 영향을 받는 고급의류, 고급만년필, 향수 등은 가격이 소비자가 예상하는 범위 아래로 낮추어지면 오히려 수요가 줄어들 수 있다.

위신가격결정
제품이 개인의 사회적 지위나 명예 등의 상징적인 의미를 내포하고 있는 경우에 주로 사용되는 고가 가격결정전략

4) 촉진적 가격결정

촉진적 가격결정(promotional pricing)이란 단기간의 판매량을 증가시키기 위하여 일시적으로 제품가격을 기준가격이나 원가 이하로 책정하는 방식을 말한다. 이러한 촉진적 가격결정방법에는 여러 가지 형태가 있다. 슈퍼마켓이나 백화점에서는 고객을 유인하기 위하여 인기 있는 몇 가지 제품의 가격을 인하하면, 고객들이 찾아와서 다른 제품도 구매해 줄 것이라고 기대하고 있다. 이처럼 고객을 유인하기 위하여 제공하는 제품을 고객유인제품(loss leader)이라고 하며 이러한 가격결정방법을 고객유인제품 가격결정(loss leader pricing)이라고 한다.

또한 판매업자들은 특별한 계절에 특별행사의 일환으로 가격을 할인하여 고객을 유인

촉진적 가격결정
단기간의 판매량을 증가시키기 위하여 일시적으로 제품가격을 기준가격이나 원가 이하로 책정

유통업계는 '미끼 상품' 유혹 중

이마트에서 한 젊은 엄마가 분유를 고르고 있다.
이마트 제공

한 살배기 아들을 둔 주부 김지영(32)씨는 한 달 평균 7만원어치 기저귀를 주로 쿠팡, 티몬 등 소셜커머스에서 산다. 김씨는 "원래 소셜커머스는 잘 이용하지 않았는데 주변에서 기저귀는 소셜커머스에서 많이 사길래 첫 발을 들이게 됐다"며 "육아용품을 사다 보니 저렴하게 파는 것들이 많이 보였다"고 말했다. 실제로 김씨는 기저귀 정리함, 수유브래지어, 유아용 세제는 물론 이제는 생수, 라면 등 생필품까지 소셜커머스에서 구매하고 있다.

유통업체들이 기저귀와 분유를 놓고 최저가 경쟁을 벌이고 있다. 가격을 확 내린 상품으로 손님을 끈 뒤 추가 구매를 유도하는 이른바 미끼 상품 전략이다. 이런 유통업체 미끼 상품 품목들도 변화하고 있다. 롯데마트는 2010년 영세상인 죽이기란 논란에도 불구하고 마리당 5,000원의 '통큰 치킨'으로 고객들을 유혹했다. 이후 대형마트들은 삼겹살을 놓고 '禊원 전쟁'을 벌이거나 라면 1박스(30개)를 7,900원에 파는 등의 경쟁을 벌였다. 평소 세일을 하지 않는 것으로 유명한 샤넬의 핸드백이 한 대형마트의 미끼상품으로 등장하기도 했다.

최근 가장 각광받는 미끼 상품은 기저귀와 분유이다. 기저귀는 당초 소셜커머스의 주력 상품이었다. 이들 제품은 부피가 크고 무거워서 클릭 한 번으로 온라인 주문을 하는 게 더 편하기 때문이다. 그러나 최근 유통업체들도 기저귀와 분유를 미끼상품으로 내 걸며 이 시장에 뛰어 들었다. 자칫하다가는 소비자를 다 놓칠 수 있다는 위기 의식 때문이다. 실제로 2013년 549억원이던 이마트의 기저귀 매출은 2014년 517억원, 지난해 381억원으로 매년 큰 폭으로 감소하고 있다. 이마트는 실시간 검색을 통해서 기저귀와 분유를 최저가로 판매하고 있다.

소셜커머스 업체들은 생필품 최저가 판매로 대응에 나섰다. 티몬은 최근 생필품에 대해 '최저가+15% 추가 할인'정책까지 내 놨다. 손해 날 것 같은 셈법이지만 티몬 관계자는 "생필품은 매달 50% 이상 성장률을 보이는 데다 싱글족은 물론 중·장년층까지 구매층이 확대되고 있는 품목"이라며 "실제로 생필품을 사러 온 구매자가 다른 상품을 같이 구매하는 비중이 71%에 달한다"고 말했다.

자료원 : 한국일보 2016.03

하기도 하는데, 이러한 가격결정방법을 특별행사 가격결정(special-event pricing)이라고 한다. 예를 들면 리넨제품 판매상들은 피로에 지친 크리스마스 쇼핑객들을 유인하기 위하여 매년 1월 달에 특별행사가격으로 제품을 판매하고 있다. 또한 어떤 제조업체들은 특정 기간 동안에 딜러로부터 제품을 구매하는 고객에게 현금리베이트(cash rebates)를 제공하고 있다. 이 때 리베이트는 제조업체가 직접 고객에게 송금하고 있다. 또한 많은 기업들이 저리금융(low-interest financing), 장기간의 보증(longer warranties), 그리고 무료수리(free maintenance) 등을 이용하여 제품가격을 할인해 주고 있는데, 이러한 방법들은 최근에 와서 자동차산업에서 많이 이용되고 있다.

5) 가치기반 가격결정

불경기나 저성장시대인 1990년대에 와서 많은 기업들은 경제적 상황이나 품질과 가치에 대한 변화하는 소비자태도에 적응하기 위하여 가격을 조정하고 있다. 가치 가격결정이

> **가치기반 가격결정**
> 기업이 제공하는 제품의 품질과 서비스, 즉 가치(value) 만큼의 공정한 가격을 결정

란 기업이 제공하는 제품의 품질과 서비스, 즉 가치(value)만큼의 공정한 가격(fair price)을 결정하는 방법을 말한다. 이 방법은 많은 경우에 널리 알려진 유명상표제품의 보다 저렴한 버전을 도입하는데 많이 이용되고 있다. 예를 들면 맥도널드사는 '가치 있는 메뉴'를 개발하여 저렴한 가격에 공급하고 있으며, 많은 기업들은 특정가격에 보다 좋은 품질을 제공하거나 동일한 품질의 제품을 보다 저렴한 가격에 공급하기 위하여 기존의 제품을 재설계하고 있다.

5.4 가격변경

기업은 한 번 결정한 가격을 소비자에게 항상 일정하게 제시하는 것만은 아니다. 기업은 제품에 대한 가격을 결정한 이후에 시간이 경과함에 따라서 가격을 변경할 필요가 발생한다. 이러한 가격변경은 특정기업이 산업 내에서 먼저 가격변경을 주도하는 주도적 가격변경(initiating price changes)과 특정기업의 가격변경에 반응하기 위하여 가격을 변경하는 경쟁기업의 대응적 가격변경의 두 가지로 분류할 수 있다.

1) 주도적 가격변경 (Initiating Price Changes)

주도적 가격변경은 원래의 가격을 인상하거나 인하 하는 두 가지로 분류할 수 있다. 그러나 이 두 가지 경우 모두 다 구매자와 경쟁기업이 보여주는 반응을 자세히 관찰하여야 한다.

■ **가격인하**

기업들이 다음과 같은 몇 가지 상황에 직면했을 때 가격을 인하하게 된다. 그러한 한 가지 상황은 초과된 생산설비를 가지고 있는 경우이다. 이러한 상황 하에서는 기업이 보다 많은 매출을 올려야 하는데, 판매활동의 강화, 제품개선, 또는 기타의 수단을 동원하였음에도 불구하고 매출을 증가시킬 수 없는 경우 가격을 인하하게 된다. 다시 말하면 초기에 시장선도기업을 추종하기 위하여 동일한 가격을 책정한 후에 추종가격결정(follow-the-leader pricing)을 포기하고 판매를 증가시키기 위하여 공격적으로 가격을 인하할 수 있다. 그러나 특정산업에서 과잉 생산시설로 인한 가격인하는 경쟁기업들이 기존의 시장점유율을 유지하려고 하기 때문에 가격전쟁을 유발하는 경향이 많다.

가격을 인하하지 않을 수 없는 또 다른 상황은 극심한 가격경쟁으로 인하여 시장점유율이 낮아지는 경우이다. 미국의 경우 자동차, 전자제품, 카메라, 시계, 그리고 철강산업이 고품질과 저가격으로 침투하는 일본의 경쟁기업에게 시장점유율을 잠식당하게 되자 보다 공격적인 가격인하를 단행하였다. 예를 들면 지엠(GM)사는 일제자동차와 경쟁이 가장 극심한 지역에서 소형차가격을 10%나 인하하였다.[7]

또한 기업은 경쟁기업보다 낮은 생산원가를 이용하여 시장을 지배하기 위하여 가격을 인하할 수도 있다. 이 때 기업은 최초부터 경쟁기업보다도 생산원가가 낮을 수도 있고, 시장점유율을 높일 목적으로 가격을 인하하였기 때문에 판매량이 증가하여 더욱 더 생산원가가 인하될 수도 있다.

■ 가격인상

반면에 최근에 와서 많은 기업들이 가격을 인상하고 있다. 이러한 가격인상은 고객, 중간상, 심지어는 자사의 판매원들까지 불평하게 만들지만 성공적인 가격인상은 기업의 이익을 상당히 증가시킬 수 있다. 예를 들면 판매이익률이 3%인 경우, 1%의 가격인상으로 판매량은 변함이 없다는 가정 하에서 이익은 33%나 증가된다.

가격인상에 영향을 미치는 가장 중요한 요인은 원가상승(cost inflation)이다. 즉 원가의 상승은 기업의 이익을 잠식하게 되고 그 결과 가격인상의 압력을 받게 된다. 기업들은 때때로 앞으로 인플레이션이 더욱 진전될 것으로 예측하면서 원가인상분 이상으로 가격을 인상하는 경향이 있다. 가격인상에 영향을 미치는 또 다른 요인으로는 초과수요(over demand)가 있다. 기업의 생산량이 부족하여 고객의 수요를 충당할 수 없을 때에는 가격을 인상하거나 수량을 할당하는 방법 중에서 한 가지를 선택하든지 그렇지 않으면 두 가지 방법을 모두 채택할 수가 있다.

또한 기업은 인상된 원가를 보전하기 위하여 여러 가지 방법으로 가격을 인상할 수 있다. 즉 눈에 보이지 않는 방법으로서 종전까지 행하던 할인을 없애거나, 제품계열에 고가품을 추가하여 가격을 인상할 수 있다. 또한 공개적으로 가격을 인상할 수도 있다. 그러나 가격인상을 고객에게 전가하는 과정에서 기업이 가격을 착취한다는 이미지를 주어서는 안 된다. 따라서 기업은 가격을 인상하는 이유와 판매원이 제품을 경제적으로 사용할 수 있는 방법을 알려 주는 등의 커뮤니케이션 프로그램을 개발하여야 한다.

기업은 가능한 한 가격을 인상하지 않고 원가상승이나 초과수요에 대처하는 방법을 고려하여야 한다. 예를 들면 캔디 바 제조업체들이 종종 하고 있는 것처럼 가격을 인상하지 않고 제품의 크기를 줄일 수 있다. 혹은 보다 값이 싼 재료로 대체하거나, 어떤 제품특성, 포장, 혹은 서비스 등을 제거할 수도 있다. 또한 제품의 묶음을 해체하여 각각 별도의 가격을 책정할 수도 있다. 예를 들면 IBM사는 과거에는 제품과 묶어서 판매하던 교육과 자문 서비스를 분리하여 가격을 책정하고 있다.

2) 대응적 가격변경 (Responding to Price Changes)

앞에서는 어떤 산업 내에서 특정기업이 먼저 주도적으로 가격을 변경하는 주도적 가격변경을 설명했지만, 본 절에서는 경쟁기업의 입장에서 주도적 기업의 가격변경에 대하여 어떻게 대응할 것인가를 설명하고 있다.

경쟁기업의 가격변경에 대응하기 위해서는 다음과 같은 다음과 같은 몇 가지 이슈를 고려하여야 한다.

- 왜 경쟁자가 가격을 변경하는가? 그 목적은 시장점유율을 높이는 것인가, 과잉시설을 활용하기 위한 것인가, 변화된 원가조건을 충족시키기 위한 것인가, 그렇지 않으면 산업 전체적인 가격을 선도하기 위한 것인가?

- 가격변경은 일시적인 것인가 그렇지 않으면 영구적인 것인가?
- 경쟁기업의 가격변경에 대응하지 않는 경우에 시장점유율이나 이익에 어떠한 변화가 나타날 것인가?
- 다른 기업들도 가격변경에 대응할 것인가?
- 가능한 각 대응방안에 경쟁기업과 다른 기업들은 어떠한 반응을 보일 것인가?

경쟁기업의 가격변경에 대하여 보다 효과적으로 대응하기 위해서는 이러한 이슈에 대한 분석 이외에 다음과 같은 보다 광범위한 문제에 대한 분석이 필요하다. 즉, 고려하는 제품의 제품수명주기단계, 자사의 제품믹스 내에서 그 제품의 중요성, 경쟁자의 의도와 자원, 그리고 가격변경에 대한 소비자의 반응 등을 고려하여야 한다. 그러나 경쟁기업의 가격변경에 대응하기 위하여 이러한 문제들에 대한 광범위한 분석을 항상 실시할 수 있는 것은 아니다. 경쟁기업들은 가격변경을 하기 위하여 상당한 기간 동안 준비하였지만 대응하는 기업은 단기간 내에 적절한 의사결정을 하여야 한다. 따라서 경쟁기업의 가격변경에 대응하는 시간을 줄이기 위해서는 경쟁기업의 가능한 가격변경과 가능한 반응에 대응할 수 있는 계획을 사전에 수립하여야 한다.

경쟁자의 가격인하가 당사의 판매나 이익에 영향을 미치는 경우에는 그 가격인하가 영속적인 것인가, 그렇지 않으면 일시적인 것인가를 판단하여 대응여부를 결정하여야 한다. 만일 대응하기로 결정한 경우에는 어느 정도 가격을 인하할 것인가를 결정하고, 가격인하의 이외에 다른 마케팅믹스를 수정하여 가격인하의 시너지효과를 극대화할 수 있는 방안을 강구한다.

기업의 가격정책은 마케팅믹스의 중요한 부분을 차지하고 있다. 앞에서 설명한 바와 같이 기업은 여러 가지 내부요인과 외부요인을 고려하여 선정한 표적시장에서 경쟁적 우위를 차지할 수 있는 특정 가격을 책정하여야 한다. 그러나 기업은 언제나 그들이 원하는 가격을 책정할 수 있는 것은 아니다. 법률에 의한 정부의 가격규제와 윤리적인 문제도 아울러 고려하여야 한다.

요약

가격이란 소비자가 제품 또는 서비스를 구매하기 위하여 지불하는 화폐의 양을 말한다. 경영자는 가격요인을 다른 마케팅믹스 요인들과 별도로 생각하면 안 된다. 왜냐하면 시장에서 소비자들이 자사의 제품을 어떻게 평가하느냐 하는 것은 가격을 비롯한 모든 마케팅믹스요인들이 얼마나 서로 조화를 이루느냐에 달려있기 때문이다. 그러므로 가격은 소비자가 구매하기 쉽고, 기업의 이윤이 확보되며, 수요자의 욕구를 충족시킬 수 있는 수준에서 결정되어야 한다.

따라서 기업의 가격결정 절차는 이러한 조건을 전제로 가격결정목표를 설정하여야 한다. 가격결정목표는 기업목표 혹은 마케팅목표를 달성하기 위한 것이어야 하며, 다음과 같은 3가지 목표로 구분된다. 이익지향적 목표는 투자액이나 순매출액에 대한 일정비율의 이익을 목표로 가격을 결정하는 것을 말하며, 매출지향적 목표는 기존의 시장점유율을 유지하거나 확대하는 것을 목표로 가격을 결정하는 것을 말한다. 경쟁지향적 목표는 기존의 이익이나 시장점유율을 유지하려는 목적으로 가격을 결정하는 것을 말한다.

기업의 가격결정에 영향을 미치는 요소로는 제품에 대한 수요, 목표시장점유율, 경쟁기업의 반응, 초기 고가격이나 침투가격의 사용, 기타의 마케팅믹스 그리고 생산원가나 구매원가 등이 있다. 이를 크게 나누면 수요, 경쟁 그리고 원가의 세 가지로 구분된다.

기업에서 이용하고 있는 일반적인 가격결정방법 세 가지는 다음과 같다. 원가기준 가격결정방법에는 원가가산법, 목표투자수익률법 등이 있는데 모두 수요와 공급측면은 고려하지 않고 기업의 생산원가만 고려하여 가격을 결정하는 방법이다. 원가가산법은 제품원가에 일정률의 이익을 가산하여 가격을 결정하는 가장 기본적인 가격결정방법이다. 목표투자수익률법은 손익분기 가격결정방법이라고도 하며, 기업이 목표투자수익률을 정하고 이를 기준으로 가격을 산정하는 방법이다. 한편 소비자중심 가격결정방법은 시장에서 수요공급의 균형에 의하여 가격이 결정되는 것을 말한다. 끝으로 경쟁기준 가격결정방법은 시장에서의 경쟁제품과 유사한 수준에서 가격을 결정하는 경쟁대응가격전략, 경쟁제품의 가격수준 이하에서 가격을 결정하는 경쟁수준 이하의 가격결정 그리고 경쟁제품의 가격수준 이상에서 가격을 결정하는 경쟁수준 이상 가격결정으로 구분된다.

가격전략이란 가격결정목표, 영향요소 그리고 방법 등의 기본적 지침을 기초로 하여 기업들이 현장에서 실제적으로 수립하고 있는 다양한 가격정책을 말한다. 가격전략으로는 신제품 가격전략, 제품믹스 가격전략, 가격조정 전략 그리고 가격변경 등이 있다.

가격조정 전략은 고객이나 변화하는 상황에 따라서 기본가격을 조정하는 것을 말하며, 할인 및 공제 가격결정, 촉진 가격결정, 가치 가격결정, 지리적 가격결정 등이 있다.

가격변경은 시간이 경과함에 따라서 이미 정한 가격을 변경하는 것으로 특정 기업이 산업 내에서 가격변경을 주도하는 주도적 가격변경과 경쟁기업의 가격변경에 반응하기 위하여 가격을 변경하는 대응적 가격변경의 두 가지가 있다.

진도평가

1. 가격의 개념과 중요성은 무엇인가?

▶ 9장 240~241쪽 참조

2. 가격결정에 영향을 미치는 요인은 무엇인가?

▶ 9장 244~248쪽 참조

3. 신제품의 가격전략은 무엇인가?

▶ 9장 254~256쪽 참조

참고문헌

1) Wagner, William B. (1981), "Changing Industrial Buyer-Seller Pricing Concerns," *Industrial Marketing Management*, 109-17.

2) Riesz, Peter C. (1978), "Price versus Quality in the Marketplace," *Journal of Retailing*, 15-28.

3) Harper, Donald V. (1996), *Price Policy and Procedure*, Harcourt Brace Jovanovich Inc.

4) Yadav, Manjit S. and Kent B. Monroe (1993), "How Buyers Perceive Savings in a Bundle Price: An Examination of a Bundle's Transaction Value," *Journal of Marketing Research*, 350-58.

5) Erickson, Gary M. and Johnny K. Johansson (1985), "The Role of Price in Multi-Attribute Product Evaluation," *Journal of Consumer Research*, 195-99.

6) Rajendran, K. N. and Gerard J. Tellis (1994), "Contextual and Temporal Components of Reference Price," *Journal of Marketing*, 22-34.

7) Madigan, Kathleen (1992), "The Latest Mad Plunge of the Price Slashers," *Business Week*, May 11, 36 ; Saporito, Bill (1992), "Why the Price Wars Never End," *Fortune*, March 2, 68-78.

도입사례

잘 손질해 주방까지… 식재료 배달업 뜬다

알맞게 계량해 손질된 신선한 식재료를 소비자의 집 앞까지 배달해 주는 식재료 배달 서비스 출시가 급증하고 있다.

편리함과 건강을 동시에 추구하는 소비자들이 늘면서 식재료 배달 서비스업도 급성장하고 있다. LA aT센터는 최근 푸드 비즈니스 뉴스를 인용, 사람 수에 맞춰 알맞게 계량해 손질된 신선한 식재료를 소비자의 집 앞까지 배달해 주는 식재료 배달 서비스업 '밀 키트'(Meal Kit)가 미래 식료품 및 레스토랑 산업의 대항마로 떠오르며 급성장 하고 있다고 밝혔다.

식재료 배달 서비스업은 장을 보고 재료를 손질하는 시간을 줄일 수 있는 편의성과 더불어 글루텐 프리, 채식위주의 식단으로 건강을 추구하는 소비자들에게 선택을 받고 있다. 먹어보지 않았던 새로운 식재료로 요리할 수 있다는 점도 매력적인 요소로 꼽힌다. 현재 시장규모는 약 15억달러로 추산되며, 향후 몇 년 내 최소 두 배 이상 증가할 것으로 예측된다.

현재 미국 내에서는 블루 에이프런(Blue Apron), 헬로우프레시(HelloFresh), 플레이티드(Plated) 등 약 150여개 업체가 서비스를 제공하고 있다. 가장 대표적인 업체는 지난해 피델리티 매니지먼트와 리서치 컴퍼니로부터 1억3,500만달러의 투자유치에 성공한 블루 에이프런. 블루 에이프런은 한 끼 식사로 먹을 수 있도록 식재료를 작게 포장해 일주일에 한 번씩 배송해 준다. 한 끼 식재료 당 가격은 2인 기준 1인 당 9.99달러, 일주일에 59.94달러로 저렴하지는 않지만, 가정요리를 원하는 직장인들에게 레서피까지 함께 제공해 메뉴 고민과 장보기의 번거로움을 줄여줘 인기를 얻고 있다.

크로거(Kroger), 타이슨(Tyson) 등 대기업들도 식재료 배달 서비스에 도전장을 내밀고 있다. 타이슨은 아마존 프레시와 제휴하여 반 조리식품을 소비자에게 배달하는 'Tyson Tastemakers' 브랜드를 런칭해 서비스 중이며 기존 식재료 배달 서비스 업체인 'Marley Spoon'은 살림의 여왕 마샤 스튜어트와 협력하여 서비스의 경쟁력을 높였다.

배달 서비스 사업이 주목받으면서 식단도 더욱 다양해지고 있는데, 특히 미국 내에서 입지를 다져가는 한식도 미국 소비자들의 식탁에 오르고 있다. 타이슨은 한국식 스테이크 타코를, Marley Spoon은 김치 드레싱을 뿌린 구운 생선을 선보이고 있다. 헬로 프레시에서는 한국식 소고기 볶음밥을 맛볼 수 있다.

전문가들은 "식재료 배달 서비스 업체들이 많은 투자를 받으며 활발히 운영되고 있는 한편 치열한 경쟁에 밀려 사라지는 업체도 많다"며 "블루 에이프런 등 선두업체들은 앞으로 가공식품, 조리도구 등 신제품 라인을 계속 선보이며 몸집을 불려나갈 것"이라고 진단했다.

자료원 : 한국일보 2016.03

제10장 유통전략

제품을 생산하는 제조기업이 최종 소비자에게 직접 제품을 판매하는 경우는 매우 드물다. 즉 대부분의 제조기업들은 제품을 시장이나 최종소비자에게 전달하기 위해 유통경로를 이용하며, 기업의 유통경로 결정은 다른 마케팅 믹스 요인들과 직·간접적인 영향을 주고받는 중요한 의사결정이다.

이처럼 유통경로에 관한 의사결정은 매우 중대한 과제이기 때문에 기업의 경영자는 현재의 판매환경 뿐만 아니라 미래의 판매환경을 잘 예측하여 유통경로를 설계하고 관리하여야 한다.

1 유통경로의 기본 개념

1.1 유통경로의 개념 및 필요성

유통경로는 제품이 생산자로부터 소비자 또는 최종소비자에게 전달되는 과정에 참여하는 모든 개인 및 조직을 말한다. 제품은 소비자에게 적절한 시기에 적절한 위치에 적당량이 제공되어야 하는데 이러한 기능을 제공하는 것이 바로 유통경로이다. 유통경로는 생산자와 최종소비자 그리고 중간상을 포함하고 있다. 중간상은 경로상의 위치에 따라서 도매상과 소매상, 그리고 소유권의 이전 여부에 따라서 상인중간상(merchant middleman)과 대리중간상(agent middleman)으로 분류된다.

> **유통경로**
> 제품이 생산자로부터 소비자 또는 최종소비자에게 전달되는 과정에 참여하는 모든 개인 및 조직

생산자가 중간상에게 판매 업무를 위임한다는 것은 제품의 판매대상과 판매방법에 대한 통제권을 상실한다는 것을 의미한다. 제조업체가 통제권의 상실에도 불구하고 판매업무의 일부를 중간상에게 위임하는 이유는 중간상을 이용함으로써 표적시장의 제품접근성을 크게 향상시킬 수 있기 때문이다. 즉 중간상들은 접촉, 경험, 전문성, 그리고 운영의 규모 등을 통하여 생산업체가 스스로 할 수 있는 것보다 더 많은 것을 제공할 수 있다. 다시 말하면 중간상이 생산자와 소비자 사이에 개입함으로써 효율성이 증대한다.

그림 10.1은 중간상 즉 유통기능이 왜 필요한가를 예시해 주고 있는데, 이 그림에

는 두 가지 구조적 요소, 즉 총거래수 최소의 원칙(the principle of minimum total transaction)과 구색개념(the concept of sorting)을 포함하고 있다.

그림 10.1 유통경로의 필요성

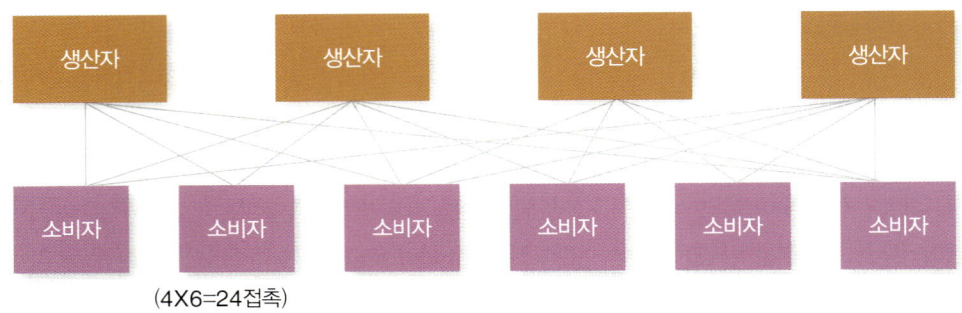

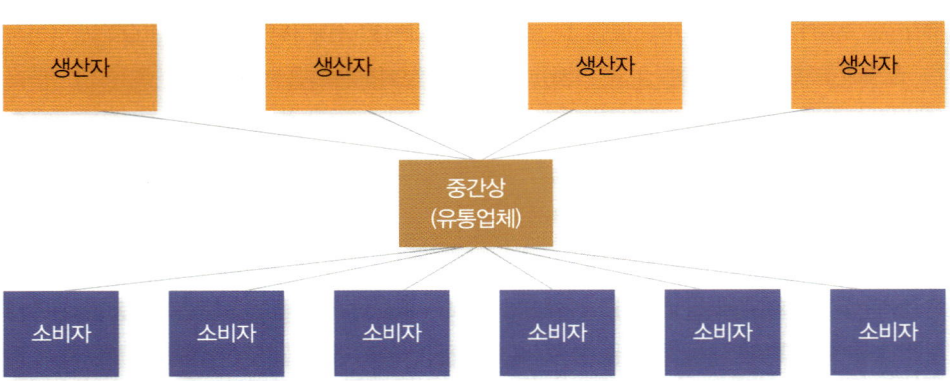

위의 그림에서는 4명의 생산자와 6명의 소비자가 있는 시장을 가정하고 있다. 이 시장에서 중간상이 개입하지 않는 경우에는 24회(4×6=24)의 거래가 필요하지만 한 명의 중간상이 개입함으로써 10회(4+6)의 거래로 충분한 거래가 이루어질 수 있게 되었다. 이처럼 중간상이 생산자와 소비자 사이에 개입함으로써 전체시장에서의 총거래수가 감소하는 현상을 총거래수 최소의 원칙이라고 한다. 이 때 한 거래당 소요되는 유통비는 일정하므로 중간상의 개입으로 규모의 경제가 가능해져 시장전체의 효율성이 제고된다. 또한 그림에서 볼 수 있는 바와 같이 중간상이 여러 생산자로부터 제품을 공급받아서 다양한 구색을 갖춘 후 소비자에게 분배하는 역할을 구색개념이라고 한다. 알더슨(W. Alderson)에 의하면 구색개념이 중간상의 가장 본질적인 역할이라는 것이다.[1] 즉 중간상은 여러 생산자로부터 제품을 공급받아서 최종판매지에 광범한 구색을 갖추고 소비자에게 제품을 제공하는 역할을 담당하고 있다.

또한 유통경로는 단순히 생산자와 소비자 사이의 연결고리로 보다는 오히려 파이프라인의 구실을 하고 있다.[2] 즉 유통경로를 따라서 흐르는 네 가지 흐름이 있으며 ① 실제의 제품, ② 제품에 대한 소유권 또는 사용권, ③ 제품에 대한 대금 지불, 그리고 ④ 제품에 관한 정보 등을 들 수 있다. 표 10.1은 유통경로의 흐름, 목적과 이의 달성을 위한 제활동의 관계를 설명하고 있다.

표 10.1 유통경로의 흐름, 목적과 활동

경로의 흐름	상 품	소유권 · 사용권	지 불	정 보
주된 방향	소비자에게	소비자에게	생산자에게	쌍방 : 소비자에게 생산자에게
기본적 방향	소비자에게 상품을 인도	상품의 소유권과 사용권을 확실히 제공함	상품이나 사용의 권리를 생산자나 판매업자가 보상한다.	소비자에게 상품의 이점을 알림. 생산자에게 시장지식을 제공함.
주요활동	수송, 저장, 집중, 분할, 표찰, 포장	매가, 생산자로부터 권리를 획득(구입, 임대), 소비자에게 권리를 보증 (판매, 임대 또는 차용)	신용정책, 수금	광고, 인적 판매, PR, 판매촉진, 품질표시, 표찰, 시장조사와 정보, 판매분석과 판매비분석, 신용조사

위에서 살펴본바와 같이 중간상은 거래비용, 거래시간 및 거래활동의 감소를 통하여 거래의 경제성을 달성시켜 준다. 이밖에도 중간상은 수급조절기능, 보관기능, 위험부담기능, 정보수집기능 등과 같이 다양하고 복잡한 기능들을 분담하여 처리하므로 경제적이고 능률적인 유통기능을 수행할 수 있게 해준다.

1.2 유통경로가 창출하는 효용

유통경로는 제품이나 서비스를 생산자로부터 소비자에게 이전시키는 과정에서 다음과 같은 네 가지 효용을 창출하고 이것을 소비자에게 제공한다. 유통경로는 생산자와 소비자 사이에 존재하는 네 가지 차원의 갭(gap), 즉 시간, 장소, 그리고 소유권의 갭을 메워 주는 역할을 담당하고 있다.

■ **시간효용(time utility)**
소비자가 원하는 시기에 언제든지 제품이나 서비스를 구매할 수 있는 시간적 편의를 제공해 주는 것을 말한다.

■ **장소효용(place utility)**
소비자가 어디에서나 원하는 장소에서 제품이나 서비스를 구매할 수 있는 편의를 제공해 주는 것을 말한다.

■ **소유효용(possession utility)**
생산자나 중간상으로부터 제품이나 서비스의 소유권이 이전되는 편의를 제공해 주는 것을 말한다.

시간효용(time utility)
소비자가 원하는 시기에 언제든지 제품이나 서비스를 구매할 수 있는 시간적 편의를 제공해 주는 것

장소효용(place utility)
소비자가 어디에서나 원하는 장소에서 제품이나 서비스를 구매할 수 있는 편의를 제공해 주는 것

소유효용(possession utility)
생산자나 중간상으로부터 제품이나 서비스의 소유권이 이전되는 편의를 제공해 주는 것

■ 형태효용(form utility)

제품과 서비스를 고객에게 좀 더 매력적으로 보이기 위하여 그 형태나 모양을 변경시키는 모든 활동을 말한다.

유통경로는 이러한 네 가지 효용을 제공하기 위하여 여러 가지 기능을 수행하고 있는데, 그 기능을 크게 나누면 거래기능(transactional functions), 물적 유통기능(logistical functions), 그리고 촉진기능(facilitating functions)으로 구분할 수 있다.[3] 유통경로는 이러한 세 가지 기능을 수행하기 위하여 여러 가지 활동을 전개하고 있다 (표 10.2 참조).

> **형태효용(form utility)**
> 제품과 서비스를 고객에게 좀 더 매력적으로 보이기 위하여 그 형태나 모양을 변경시키는 모든 활동

표 10.2 유통경로의 마케팅기능

I. 거래기능	
판매기능	고객에 대한 판매기능
구매기능	재판매를 위해 여러 공급업자로부터 상품을 구입
위험부담기능	재고유지 및 상품의 진부화를 포함한 여러 리스크를 부담
II. 물적 유통기능	
구색기능	잠재고객을 위해 여러 가지 상품으로 구색을 갖춤
보관기능	상품을 보관하고 적정한 재고수준을 확보, 유지
소량판매기능	대량으로 구입한 품목이나 부피가 큰 상품을 고객의 기호에 맞게 소량으로 나누어 판매
운송기능	제조업자로부터 상품을 사용자에게 운송함
III. 촉진 기능	
신용기능	고객에게 외상판매 실시 및 제조회사에게 자금공여
등급분류기능	상품을 품질수준에 따라 분류
시장정보수집기능	예상판매량, 유행의 흐름, 가격정보 등 제조회사가 필요한 여러 가지 정보를 수집, 제공함

거래기능은 중간상이 재판매를 목적으로 제품을 구매하고, 구매한 제품을 고객에게 판매하는 기능을 말한다. 중간상이 이러한 기능을 수행함으로써 생산자는 최소한의 판매접촉(sales contacts)으로 전체의 표적시장에 접근할 수 있다. 예를 들면 자전거 제조업체가 판매를 위하여 모든 자전거 구매자와 판매 접촉하는 것은 불가능하며, 가능하더라도 많은 비용이 소요될 것이다. 그러나 중간상이 거래기능을 대신해 주는 경우에는 자전거 전문점이나 스포츠 용품점 등 소수의 중간상과 판매접촉을 하면 소기의 성과를 올릴 수 있다. 또한 중간상이 생산자로부터 제품을 구매하면 제품의 부패, 진부화, 손해 등의 여러 가지 위험을 부담하게 된다.

물적 유통기능은 제품을 이동시켜서 구매자가 구매하기 좋은 양으로 결합하는 기능을 말한다. 예를 들면 슈퍼마켓은 구색기능을 통하여 땅콩버터, 빵, 요구르트, 기타의 여러 가지 품목을 한 장소에 모아놓고 소비자가 원하는 것을 구매하도록 해준다. 또한 슈퍼마켓은 이러한 제품들을 적절한 시설에 보관하거나 선반에 진열하고 있다. 그리고 이러한

제품을 상자단위로 판매하는 것이 아니라 낱개로 판매하고, 제품들을 각 상점에 수송해 주고 있는 도매상은 수송기능을 담당하고 있다.

촉진기능은 중간상들이 제품이나 서비스의 구매나 판매를 보다 용이하게 해주는 기능을 말한다. 촉진기능에는 신용제공, 품질등급 분류, 그리고 시장정보수집 등의 활동을 포함하고 있다. 즉 중간상들이 제공해 주는 판매예측, 경쟁분석, 그리고 시장상황 등에 대한 정보를 이용하여 생산자는 고객의 욕구를 파악하는 데 큰 도움을 받고 있다. 예를 들면 Black & Decker사는 가정용 전동공구를 개발할 때 소비자들이 무엇을 요구하고 있는지를 알기 위하여 일부 대규모 가정용품체인점으로부터 자문을 구하였다.[4]

1.3 유통경로의 유형

일반적으로 유통로의 유형은 크게 소비재 유통경로와 산업재 유통경로로 구분할 수 있다. 소비재와 산업재 유통경로는 경로수준의 숫자에 따라서 분류할 수 있다. 경로수준(channel level)은 제품과 소유권을 최종소비자에게 더욱 가까이 이동시키는 일을 담당하고 있는 마케팅 중개기구(marketing intermediary)의 각 계층을 말한다. 보통 경로수준은 경로의 길이를 나타내는 지표로 이용되고 있다.

1) 소비재 유통경로

그림 10.2는 각기 경로의 길이가 다른 몇 가지 소비재 유통경로를 보여주고 있다.

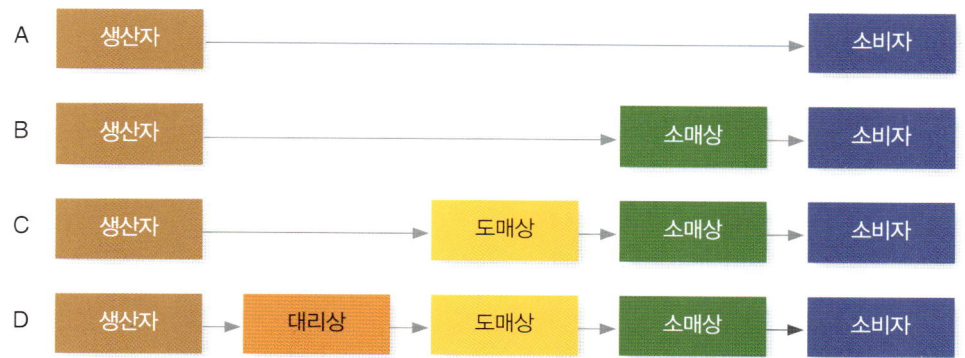

그림 10.2 소비재의 유통경로

경로A처럼 유통경로상에 중간상이 존재하지 않는 경우를 직접 마케팅경로(direct marketing channel)라고 한다. 즉 생산자가 소비자에게 직접 판매하는 것을 말한다. 예를 들면 화장품이나 요구르트는 중간상을 거치지 않고 생산기업의 판매원이 직접 가정이나 직장을 방문하여 판매하고 있다. 경로A 이외의 다른 경로는 생산자와 소비자 사이에 중간상이 개입하여 제품과 소유권의 이전을 지원해 주기 때문에 간접 마케팅경로(indirect marketing channel)라고 한다.

'박카스' 작년 매출 2134억 기록…단일품목으로 최대 기록

자양강장제 '박카스'가 매년 매출 신기록을 갈아치우고 있다.
9일 동아제약에 따르면 박카스는 지난해 2,134억원의 매출을 기록해 전년도 대비(2,122억원) 0.57% 늘었다. 2015년에는 2,009억원을 기록해 처음으로 2,000억원대 매출을 돌파했다.
박카스의 지난해 매출은 제약업계에서 단일제품으로는 최대 기록이다.
지난해 일반의약품 매출 1위인 일동제약의 피로해복제 '아로나민골드'가 700억 원대를 기록한 것과 비교하면 박카스의 '시장 장악도'를 가름할 수 있다.
박카스는 지난 2011년 의약외품으로 전환되면서 일반약과 별도로 분류되고 있다.
동아제약은 현재 약국용 '박카스D'와 편의점 및 일반유통용 '박카스F' 등 두 종류를 출시하고 있다. 매출은 박카스D에서 70% 이상을 내고 있다. 이 같은 박카스 매출은 2011년 의약외품 전환 후 펼친 유통이원화 정책 덕분에 가능했다. 약국을 기반으로 한 탄탄한 매출에 편의점 등의 신규 매출이 더해지면서 젊은 층을 대상으로 한 마케팅 전략이 통했다는 분석이다.
박카스는 캄보디아, 필리핀, 미얀마, 브라질 등에서도 판매되고 있으며, 지난해 해외 매출은 600억원대에 달한 것으로 알려졌다. 한편 동아제약은 박카스의 해외시장 수출에도 박차를 가하고 있다. 동아제약은 캄보디아를 전초기지로 삼아 미얀마, 필리핀, 대만, 과테말라 등의 동남아시아 시장 개척에도 박차를 가하고 있다.

자료원 : 라포르시안 2018.04

경로B는 제품이 생산자로부터 소매상을 거쳐서 소비자에게 이동되는 경로를 말한다.
경로C는 가장 보편적인 형태로서 생산자가 도매상에게 판매하고, 도매상이 소매상에게 판매하면, 소매상이 소비자에게 판매하는 경로를 말한다. 일반적으로 소비재시장은 광범위하게 분산되어 있으며, 이러한 표적시장에 도달하기 위하여 이용할 수 있는 가장 실제적인 방법이 이 형태이다.
경로D는 가장 간접적인 형태로서 생산자→대리상→도매상→소매상→소비자의 순서로 제품이 이동되는 경로를 말한다. 대리상은 제품의 소유권이 이전되지 않는 중간상으로서 중소제조업체나 소매상의 숫자가 많을 때 대량공급을 조정해 주는 역할을 담당한다. 또한 중소제조업체가 자체판매원을 운영할 수 있는 자본여력이 없을 경우에도 대리상을 활용하고 있는데, 이를 제조업체 대리상(manufacturer's representatives)이라고 한다. 제조업체 대리상은 도매상과 접촉하는 독립적인 판매원으로서의 역할을 수행한다.

2) 산업재의 유통경로

산업재 구매자는 소비재 구매자에 비해서 그 숫자가 매우 적다. 또한 산업재 구매자는 소비재 구매자에 비해서 지리적으로 집중되어 있으며, 1회 구매량도 상대적으로 많다. 컴퓨터 시스템이나 정교한 의료장비와 같은 산업재의 경우는 판매전이나 판매이후에 많은 서비스를 필요로 한다. 산업재의 이러한 특징들로 인하여 유통경로는 소비재에 비하여 짧은 것이 일반적이다.

그림 10.3의 경로A, 즉 생산자로부터 조직구매자에게 직접 이동되는 직접 유통경로가 가장 일반적인 산업재 유통경로이다.

그림 10.3 산업재의 유통경로

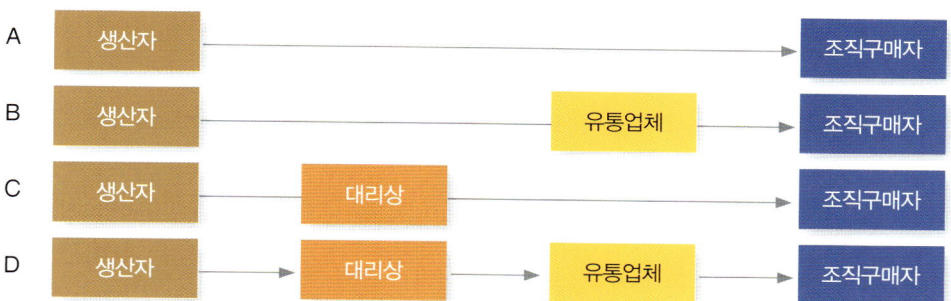

즉 구매자의 규모가 크고, 판매하기 위하여 집중적인 협상이 필요하며, 단위당 가격이 높고, 집중적인 서비스와 지원이 필요한 제품인 경우에는 직접 유통경로가 가장 효율적인 방법이다.

경로B는 제품이 생산자로부터 유통업체(distributors)에게 이동되는 형태를 말한다. 유통업체는 다양한 서비스를 제공하고, 강력한 촉진활동을 지원해 주는 산업재 전문 도매상을 말한다. 건축자재나 컴퓨터 프로그램처럼 소량을 구매하는 수많은 조직구매자를 목표로 제품을 판매하는 생산자의 경우에 유통업체를 활용하는 것이 효율적이다.

경로C는 상인중간상인 유통업자 대신에 대리중간상인 대리상이 생산자와 조직구매자 사이에 개입하는 경우이다. 시장정보는 필요한데 마케팅부서는 없고, 자체판매원을 유지하기에는 규모가 너무 작으며, 자체판매원 없이 신제품을 도입하거나 신규시장에 진입하려는 산업재 생산자에게는 이 형태의 유통경로가 가장 바람직하다. 예를 들면 식품가공장비 제조업자의 경우에 대리상을 많이 이용하고 있다.

끝으로 경로D는 대리상과 유통업자가 같이 유통경로에 참여하는 형태이다. 이 때 대리상은 생산자의 제품을 판매할 수 있는 시장을 찾으면서 동시에 조직구매자가 필요로 하는 제품을 공급해 줄 수 있는 판매업자를 찾는 일을 담당하고 있다. 조직구매자가 소량단위로 제품을 구매하거나 자주 재구매하는 상황에서 자체판매원을 유지할 수 없는 산업재 제조업체는 대량 구매하는 도매상에게 판매하기 위하여 대리상에게 의존하게 된다.

2 유통경로 행동과 구조

유통경로는 제품이나 서비스의 이동과 관련된 기업들의 단순한 집합이 아니고, 경로 내에서 개인, 기업, 그리고 경로 전체가 각자의 목적을 달성하기 위하여 서로 상호작용 하는 복잡한 행동시스템이라고 할 수 있다. 또한 경로시스템은 고정된 것이 아니라, 유통환경의 변화에 따라서 변화하고 있다. 즉 새로운 형태의 중개기구가 출현하고 새로운 경로시스템이 발전하고 있다. 본 절에서는 경로를 구성하고 있는 경로구성원의 행동을 관찰하고, 이것을 기초로 하여 과거의 전통적인 유통경로와 새롭게 출현하고 있는 유통경로인 수직적 마케팅시스템에 대하여 살펴보기로 한다.

2.1 경로행동

유통경로는 동일한 제품이나 서비스를 소비자에게 이동시키기 위하여 결합된 여러 조직으로 구성되어 있다. 따라서 각 경로구성원은 상호 의존관계에 있다고 할 수 있다. 예를 들면 어떤 제품을 판매하고 있는 소매상의 성공여부는 그 제품을 생산하는 제조업체가 소비자의 요구를 충족시킬 수 있는 제품을 생산할 수 있느냐에 달려 있고, 반면에 제조업체의 성공여부는 그 제품을 판매하는 소매상이 얼마나 잘 소비자를 설득하여 제품을 판매할 수 있느냐에 달려 있다고 할 수 있다.

즉, 각 경로구성원은 경로 내에서 어떤 역할을 담당하고 있으며, 전문적으로 몇 가지 기능을 수행하고 있다. 삼성전자의 역할은 소비자가 좋아할 수 있는 컴퓨터 등 전자제품을 만들고 광고를 통하여 수요를 창출하는 것이며, 이를 판매하는 전자랜드나 하이마트 등 유통업체의 역할은 삼성전자의 전자제품을 고객이 접근하기 편리한 장소에 점포개설 및 제품을 진열하고, 고객의 문의에 답변하며, 판매하고, 애프터서비스를 하는 것 등이다. 따라서 각 경로구성원의 성공여부는 경로전체의 성공여부에 따라서 결정되기 때문에 모든 경로구성원들은 경로 전체의 목표달성을 위하여 상호 협력하여야 한다. 그러나 경로구성원들은 상호 의존관계에 있으면서도 자신의 단기적 이해관계를 위하여 독자적인 행동을 취할 수도 있다. 즉, 각 경로구성원이 경로 전체의 목적달성을 위하여 노력하지 않으며, 자신이 담당하여야 할 역할에 대하여 동의하지 않을 수도 있는데, 이로 인하여 경로갈등(channel conflict)이 발생한다. 이러한 경로갈등에는 동일한 경로수준에 있는 경로구성원들 간에 발생하는 수평적 갈등(horizontal conflict)과 서로 다른 경로수준에 있는 경로구성원들 간에 발생하는 수직적 갈등(vertical conflict)이 있다.

1) 수평적 갈등

수평적 갈등이란 동일한 경로수준에 위치한 기업 간에 발생하는 갈등으로서 다음과 같은 두가지 종류가 있다.

> **수평적 갈등**
> 동일한 경로수준에 위치한 기업 간에 발생하는 갈등

유통업계, PB상품 우위 확보戰 '치열'…차별화가 '경쟁력'

연이은 물가상승으로 가성비가 높은 PB(자체브랜드)상품에 대한 소비자들의 소비욕구가 높아지면서 대형마트, 편의점, 홈쇼핑 등 유통업체들이 PB 상품에 주력하는 양상이다. 이러한 추세라면 PB상품의 역할은 향후 더욱 부각될 전망이다.

유통업계에 따르면 PB상품이 전체 매출 상승을 견인하는 공신으로 떠오르자 각 업체는 타사와 차별화된 제품 콘텐츠를 확보하기 위해 PB상품 개발을 앞다퉈 진행하고 있다. 소비자들 역시 갈수록 가성비를 따져 구매하는 소비성향을 보이면서 유통업체 역시 마진율 높은 PB상품 판매를 마다할 이유가 없는 것. 이는 기존에 소비자들이 구매를 결정하는 데 브랜드가 중요한 역할을 했다면 이제는 소비 성향이 달라진 것도 영향을 줬다는 분석이다. 저성장 기조가 지속됨에 따라 가격 대비 성능 좋은 제품들이 더욱 각광받는 시대가 된 상황이다.

실제 대형마트, 편의점, 홈쇼핑 등 유통업체들은 해마다 PB 상품군을 늘리면서 동시에 차별화하고 있다. 이마트는 지난 2015년 '노브랜드'를 론칭하면서 가파른 매출 성장세를 기록하고 있다. 출시 당시 월 2억원 수준이었던 '노브랜드'는 이듬해인 2016년에 8억192억 원을 기록했다. 롯데마트도 지난 2017년 '온리프라이스'를 출시해 소비자 공략에 나섰다. 종이컵, 화장지, 크리스피롤미니 등 25개 품목 판매를 시작한 온리프라이스는 1년이 지난 현재 판매 품목이 154개로 확대됐다. 홈플러스는 최근 새로운 PB '심플러스(simplus)'를 선보였다. 쿠팡도 2017년 7월 프리미엄 PB를 표방하는 '탐사'를 론칭한 이후 공격적인 행보를 이어가고 있다. 홈플러스는 연내 신선가공, 제과음료, 생활리빙 등 전 카테고리에 걸친 심플러스 상품 700여 종을 선보일 예정이다.

유통업계 관계자는 소비자TV와의 통화에서 "앞으로 유통업계의 PB상품 개발 경쟁은 더욱 치열해질 전망"이라며 "다만, 소비자들의 소비욕구를 반영한 PB상품군의 다양화와 차별화가 관건이 될 것"이라고 말했다.

유통업체들의 이러한 PB상품 다양화, 차별화 등 지속적인 확대는 상대적으로 적은 마케팅 비용과 더불어 물류비, 인건비 등의 절감으로 높은 수익성 확보에도 기여할 것으로 보여 향후 유통업계의 경쟁은 가속할 전망이다.

자료원 : 농어촌방송 2018.04

- 동일한 경로수준에 있는 동종 중간상들간(전자제품 전문점과 전자제품 전문점)
- 동일한 경로수준에 있는 이종 중간상들간(전자제품 전문점과 백화점)

수평적 갈등의 주요 원인은 혼합상품화전략(scrambled merchandising)에 의해서 발생하는 경쟁이라고 할 수 있다. 즉, 종전에는 해당 중간상이 취급하지 않았던 계열의 상품을 마구 추가하여 제품구색을 다양화하는 데에서 유래되는 갈등이다. 예를 들면 슈퍼마켓은 화장품류·약품류·의류·잡지류·소형가전제품류·음반·주류 및 기타 비식품류를 추가하였다. 이와 같은 제품계열을 종전부터 판매해 오던 소매상들은 비전통적인 경로관행에 대하여 분개하여, 저마다 다양한 제품계열을 취급함으로써 수평적 갈등이 많이 발생하게 되었다.[5]

소비자들은 편리한 단일점포에서 일괄구매(one-stop shopping)를 선호하기 때문에 소매상들은 고객의 이러한 욕구충족을 위하여 취급상품의 폭을 넓히게 되었다. 한편 제조업자도 시장 확대를 위하여 새로운 경로의 확보를 원하게 된다. 이와 같은 경로증가를 위한 노력이 결과적으로 경로갈등을 심화시키고 있다.

2) 수직적 갈등

수직적 갈등
서로 다른 경로수준에 있는 기업 간에 발생하는 갈등

수직적 갈등이란 서로 다른 경로수준에 있는 기업 간에 나타나는 갈등으로서 다음과 같은 양상으로 나타나고 있다.

- 소매상과 도매상: 소매상은 때때로 도매상이 주로 판매하고 있는 조직구매자나 산업사용자에 판매하게 되므로 도매상과 경쟁하게 된다.
- 생산자와 소매상: 종종 생산자는 방문판매나 자체 소매점을 통해 판매함으로써 다른 소매상과 경쟁하게 된다.
- 생산자와 도매상: 생산자는 이미 대리중간상이 개발한 시장에 자체 판매원을 배치함으로써 대리중간상과 경쟁하게 된다.

2.2 유통경로 조직

1) 전통적 유통경로 조직

전통적 유통경로
하나 이상의 각기 독립적인 제조업체, 도매상, 그리고 소매상으로 구성된 유통경로조직

역사적으로 볼 때 유통경로는 각 경로구성원들이 경로 전체의 목표에는 별 관심을 보이지 않고 자사의 단기적 목적만을 추구하는 독립적 기업 간의 결합체였다. 이러한 유통경로를 전통적 유통경로(conventional distribution channel)라고 한다. 전통적 유통경로는 하나 이상의 각기 독립적인 제조업체, 도매상, 그리고 소매상으로 구성되어 있다. (그림 10.4 참조) 각 경로구성원은 경로시스템 전체의 이익을 희생하면서까지 자사의 단기적 이익극대화를 추구하고 있는 별도의 사업단위이다. 즉 전통적 유통경로는 경로구성원들이 경로 전체의 목표달성이나 경로 내에서 자신이 담당하여야 할 역할 등에 대한 관심이 없이 자사의 단기적 목표를 달성하기 위한 행동만 보이기 때문에 경로구성원들 간에 갈등이 자주 발생하고 성과도 좋지 못한 경우가 많았다. 또한 전통적 유통경로에는 다른 경로구성원에게 보다 큰 통제권을 행사할 수 있는 지도적인 경로구성원이 존재하지 않으며, 경로구성원들 간에 역할을 분담하거나 구성원 간에 갈등이 발생했을 때 이를 조정해 주는 어떠한 공식적 수단도 존재하지 않는다.

그림 10.4 전통적 유통경로와 수직적 마케팅시스템

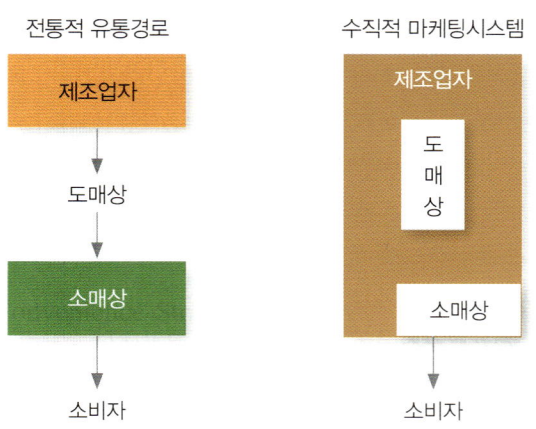

2) 수직적 마케팅시스템

앞에서 살펴본 전통적 유통경로의 문제점을 보완하기 위하여 개발된 유통경로가 수직적 마케팅시스템(vertical marketing system : VMS)이다. 수직적 마케팅시스템은 하나의 통합된 시스템으로 활동하는 제조업체, 도매상, 소매상으로 구성된다. 수직적 마케팅시스템도 전통적 유통경로와 마찬가지로 생산자, 도매상, 그리고 소매상으로 구성되어 있다. 그러나 전통적 유통경로는 각 경로구성원들이 자사의 이익을 극대화하기 위하여 독립적으로 행동하는 데 비하여, 수직적 마케팅시스템은 각 경로구성원들이 경로 전체의 목적달성을 위하여 통합된 시스템을 이루고 있다는 점에 차이가 있다. 즉 수직적 마케팅시스템은 독립적으로 운영되는 몇 개의 중간상을 중앙에서 통제하는 하나의 시스템으로 통합함으로써, 중복을 피하여 효율성을 극대화할 수 있는 유통경로이다. 이러한 시스템으로의 통합은 관리형, 기업형, 그리고 계약형 수직적 마케팅시스템의 세 가지 형태가 있다(그림 10.5 참조).

> 수직적 마케팅시스템(vertical marketing system: VMS)
> 하나의 통합된 시스템으로 활동하는 제조업체, 도매상, 소매상으로 구성된 유통경로조직

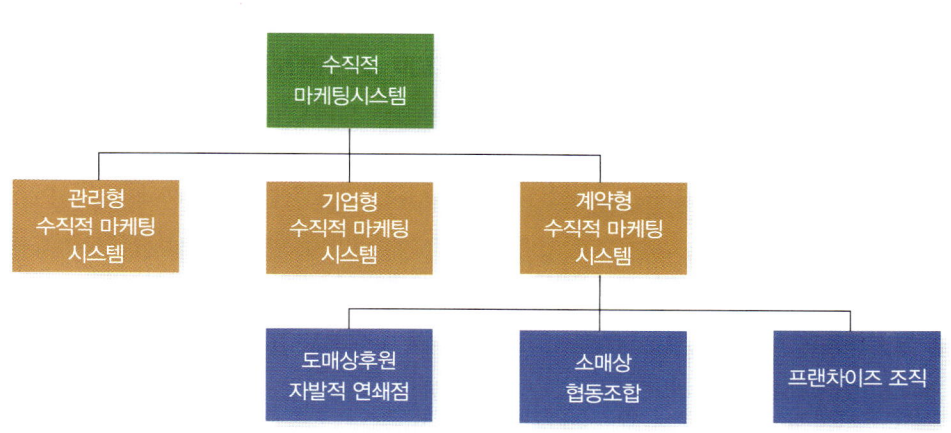

그림 10.5 수직적 마케팅시스템의 주요형태

관리형 수직적 마케팅시스템

관리형 수직적 마케팅시스템(administered vertical marketing system)은 경로구성원간의 협조와 구성원간의 갈등조정이 지배적인 경로구성원의 규모와 경로파워에 의해서 관리되는 시스템을 말한다. 즉 지배적인 경로구성원이 권한을 행사하여 수직적 마케팅시스템을 관리함으로써, 경로 전체의 이익을 고려하는 의사결정이 이루어지도록 하는 시스템을 말한다. 예를 들면 시장을 지배하고 있는 생산자의 경우, 도매상이나 소매상으로부터 강력한 거래협조나 지원을 받을 수 있다. 즉 시장지배력이 강한 생산자는 진열, 매장면적, 촉진, 그리고 가격정책 등의 면에서 재판매업자의 협조를 얻을 수 있다.

> 관리형 수직적 마케팅시스템
> 경로구성원간의 협조와 구성원간의 갈등조정이 지배적인 경로구성원의 규모와 경로파워에 의해서 관리되는 시스템

기업형 수직적 마케팅시스템

기업형 수직적 마케팅시스템(corporate vertical marketing system)은 경로구성원 중에서 한 기업이 나머지 경로를 법적으로 소유하여 관리하는 경로형태를 말한다. 이러한 기업형 시스템의 전형적인 형태는 어떤 기업이 생산시설, 도매상, 소매상을 모두 소유하고 관

> 기업형 수직적 마케팅시스템
> 경로구성원 중에서 한 기업이 나머지 경로를 법적으로 소유하여 관리하는 경로형태

리하는 것이다. 제조업체가 도·소매상을 통합하는 전방통합(forward integration), 소매상들이 그들에게 제품을 공급하는 제조업체를 소유하는 후방통합(backward integration)이 소유형 수직적 마케팅시스템의 전형적인 예이다. 예를 들면 미국 시어즈(Sears)백화점의 경우 판매하는 제품의 50% 이상이 자사소유 자회사에서 생산된 것이다. 또한 와인제조업체인 갈로(Gallo)사는 페어뱅크(Fairbank)라는 운송회사를 소유하고 있어 포도나 라임 등 원자재뿐만 아니라 생산된 와인을 전국적으로 운송하고 있다. 또한 병을 만드는 회사를 소유하고 있고, 미국 전역에 걸쳐서 많은 유통업체를 직접 운영하고 있다.

계약형 수직적 마케팅시스템

계약형 수직적 마케팅시스템(contractual vertical marketing system)은 각 경로구성원들이 단독으로는 달성하기 어려운 경제성이나 판매영향력을 확보하기 위하여, 생산에서 유통에 이르는 각기 다른 경로수준에 종사하는 독립적인 기업들이 각자가 수행하여야 할 기능들을 계약에 의해 합의함으로써, 공식적인 경로관계를 형성하는 경로시스템을 말한다. 계약에 의한 수직적 마케팅시스템은 도매상후원의 자발적 연쇄점(wholesaler-sponsored voluntary chains), 소매상 협동조합(retailer cooperative), 그리고 프랜차이즈 조직(franchise organization)의 세 가지 형태로 분류된다.

> **계약형 수직적 마케팅시스템**
> 생산에서 유통에 이르는 각기 다른 경로수준에 종사하는 독립적인 기업들이 각자가 수행하여야 할 기능들을 계약에 의해 합의함으로써, 공식적인 경로관계를 형성

■ 도매상후원의 자발적 연쇄점

도매상들이 거대한 연쇄점조직과 경쟁하고 있는 독립적 소매상을 지원하기 위하여 계약에 의하여 자발적 연쇄점을 조직한 것을 말한다. 이 때 주도적인 도매상은 독립적 소매상들이 판매관행을 표준화하고, 구매에 있어서 규모의 경제를 달성할 수 있는 프로그램을 개발하여 제공하게 된다.

■ 소매상 협동조합

소매상들이 거대한 체인점과 경쟁하기 위하여 자발적으로 공동소유의 조직체를 만들어서 도매상의 기능을 수행하고 가능하면 생산까지 겸하는 것을 말한다. 조합원인 소매상들은 자신이 판매하는 대부분의 제품을 이 협동조합을 통하여 구매하며, 광고도 공동으로 수행한다. 전국 중소상인 연쇄점 협회나 한국슈퍼마켓 협동조합 등은 소매상 협동조합의 한 가지 예이다. 협동조합에서 나오는 이익금은 구매량에 비례하여 각 조합원에게 분배한다. 비조합원인 소매상들도 협동조합에서 구매는 할 수 있지만 이익배분에는 참여하지 못한다.

■ 프랜차이즈 조직

프랜차이즈 본부(franchiser)가 계약에 의해 가맹점(franchisee)에게 일정기간 동안 특정 지역 내에서 독점적 영업권을 사용할 수 있도록 허가해 주고 그 대가로 매출액에 대한 일정 비율의 로열티를 받는 유통업형태를 말한다. 이 때 독점적 영업권에는 프랜차이즈 본부 소유의 상표권, 상호, 기업운영 노하우 등이 포함된다. 이러한 형태의 유통시스템

> **프랜차이즈 조직**
> 프랜차이즈 본부가 계약에 의해 가맹점에게 일정기간 동안 특정 지역 내에서 독점적 영업권을 사용할 수 있도록 허가해 주고 그 대가로 매출액에 대한 일정 비율의 로열티를 받는 유통업형태

'프랜차이즈의 기적'…놀부, 해외서도 먹히는 이유

(주)놀부NBG는 1987년 놀부보쌈을 시작으로 부대찌개, 항아리갈비, 유황오리 등 히트브랜드를 지속적으로 선보인 외식산업 대표 브랜드이다. 한식의 표준화에 성공한 대표적인 기업으로, 2010년 말 기준으로 국내외 총 690여개 직영, 가맹점을 운영하고 있으며, 본사와 가맹점간의 신뢰관계를 바탕으로 20년 넘게 운영해오고 있는 장수브랜드다. 특히 1989년 개점한 놀부보쌈 가맹 1호점이 2세 경영체제로 점포를 운영해오고 있는 사례는 국내 프랜차이즈 역사와 유행에 민감한 시장 환경에 비추어 볼 때 보기 드문 사례로 손꼽히고 있다.

'놀부부대찌개&철판구이'는 놀부보쌈에 이어 놀부의 제2 전성기를 이끌고 있는 히트브랜드로 1992년에 탄생, 현재의 부대찌개 열풍을 이끈 대명사로 불린다. 기존 부대찌개의 이미지를 탈피하고 세련된 인테리어와 표준화된 새로운 맛, 푸짐함으로 20년 동안 부대찌개 시장의 대명사로 자리 잡으면서 한식음식의 대표브랜드로 성장했다.

불황에도 히트브랜드 유지

현재 전국 330개의 가맹점을 운영 중인 '놀부부대찌개&철판구이'는 현재 이삼십 대 젊은 고객층은 물론 20년간 이용해온 충성고객층인 중장년층까지 저변이 확대되고 있다. 특히, 고객 입맛에 따른 다양한 부대찌개 메뉴와 더불어 남녀노소 누구나 즐길 수 있는 철판구이 메뉴 구성이 점심과 저녁매출을 상호 보완하면서 매장의 효율성을 배가 시키고 있다.

놀부NBG의 경쟁력은 외식산업에서 가장 중요한 요소인 '맛'에 대한 시장평가와 브랜드 충성도가 높은 고객신뢰에 뿌리를 두고 있다. 창업초기부터 변함없이 고객의 이익을 우선하는 '고객중심경영과 고객제일주의'를 실천해왔으며, '고객의 신뢰'를 놀부의 가장 큰 자산으로 여기고 고품질의 음식을 제공하기 위해 노력하고 있다. 또한, 프랜차이즈의 핵심인 맛의 표준화를 위해 중앙공급주방(Central Kitchen)을 운영해오면서 맛은 물론 대량생산을 통해 가격 경쟁력을 갖추면서 가맹점주의 이익을 최대한 고려하고 있다.

신뢰와 '슈퍼바이징' 두가지 요소

외식업의 핵심인 맛과 메뉴 부분에 있어서 끊임없는 메뉴개발과 R&D 투자를 통해, 고객만족은 물론 가족중심에서 세대별 성별로 바뀌는 외식 시장변화 흐름에 맞춰 전문화, 다양화, 현대화를 추구하고 있을 뿐만 아니라 건강식을 추구하는 소비 트렌드에 맞춰 메뉴를 지속적으로 개발하고 있다. 놀부보쌈의 약선김치는 2009년 업계 최초로 로하스 인증을 획득하여 건강음식으로서의 질적인 가치를 높였고 2011년에는 친환경 브랜드 대상을 수상했으며, 보쌈김치는 한국전통식품으로 인증 받았다.

놀부NBG는 예비창업자들을 위한 핵심 프로그램을 제공하고 있다. 예비창업자들이 창업할 때 가장 먼저 고민해야 할 사항이 본사의 역사와 현재 가맹점들을 관리하는 노하우라면 놀부NBG는 본사 신뢰도는 물론 가맹점 관리 '슈퍼바이징'(Supervising)이라는 두 가지 핵심요소를 모두 갖추고 있다. 가맹점이 인근에서 가장 성공하는 점포로 자리 잡을 수 있도록 슈퍼바이저들의 다양한 교육지도와 순회가 정기, 수시로 이루어지고 있으며 브랜드 경쟁력을 유지, 강화할 수 있도록 본사에서 현장 프로모션과 매스미디어 마케팅을 지원하고 있어 브랜드 인지도와 이미지 1위를 유지하고 있다.

놀부NBG는 브랜드 파워와 더불어 안정된 시스템으로 처음 외식업을 창업하는 사업자들의 높은 관심을 받고 있다. 초보자도 쉽게 점포를 운영하여 인력을 최소화할 수 있는 매뉴얼화 된 관리체제, 체계화된 가맹점 경영노하우와 POS시스템, 판매방법과 고객서비스를 특화한 교육시스템, 전국망을 커버하는 물류유통 시스템 등의 안정화된 운영 시스템을 통해 가맹점주의 수익을 극대화 하고 있다.

놀부NBG는 한식 외에 중식 및 일반 유통 사업에 진출하여 사업영역을 확장하고 있으며, 특히 해외사업에 주력하면서 한식 세계화에 힘을 쏟고 있다. 놀부항아리갈비로 중국 북경, 상해를 비롯하여 싱가포르, 태국에도 진출했으며, 북경에서 운영하고 있는 프리미엄 한정식 '수라온'을 통해 특화된 한국의 멋과 맛을 전파하고 있다.

자료원 : 프라임경제, 2011. 4. 26

은 최근에 와서 가장 급속히 신장되고 있는 유통형태 중의 한 가지이다. 프랜차이즈 조직은 거의 모든 업종에 걸쳐서 조직되고 있고, 특히 패스트푸드업계는 거의 대부분 이 형태를 취하고 있다.

2) 수평적 마케팅시스템

동일한 경로수준에 있는 2개 이상의 기업들이 새로운 마케팅기회를 공동으로 이용할 목적으로 결합하는 유통경로 형태를 수평적 마케팅시스템(horizontal marketing system)이라고 한다. 참가기업들은 자본, 생산시설, 마케팅자원을 결합함으로써 개별기업 단독으로 할 수 있는 것보다 더 큰 마케팅기회를 포착할 수 있다. 즉 자사의 경쟁적 우위분야와 타사의 경쟁적 우위분야를 결합함으로써 시너지효과를 얻는 것이 목적이기 때문에 이러한 결합형태를 공생적 마케팅(symbiotic marketing)이라고도 한다. 기업들은 경쟁기업과 결합할 수도 있고, 비경쟁기업과도 결합할 수 있다. 또한 일시적 혹은 영구적으로 결합할 수 있으며, 별도의 기업을 설립할 수도 있다.

> **수평적 마케팅시스템**
> 동일한 경로수준에 있는 2개 이상의 기업들이 새로운 마케팅기회를 공동으로 이용할 목적으로 결합하는 유통경로 형태

3) 복수경로 마케팅시스템

전통적으로 기업들은 단일시장에 제품을 판매하기 위해 단일 경로만을 사용하여 왔다. 그러나 고객시장이 세분화되고 전자상거래가 도입되는 등 유통경로 대안들이 다양화됨에 따라 많은 기업들이 복수경로 마케팅시스템(multichannel distribution system)을 활용하고 있다.

복수경로 시스템은 각기 다른 경로를 통해 매출증대, 시장확대 및 세분시장의 욕구에 적합한 경로를 활용할 수 있다는 장점이 있다. 그러나 2개 이상의 경로가 경쟁함에 따라 통제가 어렵고 경로들 간에 갈등이 발생할 수 있는 단점도 있다. 따라서 향후 복수경로간의 통제와 조화를 통한 시너지효과를 창출할 수 있는 전략의 개발이 다각적으로 개발되어야 한다.

> **복수경로 마케팅시스템**
> 각기 다른 2가지 이상의 유통경로를 활용하는 시스템

3 유통경로의 설계와 관리

유통경로는 기업이 추구하는 표적시장의 소비자욕구에 적합한 유통서비스를 제공할 수 있도록 설계되어야 한다. 기업이 표적시장을 선정하고 표적시장에 적합한 마케팅믹스에 대한 계획을 수립할 때, 유통경로의 설계는 이러한 마케팅믹스의 하나로서 고객이 원하는 서비스 기대수준에 맞는 유통경로를 구축하는 과정을 말한다 (그림 10.6 참조).

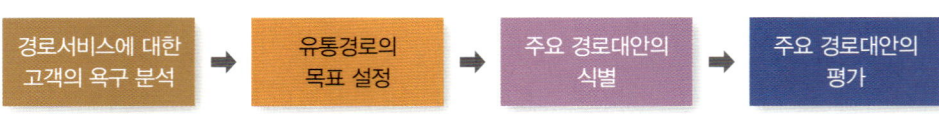

그림 10.6 유통경로의 설계과정

경로서비스에 대한 고객의 욕구 분석 → 유통경로의 목표 설정 → 주요 경로대안의 식별 → 주요 경로대안의 평가

'앱' 넘어 '앱'...유통업계, 앱 間 전략적 제휴 박차

유통업계가 '앱'과 '앱'의 전략적 제휴를 통해 모바일 쇼핑 내 입지를 굳건히 하고 있다.

7일 관련 업계에 따르면 '앱'의 전략적 제휴는 계열사 내 두 브랜드가 '앱 통합'을 하거나 동종업계끼리 손을 잡는 것 등이 대표적이다.

지난 4일 롯데닷컴과 롯데슈퍼는 앱 제휴를 단행하며 같은 그룹간 시너지를 강화하겠다는 포부를 밝혔다. 화장품 정보플랫폼 '화해'앱은 지난 5일 신세계와 손을 잡으며 신세계 앱과 제휴를 맺었다.

페이지 내 아이콘을 클릭해 다음 화면으로 넘어가는 것에 익숙한 모바일 소비자에게 '앱'간 결합은 시너지 효과를 낸다는 것이 업계의 분석이다. 한 앱에서 자연스럽게 다른 앱으로 넘어가기 때문에 앱 실행의 번거로움이 줄어든다. 소비자 역시 거부감이 적다는 평이다. 모바일 쇼핑을 주로 하는 소비자 A씨는 "앱을 켜고 끄는 번거로움 없이 클릭만으로 이동할 수 있게 돼 편리할 것 같다"고 말했다. 이어 "앱 간 제휴를 통해 소비자에게 더 많은 이벤트·혜택이 제공될 것으로 생각한다"며 기대를 내비쳤다. 매년 커지는 모바일 쇼핑 시장 규모 역시 유통업계의 '앱 결합'을 견인하는 요소로 작용한다. 통계청에 따르면 지난해 온라인 쇼핑 거래액은 전년대비 **19.2%** 증가한 **78조 2273억원**으로 사상 최대치를 기록했다.

온라인 쇼핑중에서도 모바일 쇼핑 거래액은 **47조 8360억원**으로, **34.6%** 증가했으며 전체 온라인 거래액중 **61.1%**를 차지했다.

업계 관계자는 "온라인 쇼핑 중 모바일 부문 비중이 꾸준히 증가하고 있는 가운데, 모바일 쇼핑 환경 개선을 위한 업계의 고민이 깊어지고 있다"고 언급했다. 이어 "모바일 환경에 익숙한 소비자들을 겨냥한 프로모션·제휴·결합 등 다양한 결과물이 등장할 것"으로 전망했다.

자료원 : 녹색경제 2018.03

3.1 경로서비스에 대한 고객의 욕구 분석

대부분의 마케팅 의사결정과 같이 유통경로를 설계하는 것도 고객으로부터 출발한다. 유통경로는 각 경로구성원들이 고객을 위하여 가치를 추가하는 대고객 가치전달시스템(customer value delivery system)으로 생각할 수 있다. 예를 들면 자동차 제조업체는 수천 명의 자동차 판매상을 포함한 대고객 가치전달시스템을 이루고 있는 하나의 연결고리에 불과하다. 만일 A라는 자동차회사가 전 세계에서 가장 좋은 자동차를 생산할지라도 경쟁사 B사가 보다 더 우세한 자동차판매망을 확보하고 있다면 고전을 겪게 될 것이다. 그러므로 기업은 고객에게 보다 우수한 가치를 전달해 줄 수 있는 통합된 마케팅시스템을 설계하기 위하여 노력하여야 한다. 따라서 유통경로의 설계는 여러 표적시장에 있는 소비자들이 유통경로가 제공해 주기를 바라는 가치가 무엇인지를 확인하는 것으로부터 출발하여야 한다. 소비자가 원하는 유통경로의 서비스에는 다음과 같은 것들이 있다.

- 소비자들은 가까운 점포에서 구매하기를 원하는가? 그렇지 않으면 중심상업지까지

보다 먼 거리를 가서도 구매하기를 원하는가?
- 소비자들은 전화주문이나 우편주문을 통해서도 기꺼이 구매하려고 하는가?
- 소비자들은 즉시 구매하기를 원하는가? 그렇지 않으면 기꺼이 구매를 기다려 줄 수 있는가?
- 소비자들은 다양한 제품구색을 원하는가? 그렇지 않으면 전문성을 원하는가?
- 배달, 신용제공, 수선, 설치 등의 많은 종류의 부가서비스를 원하는가? 그렇지 않으면 이러한 서비스는 다른 곳에서 확보하기를 원하는가?

유통경로가 보다 분산되어서 소비자의 접근이 용이할수록, 배달기간이 짧을수록, 제품의 구색이 다양할수록, 더 많은 부가서비스가 제공될수록 유통경로의 서비스수준은 높아진다. 그러나 소비자가 원하는 모든 서비스를 제공하는 것이 불가능하거나 비현실적인 경우가 있다. 즉 기업이나 경로구성원들이 이러한 서비스를 제공할 수 있는 자원이나 기술을 보유하지 않을 수도 있다. 또한 높은 수준의 서비스는 높은 유통비용을 가져오고 그것이 제품가격을 인상하는 요인으로 작용한다. 따라서 기업은 소비자의 서비스욕구와 이를 충족시킬 수 있는 비용, 그리고 소비자가 원하는 가격대 등을 대비하여 제공할 서비스의 수준을 결정하여야 한다.

3.2 유통경로의 목표설정

소비자의 기대수준이 파악된 후 기업은 이에 적절한 유통경로의 목표를 설정해야 한다. 유통경로 목표는 기업의 경영목표, 마케팅목표 등과 부합해야 하며, 다음과 같은 사항들을 고려해야 한다.

■ 기업의 목표

모든 기업은 판매량의 증대, 시장점유율의 증대, 이익의 증대, 고객의 만족, 사회적 책임의 이행 등에 걸쳐 서로 상이한 목표를 가지고 있다. 이렇게 다양한 기업목표에 따라 마케팅목표가 설정되며 유통경로의 목표는 그 마케팅목표의 하나로서 결정되게 된다. 따라서 유통의 효율성을 달성하기 위해서는 기업목표와 마케팅목표에 부합되도록 유통경로의 설계가 이루어져야 한다.

■ 기업의 특성

기업이 보유하고 있는 특성을 이해하여 기업의 자원이 풍부할 때는 유통경로 선택시 강력한 유통경로의 통제를 위해 수직적 통합의 정도를 높이는 것이 유리하나, 자원이 불충분한 경우에는 독립적인 중간상을 이용하여 개방하는 것이 효과적이다.

■ 제품특성

부패하기 쉬운 제품은 유통경로의 길이를 짧게 해야 하며, 부피가 큰 제품은 운송거리를 가능한 한 짧게 하는 방안을 모색해야 하고, 표준화되고 부피가 작은 제품은 다수의 중간상을 이용하는 것이 효과적일 것이다. 또한 복잡하고 고도의 기술이 요구되는 제품은 수직적 통합의 정도가 높은 유통경로가 바람직하다.

■ **중간상의 특성**

유통경로를 선택할 때는 여러 가지 유형의 중간상들이 보유하고 있는 장단점에 대한 세밀한 검토가 필요하다. 중간상의 일반적인 특성으로는 중간상의 영업경험, 취급하고 있는 제품라인, 성장 및 이익실적, 협력성, 명성 등이 포함된다. 또한 중간상마다 촉진, 협상, 저장, 거래, 신용을 취급하는 태도가 다르므로 이에 대한 상세한 평가가 필요하다.

■ **경쟁적 특성**

경로설계는 경쟁자의 유통구조에 의해서도 영향을 받는다.

■ **환경의 특성**

경제적 여건과 법적규제 같은 기업을 둘러싸고 있는 환경적 요소도 경로설계에 많은 영향을 미친다.

3.3 주요 경로대안의 식별

유통경로의 목표를 설정한 후에는 , 중간상의 형태, 중간상의 수, 그리고 각 경로구성원의 책임 등과 관련된 경로대안을 식별하여야 한다.

1) 중간상의 형태

어떤 기업이든 자사의 유통경로과업을 수행할 경로구성원을 식별하여야 한다. 예를 들면 어떤 기업이 모든 기계에서 작동 가능한 불량한 기계적 연결부분을 탐지할 수 있는 오디오장치를 개발하였다고 가정하자. 이 기계는 거의 모든 산업, 즉 자동차, 철도, 식품포장, 건설, 그리고 정유산업에 시장이 존재한다. 그러나 이 기업이 보유하고 있는 판매원의 수는 매우 적기 때문에, 각기 다른 산업시장에 가장 최선으로 도달할 수 있는 유통경로를 설계하는 것이 당면과제이다. 이 경우 다음과 같은 경로대안을 이용할 수 있을 것이다.

- 기업의 자체 판매원: 기업의 자체 판매원을 대폭 강화한다. 각 판매원에게 지역을 할당하여 그 지역 내의 모든 유망고객을 접촉하게 하거나, 산업에 따라서 각기 별도의 판매원들을 고용할 수도 있다.
- 제조업체 대리상(manufacturer's agency): 이 새로운 오디오장치를 여러 지역이나 사업에 판매하기 위하여 제조업체 대리상을 고용할 수도 있다. 제조업체 대리상은 독립된 기업으로서 판매원을 고용하여 많은 기업으로부터 공급받은 관련제품을 취급하고 있는 중간상을 말한다.

- 산업재 유통상(industrial distribution): 이 새로운 제품계열을 취급하려는 여러 지역과 산업의 유통상을 찾을 수도 있다. 이들에게 독점적 유통권한을 부여하고, 적절한 이윤을 보장하며, 제품관련 교육을 시키고, 촉진 측면의 지원을 제공한다.

2) 중간상의 수

기업은 각 경로수준에서 활용할 경로구성원의 수를 결정하여야 한다. 집중적 유통(intensive distribution), 전속적 유통(exclusive distribution), 그리고 선택적 유통(selective distribution)의 세 가지 전략이 있다.

집중적 유통

가능한 한 많은 점포들이 자사제품을 취급하도록 하는 경로전략을 말한다. 이 전략의 장점은 소비자에 대한 제품의 노출수준을 최대화하여 소비자의 구매 편의성을 제고시켜 판매량의 증대를 가져올 수 있다는 점이다. 그러나 유통비용의 증가와 유통경로에 대한 통제력이 약화된다는 단점이 있다. 이러한 집중적 유통경로를 사용하는 기업은 주로 편의품, 공동으로 이용하는 원자재 등의 제조업체이다. 즉 담배, 비누, 캔디, 휘발유, 문구류 등의 제조업체들이 이 전략을 이용하고 있다.

> **집중적 유통**
> 가능한 한 많은 점포들이 자사제품을 취급하도록 하는 경로전략

전속적 유통

제조업체가 특정지역에서 자사제품을 취급할 수 있는 독점적 권한을 소수의 중간상에게만 부여하는 경로전략을 말한다. 전속적 유통의 장점은 수자를 제한함으로써 중간상들의 마케팅정책, 즉 촉진, 신용제공, 그리고 서비스 등에 강력한 통제권을 행사할 수 있으며, 제품의 이미지를 높이고 중간상에게 높은 이윤을 보장할 수 있다. 이러한 유통경로를 이용하는 제품은 주로 전문품과 선매품으로서, 자동차, 고급 여성의류, 고급가구 등을 들 수 있다.

> **전속적 유통**
> 특정지역에서 자사제품을 취급할 수 있는 독점적 권한을 소수의 중간상에게만 부여하는 경로전략

선택적 유통

집중적 유통과 독점적 유통의 중간 형태로서 일정지역에서 일정수준 이상의 입지조건, 이미지, 경영능력을 가진 중간상을 선별하여 자사제품을 취급할 수 있는 권한을 부여하는 경로전략을 말한다. 선택적 유통의 장점은 독점적 유통에 비해서는 제품의 이미지를 저하시키지 않으면서도 제품의 노출수준을 높일 수 있고, 집중적 유통에 비해서는 상대적으로 소수의 중간상과 거래하므로 유통경로의 비용이 절감될 수 있다. 선택적 유통경로를 사용하는 제품은 일반적으로 선매품으로서 가구, 의류, 가전제품 등을 들 수 있다.

> **선택적 유통**
> 일정지역에서 일정수준 이상의 입지조건, 이미지, 경영능력을 가진 중간상을 선별하여 자사제품을 취급할 수 있는 권한을 부여하는 경로전략

3.4 주요 경로대안의 평가

어떤 기업이 몇 가지 주요 경로대안을 식별하고, 자신의 장기적 목표를 충족시킬 수 있는 최선의 경로를 선택하려고 하는 경우에는 경제성, 통제성, 그리고 적응성 등의 세 가지 기준을 가지고 각 경로대안을 평가하여야 한다. 어떤 기업이 자체의 판매원을 증원할 것이냐 그렇지 않으면 제조업체 판매대리상에게 판매를 위임할 것이냐를 결정하여야 한다고 가정하고 각 기준의 내용을 살펴보면 다음과 같다.

1) 경제적 기준

경제적 기준(economic criteria)은 특정 제품을 판매하는데 가장 판매비용이 적게 소요되는 경로대안을 선택하는 방법을 말한다. 즉 자체 판매원, 제조업체 판매대리상 등의 각 경로대안은 각기 다른 수준의 판매량과 판매원가를 나타낼 것이다. 따라서 어떤 경로대안을 선택할 것인가를 결정하기 위한 첫 번째 단계는 자체 판매원을 통한 판매량과 판매대리상을 통한 판매량을 비교하는 것이다. 자체판매원은 자사의 제품만 판매하고, 기업과 운명을 같이 하기 때문에 보다 공격적으로 판매하는 경향이 있다. 또한 고객들이 기업과 직접 거래하기를 원하기 때문에 자체판매원이 보다 성공적이다.

반대로 판매대리상도 자체판매원보다 더 많이 판매할 수도 있다. 첫째, 판매대리상이 더 많은 판매원을 보유할 수도 있으며, 자체판매원은 처음부터 시작하지만 판매대리상이 고용하고 있는 판매원들은 기존에 확보한 고객이 많을 수도 있다. 둘째, 판매대리상의 판매원도 판매수당을 많이 주는 경우에는 자체판매원만큼 공격적인 판매를 할 수 있다. 셋째, 고객에 따라서는 한 기업의 제품계열만 취급하고 있는 자체판매원보다도 여러 기업의 제품계열을 취급하고 있는 판매대리상의 판매원과 거래하기를 원하고 있다.

두 번째 단계는 각기 다른 경로대안이 자신의 판매량을 판매하기 위하여 소요되는 판매비용을 추정하여야 한다. 그림 10.7에서 보는 바와 같이 자체판매원을 이용하는 경우보다 판매대리상을 이용하는 경우의 고정비가 낮다.

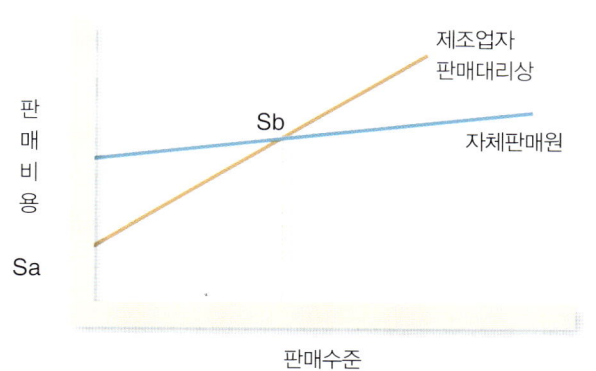

그림 10.7 자체판매원과 판매대리상을 이용하는 경우의 손익분기

그러나 판매대리상이 자체판매원보다 더 많은 커미션을 받기 때문에 판매량이 증가함

에 따라서 판매대리상을 통한 판매의 경우 판매비용이 보다 빠르게 증가한다. 두 가지 경로대안의 판매비용이 동일한 판매수준(S_b)이 있는데, 이 점 이하의 판매량수준에서는 판매대리상을, 이 점 이상의 판매량수준에서는 자체판매원을 고용하는 것이 효율적이다. 일반적으로 말하면 판매대리상은 소규모 기업이거나, 대규모 기업일지라도 자체판매원을 고용할 만큼 판매량이 많지 않은 경우 이용하는 경향이 있다.

2) 통제적 기준

통제적 기준(control criteria)이란 생산자의 입장에서 보다 잘 통제할 수 있는 경로대안을 선택하는 것을 말한다. 판매대리상은 자신의 이익극대화에만 관심이 있는 독립적 기업이다. 따라서 특정 기업의 제품에만 관심을 두는 것이 아니라, 자신이 취급하고 있는 모든 고객기업의 제품믹스 중에서 최대의 수량을 구매하는 고객에게 판매노력을 집중하는 경향이 있다. 또한 판매대리상의 판매원들은 특정기업 제품에 대한 기술명세를 잘 알지도 못하며, 여러 가지 촉진수단들을 효과적으로 다루지 못할 수도 있다.

3) 적응적 기준

적응적 기준(adaptive criteria)이란 상황변화에 따라서 적응할 수 있는 신축성을 기준으로 경로대안을 선택하는 것을 말한다. 각 유통경로는 상당히 장기간의 관계를 유지하여야 하기 때문에 신축성이 결여되는 경향이 있다. 판매대리상을 이용하는 기업은 보통 5년간 지속되는 계약을 체결한다. 그러나 이 계약기간 동안에 자체 판매원 판매가 보다 더 효과적인 판매수단이 될 수 있지만 판매대리상과의 계약을 위반할 수 없기 때문에 자체판매원을 고용할 수 없게 된다. 따라서 장기적 계약관계가 필요한 유통경로를 선택하기 위해서는 경제적 기준이나 통계적 기준면에서 월등히 우수한 판매수단인지 여부를 고려하여야 한다.

3.5 경로구성원의 선발 및 관리

기업이 경로대안들을 식별하고 평가한 후에는 평가결과에 따라서 최선의 유통경로를 선정한다. 그런 다음에는 선정된 유통경로로 거래를 하면서 그것을 관리하여야 한다. 유통경로의 관리는 개별적인 경로구성원을 선발하고, 그들이 기업을 위하여 열심히 일할 수 있도록 동기를 부여하며, 일한 결과를 평가하는 과정을 거친다.[6]

1) 경로구성원의 선발

자격 있는 중간상을 유인할 수 있는 생산자의 능력에는 차이가 있다. 예를 들면 생산자나 제품의 명성이 높은 경우에는 중간상을 유인하는데 어려움이 없지만, 반대의 경우에는 자사제품을 판매해 줄 중간상을 확보하는 일이 매우 어렵다.

기업들은 중간상을 선발할 때 어떠한 특성을 고려하여야 할 것인가를 결정하여야 한다. 일반적으로 많은 기업들은 중간상의 영업경험, 취급하고 있는 제품계열, 성장 및 이익기록, 협조성, 그리고 업계의 명성 등을 고려하여 중간상을 선발하고 있다. 그러나 선발하려고 하는 중간상이 판매대리상인 경우에는 취급하고 있는 제품계열의 수나 특성, 그리고 확보하고 있는 판매원의 수나 능력을 평가하여 선발하여야 한다. 또한 선발하려고 하는 중간상이 독점적 유통이나 선택적 유통을 원하는 소매상인 경우에는 그 점포의 고객, 위치, 그리고 미래의 성장잠재력을 평가하여야 한다.

2) 경로구성원의 동기유발

경로구성원을 선발한 후에는 그들이 최선을 다하도록 동기를 유발하여야 한다. 기업은 중간상을 통하여 고객에게 판매할 뿐만 아니라, 중간상에게도 판매한다. 대부분의 생산자들은 문제의 본질을 중간상의 협조를 얻을 수 있는 방법을 찾아내는 것으로 본다. 따라서 그들은 중간상의 협조를 얻기 위하여 전통적 방법인 당근과 채찍이라는 접근방법을 채택하고 있다. 즉, 경우에 따라서는 더 높은 마진, 특별할인, 프리미엄, 협력광고공제, 진열공제, 그리고 판매경진대회 등의 긍정적 동기유발요인을 제공한다. 또한 다른 때에는 마진을 줄이겠다는 위협, 배달의 지연, 관계의 단절 등의 부정적 동기유발요인을 이용하고 있다. 그러나 이런 방법을 이용하고 있는 생산자는 중간상의 욕구, 문제점, 강점, 그리고 약점 등에 대한 면밀한 연구를 바탕으로 하고 있는 것은 아니다.

더욱 발전된 기업들은 그들의 중간상과 장기적인 파트너십을 형성하려고 노력한다. 이러한 노력에는 제조업체와 중간상 모두의 욕구를 충족시켜 줄 수 있는 계획되고 전문적으로 관리되는 수직적 마케팅시스템을 강화하려는 노력이 포함되어야 한다. 따라서 생산자인 Procter & Gamble사와 유통인 Wal-Mart사는 최종소비자에게 더 많은 가치를 부여하기 위하여 공조하고 있다. 즉 그들은 합동으로 상품화 목표와 전략, 재고수준, 그리고 광고 및 촉진 등의 분야에서 함께 계획을 수립하고 있다. 비슷한 예로 General Electric사는 자사제품의 성공적 판매를 지원하기 위하여 소규모의 독립적 딜러와 긴밀한 협조관계를 유지하고 있다. 즉 경로를 관리하기 위해서는 중간상들이 자사의 수직적 마케팅시스템의 일부가 되면 돈을 벌 수 있다는 확신을 심어 주어야 한다.

3) 경로구성원의 평가

생산자는 판매할당량, 평균재고수준, 고객에의 인도시간, 광고나 훈련 프로그램에의 협조 정도, 그리고 대고객 서비스 등의 측면에서 정기적으로 중간상의 실적을 평가하여야 한다. 즉 실적이 좋은 중간상에 대해서는 보상하거나 인정해 주는 한편 실적이 좋지 못한 중간상에 대해서는 지원해 주거나, 최악의 경우에는 교체하여야 한다. 또한 기업들은 정기적으로 중간상의 자격을 재심사하여 실적이 좋지 못한 중간상을 제거할 수도 있다. 예를 들면 IBM은 PS/2 개인용 컴퓨터를 최초로 시장에 도입하였을 때 기존의 딜러를 재평가하여 실적이 좋은 몇몇 중간상만 이 신제품을 취급하게 하였다. 각 딜러들은 사업계획서를 제출하고, 판매원이나 서비스요원들을 IBM 훈련반에 파견하였으며, 새로운 판매할당량을 충족시키기 위하여 노력하였다.

3.6 유통경로의 갈등관리

유통경로는 여러 경로 구성원들로 구성되었으며, 유통경로의 구성원들은 공통의 유통경로 목표를 달성하기 위해 상호의존적인 관계를 가진다. 따라서 각 경로구성원은 경로전체의 목표를 달성하기 위해 다른 구성원들의 협력을 필요로 한다. 만약 구성원들 간에 이해의 상충으로 인해 경로갈등이 발생한다면 경로구성원들은 자신의 파워나 영향력 등을 행사하거나 다른 해결방안을 사용하여 이를 해소시키게 된다.

■ 경로협조(Channel Cooperation)

유통경로 구성원이 서로 화목할 때 마케팅 노력의 효과가 극대화된다. 생산자는 평판이 좋은 질 좋은 제품을 공급해 주고 판매상은 적당한 가격에 전 제품라인을 취급하며 넉넉한 재고를 비축하는 등 서로 협조할 때 유통에서의 협력이 이루어질 수 있다.

■ 경로갈등(Channel Conflict)

경로갈등은 각 구성원들의 목표와 그들이 수행해야 할 역할에 대해 경로구성원들 간에 서로 의견불일치가 발생할 때 생기게 된다. 최근에 우리나라에서도 인터넷할인서점과 기존서점과의 갈등이 심해지고 있다. 심지어 얼마 전 많은 출판사들은 인터넷 할인서점과 대형할인마트에 책을 공급하지 않겠다는 결의를 한 바 있다.

> **경로갈등(Channel Conflict)**
> 각 경로구성원들의 목표와 그들이 수행해야 할 역할에 대해 경로구성원들 간에 서로 의견불일치가 발생하는 것

4 유통기관 관리

유통기관들은 제조업체와는 상이한 환경에 있고, 그들이 추구하는 목적도 각기 다르기 때문에 선택할 수 있는 전략도 각기 다르다. 따라서 본 절에서는 경로분석 및 경로설계시 고려되는 도매상, 소매상의 유형들을 대상으로 각각의 역할, 특성 그리고 이들이 채택할 수 있는 마케팅전략 등을 살펴보기로 한다.

4.1 소매업

소매업(retailing)이란 개인적인 용도나 비영업적인 용도(nonbusiness use)로 사용하려는 최종소비자에게 제품이나 서비스를 판매하는 것과 관련된 제반활동을 말한다. 따라서 일반적으로 소매업에서의 구매자는 조직구매자가 아닌 최종소비자이고, 구매목적 또한 재판매나 다른 제품이나 서비스를 생산하기 위한 것이 아닌 최종소비자의 개인적 만족이다. 대부분의 소매업은 소매점(retail store)을 통해서 이루어지지만 다른 유통기관(institution), 즉 제조업체나 도매상에 의해서 이루어질 수 도 있다. 제조업체가 화장품

이나 요구르트를 가가호호 방문하여 판매한다면 이것은 소매업을 하고 있는 것이며, 생산자인 농민이 길가에서 야채를 파는 것 역시 소매업을 하고 있는 것이다. 제조업자·도매상·소매상을 불문하고 최종소비자가 비영업적 용도로 구매하는 것이라면 판매장소가 어디이든 (where it is sold)—점포 또는 가정 또는 어떻게 판매하든(how it is sold)—인적판매·전화판매·우편판매·자동판매기에 의한 판매—이들은 소매업을 하고 있다고 보는 것이다.[7]

한편 소매상(retailers)이란 주로 비영업적 목적으로 구매하는 최종소비자에게 전체판매량의 50% 이상을 판매하는 상인을 말한다. 취급상(dealer)이라는 말은 흔히 소매상과 동의어로 사용되며, 분배상(distributor)이란 주로 도매상을 지칭하고 있다.

1) 소매상의 역할과 특징

소매상은 유통경로상에서 제조업체와 도매상을 위하여 다음과 같은 역할 내지 기능을 수행한다.

- 소매상은 광범위한 공급업자로부터 다양한 제품과 서비스를 구매하여 최종소비자에게 판매한다. 이제품의 구색과 폭과 깊이는 개별적인 소매상의 전략에 따라 결정된다.
- 제품의 보관 및 운송을 담당하여 제조업체나 도매상을 지원한다.
- 소매상은 광고, 전시, 카탈로그 그리고 판매원을 통하여 소비자에게 다양한 정보를 제공한다.
- 소매상은 적절한 점포입지, 신용정책 등을 사용하여 최종소비자와의 거래를 완결시킨다.

소매상이 수행하고 있는 역할의 핵심은 다른 유통기구나 고객을 위하여 서비스를 제공한다는 점에 있다. 또한 소매업은 다음과 같은 여러 가지 특징을 가지고 있다.

- 다른 직업에 비하여 용이하게 개업을 할 수 있으며, 큰 자본 없이 자격조건을 구비하지 않은 사람들도 쉽게 착수할 수 있는 업종이라는 점이다. 그러나 자금사정이 나쁘고 경험 없는 사람들도 쉽게 들어 왔다가 쉽게 실패하고 손을 들고 나가는 예가 많다. 이들은 경제적으로 볼 때 낭비를 초래하고 인적·경제적 자원을 비효율적으로 사용하는 결과를 낳게 되는 것이다.
- 소매업이란 진퇴가 용이한 것이다. 그러므로 존속하고 성장하기 위해서는 소비자의 욕구에 부응할 수 있어야 하며, 생산자와 도매상에게 기여하는 역할을 수행하여야만 경제적으로 존립의 의의를 갖게 된다.
- 소매업은 최종소비자들이 일시에 소량의 제품이나 서비스를 구매하는 것을 돕는 역할을 수행하므로 노동집약적이다. 따라서 소매업에서는 인건비가 차지하는 비중이 높은 것이 특징이다.

2) 소매상의 유형

소매상은 여러 가지 기준에 의하여 분류될 수 있지만 여기서는 최근에 많이 이용되고 있는 점포의 소유여부에 의한 점포형 소매업(store retailing)과 무점포형 소매업(non-store retailing)으로 양분하여 설명하기로 한다.

점포형 소매업

점포형 소매점은 서비스의 정도, 판매되는 제품계열, 상대적 가격, 점포의 통제 그리고 점포밀집 유형들에 따라서 분류된다[8] (표 10.3 참조).

표 10.3 소매점의 분류방법

점포유무에 의한 분류	소매점포 믹스전략에 의한 분류
점포 소매상	편의점, 수퍼마켓, 전문점, 백화점, 할인점, 양판점, 상설할인매장, 전문할인점
무점포 소매상	자동판매기, 방문판매, 우편통신판매, 텔레마케팅, 직접반응 텔레비전마케팅, 온라인마케팅

■ 서비스 수준

제품이 다르면 서비스의 수준도 달라지고, 고객에 따라서 서비스 선호성도 각기 다르다. 따라서 소매상이 고객에서 제공하는 서비스의 수준에 따라서 셀프서비스 소매상(self-service retailers), 한정된 서비스제공 소매상(limited-service retailers), 완전한 서비스제공 소매상(full-service retailers)으로 분류된다.

셀프서비스 소매상은 고객이 비용의 절감을 위해서 판매원의 도움 없이 스스로 제품을 찾아서 비교하고 선택하는 소매상의 한 가지 형태이다. 주로 편의품이나 제조업체상표(NB)를 판매하는 소매상들이 주로 이용하는 형태이다.

한정된 서비스제공 소매상은 보다 많은 판매지원 서비스를 제공하는 소매상으로서, 고객들이 제품을 선택하는 데 정보가 필요한 선매품을 판매하는 소매상들이 주로 이용하는 형태이다. 서비스를 제공하는 만큼 운영비가 높아지기 때문에 가격이 보다 높아지게 된다.

완전한 서비스제공 소매상은 전문품을 취급하는 소매상들이 주로 이용하는 형태로서, 보다 자유로운 반품정책, 다양한 신용제공, 무료배달, 가정서비스 그리고 라운지나 레스토랑 서비스 등의 다양한 서비스를 제공하는 소매상을 말한다. 서비스의 양이 많아짐에 따라서 보다 많은 운영비가 소요되고, 그 결과 제품가격은 더욱 높아지게 된다.

■ 취급제품계열

소매상은 취급하는 제품계열의 길이와 폭에 의하여 전문점(specialty store), 백화점(department store), 슈퍼마켓(supermarket), 편의점(convenience store), 할인점(discount store) 그리고 서비스점(service business) 등으로 분류된다. 이러한 제품계열에 의한 분류는 대표적인 소매상형태로 인정되고 있다. 아래에서 보다 구체적으로 설명하기로 한다.

'틈새 중의 틈새' 슈퍼 카테고리 킬러가 뜬다 빅사이즈몰·온라인 철물점…단골이 효자

시장 규모 작아도 재구매율 높아 매출 '쑥쑥'

블루보틀커피. 로스팅한 지 48시간 이내의 싱글 오리진 원두만을 사용하고, 바리스타가 직접 커피를 내려주는 것이 원칙이다. 2002년만 해도 하루 매출이 고작 70달러였던 이 브랜드는 원칙을 철저히 지켜가면서 서서히 그렇지만 꾸준히 성장했다. 2016년 기준 매출액 9400만 달러(1064억원)을 기록했다. 그 사이 영향력은 무시무시하게 커졌다. 미국 블루보틀 지점을 마치 '성지순례'처럼 다녀왔다는 전세계인들의 소셜미디어(SNS) 사진들이 쏟아지는가 하면 스타벅스가 오히려 블루보틀 식 영업과 비슷한 업장(리저브)을 내놓기도 했다.

많은 커피 회사들이 블루보틀 공간의 '세련됨'을 어떻게 벤치마킹할 수 있을까 지금도 고민 중이다. 블루보틀은 '커피맛을 아는 사람들만의 브랜드'에서 '세련되고 멋진 사람들이 즐기는 브랜드'로 시장에서 인식되기 시작했다. 명성이 더 높아지자 다국적기업 네슬레는 지난해 약 4000억원(지분 68%)이란 거금을 주고 인수했다. 블루보틀은 조만간 한국 진출도 앞두고 있다. 블루보틀처럼 틈새시장, 그중에서도 극단적인 수요에 주목해 성장하고 있는 회사들이 국내에서도 하나둘 보이고 있다.

오세조 연세대 경영학과 교수는 "완구용품·스포츠용품·아동의류·가전제품·가구 등 상품 분야별로 모든 브랜드를 한곳에 모아 판매하는 소매점을 흔히 카테고리킬러라고 한다. 최근 뜨는 업체 사례들은 보다 고객층을 세분화하고 틈새 중의 틈새시장을 공략하는 대신 소수 고객의 만족도를 높여 재구매하게 만들면서 매출을 극대화하는 '슈퍼카테고리킬러'로 진화하고 있다"라고 말했다.

신체 사이즈에 주목해 시장에서 인정받는 업체도 적잖다. 오픈마켓 '옥션' '지마켓'에 따르면 입점업체 중 '빅사이즈' '스몰사이즈' 등 극단 사이즈로 특화한 곳 매출이 꾸준히 상승세를 타고 있는 것으로 파악된다. 이베이코리아 관계자는 "주로 의류와 신발, 잡화 등 패션 상품이 다수였고 매월 평균 15% 내외로 성장하는 추세"라고 설명했다.

남성 빅사이즈몰 중에선 '4XR'이 여성 빅사이즈몰에선 '공구우먼'이 나란히 매출액 200억원을 넘기며 인기다.

손일락 4XR 대표는 "사업 초창기에는 일반 패션 아이템을 다뤘는데 빅사이즈 남성 패션 부문 수요가 은근 있어 아예 특화했더니 오히려 충성 고객이 많이 생겼다. 과거 '1박 2일' 방송에서 출연자(강호동)들이 즐겨 입으면서 유명해지기도 했다. 지금도 일반인은 물론 연예인들이 계속 구입할 정도로 탄탄한 수요층이 있다 보니 영업이익률도 10% 이상으로 선방하고 있다"라고 소개했다.

빅사이즈몰 업체들은 국내 비만인구 비율이 늘어나고 있다는 점에 주목, 관련 시장은 계속 성장할 것으로 예상한다. 참고로 2016년 국민건강보험공단에서 건강검진을 받은 1454만명의 BMI(체질량지수) 측정 결과 전체 수검자의 35.6%인 518만여 명이 비만인구로 나타났다. 2014년 비만인구 비율이 33.4%에 비해 계속 높아지고 있다.

자료원 : 매경이코노미 2018.05

● 전문점과 카테고리킬러

전문점은 취급하는 제품계열의 폭은 좁지만 그 제품계열 내에서는 다양한 제품구색을 갖추고 있는 소매상을 말한다. 요즈음 전문점이 급격히 성장하고 있는 이유는 시장세분화, 표적마케팅 그리고 제품전문화 등이 효과적인 마케팅수단으로 등장함에 따라서 특정 제품이나 세분시장에 대하여 초점을 맞춘 점포에 대한 필요성이 증대되었기 때문이다. 또한 라이프스타일의 변화와 소득수준이 높아지는 반면에 쇼핑시간이 부족한 많은 소비자들이 고품질의 제품, 편리한 위치, 친절한 서비스, 신속한 진출입 등을 제공하고 있는 전문점을 선호하게 되었기 때문이다.

최근에는 전문점의 규모가 확대된 카테고리킬러(대형 전문할인점: category killer)가 본격적으로 성장하고 있다. 예컨대 현재 한국에 진출하여 운영되고 있는 아동용품 전문할인점인 "토이저러스(Toy's R Us)"도 카테고리킬러의 대표적인 기업 중 하나에 속한다.

> **카테고리 킬러(Category Killer)**
> 특정제품군의 다양한 상품구색을 갖추고 판매하는 대형 전문할인점

● 백 화 점

백화점은 주로 의류, 가구 그리고 가정용품을 중심으로 한 다양한 제품계열을 취급하고 있는 소매상을 말한다. 백화점은 20세기 전반부에 급속히 성장하였으나, 제 2차 세계대전 이후에는 할인점, 전문점체인 등의 출현으로 그 지위가 많이 약화되었다. 특히 많은 백화점은 도심에 위치하고 있기 때문에, 교통 혼잡, 주차난 그리고 도심지역의 쇠퇴 등으로 인하여 소비자들로부터 외면을 당하고 있다. 세계 최초의 백화점은 1852년 프랑스의 파리에서 영업을 시작한 봉마르쉐(Bon Marche) 백화점이다. 우리나라의 경우는 1930년대 신세계백화점과 일본의 미스코시 백화점의 경성지점 등이 있었으나 본격적인 의미의 백화점은 1979년 서울 명동에 설립한 롯데백화점 명동점이다. 80년대 후반 이후 경제성장을 바탕으로 서울을 중심으로 지방 대도시 까지 많은 백화점이 개설되었으나 할인점과의 경쟁으로 인하여 대도시를 중심으로 성숙기 단계에 진입하였다.

● 슈퍼마켓과 SSM

> **SSM(Super-supermarket)**
> 할인점과 슈퍼마켓의 중간 규모와 형태를 갖춘 대형 기업형슈퍼마켓

슈퍼마켓은 저원가의 제품을 저마진으로 대량판매하는 대규모의 소매상으로서 셀프서비스가 특징이다. 슈퍼마켓에서는 주로 다양한 제품계열의 식품, 세제류 그리고 가정용품 등을 판매하고 있다. 슈퍼마켓은 대부분 슈퍼마켓체인에 의하여 운영되고 있다. 슈퍼마켓의 기원은 1912년 미국에서 개설된 A&P 식품점이다. 특히 미국에서 1930년대에 슈퍼마켓이 급격히 성장하게 된 배경은 대공황으로 인하여 소비자들이 가격에 민감하게 되었고, 불경기로 인하여 공장으로부터 저렴한 가격에 제품을 공급받을 수 있었기 때문이었다. 그러나 최근에 와서 할인점, 편의점 등과의 경쟁에 치열해지자 성장이 둔화되기 시작하였다. 따라서 이러한 환경변화에 적응하기 위하여 제품계열을 다양화(scrambled merchandising)할 목적으로 비식품계열의 다양한 제품을 취급하고, 매장면적을 대규모화하고 있다. 또한 슈퍼마켓은 보다 많은 고객을 유치하기 위하여 시설과 서비스를 개선하고 있다. 즉 보다 편리한 입지, 실내장식의 개선, 영업시간의 연장, 어린이 보호시설의 설치, 배달 등의 서비스를 제공하고 있다.

슈퍼마켓의 특징을 살펴보면 셀프서비스, 대규모의 면적과 시설, 가격이 저렴한 다수의 제품계열 취급 등으로 요약할 수 있다. 점포 대형화추세에 따라서 미국에서는 종래 슈퍼마켓의 두 배 이상의 규모를 가진 슈퍼스토어(superstore)가 등장하게 되었다.

한국은 1964년에 설립된 한남체인이 최초의 슈퍼마켓이며, 1971년에 가맹점형 체인인 새마을슈퍼체인이 설립되었고, 그 후 LG유통, 농심가, 해태유통 등 대형 슈퍼마켓체인이 급속히 늘어나기 시작하였고, 최근에는 할인점과 슈퍼마켓의 중간 규모와 형태를 갖춘 대형(기업형)수퍼마켓(SSM: Super-Supermarket)이 본격적으로 발달하고 있다.

● 편 의 점

편의점(CVS: Convenience Store)은 회전율이 높은 제한된 제품계열의 편의품만을 취급하는 셀프서비스방식의 소규모 점포를 말한다. 편의점은 주로 주택가 인근에 위치하며, 연중무휴로 24시간 영업을 하고, 취급하는 제품계열이 한정된 것이 특징이다. 따라서

편의점은 높은 수준의 운영비와 판매량이 적은 것을 보전하기 위하여 보다 높은 가격을 부과하여야 하지만, 고가격에 걸맞은 중요한 소비자욕구를 충족시켜 주고 있다. 즉 편의점은 심야시간대의 보충구매(full-in purchases), 쇼핑시간의 단축, 편리한 접근성 등의 효용을 소비자에게 제공해 주고 있다.

미국의 경우 1927년 South-Land사 설립한 세븐일레븐(7-Eleven)이 편의점의 효시이다. 한국에서도 1988년 세계 최대의 편의점체인인 세븐일레븐과 기술제휴로 코리아 세븐을 설립한 것이 최초이다. 최근에 와서 국내의 편의점은 점포의 수와 매출액면에서 급속한 성장을 보이고 있는데, 그 이유는 소비자 라이프스타일의 변화, 심야활동인구의 증가, 여성의 사회진출 증가, 맞벌이 부부의 증대 등을 들 수 있다.

■ 상대적 가격수준

소매상은 그들이 부과하는 가격에 따라서 분류할 수도 있다. 대부분의 소매상들은 정상가격에 정상적인 제품품질과 대고객 서비스를 제공한다. 그러나 어떤 소매상들은 고가격으로 고품질의 제품과 대고객 서비스를 제공한다. 특히 저가격으로 제품을 공급하는 소매상이 최근 급속히 성장하고 있는데, 대표적인 것이 할인점(discount store), 염가판매 소매상(off-price retailers) 그리고 카탈로그점(catalog showroom) 등이 있다.

● 할 인 점

할인점이란 저가격으로 대량 판매한다는 원칙하에 표준제품을 저가격으로 판매하는 소매상을 말한다. 특별행사나 특수목적을 위하여 한시적으로 할인하는 소매상은 할인점이라고 할 수 없으며, 할인점은 조잡한 제품이 아닌 유명브랜드 상품을 상시 저가격으로 판매하는 소매상을 말한다. 할인점은 백화점이나 일반소매상에 비하여 판매관리비, 광고비, 창고형 건물로 인테리어에 들어가는 비용을 줄이고, 셀프서비스에 의해 인건비를 절감하고, 대량매입에 의해 매입단가를 낮춤으로써 파격적인 할인가격으로 제품을 판매할 수 있다. 할인점에서는 주로 의류, 가전제품, 가구, 운동기구 등을 취급하고 있는데, 이러한 할인점들이 성공하게 된 이유는 여러 가지가 있다. 즉 대부분의 제품들이 표준화되어 신뢰성이 높아짐에 따라 사전 판매가 가능하게 되었으며, 가격에 민감한 소비자들이 증가한 것이 할인점이 성행하게 된 주요 원인이다.

최근에 와서 다른 할인점이나 백화점 등과 경쟁이 격화되자 많은 할인점들이 고품질전략을 구사하게 되었다. 즉 인테리어를 개선하고, 제품계열과 서비스를 추가하며, 교외에 지점을 개설하는 등 고품질화를 도모하게 되어 비용과 가격이 상승하게 되었다. 또한 백화점은 할인점과 경쟁하기 위하여 가격을 할인하게 되어 백화점과 할인점간의 구분이 점차 없어지게 되었다.

미국에서 출발한 할인점의 역사는 1950년에 설립된 코르벳(Korvette)사가 효시이며, 케이마트(K-Mart), 월마트(Wal-Mart)가 대표적인 세계적 할인점체인이다. 한국에는 이마트, 롯데마트 등 할인점들이 국내는 물론 해외에서 다점포화 전략을 본격화하고 있다.

할인점은 좀더 세분화하여 회원제 창고형 도매클럽(MWC: Membership

Warehouse Wholesale Club), 슈퍼센터(supercenter) 또는 하이퍼마켓(hypermarket)으로 구분하기도 한다. 회원제 창고형 도매클럽은 코스트코(COSTCO), 샘스클럽(Sam's Club) 등이 대표적인 사례이다. 슈퍼센터는 롯데마트, 이마트 등 종합할인점을 의미하며, 유럽에서는 이것을 하이퍼마켓이라 부르기도 하지만 특별한 차이점이 없고 슈퍼센터와 할인점은 유사한 개념이라고 볼 수 있다. 한국에 진출했다가 철수한 프랑스의 까르푸(Carrefour)가 하이퍼마켓의 대표적인 사례이다.

● 염가판매 소매상

앞에서 설명한 바와 같이 주요 할인점체인들이 고품질화전략을 구사하게 되자 그 틈새를 이용하기 위하여 박리다매를 목표로 새로운 소매상이 등장하였는데, 그것이 염가판매 소매상이다. 일반적으로 할인점은 통상적인 도매가격으로 제품을 구매하여 저마진을 감수하고 소비자에게 저가로 판매하는 데 비하여, 염가판매 소매상은 통상적인 도매가격 이하로 제품을 구매하여 일반 소매가격보다 더 저렴한 가격으로 제품을 판매하고 있다. 즉 생산자나 다른 판매상으로부터 할인된 가격으로 고품질의 이월제품이나 긴급히 판매하는 제품 등을 인수하는 방법을 사용한다. 염가판매 소매상은 주로 의류, 액세서리 그리고 신발 등을 취급한다.

염가판매 소매상에는 제조업체 상설할인매장(아웃렛: factory outlets), 독립형 염가판매 소매상(independent off-price retailers) 등이 있다.

제조업체 상설할인매장은 제조업체가 직접 소유하고 운영하는 소매상으로서, 주로 제조업체가 생산한 잉여제품, 생산이 중단된 제품 그리고 비정규적인 제품을 취급하고 있다.

독립형 염가판매 소매상은 독립적 기업이나 대규모 소매상의 사업부가 소유하고 운영하는 소매상을 말한다. 대부분의 염가판매 소매상은 소규모의 독립적 기업들이 운영하고 있지만, 대규모의 염가판매 소매상은 대규모의 소매점체인이 운영하고 있는 경우가 많다. 창고형 회원제 소매상은 식료품, 가전제품, 의류 그리고 잡동사니 제품 등의 제한된 상표를 선정하여 일정액의 연회비를 지불하고 회원이 된 소비자에게 저렴한 가격으로 공급하는 소매상을 말한다.

● 카탈로그점

카탈로그점(catalog showroom)은 상품 카탈로그를 이용하여 이윤이 높고, 운반하기 쉽고, 상표명이 널리 알려진 제품을 할인가격으로 공급하는 소매상을 말한다. 이 점포에서는 주로 보석, 전동공구, 카메라, 소규모 가전제품, 장난감 그리고 운동용품 등을 취급하고 있는데, 비용을 줄이고 저가격으로 공급함으로써 대량판매를 유도하여 이익을 올리고 있다.

1960년대에 미국에서 출현하여 가장 빠르게 성장하였으나, 최근에 와서 백화점과 할인점들이 정기적인 세일활동을 펼쳐서 가격수준이 비슷하게 되었다. 특히 염가판매 소매상들은 카탈로그점 수준의 가격을 책정하고 있다. 그 결과 많은 카탈로그점들은 취급하는 제품계열을 확대하고, 광고활동을 강화하며, 점포를 개조하고, 서비스를 확대하여 보다 많은 고객을 유인하고 있다.

■ 점포의 통제수준

소매상은 유통경로를 지배하고 있는 경로구성원의 통제력에 따라서도 분류할 수 있다. 미국의 경우 소매상의 약 80%가 독립적인 기업이지만, 많은 소매상들이 지배적인 경로구성원의 통제를 받으면서 이익의 극대화를 도모하고 있다. 통제력의 형태 및 정도에 따라서 기업체인(corporate chain), 자발적 체인(voluntary chain)과 소매상 협동조합(retailer cooperative), 프랜차이즈조직(franchise organization) 그리고 머천다이징 종합기업(merchandising conglomerate)으로 분류되며 각각의 특성은 다음과 같다.

● 기업체인

기업체인이란 특정 기업이나 개인이 공동으로 소유하고 통제하며, 중앙집중식 구매를 하고, 유사한 제품계열을 판매하는 2개 이상의 점포를 말한다. 기업연쇄점은 거의 모든 형태의 소매업에서 나타나고 있는데, 주로 백화점, 식품점, 다품종점, 신발점, 여성의류 점등의 소매업에서 많이 이용하고 있다. 기업연쇄점은 독립점포에 비하여 여러 가지 장점은 가지고 있는데, 가장 중요한 점은 규모가 크기 때문에 저가로 대량구매 할 수 있다는 점이다. 또한 가격결정, 촉진, 상품화계획, 재고통제 그리고 판매예측 등의 분야에서 기업차원의 전문가를 고용할 수 있다는 점도 매우 중요한 장점이다. 기업연쇄점의 역사는 매우 오래된 것으로 일본에서는 1,600년경 미쓰이가에서 연쇄점을 경영하였으며, 미국에서는 A&P사가 19세기 중반에 설립되었지만 본격적으로 발전하기 시작한 것을 20세기 이후부터이다.

● 자발적 체인과 소매상 협동조합

기업체인이 급속히 성장하게 되자 많은 독립점포들이 계약에 의하여 서로 결합하게 되었는데, 그 대표적인 형태가 도매상이 주관하여 공동구매와 공동상품화계획을 추진하는 도매상주관 자발적 체인이다. 또 다른 형태로는 소매상들이 공동으로 도매상을 설립하고, 이를 중심으로 공동 상품화 계획과 공동 촉진노력을 경주하는 소매상 협동조합이 있다.

● 프랜차이즈 조직

프랜차이즈 조직이란 제조업체, 도매상 혹은 서비스기업 등의 사업본부(franchiser)가 독립적인 가맹점(franchisee)에게 프랜차이즈 시스템 내의 한개 이상의 영업점을 소유하여 운영할 수 있는 권한을 계약에 의하여 부여하는 결합형태를 말한다. 프랜차이즈가 다른 계약형 결합형태, 즉 자발적 연쇄점이나 소매상 협동조합 등과 다른 점은 프랜차이즈를 조직할 수 있는 독특한 제품이나 서비스, 영업방법, 상표, 명성 그리고 특허권 등을 가지고 있다는 점이다. 프랜차이즈조직은 패스트푸드, 모텔, 주유소, 부동산, 여행사 등의 분야에서 널리 활용되고 있다.

프랜차이즈조직을 통하여 사업본부가 받을 수 있는 보상은 계약당시의 수수료, 판매량에 따른 로열티, 장비의 임대료 그리고 이익의 배당 등을 들 수 있다. 예를 들면 맥도널드의 경우 계약당시 프랜차이즈조직에 가입하기 위하여 계약시 정해진 일정액을 지불하여야 하며, 판매액의 4%를 로열티로, 판매액의 8.5%를 임대료로, 4%를 광고비로 각각 추가 지불하여야 한다. 또한 가맹점은 의무적으로 사업방법을 배우기 위하여 3주과정의 햄버거대학(Hamburger University)에 입학하여야 한다.[9]

● 머천다이징 종합기업

머천다이징 종합기업(merchandising conglomerate)은 여러 가지 형태의 소매점을 중앙소유에 의하여 결합하고 유통기능과 관리기능을 공유하는 기업을 말한다. 예를 들면 미국의 울워스(F. W. Woolworth)사는 자신이 소유하고 있는 다품종상점 이외에 다수의 전문점, 즉 보석과 핸드백의 애프터소트(Afterthoughts), 화장품의 페이스 환타지(Face Fantasies), 운동화의 풋로커(Foot Locker) 그리고 어린이 용품점인 키드마트(Kid Mart) 등을 운영하고 있다. 가장 주요한 장점으로는 우수한 관리능력과 규모의 경제를 들 수 있으며, 이러한 장점을 기초로 앞으로도 성장이 지속될 것으로 보인다.

■ 점포의 밀집유형

오늘날의 점포들은 고객흡인력을 증대시키고, 소비자에게 일시에 여러 가지 제품을 구매할 수 있는 편의성을 제공하기 위하여 지리적으로 밀집되는 경향이 있다. 점포의 밀집유형에 의하여 소매상을 분류하면 중심상업지역(central business district)과 쇼핑센터(shopping center)로 분류할 수 있다.

● 중심상업지역

대부분의 대도시나 지방도시는 백화점, 전문점, 은행, 극장 등이 밀집되어 있는 중심상업지역을 가지고 있다. 중심상업지역은 인구의 교외 이동, 교통 혼잡, 주차장 부족, 범죄문제 등으로 인하여 그 세력이 약화되어 가고 있다. 그러나 미국의 경우 최근에 와서 도심 재개발 등으로 새로운 쇼핑몰과 지하주차장 등을 건설하여 재건을 꾀하고 있는 경우도 있지만 많은 도시의 중심상업지역은 회복불능의 상태로 쇠퇴하여 가고 있는 실정이다.

● 쇼핑센터

쇼핑센터는 한 개의 단위로 계획, 개발, 소유 그리고 관리되는 소매상의 집단을 말한다. 이러한 쇼핑센터는 커버범위에 따라서 지역쇼핑센터(regional shopping center), 지구쇼핑센터(community shopping center) 그리고 근린쇼핑센터(neighborhood shopping center)로 구분된다. 예를 들면, 지역쇼핑센터는 일반적으로 40개에서 100개에 이르는 소매상들이 집단을 이루어 광범위한 지역으로부터 고객을 유인하는 것으로, 거대한 지역의 쇼핑센터는 몇 개의 백화점과 여러 가지 쇼핑수준에 따른 다양한 형태의 전문점들이 밀집되어 있다. 또한 쇼핑센터에는 일반적으로 치과병원, 헬스클럽 그리고 소규모의 도서관 등도 위치하고 있다. 지구쇼핑센터는 15개에서 50개에 이르는 소매상들이 밀집되어 있으며, 백화점의 분점, 다품종점, 슈퍼마켓, 전문점, 전문가 사무실, 때로는 은행까지 포함하고 있다. 한편 근린쇼핑센터는 5~15개에 이르는 소매상이 밀집되어 있으며, 슈퍼마켓, 할인점, 세탁소, 비디오점, 이발소나 미용실, 잡화점 등을 포함하고 있어서 인근의 소비자생활에 편의를 제공해 주고 있다.

무점포형 소매업

대부분의 제품과 서비스는 점포를 통하여 판매되지만, 최근에 와서 무점포형 소매업도 급속히 신장하고 있다. 종전의 전통적인 점포형 소매상은 요즈음 카탈로그, 직접우편, 전화, TV쇼핑, 컴퓨터를 이용한 온라인쇼핑 등을 통한 무점포형 소매상들과의 경쟁에 직면해 있다. 미국의 경우 무점포형 소매상이 소비자 구매에서 차지하는 비중이 14%에 이르고 있으며, 금세기 말까지는 총판매에서 차지하는 비중이 1/3에 이를 것으로 예측되고 있다. 무점포형 소매상의 대표적인 형태로는 직접마케팅(direct marketing), 직접판매(direct selling)그리고 자동판매기(automatic vending) 등이 있다.

■ 직접마케팅

직접마케팅이란 일반적으로 소비자들이 직접적인 반응을 보이기를 요구하면서 소비자와 직접적으로 상호작용 하는 다양한 광고매체를 통한 마케팅을 말한다. 즉 직접판매, 직접우편, 텔레마케팅, 직접반응 광고, 카탈로그 판매, 케이블 TV판매 혹은 기타의 매체를 이용하여 소비자의 주문을 얻기 위한 마케팅을 말한다. 최근에 직접마케팅은 상당한 붐을 이루고 있는데, 거의 모든 기업 즉, 제조업체, 소매상, 서비스기업, 카탈로그상 그리고 비영리조직 등이 직접마케팅을 이용하고 있다.

특히 직접마케팅이 소비재시장에서 많이 이용되고 있는 것은 대중시장이 분화되고, 그 결과 고도로 개별화된 욕구와 필요를 지닌 세분시장의 수가 증가되었기 때문이다. 다시 말하면 직접마케팅을 통하여 구체적인 소비자 욕구를 보다 잘 충족시켜 줄 수 있는 제품을 가지고 이러한 미니시장에 효율적으로 접근할 수 있기 때문이다. 직접마케팅은 소비자들이 집을 떠나지 않고 제품이나 서비스를 구매할 수 있다는 장점이 있다. 특히 장애인, 부양해야 할 어린이가 있는 주부, 다른 업무가 많은 소비자들이 유용하게 이용할 수 있다.

또한 직접마케팅은 산업재시장에서도 급속히 신장되고 있는데, 판매원을 통한 시장접근에 많은 비용이 소요되기 때문이다. 즉 비용이 적게 드는 매체인 텔레마케팅, 직접우편 등을 통하여 가상고객을 식별한 후에 가능성이 있는 고객에게만 비용이 많이 소요되는 판매원을 보내는 방법을 이용하고 있다.

직접마케팅은 소비자에게도 많은 도움을 주고 있다. 즉 시간, 노력 그리고 비용을 절감할 수 있다. 이하에서 직접마케팅의 주요 수단, 즉 직접우편과 카탈로그 마케팅, 텔레마케팅, 텔레비전 마케팅 그리고 온라인 쇼핑 등에 대하여 간단히 살펴보기로 한다.

● 직접우편과 카탈로그 마케팅

직접우편 마케팅(direct-mail marketing)은 편지, 광고, 간지광고, 견본 등을 우편목

록에 있는 예상고객에게 보내고, 그들의 주문에 의하여 판매하는 방식을 말한다. 이러한 직접우편은 직접적인 1 대 1 커뮤니케이션에 매우 적합한 방법이다. 즉 직접우편은 표적시장 선택성이 매우 높기 때문에 개인화가 용이하고, 신축성이 있으며, 결과를 쉽게 측정할 수 있다. 한편 인쇄매체나 전파매체에 비하여 고객 1,000명당 접촉비용은 많이 소요되지만 접촉한 고객은 구매할 확률이 더 높은 유망고객이다. 직접우편은 서적, 잡지구독신청 그리고 보험 등의 촉진에 매우 성공적인 사실이 입증되었다. 또한 직접우편은 의류, 선물용품, 고급식료품 그리고 산업재분야에서도 점차 많이 이용하고 있다.

카탈로그 마케팅(catalog marketing)은 선택된 고객집단에게 카탈로그를 우송하거나 상점 내에서 전달함으로써, 그들로부터 주문을 받아 판매하는 방식을 말한다. 미국을 경우 시어즈(Sears)나 제이씨페니(J.C. Penney) 등이 카탈로그를 통하여 다양한 제품을 판매하고 있다. 그러나 최근에 와서 고도로 전문화된 틈새시장을 표적시장으로 삼고 있는 수천 개의 전문카탈로그점의 거센 도전을 받고 있다. 예를 들면 시어즈의 경우 수익성이 없다는 이유로 97년의 전통을 가진 카탈로그 발간을 1993년에 중단하였다.[10] 미국의 경우 대부분의 소비자들은 한 가정당 1년에 50종류 이상의 카탈로그를 받아보고 있으며, J.C. Penny등 몇몇 기업들은 카탈로그를 출판하여 서점에서 판매까지 하고 있다. 또한 최근에 인쇄된 카탈로그 이외에 비디오테이프, 컴퓨터 디스켓 그리고 CD롬 카탈로그도 등장하고 있다.

● 텔레마케팅

텔레마케팅(tele-marketing)은 소비자에게 전화를 이용하여 제품이나 서비스를 직접 판매하는 방식을 말한다. 미국의 경우 마케팅관리자들은 소비자나 기업에게 제품이나 서비스를 직접 판매하기 위하여 텔레마케팅(outbound tele-marketing)을 이용하고, TV나 라디오 광고, 카탈로그, 직접우편 등을 통하여 제품이나 서비스를 알게 된 소비자나 기업으로부터 주문을 받기 위하여 무료의 수신자부담 800번대(inbound 800 numbers) 전화번호를 이용하고 있다. 또한 소비자들에게 정보, 오락과 연예, 의견제시의 기회 등을 판매하기 위하여 900번 대의 전화번호를 이용하고 있다.

● 텔레비전 마케팅

텔레비전 마케팅(television marketing)은 TV라는 전파매체를 이용하여 소비자에게 직접 제품과 서비스를 판매하는 방식으로 몇 가지 형태로 분류할 수 있다. 첫 번째 방법이 직접반응광고(direct-response advertising)로서 직접마케팅 관리자가 60초에서 120초 정도의 스팟광고를 한 후 무료전화를 이용하여 주문을 받고 판매하는 방식이다. 이러한 직접반응광고는 잡지, 서적, 소형 가전제품, 테이프와 CD, 수집품 등에 매우 효과적이다. 또 다른 형태의 텔레비전 마케팅으로는 홈쇼핑 채널(home-shopping channel)이 있다. 이것은 특정 프로그램 전체 혹은 채널 전체가 제품과 서비스의 판매를 위한 것이다. 미국 가정의 절반 이상이 홈쇼핑 채널을 시청하고 있으며, 많은 대형 소매점체인들이 홈쇼핑산업에 진출 하고 있다.

'스마트 시대' 유통 패러다임 바뀐다

온라인 전자상거래 규모가 백화점 등 오프라인 상거래 규모를 넘어서고 있는 가운데 스마트폰과 태블릿, 스마트TV 등의 스마트시대가 본격화하면서 온·오프라인 업체를 막론하고 유통 구조가 빠르게 온라인 중심으로 바뀌고 있다.

스마트폰의 폭발적인 보급과 함께 온·오프라인 업체들이 앞다퉈 스마트시대에 맞춰 온라인 쇼핑을 강화하고 있고, 움직이는 쇼핑몰 개념의 '모바일 쇼핑'에 힘을 쏟고 있다.

대형마트·홈쇼핑업계 스마트 시대 '올인'

대형할인점이나 홈쇼핑업체의 최근 경영 전략 중 하나는 스마트 시대에 대한 대비다. 쇼핑 애플리케이션이나 전용상품 개발 등을 통해 소비자들의 뉴미디어 쇼핑 경험을 확대하고 디지털 뉴미디어 환경 변화에 적극 대처해 신사업 기회도 발굴한다는 계획이다. 스마트폰과 태블릿PC는 시공간을 초월해 유통업체와 소비자를 연결시키기 때문에 언제 어디서나 쉽게 상품을 구입할 수 있는 유비쿼터스 시대가 열린 것이다.

이마트는 2010년 12월부터 스마트폰을 이용한 'No-Cart(노-카트)'쇼핑을 선보이고 있다. 노카트 쇼핑은 매장에서 상품의 바코드를 스캔 한 후, 해당 상품을 바로 이마트몰과 연계해 구매하는 것을 말한다. 매장을 돌며 상품을 스캔만 하면 이마트몰 쇼핑을 통해 상품을 집까지 배송 해 주기 때문에 카트를 이용할 필요가 없고 계산대에 대기하거나 별도로 상품을 포장하지 않아도 된다.

GS샵은 스마트TV 시대를 대비한 T커머스(리모컨쇼핑)에 박차를 가하고 있다. T커머스 쇼핑은 TV를 보다가 리모컨 조작만으로 상품을 검색하고 구매할 수 있는 쇼핑이다. 이에 따라 방송 시청 중 리모컨을 활용해 상품 검색과 정보확인, 주문, 결제까지 원스톱으로 처리할 수 있고, 적립금, 주문내역, 배송 상황도 TV화면상에서 조회가 가능하다.

GS샵 관계자는 "리모컨 쇼핑의 성장은 기존 TV홈쇼핑 한계를 극복할 미래 성장 동력이라는 점에서 더 큰 의미가 있다"며 "T커머스 실현과 함께 시청자는 다양한 상품을 VOD(Video On Demand) 형태로 선택해 시청하고 구매할 수 있기 때문에 상품 수를 무한정 늘릴 수 있다"고 말했다.

CJ오쇼핑은 '모바일 커머스'를 특화하고 있다. 이 회사는 아이폰 전용 애플리케이션을 출시하고 모바일 신용카드 결제 시스템을 도입해 결제 과정에서의 불편함을 해소했다. 또한 'TV홈쇼핑 실시간 시청 기능'도 추가해 이미지와 텍스트 위주에 머물러 있는 모바일 쇼핑 환경을 한 단계 업그레이드 시켰다.

온라인 시장 '모바일 시장'으로 이동

매년 20%이상의 고속성장을 보이고 있는 온라인 쇼핑몰은 스마트폰 사용인구가 2011년 2000만 명을 돌파할 것이란 전망이 구체화되면서 스마트 패드 등과 같은 신종 모바일기기의 등장 함께 모바일 쇼핑으로 영역이 확대될 것으로 기대하고 있다. 온라인몰들이 모바일쇼핑시장을 선점하려는 이유는 우선 이용의 편리성에 있다. 모바일쇼핑은 우선 시간과 장소의 제약을 받지 않아 구매자와 판매자 모두 모바일 접근이 용이하다. 특히 인터넷쇼핑몰이 지출해온 수 백 억 원의 검색광고 수수료와 카드결제수수료 등을 절감할 수 있어 수익성측면에서도 큰 도움이 된다.

자료원: 디지털타임스, 2011. 1. 11

● 온라인 쇼핑

무점포 소매업 분야에서 가장 새로운 유형이며, 가장 급속한 발전을 하고 있는 분야가 온라인 쇼핑이다. 온라인 쇼핑(on-line shopping)은 판매자와 소비자를 서로 연결시켜 주는 양방향 시스템의 온라인 서비스를 이용하여, 소비자에게 제품이나 서비스에 대한 정보를 제공하고 주문을 받아 판매하는 방식을 말한다. 온라인 쇼핑은 컴퓨터 보급 및 인터넷서비스 활용의 급속한 증가로 급속히 발전하고 있다. 현재 대부분의 전통적인 오프라인 유통업체들도 중요한 마케팅 수단으로 웹을 활용하고 있으며, 온라인 전문기업들도 급속한 성장을 계속하고 있다. 최근에는 정보통신기술의 발달로 인하여 컴퓨터, TV 그리고 전화가 결합한 모바일 제품이 출현하는 등 온라인 쇼핑 환경이 급속히 발전되고 있어 향후 시장규모는 비약적으로 증대될 전망이다.

■ 직접판매

직접판매(direct selling)는 방문 판매(door-to-door selling)이라고도 하며, 판매원들이 직접 소비자 가정으로 방문하여 제품이나 서비스를 판매하는 방식을 말한다. 이러한 방문 판매의 장점은 소비자가 편리하다는 점과 소비자의 주의를 집중시킬 수 있다는 점이다. 그러나 판매원을 고용, 훈련, 보수지급, 동기유발하는 데 많은 비용이 소요되기 때문에 제품이나 서비스 가격이 매우 높아지게 된다는 단점이 있다.

■ 자동판매기

자동판매기(automatic vending machine)에 의한 판매는 제2차 세계대전 이후 급속히 성장하였다. 오늘날의 자동판매기는 담배, 음료, 캔디, 신문, 식품, 양말, 화장품, 티셔츠, 보험증권, 피자, 오디오테이프와 비디오카세트, 그리고 구두닦이와 낚시미끼에 이르기까지 다양한 편의품과 충동구매품을 판매하기 위하여 우주시대의 첨단 컴퓨터기술을 이용하고 있다. 자동판매기는 은행고객에게 예금조회, 출금 그리고 자금이체 서비스를 제공해 주고 있다. 점포형 소매업과 비교해 볼 때 자동판매기는 고객에게 편의를 제공하고, 거의 매일 관리하기 때문에 손상품이 거의 없다는 장점이 있다. 그러나 고가의 장비와 관리인원이 필요하기 때문에 15%에서 20%까지 가격이 높다는 문제점이 있다. 또한 기계고장, 품절 그리고 반품 불가능 등의 문제점도 지적되고 있다.

3) 소매상의 마케팅 의사결정

소매상들은 고객을 유인하고 유지하기 위하여 새로운 마케팅전략을 찾으려고 노력하고 있다. 오늘날에는 동일한 브랜드 제품을 백화점, 할인점, 염가판매 소매상, 양판점 등 다양한 소매상들이 판매하고 있기 때문에 각 소매상들은 차별화된 소매상전략과 마케팅믹스를 개발하지 않으면 경쟁에서 살아남을 수 없게 되었다. 그림 10.8은 소매상들의 주요 마케팅 의사결정, 즉 표적시장과 포지셔닝, 제품구색과 서비스, 가격, 촉진 그리고 유통 등에 관한 의사결정을 보여 주고 있다.

그림 10.8 소매상의 마케팅 의사결정

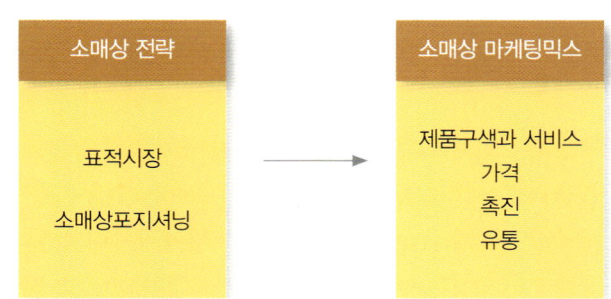

소비자전략

소매상은 먼저 그들의 표적시장을 정의하고, 이 표적시장에서의 포지션을 결정하여야 한다. 즉 점포를 상류층, 중류층, 그리고 하류층 소비자 중에서 어느 층에 초점을 맞출 것인가? 표적시장은 제품의 다양성, 구색의 깊이, 편의성 혹은 저가격을 원하고 있는가? 이처럼 표적시장을 정의하고 이들의 프로필을 알기 전까지는 표적시장에서의 포지션을 지원해 줄 수 있는 제품구색, 서비스, 가격, 광고, 점포의 인테리어, 기타의 다른 결정 등에 대한 일관된 의사결정을 내릴 수가 없다.

그러나 많은 소매상들이 그들의 표적시장을 정의하고, 그 시장에서의 위치를 정하는 데 어려움을 겪고 있다. 반면에 1963년에 설립된 리미티드(The Limited)사는 젊고, 패션의식적인 여성을 표적시장으로 선정하여 성공하였다. 단일점포로 출발한 당사는 옷의 구색, 음악, 색상, 재질, 판매원 등 모든 요소를 표적시장인 패션의식적인 젊은 여성과 조화를 이루도록 하였다. 그 후 10년이 지나자 처음의 고객들이 더 이상 젊은이에 속하지 않게 되자 리미티드 익스프레스(Limited Express)사를 설립하고 새로운 젊은이들을 확보하기 위하여 여러 개의 고급 소매점체인을 인수하였다.

제품구색과 서비스

소매상의 마케팅믹스 요소에는 제품, 가격, 촉진, 유통 등이 있으며, 그중에서 제품믹스는 세 가지의 제품관련 변수, 즉 제품구색, 서비스믹스 그리고 점포분위기 등에 대하여 결정하여야 한다. 먼저 소매상의 제품구색은 고객들의 기대와 부합되어야 한다. 즉 소매상들은 제품구색의 폭과 깊이를 결정하여야 하며, 제품구색의 또 다른 요소인 제품의 품질을 결정하여야 한다. 즉 소비자들은 선택의 범위에도 관심을 둘 뿐만 아니라, 이용할 수 있는 제품의 품질에도 높은 관심을 기울이고 있다.

아무리 제품구색과 품질을 잘 갖추고 있다고 할지라도 유사한 제품구색과 품질을 취급하고 있는 경쟁기업이 존재한다. 따라서 소매상은 유사한 경쟁자로부터 자신을 차별화할 수 있는 다른 방법을 찾아야 한다. 첫 번째 전략은 경쟁사가 취급할 수 없는 자사의 자체상표(private brand)나 독점권을 행사할 수 있는 제조업체상표(national brand)를 가지고 있어야 한다. 두 번째 전략은 압도적인 상품화이벤트를 개최할 수 있다. 예를 들면 블루밍데일(Bloomingdale's) 백화점은 중국, 인도 등 특정 국가의 제품을 소개하는 대규모 쇼를 개최하고 있다. 끝으로 소매상은 고품질의 제품구색을 공급함으로써 자신을 차별화할 수 있다. 또한 소매상은 서비스 믹스를 결정하여야 한다. 서비스 믹스는 다른 점포와 차별화하기 위한 비가격경쟁도구 중의 하나이다. 예를 들면 오래된 어떤 식품점은 다른 슈퍼마켓이 무시하고 있는 가정배달, 신용제공 그리고 대화 등의 서비스를 제공하여 좋은 반응을 얻고 있다.

점포분위기 또한 소매상이 결정하여야 할 또 다른 제품관련 변수이다. 즉 모든 점포는 저마다의 느낌(번잡하다, 매력적이다, 호화롭다, 음침하다 등)을 가지고 있는데, 소매상은 표적시장에 적합하고 고객을 구매하도록 움직일 수 있는 점포분위기를 연출하여야 한다.

마케팅믹스의 결정

소매상의 가격정책은 결정적인 포지셔닝 요소로서 표적시장, 제품과 서비스의 구색 그리고 경쟁 등을 고려하여 결정하여야 한다. 모든 소매상들은 이윤폭도 크면서 대량 판매할 수 있는 가격으로 결정하기를 원하지만 두 가지를 모두 달성하기는 불가능하다. 따라서 대부분의 소매상들은 대부분의 전문점처럼 고가격으로 소량을 판매하든가 대중양판점이나 할인점처럼 저가격으로 대량판매하든지 어느 한 가지를 선택하여야 한다.

소매상은 광고, 인적 판매, 판매촉진 그리고 홍보 등의 정상적인 촉진수단도 결정하여야 한다. 또한 광고매체 즉 신문, TV, 잡지, 라디오 등도 결정하여야 하며, 광고를 전단이나 직접우편 등으로 지원할 것인가도 결정하여야 한다. 인적 판매는 고객에게 인사하기, 고객욕구의 충족 그리고 고객의 불평취급 등에 대하여 판매원들을 주의 깊게 훈련시켜야 한다. 판매촉진은 점포 내 전시, 진열, 판매경진대회 그리고 유명인사의 방문 등의 문제를 다루어야 한다. 홍보활동은 기자회견, 연설, 상점개소식, 특별 이벤트, 뉴스레터, 잡지 그리고 대중서비스활동 등의 수단을 활용하여야 한다.

끝으로 소매상이 결정하여야 할 마케팅믹스는 유통인데, 유통 중에서 가장 중요한 요소는 점포의 위치이다. 점포의 위치는 소매상의 성공을 결정하는 가장 중요한 요소이다. 오늘날 대규모 소매상들은 전문가를 고용하여 선진기법을 이용하여 입지를 선정하고 있다.

4.2 도매업

1) 도매업의 의의와 기능

도매업(wholesaling)이란 재판매나 사업용으로 사용할 목적으로 구매하는 고객에게 제품이나 서비스를 판매하는 모든 활동을 말하며, 도매상(wholesalers)이란 이러한 도매활동에 관여하는 개인이나 기업을 말한다. 도매상들은 대부분 생산자로부터 구매하여 소매상이나 산업구매자 그리고 다른 도매상에게 판매한다. 도매상과 소매상이 다른 점은 다음과 같다. 첫째, 도매상은 재판매나 생산에 사용할 목적으로 구매하는 고객에게 제품이나 서비스를 판매하는 반면에 소매상은 개인적인 욕구충족을 위하여 구매하는 최종소비자에게 판매하고 있다. 둘째, 도매상의 거래규모는 소매상보다 훨씬 크고, 커버지역도 보다 광범위하다. 셋째, 각국의 정부는 법률적이나 세제면 에서도 도매상과 소매상을 각기 다르게 취급하고 있다.

그러면 왜 생산자가 소매상이나 소비자에게 직접 판매하지 않고 도매상을 거쳐서 판매하고 있는가? 그것은 도매상만의 독특한 역할과 기능때문이다.

도매상의 기능

도매상이 수행하는 기능은 다음과 같다. 그러나 모든 도매상들이 다음의 모든 기능을 수행하는 것은 아니고 대부분의 도매상들은 이러한 기능 중에서 몇 가지만 수행하고 있다.

- 판매 및 촉진 기능: 도매상의 판매원이 제조업체를 도와서 낮은 비용으로 어떤 소수의 고객과 접촉하는 기능을 말한다. 도매상들은 일반적으로 멀리 있는 제조업체보다도 구매자들과 접촉이 많고 보다 많은 신뢰를 받고 있는 경향이 있다.
- 구매 및 제품선별 기능: 도매상이 고객들이 필요로 하는 품목을 선정하고 구색을 맞추어서 고객들의 수고를 덜어주는 기능을 말한다.
- 분할 기능: 도매상은 많은 양을 구매하여 고객들이 원하는 소량으로 분할해 줌으로써, 고객의 지출과 수고를 줄여 주는 기능을 말한다.
- 보관 기능: 도매상은 재고를 유지함으로써, 공급업체나 고객들의 재고비와 위험을 줄여 주는 기능을 말한다.
- 수송 기능: 도매상은 생산자보다 가깝게 위치하기 때문에 구매자에게 보다 빠른 배달 서비스를 제공할 수 있는 기능을 말한다.
- 금융 기능: 도매상은 신용공여를 통하여 소매상에게 자금을 지원해 주고, 조기주문과 적기지불을 통하여 공급업체를 지원해 주는 기능을 말한다.
- 위험감수 기능: 도매상은 소유권의 이전, 도난, 손실, 부패 그리고 진부화 등으로 인하여 발생하는 비용을 감당함으로써 위험을 감수하는 기능을 말한다.
- 시장정보 기능: 도매상이 경쟁자, 신제품 그리고 가격변동 등에 대한 정보를 공급업체와 고객에게 전달해 주는 기능을 말한다.
- 경영서비스와 자문 기능: 도매상이 소매상 판매원의 훈련 지원, 점포내 레이아웃과 진열방법의 개선 그리고 회계시스템과 재고통제시스템의 설정 등 소매상에게 경영서비스와 자문을 제공해 주는 기능을 말한다.

2) 도매상의 유형

도매상은 취급하고 있는 제품이나 서비스에 대한 소유권의 유무, 제공하고 있는 서비스의 정도, 영업방법 등에 따라서 상인도매상(merchant wholesalers), 거간과 대리상(brokers and agents) 그리고 제조업체의 판매지점이나 사무소(manufacturer's sales branches and offices) 등의 세 가지 유형으로 분류할 수 있다 (표 10.4 참조).

상인도매상

표 10.4 도매상의 분류

상인도매상	거간과 대리상	제조업체의 판매지점 또는 사무소

완전서비스제공 도매상
  도매상인
  산업용품 배급업자
 	
한정된 서비스제공 도매상
  현금무배달 도매상
  트럭배달 도매상
  직송도매상
  선반도매상
  생산자 협동조합
  우편주문 도매상
	거간
	대리상
		지점 및 사무소
		구매사무소

상인도매상은 자신이 취급하는 제품에 대하여 소유권을 가지고 있는 독립적인 도매상을 말한다. 모든 도매상의 50% 이상을 차지하고 있는 가장 규모가 큰 도매상집단이다. 상인도매상은 서비스의 제공범위에 따라서 완전서비스제공 도매상(full-service wholesaler)과 한정된 서비스제공 도매상(limited-service wholesaler)으로 구분된다.

■ 완전서비스제공 도매상

완전서비스제공 도매상은 재고유지, 판매원 고용, 신용제공, 배달서비스제공 그리고 소매상의 경영지원 등 도매상이 제공하여야 할 거의 모든 서비스를 제공해 주는 도매상을 말한다. 완전서비스제공 도매상은 또한 도매상인(wholesale merchants)과 산업용품 유통업체(industrial distributors)로 구분된다.

도매상인 제품의 대부분을 소매상에게 판매하며, 완전한 서비스를 제공한다. 그러나 취급하는 제품계열의 폭에는 차이가 있다. 즉 어떤 도매상인은 대중양판소매상이나 단일제품계열 취급 소매상의 필요를 충족시키기 위하여 여러 개의 제품계열을 취급하기도 하고, 다른 도매상은 보다 깊이 있는 구색을 갖춘 한두 가지의 제품계열만 취급하기도 한다.

산업용품 유통업체는 소매상보다 생산자 위주로 제품을 판매하는 상인도매상을 말한다. 이들은 재고유지, 신용제공, 배달 그리고 기타의 서비스를 제공하고 있다. 또한 이들은 보다 일반적인 제품계열을 다수 취급할 수도 있고, 전문적인 제품계열을 소수만 취급할 수도 있다. 또한 이들은 유지·보수용제품이나 기초장비 등과 같은 특정 제품계열만 집중적으로 취급할 수 있다.

■ 한정된 서비스제공 도매상

한정된 서비스제공 도매상은 그들의 공급업체나 고객에게 한정된 서비스만을 제공해 주는 도매상으로서 다음과 같은 몇 가지 유형으로 구분할 수 있다.

● 현금·무배달 도매상

현금·무배달 도매상(cash-and-carry wholesalers)은 신속히 이동시켜야 하는 제한된 제품계열을 취급하면서 현금결재만 하고 소규모 소매상에게 판매하는 도매상으로서, 보통 배달서비스는 제공하지 않는다. 예를 들면 생선소매상이 새벽에 차를 몰고 현금·무배달 도매상으로 가서 현금을 주고 생선을 구매하고, 자신의 점포로 싣고와서 판매하는 경우가 그러한 예에 속한다.

● 트럭배달 도매상

트럭배달 도매상(truck wholesalers, truck jobbers)은 판매와 배달기능을 함께 수행하는 도매상이다. 즉 우유, 빵, 야채, 과일 등의 신속한 배달을 요하는 제한된 제품계열을 자신의 트럭에 싣고 슈퍼마켓, 소규모 식료품점, 병원, 레스토랑, 공장 카페테리어 그리고 호텔 등을 돌면서 현금을 받고 판매하는 도매상을 말한다.

● 직송 도매상

직송 도매상(drop shipper)은 취급제품에 대한 소유권은 가지나 직접적으로 수송 또는 보관은 하지 않는 도매상을 말한다. 즉 소매상이나 산업재 구매자로부터 주문을 받은 후 생산자에게 연락하여 제품을 생산하고 그것을 직접 구매자 앞으로 수송하게 하면서 대금만 회수하는 도매상을 말한다. 주로 석탄, 목재, 연료, 건축자재 등 부피가 크고 무거운 제품을 취급하고 있다. 이처럼 부피가 크고 무거운 제품은 대개 차량단위로 거래되기 때문에 운임률이 낮고 운송비, 보관비가 절감되어 저비용으로 경영할 수 있게 된다.

● 선반 도매상

선반 도매상(rack jobbers)이란 식료품점이나 잡화점 등에 비식료 가정용품을 공급하는 도매상으로서 주로 건강미용 제품, 단행본 및 잡지, 레코드, 식기 등을 취급하고 있다. 즉 선반 도매상은 배달트럭을 점포에 보내고 배달원이 상점 내에 비식료 가정용품을 그 점포의 선반에 진열해 놓고 판매하게 되므로 소매상들은 재고유지 및 통제기능의 부담을 덜 수 있다. 상점에 진열된 제품의 소유권은 선반 도매상에게 있으며, 소비자에게 팔린 제품에 대해서만 소매상에게 대금을 청구하는 위탁판매 형식을 취하는 것이 특징이다. 따라서 선반 도매상은 배달, 진열, 재고유지 그리고 금융 등의 기능을 수행하며, 이미 잘 알려진 다양한 상표를 취급하고 있기 때문에 촉진기능은 거의 수행하지 않는다.

● 생산자 협동조합

생산자 협동조합(producer's cooperatives)이란 농장주들이 자신의 생산물을 지역시장에 판매하기 위하여 결정한 협동조합으로서 이익은 연말에 조합원에게 분배한다. 조합원들은 제품의 품질을 개선하기 위하여 공공 노력을 하기도 하며, 선키스트(sunkist) 오렌지와 같이 공동상표를 개발하여 공동으로 촉진하기도 한다.

● 우편주문 도매상

우편주문 도매상(mail-order wholesalers)이란 우편으로 소매상, 산업구매자, 기관구매자 등에게 카탈로그를 보내고 주문을 받아서 판매하는 도매상을 말한다. 주로 보석, 화장품, 특수식품, 기타의 소품목 등을 취급하고 있다. 우편주문 도매상의 주요 고객은 외진 지역에 위치하고 있는 산업구매자들이다. 이들은 고객을 방문할 판매원도 고용하고 있지 않으며, 주문은 우편, 트럭 혹은 기타의 수단을 이용하여 처리된다.

거간과 대리상

거간(brokers)과 대리상(agents)은 두 가지 점에서 상인도매상과 다르다. 즉 제품의 소유권을 가지지 않으며, 수행하는 기능이 보다 제한되어 있다는 점이다. 그들의 주요기능은 구매와 판매를 지원해 주는 것으로서, 판매가격을 기초로 산출하는 커미션을 받는다. 그러나 상인도매상과 마찬가지로 특정 제품계열이나 고객집단을 대상으로 전문화하는 것이 일반적이다. 미국의 경우 전체 도매업 매출액의 11%를 거간과 대리상이 차지하고 있다.

■ 거 간

거간은 구매자와 판매자를 한 곳에 모아 놓고 그들이 거래협상을 타결하도록 지원해 주는 기능을 수행하는 도매상을 말한다. 거간은 그를 고용한 당사자에게 커미션을 받으며, 재고를 유지하지 않고, 금융을 부담하지 않으며, 위험을 감수하지도 않는다. 주로 부동산, 식품, 보험, 증권 등의 분야에서 거간이 많이 활동하고 있다.

■ 대 리 상

대리상은 거간에 비하여 보다 장기간 구매자와 판매자를 대변하는 도매상을 말하며, 제조업자 대리상, 판매대리상, 구매대리상 등으로 분류할 수 있다.

먼저 제조업자 대리상(manufacturer's agents, manufacturer's representative)은 대리도매상의 가장 대표적인 형태이다. 그들은 관련된 제품계열을 생산하고 있는 2개 이상의 제조업체를 대리하며, 판매지역, 주문처리 절차, 배달과 보증 그리고 커미션율 등에 대하여 각 제조업체와 공식적인 계약을 체결하고 있다. 주로 의류, 가구 그리고 전자제품 등을 취급하고 있다. 일반적으로 제조업자 대리상은 소수의 숙련된 판매원을 고용하고 있는 소규모 기업으로서 자체의 판매원을 고용하거나 유지할 수 없는 소규모 생산자를 대리하고 있다.

판매대리상(selling agents)은 제조업체가 생산한 제품을 판매할 의사가 없거나 판매할 자격이 없을 때 제조업체를 대신하여 그 제조업자가 생산하는 전체 생산량을 판매해 주는 도매상을 말한다. 즉 판매대리상은 제조업체의 판매부서 역할을 수행하고 있기 때문에 가격, 거래조건 그리고 판매조건 등에 대하여 보다 큰 영향력을 행사할 수 있다. 주로 직물, 산업기계와 장비, 석탄, 화학 그리고 금속 등의 분야에서 활동하고 있다.

구매대리상(purchasing agents)은 구매자들과 장기적인 관계를 유지하면서, 구매자의 구매를 대리하는 도매상을 말한다. 즉 구매대리상은 구매자를 위하여 제품의 인수, 검사, 보관, 수송 등의 기능을 수행한다. 이들은 취급하고 있는 제품계열에 대하여 전문지식을 가지고 있으며, 고객들에게 유용한 시장정보를 제공해 준다. 또한 이들은 일반적으로 좋은 제품을 적절한 가격으로 구매할 수 있는 능력과 경험을 지니고 있다.

3) 도매상의 마케팅 의사결정

최근에 와서 도매상은 점점 더 치열한 경쟁에 직면하게 되었다. 즉 도매상들은 새로운 경쟁원천의 등장, 고객요구의 증대, 신기술의 개발 그리고 대규모 산업구매자나 기관구매자들의 직접 구매프로그램의 증대 등으로 인하여 기업환경이 점차 악화되고 있다. 따라서 이러한 환경변화에 적응하기 위하여 도매상들은 표적시작과 포지셔닝 그리고 제품구색과 서비스, 가격, 촉진, 유통 등의 마케팅믹스에 대한 전략적 의사결정을 개선하여야 할 필요성이 대두되었다 (그림 10.9 참조).

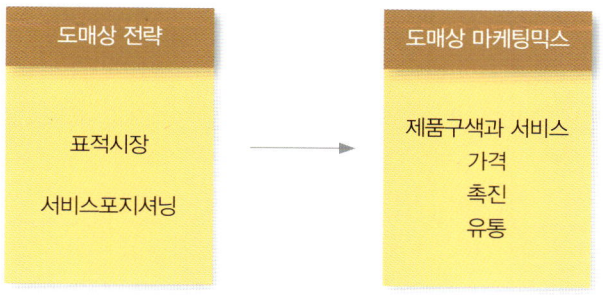

그림 10.9 도매상의 마케팅 의사결정

도매상 전략

소매상과 마찬가지로 도매상도 모든 사람에게 서브할 수 없기 때문에 자신의 표적시장과 그 시장 내에서의 포지션을 효과적으로 정의하여야 한다. 즉 표적시장을 고객의 규모(대형소매상), 고객의 유형(편의품점), 서비스의 필요성(신용제공이 필요한 고객) 등의 요소를 이용하여 정의할 수 있다. 표적시장을 선정한 이후에는 그 표적시장 내에서 보다 많은 이익을 줄 수 있는 고객을 식별하고 이들과 장기적인 유대관계를 강화하여야 한다. 즉 자동재주문시스템, 경영자대상의 훈련과 자문시스템, 자발적 연쇄점의 주선 등을 통하여 유망고객과 유대관계를 강화하여야 한다. 또한 소량주문에 대해서는 서비스료를 부과하여 대량주문을 유도할 수도 있다.

마케팅믹스의 결정

소매상과 마찬가지로 도매상도 제품구색과 서비스, 가격, 촉진 그리고 유통 등에 관하여도 합리적인 의사결정을 하여야 한다. 도매상의 제품이란 고객에게 제공하려는 제품의 구색과 서비스를 말한다. 도매상은 다양한 제품계열을 취급하고 즉시 배달이 가능하도록 충분한 재고를 유지하는 것이 바람직하지만, 그렇게 하는 경우 수익성이 저하된다. 따라서 도매상은 보다 이익이 많은 제품계열만 취급하기 위하여 제품계열을 축소하는 경향이 있다. 또한 고객과의 관계유지에 큰 영향을 미치는 서비스만을 제공하고 있다. 이 때 중요한 것은 어떤 서비스를 표적시장이 가장 중요시하고 있는가를 발견하는 것이다.

가격 또한 도매상의 중요한 마케팅 의사결정 중 하나이다. 일반적으로 도매상은 판매원가에 표준비율의 마크업(예를 들면 20%)을 가산하여 가격을 결정한다. 그러나 어떤 도매상의 경우 마크업이 17%일지라도 비용을 제하면 이익률이 3%로 감소한다. 도매상들은 중요한 신규고객을 확보하기 위하여 어떤 제품계열의 경우 이익률을 대폭 낮추기도 한다. 또한 그들은 공급업자에게 그 고객이 앞으로 공급업자의 판매량 증가에 기여할 것이라는 사실을 설명하고 특별할인가격을 요청할 수도 있다.

촉진은 도매상의 성공여부에 결정적으로 중요한 요소이지만 많은 도매상들이 촉진활동에 주력하지 않는 경향이 있다. 즉 업계광고, 인적판매, 판매촉진, 홍보 등 촉진믹스의 이용이 산만하고 비계획적이다. 예를 들면 도매상들은 아직도 인적판매로 주요고객을 식별하고, 그들에게 판매하며, 관계를 강화하고, 원하는 서비스를 제공하는 등의 집단적 노력으로 생각하는 대신에 판매원 개인이 고객 개인과 대화하여 제품을 판매하는 것으로 인식하고 있다. 또한 도매상은 인적판매 이외의 소매상들이 많이 이용하고 있는 비인적(非人的) 촉진수단을 채택할 필요가 있다.

끝으로 유통도 도매상이 결정하여야 할 매우 중요한 마케팅 관련 요소이다. 도매상은 자신의 입지와 시설을 주의 깊게 결정하여야 한다. 일반적으로 도매상들은 임대료가 싸고 세금이 낮은 지역에 위치하면서 건물, 장비, 시스템 등에는 거의 투자를 하지 않는 경향이 있다. 그러나 최근에 와서 일부 도매상들이 자동창고, 온라인 주문시스템 등의 새로운 시설에 투자를 늘리고 있다. 즉 주문이 소매상으로부터 자동적으로 도매상의 컴퓨터에 전달되고, 주문된 품목은 기계장치에 의하여 자동적으로 선택되어 조립장소인 야적장으로 운반된다. 즉 대부분의 대규모 도매상들은 회계, 대금청구, 재고통제 그리고 예측을 위하여 컴퓨터시스템을 운영하고 있다. 또한 현대적인 도매상들은 표적고객의 욕구에 자신의 서비스를 적합 시키고 있으며, 여러 가지 비용절감의 방법을 모색하고 있다.

요약

　제품을 생산하는 제조기업이 최종 소비자에게 직접 제품을 판매하는 경우는 매우 드물다. 즉 대부분의 제조기업들은 제품을 시장이나 최종소비자에게 전달하기 위해 유통경로를 이용하며, 기업의 유통경로 결정은 다른 마케팅 믹스요인들과 직·간접적인 영향을 주고받는 중요한 의사결정이다.

　유통경로란 제품과 서비스가 생산자로부터 최종 소비자 및 사용자에게 이전되는 과정에 참여하는 모든 개인 및 기업의 집합을 의미한다. 유통경로는 제품을 생산자로부터 소비자에게 이전시키는 과정에서 시간효용, 공간효용, 소유효용, 그리고 행태효용 등의 4가지 효용을 제공해 주고 있다. 또한 유통경로는 이러한 4가지 효용을 제공하기 위하여 거래기능, 물적유통기능 그리고 촉진기능을 수행하고 있다.

　경로행동은 경로구성원들이 각자의 목표달성을 위하여 경로 내에서 취하는 행동을 말하며, 경로구성원은 경로 전체시스템을 구성하는 한 개의 부분으로서 경로 전체의 목적달성을 위하여 노력하여야 함에도 불구하고 자신의 단기적 이익 극대화를 목표로 하고 있으며, 자신이 경로 내에서 담당하여야 할 역할에 대해서도 동의하지 않을 수도 있다. 따라서 경로 내에 경로갈등이 발생할 수 있다. 경로갈등은 동일한 경로수준에 있는 경로구성원간에 발생하는 수평적 갈등과 서로 다른 수준에 있는 경로구성원간에 발생하는 수직적 갈등이 있다.

　유통경로 조직은 전통적 유통경로와 수직적 마케팅시스템 그리고 수평적 마케팅시스템으로 구분할 수 있다. 전통적 유통경로는 각 경로구성원들이 경로 전체의 목표에는 별 관심을 보이지 않고 자사의 단기적 목적만을 추구하는 독립적 기업 간의 느슨한 결합체를 말한다. 그러나 전통적 유통경로는 자사의 단기이익만 추구하기 때문에 구성원간에 갈등이 발생하기 쉽고, 갈등이 발생한 경우에는 통제권을 행사할 수 있는 지도적인 경로구성원이 없기 때문에 갈등을 조정할 수도 없다. 한편 수직적 마케팅시스템은 지도적인 경로구성원이 다른 경로구성원에게 통제권을 행사할 수 있는 근거에 따라서 관리형, 기업형, 계약형 수직적 마케팅시스템으로 구분된다. 관리형 수직적 마케팅시스템은 경로구성원 간의 협조와 갈등조정이 지배적인 경로구성원의 규모와 경로파워에 의해서 관리되는 시스템을 말한다. 계약형 수직적 마케팅시스템은 각기 다른 경로수준에 종사하는 독립적인 기업들이 각자가 수행하여야 할 기능들을 계약에 의해 합의함으로써, 공식적인 경로관계를 형성하는 경로시스템을 말한다.

　유통경로의 조직이 결정된 후에는 유통경로를 설계하여야 한다. 유통경로의 설계는 경로서비스에 대한 고객의 욕구 분석, 유통경로의 목표설정, 주요 경로대안의 식별 그리고 주요 경로대안의 평가의 순서로 이루어진다. 즉 유통경로를 설계하기 위해서는 먼저 고객의 접근성, 배달기간, 제품의 구색, 부가서비스 등에 대한 고객의 욕구수준을 분석하고, 이러한 고객의 욕구를 분석한 후에는 유통경로의 목표를 설정하여야 한다. 유통경로의 목표를 설정할 때에는 표적시장에 대한 바람직한 서비스수준을 결정하여야 한다. 유통경로의 목표를 설정한 후에는 중간상의 형태, 중간상의 수 그리고 각 경로구성원의 책임들에 관한 경로대안을 식별하여야 한다. 중간상의 형태로는 자체 판매원, 제조업체 대리상 그리고 산업재 유통상 등이 있다. 중간상의 수를 결정하는 방법에는 가능한 한 많은 상점들이 자사제품을 판매하게 하는 집중적 경로, 제조업체가 특정 지역에서 자사제품을 취급할 수 있는 독점적 권한을 소수의 중간상에게만 부여하는 전속적 유통 그리고 양자의 중간 형태인 선택적 유통이 있다. 기업이 몇 가지 주요 경로대안을 식별하고 자신의 장기적 목표를 충족시킬 수 있는 최선의 경로를 선택하려고 하는 경우에는 경제성, 통제성 그리고 적응성 등의 세 가지 기준을 가지고 각 경로대안을 평가하여야 한다. 경제적 기준이란 특정 제품을 판매하는 데 있어서 가장 판매비용이 적게 드는 경로대안을 선택하는 방법을 말하며, 통제적 기준은 생산의 입장에서 경로대안을 보다 잘 통제할 수 있는 경로대안을 선택하는 방법을 말하고, 적응적 기준이란 상황변화

요약

에 따라서 적응할 수 있는 신축성을 기준으로 선택하는 것을 말한다.

경로설계를 한 후에는 적합한 경로구성원을 선발하고, 선발된 경로구성원들이 경로 전체를 위하여 최선의 노력을 다할 수 있도록 그들의 동기를 유발하며, 정기적으로 중간상의 실적을 평가하는 등의 유통경로관리를 하여야 한다.

유통기관이란 유통경로상에서 가장 중요한 역할을 담당하고 있는 도매업과 소매상을 말한다. 소매업이란 개인적인 용도나 비영업적인 용도로 사용하려는 최종소비자에게 제품이나 서비스를 판매하는 것과 관련된 제반활동을 말하며, 이러한 활동을 담당하는 상인을 소매상이라고 한다. 소매상은 여러 가지 기준에 의하여 분류될 수 있지만 점포의 소유 여부에 따라서 점포형 소매상과 무점포형 소매상으로 구분된다. 점포형 소매상도 다시 구분하면 제공하고 있는 서비스의 양에 따라서 셀프서비스, 한정된 서비스 그리고 완전서비스의 세 가지 유형으로 구분된다. 취급하고 있는 제품계열의 수에 따라서도 전문점, 백화점, 슈퍼마켓, 편의점 등으로 구분된다. 또한 상대적 가격에 따라서도 할인점, 염가판매 소매상, 카탈로그점 등으로 구분된다. 유통경로를 지배하고 있는 지도적인 경로구성원의 통제력에 따라서 기업체인, 자발적 체인과 소매상 협동조합, 프랜차이즈조직 그리고 머천다이징 종합기업 등으로 구분된다. 또한 제품의 지리적 밀집도에 따라서도 중심상업지역과 쇼핑센터 등으로 분류된다.

소매업의 경우 대부분의 제품이나 서비스가 점포를 통하여 판매되고 있지만 근래에 이르러 통신수단과 컴퓨터의 발달로 인하여 무점포형 소매상이 차지하는 비중이 점차로 증가하고 있다. 무점포형 소매업은 직접마케팅, 직접판매 그리고 자동판매기 등이 있다. 직접마케팅은 일반적으로 소비자들이 직접적인 반응을 보이기를 요구하면서 소비자와 직접적으로 상호작용 하는 다양한 광고매체를 통한 마케팅을 말하며, 직접우편과 카탈로그 마케팅, 텔레마케팅, 텔레비전 마케팅 그리고 온라인 쇼핑 등으로 구분된다.

소매상은 마케팅 관련 여러 가지 의사결정을 하여야 하는데, 먼저 표적시장을 결정하고 소매점의 포지셔닝을 하여야 하며, 제품과 서비스의 구색을 결정하고, 기타의 마케팅믹스를 설계하여야 한다. 소매상들은 특히 표적시장을 신중히 선택하고, 그 시장에서 강력한 위치를 구축하여야 한다.

도매업은 재판매나 상업용으로 사용할 목적으로 구매하는 고객에게 제품이나 서비스를 판매하는 모든 활동을 말하며, 도매상은 이러한 도매활동에 관여하는 개인이나 기업을 말한다. 도매상도 취급하고 있는 제품이나 서비스에 대한 소유권의 유무, 제공하고 있는 서비스의 정도, 영업방법 등에 따라서 상인도매상, 거간과 대리상 그리고 제조업체의 판매지점이나 사무소 등으로 구분할 수 있다. 상인도매상은 자신이 취급하고 있는 제품에 대하여 소유권을 가지고 있는 독립적인 도매상을 말하며, 서비스의 제공범위에 따라서 완전서비스 제공 도매상, 한정된 서비스제공 도매상으로 구분되며, 완전서비스 제공 도매상은 도매전문상과 산업용품 유통업체로 분류된다. 한편 한정된 서비스제공 도매상은 현금·무배달 도매상, 트럭배달 도매상, 직송 도매상, 선반 도매상, 생산자 협동조합, 우편주문 도매상 등이 있다. 거간과 대리상은 제품의 소유권을 가지지 않으며, 수행하는 기능이 제한되어 있다는 점에서 상인도매상과 다르다. 제조업체의 판매지점과 사무소는 제조업체가 자신이 설립한 지사나 사무소를 통하여 제품이나 서비스를 유통시키는 것을 말한다.

도매상도 역시 소매상과 마찬가지로 여러 가지 마케팅관련 의사결정을 하여야 하는데, 먼저 표적시장을 결정하고, 그 시장 내에서의 포지션을 효과적으로 정의하여야 한다. 그런 다음에 제품과 서비스에 대한 구색을 결정하고, 기타의 마케팅믹스를 설계하여야 한다.

진도평가

1. 유통경로의 개념과 필요성은 무언인가?

   ▶ 10장 271~275쪽 참조

2. 유통경로 구조 중 수직적 마케팅시스템이란 무엇인가?

   ▶ 10장 281~283쪽 참조

3. 유통경로 설계에서 중간상의 수에 따른 3가지 대안은 무엇인가?

   ▶ 10장 287~288쪽 참조

참고문헌

1) Alderson, Wroe (1957), *Marketing Behavior and Executive Action*, Richard D. Irwin, 195-227.
2) Enis, Ben M. (1974), *Marketing Principles: The Management Process*, Goodyear Publishing Co., p.88.
3) Churchill, Gilbert A. Jr. and J. Paul Peter (1998), *Marketing*, 2nd ed., Chicago: lrwin/McGraw-Hill, 467-68.
4) Schiller, Zachary and Wendy Zellner(1992), "Clout! More and More Retail Giants Rule the Marketplace," *Business Week*, December 21, 66-9.
5) Kotler, Philip and Gary Armstrong, op., cit., p.372.
6) Kotler, Philip and Gary Armstrong, op., cit., 407-409.
7) Stanton, William J., op. cit., p.321.
8) Kotler, Philip and Gary Armstrong, op cit., p.427.
9) Serwer, Andrew E. (1994), "McDonald's Conquers the World," *Fortune*, October, 103-16.
10) Fitzgerald, Kate (1993), "With 'Big Book' Buried, Rivals see Opportunity," *Advertising Age*, February 1, 36.

도입사례

식품업계에 부는 'IMC' 바람

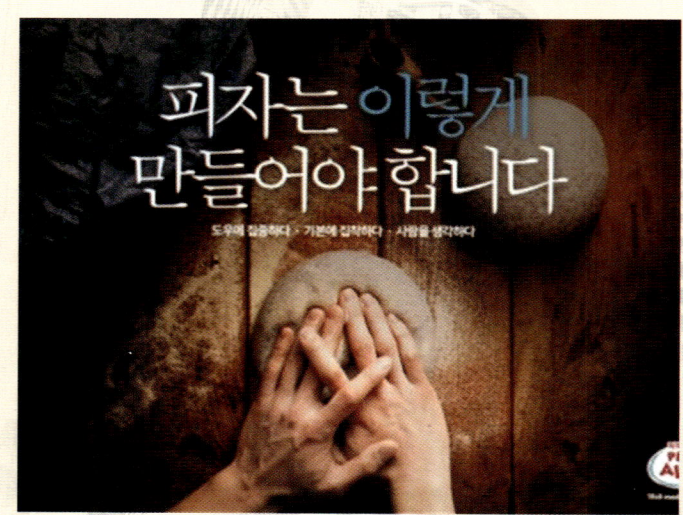

식품업계가 소비자들 사이에서 큰 호응을 얻는 통합 마케팅 커뮤니케이션 전략인 IMC(Integrated Marketing Communication)에 집중하고 있다.

IMC는 단순하게 광고 활동만 진행하는 것을 넘어 온·오프라인의 다양한 마케팅 채널을 이용, 소비자들의 공감과 흥미를 끌어낼 수 있다는 장점이 있다. 이러한 호응은 실제 구매로 이어질 수 있기 때문에 업계에서도 이를 적극 활용하고자 하는 움직임을 보이고 있다.

동서식품은 지난달 전주 한옥마을에 마련한 팝업 카페 '모카우체국'에서 맥심 모카골드 모델인 배우 이나영과 함께 특별한 행사를 진행했다. 모카우체국 일일 주인이 된 이나영은 방문객을 맞아 직접 만든 모카골드를 대접하고 함께 사진을 찍는 등 다양한 활동으로 소비자들을 즐겁게 했다. 동서식품은 2015년부터 매년 다른 콘셉트의 팝업 카페를 선보이고 있다. 제주도 '모카다방'을 시작으로 서울 성수동에 '모카책방', 부산 청사포 해변에 '모카사진관'을 차례로 열어 소비자들에게 커피 한잔의 여유와 행복을 전하며 기업의 시그니처 제품인 모카골드에 대한 아이덴티티를 강화했다. 그동안 팝업 카페를 찾은 소비자는 약 15만명에 이른다.

프링글스는 풋볼 리미티드 에디션으로 브라질리안 스타일 BBQ와 이탈리안 스타일 피자 2종을 출시했다. 프링글스는 '축구'하면 떠오르는 두 나라, 축구 강국 브라질과 이탈리아의 대표적인 음식에 착안해서 브라질리안 스타일 BBQ와 이탈리안 스타일 피자를 개발하여 소비자들에게 새로운 맛의 재미있는 경험을 제공할 계획이다. 또한 제품의 패키지도 각 나라를 대표하는 색깔과 축구공의 역동적인 느낌을 살려 생동감 있는 분위기를 한층 느낄 수 있게 했다. 프링글스는 신제품 출시를 기념해 '프링골스 챌린지' 이벤트를 진행한다. 프링골스 챌린지는 프링글스 통에 공을 골인시키는 영상을 촬영해 '#프링골스' 혹은 '#프링골스챌린지' 해시태그와 함께 개인 소셜 미디어에 공유하면 누구나 참여 가능하다. 프링글스는 이를 통해 소비자들에게 새로운 맛과 재미있는 경험을 제공하고 있다.

피자알볼로는 각 지역의 점주들의 목소리를 담은 색다른 라디오 광고를 기획해 지난 1일부터 송출했다. 피자알볼로는 올해 초 '피자는 이렇게 만들어야 합니다'라는 새로운 슬로건을 공개하고 마케팅 활동을 했다. 해당 슬로건을 이용해 지난 3월에는 이재원 부사장의 내레이션이 담긴 라디오 광고를 진행한 바 있다. 이번에는 슬로건에 담긴 세 가지 의미인 ▲도우에 집중하다 ▲기본에 집착하다 ▲사람을 생각하다 중 '사람을 생각하다'를 주제로 실제 점주들의 생생한 목소리를 담은 광고를 제작했다. 해당 라디오 광고는 광주, 제주, 강원, 충남, 대구 등 총 5개 지역의 점주들이 직접 참여했고 일선 점주들의 수제 피자에 대한 자부심과 철학, 진정성을 담은 내용으로 구성됐다.

특히 이번 광고는 프랜차이즈 업계에서는 드물게 점주들이 직접 나섰다는 점과 각 지역 점주들의 사투리를 그대로 담아 친근함과 진솔함을 드러냈다는 점이 특징이다.

업계 관계자는 "IMC를 통해 브랜드 인지도는 물론 가치, 선호도 등이 강화될 수 있다"며 "실생활과 밀접한 업계인 만큼 앞으로 더 많은 기업들이 소비자들에게 다가가기 위한 IMC 활동을 펼칠 것으로 예상한다"고 말했다.

자료원: 메트로신문, 2018.06.11

제11장
마케팅커뮤니케이션

아무리 기능적으로 우수한 제품을 개발하고 소비자가 만족할만한 가격으로, 편리한 유통채널을 이용한다 하더라도 소비자가 기업이 제공하는 제품에 대해 알지 못한다면 무의미하다. 따라서 소비자와의 효과적인 의사소통은 마케팅 목표를 달성하는 가장 중요한 부분이다.

기업의 촉진활동은 기업의 효율적인 제품판매를 위하여 표적시장 소비자들과 커뮤니케이션하는 것을 의미한다. 이러한 커뮤니케이션 관리 도구는 광고, PR, 인적판매, 판매촉진 등으로 구성되며 이러한 마케팅커뮤니케이션 도구들은 제품이나 시장의 특성에 따라 그 중요성과 효과가 달라지게 된다.

1 마케팅커뮤니케이션과 촉진

1.1 마케팅커뮤니케이션의 의의

> **마케팅커뮤니케이션**
> 기업의 제품이나 서비스를 주어진 가격에 구매하거나 구매를 계속하도록 유도할 목적으로 제품이나 서비스의 기능이나 가치에 대하여 실제 및 잠재고객을 대상으로 정보를 제공하거나 설득하는 마케팅 노력의 일체

기업의 촉진활동은 본질적으로 제품에 대한 정보를 제공하고 설득하며 구매행동을 유도하는 과정이라 볼 수 있기 때문에 기업과 소비자 간의 커뮤니케이션(communication)으로 이해될 수 있다. 따라서 마케팅커뮤니케이션이란 기업의 제품이나 서비스를 주어진 가격에 구매하거나 구매를 계속하도록 유도할 목적으로 해당제품이나 서비스의 성능이나 가치에 대하여 실제 및 잠재고객을 대상으로 정보를 제공하거나 설득하는 마케팅노력의 일체이다.[1] 기업이 효과적인 마케팅을 수행한다는 것은 품질이 우수한 제품을 생산하여 적절한 가격에 소비자의 접근이 용이한 유통경로를 통해 전달하는 것 이상의 것이 필요하다. 즉, 자사의 제품이나 서비스가 경쟁사의 것보다 더 차별적인 이점을 가지고 있다는 것을 표적고객들에게 알리는 것이 중요하다.

기업의 마케팅커뮤니케이션 활동은 세 가지 단계를 거쳐 수행된다. 먼저, 소비자에게 제품에 대한 정보를 제공하여 제품에 대해 알게 만드는 인지적 과정과 제품에 대해 긍정적

인 감정을 느끼도록 하는 태도형성 과정, 마지막으로 제품의 구매를 유도하는 행동과정으로 구분된다.

1.2 마케팅커뮤니케이션의 수단

마케팅관리자가 활용할 수 있는 마케팅커뮤니케이션 수단은 매우 다양하나 일반적으로 광고(advertising), 인적판매(personal selling), PR(public relations), 판매촉진(sales promotion)의 네 가지로 구분할 수 있다.

기업의 마케팅커뮤니케이션 전략은 다양한 마케팅커뮤니케이션 도구들을 결합하여 전개된다. 이러한 도구들의 결합을 촉진믹스(promotional mix) 또는 마케팅커뮤니케이션 믹스(marketing communication mix)라고 하며 적절한 촉진믹스를 통해 기업은 표적고객에의 접근과 기업의 목표달성이 가능하다. 또한 마케팅커뮤니케이션 믹스는 기업의 마케팅목표를 달성하기 위하여 독립적으로 사용되기보다는 다른 마케팅 믹스요소들과 상호보완적으로 사용되어야 한다.

아래에서는 이러한 네 가지 마케팅커뮤니케이션 도구에 대하여 좀 더 자세하게 살펴보기로 한다.

광고

광고란 특정 광고주(sponsor)가 돈을 지불하고 제품, 서비스, 아이디어를 비인적 매체(nonpersonal media)를 통하여 널리 알리고 구매를 설득하는 모든 형태의 마케팅커뮤니케이션 활동을 말한다. 광고의 가장 큰 장점은 짧은 시간에 다수의 대중에게 정보를 전달할 수 있다는 것과 소비자 1인당 광고비용이 가장 저렴하다는 장점이 있다. 그러나 고객에게 전달할 수 있는 정보의 양이 제한되고 광고를 접하는 모든 고객에게 동일한 메시지가 전달되므로 고객별로 정보를 개별화 할 수 없다는 단점이 있다.

> **광고**
> 특정 광고주가 돈을 지불하고 제품, 서비스, 아이디어를 비인적 매체를 통하여 널리 알리고 구매를 설득하는 활동

인적 판매

인적판매란 판매원이 고객과의 직접 대화를 통해서 자사의 제품이나 서비스를 구매하도록 설득하는 마케팅커뮤니케이션 활동을 의미한다. 즉, 인적판매란 판매원을 매개로 하는 마케팅커뮤니케이션 수단을 말한다. 인적판매는 마케팅커뮤니케이션 속도가 느리고, 고객 1인당 마케팅커뮤니케이션 비용이 높기 때문에 많은 대중을 상대로 하는 소비재의 커뮤니케이션 도구로서는 적합하지 않다. 그러나 고객이 필요로 하는 정보를 모두 제공할 수 있으며 고객의 반응에 따라 융통성 있는 대응이 가능하기 때문에 산업재나 유통업자를 대상으로 하는 마케팅커뮤니케이션에 적합하다. 또한 인적판매는 고객과의 인적대면, 유대관계 형성, 즉각적인 반응 유도 및 판매의 완결 등으로 인해 구매과정상 구매자의 선호, 확신 및 행동을 유발하는데 효과적인 커뮤니케이션 수단이 된다.

> **인적판매**
> 판매원이 고객과의 직접 대화를 통해 자사의 제품이나 서비스를 구매하도록 설득하는 활동

PR

PR은 기업과 이해관계가 있는 여러 집단(고객, 공급업자, 판매상, 주주, 고용자, 관계기관)들의 욕구를 분석하고 그들과 우호적인 관계를 지속적으로 관리하기 위해 행해지는 커뮤니케이션 활동이다. 결국 이해관계 집단들과 우호적인 관계 유지를 통해 자사제품이나 서비스에 대한 우호적인 감정형성과 제품구매를 유도하는 커뮤니케이션 수단이다. PR의 가장 대표적인 도구는 홍보인데, 기업이나 제품에 대한 정보가 언론의 뉴스나 논설을 통하여 대중에게 전달되는 것을 의미한다. 홍보는 다른 커뮤니케이션 수단과는 달리 기업이 비용을 부담하지 않으며, 독립적인 제3자인 언론을 통하여 정보를 전달하기 때문에 신뢰성이 매우 높은 특징이 있다. 그러나 다른 커뮤니케이션 도구들은 기업의 통제가 가능하지만 홍보의 경우 언론매체를 이용하기 때문에 전달되는 메시지나 홍보시기 등을 기업이 완벽하게 통제할 수 없다는 단점이 있다. 홍보 이외에도 다른 PR 활동으로 사보발간, 기업이미지 제고를 위한 이벤트 등을 들 수 있다.

> **PR**
> 기업과 이해관계가 있는 여러 집단들의 욕구를 분석하고 그들과 우호적인 관계를 지속적으로 관리하기 위해 행해지는 활동

판매촉진

판매촉진이란 기업이 제품이나 서비스의 판매를 증가시키기 위하여 단기간에 걸쳐 중간상이나 최종소비자를 대상으로 벌이는 활동으로 광고, 인적 판매, PR 이외의 모든 커뮤니케이션 활동을 포함한다. 판매촉진은 비인적 커뮤니케이션 수단으로서, 샘플의 제공, 할인권 제공, 제품전시회 개최, 점포진열, 경품제공 등을 포함한다. 판매촉진의 가장 중요한 특징은 구매시점에서 소비자의 구매동기를 강력하게 자극할 수 있으며 소비자의 일시적이고 즉각적인 반응을 유발시키는 마케팅커뮤니케이션 수단이라는 점이다. 그러나 빈번한 판매촉진은 고객들로 하여금 미래의 판촉을 기대하도록 학습시키는 결과를 초래할 수도 있기 때문에 장기적인 상표충성도를 증진시키는 데에는 적절하지 못하다.

> **판매촉진**
> 제품이나 서비스의 판매를 증가시키기 위하여 단기간에 걸쳐 중간상이나 최종소비자를 대상으로 벌이는 활동

1.3 마케팅커뮤니케이션의 과정

마케팅 관리자는 기업과 소비자 간의 커뮤니케이션이 어떻게 이루어지는 지를 이해하여야 한다. 커뮤니케이션은 '정보의 전달(교환)' 혹은 '발신자와 수신자 간에 사고에 있어서의 공통경험영역(commonness of thought)을 구축하는 과정'이라 정의된다.[2] 이러한 커뮤니케이션의 정의에는 커뮤니케이션이 이루어지기 위해서 커뮤니케이션의 당사자인 발신자와 수신자 간에 사고에 있어서 공통영역이 있어야 하며, 발신자로부터 수신자에게로 정보가 전달되어야 한다는 것이 포함된다.

커뮤니케이션 과정은 그림 11.1과 같이 9가지의 요소로 구성된다. 즉, 발신자가 전달하고자 하는 메시지를 부호화하여 적절한 채널을 통해 수신자에게 전달된다. 수신자는 발신자가 전달한 메시지를 해독하여 다양한 반응을 보이게 되는데, 이러한 반응은 피드백을 통해 발신자에게 다시 전달된다. 발신자에게 전달된 수신자의 반응은 다음의 커뮤니케이션 실행에 반영된다. 다음에는 커뮤니케이션을 구성하는 요소들을 보다 자세하게 알아보기로 한다.

> **커뮤니케이션**
> 발신자와 수신자 간에 사고에 있어서의 공통경험영역을 구축하는 과정

유나이티드항공, SNS 불통했다가 1억8000만弗 손실

**고객 화물 함부로 다루는 동영상 유튜브 퍼져
나흘만에 조회수 700만건…주가 10% 급락**

스와로브스키·글라소는 SNS 적극 활용해 '대박'
'소통' 소홀할땐 고객들 뒤도 안 돌아보고 떠난다

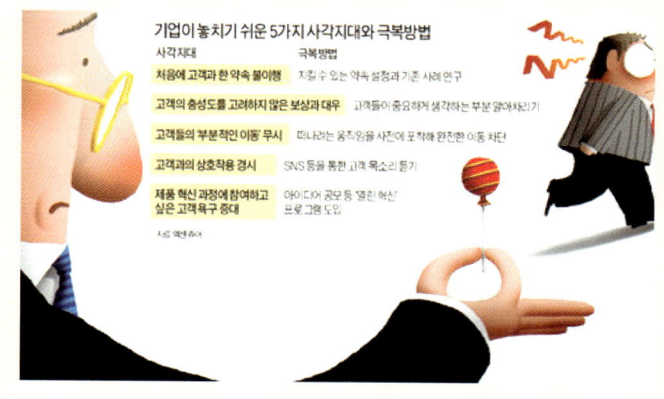

스마트폰 연동형 시계를 만드는 벤처기업페블은 올초 제품 생산에 필요한 자금을 마련하지 못해 회사 문을 닫을 위기에 놓였다. 스마트폰과 블루투스로 연결해 인터넷에 접속할 수 있을 뿐 아니라 스포츠 활동에 특화된 애플리케이션을 가동할 수 있는 상품이라고 적극 홍보했지만 실리콘밸리 투자자들의 반응은 냉랭했다. 창업자 에릭 미기코프스키(28)는 지난 4월 크라우드펀딩 사이트인 킥스타터에 '투자금 10만달러를 모은다'는 글을 올렸다. 페블은 두 시간 만에 투자금 목표액을 채우는 '대박'을 터뜨렸다. 한 달간 목표금액의 100배가 넘는 1026만달러의 투자금을 확보, 킥스타터 사상 최대 성공을 거뒀다.

경영환경이 빠르게 변화하면서 기업들의 '고객 지키기'가 점점 어려워지고 있다. 소비자들은 자신이 사용하는 제품이나 서비스가 조금만 불만족스러워도 더 나은 제품을 찾아 떠난다. 디지털시대 고객들은 페이스북, 트위터 등을 이용해 기업과 소통하기를 원하는 것으로 나타났다. 미국의 대형 항공사 유나이티드항공은 소셜네트워크서비스(SNS)를 통한 소통과 대응에 대한 준비 부족으로 1억8000만달러의 손실을 입었다. 캐나다의 한 가수가 자신의 기타가 들어 있는 수하물을 비행기 활주로에서 함부로 다루는 항공사 직원을 보고 '유나이티드가 기타를 부수네'라는 제목으로 동영상을 만들어 유튜브에 올린 게 계기가 됐다. 이 동영상은 나흘 만에 조회수 700만건을 넘어섰고 유나이티드 주가는 10% 떨어졌다.

기업의 활동에 참여하려는 소비자들의 욕구를 채워주는 마케팅도 중요하다. 오스트리아의 크리스털 제조·판매 회사인 스와로브스키와 비타민워터로 유명한 음료수 브랜드 글라소는 SNS를 통한 경연으로 훌륭한 제품 아이디어뿐 아니라 충성도 높은 고객 확보라는 두 마리 토끼를 잡았다.

자료원 : 한국경제 2012.10

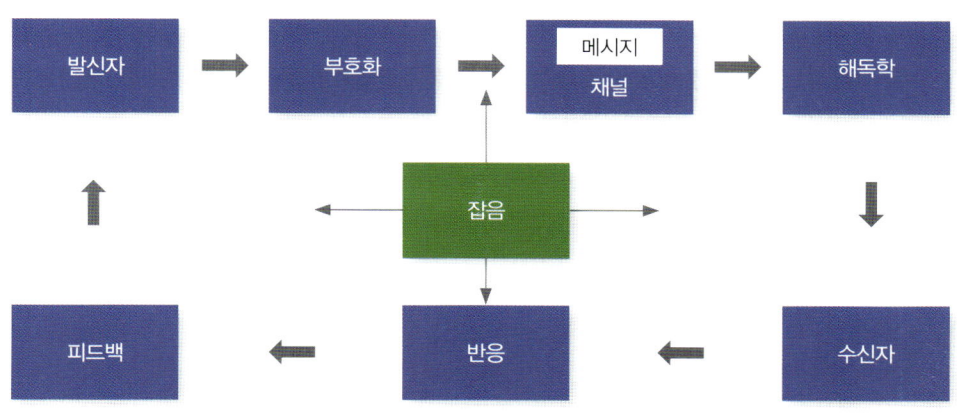

그림 11.1 커뮤니케이션 과정의 구성요소

발신자

발신자(sender)는 메시지를 전달하는 주체로서 아이디어, 생각, 주장, 정보 등을 다른 사람에게 전달함으로써 커뮤니케이션을 시작하는 사람 또는 조직체를 말한다. 커뮤니케

> **발신자**
> 메시지를 전달하는 주체로 아이디어, 생각, 정보 등을 다른 사람에게 전달함으로써 커뮤니케이션을 시작하는 사람 또는 조직체

이션의 목적은 발신자가 의도한 대로 수신자가 반응을 보이도록 하는 것이기 때문에 발신자가 어떠한 특징을 가지고 있는지는 수신자의 메시지 수용정도와 반응에 매우 많은 영향을 미치게 된다. 발신자의 신뢰성과 매력성은 수신자의 메시지 수용정도를 높이는 중요한 요인이 된다. 신뢰성은 메시지 전달자의 전문성과 진실성 등에 의해 좌우되며 매력성은 친숙성, 호감성, 수신자와의 유사성 등에 의해 결정된다. 발신자는 판매원이나 광고에 등장하는 모델이 될 수 있으므로 기업은 신뢰성과 매력성을 갖는 발신자를 커뮤니케이션 활동에 이용하는 것이 필요하다.

> 광고모델의 선정은 소비자의 메시지 수용정도에 많은 영향을 미친다

부호화

부호화(encoding)란 발신자가 전달하고자 하는 생각을 보다 효과적으로 전달하기 위하여 언어적/비언어적, 시각적/청각적 수단이나 상징 등의 형태로 전환시키는 과정을 말한다. 발신자의 커뮤니케이션 목표는 수신자가 발신자의 메시지를 보다 잘 이해할 수 있도록 메시지를 부호화하는 것이다. 따라서 기업은 표적청중이 메시지를 쉽게 이해할 수 있도록 친숙한 단어나 상징을 이용하여 메시지를 부호화하는 것이 필요하다.

> **부호화**
> 발신자가 전달하고자 하는 생각을 보다 효과적으로 전달하기 위하여 언어적/비언어적, 시각적/청각적 수단이나 상징 등의 형태로 전환시키는 과정

효과적인 메시지를 만들기 위해서는 메시지의 내용, 구조, 양식 등의 세 가지 요소를 고려하여야 한다. 메시지 내용(message content)이란 발신자가 의도한대로 수신자가 반응을 보이도록 하기 위해 사용되는 메시지의 소구방향이나 주제 혹은 아이디어 등을 말한다.

> **메시지 내용**
> 메시지의 소구방향이나 주제 혹은 아이디어

메시지 구조(message structure)란 전달하고자 하는 내용을 어떻게 구성할 것인가와 관련된다. 전달하고자 하는 메시지의 장점만 주장할 것인가, 아니면 장점과 단점을 동시에 주장할 것인가에 관련된 메시지 주장측면(sideness)과 메시지의 핵심내용을 메시지의 도입부분에서 주장할 것인가 그렇지 않으면 결론부분에서 주장할 것인가를 결정하는 내용제시순서를 고려하여야 한다. 또한 수신자에게 메시지의 결론을 분명하게 제시할 것인가 그렇지 않으면 수신자가 결론을 도출하도록 할 것인가를 결정하는 결론도출 여부가 있다.

> **메시지 구조**
> 전달하고자 하는 메시지 내용을 어떻게 구성할 것인가를 결정

메시지 양식(message format)이란 부호의 상징을 이용하여 메시지를 어떻게 표현할 것인가를 결정하는 것이다. 메시지의 표현양식은 크게 나누어 언어적·비언어적, 시각적·청각적인 것으로 구분할 수 있다. 전달하려는 메시지의 내용에 따라서 이러한 표현양식을 적절히 배합하여 소비자가 보다 쉽게 메시지를 이해하고 수용할 수 있도록 설계하는 것이 중요하다.

> **메시지 양식**
> 부호의 상징을 이용하여 메시지를 어떻게 표현할 것인가를 결정

채널

채널(channel)이란 발신자가 수신자에게 메시지를 전달하는 수단을 말한다. 채널은 인적채널(personal channel)과 비인적채널(nonpersonnel channel)로 구분할 수 있다. 인적채널은 발신자와 수신자 사이의 직접적인 접촉을 통해 커뮤니케이션하는 방법으로 판매

> **채널**
> 발신자가 수신자에게 메시지를 전달하는 수단

원에 의한 정보 전달이나 친구, 가족 등에 의한 구전(word-of-mouth) 등이 있다. 비인적채널은 발신자와 수신자의 직접적인 접촉 없이 커뮤니케이션이 이루어지는 것으로 인쇄매체(신문, 잡지)와 방송매체(TV, 라디오)로 구분된다. 채널의 선택은 수신자의 특성과 메시지의 내용에 따라서 달라진다. 수신자가 불특정 다수의 소비자인 경우에는 비인적채널이 효과적이며 소수의 소비자를 대상으로 하는 경우에는 인적채널이 더 효과적인 방법이라 할 수 있다.

해독

해독(decoding)이란 발신자가 보낸 메시지를 수신자가 자신의 경험, 지식, 지각, 태도, 가치 등을 이용하여 의미를 부여하고 해석하는 과정을 의미한다. 효과적인 커뮤니케이션이 이루어지기 위해서는 수신자의 해독화 과정이 발신자의 부호화 과정과 일치해야 한다. 즉, 수신자는 발신자가 전하고자 하는 내용을 이해하고 이를 정확하게 해석할 수 있어야 한다.

> **해독**
> 발신자가 보낸 메시지를 수신자가 의미를 부여하고 해석하는 과정

효과적인 커뮤니케이션이 이루어지기 위해서는 발신자의 경험영역과 수신자의 경험영역이 서로 중복되는 공통경험영역이 커야 하며, 수신자와 경험을 공유할 수 있는 공통 경험영역 내에서 메시지를 작성하여야 한다. 따라서 발신자가 전달하고자 하는 메시지를 부호화하는 과정에서 수신자의 해독과정을 고려하여 그들이 이해하기 쉬운 부호나 상징을 이용하여야 한다. 예를 들면, 과자광고는 어린이들이 알아듣기 쉽고, 잘 이해할 수 있으며, 좋아하는 언어, 부호 그리고 심벌을 이용하여 제작되어야 한다.

반응

수신자가 메시지를 해독하고 나타나는 반응은 세 가지 유형으로 분류된다. 첫째, 인지적 반응으로 수신자가 커뮤니케이션 메시지에 담겨진 정보를 통해 특정 대상에 대한 지식이나 신념을 형성하는 것을 말한다. 둘째, 감정적 반응으로 형성된 지식이나 신념을 토대로 특정 대상에 대해 호의적 또는 비호의적인 태도를 형성하는 것을 말한다. 셋째, 행동적 반응으로 특정제품에 대해 구매의도나 구매행동을 보이는 것을 의미한다. 커뮤니케이션 메시지에 노출된 수신자가 이러한 세 가지 유형의 반응을 모두 보이는 것은 아니다. 예를 들어, 광고에 등장하는 모델로 인해 제품에 대한 정확한 지식이 형성되지 않더라도 그 제품에 대해 호의적인 태도를 보이게 된다. 따라서 기업은 커뮤니케이션 과정에서 소비자로부터 어떠한 반응을 얻고자 하는지를 명확히 하고 이러한 반응을 유발시킬 수 있는 커뮤니케이션 과정의 설계가 필요하다.

> **인지적 반응**
> 수신자가 메시지에 담겨진 정보를 통해 대상에 대해 형성하는 지식이나 신념

> **감정적 반응**
> 지식이나 신념을 토대로 형성되는 호의적 또는 비호적 태도

> **행동적 반응**
> 대상에 대한 구매의도나 구매행동

피드백

피드백(feedback)은 수신자의 반응이 발신자에게 다시 전달되는 것으로 차기의 커뮤니케이션 활동에 반영된다. 결국 피드백은 발신자가 전달한 부호나 심벌이 발신자가 의도한 대로 수신자에게 전달되었는지 여부를 확인하는 것이라 할 수 있다. 기업은 피드백을 얻기 위해 다양한 수단을 활용하는데 매출이나, 점포방문, 고객설문조사, 응답카드의 활

용 등이 그 예이다. 이러한 피드백 과정을 통해 수집된 정보를 토대로 차기의 커뮤니케이션 과정에서 매체의 변경여부나 메시지의 수정여부 등을 결정할 수 있다.

잡음

잡음(noise)이란 전달되는 메시지가 발신자가 의도했던 것과는 다르게 수신자에게 메시지가 전달되게 하는 여러 가지 방해요소를 의미한다. 잡음의 유형으로는 외부잡음과 내부잡음, 경쟁잡음 등이 있다. 외부잡음은 수신자가 외부에서 발생하는 소음으로 인해 메시지 해독에 방해를 받는 것으로 예를 들어, 광고를 보는 과정에서 전화벨 소리나 아기 울음으로 인해 광고의 내용을 해독하지 못하는 경우를 말한다. 내부잡음이란 수신자의 피로도나 긴장과 같이 수신자 내부에서 발생하는 메시지 해독의 방해요소를 의미한다. 마지막으로 경쟁잡음이란 경쟁기업의 정보들로 인해 자사가 전달하고자 하는 메시지가 소비자에게 전달되지 못하거나 주의의 분산을 가져오는 것을 의미한다. 무수히 많은 광고들로 인해 소비자는 선택적인 정보노출 및 주의를 하게 되고 자신의 가치관이나 태도에 부합하지 않는 정보들은 회피하거나 왜곡해서 해석하는 경향이 있다. 이러한 잡음은 기업이 의도한 대로 소비자가 메시지를 해독하고 수용하지 못하게 하는 중요한 요인이 되고 있다. 소비자의 메시지 수용과정에서 내적잡음이나 외적잡음은 기업이 통제하기 어려운 부분이지만 차별적인 메시지의 설계를 통해 경쟁잡음을 줄일 수 있다.

> **잡음**
> 발신자가 의도했던 것과 다르게 수신자에게 메시지가 전달되게 하는 여러 가지 방해요소

"고단한 2030세대 힘내세요" 박카스, 캠페인 광고-이벤트 눈길

젊은이들이 서울 종로의 한 버스 정류장에 설치된 '박카스 셀프 스캐너'에서 손바닥 모양의 센서에 손을 갖다대고 '방전 지수'를 측정해보고 있다. 동아제약이 6월 말까지 설치해 운영하는 이 스캐너는 심박수와 피부온도 같은 생체 신호를 측정해 참여자의 피로도를 수치로 알려준다.

최근 피로해소제가 겨냥하는 주 소비층은 20, 30대 젊은이들이다. 좁은 취업문을 뚫기 위해 토익시험 같은 취업준비에 매진하면서 틈틈이 아르바이트까지 해야 하는 2030세대의 고단함이 그만큼 커진 탓이다. 최근 제약회사들이 시도하는 각종 이벤트와 캠페인 광고는 이런 트렌드를 고스란히 담아내고 있다.

'지금, 당신의 방전지수를 확인하라!'

피로해소제 박카스를 생산·판매해온 동아제약은 강남, 종로 등 젊은층이 몰리는 지역의 버스정류장에 '박카스 셀프 스캐너'를 설치했다. 이 스캐너는 생체신호분석 기술을 사용해 체험자가 자신의 '방전지수'를 확인할 수 있도록 한 기계다. 손바닥 모양의 센서에 손을 갖다 대면 스캐너가 심박수와 피부온도 같은 생체신호를 측정해 참여자의 피로도를 수치로 알려준다. 이렇게 측정된 방전지수는 박카스와 무료로 교환할 수 있는 영수증과 함께 출력돼 나온다. 이 이벤트는 6월 말까지 진행된다.

동아제약은 얼굴 사진으로 방전지수를 알아보는 웹사이트(www.나를아끼자.com)도 개설했다. 웹사이트에 참여자의 셀카를 등록하면 얼굴 인식을 통해 방전지수를 보여주는 식이다. 미디어 광고도 달라졌다. 올해 박카스 광고의 슬로건은 '나를 아끼자'. 이런 콘셉트로 만들어진 '콜센터'편은 콜센터의 젊은 여성 상담원이 겪는 다양한 상황을 보여준 뒤 지친 퇴근길에 '난 오늘 나에게 박카스를 사줬습니다'라는 메시지를 띄운다. 그런가 하면 '좋더라'편에서는 한 여학생을 짝사랑하는 남자가 그녀의 이상형인 '기타 잘 치고 어깨가 넓은 남자'가 되기 위해 노력하면서 스스로에게 박카스를 사주는 내용이 담겼다.

회사 측은 "N포 세대라는 신조어가 생길 만큼 힘든 현실을 살아가고 있는 2030세대에게 '힘들지만 당신은 누군가의 소중한 사람이라는 것을 생각하게 하고, 일상생활에서 키워가는 꿈과 열정이 가치 있다는 메시지와 함께 이들을 응원하기 위해 이번 광고를 기획했다"고 설명했다. 온라인에서는 소셜네트워크서비스(SNS)를 활용한 소통 시도를 강화했다. 박카스의 브랜드 이모티콘인 '기운찬'씨와 '계피곤'씨를 무료로 다운로드 하는 행사를 진행한 것이 대표적이다. 15만 건을 다운로드 할 수 있도록 한 박카스 브랜드 이모티콘은 5시간 만에 소진됐다. 동아제약 관계자는 "기업에서 진행하는 브랜드 이모티콘 이벤트는 15만 건이 모두 다운로드 되는 데 보통 1~2주가 걸린다"며 "하루도 안 돼서 다 소진되는 것은 그만큼 인기가 있다는 의미"라고 설명했다.

자료원 : 동아일보 2016.06

2 통합적 마케팅커뮤니케이션

1990년대 이후 중요한 마케팅흐름의 하나는 통합적 마케팅커뮤니케이션(IMC: Integrated Marketing Communication)에 대한 관심의 확산이다. 과거에는 광고, 판매촉진, 홍보, 이벤트, 구매시점 디스플레이 등과 같은 커뮤니케이션 수단들이 각각의 개별적 마케팅활동으로 수행되어 왔으나, 최근 들어 많은 기업들이 일관된 브랜드이미지를 창

> **통합적 마케팅커뮤니케이션(IMC)**
> 표적고객과 유망고객에게 지속적으로 전달되는 광고, 홍보, 판매촉진 등과 같은 다양한 형태의 촉진도구들을 기획·창출하고 통합하여 실행하는 커뮤니케이션 과정

출·유지하기 위하여 이들을 조정·통제해야 할 필요성에 대해 공감하며 통합적 마케팅커뮤니케이션에 대한 중요성이 증대되고 있다.[3]

2.1 통합적 마케팅커뮤니케이션의 개념 및 등장배경

통합적 마케팅커뮤니케이션은 특정 브랜드의 현재 표적고객과 미래 유망고객에게 지속적으로 전달되는 광고, 홍보, 판매촉진 등과 같은 다양한 형태의 마케팅커뮤니케이션 도구들을 기획·창출하고 통합하여 실행하는 커뮤니케이션 과정이다.[4]

이러한 통합적 마케팅커뮤니케이션의 주요 특징은 다음과 같다. 첫째, 통합적 마케팅커뮤니케이션의 출발점은 표적고객이나 유망(prospect)고객이다. 통합적 마케팅커뮤니케이션의 접근법은 기업이 일방적으로 고객에게 메시지를 전달하는 인사이드-아웃(inside-out) 방법이 아닌 고객으로부터 출발하여 고객의 정보욕구를 최대한 충족시키는 아웃사이드-인(outside-in) 방법을 이용한다. 둘째, 여러 메시지가 한 목소리(voice)를 내야 한다. 통합적 마케팅커뮤니케이션은 마케팅커뮤니케이션 관리자가 메시지를 전달하는데 있어 단순히 대중매체광고와 같은 단일의 커뮤니케이션 수단에만 의존하지 않고 표적청중에게 도달하는데 있어 효과적일 수 있는 다양한 마케팅커뮤니케이션 도구들을 적극적으로 사용한다. 이때 사용되는 마케팅커뮤니케이션 도구들이 동일한 메시지를 제시하고 이러한 메시지가 다양한 채널을 통해 일관성 있게 소비자에게 전달되어야 한다는 것이다. 셋째, 고객과의 관계를 구축한다는 것으로 통합적 마케팅커뮤니케이션이 성공하기 위해서는 브랜드와 고객 간의 지속적인 관계가 구축되어야 한다는 것이다. 고객과 브랜드와의 지속적인 관계유지는 반복구매나 브랜드 애호도를 형성시켜 마케팅 목표를 달성하는데 중요한 역할을 한다. 넷째, 최종목표는 '행동유발'이다. 통합적 마케팅커뮤니케이션이 단순히 브랜드 인지도에 영향을 주거나 브랜드 태도를 강화하는 것 이상의 역할을 수행해야 한다는 것으로, 구매와 같은 행동을 유발시켜야 한다는 것을 의미한다.

통합적 마케팅커뮤니케이션은 기업의 커뮤니케이션 도구들을 잘 통합함으로써 개별적으로 각각의 도구를 이용하는 것보다 높은 성과를 창출하는 시너지효과가 있기 때문에 최근에 기업들은 통합적 마케팅커뮤니케이션의 중요성을 인식하고 적극적으로 사용하는 경향이 증가하고 있다.

2.2 통합적 마케팅커뮤니케이션 전략의 수립과정

통합적 마케팅커뮤니케이션 전략은 그림 11.2에 제시된 바와 같이 6단계를 거쳐 수립된다. 기업은 이와 같은 통합적 마케팅커뮤니케이션 전략수립을 통해 커뮤니케이션의 일관성과 판매촉진의 효과를 얻을 수 있으며, 일관성 있는 기업의 이미지를 구축할 수 있고, 촉진예산 집행의 효율성을 증대시킬 수 있다. 다음에서는 통합적 마케팅커뮤니케이션 전략의 수립과정에 대해 좀 더 자세히 살펴보자.

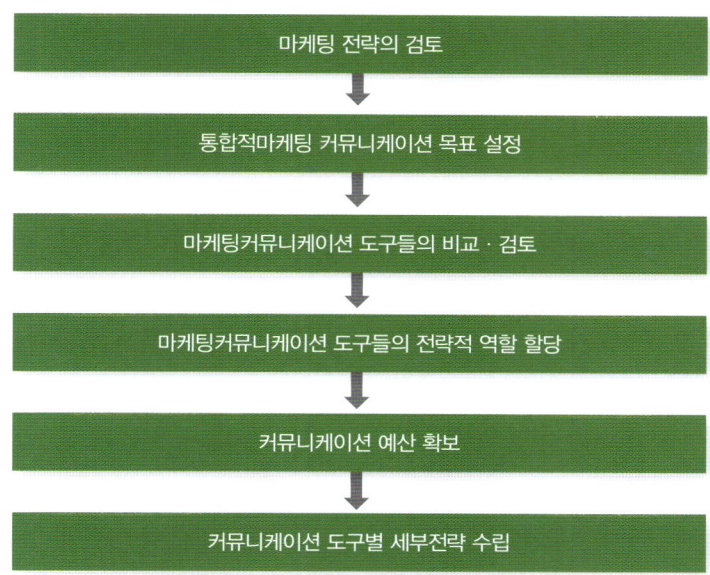

그림 11.2 통합적 마케팅 커뮤니케이션 전략의 수립과정

마케팅 전략의 검토

통합적 마케팅커뮤니케이션 전략은 기업의 마케팅 전략의 하위개념이기 때문에 기업의 마케팅 목표를 달성하는데 도움을 주어야 한다. 따라서 통합적 마케팅커뮤니케이션 전략 수립의 첫 번째 단계는 통합적 마케팅커뮤니케이션 전략에 반영되어야 할 마케팅 전략을 검토하는 것이다. 따라서 결정된 STP전략과 이를 실행하기 위해 필요한 마케팅믹스 프로그램에 대한 검토를 통해 통합적 마케팅커뮤니케이션 전략의 역할을 파악하는 것이 중요하다.

통합적 마케팅커뮤니케이션 목표의 설정

통합적 마케팅커뮤니케이션 목표는 기업이 통합적 마케팅커뮤니케이션 활동을 통해 달성하고자 하는 것으로 마케팅 목표를 토대로 설정되어야 한다. 일반적으로 통합적 마케팅커뮤니케이션 목표는 매출증대와 커뮤니케이션 효과의 창출로 설정된다. 마케팅 목표가 매출을 중심으로 설정되기 때문에 매출증대목표는 통합적 마케팅커뮤니케이션 활동의 가장 기본적인 목표가 될 수 있다. 앞서 살펴본바와 같이 통합적 마케팅커뮤니케이션의 주된 특징 중에 하나는 '행동에 영향을 미친다'는 것으로 자사 브랜드에 대한 인지, 지식 및 선호도의 형성 등은 소비자의 행동을 유발시키는 중요한 요인들이 되기 때문에 커뮤니케이션 효과 창출은 장기적인 관점에서 통합적 마케팅커뮤니케이션의 목표가 될 수 있다.

마케팅커뮤니케이션 도구들의 비교·검토

마케팅커뮤니케이션의 도구들은 앞서 언급한바와 같이 광고, 인적판매, PR, 판매촉진 등 다양한데 통합적 마케팅커뮤니케이션 목표를 달성하기 위해 사용될 커뮤니케이션 도구들을 비교·검토하여 통합적 마케팅커뮤니케이션 목표 달성에 가장 효과적인 도구들을 선정하는 것이 필요하다.

마케팅커뮤니케이션 도구들의 전략적 역할 할당

커뮤니케이션 도구들이 결정되면 마케팅 관리자는 각 도구별로 전략적 역할을 할당해야 한다. 광고, 홍보(PR), 인적 판매, 판매촉진 활동을 어느 정도의 비율로 결합하여 마케팅커뮤니케이션 프로그램을 실행할 것인가를 결정해야 하는데, 각각의 커뮤니케이션 도구들을 적절히 조합함으로써 커뮤니케이션 효과를 극대화시킬 수 있도록 각각의 도구들의 역할을 명확하게 정의하는 것이 중요하다.

커뮤니케이션 예산의 확보

통합적 마케팅커뮤니케이션의 목표와 커뮤니케이션 도구들이 결정되면 마케팅관리자는 이를 실행하는데 필요한 예산을 확보하여야 한다. 커뮤니케이션 예산은 너무 적게 책정하게 되면 커뮤니케이션 목표를 달성하기 어렵고, 너무 많은 예산 책정은 불필요한 비용을 지출하는 결과를 초래하기 때문에 최적의 커뮤니케이션 예산을 책정하기 위한 방법의 개발이 필요하다.

각 커뮤니케이션 도구별 세부전략 수립

통합적 마케팅커뮤니케이션 활동을 위한 예산이 확보되면 각 커뮤니케이션 도구별 세부전략을 수립한다. 마케팅관리자는 마케팅 목표를 달성할 수 있도록 사용되는 마케팅커뮤니케이션 도구들에 대해 개별적인 목표설정 및 구체적인 실행 아이디어를 개발한다.

3 광고

3.1 광고의 본질과 역할

1) 광고의 의의와 성격

"광고(advertising)란 확인된 광고주(sponsor)가 그들의 목표고객에게 정보를 제공하거나 설득할 목적으로 대중매체를 통하여 아이디어, 제품 또는 서비스에 관한 메시지를 유료로 전달하여 구매되도록 촉진하는 모든 비인적(non-personal) 활동을 말한다."

이러한 정의에 따르면 광고가 다른 마케팅커뮤니케이션수단과 구분되는 몇 가지 특징이 있다.

첫째, 광고(advertising)와 광고물(advertisement)은 다른 개념이다. 광고물이란 단순히 전달되는 메시지 자체를 의미하지만, 광고는 메시지가 전달되는 전반적인 과정

레드불에 스며든 IMC 전략

최근 몇 년간 레드불을 들어보지 않은 청년들은 거의 없을 거다. 에너지드링크시장의 글로벌 선두주자가 바로 레드불이다. 146개국에서 판매되고, 오스트리아에 헤드가 있으며, 제조는 아웃소싱으로 한다. 레드불은 IMC전략을 통해 무슨 메시지를 전달하고, 어떻게 채널들을 활용했을까.

레드불의 슬로건은 '레드불 날개를 펼쳐줘요'다. 날개는 하늘을 날 수 있게 해주는데 그 날개를 레드불이 펼쳐준다는 뜻으로, 레드불이 사람들의 꿈을 펼 수 있도록 도와준다는 뜻이다. 레드불은 이 슬로건에 가장 적합하며 에너지드링크 제품 특성과 부합한 분야 '스포츠'를 이용해 스포츠마케팅을 펴고 있다. 레드불은 비인기종목을 포함한 다양한 스포츠 종목들에 지속적인 투자와 후원을 하고 있다. 스포츠마케팅 기반이 된 IMC 전략을 통해 레드불과 스포츠(특히 익스트림 스포츠)를 매우 밀접한 관계로 인식하도록 만들었다. 레드불은 4개의 채널을 통해 슬로건을 효과적으로 고객에게 전하고 있다.

TV광고
레드불의 광고는 에너지드링크라는 자신의 제품속성보다는 소비자들이 레드불을 마시고 얻게 될 효용을 멋들어지게 포장하고 있다. 레드불은 소비자들에게 멋지고 짜릿한 경험을 광고를 통해 선사한다.

길거리 홍보
홍대나 강남 거리를 지나다가 혹시 레드불 캔을 달고 다니는 레드불 미니차를 본적이 있지 않을까? 레드불의 잠재적인 고객이 될 수 있는 곳에 찾아가 레드불에 대해 설명하며 캔을 따서 사람들에게 건네준다. 다양한 이벤트나 SNS로 연동할 수 있는 판촉물도 함께 전한다.

SNS
레드불은 SNS도 적극적으로 활용한다. 윙스팀이 길에서 레드불을 줄 때 함께 주는 판촉에는 SNS로 연동할 수 있는 QR코드도 함께 있다. 이미 레드불의 페이스북 계정은 세계 4천만 명이 넘는 사람들이 팔로우하고 있다. 트위터는

그 외
익스트림 스포츠가 다른 나라에 비해 현저히 낮은 수준이었던 우리나라에서 레드불은 글로벌 전략을 그대로 실행했다. 스포츠와 익스트림스포츠는 더 이상 레드불과 뗄 수 없는 관계이기 때문일 것이다.

자료원 : 쿨키 매거진 2015.02

(process)을 말하는 것으로 메시지를 작성하고 표적시장에 전달되는데 필요한 일련의 활동 또는 프로그램을 의미한다. 둘째, 확인된 광고주의 의미는 광고를 전달하는 주체가 명확하다는 점에서 선전(propaganda)과 구별된다. 셋째, 광고가 유료로 전달된다는 점은 광고에 대한 대금은 광고주가 메시지를 전파해주는 매체에 지불한다는 것으로 무료로 지면이나 방송시간에 기사로 다루어지는 홍보(publicity)와 구별되는 특징이다. 마지막으로 비인적(non-personal)이라고 하는 것은 메시지가 대면적인 메시지 전달이 이루어지지 않는다는 점에서 인적판매나 구전과 구별된다.

2) 광고의 분류

광고는 다양한 기준에 의해 분류할 수 있지만 일반적으로 광고주체, 표적청중, 지역범위, 사용매체에 따라 다음과 같이 분류할 수 있다.

표 11.1 광고의 종류

분류기준	대분류	세부분류
광고주체	제품 조직(기업, 단체)	제품광고, 서비스광고 기업광고, 이슈광고, 정치광고
표적청중	소비자 조직, 산업 전문가	소비자대상 광고 산업광고, 중간상 광고 전문적 사용자 광고
지역범위	국제광고 국내광고	타국가 광고, 특정국가내 광고 전국광고, 지역광고
사용매체	방송매체 인쇄매체 장소매체 뉴미디어	TV광고, 라디오광고 신문광고, 잡지광고 옥외광고, 교통광고, 기타 케이블TV광고, 온라인 광고, 기타

광고주체에 따른 분류

광고의 주체가 무엇인지에 따른 구분으로 광고의 주체가 제품이나 서비스 등과 같은 유·무형의 제품 등에 관한 제품광고와 기업이나 기관 등과 같은 조직에 관한 조직광고로 분류할 수 있다.

제품광고
광고주가 제품 관련 정보나 편익을 소비자에게 전달하여 소비자의 구매를 설득하는 광고

조직광고
기업 또는 기타 조직에 대해 호의적인 태도를 갖거나 좋은 이미지를 갖도록 하는 광고

SK의 기업이미지 광고

■ 제품광고

제품광고(product advertising)란 광고주가 제품 관련 정보나 편익을 소비자에게 전달하여 소비자의 구매를 설득하는 것을 의미한다. 제품광고는 광고의 주제(theme)에 따라서 간접행동광고(indirect-action advertising)와 직접행동광고(direct-action advertising)로 분류된다. 직접행동광고란 광고주가 광고에 대해 즉각적인 반응을 추구하는 광고이고, 간접행동광고란 소비자의 수요를 자극하는 데 목적이 있는 것으로 장기간에 걸쳐서 제품에 대한 정보를 전달하고 효익이 무엇인지를 소개하여 제품의 구매의욕을 유발하며 아울러 광고주의 브랜드에 대해 호의적인 태도를 갖게 하는 것이다.

■ 조직광고

조직광고(institutional advertising)란 유·무형의 제품이나 서비스를 판매할 목적이 아니라 소비자나 대중으로 하여금 기업 또는 기타 조직에 대해 호의적인 태도를 갖거나 좋은 이미지를 갖도록 하는 광고를 의미한다. 조직광고는 기업이미지광고, 이슈광고, 정치광고 등으로 구분할 수 있다.

먼저, 기업이미지 광고(corporate image advertising)는 소비자들의 기업과 관련된 호의적인 연상을 유발시키거나 소비자와의 우호적인 관계를 유지하기 위해 실행되는 광고이다. 따라서 광고에서 기업의 사회적 책임, 최고의 품질, 혁신성, 고객지향성, 일류기업 등의 추상적인 메시지를 주로 전달함으로써 소비자들에게 기업브랜드에 대한 신뢰도를 높이게 되고 궁극적으로 제품의 판매로 이어지는 효과를 기대한다.

이슈광고(issue advertising)는 기업이 사회 일반 사람들의 관심이 되고 있는 사회

적, 경제적, 정치적 문제를 다루는 광고로서, 사회적인 문제를 거론하여 기업에 대한 관심과 호의적인 태도를 유도한다.

정치광고는 정치 단체나 정치인이 여러 가지 선거 또는 일상적 정치 활동의 일환으로 행하는 광고이다. 우리나라의 정치광고는 1987년 13대 대통령 선거 때부터 시작되었고, 최근에 정치광고는 홍보물을 제작하는 수준을 넘어서 선거의 모든 과정이 커뮤니케이션 전문가에 의해 관리되는 체제로 바뀌어 가고 있다.

표적청중에 따른 분류

광고주가 표적으로 하는 대상이 누구인가에 따라 광고를 분류하는 방법이다. 광고주가 표적으로 하는 대상은 크게 일반 소비자와 재화와 용역을 구매하여 가공, 변형, 중개 등의 과정을 거쳐 새로운 이익을 창출하는 사업자로 구분된다. 이러한 기준으로 일반소비자를 대상으로 하는 광고와 사업자를 대상으로 하는 광고로 분류할 수 있는데, 사업자를 대상으로 하는 광고는 산업재구매자를 대상으로 하는 산업광고(industrial advertising), 중간상을 대상으로 하는 중간상광고(trade advertising), 그리고 회계사, 변호사, 의사와 같이 전문자격증을 소유하고 있는 사람들을 대상으로 하는 전문인 광고(professional advertising)로 분류할 수 있다.

지역범위에 따른 분류

광고의 노출가능지역이 어디인지에 따라 국제광고와 국내광고로 분류할 수 있다. 국제광고는 국경을 넘어서 해외에서 행해지는 광고로서 여러 국가에 표준화된 광고물을 집행하는 경우와 국가별 소비자 특성에 따라 현지국가 내 광고로 구분한다. 국내광고에는 한 국가의 전 지역에서 집행되는 전국광고와 특정지역에 한 국가 내에서 일부지역의 청중을 대상으로 행해지는 지역광고가 있다.

사진 위부터
알바천국의 사회적 이슈를 거론하는 광고, 정치광고, 산업광고의 예 / 병원(전문기관)을 대상으로 하는 광고 / 유통업자를 대상으로 하는 광고, 국제광고, 코카콜라의 국내 광고

"젊은층 잡아라"…SNS에 공들이는 은행들

시중은행들이 사회관계망서비스(SNS) 마케팅 강화에 적극 나서고 있다. 젊은 고객과의 접점을 늘리기 위한 것으로 풀이된다.

21일 금융권에 따르면 최근 KB국민은행은 포털사이트인 네이버에 공식 블로그, 포스트를 동시에 개설했다.

블로그에는 KB뉴스, KB상품, KB라이프, 이달의 KB 등 4개의 카테고리로 구성돼 있으며, 포스트는 '모든 첫 꿈의 시작'을 슬로건을 내세우며 첫꿈 꾸러미, 소식 꾸러미, 일상 꾸러미, 문화 꾸러미 등 4개의 카테고리를 통해 카드 뉴스, 웹툰 등 모바일에 최적화된 스낵 콘텐츠가 제공된다. 신한은행도 SNS을 통한 젊은층 고객과의 소통을 강화하고 있다. 특히 지난해 위성호 신한은행장 취임 이후 SNS 랩(Lab)을 신설해 디지털에 익숙한 고객과 친근하게 소통하는 젊고 혁신적인 브랜드 구축을 노력하고 있다. 현재는 페이스북, 인스타그램 등 6개의 SNS와 네이버포스트, 유튜브, 카카오플러스 친구 등의 다양한 온라인 채널을 운영하고 있다. 아울러 신한은행은 글로벌 시장에서의 팬덤 확보를 위해 해외 현지 채널의 SNS 소통도 하고 있다. 지난 4월 베트남 공식 페이스북을 시작해 박항서 감독, 국가대표 축구선수 쯔엉을 활용하는 등 현지 특성에 맞는 콘텐츠로 3개월 만에 20만명의 팔로워가 생길 정도의 좋은 반응을 얻었다. 신한은행 관계자는 "오는 9월 캄보디아 등 더 많은 글로벌 시장에서 SNS 활동을 이어나갈 계획"이라고 설명했다. 하나금융지주 역시 한국축구 국가대표팀의 손흥민 선수를 내세운 광고를 통해 성과를 얻고 있다. 지난 6월7일부터 텔레비전, 극장, 디지털 매체 등을 통해 공개한 '함께가 힘이다, 하나가 힘이다'는 세계 최대의 동영상 공유 웹사이트 및 애플리케이션인 유튜브(Youtube)에서 지난 9일 기준 조회수 1000만 뷰를 돌파했다. 이는 금융권의 광고로서는 처음이고, 인기 아이돌 가수를 모델로 세운 광고보다도 먼저 최단기간으로 세운 기록으로, 지난 러시아 월드컵에서 국민들에게 큰 감동을 선사한 손흥민 선수를 비롯한 대표팀의 투혼이 이번 결과에 큰 영향을 준 것으로 보인다. 이 밖에도 NH농협은행은 페이스북과 인스타그램 등을 통해 실생활과 밀접한 콘텐츠를 카드뉴스로 만들어 제공해 인기를 얻고 있다. 은행들이 SNS를 강화하는 것은 젊은층과의 소통을 강화하기 위해서다. 시중은행 관계자는 "SNS는 엄청난 파급력을 가지고 있다"며 "앞으로도 다양한 형식의 시도와 재미있고 유용한 콘텐츠를 만들어 젊은 고객을 공략하는 은행들의 경쟁이 더욱 치열해질 것"이라고 말했다

2018.07.21. 데일리안

사용매체에 따른 분류

가장 일반적으로 광고를 분류하는 방법으로서 메시지가 전달되는 매체에 따라 구분하는 방법이다. 사용매체에 따른 분류에는 TV와 라디오를 통해 집행되는 방송매체광고, 신문이나 잡지를 통한 인쇄매체광고, 옥내외 간판이나 교통수단을 통한 옥외광고, 케이블TV, 인터넷을 통한 온라인 광고 등이 있다.

사진 왼쪽부터
옥외광고
버거킹 온라인 광고 (페이스북 친구 10명을 삭제하면 와퍼를 무료로 주겠다는 버거킹의 온라인 광고는 입소문을 타고 삽시간에 퍼져 20만명 이상의 친구가 페이스북 상에서 삭제가 되어 화제가 되었다

3) 광고의 기능

광고는 제품판매 수단으로 이용하고 있는 광고주나 광고에 노출되는 소비자 모두에게 중요한 기능을 수행한다. 일반적으로 광고는 아래의 다섯 가지 핵심적인 커뮤니케이션 기능을 수행하기 때문에 가치 있는 활동으로 인식되고 있다.[5]

정보전달

광고의 가장 중요한 기능 중의 하나는 제품에 대해 알리는 것이다. 광고는 소비자들이 새로운 제품이나 브랜드에 대해 알게 하고, 차별적인 특징이나 효익에 대해 교육시키며 긍정적인 브랜드 이미지를 창출하도록 한다.

구매행동에 영향

효과적인 광고는 소비자로 하여금 제품을 구매하도록 설득한다. 이러한 설득은 소비자의 본원적인 수요를 자극하여 전체 제품 시장을 확대시키기도 하지만 대부분의 경우 특정 브랜드에 대한 수요를 창출한다. 특정 브랜드에 대한 광고는 그 브랜드의 구매를 설득하여 구매행동으로 이어지게 하는 중요한 역할을 수행한다.

현저성의 상기와 강화

광고는 브랜드를 소비자의 기억에 항상 생생하게 살아있게 해준다. 소비자는 특정 제품을 구매하고자 하는 경우 과거 광고의 영향을 받아 광고에서 보았던 브랜드를 마음에 떠올리게 된다. 이는 구매상황에서 특정 브랜드를 쉽게 떠오르도록 함으로써 그 브랜드의 구매가능성을 높여준다.

가치부가

광고는 소비자의 지각에 영향을 미침으로써 브랜드에 가치를 더해준다. 효과적인 광고의 실행은 소비자로 하여금 자사의 브랜드가 경쟁브랜드 보다 기능적으로 우수하고 품질이 뛰어난 것으로 인식하게 해준다. 즉, 자사 브랜드에 대한 인식과 지각된 품질에 영향을 미침으로써 시장점유율을 높이고 보다 많은 수익을 가져다준다.

기업의 여타 활동 지원

광고는 기업의 다양한 커뮤니케이션 요소 중의 하나이다. 따라서 광고는 때론 다른 마케팅커뮤니케이션 활동을 지원하는 기능을 수행하기도 한다. 예를 들어, 광고에서 쿠폰이나 경품을 전달하고 이들 판매촉진 수단에 주의를 끌게 하는 수단으로 사용된다. 이를 통해 광고는 다른 마케팅커뮤니케이션 수단의 성과를 높여주는 역할을 한다.

3.2 광고관리과정

1) 광고목표의 설정

광고를 마케팅커뮤니케이션 프로그램에 활용하기로 결정하였다면 광고가 구체적으로 달성해야 할 목표가 무엇인가를 설정하여야한다. 광고목표를 설정하는 일은 효과적인 광고 실행을 위한 첫 번째 단계로 광고프로그램의 성과를 평가하는 기준으로 사용되는 핵심적 요건이다. 기존 연구결과들에 의하면 광고목표를 합리적으로 설정하지 않은 것이 광고 활동의 중요한 실패원인으로 제기되고 있다.[6]

광고의 장기적인 목적은 제품의 판매량과 시장점유율을 증대시키고 수익을 획득하는 것이다. 그러나 시장점유율과 판매량과 같은 계량적인 지표들로만 광고목적을 설정할 수 없다. 왜냐하면 광고가 실행된 후 오랜 기간 후에 판매효과가 나타나고 또한 제품 판매에 영향을 미치는 다양한 마케팅커뮤니케이션 도구들 중에 광고의 효과만을 분리하는 것이 쉽지가 않기 때문이다. 따라서 광고의 목표는 보다 구체적으로 제시될 필요가 있으며 광고의 기본적인 목표는 다음과 같이 분류될 수 있다. (표 11.2 참조).

표 11.2 광고의 목표
자료: Philip Kotler, Marketing Management, 11th ed., New Jersey: Prentice Hall, 2003.

광고목표	내용
정보전달	신제품을 시장에 알림 기존 제품의 새로운 용도를 제안 제품의 가격변화를 알림 제품의 기능설명 서비스의 유용성 설명 기업이미지 구축 구매자의 두려움 감소
설득	상표선호 구축 자사 상표로 상표전환 유도 제품속성들에 대한 구매자 지각 변화 유도 구매자들의 현시점 구매 설득
상기	제품을 어디서 구입할 수 있는지를 기억하게 함 비수기 동안 소비자들이 제품을 기억할 수 있게 함 제품을 최초 상기제품으로 지속적으로 기억할 수 있게 함
강화	자사의 제품에 대한 선택과 구매에 대한 확신 강조

정보전달

광고에서 가장 빈번하게 사용되는 목표로 브랜드 이름이나 제품개념 등에 대한 정보를 전달하는 것을 의미한다. 따라서 정보전달 광고는 기본적인 제품개념이나 브랜드가 잘 알려져 있지 않은 경우에 적합하며 신제품을 시장에 소개할 때 주로 사용되는 방법으로 기본적 수요구축을 목적으로 한다.

맨위부터
정보전달 광고의 예
비교광고의 예
상기광고의 예
강화광고의 예

설득

잠재적 소비자를 새로운 제품 사용자로 끌어 들이거나 현재 사용자의 사용률을 높이려는 목적이다. 따라서 설득적 광고는 경쟁이 심화될수록 중요해진다. 펩시콜라 광고는 빨대가 코카콜라를 온몸으로 거부하는 모습으로 펩시콜라를 마시라는 설득을 하고 있으며, 페덱스(FedEx) 광고는 경쟁사보다 빠르다는 것을 시각적으로 보여주고 있다.

상기

소비자를 설득하기 보다는 제품이나 브랜드를 소비자의 기억 속에서 사라지기 않게 하는 목적이다. 따라서 상기광고는 성숙기에 있는 제품에서 효과적인 방법으로 사용된다. 하인즈케첩 광고는 토마토를 많이 넣어 진한 맛을 가졌다고 상기시키고 있으며, 세계자연기금(WWF) 광고는 아이스크림바가 녹는 모습으로 지구온난화를 상기시키고 있다.

강화

제품이 강한 시장지위를 보유하고 있거나 주요한 경쟁적 약점이 없는 경우 소비자들의 현재 우호적인 태도를 유지하고자 하는 목적이다. 예를 들어, 벤츠자동차는 자사의 신제품을 구매한 고객들에게 '모든 사람들이 갖고 싶어 하는 차'라는 광고를 실시하며 선택이 옳았다는 메시지를 전달하고 있다.

2) 광고예산의 설정

광고목표가 설정이 되면 기업은 제품별로 광고예산을 결정해야 한다. 기업은 다음과 같은 요인들을 고려하여 광고예산을 결정한다.[7)]

- 제품수명주기 상의 단계: 도입기의 경우 소비자의 인지도를 높이고 시험구매를 자극하기 위해 상대적으로 많은 광고예산이 소요되며 성숙기에는 매출액에 비례하여 비교적 낮은 비율의 광고예산을 책정한다.
- 시장점유율: 낮은 시장점유율을 갖는 브랜드가 높은 시장점유율을 갖는 브랜드보다 매출액 대비 높은 비율의 광고예산이 필요하며 시장점유율을 좀 더 높이거나 경쟁자의 점유율을 뺏어오기 위해서는 현재의 점유율을 유지하는 경우보다 많은 광고예산이 필요하다.
- 경쟁: 경쟁이 심할수록 보다 많은 광고예산이 필요하게 된다.
- 광고빈도: 광고의 빈도가 많이 필요한 경우 보다 많은 광고예산의 책정이 필요하게 된다.
- 제품의 차별성: 일반적으로 제품 간의 차별성을 소비자들이 크게 지각하지 못하는 경우에는 경쟁사와 차별적으로 자사제품을 인식시키기 위해 보다 많은 마케팅커뮤니케이션 예산이 필요하다.

기업은 최적의 광고효과를 만들어내기 위해서 어느 정도의 광고예산이 필요한지를 정확하게 알 수 없기 때문에 광고예산을 결정하는 것은 매우 어렵다. 최근에 기업의 광고예산은 소비자들의 광고기피 현상과 선택적 노출 현상이 증대되면서 광고 효과에 대한 부정적인 시각이 커져가고 있어 전체 마케팅커뮤니케이션 예산 중 광고에 투입되는 예산이 줄어드는 추세이다.

3) 메시지 설계

광고 메시지 설계 과정에 있어 마케팅 관리자가 반드시 명심해야 할 것은 광고의 주목적은 표적대상을 설득시키는 데 있고 광고 그 자체가 소비자의 구매행위를 유도해야 한다는 사실이다. 광고 메시지는 우선 잠재고객의 주의를 환기시키고 관심을 지속적으로 끌어서 제품, 서비스 또는 아이디어에 대한 욕구를 창출할 수 있도록 설계되어야 한다. 궁극적으로 광고메시지는 잠재고객을 감동시켜 판매자가 기대하는 행동을 유발시키도록 설계되는 것이 중요하다.

오늘날과 같이 광고혼잡(advertising clutter)시대에는 광고 메시지가 소비자에게 잘 전달되도록 하는 것 자체가 어려운 과업이기 때문에 수동적인 소비자들에게 항상 똑같은 진부한 메시지를 전달하는 것은 광고예산을 낭비하는 결과를 초래한다. 따라서 좀 더 독특하고 기억될 만한 방법으로 메시지를 설계하는 것이 중요하고 이러한 이유로 광고의 크리에이티브 전략은 점점 중요도가 높아지고 있다.

광고 메시지 설계는 광고카피(advertising copy) 작성 및 메시지 실행스타일, 광고칼라 결정 등이 포함된다.

광고카피 작성

광고카피란 메시지의 중심적인 아이디어를 표현하기 위하여 메시지에 포함된 동기부여적 주장이나 설명문장이다. 광고카피는 다음과 같은 세 가지 특징을 가지고 있어야 한다. 첫째, 카피는 의미 있는 내용이어야 한다. 의미 있는 광고카피란 제품을 소비자에게 더 바람직하고 흥미로운 것으로 보이도록 만드는 편익을 제공해야 한다는 것이다. 둘째, 카피는 믿을 만해야 한다. 즉, 소비자가 제품이나 서비스가 약속한 효익을 전달할 것이라고 믿을 수 있게 만들어져야 한다. 셋째, 카피는 독특해야 한다. 카피를 통해 자사제품이 경쟁사 제품보다 무엇이 더 좋은지를 보여주어야 한다. 광고의 혼잡시대에서 카피의 독특성은 광고의 효과를 결정하는 중요한 요인이 될 수 있다.

> **광고카피**
> 메시지의 중심적인 아이디어를 표현하기 위하여 메시지에 포함된 동기부여적 주장이나 설명문장

메시지 실행스타일 결정

메시지는 다음과 같은 다양한 실행스타일로 표현될 수 있다.[8]

- 생활의 단편: 일상적인 생활에서 제품을 사용하는 사람들의 모습을 보여준다.
- 생활양식: 제품이나 서비스가 특정 생활양식과 잘 조화를 이룬다는 것을 보여준다.
- 환상: 제품이나 사용과 관련

> 왼쪽부터
> 생활의 단편의 예
> 생활양식의 예

사진 위 우측부터 시계반대방향으로
다이아몬드는 영원한 사랑을 상징한다는 이미지 실행스타일의 예
환상의 예
개성심벌의 예: 말보로 맨

된 환상을 보여준다.
- 무드 또는 이미지: 아름다움, 사랑, 평온함 같이 제품이나 서비스와 관련된 무드나 이미지를 구축한다.
- 뮤지컬: 사람이나 만화캐릭터가 제품을 노래하는 것을 보여준다.
- 개성 심벌: 제품을 대변하는 캐릭터를 보여준다.
- 기술적 전문성: 제품을 만드는 회사의 전문성을 보여준다.
- 과학적 증거: 자사브랜드가 경쟁브랜드보다 더 좋거나 선호된다는 설문조사 결과나 증거를 제시한다.
- 제품후원자에 의한 실연과 후원: 믿을만하거나 호감이 가는 제품 후원자를 광고에서 보여준다.

광고칼라 결정

광고에서 사용하는 칼라는 광고에서 전달하고자 하는 의미에 따라 의도적으로 선정된다.

- 럭셔리: 광고에 골드칼라가 들어가면 고급스러운 분위기를 연출한다. 물론 상품에 들어가도 고급스러운 연출은 마찬가지이다. 또한 자줏빛은 유럽의 왕실에서 사용하던 색으로 높은 권위와 럭셔리를 상징한다. 골드칼라와 자줏빛이 결합되면 럭셔리 효과가 배가된다.
- 남성스러움: 광고에 사용되는 브라운 칼라는 남성스러움을 상징한다. 브라운칼라는 건조함, 터프함을 상징하며, 강인한 남성스러움을 의미한다. 말보로담배 광고의 예에서 메인칼라는 브라운이며, 삭막하고 거친 환경에서 일하는 강인한 남성상의 심볼인 카우보이를 통해 남성스러운 남자가 피우는 담배라는 이미지를 전달하고자 하고 있다.

골드칼라-럭셔리한 책이라는 것을 상징
자줏빛과 골드칼라- 최고급 술이라는 것을 상징

- 여성스러움: 대표적인 여성의 색으로 통용되는 핑크칼라(분홍색)는 아름다움과 신비로움, 부드러움과 섬세함을 상징한다.
- 신선함: 초록색은 촉촉함, 신선함을 상징하며 때로는 브라운칼라의 남성스러움에 대조적으로도 사용된다.
- 열정: 레드칼라는 열정, 정렬적인 심볼을 전달한다.

사진 위 왼쪽부터 시계방향으로
브라운칼라-강인한 남자가 피우는 담배라는 것을 의미
핑크칼라-아름다운 여성이 사용하는 제품을 상징
그린칼라-음식의 신선함을 상징
레드칼라-열정적인 이미지를 전달
그린칼라-피부를 촉촉하게 해준다는 것을 의미

4) 매체선정

광고매체를 선정하는 과정은 1)도달범위, 도달횟수, 임팩트의 결정 2)주요 매체의 유형 선정 3)특정 매체수단의 선택 4)미디어 타이밍 결정의 4단계로 구성된다.

도달범위, 도달횟수, 임팩트의 결정

도달범위는 주어진 기간 동안 광고캠페인에 노출될 표적청중의 비율이며, 도달횟수는 표적시장의 소비자가 메시지에 노출되는 횟수를 의미한다. 임팩트는 1회의 노출로 주어야 할 강도를 결정하는 것으로 일반적으로 TV를 통해 전달하는 메시지가 시각이나 청각을 겸비하기 때문에 라디오의 경우보다 임팩트가 크다.

주요 매체 유형의 선정

원하는 도달범위와 횟수, 임팩트가 결정되면 매체유형별 특징을 파악하여야 한다. 각 매체의 영향력, 효과성, 비용 등을 고려하여 광고메시지를 표적고객에게 효과적이고 효율적으로 전달할 수 있는 매체를 선정하는 것이 필요하다.

예를 들어, 라디오매체는 청각을 통해 메시지가 전달되기 때문에 소비자로 하여금 상상을 유발시키는데 유리하지만 실제적인 사용모습을 보여줘야 하는 제품의 경우에는 이러한 라디오 광고의 특성이 약점이 될 수 있다. 따라서 매체별 특성을 고려하여 자사의 광고전략에 가장 적합한 광고매체를 선정해야 한다. 주요 광고매체별 장단점은 다음과 같이 요약할 수 있다.

표 11.3 주요 광고매체별 장단점
자료: Philip Kotler, Marketing Management, 11th ed., New Jersey: Prentice Hall, 2003, p. 601

매체	장 점	단 점
신문	유연성, 적시성, 신뢰성 높음 가격에 비해 광범위한 노출 가능 크기, 색, 시기 등의 융통성 관심 독자가 자발적으로 노출됨 총 광고비용이 저렴함 장문의 광고카피 전달 가능	광고의 수명이 짧음 대부분 광고가 읽히지 않고 지나감 특히 젊은 계층은 무관심함 독자수에 비하여 가격 상승이 빠른 편임 표적의 선별능력이 비교적 낮음
잡지	신뢰성, 품위유지 가능 표적 소비자의 선별능력이 강함 잡지 수명이 비교적 장기간임	청중당 도달비용 높음 기획에서 노출까지 장기간 소요 경우에 따라 소비자가 지나치게 세분화됨
TV	시각과 청각자료의 결합 집중도 및 도달범위 우수 창의성을 많이 발휘할 수 있음 색상, 시기, 방법의 융통성 극히 많은 청중에 노출 가능 광고의 반복이 용이함 상품 및 사용방법을 직접 보여줌	짧은 순간에 광고를 전달해야 함 광고비 부담이 매우 높음 수많은 광고 사이에 삽입됨 반복이 없으면 쉽게 잊힘 VTR, 유선TV 등 장애요인 발전
라디오	표적소비자의 선별 능력이 강함 광고제작 집행이 신속함 청소년, 출퇴근 직장인, 운전기사 등 특정계층에 효과적임 구매하러 가는 중에 광고노출 가능 이미지 상상을 유도할 수 있음	주목률이 낮음 특정 방송에 대한 청중 수는 비교적 적은경우가 대부분임
인터넷	TV 같은 영상효과 라디오, 잡지 같은 시장 선택성 직접 반응매체 같은 상호작용성 신속한 시청자 반응측정 24시간, 전 지구촌 전달능력	수동적 시청자에 대한 효과 의문 현재까지 제한된 계층참여 효과평가, 측정방법, 수익성 평가에 논란이 있음
직접반응 매체	표적 소비자 본인에게 직접전달 시기 선정의 융통성 효과를 측정하기 용이함 다양한 전달방법 활용가능	높은 비용 잠재고객 명단의 관리 유지비용 직접우편광고, 전단광고, 전화광고 등에 대한 이미지가 부정적임
옥외광고	광범위한 소비자 계층에 저렴한 비용으로 노출가능 기억을 강화하는 수단 색, 빛 등을 활용	대부분 극히 짧은 메시지만 가능 효과의 측정이 대단히 어려움 부정적인 이미지 발생 가능성

구체적 매체도구의 선정

핵심매체 유형이 결정되면 원가면에서 가장 유리한 매체수단을 선정한다. 구체적인 매체도구를 선정함에 있어 매체기획자는 매체비용과 매체효과 및 성과와 관련된 요인을 비교해 균형을 유지해야 할 필요가 있다.

매체 타이밍의 결정

광고매체가 선정되면 구체적인 광고일정을 결정해야 한다. 광고일정의 결정은 연간 광고계획기간 동안 어떻게 광고예산을 할당하느냐를 결정한 후에 구체적인 광고시기를 결정해야 한다. 또한 광고일정의 결정이외에 광고의 패턴을 결정해야 한다. 지속형

(continuity)은 주어진 기간 동안 동일하게 광고비를 지출하는 것으로 1년 내내 거의 같은 수준으로 광고를 유지하는 방법이며, 맥박형(pulsing)은 주어진 기간 동안 동일하지 않게 광고비를 할당하는 것으로 광고의 양을 늘렸다 줄였다 하는 방식으로 광고를 집행하는 것이다.

> **지속형 매체타이밍**
> 주어진 기간 동안 일정하게 광고비를 지출하는 방식

> **맥박형 매체타이밍**
> 주어진 기간 동안 동일하지 않게 광고비를 할당하는 것으로 광고의 양을 늘렸다 줄였다 하는 방식

5) 광고효과 측정

광고프로그램은 계속적으로 평가해야 한다. 기업에서 의도했던 대로 광고 효과가 나타났는지를 측정해보는 일은 광고캠페인 관리를 위해 매우 중요하다. 마케팅 관리자는 광고에 지출된 비용을 면밀히 검토해야 하며, 광고가 과연 실효를 거두고 있는지, 꼭 필요한 것인지에 대해 평가해야 한다. 광고비로 지출된 비용은 다른 활동에 사용된 비용만큼 판매증대의 성과를 가져오고 있는지를 검토해야한다. 마케팅관리자는 커뮤니케이션 효과와 판매효과라는 두 가지 측면에서 정기적으로 광고효과를 평가해야 한다.

커뮤니케이션 효과 측정

광고가 소비자들에게 의사전달이 제대로 되었는지를 측정하는 것이다. 광고가 집행되기 전과 집행된 후에 제품 인지도나 지식, 선호도 등이 어떠한 변화가 있는지를 측정하여 광고효과를 평가한다. 제품의 인지도 상승이나 선호도의 증가는 장기적으로 볼 때 소비자의 제품 구매 행동을 유발시킬 수 있기 때문에 커뮤니케이션 효과의 측정을 통한 광고효과의 평가는 중요한 의미를 갖는다.

> **커뮤니케이션 효과**
> 광고가 집행되기 전과 집행된 후에 제품 인지도나 지식, 선호도 등의 변화

판매 효과 측정

광고캠페인의 실행이 기업의 매출이나 수익에 어떠한 영향을 미쳤는지를 파악하는 것으로 판매효과의 측정은 커뮤니케이션 효과를 측정하는 것보다 훨씬 어렵다. 대부분의 경우 광고이외의 다른 마케팅커뮤니케이션 도구들을 함께 실행한 결과로 판매량이 달성되기 때문에 판매량을 특정광고나 광고캠페인의 성과로만 돌릴 수는 없다. 즉 광고 이외의 많은 마케팅커뮤니케이션 요소가 판매에 영향을 미치기 때문에 판매량에 대한 광고만의 효과를 파악하기가 어렵다.

> **판매 효과**
> 광고캠페인의 실행이 매출이나 수익에 미치는 효과

"홍보 효과 으뜸"… 기업들 '스포츠 마케팅' 주력

주요 기업별 스포츠 마케팅

현대·기아차	러시아월드컵 공식 후원, 잉글랜드 '첼시' 등 유럽 명문 축구팀 후원 통해 지역 밀착형 마케팅 강화
CJ그룹	오는 9월 PGA 투어 정규대회 CJ컵@나인브릿지 개최(전 세계 230여개국에 중계)
한국타이어	국내외 40여개 모터스포츠 대회 후원 통해 브랜드와 소비자 신뢰 구축
일화	국내 골프 발전 위해 '맥콜·용평리조트 오픈 with SBS Golf'를 용평리조트, SBS Golf와 공동 개최

자료: 각 기업

현대차는 축구 마케팅에서 독보적인 행보를 보이고 있다. 25일 업계에 따르면 1999년부터 FIFA 주관 대회 공식 파트너로 활동 중인 현대차는 최근 유명 해외축구 팀 후원에도 적극 나서고 있다. 이달 '잉글리시 프리미어 리그' 소속의 명문 축구클럽 '첼시 FC'와 스페인 프로축구 1부 리그 '라 리가'의 '아틀레티코 마드리드'와 잇따라 글로벌 자동차 파트너 후원계약을 체결했다. 첼시 FC는 영국 런던을 연고로 활동 중인 축구단으로 1905년 창단해 100년이 넘는 역사를 자랑한다. 아틀레티코 마드리드도 스페인 수도 마드리드를 연고로 활동 중이며 1903년 창단한 전통 명문 구단이다. 현대차는 이번 계약에 따라 4년간 양팀 선수단 유니폼 소매, 경기장 내 광고판 등에 현대차 로고를 적용하고, 홈구장에 차량을 전시하는 권한을 갖게 된다. 현대차가 축구 후원에 힘을 쏟는 건 유럽·중남미 자동차 시장 공략에 큰 도움을 받을 수 있기 때문이다. 현대차 관계자는 "유럽과 중남미가 가장 열광하는 게 바로 축구"라며 "축구 마케팅은 국적을 뛰어넘는 글로벌 자동차 브랜드로서의 위상을 강화하는 데 큰 역할을 하고 있다"고 말했다. 골프 마케팅도 만만치 않다. CJ그룹은 최근 국내 유일의 미국프로골프(PGA) 투어 정규대회인 'CJ컵@나인브릿지' 개최 준비에 힘을 쏟고 있다. 이 대회는 오는 10월 제주도에서 열릴 예정이다. 상금 규모는 925만달러(약 105억원)로 PGA 투어 정규대회 중 최고 수준이다. 지난해 시작한 이 대회는 당시 국내 최초 PGA 투어 정규대회로 많은 주목을 받았다. PGA 투어는 전 세계 230여개 국가에 중계돼 10억 가구 이상이 시청한다. 4일간 진행하는 이 대회의 광고 효과를 포함한 경제적 파급 효과는 약 2000억원에 이른다는 게 CJ 측 설명이다. CJ그룹 관계자는 "PGA 투어 정규대회를 통해 한국과 제주도 그리고 CJ의 홍보 효과가 매우 클 것으로 기대된다"고 말했다. ㈜일화도 오는 29일부터 7월 1일까지 3일간 '맥콜·용평리조트 오픈 with SBS Golf'를 용평리조트, SBS Golf와 공동 개최한다. 일화 관계자는 "국내 골프 저변 확대와 국내 최초의 보리음료 '맥콜'을 알리는 데 큰 효과가 있다"고 말했다. 세계 7위 타이어 업체인 한국타이어는 모터스포츠 마케팅에 집중하고 있다. 한국타이어는 국내외 40여개 모터스포츠 대회를 후원 중이다.

2018.06.25. 세계일보

4 PR

4.1 PR의 개념과 특성

PR(public relation)은 기업의 이해관계자 집단인 공중과의 우호적인 관계를 형성하기 위해 실행되는 커뮤니케이션 활동이라 정의된다. PR은 소비자, 종업원, 공급자, 주주, 정부, 일반 공중, 그리고 시민단체 등 다양한 이해관계자를 대상으로 이루어진다.

PR과 유사한 개념으로 홍보(publicity)가 있는데 이는 제품이나 서비스, 기업을 뉴스 등의 기사거리로 다루면서 호의적인 이미지를 형성하고자 하는 것으로 PR은 홍보보다 넓은 개념이라 할 수 있다. 최근에 매체비용의 상승이나 과다한 광고 및 판촉비의 지출, 광

> **홍보**
> 제품이나 서비스, 기업을 뉴스 등의 기사거리로 다루면서 호의적인 이미지를 형성하고자 하는 것

고효과 감소 등으로 한해 PR에 대한 관심이 증대되고 있다. PR은 일반적으로 광고보다 저렴하면서도 소비자에게 높은 신뢰성을 제공하고, 신속한 구전효과가 있다는 이점이 있지만 발표 시기나 전달되는 정보의 내용 등을 통제하기 어렵다는 단점이 있다.

4.2 PR 관리

PR은 다음과 같은 과정을 통해 관리된다.

첫 번째 단계는 PR의 목표를 설정하는 것이다. PR의 목표를 설정하기 위해서는 PR을 통해 기업이 얻고자 하는 것이 무엇인지를 명확하게 결정해야 한다. 기업 및 제품에 대한 인식을 높이거나, 신뢰성 제고, 판매원의 거래의욕 고취, 마케팅커뮤니케이션 비용의 절감 등이 PR의 목표가 될 수 있다.

두 번째는 PR 메시지와 수단을 선정하는 단계이다. 주요 PR수단은 뉴스, 강연, 특별행사 등이 주로 이용된다.

세 번째 단계는 PR계획의 실행단계로서 많은 정보의 홍수 속에서 자사와 관련된 기사가 매체 편집자의 관심을 끌기는 매우 어렵다. 따라서 매체관련 담당자와 기업홍보담당자 간에 긴밀한 유대관계가 필요하다.

마지막으로 PR결과의 평가단계에서는 다른 마케팅커뮤니케이션 수단들의 효과측정도 쉽지 않지만 PR의 효과를 평가하는 것도 어려운 과제이다. 일반적으로 PR의 효과를 측정하는 방법은 PR의 노출정도 측정, PR캠페인에 대한 인지·이해·태도 측정, 매출량에의 기여 측정 등을 활용한다.

4.3 주요 PR수단

기아의 스포츠 경기 후원을 통한 PR

뉴스

기업의 PR담당자는 회사, 제품 그리고 임직원과 관련된 호의적인 뉴스거리를 개발하고 발굴해 내야 한다. 이러한 뉴스거리는 자연스럽게 나타나기도 하지만, PR담당자가 행사나 활동 등 기사거리를 매체 담당자에게 능동적으로 제안할 수 있어야 한다.

간행물 발간

목표소비자에게 영향을 주기 위해 발행되는 기업의 간행물도 PR의 수단이 된다. 간행물에는 연간 기업보고서, 브로셔, 기업의 사보 및 잡지 등이 포함된다.

특별행사

기업의 PR담당자는 기자회견, 세미나, 전시회, 음악회, 운동경기 등 특별행사의 개최나 후원을 통하여 소비자의 관심을 끌고 회사나 제품을 PR 할 수 있다. 최근에는 스포츠 경기의 후원을 통해 자사나 자사제품의 브랜드를 알리는 것이 좋은 예가 될 수 있다.

5 판매촉진

판매촉진이란 특정제품이나 서비스를 소비자 또는 중간상에게 단기적으로 구매를 유도하기 위해 설계된 다양한 도구들을 의미한다. 광고가 일반적으로 소비자가 제품을 구매해야 하는 이유를 제시하는 반면에 판매촉진은 실제 구매를 자극하는 역할을 수행한다. 따라서 판매촉진과 광고가 독립적으로 시행되기 보다는 동시에 사용되어 상호보완 작용을 하도록 하는 것이 가장 효과적이다.

5.1 판매촉진의 중요성

최근에 판매촉진은 급속하게 발전하여 기업이 투입하는 판매촉진 비용은 광고비 이상으로 증대되고 있다. 이렇게 판매촉진 투입비율이 증가하는 이유는 여러 가지가 있으나 주요 요인은 다음과 같다.

첫째, 유통경로상에서 소매업에 대한 판매촉진이 증대되고 있다. 둘째, 상표간 기능이나 품질의 차이 감소와 이에 따라 소비자의 가격 민감도가 증가하고 있기 때문이다. 소비자들이 가격할인에 민감해짐에 따라 중간상들도 제조업자에게 더 많은 중간상 할인을 요구하고 있다. 셋째, 상표애호도의 감소와 동시에 소비자시장이 세분화되고 있고, 마케팅 성과가 단기지향적인 형태로 변화되고 있기 때문이다. 마지막으로 광고의 혼잡성 증대와 소비자의 광고기피현상으로 인해 광고의 효과가 감소되고 있기 때문이다.

판매촉진은 다음과 같은 장단점을 보유하고 있다.

먼저 판매촉진의 장점으로는 첫째, 제조업자로 하여금 단기간에 공급과 수요를 조절가능하게 해준다. 판촉은 단기적으로 소비자의 구매를 유도하는 것이기 때문에 기업의 재고정리와 같은 단기적인 수요와 공급 조절을 가능하게 한다. 둘째, 신제품의 시용을 유도할 수 있다. 판촉은 샘플제공, 소액할인, 경품제공 등 소비자의 구매위험을 감소시키거나 신제품의 시용을 유도하는 기능을 수행한다. 셋째, 판촉은 광고보다 즉각적인 반응을 유발시킬 수 있다. 일반적으로 판촉은 구매시점에서 제공되기 때문에 광고에 비해 즉각적인 매출증가 효과를 얻을 수 있다.

반면, 판매촉진의 단점은 첫째, 성숙기 시장에서 신규 구매자를 유인하는 방법으로는 부적절하다. 판촉은 제품이 이미 잘 알려진 성숙기 시장에서는 그 영향력이 감소될 수 있다. 둘째, 상표애호도가 강한 소비자는 판촉으로 구매패턴을 변경하는 경향이 상대적으로 낮다. 경쟁제품에 대해 강한 상표애호도를 보유한 소비자를 판촉을 통해 자사제품의 사용자로 전환시키기는 어렵다. 셋째, 판촉은 경쟁자들의 모방이 용이하므로 판촉에 따른 경쟁우위가 단기간에 감소할 수 있고, 경쟁자와의 지나친 판촉경쟁은 기업의 수익구조를 악화시킬 수 있다.

5.2 판매촉진 수단

판매촉진은 다양한 기법으로 구성되는데, 아래에서는 판촉의 대상을 기준으로 소비자 판매촉진기법과 중간상 판매촉진기법에 대해 설명한다.

1) 소비자 판매촉진

소비자들을 대상으로 하는 판매촉진 수단은 샘플, 쿠폰, 프리미엄, 현금환불/리베이트, 소액할인(cent off deal), 보너스 팩, 가격할인, 단골고객 보상, 구매시점 전시 및 실연 등이 주로 사용되며 각각의 특성은 다음과 같다.

샘플

샘플은 소비자에게 특정제품을 무료로 제공하는 것으로 신제품의 판촉을 위해 가장 많이 이용되는 판촉수단이다. 주로 신제품을 출시하면서 소비자들에게 무료샘플을 제공하여 시용을 유도하는 방법이다. 주로 저가의 구매빈도가 높은 생활용품에 적합한 판촉수단이다. 예를 들면, 화장품 구입 시 여러 개의 무료샘플들을 제공하는 것이다.

> **샘플**
> 특정제품을 무료로 제공하는 것으로 신제품의 판촉을 위해 가장 많이 이용됨

쿠폰

소비자에게 쿠폰을 제공하고 상품 구매 시 쿠폰을 소지한 경우 일정금액을 할인해 주는 방법이다. 쿠폰은 우편을 이용하거나, 다른 제품에 끼워 넣거나 잡지나 신문광고에 삽입하는 방법이 있다. 쿠폰은 일반적으로 성숙기 제품의 판매를 촉진하고, 신제품의 시험구매를 촉진하는데 효과적이다.

> **쿠폰**
> 상품 구매 시 쿠폰 소지한 경우 일정금액을 할인해 주는 방법

쿠폰의 예

프리미엄

소비자가 제품을 구매하는 것에 대해 무료 또는 할인된 가격으로 구매한 것과 동일한 제품이나 다른 제품을 제공하는 것을 말한다. 예컨데 골프클럽을 구매하는 경우 골프가방이나 용품을 무료로 제공하거나 백화점에서 일정 금액 이상을 구매하면 주는 선물 등을 들 수 있다.

> **프리미엄**
> 제품을 구매하는 것에 대하여 무료 또는 할인된 가격으로 구매한 것과 동일한 제품이나 다른 제품을 제공하는 것

맥도날드의 해피밀 프리미엄

현금환불/리베이트
구매 후 소비자가 영수증 등 증빙서류를 구매한 제조회사에 보내면 구매한 제품 가격의 일정 할인율만큼의 금액을 소비자에게 다시 보내주는 방법

XBOX 구입 후 영수증을 보내면 100$를 환불해준다는 광고

소액할인
단기간 동안 소액 가격할인을 하는 것으로 잠재고객의 시용을 증가시키거나 경쟁자의 촉진 활동에 대응할 목적으로 사용

보너스 팩
정상가격에 추가적인 제품을 소비자에게 제공하는 방법

단골고객 보상
단골고객의 이용 빈도에 비례하여 현금 또는 다른 형태로 보상하는 판매촉진 수단

현금환불/리베이트

구입 시에 가격인하를 하는 것이 아니라 구매 후 소비자가 영수증 등 증빙 서류를 구매한 제조회사에 보내면 구매한 제품 가격의 일정 할인율만큼의 금액을 소비자에게 다시 보내주는 촉진방법이다. 쿠폰과 성격이 비슷하지만 가격할인이 구매 후 일정 기간 뒤에 실현되는 점이 다르며 고가의 내구재 촉진에 많이 이용된다.

소액할인(cent off deal)

단기간 동안 소액 가격할인을 하는 것으로 잠재고객의 시용을 증가시키거나 경쟁자의 마케팅커뮤니케이션 활동에 대응할 목적으로 사용된다. 소액할인은 단일상품을 할인가격으로 판매하는 방법과 관련된 2개의 품목을 하나의 포장으로 묶어서 판매하는 방법(면도기와 면도날을 묶어서 판매하는 방법)이 있다. 소액할인은 단기적 마케팅커뮤니케이션에 매우 효과적인 것으로 알려져 있다.

보너스 팩

정상가격에 추가적인 제품을 소비자에게 제공하는 방법으로 비사용자의 시용을 유도하거나 판매가 잘되는 제품과 비인기제품을 연계하여 판매를 촉진하는 방법이다.

단골고객 보상

단골고객의 이용 빈도에 비례하여 현금 또는 다른 형태로 보상하는 판매촉진수단이다.

맨 왼쪽부터
구매시점광고의 예
단골고객 보상 프로그램의 예
보너스 팩의 예

구매시점 전시 및 실연

소비자가 제품을 구매하는 시점에 맞추어 수행하는 판매촉진방법으로서 특정 제품에 대한 구매시점 광고, 제품의 특별전시 등을 말한다.

2) 중간상 판매촉진

제조업체가 유통경로상의 중간상을 대상으로 자사제품이나 서비스에 대한 거래량, 거래액, 거래규모를 증대시키기 위해 실시하는 판촉으로 공제, 후원금, 기념품 증정, 무료상품, 파견사원 지원 등이 주로 사용된다. 일반적으로 중간상에 대한 판매촉진이 소비자 판매촉진보다 더 많은 비용이 소요된다.

중간상 판매촉진
중간상을 대상으로 자사제품이나 서비스에 대한 거래량, 거래액, 거래규모를 증대시키기 위해 실시하는 판촉

공제

특정기간 동안 자사의 특정제품을 구매하는 중간상에게 구매량 당 일정액을 할인해 주는 제도이다. 제조업자의 제품을 중간상이 광고한 것에 대해 보상하는 광고공제와 자사제품을 전시한 대가로 보상하는 진열공제가 있다. 공제는 중간상으로 하여금 대량 구매를 유도하거나 새로운 제품을 구매하도록 동기부여하는 효과가 있다.

공제
특정기간 동안 자사의 제품을 구매하는 중간상에게 구매량 당 일정액을 할인해 주는 제도

후원금

제조업체가 일정량 이상을 구매한 중간상에게 자사상품의 판매에 노력하도록 현금(push money)을 제공하는 것을 말한다.

후원금
일정량 이상을 구매한 중간상에게 자사제품의 판매에 노력하도록 현금을 제공하는 것

기념품 증정

제조업체가 자사의 상호 및 상표가 부착된 각종 기념품 등 홍보용 제품을 중간상에게 무료로 제공하는 방법이다.

무료상품

일정량 이상 자사의 제품을 구매하는 중간상에게 특별히 무료로 제공하는 상품으로 한정된 기간에만 제공된다.

파견사원 지원

제조업체가 자사 제품의 판매촉진을 위하여 점포에 점원을 지원하는 방법이다. 주로 백화점이나 할인점, 대형슈퍼마켓 등에 파견사원이 지원된다.

6 인적판매

6.1 인적판매의 본질과 중요성

1) 인적판매의 의의와 특성

인적판매(personal selling)는 판매원과 잠재고객 간의 직접 대면에 의한 커뮤니케이션을 통해 자사의 제품이나 서비스의 구매를 설득하는 마케팅커뮤니케이션 활동을 의미한다.

인적판매는 잠재고객들과 대면하여 의사소통을 함으로써 잠재고객들에게 필요한 정보를 즉각 제공할 수 있고 직접 고객을 설득할 수 있기 때문에 잠재고객의 구매를 실현하는데 매우 효과적이다. 많은 기업이 인적 판매에 가장 많은 운영비를 투입하고 있는데 보통 총매출액의 8~15%를 인적판매를 통한 마케팅커뮤니케이션 활동에 투입한다. 일반적으로 매출액의 1~3%를 광고비에 투입하는 것과 비교하면 상당히 많은 예산이 인적판매에 투입된다는 것을 알 수 있다.

산업재와 내구성 소비재의 경우 제품의 복잡성이 높기 때문에 구매자들은 충분한 제품정보를 원한다. 이러한 경우 인적판매는 판매원과 구매자간의 대면접촉을 통해 제품에 대한 많은 정보전달이 가능하기 때문에 가장 효과적인 마케팅커뮤니케이션 도구가 될 수 있다.

2) 인적판매의 장단점

인적판매의 장점
- 각각의 소비자에게 개인적 주의를 유도하고 많은 정보를 전달할 수 있다. 인적판매는 대인적 커뮤니케이션으로 개별적인 의사소통을 통해 소비자 개인별로 제품이나 서비스에 대한 주의를 유도하고 소비자가 원하는 정보를 다양한 형태로 제공할 수 있다.
- 판매원과 소비자 간에 상호작용이 존재하고 이로 인해 특정한 소비자의 욕구에 융통

'똑똑한' 방문판매, 열 마트 안 부럽네

야쿠르트 아줌마 맹활약…

식품업계에서 방문판매 채널이 뜨고 있다. 스마트폰 애플리케이션(앱)이 대중화되고, 가정간편식(HMR) 제품이 다양해지면서 방문판매 채널을 통해 먹거리를 주문하는 소비자들이 늘었다. 24일 식품업계 설명을 종합하면, 한국야쿠르트는 방문판매 채널인 '야쿠르트 아줌마' 효과를 누리고 있다. 한국야쿠르트에 따르면, 야쿠르트 아줌마를 통해 발생하는 매출이 전체의 약 90%에 이른다. 전국 각지에서 활동하는 야쿠르트 아줌마는 1만3000명. 야쿠르트 아줌마 1명당 관리하는 고정 소비자는 평균 160여명이다.

식품업계에 HMR 바람이 불면서, 한국야쿠르트는 야쿠르트 아줌마를 통해 HMR 브랜드인 '잇츠온'을 적극적으로 알리고 있다. 잇츠온 제품은 신선도를 유지하고 재고 발생을 방지하기 위해 100% 야쿠르트 아줌마를 통해서만 판매한다. 잇츠온에 대한 소비자들의 만족도도 상당히 높은 편이다. 앱이나 온라인 쇼핑몰을 통해 주문을 접수한 뒤, 제품을 생산하기 때문에 신선한 상태로 배송한다. 야쿠르트 아줌마와 상담을 거쳐 자신에게 맞는 유제품도 추천받을 수 있다. 야쿠르트 아줌마가 취급하는 제품도 다양해졌다. 국·탕·찌개나 반찬류를 비롯해 간편하게 요리할 수 있는 키트(Kit), 핫도그, 호빵, 김치 등을 배달해준다. 한국야쿠르트 관계자는 "온라인을 통해 편리하게 제품을 구매할 수 있게 됐지만, 상대적으로 세심한 서비스 제공은 어려워졌다"면서도, "야쿠르트 아줌마는 배달뿐만 아니라 제품을 추천해주는 등 소비자들을 이해하고 소통하는 서비스가 가능하다"고 말했다.

자료원 : 서울파이낸스 2018.01

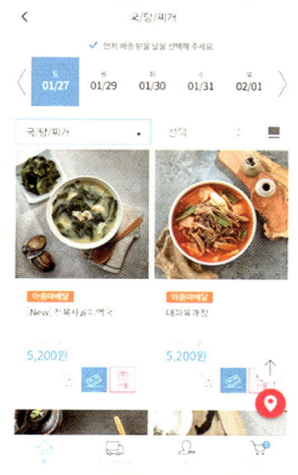

▲ 한국야쿠르트의 스마트폰 어플리케이션에서는 다양한 제품을 원하는 날짜에 주문할 수 있다. (사진 = 어플리케이션 캡처)

성 있게 적응할 수 있다. 광고는 예상구매자의 부정적 반응에 대응하기 어려운 반면 판매원은 방문한 개별고객의 욕구를 만족시킬 수 있도록 제시할 수 있고 고객이 제기한 부정적 의견을 그 현장에서 해결할 수 있다.

- 광고에 비해 시간낭비가 적다. 불특정 대다수를 대상으로 하는 광고에 비해 인적판매는 확인되고 집중화된 목표시장에 자원을 효율적으로 집중할 수 있다. 즉, 광고나 기타 마케팅커뮤니케이션 도구는 비잠재 구매자와 잠재 구매자를 구분할 수 없으나, 판매원은 자사상품의 예상고객을 찾아서 자원을 집중할 수 있다.

- 인적판매는 소비자 구매의사결정과정에서 정보탐색 이후의 단계에 효율적인 마케팅커뮤니케이션 방법이다. 제품이나 서비스에 대해 관심을 보이는 소비자에게 구매를 완료할 수 있도록 자세한 정보를 제공할 수 있기 때문이다. 예를 들어, 수요를 창출하기 위하여 실제로 상품을 제시하거나 사용해 보도록 하는 것은 상품의 특성이나 기대를 확신시키는 가장 효과적인 방법이 될 수 있다.

- 소비자와 우호적인 관계를 형성할 수 있다. 판매원과 소비자 간의 우호적 관계형성은 기업의 제품이나 서비스에 대한 충성도를 높여 브랜드 전환을 줄이고 지속적으로 제품을 구매하게 한다. 따라서 인적판매는 고객과의 지속적인 관계를 유지하기 위한 도구로 사용될 수 있다.

- 판매원은 제품이나 서비스의 판매와 관련된 활동이외의 다양한 서비스를 제공한다. 판매원은 소비자의 제품구매와 직접적으로 관계없는 많은 서비스를 제공하게 되는데 신용정보의 수집, 수리서비스, 시장조사의 실시 등을 들 수 있다.

인적 판매의 단점

- 비용이 많이 소요된다. 판매원들의 개발·훈련·운영 비용이 많이 소요된다. 또한, 판매원이 한정된 수의 소비자에게만 접근이 가능하기 때문에 소비자 1인당 소요되는 마케팅커뮤니케이션 비용을 고려하면 다른 도구들과 비교할 때 가장 비용이 많이 소요된다.
- 인적판매는 광범위한 소비자 인식을 발생시키는 데는 부적절한 도구이다. 인적판매는 집중화된 목표시장에 접근할 때 효과적인 방법이 될 수 있으며, 광범위한 소비자를 대상으로 하는 경우에는 광고가 보다 적절한 도구가 될 수 있다.
- 많은 소비자들이 판매원에 대해 상당히 부정적인 시각을 가지고 있다. 따라서 판매원에 의해 전달되는 정보들에 대해 소비자들이 신뢰하지 못하게 되며, 판매를 유도하는 판매원의 행동에 대해 비판적인 태도를 보이는데 이는 판매원에 대한 적절한 훈련을 통해 극복할 수 있다.

지금까지 살펴본 인적판매의 장·단점을 고려할 때 인적판매가 효과적으로 쓰일 수 있는 상황을 광고와 비교해 보면 표 11.4와 같다.

표 11.4 상황에 따른 광고와 인적판매의 상대적 중요성의 변화

고객의 수	↓	인적판매	>	광고
고객의 정보욕구	↑	인적판매	>	광고
구매량 및 구매액	↑	인적판매	>	광고
구매후 서비스의 필요성	↑	인적판매	>	광고
제품의 복잡성	↑	인적판매	>	광고
가격에 대한 협상가능성	↑	인적판매	>	광고
가격변화의 폭	↓	인적판매	<	광고

6.2 인적판매 과정

판매원의 판매과정은 다음과 같은 과정을 통해 이루어진다.

1) 판매 전 준비

인적 판매를 위한 첫 단계는 판매원이 판매를 위한 모든 준비가 되었는지를 확인하는 것이다. 즉, 판매원이 제품이나 시장, 판매기법 등에 대해 충분한 지식을 가지고 있는지를 의미한다. 판매원은 고객에게 접근하기 전에 고객의 동기유발요인과 구매행동에 대해 많은 정보를 가지고 있어야 하며, 경쟁제품이나 서비스에 대한 정보들도 소비자에게 제공할 수 있도록 준비되어 있어야 한다.

2) 잠재고객의 예측 및 파악

두 번째 단계는 잠재고객을 예측하고 파악하는 것이다. 우선 잠재고객을 예측하기 위해서는 과거와 현재의 고객 관련 기록을 검토하여 잠재고객을 파악하고 리스트를 작성한다. 판매관리자의 도움을 통해 고객의 명단을 얻을 수도 있고 현재의 고객으로부터 다른 잠재고객을 추천받을 수도 있다. 또한 경쟁기업의 고객명단을 통해서도 잠재고객을 예측하고 파악할 수 있다.

3) 접근 이전단계

잠재고객의 리스트가 완성되면 잠재고객에 대한 될 수 있는 한 많은 정보의 수집이 필요하다. 잠재고객의 현재 사용 상표나, 상표에 대한 반응, 잠재고객의 습관, 개성, 기호들에 대한 정보를 수집하고 잠재고객의 특성에 맞는 판매제시를 할 수 있도록 준비한다.

4) 판매제시

실제적인 판매 제시는 잠재고객의 주의를 환기시키는 것부터 시작된다. 이후 고객의 관심을 유지하면서 제품이나 서비스에 대한 욕구를 형성시키게 된다. 그 다음 판매계약을 체결하도록 하는 것, 즉 구체적 행동(action)을 유발하는 것이다. 이러한 판매제시의 과정을 주의(attention), 관심(interest), 욕구(desire) 그리고 행동(action)의 머리글자를 따서 AIDAS기법이라고 하는데, S는 구매 후 고객의 만족(satisfaction)을 의미한다.

판매제시를 위한 구체적 단계를 설명하면 다음과 같다.

- 주의의 유발: 여러 가지 방법으로 고객의 주의를 끌고 나서 판매제시를 시작하게 된다.
- 관심을 불러일으키고 욕구를 자극함: 고객의 주의를 유발한 후 판매원은 고객의 관심을 불러일으키고, 판매 소구를 통해서 제품이나 서비스에 대한 욕구를 자극시키는 것이 필요하다. 이 과정에 공통적인 패턴은 없지만 제품에 관한 실물설명과 사용방법 등은 꼭 수행되어져야 하며 제품이나 서비스가 고객에게 어떠한 혜택을 가져다 줄 것인가를 보여주어야 한다. 잠재고객에게 접근하기 전에 고객의 구체적인 필요나

욕구를 파악하지 못했을 경우에는 판매제시를 하면서 파악해야 한다.
- 반대의견 처리 및 판매 종결: 판매원이 제품에 관한 설명이 끝나면 마무리를 지어서 주문서를 작성하도록 해야 한다. 판매제시의 한 과정으로 판매원은 고객의 구매의사를 감지하도록 힘써야 한다. 시험적 종결(trial close)은 구매자의 반대의사를 불러일으킬 수 있는데, 이 경우에 판매원은 구매자로 하여금 고객의 반대의사를 표시하도록 격려하는 것이 좋다. 판매원은 소비자들의 반대의사에 대해 추가적인 설명을 통해 반대의사를 줄이도록 노력할 수 있다. 판매원은 판매를 실현하기에 앞서 반대의사의 근본원인이 무엇인가 파악하는 것이 필요하며 근본원인에 대한 해결책을 제시할 수 있도록 노력한다.

5) 판매 후 활동

효과적인 판매직무란 주문서가 작성되었다고 완수되는 것은 아니다. 판매의 성공은 지속적인 반복구매에 좌우된다. 또한 만족한 고객은 긍정적 구전을 통해 다른 잠재고객을 연결시켜주는 가교역할을 할 수 있다. 따라서 판매과정의 최종단계는 고객과의 우호적인 관계를 형성하고 장기간에 걸친 거래관계의 기반 구축을 위한 일련의 판매 후 서비스로 이어지는 것이다. 판매 후에 이루어지는 사후서비스는 구매자의 불만족을 야기할 수 있는 구매 후 불안감이나 인지부조화(cognitive dissonance)를 제거하는 중요한 역할을 하게 된다. 인적 판매의 최종단계는 이러한 고객의 구매후 부조화나 불안감을 최소화하는 사후서비스를 제공하는 것뿐만 아니라 ①제품의 이점을 요약설명하고, ②구매한 제품이 어떤 점에서 다른 제품보다 좋은가를 반복 설명하고, ③제품의 성능이 고객을 어떻게 만족시킬 것인가를 전달함으로써 고객의 결정이 옳았다는 것을 재인식 시켜주는 것이 필요하다.

요약

마케팅커뮤니케이션은 기업에서 마케팅믹스의 네 가지 주요 요소 중의 하나이다. 마케팅커뮤니케이션이란 기업이 제품이나 서비스를 주어진 가격에 구매하도록 유도할 목적으로 고객을 대상으로 정보를 제공하거나 설득하는 것과 관련된 마케팅노력의 일체를 말한다. 마케팅관리자가 활용할 수 있는 커뮤니케이션 수단은 매우 다양하지만 일반적으로 광고, 인적판매, PR 그리고 판매촉진의 네 가지로 구분될 수 있다. 이러한 네 가지 마케팅커뮤니케이션 수단은 독립적으로 사용되기보다는 상호보완적으로 사용되어야 하기 때문에 마케팅커뮤니케이션 믹스라고 한다.

마케팅커뮤니케이션을 이해하기 위해서는 커뮤니케이션 과정을 이해하여야 한다. 커뮤니케이션 과정은 발신자가 전달하고자 하는 메시지를 심벌이나 기호의 형태로 부호화하여 채널을 통해 전달하면 소비자는 자신의 지식이나 경험을 토대로 메시지를 해독하여 반응을 보이게 된다. 이러한 반응은 다시 피드백 과정을 통해 발신자에게 전달된다. 이러한 커뮤니케이션을 방해하는 요소를 잡음이라 하는 데 잡음에는 내적잡음과 외적잡음, 경쟁잡음이 있다. 마케팅관리자는 광고, 인적 판매, PR 그리고 판매촉진의 네 가지 마케팅커뮤니케이션 수단을 적절히 결합하는 마케팅커뮤니케이션 믹스를 결정해야 한다. 최근 브랜드의 일관된 이미지를 창출·유지하기 위하여 현재 표적고객과 미래 유망고객에게 지속적으로 전달되는 다양한 형태의 마케팅커뮤니케이션 도구들을 기획·창출하고 통합하여 실행하는 통합적 마케팅커뮤니케이션의 중요성이 증대되고 있다.

광고는 기업의 마케팅커뮤니케이션 믹스에서 비인적 대중매체를 수단으로 하는 커뮤니케이션을 말하는 것으로서 '확인된 광고주(sponsor)가 그들의 목표고객에게 정보를 제공하거나 설득할 목적으로 대중매체를 통하여 아이디어, 제품 또는 서비스에 관한 메시지를 유료로 전달하여 구매되도록 촉진하는 모든 비인적활동'으로 정의한다. 광고는 광고주체, 표적청중, 지역범위, 사용매체에 따라 분류할 수 있는데, 광고주체에 따라 제품광고와 기업광고로 나눌 수 있다. 제품광고는 광고주가 그들의 상품이나 서비스에 관한 정보를 시장에 제공하는 광고를 말하고, 기업광고란 특정제품이나 서비스를 판매할 목적이 아니라 소비자나 사회대중으로 하여금 기업 또는 판매업자에 대하여 호의적인 태도를 갖거나 좋은 이미지를 갖도록 하는 광고를 말한다. 광고지역범위에 따라 국제 광고와 국내광고로 분류할 수 있으며, 표적청중에 따른 분류로는 광고가 목표로 하는 표적시장에 따라 소비자 광고, 중간상 광고, 산업재 사용자 광고 그리고 전문 사용자 광고로 구분할 수 있다. 광고의 목적은 기업과 기업이 제공하는 상품이나 서비스에 대하여 잠재고객의 반응을 촉진시키는 것인데, 궁극적 목표는 광고에 대한 노출과 인지도 향상, 표적대상들의 호의적 태도 형성, 매출액 증대 등이다.

PR은 기업의 이해관계자 집단인 공중과의 우호적인 관계를 형성하기 위한 커뮤니케이션 활동이라 정의된다. PR은 소비자, 종업원, 공급자, 주주, 정부, 일반 공중, 그리고 시민단체 등 다양한 이해관계자를 대상으로 이루어진다.

판매촉진이란 특정제품이나 서비스를 소비자 또는 중간상에게 단기적으로 구매를 유도하기 위해 설계된 다양한 도구들을 의미한다. 광고가 일반적으로 소비자가 제품을 구매해야 하는 이유를 제시하는 반면에, 판매촉진은 실제 구매를 자극하는 역할을 수행한다. 따라서 판매촉진과 광고가 독립적으로 시행되기 보다는 동시에 사용되어 상호보완 작용을 하도록 하는 것이 가장 효과적이다.

인적판매는 판매원과 잠재고객 간의 직접 대면에 의한 커뮤니케이션을 통해 자사의 제품이나 서비스 구매를 설득하는 마케팅커뮤니케이션 활동을 의미한다. 인적판매는 잠재고객들과 대면하여 의사소통을 함으로써 잠재고객들에게 필요한 정보를 즉각 제공할 수 있고 직접 고객을 설득할 수 있기 때문에 잠재고객의 구매를 실현하는 데 매우 효과적인 수단이다.

진·도·평·가

1. 마케팅커뮤니케이션의 정의와 믹스요소들은 무엇인가?

   ▶ 11장 318~320쪽 참조

2. 커뮤니케이션 과정의 개념과 구성요소들은 무엇인가?

   ▶ 11장 320~324쪽 참조

3. IMC 전략의 개념과 수립과정은 무엇인가?

   ▶ 11장 325~328쪽 참조

참·고·문·헌

1) Alderson, Wore and Paul E. Green (1964), *Planning and Problem Solving in Marketing*, Homewood Ⅲ: Richard D. Irwin, Inc., p. 270.

2) Schram, Wilbur (1995), *The Process and Effects of Mass Communication* (Urbana: University of Illinois Press, 1995)

3) 안광호·유창조 (2002), 광고원론, 법문사

4) Shimp, Terence A.(2010), *Integrated Marketing Communication in Advertising and Promotion*, 8ed, 2010, p.9.

5) *Ibid*, p.10.

6) Colley, Russell H. (1961), *Defining Advertising Goal*, New York, Association of Advertisers.

7) 안광호·하영원·박흥수 (2004), 마케팅원론, 학현사, 371-372.

8) Kotler, Philip and Gary Armstrong (2008), *Principles of Marketing*, 12th ed. Prentice-Hall.

색인

ㄱ
가격 전략	240
가족	71
강화광고	334
개	51
개별상표	207
개성	119
개혁주도자	222
거래할인	260
거시적환경	62
경로갈등	278
경쟁기준 가격결정법	262
경쟁자	66
경쟁자 추종방법	265
경제적 가격전략	265
경제적 환경	73
계약형 수직적 마케팅시스템	282
계열확장	189
계절할인	260
고가치전략	265
고객만족	25
고객유인제품 가격결정	262
고전적 조건화	124
고정비	248
공급업자	64
과점적 경쟁	244
관리형 수직적 마케팅시스템	281
관여도	127
관찰법	102
광고	319
광고에서 사용하는 칼라의 의미	338
광고카피	337
교환	19
구색	192
구전	255, 323
근린쇼핑센터	300
기능할인	260
기대	132
기술적 환경	77
기업내부환경	64
기업사명	36
기업서비스	181
기업이미지 광고	330
기업형 수직적 마케팅시스템	281

ㄴ
내부마케팅	26
내부잡음	324
내부탐색	128

ㄷ
다각화전략	48
단골고객보상	346
단위탄력적 수요	245
대리중간상	271
대안의 평가	129
대인면접	104
대중	66
대중마케팅	138
도달범위	339
도달횟수	339
도매상후원의 자발적 연쇄점	282
도매업	306
도입기	228
독점적 경쟁	244
독점판매권	179
동기	121

ㄹ
라이프스타일	149
레이블	176
레이블링	176
리베이트	346

ㅁ
마케팅 근시안	23
마케팅 믹스	247
마케팅 서비스기관	65
마케팅 전략 개발	217
마케팅 중개기구	276
마케팅개념	24
마케팅관리	20
마케팅관리철학	20
마케팅믹스	20
마케팅정보시스템	98
마케팅조사시스템	92
마케팅중개기관	65
마케팅환경	62
매체선정	339
매체 타이밍	340
머천다이징 종합기업	300
목표계층	39
무상표	187
무점포형 소매업	301
무형적 요소	170
문제의 인식	128
문제의 정의	98
문화	115
문화적 환경	79
물적 유통기능	274
물적유통기업	65
미지수	43

ㅂ
반응	125
발신자	321
방송매체	330
백화점	186

베이비붐	70, 71	성장전략	46	신속한 흡수전략	229
변동비	248	세분시장 마케팅전략	50	신제품	235
보완적 평가방식	129	셀프서비스 소매상	294	신제품 가격전략	254
복수경로 마케팅시스템	284	소매상 협동조합	282	신제품 아이디어 평가과정	215
부호화	322	소모품	181	신제품의 수용과 확산	220
브랜드 이미지	185	소비자 판매촉진	345	실행가능성	145
비인적채널	322	소비자행동	113		
비차별화 마케팅	155	소비재	177		
비탄력적 수요	245	소액할인	346	아이디어 창출	213
		소유효용	273	염가판매 소매상	298
		손익분기 가격결정방법	249	옥외광고	67
사업성 분석	218	쇠퇴기	226	온라인 쇼핑	303
사업포트폴리오	39	쇼핑센터	300	온라인광고	332
사용경험	152	수량할인	259	옵션제품 가격결정	258
사용량	152	수요	19	완전경쟁	244
사전 편집식	131	수요의 가격탄력성	245	완전독점	244
사회계층	149	수용과정	220	완전한 서비스제공 소매상	294
사회적 마케팅개념	26	수용도	223	외부정보수집 시스템	92
산업광고	331	수직적 갈등	280	외부탐색	129
산업재	180	수직적 마케팅시스템	281	욕구	18
상표강화	230	수평적 갈등	278	우편질문	103
상표전략	187	수평적 마케팅시스템	284	원가	246
상표충성도	153	수확	43	원가가산법	248, 249
상향확장	195	슈퍼마켓	296	원가기준 가격결정법	248
생산개념	21	슈퍼센터	298	원자재	180
생활의 단편	337	시간효용	273	유통	271
생활주기단계	119	시용	152	유통경로	271
서비스	181	시장 포지셔닝	52	유행	227
서비스마케팅	199	시장	138	유형제품	19
선매품	178	시장개발전략	47	의견선도자	222
선택적 왜곡	123	시장세분화	51	의사전달기능	174
선택적 유통	288	시장침투 가격전략	256	이슈광고	331
선택적 주의	123	시장침투전략	47	이중 가격결정	258
설비	181	시험판매	219	인과적 조사	100
성숙기	230	신상표	212	인구통계적 환경	68
성장기	229	신속한 침투전략	229	인적판매	348

인지적 반응	323	제품믹스 가격전략	257	**ㅌ**		
인지적 부조화	133	제품믹스 관리	191	탄력적 수요	245	
일시적 유행	226	제품속성	171	탐색적 조사	98	
		제품수명주기	224	텔레비전 마케팅	302	
ㅈ		제품의 분류	177	통합적 마케팅 커뮤니케이션	327	
자극-반응 모델	114	조기다수층	222			
자동판매기	304	조기수용층	222	**ㅍ**		
자본재	181	조직광고	330	판매개념	23	
자아개념	119	주도적 가격변경	264	판매촉진	320	
자연적 환경	75	준거가격	261	편의점	296	
장소효용	273	준거집단	117	편의품	177	
전문품	179	중간상 판매촉진	347	포장	174	
전방통합	48	중간상	65	표본	104	
전속적 유통	288	중심상업지역	300	표적 마케팅	139	
전화면접	103	지각	123	표적시장	154	
점포형 소매업	294	직접가격평가법	251	표적집단면접	104	
접근가능성	144	직접우편 마케팅	301	프랜차이즈 조직	282	
정보의 탐색	128	집중적 유통	288	프리미엄	345	
정치적 환경	79	집중화 마케팅	156			
젖소	42			**ㅎ**		
제조업체 상표	305	**ㅊ**		하위문화	115	
제품	170	차별화 마케팅	155	하이퍼마켓	298	
제품 포지셔닝	157	초기 고가격전략	255	하향확장	194	
제품개념	170	촉진믹스	319	학습	124	
제품개발	218	총비용	248	한정된 서비스제공 소매상	294	
제품라인축소전략	196	추구하는 편익	152	할인점	297	
제품라인충원	194	충동구매	125	핵심적 편익	171	
제품라인확장	194			핵심제품	170	
제품라인	191	**ㅋ**		혁신	220	
제품라인의 길이	194	카탈로그점	298	혁신층	222	
제품라인의 깊이	195	카테고리킬러	295	형태효용	274	
제품라인의 폭	193	커뮤니케이션 과정	325	홍보	320	
제품다양화 마케팅	138	커뮤니케이션 효과 측정	341	확산	220	
제품디자인	172	쿠폰	345	환경관리 관점	84	
제품묶음 가격결정	259			후기다수층	222	
제품믹스	192			후발수용층	222	

후방통합 48

A

accessory equipment	181
administered vertical marketing system	281
advertising clutter	336
advertising copy	336
agent middleman	271
AIDAS	351
assortment	192
attitudes	121
augmented product	170
automatic vending	301

B

backward integration	48
BCG matrix	41
benefit sought	152
benefit	152
brand dilution	190
brand equity	184
brand extension	189
brand loyalty	153
brand mark	182
brand name	182
brand recall	185
brand recognition	185
brand reinforcement	230
brand	230
break even volume	250
build	43
business portfolio	39
business service	181

C

capital items	180
cash cow	42
casual research	99
catalog showroom	297
category killer	295
channel conflict	278
classical conditioning	124
clustered preference	141
cognitive dissonance	352
communication functions	174
compensatory rule	129
concentrated marketing	156
convenience good	177
convenience store	294
conventional distribution channel	280
core product	170
corporate image advertising	330
cost plus pricing	248
coupon	124
culture	115
customer value delivery system	285

D

decoding	323
demands	19
department store	294
depth of product mix	192
descriptive research	99
differentiated marketing	155
diffusion	220
direct marketing channel	275
direct-mail marketing	301
discount store	297
divest	43
dog	43
downward stretching	194

E

early adaptors	222
early majority	222
emergency goods	178
encoding	322
environmental management perspectives	84
exchange	17
exclusive distribution	288
experimental research	102
exploratory research	98
external search	129

F

factory outlets	298
fad	228
family	117
family brand	188
fashion	227
fixed costs	248
focus-group interviewing	104
forward integration	282
franchise organization	282
full-line strategy	196
full-service retailers	294
functional discount	260

G

generic brand	186
growth stage	225
growth-market share matrix	41

H

harvest	43
hold	43
horizontal conflict	278
horizontal integration	48
hypermarket	298

I

IMC: Integrated Marketing Communication	325
impulsive goods	178
indirect marketing channel	275
individual brand	188
information advertising	334
innovators	222
internal environment	64
internal search	128
introduction stage	225
involvement	127
issue advertising	330

L

label	174
laggards	222
late majority	222
learning	121
length of product mix	192
lexicographic rule	131
life cycle stage	119
lifestyle	120
limited-service retailers	294
location pricing	261
logistical functions	274
loss leader pricing	262

M

mail questionnaires	103
manufacturer's brand	186
market penetration strategy	47
market	47
marketing concept	24
marketing information system(MIS)	89
marketing intelligence system	92
marketing mix	20
marketing myopia	23
marketing research system	93
marketing service agencies	65
mass marketing	138
materials and parts	180
maturity stage	225
merchant wholesalers	307
middlemen	65
motivation	121
multi brands	189
multichannel distribution system	284
MWC: Membership Warehouse Wholesale Club	297

N

national brand(NB)	305
needs	16
neighborhood shopping center	300
new brands	189
non-store retailing	294

O

observational research	102
odd pricing	262
off-price retailers	297
oligopolistic competition	244
one-stop shopping	279
on-line shopping	303
open-end questions	105
opinion leader	222

P

packaging	174
perception	209
personal channel	322
personal interviewing	104
personal selling	319
personality	119
persuasive advertising	334
physical distribution firms	65
place utility	273
positioning concept	159
PR: Public Relation	319
price functions	174
price	53
primary data	100
private brand(PB)	186
product advertising	330
product attributes	171
product category	189
product concept	215
product development strategy	47
product functions	174
product line	191
product line filling	194
product line pricing	247
product line stretching	194
product mix	192
product positioning	140
product	169
production concept	21
promotion	53
promotional mix	319
publicity	329

Q

quality	171

quantity discount	259
question mark	43

R

raw materials	180
reference group	117
reference price	261
regional shopping center	300
reinforcement advertising	334
reminder advertising	334
retailer cooperative	282

S

sales promotion	319
sample	104
SBU(Strategic Business Unit)	40
seasonal discount	260
secondary data	100
selective attention	123
selective distortion	123
selective distribution	288
selective retention	123
self concept	119
self-service retailers	294
shopping goods	178
specialty goods	179
specialty store	294
SSM: Super-Supermarket	296
staple goods	178
star	42
stimulus-response model	114
store loyalty	183
style	226
subculture	115
supercenter	298
supermarket	294
supplies	180

survey research	102

T

tangible product	170
target marketing	139
tele-marketing	302
telephone interviewing	103
television marketing	302
test marketing	219
time utility	273
trade advertising	331
trade discount	260
transactional functions	274

U

undifferentiated marketing	155
upward stretching	194
usage rate	258

V

VALS(Values and Lifestyle Survey)	151
variable costs	248
vertical conflict	278
vertical integration	48
vertical marketing system : VMS	281

W

wants	16
wholesaler-sponsored voluntary chains	282
wholesaling	306
width of product mix	192
word-of-mouth	323